GROUP COUNSELING in practice

집단상담의 실제 3판

강진령 저

학지사

머리말

석사과정에서 난생처음 집단상담 강의와 실습에 참여하면서, 나는 능력 있는 집단상담자가 되고 싶은 소망과 동시에 몇 가지 질문을 마음에 품었다. 집단상담이 어떻게 사람을 변하게 하는지, 사람에게 변화를 주는 집단상담자는 어떤 인품과 역량을 갖추어야 하는지, 어떻게 하면 이러한 집단상담자가 될 수 있는지 등에 대해서 말이다. 그때 품었던 질문에 대해 나의 삶이 평생 답해 주고 있다. 그땐 잘 몰랐다. 집단상담에 대한 답은 나의 삶과 집단경험을 통해 발견할 수 있다는 것을. 이는 내가 여행을 한다고 생각하지만, 실제로는 여행이 나를 만들어 주는 이치와 같다. 사람들과의 관계 형성과 상호작용을 통해 '나의 나 됨'을 발견해 가는 여정 말이다.

이 책의 내용은 집단상담과 삶에 관한 나의 물음에 대한 답변이다. 이제 세 번째 옷을 갈아입지만 이러한 물음은 이 순간에도 계속되고 있고 또한 앞으로도 계속될 것이다. 우리의 삶이 그렇듯이, 모든 책은 본래 존재하지 않았다. 지금 살아 있다는 것은 삶을 경험하고 있다는 것이고, 삶에 대한 해답은 삶의 경험을 통해 발견할 수 있다. 상담자든 내담자든, 집단상담자든 집단참여자든, 지금 살아 있다는 것은 자기 자신의 이야기를 써 나가는 일이다. 타인의 기대나 존재하지 않는 어떤 정답을 찾아 헤매는 것이 아니라, 자기 자신만의 길을 찾아가는 과정이다. 이것이 바로 집단상담의 화두가 아닐까?

이 책은 치료적 성격의 집단운영에 필요한 증거기반의 실천적 지식practical knowledge을 담고 있다. 이를 위해 새 시대의 동향을 반영하거나, 최근에 발표된 연구 결과로 업데이트했다. 또한 집단상담자 윤리에 관한 부분을 제3장으로 옮겨, 정신건강 전문가의 윤리적 실천과 다양성을 중시하는 시류를 반영했다. 그리고 외국인 연구자와 임상가가 창안한 주요 개념에는 영문을 병기하여, 그들의 의도를 정확히 전달하고자 했다. 추가로, 집단운영 시 기억하면 좋을 내용은 지침이나 체크리스트의 형식으로 '글상자'에 요약 · 정리했고, 주요 개념의 실제 적용에 도움이 되도록 '대화상자'에 대화의 예를 제시했다. 단, 독자들의 혼선을 최소화하기 위해 이 책의 큰 틀은 2판과 같은 형태를 유지했다.

치료적 집단의 상담자로서 구성원들의 변화를 도모하려는 정신건강 전문가 또는 예비 전문가들에게 어떤 전문지식이 요구되는가에 관한 성찰은 이 책의 핵심 내용이 되었다. 이들이 집단상담과 치료에 관한 전문지식을 어떤 순서로 개관 · 입력하는 것이 학습 내용의 인출과 임상 적용에 가장 효과적일까에 관한 궁리는 이 책의 구성이 되었다. 이로써, 3판은 ① 집단상담의 기본 개념, ② 집단의 치유력, ③ 집단상담자의 윤리적 쟁점, ④ 집단상담자, ⑤ 집단원, ⑥ 집단기술, ⑦ 집단계획과 준비, ⑧ 집단 시작, ⑨ 집단의 발달단계, ⑩ 집단종결에 관한 내용 순으로 구성되어 있다.

탈고를 마치자, 원고를 호리병에 넣어 광활한 바다에 던지는 심정이다. 지금까지 아낌없는 성원과 함께 고견을 주신 분들께 감사드린다. 그동안 이 책을 아끼고 사랑해 주신 독자 여러분과의 책을 통한 만남은 3판의 탄생에 동력이 되었다. 바라건대, 이 책을 접하는 분 모두가 집단상담/치료의 이론과 실제를 겸비한, 훌륭한 집단상담자/치료자로 거듭나기를 온 마음으로 소망한다.

2019년 2월

저자

차례

CHAPTER

01

집단상담, 무엇인가?

집단!

○ 나는 집단의 힘을 믿는가?

○ 집단은 나의 성장에 어떤 영향을 주어 왔는가?

○ 집단은 나를 찾아가는 여정에 어떤 영향을 주고 있는가?

○ 나와 관계를 맺고 있는 집단의 구성원들과 나는 어떤 영향을 주고받고 있는가?

인간은 사회적 유기체social organisms, 즉 다른 사람들과의 관계를 통해 존재하고, 더불어 생활하는 집단지향적 존재다. 생애 최초의 집단은 가족이다. 이 세상에 태어나 한 가족의 일원이 되는 개인은 전무후무前無後無한 독특한 존재다. 개인은 흔히 생애 최초의 중요한 인물인 부모 또는 보호자와의 관계 속에서 나의 나 됨을 찾아 떠나는 여정을 시작한다. 이 여정에서는 이웃, 학교, 직장 등에서 다른 사람들과의 만남을 통해 '한 사람이 되어 가는becoming a person'(Rogers, 1961) 과정을 이어 간다. 집단은 이처럼 인간의 삶에 필수적이고, 앞으로도 그럴 것이다(Forsyth, 2018).

집단상담은 집단의 특수성에 기초하여 참여자의 문제해결, 의사결정, 정신건강, 인간적 성장 등을 돕는 치료 수단이다. 치료적 집단의 역동적인 과정은 참여자의 자각과 통찰을 촉진하고, 경험학습을 통해 변화 추구의 동력으로 작용한다. 이러한 독특한 환경은 짧은 시간에도 불구하고, 집단에서 행동과 사고의 변화를 극적으로 유발하는 강력한 치료적 환경을 제공한다. 이처럼 집단의 힘, 영향력, 리더십이 참여자들에게 현저한 치료 효과를 산출하는 것은 집단상담의 존재 이유이자 사회적 책무다.

오늘날 다수의 임상가들(Bauman, 2009; Corey & Corey, 2017; Gladding, 2016; Jacobs et al., 2016; Yalom, 2005)은 더 이상 상담자가 개인상담만을 고집할 명분이 없어졌음을 강조하고 있다. 일찍이 프로이트Sigmund Freud는 개인심리학은 역사가 더 오래된 집단심리학에 기초한다고 천명했다. 한편, 집단역동의 중요성을 인식한 미국학교상담자협회American School Counselor Association(ASCA, 2005)(*주. 이하 ASCA로 표기함)는 국가모델을 통해 학교장면을 통해 집단상담의 활용을 적극적으로 권장하였다.

정신건강 서비스에 있어서 집단 활용에 대한 타당한 이유는 많다. 고도의 효율성 · 경제성 · 실용성과 다양한 자원과 관점 제공, 감정 표현을 통한 정화, 보편성과 소속감 체험, 피드백 교환과 새로운 행동의 연습 기회, 타인 관찰과 경청을 통한 대리학습 기회, 실생활에의 접근성, 그리고 계약 이행 또는 책임완수에 대한 압력 등, 집단상담의 이점은 셀 수 없이 많다. 이처럼 많은 장점이 있는 집단 형태의 상담과 치료는 향후 더 많은 정신건강 전문가들의 서비스 수단으로 활용되어야 할 것이다. 이를 위해 정신건강 전문가는 개인상담과 치료 외에도 상담집단, 치료집단, 예방집단, 그리고 지역사회 발전을 위한 팀을 이끌 수 있는 다양한 능력을 갖추어야 할 것이다. 이를 위해 이 장에서는 집단상담이 무엇인지에 관해 살펴보는 것에서 첫걸음을 내딛기로 한다.

집단상담의 정의 / 집단상담이란 무엇인가?

집단상담group counseling은 치료적 집단에 관한 전문지식과 임상경험을 갖춘 1인 또는 그 이상의 전문가가 집단활동과 작업을 통해 2인 이상의 상호독립적인 개인들의 변화와 성장을 추구하는 형태의 치료적 모임이다. 여기서 '치료적therapeutic'이라 함은 집단의 이론, 기술, 기법, 전략 등을 적용하여 구성원들 간의 역동적인 상호교류를 통해 정신적 · 신체적 문제 예방 또는 치유하는 과정을 의미한다. 이 과정에서 집단구성원들은 점차 서로를 신뢰하고, 상호교류를 통해 자각과 통찰을 얻고, 새로운 행동 실행을 통해 변화를 추구하게 된다. 집단상담에 관한 여러 저서를 펴낸 제럴드 코리(Corey, 2017)는 집단상담에 관한 자신의 견해를 글상자 1-1과 같이 피력하고 있다.

글상자 1-1. 코리의 집단상담에 대한 견해

> 지역사회 기관에서 여전히 개인상담이 이루어지고 있지만, 서비스 제공을 개인상담에 한정시키는 것은 재정적으로 여유가 없는 이 시대에는 더 이상 실용적이지 않습니다. 집단상담은 상담전문가가 더 많은 내담자들을 상담할 수 있게 할 뿐 아니라, 집단 과정 역시 독특한 학습을 위한 장점이 있기 때문입니다.

집단상담은 사람들이 비슷한 문제와 관심사를 공유할 수 있도록 돕는 효과적 · 경제적 · 전문적 서비스다. 이러한 점에서 집단상담은 상담전문가뿐 아니라, 심리학, 사회복지, 정신의학, 청소년 상담 또는 지도, 캠프, 종교단체, 교육/학교 등 다양한 분야의 리더들이 집단의 치료적 효과를 얻기 위해 활용할 수 있다. 특히, 아동과 청소년들은 성인보다는 또래들과 함께 있을 때 더 쉽게 마음을 여는 경향이 있다는 점에서, 집단상담은 이들의 성장과 발달을 돕기 위한 탁월한 선택이 된다 (Humphrey, 2009; Worden, 2009).

집단상담자 / 집단상담자는 누구인가?

집단상담자group counselor란 집단상담에 관한 소정의 전문적 교육과 훈련을 통해 집단작업을 담당할 수 있는 전문지식과 역량을 갖추고 집단작업을 담당하는 정신건강 전문가를 말한다. 집단은 통상적으로 집단상담자 1인과 2인 이상의 구성원들로 구성된다. 그러나 필요에 따라서는 2인 또는 그 이상의 상담자가 1개 집단을 맡기도 한다. 집단상담자는 집단유형 또는 이론적 접근에 따라 집단치료자, 집단심리치료자, 집단지도자, 집단리더 촉진자, 팀장 등 다양한 명칭으로 불린다. 그러나 이 책에서는 어의에 혼선을 빚지 않는 범위 내에서, 앞서 언급한 전문성을 토대로 집단작업을 담당하는 사람을 '집단상담자' '집단리더' 또는 줄여서 '리더'라는 말을 글의 맥락에 따라 혼용하기로 한다. 또한, 집단상담에 참여하는 사람 역시

'집단참여자' '집단구성원' '그룹 멤버' '내담자' '학생' '환자' 등으로 불리지만, 이 역시 집단유형에 상관없이 맥락에 따라 '집단원' '참여자' '구성원' 등으로 혼용하기로 한다.

집단상담의 특성 / 집단상담은 어떤 특성이 있는가?

집단상담은 집단상담자와 2인 이상의 집단원 사이의 상호작용에서 발생하는 힘과 에너지를, 변화를 위한 치유요인으로 활용하는 역동적인 대인관계 과정이다. 집단원은 집단 내 다른 사람들과 교류하면서 자신을 돌아보게 되고, 자신을 더 잘 알게 되며, 깨달음을 얻고, 새로운 행동을 시도 · 습득하게 된다. 이를 위해 집단원은 집단상담자와 다른 집단원들의 도움으로 자신의 관심사와 패턴(행동, 사고, 감정)을 탐색하는 한편, 더 생산적인 방향으로 변화를 시도함으로써 성장과 발달에 박차를 가하게 된다. 또한, 집단상담에서는 집단원들의 개인적인 관심사에 대한 자기개방을 통해 치료기능이 창출 · 활성화된다.

이에 집단상담은 집단원의 적응 · 발달 도모에 초점을 맞춘다. 즉, 사고와 행동 변화, 대인관계기술 향상, 성에 관한 올바른 지식 습득, 가치관과 태도 수정, 직업과 진로 결정 등을 다룬다. 이러한 이유에서 집단상담은 주로 소위 정상 범위의 적응수준에 속하는 사람들을 대상으로 이루어진다. 따라서 현저한 정도의 정신병psychosis, 신경증neurosis 또는 성격장애가 있는 사람들은 집단치료에 더 적합할 것이다. 그러나 집단상담의 치료적 성질, 그리고 정신건강 전문의에 의한 개인치료가 주로 약물치료에 의존하고 집단치료는 거의 이루어지지 않는 현실을 고려할 때, 집단상담과 집단치료의 경계가 모호하고 굳이 이 두 유형의 집단을 구분하는 것의 의미가 점차 퇴색하고 있다.

앞서 언급한 바와 같이, 집단은 상호의존적인 관계에서 사회적 상호작용을 통해 서로 영향을 주고받는 2인 이상의 상호독립적인 개인들의 집합체다. 집단은 일반적으로 2인 이상의 사람들을 의미하지만, 그렇다고 해서 단순히 사람들의 집합체를 의미하지는 않는다. 여러 사람의 집합체가 치료적으로 의미 있는 집단이 되기 위해서는 다음의 조건을 갖추어야 한다.

집단의 조건 / 치료적으로 유의한 집단이 되려면 …

사교 또는 사회 집단과 비교할 때, 치유요인을 통해 참여자들의 변화를 추구하는 집단은 ① 심리적 유의성, ② 직접적 의사소통, ③ 유의한 상호작용, ④ 역동적 상호관계, ⑤ 생산적 상호의존 등의 조건을 갖추어야 한다.

심리적 유의성. 심리적 유의성psychological significance이란 집단이 참여자들에게 심리적으로 유의하게 작용해야 함을 의미한다. 심리적 유의성에는 변화 의지가 포함된다. 변화 의지란 집단원이 집단과정을 통해 행동 변화를 이루겠다는 결단과 시도를 의미한다. 집단원은 자신의 집단참여 이유를 검토해 보고, 변화를 위한 행동 계획과 전략을 모색해야 한다. 집단상담자는 집단원들이 현실적이고 책임질 수 있는 계획 수립과 효과성 평가를 돕는다. 이를 위해 참여자에게 요구되는 것은 생각과 감정에 대한 진솔한 개방이다. 이를 기반으로 집단원은 자신의 행동, 사고, 감정에 대한 현실검증을 통해 변화와 성장을 모색할 수 있다.

직접적 의사소통. 직접적 의사소통direct communication이란 다른 사람을 통하지 않고 당사자들 간에 면대면 상태에서 말과 행동으로 소통하는 것을 말한다. 이는 효과적인 의사소통의 기본 원칙의 하나인 "상대에 관해 말하지 말고, 상대에게 말하라Don't talk about a person, but talk to the person!"는 원리에 입각한 것이다. 집단에서의 직접적 의사소통은 집단 내에서 공개적으로 표현하는 것으로, 귓속말 또는 뒷담화를 지양해야 함을 의미한다. 효과적인 의사소통 능력은 원만한 대인관계의 토대로, 인간적 성장과 발달의 원동력이 된다.

유의한 상호작용. 유의한 상호작용significant interaction이란 2인 이상의 사람들이 의미 있는 방식으로 서로 영향을 주기도 하고 받기도 하는 것을 말한다. 심리적으로 유의한 상호작용은 심리적 유의성과 직접적 의사소통이 촉매 역할을 한다. 이는 집단의 치유요인에 속하는 집단원들 사이에 공유된 정체감shared identity(우리라는 의식we-ness) 형성을 촉진한다. 유의한 상호작용은 집단원들 간에 역동적 상호관계와 응집력 형성의 밑거름이 된다.

역동적 상호관계. 역동적 상호관계dynamic interrelations는 구성원들 간에 힘과 에너지가 교류·형성되어 서로 영향을 주고받는 상태를 의미한다. 집단원들이 상호작용하게 되면서 발생하는 이러한 심리적 힘과 에너지는 이들의 사고와 행동 변화의 동력으로 작용한다. 역동적 상호관계는 더 나아가 구성원들의 참여 수준과 응집력에도 영향을 미친다.

생산적 상호의존. 생산적 상호의존productive interdependence이란 집단참여를 통해 의사결정, 문제해결, 잠재력 개발, 인간적 성장 같은 성과를 산출하기 위해 서로 도움을 주고받는 것을 의미한다. 상호의존은 대인관계의 필수요소인 동시에 성숙한 사람의 특성이기도 하다. 특히, 다른 집단원에게 도움 제공을 통해 경험할 수 있는 이타심altruism은 개인의 성장에 촉매 역할을 한다는 점에서 생산적 상호의존의 중요성은 집단의 중요한 조건이다.

이 외에도, 집단의 조건에는 2인 이상의 지속적 모임, 일정한 회기 형식과 절차, 그리고 궁극적으로 변화와 성장을 추구하는 것이 포함된다. 이러한 조건을 제대로 갖춘 집단은 그 유형 또한 다양하다.

집단의 유형 / 집단의 유형은 어떻게 나뉘는가?

집단은 목적과 목표, 참여자들의 관심사, 주제 등에 따라 다양하게 나뉜다. 집단 유형의 결정은 집단목적 설정이 선행되어야 한다. 어떤 유형의 집단을 이끌게 되든 간에, 집단과정과 리더십에 대한 전문적인 교육과 훈련 및 수퍼비전하의 임상 실습이 필수로 요구된다. 비교적 최근에 학자별로 주장한 집단의 유형을 연도별로 살펴보면 표 1-1과 같다.

표 1-1. 학자별 집단의 유형

학자명	연도	집단의 유형
Ward	2006	1. 교육집단 Education groups 2. 토론집단 Discussion groups 3. 과업집단 Task groups 4. 성장 · 경험집단 Growth and experiential Groups 5. 상담 · 치료집단 Counseling and therapy Groups 6. 지지집단 Support groups 7. 자조집단 Self-help groups
ASGW	2008	1. 생활교육/심리교육 집단 Guidance/psychoeducational groups 2. 상담/대인관계 문제해결 집단 Counseling/interpersonal problem-solving groups 3. 심리치료/성격 재구성 집단 Psychotherapy/personality reconstruction groups 4. 과업/작업집단 Task/work groups
Trotzer	2013	1. 생활교육 · 기술집단 Guidance and life skill groups 2. 상담집단 Counseling groups 3. 심리치료집단 Psychotherapy groups 4. 지지 및 자조집단 Support and self-help groups 5. 자문집단 Consultation groups 6. 성장집단 Growth groups
Gladding	2016	1. 집단지도 Group guidance 2. 집단상담 Group counseling 3. 집단심리치료 Group psychotherapy
Jacobs, et al.	2016	Ward(2006)의 것과 동일

Toseland & Rivas	2017	1. 처치집단Treatment groups • 지지집단Support groups • 교육집단Educational groups • 성장집단Growth groups • 치료집단Therapy groups • 사회화 집단Socialization groups 2. 과업집단Task groups

표 1-1에서 보는 바와 같이, 집단유형은 학자에 따라 다양하게 분류된다. 이 중에서 미국의 집단작업전문가협회Association for Specialists in Group Work(ASGW, 2008)(*주. 이하 ASGW로 표기함)는 집단유형을 네 가지(표 1-1 참조)로 구분하면서, 공식적으로 각 집단유형을 위한 훈련기준을 발표하였다. 반면, ASGW 학회지인 『Journal for Specialists in Group Work』 편집장을 지낸 워드(Ward, 2006)는 집단의 역사적 배경을 면밀하게 검토한 후, 집단유형을 일곱 가지로 나누었다(표 1-1 참조). 그의 분류에서 특기할 점은 상담집단과 치료집단을 하나로 묶은 것이다. 이는 이 두 집단이 공통으로 치유요인을 활용하여 집단원들의 변화를 촉진한다는 점과 엄밀히 구분하기 어렵다는 특성을 반영한 것이다. 또한, 정신장애 환자 치료를 위해 정신과 의사들이 주로 약물치료를 중심으로 한 개인치료에 중점을 두고 있어서, 집단치료는 의사가 아닌 정신건강 전문가들이 다양한 상담 · 심리치료 이론을 토대로 담당하고 있는 현실을 반영한 것으로 보인다.

워드의 분류와는 달리, 이 책에서는 상담집단과 치료집단을 구분하고 있지만, 향후 이 두 집단은 통합해야 할 것으로 전망된다. 그리고 토론집단과 과업집단은 굳이 구분해야 할 정도로 특성의 차이가 두드러지지 않는다는 사실을 고려하여, 토론집단은 과업집단의 일종으로 간주한다. 그리고 경험집단은 성장집단과는 다른 특성이 있지만, 다른 유형의 집단에 비해 비교적 유사하다는 점에서 한 가지 유형으로 분류한다. 따라서 여기서는 집단유형을 ① 상담, ② 치료, ③ 교육, ④ 성장, ⑤ 과업, ⑥ 자조, ⑦ 지지 집단으로 나누어 살펴보기로 한다.

상담집단

상담집단counseling group은 개인적 · 교육적 · 사회적 · 직업적 문제에 초점을 맞추며, 치료적 · 예방적 · 교육적 목표달성을 위해 집단역동과 과정을 활용하는 집단이다. 이 집단의 리더는 흔히 '집단상담자' 또는 '그룹 카운슬러group counselor'로 불리며, 주로 상담자, 교육자, 촉진자 역할을 담당한다. 상담집단은 통상적으로 의식 수준의 단기 문제해결, 강점과 잠재력 발견, 성장 저해요소 제거 또는 감소, 의사결정 능력증진, 대인관계기술 향상 등에 초점을 둔다. 이러한 특징으로 인해, 이러한 유형의 집단은 초 · 중 · 고등학교, 대학상담센터, 지역사회 청소년상담실, 종교단체 등, 주로 치료보다는 교육과 발달 촉진의 성격을 띠는 정신건강 관련 기관에서 활용되는 경향이 있다. 상담집단의 특징은 글상자 1-2와 같다.

글상자 1-2. 상담집단의 특징

1. 보통 4~12명 정도로 구성되어 소집단 경험 중심으로 진행된다.
2. 비교적 기능수준이 높은 구성원 중심으로 구성되며, 집단의 초점이 결정된다.
3. 비교적 짧은 기간에 해결 가능한 문제와 의식수준의 내용(예, 발달과업, 심리사회적 스트레스 요인 관련 문제)을 주로 다룬다.
4. 실행지향적, 즉 집단원들이 집단에서 체득한 경험학습 내용(행동)을 실생활에의 적용에 중점을 둔다.
5. 사고, 감정, 행동 변화를 강조함으로써, 대인관계기술 향상과 문제해결 전략 모색에 초점을 맞춘다.
6. 집단원의 내적 자원을 탐색 · 발견하고, 발달 저해요소를 건설적인 방향으로 변화시키는 데 중점을 두는 성장지향적 특징이 있다.
7. 성격장애를 포함한 심각한 정도의 정신장애 치료에 중점을 두지 않는다는 점에서 치료집단과 구별된다.

집단상담자의 주요 임무는 집단준비와 계획, 안전하고 수용적 분위기 조성, 긍정적 행동의 모델링, 집단 활동의 구조화, 집단원들 간의 상호작용 촉진, 집단원의 사고 · 행동 패턴 인식 및 긍정적인 변화(목표 설정, 계획 수립 · 실행 포함) 촉진을 돕는 것이다. 따라서 집단상담자에게는 심리사회적 스트레스 요인(성, 이혼 및 재혼, 직업, 학업, 종교, 부모 역할, 인간 내면의 심리적 특성 등)과 다양한 사회적 쟁점에 관한 폭넓은 지식과 경험이 요구된다. 이에 상담집단을 단독 또는 공동으로 진행하려면 최소한 45시간 이상(권장시간은 60시간 정도) 수퍼비전하의 상담집단을 이끈 경험이 필요하다(ASGW, 2000). 집단운영에 필수적인 전문지식과 임상 경험은 집단상담자로 하여금 본연의 역할과 임무를 성공적으로 완수할 가능성을 높여 줄 것이다. 대화상자 1-1은 기혼여성을 위한 상담집단에서 이루어진 대화의 예다.

대화상자 1-1. 상담집단에서 이루어진 대화의 예

리 더: (미소를 지으며) 지금까지 세 분이 낮은 자존감에 대해 말씀해 주셨는데요. 자존감에 대해 더 다뤄 보고 싶으신 분 있으면 말씀해 주세요. 다른 분들은 경청하면서 도움을 주실 수 있겠지요. (집단원들을 둘러본다.)

지 숙: (머뭇거리며) 글쎄요, 제가 말해도 될까요? 음, 저는 저 자신이 정말 맘에 안 들 때가 많아요. (잠시 말을 멈추며) 아, 너무 떨려! 어떤 말부터 해야 할지 잘 모르겠어요.

리 더: (미소를 지으며) 지숙 씨가 얼마나 긴장하고 있는지 우리 모두 이해할 거예요. 그러면 지난 시간에 잠시 말씀하셨던 지숙 씨의 성장 과정에 대해 드는 느낌부터 이야기해 보면 어떨까요?

지 숙: 네. (잠시 머뭇거리다가) 저는 우리 집에서 존재감이 아예 없었어요. 아주 어렸을 때부터 그랬던 것 같아요. 아버지는 늘 공부를 잘했던 오빠를 많이 아끼셨던 것 같아요.

선 주: (두 손을 모으며) 어머, 제가 아는 사람과 비슷한 상황 같네요. 그 언니도 그런 비슷한 이야기를 한 적이 있거든요. 그 언니가 뭐라고 했냐면…….

리 더: (부드러운 어조로) 선주 씨, 잠시 지숙 씨의 상황에 집중해 봤으면 해요. 혹시 여러분 중에 지숙 씨와 비슷한 느낌이 드는 사람이 있나요?

수 인: (지숙을 바라보며) 솔직히 저도 그런 비슷한 경험이 있었어요. 저는 언니가 그랬는데, 그땐 너무 속상해서 밤에 잘 때, 이불 속에서 울었던 기억이 나요. 그런 일이 자주 있었던 것 같아요.

지 숙: 정말 수인 씨도 그러셨어요? 수인 씨는 정말 그런 일을 겪지 않았을 것처럼 보였는데 ……. 저도 밤에 잘 때 정말 많이 울었어요. 이날 이때까지 아버지가 많이 원망스러웠고, 또 오빠 편만 들던 엄마도 너무 미웠고요. (눈물을 흘린다.)

대화상자 1-1의 예처럼, 상담집단의 참여자들은 상호작용을 통해 현재 또는 과거의 경험과 관련된 감정을 탐색 · 표현 · 재경험하게 되면서 다른 사람들과의 이질성heterogeneity보다 동질성homogeneity을 인식하게 된다. 이러한 깨달음은 집단작업의 자원으로 활용되어, 집단원의 문제해결을 위한 통찰을 촉진하고, 변화를 위한 새로운 행동방식 연습의 동력으로 작용한다. 상담집단과 유사한 집단으로는 치료집단이 있다.

치료집단

치료집단therapy group은 정신장애를 비롯한 질환 또는 장해disturbance가 있는 사람들을 치료하기 위한 목적으로 구성되는 집단이다. 이는 '정신치료집단' 또는 '심리치료집단psychotherapy group'으로도 불리는데, 집단의 리더는 흔히 '집단치료자group therapist' '집단정신치료자' 또는 '집단심리치료자'로 불린다. 이 집단에는 주로 의료 모형medical model이 적용되며, 종종 클리닉 또는 병원에서 진행된다는 특징이 있다. 의료라는 말에는 의술로 병을 고침, 즉 치료의 의미가 담겨 있다. 병/질병disease이란 생물체의 전신 또는 일부에 기능 이상이 생겨 정상적 활동이 이루어지지 않아 괴로움을 느끼게 되는 현상이다. 따라서 치료집단에서는 참여자가 병[즉, 생물학적 장애(예, 암, 결핵, 신장병, 심장병), 정신장애(예, 주요우울장애, 경계성 성격장애) 등]에 걸려 정상적 활동이 이루어지지 않아 고통을 겪고 있다고 가정한다. 정신장애mental disorder의 정의는 글상자 1-3과 같다(APA, 2013).

글상자 1-3. 정신장애의 정의

정신장애는 정신기능의 기초를 이루는 심리적 · 생물학적 또는 발달과정에서의 기능이상을 반영하는 개인의 인지, 정서조절 또는 행동에서 임상적으로 유의한 장해가 특징인 증후군이다. 정신장애는 보통 사회적, 직업적, 또는 기타 중요한 활동에 있어서 유의한 고통 또는 장애와 연관이 있다. 흔한 스트레스 요인 또는 상실(예, 사랑하는 이의 죽음)에 대한 예측이 가능하거나 문화적으로 용인되는 반응은 정신장애가 아니다. 사회적으로 일탈된(예, 정치적, 종교적 또는 성적) 행동과 주로 개인과 사회의 갈

> 등은, 앞서 기술한 바와 같이 일탈 또는 갈등이 개인에게 있어서의 기능이상으로 인한 것이 아닌 경우에는 정신장애가 아니다(p. 20).

치료집단에서는 때로 집단원의 신체질환 또는 정신장애에 대한 이해를 돕기 위해 대처방안에 관한 교육을 하기도 한다. 치료집단에 적합한 대상은 병에 걸리거나 정신장애가 있는 사람 외에, 글상자 1-4와 같은 사람들이 있다.

글상자 1-4. 치료집단에 적합한 대상자

- 성 학대 또는 성폭행 피해가 심각한 사람
- 자해 또는 타해 우려가 있어서 정신건강 관련 기관에 수용된 10대 청소년
- 만성 불안, 우울, 공포 또는 공황발작으로 고통을 겪고 있는 사람
- 심각한 섭식장애로 생명 연장에 지장이 있는 환자
- 물질(알코올, 흡입제, 자극제, 환각제 등) 또는 비물질(도박, 게임 중독) 문제가 있는 사람
- 인재, 자연재해, 테러, 고문, 인질, 참전 등으로 인한 정신적 외상에 시달리는 사람

글상자 1-4에 제시된 대상자 중, 집중치료가 요구될 정도로 증상이 심각한 사람은 입원 또는 관련 기관에 수용 상태에서 치료집단이 진행되기도 한다. 치료집단의 참여자들은 흔히 증상 완화에 필요한 처방 약물을 복용하면서, 집단에서는 증상 완화를 위한 교육과 함께, 상호 지지와 돌봄, 의사소통, 갈등 해결 등을 위한 사회적 기술을 연습하여 실생활에 적용해 보는 훈련을 받는다. 대화상자 1-2는 심각한 정도의 정신장애로 정신과 병동에서 입원 치료를 받는 성인들로 구성된 치료집단에서 이루어진 대화의 예다(Kottler, 2015).

대화상자 1-2. 치료집단 대화의 예

리 더: 지난번 우리가 만난 이후로 여러분의 기분이 좋았던 일에 대해 누가 이야기해 볼까요?

킴 바: 나 자위했어요.

타 냐: 으…… 더러워!
마이클: 자위…, 자위…, 자위!
리 더: 오케이, 여러분! 그 정도면 됐습니다.
타 냐: 그런데요, 저 바보 녀석은요…….
리 더: 다른 사람에게 나쁜 별칭을 붙이거나 성에 관한 말을 해서 사람들을 놀라게 해서는 안 된다는 우리 규칙, 기억하시죠?
킴 바: 그렇지만 기분이 정말 좋았거든요. 그리고 선생님이 기분이 좋았던 일에 관해 얘기하라고 했잖아요.
리 더: 네, 잘 알았어요. 자, 모두 잘 들으세요. 한 번에 한 사람씩 말해야 합니다. 킴바가 지난 회기 이후로 성취한 일에 대해 가장 먼저 자발적으로 이야기했네요.
킴 바: (기분이 언짢은 표정으로 시선을 떨군다.)
리 더: (킴바를 바라보며) 지금 기분이 언짢으신가 본데, 지난번에 연습했듯이 지금 어떤 느낌이 드는지 말해 보세요.

과거에 치료집단은 흔히 최소 수개월에서 수년에 이르기까지 장기적으로 진행되는 것이 일반적이었다. 이 기간에 집단치료자는 정신역동적 접근을 통해 환자들의 초기 경험과 무의식적 역동을 다루거나, 꿈 분석 또는 저항과 전이의 해석을 통해 환자의 중요한 타인과의 미결과제를 새로운 시각으로 조망하거나, 카타르시스catharsis가 발생할 수 있도록 외상적 상황의 재경험을 돕는 절차를 사용하여 성격 재구성reframing에 초점을 맞추는 경향이 있었다. 그러나 오늘날 미국의 경우, 제3의 지급인the 3rd payer(예, 보험회사, 정부 산하기관, 복지단체 등)에 관한 정책 등 사회제도의 변화에 따라, 치료집단도 점차 단기치료의 형태를 띠게 되었다(Straus, 2018). 이에 비해, 우리나라에서의 집단치료는 1960년대 초 『신경정신의학』에 소개된 이후, 군 정신병원을 비롯한 정신과 병동에서 실시해 왔지만, 정신의학계에서 개인 정신치료에 버금가는 치료방법으로 인정받지 못하고 있고, 정신과 전문의들의 관심도 미흡한 실정이다(이후경, 2013).

교육집단

교육집단educational groups은 다양한 주제에 관한 정보 제공을 위해 구성되는 집단이다. 특히, 심리교육집단psychoeducational group에서는 참여자들에게 인지 · 정서 · 행동의 측면에서 정신건강 관련 주제에 관한 정보를 제공한다. 이에 비해 주로 학교에서 운영되는 생활교육집단guidance group 또는 교실생활교육집단classroom guidance group은 아동 · 청소년들이 성장 과정에서 당면하는 가정, 교육, 직업, 신체, 정서, 성격 등과 관련된 제반 문제의 자조적 해결에 필요한 정보를 제공하기 위한 집단이다(강진령, 2015; Sink, Edwards, & Eppler, 2012). 교육집단의 예는 글상자 1-5와 같다.

글상자 1-5. 교육집단의 예

- 고입 · 대입 수험생 학부모를 위한 교육집단
- 자녀와의 효과적인 의사소통을 위한 부모교육 집단
- 물질(예, 담배, 알코올)/비물질(예, 도박, 게임)의 위험성에 관한 교육집단
- 당뇨병이 있는 사람들 대상의 영양섭취 방법에 관한 정보 제공을 위한 교육집단
- 아동 또는 배우자 학대 혐의로 법원 판결을 받은 사람들을 위한 교육집단
- 음주 운전자들을 위한 안전교육집단

교육집단의 리더는 참여자들의 학습효과를 극대화하기 위해 교육자와 촉진자 역할을 동시에 수행하면서 학습촉진을 위한 긍정적인 분위기를 조성한다(Drum, Becker, & Hess, 2011). 각 역할에 대한 비중, 회기 수, 시간 길이에 대해 일정한 공식은 없다. 다만, 집단 회기 수는 집단의 목표와 잠재적 집단원의 지적 수준과 주의집중 시간에 따라 다르지만, 일반적으로 매주 2시간, 4~15주 동안 진행된다(Corey & Corey, 2017). 그렇지만 리더는 집단주제, 주제에 관한 참여자들의 지식수준, 할당된 시간 등을 고려하여 집단 시간과 수준을 조정한다.

ASGW(2008)가 제정 · 공포한 '최상의 실행지침Best Practice Guidelines'에는 지역사회 심리학, 건강증진, 마케팅, 자문, 집단훈련법, 커리큘럼 편성 등의 폭넓은 영역에 대한 교육과정이 포함되어야 함이 명시되어 있다. 그리고 교육집단을 단독 또는

공동으로 진행하기 위해서는 최소 30시간 이상(45시간 정도가 권장됨) 수퍼비전하의 실습이 요구된다고 밝히고 있다. 교육집단의 진행 절차는 글상자 1-6과 같다(DeLucia-Waack, 2006b).

글상자 1-6. 교육집단의 진행 절차

1. 질문지로 집단주제와 관련된 영역에서 참여자들의 대처수준을 측정 · 평가한다.
2. 리더가 강의나 발표 형식으로 참여자들에게 주제에 관한 필요한 정보를 제공한다.
3. 발표 내용과 정보 및 자료에 대해 질문을 받는다.
4. 참여자들이 주제와 관련된 토의를 한다.
5. 참여자들이 각자의 소감을 나눈다.

교육집단 리더는 강의나 발표 외에도 참여자들이 집단주제와 관련된 학습효과를 극대화하기 위한 집단작업(예, 활동, 연습, 읽을거리, 과제, 계약 등)을 주도한다. 특히, 학교에서는 발달과정상 학생들이 흔히 겪을 수 있는 문제와 관련된 주제를 학교상담 프로그램의 일부로 구성하여 교실생활교육classroom guidance을 실시할 수 있다(Akos et al., 2007; Ashby, Kottman, & DeGraaf, 2008). 글상자 1-7은 전문상담교사가 초등학교에서 전개하고 있는 생활교육 활동의 예다.

글상자 1-7. 초등학교 생활교육 활동의 예

최 교사는 재량활동 시간에 각 학급당 5회기씩 교실생활교육집단을 운영한다는 연중 계획을 수립했다. 이 계획에 따라 한 회기는 자신이 직접 각 학급에 들어가 집단활동을 전개했고, 나머지 4회기는 자신에게 자체 연수를 받은 각 반 담임교사들에게 활동을 담당하게 했다. 집단 프로그램의 주제는 의사소통, 친구 사귀기, 공부 더 잘하는 방법, 음주 · 흡연 예방, 학교폭력과 집단따돌림 대처 등 초등학교 아동들의 발달과정에 따른 성공적인 과업 완수를 촉진하기 위한 것으로 선정했다. 최 교사는 ① 자신에게 주어진 한 시간을 주제에 관한 발표, ② 아동들이 흔히 궁금해할 만한 질문FAQ에 대한 답변, ③ 토의, ④ 소감 나누기, ⑤ 종결 과정으로 구성했다. 프로그램에 참여한 아동들은 토론에도 적극적으로 참여했고, 각자의 경험과 소감을 함께 나누었다.

교육집단의 주제는 종전에는 주로 도덕성을 강조하거나 조언/충고 중심이었다. 그러나 최근 들어서는 이러한 경향성에서 탈피하여 정부 산하기관, 지방자치단체, 의료기관, 초·중등학교 상담실, 대학상담센터를 중심으로 서비스 수혜자들의 발달과정에 공통으로 요구되는 과업 중심으로 변모해 왔다(Sink et al., 2012). 참여자들이 생애의 쟁점을 더 잘 인식하고, 삶의 문제에 대한 대처능력 향상을 돕기 위해 교육집단의 주제 역시 더욱 다양해져 왔다. 교육집단에서 흔히 다루는 주제로는 글상자 1-8과 같은 것들이 있다.

글상자 1-8. 교육집단 주제의 예

○ 성교육	○ 의사소통 기술	○ 정서·행동문제
○ 이성교제	○ 대인/교우관계 기술	○ 다양성·다문화 교육
○ 학습방법	○ 문제해결 기술	○ 학교폭력·집단 괴롭힘
○ 체중조절	○ 스트레스 관리	○ 물질사용(흡연, 음주)
○ 분노조절	○ 의사결정 기술	○ 상급학교 진학지도
○ 가정폭력	○ 신체/정신건강 관리	○ 진로의식, 탐색, 결정
○ 자녀교육	○ 데이트 강간 예방법	

대화상자 1-3은 체중감소를 위한 행동수정 교육을 위해 과체중 여성 대상의 교육집단에서의 대화 예다.

대화상자 1-3. 교육집단 대화의 예

리 더: 여러분의 행동을 강화하는 음식 외에 다른 강화물 목록을 꺼내 보세요. 오늘은 이러한 강화물에 대해 이야기를 나눠 보겠어요.

미 하: 저는 이번 집단을 통해 제가 책 읽는 것을 좋아한다는 사실을 알게 되었어요. 물론 책을 자주 읽는 것은 아니지만요. 그리고 요즘 인기 있는 TV 드라마 두 편도 넣었고, 또 친한 사람들 이름도 올려놓았어요. 자주 전화하고 싶지만, 그렇게 하지 못하고 있거든요.

소 연: (미소를 지으며) 저도 전화 통화할 사람으로 친구들 이름을 적었어요. 또 살을 빼기 위해 하고 싶은 활동으로는 아침 산책하기를 적었어요. 이걸 적다 보니까

아침 운동을 한 지가 정말 오래되었더라고요.

한 성: 어머, 저랑 하실래요? 저는 아침형이거든요. 학교 다닐 때부터 아침에 일찍 일어나는 것이 제 특기였어요. 이제 남편 출근시키고, 아이들 학교 보내고 난 다음 시간을 좀 내봐야겠어요.

리 더: 그거 좋은 생각이네요. 이 모임을 마치면 두 분은 아침 운동에 관해 이야기를 나누어 보시기 바랍니다. 다른 분들은 어떤가요? (진아가 손을 드는 것을 보고는) 네, 진아 씨는 어떠세요?

진 아: 저는 제가 잘 쓴 건지 잘 모르겠어요. 제가 적은 목록은 두서가 없는 것 같아요.

리 더: (미소를 지으며) 음, 목록이 두서가 없다는 것은 진아 씨가 적은 목록이 맘에 들지 않는다는 뜻인가요? (잠시 멈추었다가) 아니면 하고 싶은 활동과는 다르다는 뜻인지요? 어떤 상황인지 말씀해 보시겠어요?

진 아: 글쎄요, 저는 목록에다가 잠자기, 운동, 집 청소, 빨래. 뭐, 이런 것들만 잔뜩 적어 놓았거든요.

리 더: 제가 보기에는 큰 문제는 없어 보여요. (집단원들을 둘러보며) 그러면 강화목록을 어떻게 체중조절에 활용할 것인지에 대해 이야기를 해 볼까요? 제가 먼저 강화목록 활용에 관한 이론에 대해 잠시 설명하겠어요.

대화상자 1–3에 제시된 대화의 예에서, 교육집단의 리더는 집단목적과 회기 목표에 적절한 주제를 끄집어냈다. 리더는 이어 자신의 의견을 분명하게 제시하고 있고, 집단원들이 준비해 온 목록을 서로 나누는 것을 돕고 있다. 그런 다음, 집단 목적과 관련된 정보를 제공함으로써, 집단원들에 대한 교육을 적절하게 수행하고 있다. 교육집단은 특성상 학교수업과 유사한 형식으로 진행된다는 점에서 아동·청소년들이 적응하기 쉽다는 이점이 있다(Ashby et al., 2008). 그뿐 아니라, 성인과 나이든 성인(노인)들에게도 강의와 활동/연습 중심의 방식으로 발달과정에 적합한 정보 제공에 유용하게 활용될 수 있다는 장점이 있다(Myers, Poidevant, & Dean, 1991).

성장집단

성장집단growth groups은 비교적 짧은 기간에 다양한 집단체험을 원하거나, 자신에 대해 좀 더 알기를 원하거나, 잠재력 개발에 관심이 있는 사람들의 성장 · 발달 촉진을 위해 구성되는 집단이다. 이 집단을 이끄는 사람은 흔히 '집단리더' 또는 '촉진자'로 불린다. 성장집단의 기본가정은 참여자들이 안전한 분위기에서 지금 여기에서의 솔직한 감정과 생각의 교류를 통해 자기 자신에 대한 정직하게 평가를 한다면, 참여자들은 자신들의 참모습을 발견하고, 사고 · 감정 · 행동 변화를 통해 인간적 성장을 이룰 수 있다는 것이다. 성장집단의 목적은 참여자들이 각자의 잠재력을 개발하여 자신들이 원하는 삶을 영위할 수 있도록 돕는 것이다. 성장집단은 집단의 방향을 참여자들이 직접 결정하는 집단에서부터 특정 분야에 초점을 맞추는 집단에 이르기까지 그 범위가 매우 넓지만, 대체로 글상자 1-9에 제시된 목표를 공유한다.

글상자 1-9. 성장집단의 공동목표

○ 생활방식 변화	○ 가치관 명료화
○ 자신과 타인의 감정 인식	○ 생산적 태도 형성
○ 대인 간 의사소통 증진	○ 대인관계 형성 · 유지 능력 증진

집단목표 달성을 위해 촉진자는 발달상의 문제, 즉 참여자들이 삶에서 겪는 개인적 관심사, 문제, 갈등을 다루되, 주로 참여자들의 상호작용을 촉진하는 활동을 통해 이들에게 직접적인 집중체험intensive experience의 기회를 제공한다. '세상을 바꾸려 하지 말고, 자신을 바꾸라.'라는 말이 바로 이 유형의 집단에 적용되는 말이다. 자신을 구할 수 있는 강력한 힘도, 자신을 해치는 참혹한 칼도 모두 다 자기 안에 있기 때문이다. 성장집단에서 촉진자는 참여자들이 필요로 하는 경험을 제공하기 위해 다양한 활동을 고안 · 적용한다. 이때 참여자는 다른 참여자들과 상호작용을 통해 어떤 변화를 원하는지를 스스로 결정한다.

성장집단은 매우 다양한 집단형태들(예, T 집단, 참만남집단, 인간관계훈련집단, 감수성훈련집단, 개인성장집단, 인간잠재력개발집단, 감각자각집단, 경험/체험집단 등)을 아우르는 명칭이다. 이들 집단의 명칭은 다르더라도 근본적인 특성은 크게 다르지 않다. 이처럼 집단의 명칭이 다양한 이유는 1960~1970년대에 걸쳐 세인들의 관심을 불러일으켰던 집단의 명칭을 오늘날에도 그대로 부르고 있기 때문이다. 그렇지만 이들 집단의 중심에는 T 집단과 참만남집단이 자리 잡고 있다.

T 집단. T 집단training groups은 비교적 짧은 기간에 강력한 대인 상호작용을 통해 집단역동, 자기인식, 그리고 타인에 대한 민감성을 증진하는 소규모(8~20명)의 자기분석적 집단이다. 이 집단은 1946년 독일 태생의 미국의 사회심리학자, 커트 르윈Kurt Zadek Lewin(1890~1947)이 장 이론Field theory에 기초하여 로널드 리피트Ronald Lippitt와 함께 창안한 것이다. T 집단은 흔히 'T 그룹T-group' 또는 '훈련집단'으로도 불리는데, 여기서 'T'는 'training in human relations', 즉 '인간관계훈련'의 약자다. T 집단은 체험 중심의 집단활동과 과정을 통해 대인관계에서 감수성sensitiveness 또는 민감성sensitivity을 높이는 한편, 효과적인 의사소통, 대인관계 증진과 능력 개발, 인간적 성장에 초점을 맞춘다. 이 집단의 참여자는 자신의 대인관계 유형, 남에게 보여지는 자신의 반응과 자신에게 보여지는 타인의 반응, 그리고 일반적인 집단행동에 관해 배우게 된다. 이로써 T 집단은 '감수성훈련집단sensitiveness training group' 또는 '실험훈련집단experiment training group' 등 다양한 명칭으로 불린다. 이 집단의 형태는 주로 조직사회에서 성공적으로 기능하는 데 필요한 대인관계 기술을 강조한다. T 집단의 주요 목적은 글상자 1-10과 같다.

글상자 1-10. T 집단의 주요 목적

1. 자신과 상대방의 감정 반응 인식과 감수성 증진
2. 자신의 행동이 다른 사람에게 미치는 영향에 대한 인식과 결과 학습
3. 민주적 · 과학적 맥락에서 개인과 사회의 가치 명료화
4. 개인의 가치를 주위 상황의 요구에 맞출 수 있는 통찰력 습득
5. 사회에서 효과적으로 기능할 수 있는 행동기술 학습

T 집단은 세상에 처음 소개되면서 큰 반향을 일으켰고, 이는 1947년 미국 메인주 소재 응용행동과학 국립훈련원National Training Laboratories(NTL) 설립으로 이어졌다. NTL은 소집단과 대집단에서의 인간 행동에 관한 교육과 연구기관으로서 수많은 인간관계훈련 리더를 배출했고, 1960~70년대의 참만남집단운동과 인간잠재력운동의 발전에 크게 이바지했다. 설립 당시, 르윈은 연구를 전제로 하는 실천을 강조했는데, 그의 영향으로 스탠퍼드 대학의 참만남집단에 관한 연구를 비롯하여 수많은 연구가 행해졌고, 연구결과들은 치료집단, 특히 어빈 얄롬Irvin Yalom의 대인관계 집단치료의 이론적 토대가 되었다.

참만남집단. 참만남집단encounter groups은 1960년대 초, 칼 로저스Carl Rogers(1902~1987)를 중심으로 T 집단리더들이 창안한 것으로, 모든 장면에서 성장 기회를 제공하기 위한 훈련 형태에서 발전된 집단이다. 이 집단은 '엔카운터 그룹'으로도 불리는데, 이 명칭은 로저스가 자신의 집중집단을 '기본참만남집단Basic Encounter Group'으로 명명한 것에서 유래되었다. 그는 산업체, 대학, 교육기관, 교회, 행형시설 등지에서 다양한 기본참만남집단을 실시했다. 기본참만남집단은 1회에 6~8시간씩 주 3~4회에 걸쳐 진행되는 T 집단과 실험집단, 20시간 이상 연이은 감수성 집단, 또는 주말에 2박 3일간 쉬지 않고 진행하는 마라톤 집단의 성격을 띠었다. 특히, 마라톤집단marathon groups은 며칠 동안 연이어 회기를 가짐으로써 참여자들의 방어를 감소시키는 한편, 친밀감을 조성하여 집중적intensive이고 심화된 상호작용의 기회 제공을 위해 활용되었다.

참만남집단은 주로 소집단(8-18명) 형식의 비구조화 집단으로 진행되고, 지금 여기의 상호작용과 집단역동을 중시하며, 솔직하고 의미 있는 만남이 강조되고, 대인관계에서 자기개방, 솔직성, 자각/알아차림, 책임감, 감정표현에 가치를 둔다는 특징이 있다. 이 집단의 목표는 참여자들의 사회적 기술 개발이 아니라 일치성genuineness과 진정성authenticity 증진을 통해 자각 확장과 잠재력을 극대화하여 인간적 성장과 자기실현을 이루는 것이다. 이에 참여자들은 형식적 · 업무적 · 피상적 관계에서 탈피하여, 감수성·민감성을 기반으로 생각과 감정을 솔직하게 표현하고, 진솔한 자세로의 내면 개방, 그리고 자신과 타인의 반응에 대한 깊은 통찰과 인식을 탐색하게 된다. 이에 집단리더는 상담자나 치료자보다는 촉진자facilitator로서 참여자들 간의 상호작용을 촉진하는 역할을 담당한다.

참만남집단은 일정 기간 수련원에서 함께 생활하면서 주로 신체접촉, 감수성 인식, 역할연습 등의 기법을 통해, 참여자들의 상호작용을 실체적·경험적 차원으로 승화시키고자 했다. 이 집단은 결국 감수성 또는 자기인식 증진을 위한 운동('참만남집단운동Encounter Group Movement')으로 확대되었다. 이 운동은 인본주의 심리학에 영향을 끼친 힌두교, 불교, 유교, 도교의 영향을 받았고, 결국 이론적으로 도道와 명상meditation을 다루는 제4심리학('초월심리학') 창시의 기초를 제공했다. 대화상자 1-4는 성장집단에서 집단리더와 참여자들 사이에 이루어진 대화의 예다.

대화상자 1-4. 성장집단 대화의 예

리 더: 지금까지 이 집단에서 무엇을 배우셨나요?

동 준: 음, 내 마음에 두려움이 더 생겼다는 것?

수 아: 저도 동감이에요. 그리고 저는 사실 오늘 체험한 코스를 모두 끝낼 수 없을 것 같았거든요. 그런데 동준 씨가 하는 것을 보고는 '나도 할 수 있겠구나.'라는 생각이 들었어요.

효 석: 아, 정말 집단의 힘이라는 것이 바로 이런 거라는 사실을 경험했어요. 정말 두려웠어요. 그런데 우리 집단에 계신 분들이 저한테 할 수 있을 거라고 격려해 주신 것이 결정적으로 도움이 되었어요. 격려가 정말 힘이 된다는 사실을 새삼 실감하게 되었어요.

리 더: 우리 집단에 계신 분들의 지지가 효석 씨에게 큰 도움이 되었군요. 집단원들의 지지와 격려가 얼마나 가치 있는 것인가에 대해 좀 더 이야기를 나누어 보면 좋겠네요. 음, 동준 씨가 마음에 두려움이 생겼다고 했는데, 이 점에 관한 이야기를 좀 더 들어볼까요?

마라톤집단. 마라톤집단marathon groups은 며칠 동안 연이어 회기를 가짐으로써 참여자들의 방어를 감소시키는 한편, 친밀감을 조성하여 집중적intensive이고 심화된 상호작용을 통해 인간적 성장을 도모하기 위한 집단이다.

T 집단, 참만남집단, 마라톤집단은 공통으로 참여자들에게 구체적인 활동을 통해 직접 체험의 기회를 제공한다는 점에서 경험적/체험적 접근으로 불린다. 성장집단에 속하는 집단으로는 이 세 가지 집단 외에도 글상자 1-11과 같은 집단이 있다.

글상자 1-11. 성장집단의 하위 유형

○ 경험집단Experiential Groups	○ 감각인식집단Sensory Awareness Groups
○ 개인성장집단Individual Growth Groups	○ 신체자각집단 Body Awareness Groups
○ 인간성장집단Human Growth Groups	○ 신체동작집단 Body Movement Groups
○ 개인성장집단Personal Growth Groups	

글상자 1-11에 제시된 집단의 명칭은 단순히 집단 내에서의 주요 활동을 나타내는 것이다. 예컨대, 신체자각집단은 움직임과 자발적인 춤을 통한 신체적 알아차림과 표현을 강조한다. 그러나 이들 집단의 명칭은 다르더라도 근본적인 특성은 크게 다르지 않다. 이처럼 집단의 명칭이 다양한 이유는 1960년대와 1970년대 초에 미국에서 세인들의 관심을 불러일으켰던 집단의 명칭을 오늘날에도 그대로 부르고 있기 때문이다. 성장집단이 세상에 처음 소개되었을 당시에는 인간관계 기술을 강조했다. 그러나 점차 그 범위가 확대되어, 오늘날에는 인간관계와 관련된 새로운 행동의 실험, 새로운 사고의 변화 시도, 자율적 의사결정, 합리적 문제해결을 위한 환경 제공, 또는 직간접적 경험을 통한 교육을 강조하기에 이르렀다. 이런 이유로, 성장집단은 학교, 종교기관, 지역사회 단체에서 준전문가paraprofessionals에 의해 실시될 정도로 대중적인 집단 형태로 자리 잡았다.

과업집단

과업집단task groups은 특정 과업을 완수하기 위한 목적으로 구성되는 유형의 집단이다. 과업집단을 이끄는 사람은 보통 '리더' 또는 '팀장'으로 불린다. 그러나 자문 관련 집단의 경우, '자문자' 또는 '컨설턴트consultant'로도 불린다. 과업집단은 본래 기업체/산업체 내 집단의 역동을 이해하기 위해 체계적인 노력을 기울였던 미국의 국립훈련원National Training Laboratory(NTL)에서 그 기원을 찾을 수 있다. NTL을 통해 축적된 방대한 자료는 그 후에도 과업집단의 이해에 활용되고 있다. 과업집단은 주로 의식 수준의 행동을 강조하면서, 집단역동을 활용하여 어떤 결과 또는 산물을 성공적으로 추출할 것인가에 중점을 둔다(Gladding, 2016). 이 집단에는 특정 목적 또는 프로젝트 수행을 위해 결성된 태스크포스task force(TF) 팀, 위원회, 사전에 계획된 집단(예, 스태프 미팅/직원회의), 지역사회 기관과 조직, 토론집단, 스터디 모임/학습집단, 그리고 이와 유사한 구조가 포함된다. 글상자 1-12는 과업집단의 이해에 도움이 될 만한 예들을 제시한 것이다.

글상자 1-12. 과업집단의 예

- ○ 임원 후보자 선발을 위한 클럽 회원들의 모임
- ○ 교칙 개정에 관한 협의를 위한 교사 및/또는 학생들의 모임
- ○ 기숙사 운영규정 및 세칙 제정/개정을 위한 대학 기숙사 관리위원들의 모임
- ○ 학교폭력 예방 및 대책 마련을 위한 학교상담위원회 위원들의 모임
- ○ 도로 또는 철도 건설계획 협의를 위한 정부 인사와 전문가들의 모임
- ○ 정부 기관의 연구 프로젝트 결과보고서 작성을 위한 연구 참여 전문가들의 모임
- ○ 지적장애가 있는 학생의 특수학교로의 전학 여부를 결정하기 위한 전문가, 학교행정가, 특수교사, 담임교사, 학부모의 모임

과업집단에서 리더는 집단의 지속적 과업수행, 구성원들의 협의, 그리고 상호작용을 촉진하는 임무를 담당한다. 설령 과업수행을 위해 집단이 구성되었다고 하더라도 집단이 당면 과제에만 초점을 맞춘다면, 예기치 않은 문제가 발생할 수 있

다. 즉, 참여자들이 과업수행에만 몰두하느라 집단의 상호작용 및/또는 관계가 무시되는 것은 참여자들 간의 협력 관계 형성과 목표달성에 걸림돌이 될 수 있다. 따라서 과업집단의 리더는 집단역동과 과정, 그리고 집단원들 간의 관계가 과제수행 과정과 성과에 유의하게 영향을 미친다는 사실을 깊이 인식하고 있어야 한다. 다른 집단과 마찬가지로, 과업집단 역시 ① 워밍업, ② 작업/활동/과업수행, ③ 종결 순으로 진행되는 절차가 적용된다. 만일 집단의 진행 과정에서 집단 논의가 주제나 과업에서 벗어나거나 구성원 사이에 갈등이 빚어지는 경우, 즉시 개입하여 집단 논의의 초점을 제 궤도에 올려놓는 일은 과업집단의 리더의 중요한 역할이다. 대화상자 1-5는 신규 상담원을 선발하기 위해 구성된 과업집단에서 이루어진 대화의 예다.

대화상자 1-5. 과업집단 대화의 예

명 지: 우리 센터를 찾는 내담자들은 주로 여성이잖아요. 그러니까 남성보다는 여성이 더 필요하지 않을까요?

영 민: (다소 언성을 높이며) 우리가 여성을 뽑으려 했다면, 당초에 왜 남성 지원자들을 면접했겠어요? 그리고 지난번 회의에서도 여성을 뽑아야 한다는 말은 없었잖아요!

소 장: (잠재적으로 민감한 상황임을 인식하면서) 자, 우리가 진정으로 필요로 하는 것에 관해 이야기를 나누어 보죠. 두 분 선생님의 의견, 모두 일리가 있어요. 우리가 신규 상담원으로 여성을 뽑기로 정하지는 않았지만, 여성 상담자가 필요하다는 생각은 들어요. 자, 그럼 지원자들의 강점과 약점을 꼼꼼히 살펴보기로 하죠.

정 우: 저는 개인적으로 2번 지원자가 담배를 많이 피운다는 사실을 알고 있어서, 이 점이 좀 마음에 걸리네요. 우리 센터의 상담자 중에는 흡연자가 한 명도 없잖아요. 그리고 이번 기회에 행정실 근무자들에 대해 흡연에 관한 조치가 필요할 것 같아요.

보 현: 아, 그건 저도 동의해요. 벌써 해야 했던 일이라고 생각해요. (소장을 쳐다보며) 이번 기회에 직원 전체를 대상으로 금연에 관한 규정을 마련하는 것이 어떨까요, 소장님?

소 장: (집단이 주제에서 벗어난 것을 인식하면서) 잠시만요! 우린 지금 상담원을 새로 선발하기 위해 회의를 하고 있어요. 오늘 중으로 선발해야 할 상담원을 결정해야 하니까 금연에 관한 규정은 다음 회의로 미루기로 하고, 지금은 지원자들의 직무 적합성에 대한 논의에 초점을 맞추기로 하죠.

대화상자 1-5의 대화 예에서, 참여자들의 논의 내용이 주제에서 벗어나자, 리더인 소장은 참여자들에게 모임의 목적을 명확하게 밝히는 한편, 모임 목적에 따른 과업에 집중하도록 독려하고 있다. 만일 기업체/산업체 등의 기관에서 과업수행에 어려움을 겪는 부서가 생긴다면, 과업집단 전문가(예, 컨설턴트)에게 도움을 요청할 수 있다. 기관에서 도움을 요청받게 되면, 컨설턴트는 우선 그 조직체계의 문제점을 분석 · 진단할 것이다. 컨설턴트는 이를 통해 산출된 자료를 면밀히 검토하여, 작업대상 집단의 역동 변화를 위해 그 조직의 구성원들과 작업한다.

이러한 이유로, 과업집단의 리더는 일반적으로 기업체/산업체 조직과 하부 집단의 기능을 잘 이해하고 있는 사람이 맡는다. 과업집단의 리더는 전문지식과 경험을 토대로 조직이 생산적인 방향으로 변화될 수 있도록 돕게 된다. 이 과정에서 리더는 조직 구성원들의 요구와 그들 사이의 상호작용에 주의를 기울인다. 과업집단의 리더가 수행한 과업에 관한 설명은 글상자 1-13과 같다.

글상자 1-13. 과업집단의 예

컨설팅 회사를 운영하는 강 박사는 한 중소기업체로부터 컨설팅 요청을 받았다. 내용인즉, 회사 간부와 직원들 사이의 갈등으로 회사 업무가 거의 마비 상태여서 이 문제해결을 위해 도움이 필요하다는 것이었다. 이에 강 박사는 회사 간부와 직원들을 대상으로 소집단 모임을 3회기에 걸쳐 실시하면서 이들의 상호작용을 분석했다. 첫 회기에는 신뢰 분위기를 조성하면서, 조직의 구성원들이 인식하고 있는 문제점에 관해 이야기를 나누었다. 다음 회기에는 문제해결에 도움을 주기 위해 역할연습을 했다.

강 박사는 주의 깊게 관찰한 자료를 토대로 이 기업체 구성원들의 문제해결 과정을 면밀히 분석했다. 그 결과, 성별, 연령, 출신학교, 개인적 성향의 차이에서 파생되어 이들 사이에 조직상의 상하관계에서 오는 괴리감, 그리고 관계에서 한계를 정하지 못하는 문제점이 발견되었다. 마지막 회기에서 그는 자신이 관찰한 내용과 피드백을 토대로 구성원들에게 문제해결 기법을 적용하여 대인관계에서의 갈등을 해소했다. 그리고 한 달 후, 후속 모임을 위해 재차 방문할 것을 약속했다.

글상자 1-13에 제시된 사례에서처럼, 기업체/산업체 구성원들 사이에서 발생하는 문제는 흔히 가치관 차이와 사회규범 불일치와 연관이 있다. 이러한 요인들은 집단역동에 부정적인 영향을 미치게 되어 직원들의 의사소통 능력, 업무 만족도, 동기 수준, 생산성을 크게 떨어뜨린다. 그뿐 아니라, 직원들 간에 심리적 갈등, 하위집단 형성subgrouping, 심지어 성희롱 또는 성폭력 같은 문제를 야기하기도 한다. 이러한 문제점 해결 또는 예방을 위해 구성되는 집단이 바로 과업집단이다.

자조집단

자조집단self-help groups은 스스로 돕는 집단, 즉 정신건강 전문가가 돕기에 한계가 있는 문제를 지닌 사람들이 통상적으로 전문가의 도움 없이 진행하는 집단이다. 이 집단에서는 특정 문제를 이미 겪었거나 극복한 사람 또는 구성원들이 차례로 돌아가면서 집단의 리더 역할을 한다. 이에 자조집단의 운영방식은 정신건강 전문가가 이끄는 집단과는 다소 차이가 있다. 이 집단은 전형적으로 물질사용 또는 체중조절처럼 참여자들이 공통으로 겪고 있는 특정 문제를 중심으로 구성된다. 따라서 집단원들은 자신들의 경험과 어려움을 기꺼이 내어놓고 필요한 정보를 나누게 되면서 다른 유형의 집단에 비해 응집력이 쉽게 높아지는 특징이 있다. 이 집단에서 집단원들은 다른 집단원들의 지지와 격려에 힘입어 변화를 체험하고, 미래에 대한 희망을 되찾게 된다. 글상자 1-14는 여성 대상의 자조집단에 참여했던 집단원의 경험담이다.

글상자 1-14. 자조집단 참여자의 경험담

"저는 지난 1년 동안 여성들로만 구성된 자조집단이라는 모임에 참여했어요. 이 집단은 여성들을 지지할 목적으로 구성되었어요. 총 8명이 모여서 다양한 주제에 관해 이야기를 나누었는데, 특히 뭐랄까? 남성 중심 사회에서 여성으로 살아가는 것에 대한 느낌이나 생각을 이야기했던 것 같아요. 이 집단에는 상담자나 정신과 의사 같은 전문가는 없었고, 대신 모일 때마다 집단에 참여한 사람들이 돌아가면서 진행을 맡았어요. 총 6개월 동안 나름 중요한 문제를 다루었는데요. 예를 들면, 결혼과 이혼, 부부관계, 가족관계와 고부갈등, 자녀교육 같은 주제로 이야기를 나누었어요. 앞서 말씀드렸다시피, 이 집단에서는 여성들만 있어서 다른 곳에서는 나눌 수 없었던 이야기를 솔직하게 털어놓을 수 있어서 좋았어요. 집단은 이미 끝났지만, 그때 모였던 사람들은 여전히 모임을 계속하고 있다고 들었어요."

자조집단은 심리사회적 스트레스를 경감시켜 주는 지원체계를 통해 참여자들이 자신들의 삶을 변화시키는 동기를 제공하는 특성이 있다. 자조집단의 예는 글상자 1-15와 같다.

글상자 1-15. 자조집단의 대표적인 프로그램

- 12단계 Twelve Steps
- 과식자 익명 집단 Overeaters Anonymous (OA)
- 근친상간 성인생존자집단 Adult Survivors of Incest (ASI)
- 마약중독자 익명 집단 Narcotics Anonymous (NA)
- 성 중독자 집단 Sex Addicts Anonymous (SAA)
- 심장 수술 환자 집단 Mended Hearts
- 알코올중독자 익명 집단 Alcoholics Anonymous (AA)
- 자녀를 잃은 부모집단 Compassionate Friends
- 체중조절집단 Weight Watchers
- 피살 아동 부모집단 Parents of Murdered Children (PMC)
- 현재 과거의 정신질환자 모임 Recovery, Inc

그 밖에 이혼이나 재혼 같은 가족관계 문제나 암, HIV, AIDS 같은 각종 치명적인 질병으로 어려움을 겪는 사람들을 위한 자조집단이 운영되고 있다. 자조집단은 북아메리카 지역에만 약 50만 명 이상의 사람들이 참여하고 있는 것으로 파악되고 있다(Gladding, 2016).

지지집단

지지집단support groups은 지지와 격려가 필요한, 공통 관심사가 있는 사람들을 위한 집단유형이다. 이 집단에서 참여자들은 자신들의 경험에 대한 생각과 감정을 나누며, 특정 문제와 관심사에 대해 지지와 격려를 주고받는다. 이 집단은 보통 매일, 매주, 매월 1~2회 정도 정기적으로 모인다. 지지집단에서 참여자들은 다른 사람들도 종종 유사한 문제를 겪고 있고, 유사한 감정을 체험하고 있으며, 비슷한 생각을 하고 있다는 사실을 깨닫게 된다. 지지집단의 전형적인 대상자는 글상자 1-16과 같다.

글상자 1-16. 지지집단의 전형적인 대상자 목록

- ○ 중학교, 고등학교, 또는 대학교에 재학 중인 미혼모
- ○ 최근 신체장애를 입게 된 사람
- ○ AIDS/HIV 감염자
- ○ 인재(살인, 화재, 교통사고를 비롯한 각종 사고) 희생자
- ○ 재혼을 통해 새 자녀를 두게 되면서 어려움을 겪는 부 및/또는 모
- ○ 자연재해(가뭄, 홍수, 태풍, 해일, 지진, 쓰나미, 화산폭발) 피해자
- ○ 회복 센터에 입원 중인 나이든 성인/노인
- ○ 가까운 사람/사랑하는 이의 임종을 앞두고 있거나 사망한 사람들

지지집단에서 리더의 역할은 지지와 격려를 기반으로 참여자들이 서로의 감정을 나누도록 독려하는 일이다. 이상적으로는 아주 사적인 경험에 초점을 맞춘 자기개방을 기반으로 참여자들 간에 진솔한 상호작용을 하는 것이다. 이 집단의 리더는 집단에서의 나눔이 집단의 목적이자 목표라는 사실을 유념해야 한다. 왜냐면 리더나 특정 집단원이 집단을 주도하거나 다른 집단원들을 압도하는 상황에서

는 지지집단의 목표를 달성하기 어렵기 때문이다. 대화상자 1-6은 지지집단에서 이루어진 대화의 예다. 이 집단은 사고 경험으로 인해 외상 증상이 있는 사람들로 구성되었다.

대화상자 1-6. 지지집단 대화의 예

리 더: 요즘은 지내시기가 좀 어떠세요?
조 인: 저는 요즘 밤에 잠을 못 자요. 잠이 왜 안 오는 걸까요? 저는 이번 일로 하나님이 너무 원망스러워요. 정말 어찌해야 할지 모르겠어요.
한 나: 음, 저도 비슷해요. 사실, 저는 교통사고가 난 후로 교회에 한 번도 간 적이 없어요. 다시 교회를 다녀야 할지 잘 모르겠어요.
리 더: (찬주라는 집단원이 고개를 가로젓는 모습을 보면서) 찬주 씨, 방금 조인 씨와 한나 씨가 말한 것에 대해 어떤 느낌이 들었나 봐요.
찬 주: (작은 목소리로) 글쎄요, 저도 힘든 건 마찬가진데요. 그래도 저는 하나님에 대한 믿음이 저를 지금까지 지켜줘 왔다고 믿거든요. 왜 이런 일이 나에게 일어났는지는 잘 모르겠지만요. 그렇지만 하나님은 그 이유를 알고 계실 거예요. 조인 씨와 한나 씨가 이러한 사실을 기억해 주셨으면 좋겠어요.

대화상자 1-6에 제시된 대화에서, 리더는 참여자들의 분노를 치료적으로 다루고자 하지 않는다. 다만, 리더는 지지집단의 본래 목적에 합당하게 구성원들 간의 상호작용을 촉진하고, 다른 사람들은 어떻게 대처하고 있는가를 들어 볼 기회를 제공하고 있다. 지금까지 살펴본 집단의 유형 외에, 집단은 다음과 같은 형태로 나뉜다.

집단의 형태 / 집단은 어떤 형태로 나뉘는가?

집단의 다양한 유형 외에, 집단의 형태는 몇 가지 기준에 따라 다음과 같이 나뉜다.

구조화 vs. 비구조화 vs. 반구조화 집단

집단의 형태는 집단과정을 촉진하기 위한 정형화된 프로그램의 사용 여부에 따라 ① 구조화 집단, ② 비구조화 집단, ③ 반구조화 집단 집단으로 나뉜다.

구조화 집단. 구조화 집단structured groups은 사전에 설정된 주제와 목표달성을 위해 일련의 활동으로 구성되고, 정해진 계획과 절차에 따라 진행되는 집단의 형태다. 구조화 집단은 '구조적 집단'으로도 불리는데, 통상적으로 참여자들이 생활상의 문제를 구체적으로 인식하고 효과적으로 대처할 수 있는 기술을 습득하도록 돕기 위한 일련의 활동으로 진행된다. 이러한 점에서 구조화 집단은 초·중·고등학교 및 대학의 학생상담센터, 지역 청소년상담실, 종교단체를 비롯한 기관 또는 단체에서 널리 활용된다. 구조화 집단의 회기는 집단원의 연령에 따라 길이가 다르다. 중·고등학생 이상의 경우, 짧게는 4주에서 길게는 15주에 걸쳐 주당 2시간 정도의 회기를 갖는다. 반면, 초등학교 아동이나 주의 집중 시간이 짧은 사람들의 경우, 회기당 30~45분 정도로 조정한다. 집단 회기 수 역시 집단목적에 따라 차이가 있다. 구조화 집단에서 주로 다루는 주제의 예는 글상자 1-17과 같다.

글상자 1-17. 구조화 집단의 주제

❍ 이성교제	❍ 진로 의사결정	❍ 부모-자녀 관계 회복
❍ 스트레스 관리	❍ 상급학교 적응	❍ 성희롱·성폭행 대처방법
❍ 부모 역할 훈련	❍ 완벽주의 극복	❍ 알코올중독 부모 대하기
❍ 자기주장 훈련	❍ 외모 콤플렉스	❍ 물질사용 이해와 예방
❍ 사회적 기술	❍ 대처기술 학습	❍ 아동학대 예방 및 대처방법

글상자 1-17에 제시된 집단들은 사전에 설정된 활동, 연습, 독서, 과제, 계약 등을 사용한다. 특히, 계약contract은 특정 행동의 시작/증가 또는 중단/감소에 유용하다. 특정 문제 또는 관심사 해결에 있어서, 계약은 집단상황에서 체결될 때 그 효과가 더 강력하다. 다른 집단원들의 지지와 격려, 적절한 수준의 기대, 이들을 실

망시키지 않으려는 바람 등이 조화를 이루면서 행동 변화를 위한 강력한 동기로 작용하기 때문이다. 집단이 종결될 때는 집단원의 변화된 정도를 평가하기 위해 다른 질문지를 사용할 수도 있다.

비구조화 집단. 비구조화 집단(unstructured groups)은 구조화 집단과 달리 사전에 정해진 집단활동이 없고, 참여자 개개인의 경험과 관심을 토대로 상호작용함으로써 집단의 치료적 효과를 얻고자 하는 형태의 집단이다. 비구조화 집단은 활동 내용이 이미 정해져 있는 구조화 집단보다 훨씬 더 폭넓고 깊은 자기 탐색이 이루어질 수 있다는 장점이 있다. 반면, 구조화 집단에 비해 참여자 개개인의 상호작용과 자기 탐색을 원활하게 촉진할 수 있는 능력과 임상 경험을 겸비한 집단상담자가 요구된다는 한계가 있다.

반구조화 집단. 반구조화 집단(semi-structured groups)은 비구조화 집단의 형태를 토대로 운영하되, 필요할 때마다 구조화 집단에서 활용되는 활동을 이용하는 식으로 구조화 집단과 비구조화 집단을 혼합한 형태의 집단이다. 예를 들어, 참여자들 간의 신뢰 관계 형성을 촉진하기 위해 신뢰감 형성 활동으로 집단 회기를 시작하거나, 집단원들 간에 갈등이 생기는 경우에 갈등 해소를 위한 구조화된 활동을 활용할 수 있다.

개방 vs. 폐쇄집단

집단은 또한 진행 과정에서 새로운 구성원들에 대한 개방 여부에 따라 ① 개방집단, ② 폐쇄집단으로 나뉜다.

개방집단. 개방집단(open groups)은 집단 회기가 진행되는 동안, 기존의 구성원이 집단을 떠나 결원이 생기거나 충원할 필요가 있는 경우, 새로운 구성원이 들어올 수 있는 형태의 집단이다. 집단 형태의 선택은 집단목적과 참여자들의 특성에 달려 있다. 개방집단은 유치원 또는 초등학교 저학년 아동집단 또는 병원 같은 기관에서 장기적으로 운영되는 치료집단에 적합하다. 예를 들어, 놀이를 통해 또래 아동들과 어울리면서 의사소통이나 협동의식 같은 사회적 기술을 익히는 것이 집단의 핵심 목표인 경우, 개방집단이 효과적이다.

개방집단은 다양한 사람들과 교류할 수 있는 이점이 있지만, 집단원의 변동으로 응집력이 낮아질 수 있다는 한계가 있다. 그러므로 개방집단을 계획하는 경우, 사전에 집단원들의 변동 속도를 고려해야 한다. 물론 집단원 개개인이 언제까지 집단에 참여할 것인지는 예상할 수는 없다. 이러한 점에서 집단상담자는 집단원들 대부분이 1~2회기 정도만 참석할 것으로 예상하고 개입방안을 구상하는 한편, 집단원들에게 각 회기가 이들이 만날 수 있는 유일한 회기가 될 수 있다는 사실을 상기시킨다(Corey & Corey, 2017). 이러한 한계점을 보완하기 위한 방안으로는 집단원들에게 적어도 6회기는 참여하겠다는 서약서를 작성하게 하는 방법이 있다. 또한, 집단원의 출결 상황이 집단역동과 과정에 유의한 영향을 미칠 수 있다는 점에서, 연속해서 2회기를 무단결석하는 집단원은 집단참여를 불허하는 규칙을 제정 · 적용할 수 있다. 이러한 조치는 다소 엄격해 보이지만, 집단의 지속성과 집단원 간의 신뢰감 형성을 촉진할 수 있다는 이점이 있다.

폐쇄집단. 폐쇄집단^closed groups^은 특정한 구성원 수로 집단이 구성되어 일단 집단이 시작되면 결원이 생기더라도 새로운 구성원을 충원하지 않는 집단의 형태다. 이러한 형태의 집단은 시간이 제한되어 있고, 회기 수도 사전에 정해져 있다. 집단상담자가 집단을 운영하기는 개방집단보다 폐쇄집단이 비교적 더 수월한 편이다. 집단 회기가 이미 시작된 이후에 새로운 구성원이 집단에 참여하게 되면, 리더는 새로운 행동 패턴과 다른 태도를 보여야 할 뿐만 아니라, 기존의 집단원들과 새로 들어온 집단원 사이에 균형을 맞추기가 쉽지 않기 때문이다. 이러한 점에서 구체적인 목표가 설정된 폐쇄집단은 대체로 학교에서 운영되는 집단상담의 형태로 적합하다(Foss, Green, Wolfe-Stiltner, & DeLucia-Waack, 2008; Sink et al., 2012).

동질집단 vs. 이질집단

집단은 구성원들의 인구통계학적 배경에 따라 동질집단과 이질집단으로 나뉜다.

동질집단. 동질집단homogeneous groups이란 구성원들의 인구통계학적 배경demographic background(예, 성별, 연령, 인종, 민족, 종교, 성장배경, 출신지역, 교육수준, 사회경제적 지위, 직업 등)이 유사하거나 특정한 목적(예, 여성 직장인, 취업준비 중인 대학생) 또는 변화목표(예, 체중감소)를 가지고 있는 사람들로 구성된 집단을 말한다. 동질집단은 이질집단과 비교할 때, 동질집단은 보다 더 넓은 범위에서 삶에서 어려움(예, 배우자 또는 자녀 상실), 임상적 상태(예, 우울, PTSD)를 공유하려는 사람들로 구성되기도 한다. 이러한 이유로, 동질집단은 집단응집력이 조기에 높아지고, 비교적 즉각적으로 지지하게 되며, 참석률이 높은 편이고, 갈등이 적으며, 증상완화가 조기에 이루어지는 특징이 있다. 반면, 집단의 깊이가 다소 피상적이고 표면적인 수준에 머무르는 경향이 있어서 성격 재구성과 같은 목표로 구성되는 집단치료에는 그리 효과적이지 않다.

이질집단. 이질집단heterogeneous groups은 구성원들의 인구통계학적 배경과 특성이 서로 다른 사람들로 구성된 집단을 말한다. 이질집단은 구성원들의 서로 다른 배경과 특성으로 인해 갈등유발 가능성이 높고, 촉진 작업이 더 어려울 수 있다는 특징이 있다. 이러한 이유로, 집단원들 간의 공통분모를 이끌어 내고, 다양한 배경과 어려움이 있는 집단원들을 연결시키기 위해 추가적인 노력이 필요할 수 있다. 그러나 다른 한편으로, 집단원들 간의 갈등은 집단역동을 강하게 불러일으켜서 역동적 상호작용을 촉진하는 효과가 있다. 이러한 점에서 이질집단은 갈등해소를 통해 개인적 성장과 문제해결력을 증진시킬 수 있다는 이점이 있다. 집단이 감당할 수만 있다면, 구성원들 간의 차이가 클수록, 치료적 잠재력은 그만큼 크다(Foulkes & Anthony, 1963). 집단원들이 서로의 유사성을 인식하는 것이 중요하다는 점을 고려할 때, 표면적인 차이가 있음에도 더 깊은 연관성을 찾게 하는 이질집단이야말로 집단원들에게는 매우 강력한 경험이 될 수 있다. 이러한 장점을 고려할 때, 이질집단은 치료적 목적을 지닌 집단상담 혹은 집단치료에 적합하다. 그러므로 집단원들이 응집할 수 있는 방향으로 참여·탐색할 수 있도록 집단을 구성할 필요가 있다.

집단상담의 강점과 한계 / 집단상담은 어떤 강점과 한계가 있는가?

개인상담과 집단상담은 어떤 것이 더 효과적일까? 이 질문에 대한 대답은 간단하지 않다. 상담 서비스 수혜자와 이들의 상황에 따라 다르기 때문이다. 그렇지만 지지와 격려가 필요하고, 다른 사람들의 피드백이 필요하며, 말하기보다 듣는 것으로부터 더 많이 배울 수 있는 사람에게는 집단상담이 훨씬 강력한 치료적 환경이다(Straus, 2018). 특히, 사랑하는 이를 떠나보낸 후 애도과정grief process에 있는 사람들에게 집단은 특유의 진가를 발휘할 수 있다(Price, Dinas, Dunn, & Winterowd, 1995; Wolfelt, 2004; Worden, 2009). 치료적 환경으로서의 집단은 다음과 같은 강점과 한계가 있다. 그러나 강점과 한계는 양날의 칼과 같아서, 강점은 때로 한계점이 될 수 있다.

집단상담의 강점 / 집단상담은 어떤 강점이 있는가?

여기서는 개인상담과 비교할 때, 집단상담의 강점으로 여길 수 있는 요소는 ① 효율성·경제성·실용성, ② 다양한 자원과 강점 제공, ③ 자아 성장을 위한 환경 제공, ④ 다양한 대리학습 기회제공 생활의 축소판, ⑤ 새로운 행동의 실험실, ⑥ 문제 예방, ⑦ 소속감 제공, ⑧ 상담에 대한 긍정적 인식 확대로 요약·정리하여 살펴보기로 한다.

효율성·경제성·실용성. 집단상담은 1인 또는 그 이상의 상담자가 2인 이상의 여러 내담자들에게 동시에 상담 서비스를 제공할 수 있어서 시간과 노력을 절약할 수 있다는 강점이 있다(Alle-Corliss & Alle-Corliss, 2009; DeLucia-Waack, Kalodner, & Riva, 2014). 즉, 집단상담은 정신건강 전문가가 제한된 시간에 더 많은 내담자를 상담할 수 있어서 효율적efficient이고, 비용이 적게 든다는 점에서 경제적economical이며, 학교나 기업 또는 임상 장면에서 널리 활용할 수 있다는 점에서 실용적practical이다. 이러한 점에서 집단상담은 산업체, 종합병원, 재활센터, 양로원 또는 교정시설 같은 기관에서 활용도가 높다. 이처럼 공통 목적을 가진 다수의 사람을 1~2명의 정신건강 전문가가 동시에 상담 또는 치료 서비스를 제공할 수 있다는 것은 집단상담의 큰 강점이다. 이처럼 집단상담은 정신건강 전문가가 더 많은 내담자를 도울 수 있는 중요한 도구다.

일찍이 ASCA(2005)는 국가모델에서 학교상담자들이 집단상담을 더 적극적으로 활용할 것을 권장하였다. 학교장면에는 상담전담 교사 수보다 서비스 수혜자인 학생 수가 많다는 점에서 개인상담으로 전교생에게 상담의 혜택을 골고루 나누어 주기에는 한계가 있다. 반면, 집단상담은 제한된 시간을 가장 효율적으로 사용하면서 더 많은 학생에게 서비스를 고르게 제공할 수 있다는 강점이 있다(Bauman, 2009; Jacobs & Schimmel, 2004; Sink et al., 2012; Van Velsor, 2009). 신입생 오리엔테이션, 진로 · 진학지도 및/또는 생활지도와 관련된 각종 프로그램을 통해 학교상담자와 교사들의 시간과 노력을 대폭 절약할 수 있다는 점이 좋은 예다. 여러 전문가는 대인관계와 사회적 기술 습득에 초점을 두는 상담집단이 학생들의 발달단계에 적합한 인간적 성장도모에 가장 적합한 도구라는 사실에 동의하고 있다(Akos, et al., 2007; Greenberg, 2003; Malekoff, 2014; Myrick, 2011).

다양한 자원과 관점 제공. 집단상담은 구성원들이 집단참여와 상호작용을 통해 다른 집단원들로부터 다양한 자원을 얻을 수 있다는 강점이 있다(DeLucia-Waack et al., 2014). 집단원은 성별, 연령, 직업, 사회경제적 지위, 결혼, 교육수준, 그리고 때로 인종, 민족, 문화 등의 영역에서 다양한 배경을 지니고 있다. 이러한 다양성을 토대로 집단은 집단원 간의 차이점과 정보 공유, 개인적 가치 경험과 확대, 문제해결, 의사결정을 위한 다양한 관점과 풍부한 자원을 제공한다(Hays & Erford, 2017; Sue & Sue, 2016). 참여자들은 집단에서 각자의 다양한 관점을 표출 · 논의한다. 여러 사람이 함께할 때, 집단원은 다양한 견해, 정보, 아이디어, 가치관, 세상을 보는 시각으로 흥미롭고 가치 있는 경험을 만들어 나갈 수 있다.

집단원들은 서로의 정보를 공유하고, 문제해결 방안을 함께 모색하며, 개인의 가치관을 명료화하는 과정에서 다양한 관점을 확보할 수 있다. 한 가지 사안에 대해 집단원은 다양한 의견, 생각, 감정 등을 표출할 수 있으므로, 집단논의를 흥미롭고 가치 있게 만들 수 있다. 이를 위해 집단상담자는 구성원들의 서로 다른 배경을 집단 문화의 일부로 인정하는 한편, 보편적 가치를 발견하고 새로운 경험을 촉진하기 위해 다른 집단원에 대한 느낌을 적극 표현하도록 격려한다. 이렇게 함으로써, 개인차에 대한 자기개방self-disclosure은 오히려 유사점으로 이어져서 보편성을 경험할 수 있게 한다는 점에서 치료 효과를 산출할 수 있다. 여러 사람과의 상호작용은 각자의 사고, 행동, 생활양식life style 등의 탐색을 통해 인간적 성장의 기틀이 된다(Sonstegard & Bitter, 2004).

자아 성장을 위한 환경 제공. 집단상담은 자아 성장을 위한 환경을 제공한다. 자아는 다른 사람들과의 교류를 통해 성장 · 발달한다(Malekoff, 2014). 집단경험을 통해 얻을 수 있는 이점으로는 상호신뢰의 가치를 몸소 체험하는 것이다. 집단 참여자들은 집단 내에서 다른 사람들과 신뢰 관계를 맺고, 이를 기초로 사적인 문제 및/또는 관심사를 다른 집단원들에게 기꺼이 공개하게 된다. 이는 집단원에게는 모험을 감수해야 하는 일이다. 개인적인 관심사를 함께 나누고, 다른 사람들의 경험, 감정, 관심 등에 대해 알게 되면서 집단원은 다른 집단원들과의 관계 속에서 자신의 모습을 관찰 · 탐색 · 이해하게 된다. 그뿐 아니라, 이타심을 실천함으로써 성장의 발판을 마련할 수 있게 된다.

집단원은 집단에서 다른 집단원들의 이야기를 듣게 되면서 경청기술 습득은 물론, 이들의 관심사가 자신의 것과 유사하다는 사실을 깨닫게 된다. 사람들은 흔히 자신이 특별한 사람이라고 느낀다. 그러나 집단에 참여하면서 비슷한 생각과 느낌을 지닌 사람이 자신만이 아니라는 사실을 깨닫게 된다(Barlow, 2008). 집단원은 종종 집단에서 개인적인 관심, 생각, 느낌을 드러내면서 보편성, 즉 집단의 다른 사람들과 비슷한 관심, 생각, 느낌을 지니고 있다는 사실에 놀라기도 한다. 집단상담에서는 이처럼 구성원들의 상호작용을 기반으로 문제해결에 초점을 두게 되면서, 집단원들의 의사소통 기술과 대인관계 능력이 향상된다. 효과적인 의사소통 기술의 습득은 대인관계 형성 및 유지 능력의 향상을 가져오게 되어 구성원들은 자연스럽게 자아 성장으로 이어진다. 구성원들이 서로 도움을 주고받으면서 긍정적인 자기개념을 형성하게 되고 자존감이 향상되는 점 또한 집단상담을 통해 얻을 수 있는 큰 이점이다.

다양한 대리학습 기회제공. 집단상담은 집단원들에게 다양한 대리학습vicarious learning 경험의 기회를 제공한다. 집단원들 간의 자유로운 상호작용은 곧 집단이 하나의 축소된 사회로 발달하게 하는 동력이 된다. 이로써 집단은 일시적으로 사회공동체, 가족, 작업 현장 또는 조직의 일시적 대용 집단으로 기능한다. 이러한 특성으로, 집단상담은 구성원들에게 지지적 · 수용적 · 양육적인 대리가족체계vicarious family system를 제공한다(Kottler, 2015; Yalom, 2005). 건강한 가족 분위기를 통해 집단은 다른 사람들에 대한 관심과 친밀한 관계 형성을 원하는 인간의 기본 욕구를 충족시켜 준다. 다른 사람들과 교류하게 되면서 기쁨과 즐거움 같은 긍정적인 감정을 함께 나눌 수 있다는 것은 바로 집단상담이 지니는 큰 강점이다.

그러나 다른 한편으로, 집단은 이중적이면서 모순된 특성이 있다. 즉, 집단은 안전한 동시에 위험한 환경이 될 수 있다. 왜냐면 집단에서는 안전한 분위기 속에서도 집단원들의 내면에 누적되어 있던 감정(엄격함, 두려움, 분노, 역겨움, 의심, 질투, 불안감 등)과 행동(도전, 직면 등)이 표출될 수 있기 때문이다. 물론 이러한 감정과 행동은 집단작업의 원천이 된다. 즉, 집단원들은 집단이라는 사회적 맥락에서 자신들의 부적응적 행동과 역기능적 감정을 탐색하는 한편, 솔직한 피드백을 통해 이러한 요소들이 대인관계에 미치는 영향을 인식할 수 있게 된다.

이러한 요소들이 혼재된 집단상황에서 이들은 자신들의 관심사 또는 문제와 관련된 적절한 감정과 태도를 경험 · 학습하고, 이를 일상생활에 적용할 수 있게 된다. 집단작업을 통해 구성원들은 복잡하게 얽혀진 감정들을 확인 · 정리 · 해소하면서 인간적 성장을 한층 앞당기게 된다. 이처럼 집단상담은 개인상담에 비해 훨씬 더 실생활에 가깝다는 점에서 '사회적 소우주social microcosm'(Yalom, 2005), '사회의 거울'(Gazda, 1989), '사회의 축소판'(Hagedorn & Hirshhorn, 2009) 또는 '소사회microsocieties'(Trotzer, 2013)로 불린다.

새로운 행동의 실험실. 집단상담은 참여자들이 새로운 행동을 시험하기에 안전한 공간(실험실laboratory)을 제공한다(Capuzzi & Gross, 2009; Johnson & Johnson, 2016). 이 작지만 안전하고 지지적인 공간에서 집단원들은 실생활에서 활용하기를 원하는 새로운 사회적 기술과 행동을 실험 · 연습해 볼 수 있다. 게다가, 집단상담자와 다른 집단원들로부터 자신의 실험적 행동에 대해 다양한 관점의 피드백을 받을 수 있다. 집단에서 실험해 볼 수 있는 기술과 행동의 범위는 다양하다(예, 감정/애정 표현, 친구 사귀기, 주장 행동, 임금인상 요구방법, 의미 있는 사람과의 대화 방법, 취업을 위한 면접 등). 예를 들어, 수줍음이 많고 소극적인 집단원은 먼저 말을 꺼냄으로써 적극성을 시도해 보고, 자기표현을 잘 하지 않는다고 생각하는 집단원은 감정 표현을 더 많이 해 볼 수 있다. 새로운 행동을 시도해 보면서 집단원들은 자신들이 어느 정도 변화하기를 원하는지 인식하게 된다.

집단참여를 통해 집단원들은 그동안 억압되었던 감정을 해소하고, 자신들의 입장과 처지에 대해 공감적 이해를 받게 된다. 다른 사람들로부터 있는 그대로 받아들여지고, 조건 없이 지지와 격려를 받게 되는 경험은 종종 집단원들이 기꺼이 변화를 시도하고자 하는 동기가 되고, 자신감을 북돋아 준다. 그 결과, 집단원들은 집단경험을 통해 습득한 적응 능력과 기술을 실생활에 적용하게 됨으로써, 더 건강하고 생산적인 삶을 영위할 수 있게 된다.

문제 예방. 집단상담은 사람들의 문제 발생 또는 악화하기 전에 대처할 수 있는 생활기술 습득을 돕는다는 점에서 문제 예방의 기능이 있다. 집단의 수용적이고 지지적인 환경은 구성원들이 새로운 행동을 시도하여 행동 변화를 꾀함으로써 잠재적으로 발생할 수 있었던 문제를 예방하는 기능이 있다(Rogers & Farson, 2015). 게다가 발달상의 문제를 겪고 있는 사람은 그 문제가 자기 혼자만의 문제가 아니라는 사실을 깨닫는 것(보편성[universality])만으로도 심리적 고통에서 해방감을 맛보는 감동을 맛볼 수 있다. 또한, 집단에 소속감을 갖게 됨으로써 외로움, 고립감, 무력감 같은 정서적인 문제가 자연스럽게 해소되는 효과 역시 집단상담의 중요한 강점이다.

소속감 제공. 집단상담은 참여자들에게 소속감을 제공한다. 사람들에게는 기본적으로 소속 욕구가 있다(Maslow, 1962). 이 욕구는 일종의 치유요인으로, 집단의 일원이 됨으로써 충족될 수 있다(Steen, 2009). 집단에서 구성원들은 서로를 동일시하게 되면서 일원이라는 느낌이 들게 된다. 집단의 소속감은 남성, 여성, 전과자, 물질에 중독된 10대, 무기력감을 느끼는 사람, 재향군인, 노인에게 치료적 효과가 있는 것으로 입증되었다(Jacobs et al., 2016; Miller, 2015).

상담에 대한 긍정적 인식 확대. 집단상담은 상담에 대해 잘 알지 못하거나 부정적으로 인식하던 사람들이 건설적인 집단경험을 통해 상담에 대한 인식에 변화를 가져오게 할 수 있다는 강점이 있다. 집단에 대해 긍정적으로 인식하는 사람들은 필요한 경우, 자연스럽게 기꺼이 상담 또는 정신건강 서비스를 요청하여 삶의 질을 높이고자 할 수 있기 때문이다. 이처럼 집단상담은 많은 강점이 있지만, 누구에게나 유익한 것은 아니다. 집단참여를 원치 않거나 준비가 되지 않은 사람들은 미처 마음의 준비를 하기도 전에 집단압력으로 인해 상처를 받거나 문제가 발생하기도 하기 때문이다(Corey, 2017; Yalom, 2005). 그런가 하면, 시간의 한계로 인해 개인의 문제를 심도 있게 다루지 못하는 경우도 발생할 수 있다. 따라서 집단상담 이상의 정신건강 서비스가 필요하다고 판단되는 사람은 개인상담 같은 다른 대안을 택해야 할 것이다. 집단상담의 한계는 다음과 같다.

집단상담의 한계 / 집단상담의 한계는 무엇인가?

집단상담의 한계는 ① 비밀유지의 한계, ② 개인에 대한 관심 미약, ③ 역효과의 가능성, ④ 집단압력의 가능성으로 요약 · 정리할 수 있다.

비밀유지의 한계. 집단상담은 개인상담에 비해 비밀유지confidentiality에 한계가 있다. 개인상담에서 비밀유지 원칙을 위반할 수 있는 유일한 사람은 상담자다. 그러나 집단상담의 경우, 비밀유지 원칙 파기의 가능성은 집단원 전체에게 확대되어 집단 밖에서 일어나는 일에 대해 통제할 수 없다는 한계가 있다. 그러므로 집단상담자는 구성원들에게 집단에서 노출된 다른 구성원들의 사적 정보에 대해 비밀을 유지해 줄 것을 기회가 있을 때마다 강조해야 한다. 집단상담에서의 비밀유지 원칙은 집단에서 다른 집단원들이 공개한 사적 정보를 집단 밖으로 유출하는 행위뿐 아니라 집단 회기 중에 나누었던 대화 내용을 집단 밖에서 언급하는 행위에도 적용된다. 이처럼 집단상담에서의 비밀유지는 한계가 있다. 그러므로 집단상담자는 집단초기에 비밀유지의 한계를 설명해 줌으로써 집단원들이 자기개방을 할 때 적정한 한계를 설정하도록 도와야 한다.

개인에 대한 관심 미약. 집단상담에서는 개인상담에 비해 집단원 개개인에 대한 관심과 주의 집중이 약해질 수 있다는 한계가 있다. 앞서 언급한 것처럼, 집단상담에서는 일반적으로 1~2명의 리더가 동시에 여러 명의 집단원과 교류한다. 이러한 독특한 상황에서 리더는 집단원 개개인에게 기울이는 주의와 관심이 개인상담에 비해 다소 미흡할 수 있다. 이러한 이유로, 집단상담에서는 상대적으로 집단원의 개인적인 문제나 관심사가 충분히 다루는 데 한계가 있다. 그나마 한정된 시간마저 일부 집단원에게 집중되는 경우, 나머지 집단원들의 개인적인 문제는 자칫 등한시되기 쉽다. 그러므로 지나치게 소극적이거나 개인적 주의를 필요로 해서 집단상황에 적응하기 어려워하는 사람은 개인상담 또는 다른 형태의 상담 서비스로 대체하거나 병행하는 것이 더 효과적일 것이다.

역효과의 가능성. 집단상담은 일부 사람들에게는 역효과의 가능성이 있다는 한계가 있다. 집단상담은 집단원에 따라 예기치 않게 부정적인 결과를 초래할 수 있다. 특히, 비자발적으로 집단에 참여하게 되거나, 집단참여를 원치 않거나, 마음의 준비가 되지 않은 상태로 집단에 참여하게 되는 사람은 개인적 감정 또는 문제로 집단분위기를 해치거나 다른 집단원들의 집단경험을 저해할 수 있다. 그러므로 집단상담에 적합하지 않거나, 집단분위기를 해칠 수 있는 특성이 있는 사람은 개인상담 또는 다른 영역의 정신건강 전문가에게 의뢰하는 것이 더 합리적인 선택일 것이다. 특히, 뇌 손상, 정신병, 자기애성 성격장애, 또는 자살사고나 시도하는 사람들처럼, 집중적인 돌봄이 필요한 사람들은 집단상담을 통해 얻을 수 있는 효과는 제한적일 수 있다(Jacobs et al., 2016).

집단압력의 가능성. 집단상담은 집단원들이 집단 기대에의 부응에 대한 미묘한 압박감을 느끼게 할 수 있다는 한계가 있다. 특히, 다른 구성원들과 다른 특성 또는 배경을 가진 사람은 집단의 지배적인 구성원들의 가치관에 동조해야 할 것 같은 압력을 받을 수 있다. 예를 들어, 같은 반 학생들과의 갈등으로 집단상담에 참여한 학생이 있다고 하자. 만일 이 학생이 집단압력을 느끼게 된다면, 집단 내에서 생존을 위해 다른 집단원들의 피드백이나 조언을 여과 없이 받아들이게 될 수 있다. 그 결과, 이 학생은 자기 탐색을 심화하기보다는 집단압력에 떠밀려 자신의 욕구와는 무관한 결정을 내리게 될 수 있을 것이다. 그러나 다른 한편으로, 집단압력은 행동 변화를 위해 체결한 계약을 이행하거나 리더가 부과한 과제 완수를 위해서는 긍정적인 치유요인으로 작용하기도 한다는 점에서, 앞서 언급한 것처럼 오히려 집단의 강점으로 간주하기도 한다.

수업활동 / 수업시간에 함께 해 볼까요?

1. **예쁜 꼬리표** 참여자 전체가 한 사람씩 초점을 맞추고 서로 의논하여 그 사람을 가장 잘 표현할 수 있는 수식어를 이름 앞에 붙여 준다. 예를 들어, '돈키호테를 거느린 햄릿 장우진' '물 뱉는 하마 조유미' 등으로 붙여 줄 수 있다. 이 연습을 통해 참여자들은 서로 간결하고 함축적인 표현을 함으로써 서로에 대한 피드백을 전달할 수 있는 한편, 각자 다른 사람들의 눈에 비친 자신의 모습을 확인할 수 있다. 활동을 마치면, 각자의 소감을 나눈다.

2. **별칭 소개** 자기를 소개하면서 각자 자신의 별칭과 그 내력을 소개한다. 별칭은 어려서부터 불리던 별명, 자기 자신을 가장 잘 상징적으로 나타낼 수 있는 명사, 또는 자신이 지향하고 있는 대상이나 사물이 될 수 있다. 다음의 '내 이름과 사연 소개'에서처럼, 별칭과 내력을 소개하고 나서, 이름 대신 별칭을 누적해서 소개하는 형식을 이어 갈 수 있다.

3. **내 이름과 사연 소개** 둥글게 둘러앉은 상태에서 각자의 이름을 소개하면서 이름의 의미와 이름을 짓게 된 배경 등에 관해 이야기를 나눈다. 그런 다음, 옆 사람은 이미 소개한 사람의 이름을 크게 말하고 난 후, 자기를 소개한다. 다음 사람은 "○○ 옆에 △△ 옆에 □□입니다."라고 소개하는 형식을 이어 간다.

복습문제 / 공부한 것을 확인해 볼까요?

객관식 문항

1. 개인상담과 비교할 때 집단상담의 장점으로 옳은 것만을 〈보기〉에서 있는 대로 고른 것은?

▶2013년 전문상담

〈보기〉

ㄱ. 집단원들 간의 상호교류를 통해 소속감이 높아지고 현실검증의 기회가 많다.
ㄴ. 다양한 관점의 피드백을 받으면서 새롭고 위험부담이 있는 행동을 연습해 볼 수 있다.
ㄷ. 집단원 전체나 집단역동의 문제보다는 집단원의 개인적인 문제가 더 중요하게 다루어진다.
ㄹ. 집단원들이 자신의 대인관계 양식을 탐색하고 좀 더 효과적인 사회기술을 학습할 기회가 많다.
ㅁ. 집단원들의 사적인 정보에 대한 비밀보장을 보다 강하게 강조하기 때문에 쉽게 신뢰관계가 형성된다.

① ㄱ, ㄴ　② ㄱ, ㄴ, ㄹ　③ ㄴ, ㄷ, ㅁ
④ ㄷ, ㄹ, ㅁ　⑤ ㄱ, ㄷ, ㄹ, ㅁ

2. 집단목적에 따른 집단유형에 관한 설명 중 옳은 것만을 〈보기〉에서 있는 대로 고른 것은?

▶2013년 전문상담

〈보기〉

ㄱ. 과업집단은 집단원들의 협의와 상호작용을 촉진하고, 특정 목표 달성에 관심을 두며, 토론집단, 학습집단 등이 그 예이다.
ㄴ. 성장집단은 집단원들 자신의 참모습을 깨닫고, 대인관계기술을 습득하고, 집단원들의 잠재력 개발에 관심을 두며, 감수성훈련집단, 참만남집단 등이 그 예이다.
ㄷ. 치료집단은 비교적 잘 기능하는 사람들을 대상으로 하여 집단원들의 내적 근원을 발견하고, 삶의 문제를 탐색하고, 성격의 재구성에 관심을 두며, T 집단, 신체자각집단 등이 그 예이다.
ㄹ. 지지집단은 지도자 없이 진행되는 집단으로 유사한 문제를 겪으면서 공유하게 되는 유사한 생각과 감정들을 서로 나누는 것에 관심을 두며, 12단계 집단, AA 집단 등이 그 예이다.

① ㄱ, ㄴ ② ㄱ, ㄷ ③ ㄷ, ㄹ
④ ㄱ, ㄴ, ㄹ ⑤ ㄴ, ㄷ, ㄹ

3. 성장 집단상담과 문제해결 집단상담을 비교한 내용 중 가장 적절한 것은?

▶ **2012년 전문상담**

① 성장 집단상담은 문제해결 집단상담보다 더욱 구조화되고 조직화되며 통제된다.
② 성장 집단상담은 집단원들에게 좀 더 개별적으로 주의를 기울여야 하기 때문에 문제해결 집단상담보다 적은 인원으로 구성된다.
③ 성장 집단상담은 문제해결 집단상담과는 달리 일단 집단원들을 선정하여 상담을 시작한 후에는 새로운 구성원을 받아들이지 않는 폐쇄집단으로 운영된다.
④ 성장 집단상담은 학생들이 개인적 발달과 발달위기를 잘 대처할 수 있도록 하는 것에 초점을 두는 반면, 문제해결 집단상담은 학생들의 개인적 갈등을 해결하는 것에 초점을 둔다.
⑤ 성장 집단상담은 학생들의 학교부적응, 부모의 이혼, 비행의 문제를 다루는 데에 적합한 반면, 문제해결 집단상담은 학생들의 우정, 자기관리 등과 같은 발달적 과제를 다루는 데에 적합하다.

4. 심리교육집단의 특징으로 적절한 것을 〈보기〉에서 모두 고른 것은? ▶ **2010년 전문상담 1차**

〈보기〉

ㄱ. 비구조화된 형식으로 운영된다.
ㄴ. 중간단계가 종결단계보다 더 길다.
ㄷ. 집단지도자의 역할은 교육자와 촉진자다.
ㄹ. 성장집단에 비해 지금 · 여기 상호작용을 더욱 중시한다.

① ㄴ, ㄷ ② ㄷ, ㄹ ③ ㄱ, ㄴ, ㄷ
④ ㄴ, ㄷ, ㄹ ⑤ ㄱ, ㄴ, ㄷ, ㄹ

5. 성장집단참여 학생 선발을 위한 개별면담에서 학생들이 말한 내용이다. 이 집단에 가장 적합한 학생은? ▶ **2009년 전문상담 1차**

① 가현: 사실, 공부가 싫어요. 그래서 선생님을 속였죠. 속이는 것은 너무 쉽죠. 그건 재미있죠.

② 지혜: 세상이 다 미워요. 부모님도 나를 버렸고, 신경 써 주는 사람은 한 명도 없어요. 복수할 거예요.

③ 미서: 선생님도 날 믿지 않죠. 선생님이 생각하는 소리를 분명히 들을 수 있어요. 지금 제가 이상하다고 생각하시죠? 다 들려요.

④ 현우: 가장 친한 친구가 배신했어요. 나를 괴롭히는 애들과 한패가 됐어요. 죽고 싶어 학교 옥상에 올라간 적도 있어요.

⑤ 수민: 우리 엄마, 아빠가 이혼해서 할머니가 저를 키워 주셨어요. 그런데 매사에 자신이 없는 거예요. 당당한 친구들이 너무 부러워요. 저도 변하고 싶어요.

주관식 문항

6. 다음은 자조집단의 대표적인 프로그램들이다. 각각 약술하시오.

① AA: ______

② NA: ______

③ OA: ______

④ ASI: ______

⑤ PMC: ______

⑥ SAA: ______

⑦ 12 Steps: ______

⑧ Mended Hearts: ______

⑨ Compassionate Friends: ______

⑩ Recovery, Inc.: ______

⑪ Weight Watchers: ______

7. 2인 이상의 모임이 의미 있는 집단이 되기 위한 조건 다섯 가지를 약술하시오.

① ______

② ______

③ ______

④ ______

⑤ ______

8. 집단유형 일곱 가지를 쓰고, 각 유형의 정의와 목적을 서술하시오.

① ______________________________

② ______________________________

③ ______________________________

④ ______________________________

⑤ ______________________________

⑥ ______________________________

⑦ ______________________________

9. 개인상담과 비교할 때, 집단상담의 강점을 간략히 서술하시오.

① ______________________________

② ______________________________

③ ______________________________

④ ______________________________

⑤ ______________________________

⑥ ______________________________

⑦ ______________________________

⑧ ______________________________

10. 성장집단의 세 가지 하위 유형을 설명하시오.

① ______________________________

② ______________________________

③ ______________________________

11. 구조화, 비구조화, 반구조화 집단의 특성과 기능을 설명하시오.

____

____

____

12. 다음은 세 사람이 자신이 속해 있는 집단에 관해 이야기하는 내용이다. ㉮, ㉯, ㉰에 해당하는 집단 형태의 명칭을 쓰시오(목적에 따른 집단 분류는 제외). ▶2008년 전문상담 1차

> ㉮ 아영: 저는 상담 선생님이 권해서 어떤 집단상담 모임에 중간부터 참여하게 되었어요. 처음엔 집단원들이 자기들끼리만 아는 이야기를 해서 소외감이 들었어요. 그런데 그 다음 주에 또 한 아이가 새로 들어왔어요. 그러면서 이야기하기가 훨씬 편해졌어요.
> ㉯ 지희: 저는 요새 따돌림 피해를 받은 아이들로 구성된 집단에 참여하고 있어요. 같은 나이대에 경험까지 같으니 너무 좋아요. 어떤 얘기를 해도 아이들이 이해해 줄 거라고 생각하니 쉽게 말하게 돼요.
> ㉰ 철균: 저는 스트레스 관리 프로그램이라는 제목의 집단상담에 나가고 있어요. 매 회기마다 상담 선생님이 스트레스를 줄일 수 있는 구체적인 활동을 제시하시면, 집단원들과 함께 그 활동을 하지요. 도움이 많이 돼요.

㉮ ______________ 집단
㉯ ______________ 집단
㉰ ______________ 집단

13. 개방적 집단과 폐쇄적 집단에 대해 설명하고 각각의 장점을 한 가지씩 쓰시오.
▶2006년 전문상담 1차

(1) 개방적 집단이란? ______________
(2) 폐쇄적 집단이란? ______________
(3) 개방적 집단의 장점: ______________
(4) 폐쇄적 집단의 장점: ______________

정답 1. ② 2. ① 3. ④ 4. ① 5. ⑤

CHAPTER

02

집단의 치유력,
어떤 힘이 작용하는가?

사람!

- ❍ 사람은 무엇에 의해 변화되는가?
- ❍ 사람을 변화시키는 힘은 무엇인가?
- ❍ 사람은 집단상담을 통해 치유될 수 있는가?
- ❍ 사람을 치유하는 집단의 힘은 어떻게 생성되는가?

집단상담은 한 명의 상담자가 여러 내담자에 대한 개인상담을 동시에 진행하는 상담이 아니다. 집단에서는 일대일(리더 vs. 집단원 또는 집단원 vs. 집단원)뿐 아니라, 일대 다수(리더 vs. 집단원들, 집단원 vs. 다른 집단원들)의 상호작용이 복잡한 양상으로 전개된다. 이러한 점에서 집단상담은 대체로 일대일 관계(상담자 vs. 내담자)를 기반으로 내담자의 변화를 꾀하는 개인상담보다 훨씬 복잡한 양상으로 전개된다. 따라서 집단상담자에게는 개인상담을 통해 습득한 풍부한 임상 경험은 물론 집단역동, 집단과정, 집단의 치유요인, 치유요인 등에 관한 전문적 역량이 요구된다.

집단상담에서 집단원의 변화를 촉진하기 위해 실시하는 집단작업은 크게 과정적 측면과 내용적 측면으로 나뉜다. 집단상담자는 이 두 가지 측면을 균형 있게 다루어야 한다(Posthuma, 2002; Sonstegard & Bitter, 2004). 집단과정^process^과 내용^content^은 상호작용하는 관계에 있고, “마치 두 가닥의 실로 엮인 줄과 같이 작동하기 때문이다”(Hulse-Killacky, Kraus, & Schumacher, 1999, p. 117). 따라서 집단상담자는 집단의 과정과 내용을 주의 깊게 살펴야 하는 동시에, 집단목적과 회기 목표 성취를 위해 집단논의의 초점을 잘 관리해야 한다. 여기서 집단작업^group work^이란 상호독립적인 집단원들의 심리내적, 대인관계, 직무 등과 관련된 목표성취를 돕기 위해 집단상담자가 집단역동 촉진에 필요한 전문지식과 기술을 포함한 폭넓은 전문적 역량을 실행하는 것을 말한다. 집단의 과정적 측면과 내용적 측면에 관한 이해를 돕기 위한 확인 목록은 다음과 같다.

글상자 2-1. 집단작업의 두 가지 측면

□ 과정적 측면
- ○ 집단은 현재 어떤 방식으로 소통하고 있는가?
- ○ 누가, 얼마나 자주, 그리고 주로 누구에게 말하고 있는가?
- ○ 이번 회기는 집단발달의 어떤 국면 또는 단계에 속하는가?
- ○ 현재 집단원들 사이에 작용하고 있는 집단의 치유요인은 무엇인가?

□ 내용적 측면
- ○ 집단원들은 현재 무엇에 관해 이야기하고 있는가?
- ○ 현재 논의 내용은 집단의 목적, 목표, 과업과 일치하는가?

집단상담자에 따라서는 집단의 과정적 측면에 비중을 두는가 하면, 내용적 측면에 집중하기도 한다. 또한, 집단 내에서 진행되고 있는 것에만 지나치게 초점을 맞춘 나머지, 모든 집단원의 참여 여부를 확인하느라 깊이 있고 의미 있는 성과 산출에 한계를 드러내기도 한다. 그런가 하면, 집단을 마치 여러 내담자를 대상으로 하는 실시하는 개인상담처럼 이끄는 것에 몰두하느라, 집단원들의 상호작용과 피드백, 그리고 때로 관계에 의한, 관계를 위한 노력 같은 집단 고유의 가치를 간과하기도 한다. 전문지식과 역량을 고루 갖춘 집단상담자 또는 집단치료자가 되고자 하는 사람이라면, 노련한 집단상담자일수록 회기가 진행되는 동안 집단에서 논의되는 과정과 내용을 면밀히 관찰한다(Hulse-Killacky, Killacky, & Donigian, 2001)는 사실을 유념하자. 그러면 집단작업의 핵심요소인 집단과정에 관해 구체적으로 살펴보기로 하자(집단내용에 관해서는 제6장의 '집단기술' 참조).

집단과정 / 집단과정이란 무엇인가?

집단과정group process이란 집단상담자와 집단원 사이, 또는 집단원들 간의 상호작용 및 에너지 교환을 통해 집단 내에서 발생하는 변화의 추이를 말한다. 집단은 이러한 변화의 추이를 기반으로 발달한다. 과정은 상호작용하고 있는 집단원들 사이, 그리고 집단원 개개인과 집단치료자 사이에 형성되는 관계의 본질이다(Yalom, 2005). 집단과정에는 집단의 발달단계, 집단역동, 치유력이 포함된다. 반면, 집단 내용은 집단의 목적 또는 과업을 나타낸다. 집단과정을 이해하려면, 집단원의 내적 심리세계, 대인관계상의 상호작용, 집단 전체의 힘, 집단의 임상적 환경 등을 고려해야 한다(Brown, 2003). 따라서 집단과정을 촉진하고 집단논의의 활성화는 집단의 내용과 과정, 그리고 집단목표와 회기별 쟁점에 대한 집단상담자의 지속적인 모니터링과 주의 집중이 요구된다(Geroski & Kraus, 2002; Jacobs et al., 2016). 이러한 작업에 도움이 되는 질문은 다음과 같다.

글상자 2-2. 집단 모니터링을 위한 체크리스트

- ○ 집단원들은 서로 어떻게 교류하고 있는가?
- ○ 집단상담자로서 나는 집단 전체 및/또는 집단원에게 어떻게 반응하고 있는가?
- ○ 집단원들은 집단상담자인 나와 무엇을, 어떤 방식으로 소통하고 있는가?

집단에서 발생하는 집단역동은 집단과정에 직간접적으로 영향을 미친다. 집단과정이 어떻게, 어떤 이론적 배경을 토대로 이루어져야 하는지에 대해서는 의견이 다양하다. 게다가, 집단상담자와 집단원의 역할, 또는 집단에서 상담이론의 적용에 관한 견해 역시 전문가들 사이에 견해차가 있다. 집단상담자는 지지와 격려를 기반으로 촉진자 역할을 담당해야 하고, 집단원들이 집단을 주도해야 한다는 견해(예, 로저스)가 있는가 하면, 집단원의 통찰을 위해 간헐적인 질문으로 탐색·직면해야 한다고 강조하는 견해(예, 얄롬)도 있다.

다른 한편으로, 집단상담에 한 가지 개인상담 이론을 충실히 적용해야 한다는 견해가 있는가 하면, 집단원들에게 변화를 가져다주는 힘이 어떤 특정한 이론을 적용하는 데서 나오기보다 집단의 상호작용으로 인해 나타난다는 견해도 있다. 일례로, 헝가리의 정신분석가 페렌치Sandor Ferenczi(1873~1933)는 고전적인 중립적 해석방법을 비판하면서, 정신분석가의 냉담하면서도 전능한 척하는 역할에 도전

함으로써 정신분석의 성과에 이의를 제기했다. 그러면서 분석가의 해석보다는 대인관계가 사람을 변화시키는 힘을 지니고 있음을 강조하면서 정신분석에 인본주의적 접근을 도입했다. 즉, 상담 효과는 상담자와 내담자가 함께 구축한 솔직하고 투명한 관계transparent relationship에서 산출된다는 것이다.

이러한 지적은 라틴어로 된 진단명 · 처방전, 권위적인 진료실 분위기, 외부와 차단된 양성기관, 고상하게 꾸며진 증서 등으로 마치 치료자에게 신비한 능력이 있는 것처럼 나타내려는 의료계의 권위적이고 폐쇄적인 태도에 대한 반발이었다. 동시에, 임상가들이 전능한 이미지를 유지하느라 자기개방을 통해서도 충분히 높일 수 있었던 치료의 효율성을 희생시켜 온 것에 대한 비판적인 지적이었다. 대인관계의 중요성을 강조한 페렌치의 사상은 그 후 집단상담과 치료의 발달에 지대한 영향을 끼쳤다(Rutan, 2003). 집단의 상호작용을 통해 집단원들은 서로 지지하고, 자기개방을 통해 서로 나누고 관여하며, '우리라는 의식we-ness'과 소속감을 형성하게 되는데, 바로 이러한 것들이 집단의 치유요인에 해당한다. 그러면 집단과정과 밀접한 관련이 있는 집단역동에 관해 살펴보자.

집단역동 / 집단역동이란 무엇인가?

집단역동group dynamics이란 집단 내, 집단원 간, 및/또는 집단상담자와 집단원(들) 사이에서 발생하는 상호작용, 그리고 상호관계에서 발생하는 힘을 일컫는 말이다. 집단역동은 '집단역학' 또는 '집단역동성'으로도 불린다. 역동力動이라는 말은 본래 힘, 활력, 원동력, 에너지를 나타내는 물리학 용어다. 이 용어는 커트 르윈Kurt Lewin이 집단에서 발생하는 강력한 과정을 기술하기 위해 심리학 영역에 처음 도입했다(Forsyth, 2018). 집단역동, 전체로서의 집단, 지지적 환경, 그리고 체계system로서의 집단은 그 자체로 중요한 치유 도구인 동시에 집단 고유의 치유적 기능이다.

사람과 사람 사이의 상호작용은 의식적 · 무의식적 힘과 에너지의 기능이다. 이는 집단의 구조, 이론적 접근, 집단원의 성별, 연령, 태도, 성격, 문화, 욕구 등의 복잡한 요인의 영향을 받는다. 집단의 성격과 방향을 좌우하는 복합적인 힘은 집단상담자의 개입과 중재로 집단원 개개인을 변화시키고 치유하는 원동력이다. 집단역동은 통상적으로 집단소집 전부터 시작되는데(Gladding, 2016), 치료자에게 집단역동이 잘 보이지 않는 것은 훈련이 덜 되어 미숙하기 때문이다(Bion, 1961). 그렇다고 해서 낙심할 필요는 없다. 집단역동에 대한 관찰력을 기르면 된다. 이는 다음과 같은 질문에 답해 봄으로써 가능해 진다.

글상자 2-3. 집단역동 탐색을 위한 관찰 체크리스트

- ○ 말이 없는 집단원은 누구인가?
- ○ 논쟁을 일삼는 집단원은 누구인가?
- ○ 집단의 응집력은 높아지고 있는가?
- ○ 집단의 전반적인 분위기는 어떠한가?
- ○ 집단을 지배하려고 하는 집단원은 누구인가?
- ○ 방어적인 태도로 일관하는 집단원은 누구인가?
- ○ 집단원들의 전반적인 느낌과 행동은 어떠한가?
- ○ 적극적으로 발언을 많이 하는 집단원은 누구인가?
- ○ 눈에 띄게 다른 집단원에게 영향을 주고 있는 집단원은 누구인가?
- ○ 기꺼이 개인적인 정보를 나누고 있는 집단원은 누구인가? 그렇지 않은 집단원은 누구인가?
- ○ 집단참여를 좋아하는 집단원은 누구인가? 그렇지 않은 집단원은 누구인가?

초·중등학교에서 집단을 활용하는 상담자 역시 집단역동에 관한 지식과 임상경험이 필요하다. 일반적으로, 아동·청소년 대상의 집단상담자는 성인 대상의 집단에 비해 더 지시적이고 적극적인 리더십 적용이 요구된다(Ashby et al., 2008). 즉, 집단상담자는 적극적 경청을 바탕으로 면밀한 관찰을 통해 집단역동을 파악하고, 적극적으로 개입하여 집단원들의 상호작용을 독려하는 한편, 집단의 초점을 벗어나는 논의를 차단하는 등, 집단리더로서 통제를 어느 정도 유지할 것인지

에 대한 판단력을 갖추어야 한다(Foss et al., 2008). 이러한 능력은 결코 타고나는 것이 아니며, 시간이 가면서 저절로 길러지는 능력 또한 결코 아니다. 집단역동을 파악하는 것은 집단원들에게 의미 있는 통찰의 기회를 제공할 수 있는 반면, 이들의 안녕을 해칠 수도 있다. 이러한 점에서 예비 또는 초심 집단상담자는 임상 경험이 풍부한 수퍼바이저의 수퍼비전을 받아야 한다. 이는 선택사항이 아니라 의무사항이다.

집단역동의 관찰 / 집단역동은 어떻게 관찰하는가?

집단운영에서 집단상담자의 중요한 역할 중 하나는 집단원들과 집단발달에 영향을 주는 집단과정, 즉 집단의 전반적인 흐름을 면밀하게 관찰하여 집단역동을 촉진하는 것이다. 그렇다면 집단역동을 파악하기 위해서는 어떤 것을 관찰 대상으로 삼아야 하는가?

무엇을 관찰해야 하는가? 집단에서 생성되는 힘과 에너지는 집단원들 사이에 주고받는 말과 행동의 관찰을 통해 파악할 수 있다. 집단의 흐름에 영향을 주는 요소로는 집단에 대한 집단원들의 신뢰수준, 집단원들 간의 신뢰와 갈등, 집단원의 참여도, 힘겨루기power struggling, 하위집단화subgrouping, 주의를 끄는 행동, 소모적인 게임 등이 있다. 집단상담자는 집단관찰 시, 다음과 같은 질문을 자신에게 던져 봄으로써 집단역동을 파악할 수 있다.

글상자 2-4. 집단흐름 관찰을 위한 체크리스트

- ○ 서로 어떻게 말하고 반응하는가?
- ○ 주로 누가 말하고 주로 누가 듣는가?
- ○ 주로 누가 누구와 붙어 앉고, 누가 누구와 떨어져 앉는가?
- ○ 집단원들은 집단에 대해 소속감을 지니고 있는가?
- ○ 집단원들은 집단참여에 대해 어떻게 느끼고 있는가?
- ○ 집단원들은 집단의 목적을 잘 인식하고 있는가?

> ○ 리더는 집단원 개개인에게 어떤 반응을 보이는가?
> ○ 누가 누구에게, 얼마나 자주 그리고 얼마나 길게 말하는가?
> ○ 집단원들은 집단상담자에게 어떠한 태도를 보이는가?
> ○ 집단원들은 자신에 대해 어떻게 느끼고 있는가?
> ○ 집단원 개개인은 다른 집단원들에게 어떻게 느끼고 있는가?

집단역동의 흐름 / 집단은 어떻게 상호작용해야 하는가?

집단이 소기의 목적을 이루려면, 집단원들이 자유롭게 상호작용해야 한다. 집단 내 의사소통 상호작용의 방식은 그림 2-1과 그림 2-2와 같이 나타낼 수 있다.

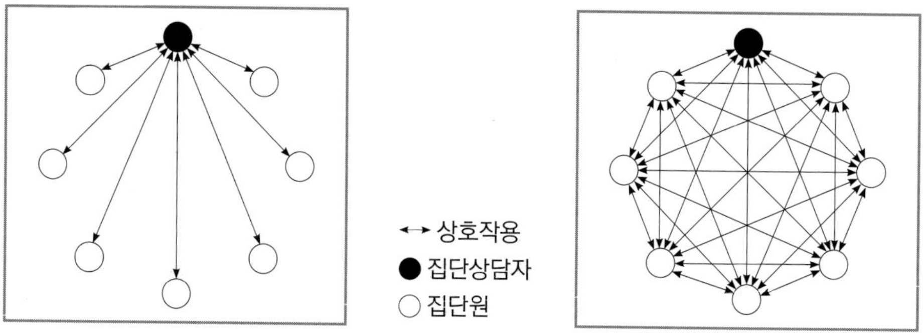

그림 2-1. 바람직하지 않은 집단 상호작용

그림 2-2. 바람직한 집단 상호작용

그림 2-1은 집단 내 상호작용이 집단상담자에게 집중되고 있고, 집단상담자를 통해 이루어지고 있음을 나타내고 있다. 이러한 양상은 주로 집단초기에 발생하지만, 집단 회기가 지속되고 집단 내에 응집력이 높아지면서 점차 그림 2-2의 양상으로 옮겨 간다. 그림 2-2는 집단 내 의사소통과 상호작용이 집단상담자를 거치지 않고 집단원 간에 자유롭게 이루어지고 있음을 보여 주고 있다.

집단역동은 어떻게 촉진하는가? 집단원들이 주고받는 언어적 메시지 외에도 집단상담자가 주의를 기울여야 할 것은 많다. 집단역동을 파악하기 위해 관찰할 요소로는 집단원들 사이의 신뢰감 부족, 책임감 결여, 힘 과시, 갈등, 동맹구축,

주의 · 시선을 끄는 행동 등이 있다. 이러한 힘을 인식할 수 있는 능력은 바로 집단을 잘 이끌기 위한 집단상담자의 자산이다. 집단에서 나타나는 여러 형태의 힘은 집단원의 욕구에 집중된다(Riva, Wachtel, & Lasky, 2004). 즉, 집단원은 집단에 의해 받아들여지고, 소속감과 안전감을 느끼기를 원한다. 이러한 힘이 부족할 때, 집단원들은 부정적 · 적대적 · 소극적인 자세 집단작업에 무관심해지는 경향이 있다. 이러한 부정적인 힘은 집단발달을 저해하는 힘으로 작용한다. 집단상담자 또는 다른 집단원들과의 관계를 멀리하려는 집단원이 있다면, 이러한 행동 또는 노력이 집단원에게 어떤 이득을 가져다주는지에 대한 탐색은 치료적으로 매우 유용하다. 글상자 2-5는 집단역동과 치료적 힘을 파악하기 위한 체크리스트다.

글상자 2-5. 집단역동과 치유력을 파악하기 위한 체크리스트

- ❍ 집단원들은 서로 좋아하는 것 같은가?
- ❍ 집단원들은 서로 편안하게 느끼는가?
- ❍ 집단원 개개인은 집단참여에 대해 어떻게 느끼고 있는가?
- ❍ 집단원들은 집단에 소속되어 있다는 의식이 있는가?
- ❍ 집단원들은 집단에서 기대되는 것을 알고 있는가?
- ❍ 집단원 개개인은 집단참여에 대해 어떻게 대처하고 있는가?
- ❍ 집단원들은 리더를 편안하게 느끼는가?
- ❍ 집단원들은 집단참여 이유를 분명히 알고 있는가?

집단상담자는 글상자 2-5에 제시된 질문에 대해 답해 봄으로써, 집단원들이 집단과 집단상담자에 대해 어떻게 느끼고 있는지 점검해 볼 수 있다. 그림 2-1에 제시된 것처럼, 집단초기에 집단에서 이루어지는 대화는 주로 집단상담자에게 집중되거나 일부 집단원들 사이에서 전개되는 경향이 있다. 그러므로 집단상담자는 모든 집단원이 골고루 참여할 수 있도록 개입하되, 집단원들 사이에 교류가 활성화되면서 점차 개입의 정도를 줄여 나간다. 예를 들어, 대화를 주도하는 집단원이 있는 경우에는 재진술 또는 반영과 함께, 유사한 주제에 관심을 나타내는 집단원

에게 집단논의에 참여할 기회를 제공함으로써, 중재자로서 집단과정과 역동을 촉진한다. 또한, 집단원들의 현재 감정을 탐색하고 상호작용 방식을 관찰·분석하여 집단역동을 촉진하기 위한 자료로 활용한다. 그러면 집단역동에 영향을 미치는 요소는 무엇일까?

집단역동의 영향 요소 / 집단역동에 영향을 미치는 요소는 무엇인가?

집단역동에 영향을 미치는 요소로는 ① 집단원의 배경, ② 집단목적의 명료성, ③ 집단크기, ④ 집단 회기 길이, ⑤ 집단모임 장소, ⑥ 집단모임 빈도, ⑦ 집단모임 시간, ⑧ 집단참여 동기를 들 수 있다.

집단원의 배경. 집단역동에 영향을 주는 첫 번째 요소는 집단원의 배경이다. 집단이 어떤 사람들로 구성되는지는 집단역동에 영향을 준다. 집단원의 배경 요인으로는 성별, 연령, 출신지역, 학력, 결혼상태, 직업, 사회경제적 지위(SES), 종교, 인종, 민족 등이 있다. 집단상담자는 다음과 같은 질문을 스스로에게 던져 봄으로써, 집단역동 촉진을 위한 방안을 강구할 수 있다.

글상자 2-6. 집단역동 촉진을 위한 체크리스트

- ○ 어떤 사람들로 구성되었는가?
- ○ 집단 경험이 있는 사람이 얼마나 되는가?
- ○ 집단원들은 어떤 기대와 욕구를 지니고 있는가?
- ○ 집단 회기를 주도하고자 하는 사람은 누구인가?
- ○ 집단을 조기에 마치고자 하는 집단원이 있는가?
- ○ 모든 사람에게 인정받고 싶은 것처럼 보이는 집단원이 있는가?

글상자 2-6에 제시된 사항 외에도, 집단역동에 직간접적으로 영향을 미치는 집단원의 배경에 관한 요소는 많다.

집단목적의 명료성. 집단역동에 영향을 주는 두 번째 요소는 집단목적의 명

료성, 그리고 집단상담자와 집단원들의 집단목적과 목표의 이해 정도다. 집단원들이 집단목적과 목표를 얼마나 잘 이해하고 있는지는 집단논의의 질에도 영향을 준다는 점에서 중요하다. 집단목적 · 목표와 무관한 주제에 대해 초점을 맞추는 것은 집단논의를 공전시키는 원인이 되어 집단이라는 배를 표류하게 한다. 이는 집단원들의 실망, 좌절, 분노, 무력감의 원인으로 작용하여, 집단의 성과에도 부정적인 영향을 미친다. 그러므로 집단상담자는 집단논의가 목적과 목표에 합당하게 진행되고 있는지에 대해 지속적으로 모니터링해야 한다. 이는 집단목적을 달성하기 위해 집단상담자가 수행해야 할 중요한 책무에 속한다.

집단크기. 집단역동에 영향을 주는 세 번째 요소는 집단의 크기group size 또는 규모다. 집단원 수는 집단역동에 영향을 준다. 한 집단에 집단원이 너무 많으면, 그 수만큼 한정된 시간을 나누어 사용해야 하기 때문에, 집단원들은 개개인에게 주어지는 시간이 너무 적은 것에 대해 불만의 원인이 될 수 있다. 게다가, 집단의 상호작용이 원활하지 못하고 산만해질 수 있을 뿐 아니라, 집단원들의 자기개방을 주저하게 만들어 응집력 형성을 저해할 수 있다. 반면, 집단원 수가 너무 적으면, 집단원들이 집단참여에 부담을 느끼게 되어 위축되거나 소극적인 태도를 보일 수 있다. 그러나 집단크기가 집단역동에 미치는 영향은 집단유형에 따라 차이가 있다. 교육집단의 경우, 참석자 수가 다소 적거나 많아도 비교적 큰 문제가 되지 않는다. 반면, 상담 · 치료 · 성장 · 자조 집단은 5~8명 정도가 적당하고, 상황에 따라 3~12명 정도로 구성하는 것이 바람직하다(Corey & Corey, 2017; Jacobs et al., 2016). 이처럼 집단크기는 집단역동에 유의하게 영향을 미친다는 점에서, 집단상담자는 사전에 집단의 목적과 목표, 그리고 자신의 임상경험과 리더십 역량 수준을 고려하여 적정한 인원을 정해야 한다.

집단 회기 길이. 집단역동에 영향을 주는 네 번째 요소는 집단 회기의 길이다. 집단의 한 회기가 얼마 동안 진행되는지는 집단역동에 영향을 준다. 한 회기의 길이가 지나치게 짧으면 집단원들의 개인별 참여 시간이 부족하게 된다. 따라서 집단 회기의 길이는 모든 집단원의 개인적인 관심사를 심도 있게 다룰 수 있을 만큼 충분하지는 않더라도 최소한 언급할 수 있고, 집단원들이 서로 피드백을 주고받을 수 있을 정도는 되어야 한다. 이러한 점에서 상담 · 치료 · 성장 · 자조 집단의 회기 길이는 대체로 1~3시간이 일반적이다. 그렇지만 상담 또는 성장 집단의 경우, 마지막 회기를 리더와 집단원들이 함께 밤을 지새우며 집단작업을 계속하는 마라톤회기를 갖기도 한다. 집단상담자는 집단 회기의 길이가 연령 또는 정신기능 수준에 따라 달리 편성할 수 있음을 고려해야 한다.

집단모임 장소. 집단역동에 영향을 주는 다섯 번째 요소는 집단모임 장소다. 집단모임이 이루어지는 공간의 물리적 환경은 집단역동에 영향을 준다. 집단모임 장소를 정할 때 ① 접근용이성accessibility, ② 방음 여부, ③ 편안함과 안전성, ④ 탁자 사용 여부, ⑤ 좌석 배열 등의 조건을 고려해야 한다.

첫째, 집단참석이 편리한 장소일수록 집단원들의 참석률이 높다. 집단모임 장소는 선택의 여지가 없을 수도 있다. 그렇지만 가까운 거리에 있어서 집단원들의 이동 거리가 짧고, 찾기 쉬우며, 접근하기 편한 장소는 집단원의 중도탈락률을 줄일 수 있고, 집단역동에 긍정적인 효과를 가져다준다.

둘째, 집단원들의 말소리가 새어 나가지 않을 만큼 방음시설이 잘 되어 있는 공간은 집단역동에 긍정적으로 작용한다. 방음이 잘 된 장소는 집단원들에게 비밀유지에 대한 확신을 줄 수 있을 뿐 아니라, 집단작업에의 집중에도 도움이 되기 때문이다. 그러나 학교를 비롯한 공공기관의 경우, 완벽한 방음시설을 갖춘 공간을 확보하기가 쉽지 않을 수 있다. 그렇지만 방음시설이 완비된 공간에서 집단모임을 갖는 것은 그만큼 집단역동에 긍정적인 영향을 줄 수 있다는 점에서 집단상담자가 결코 간과해서는 안 되는 중요한 요소다.

셋째, 편안하고 안전감을 주는 공간은 집단역동에 긍정적인 영향을 준다. 편안함과 안전감은 종종 공간의 실내장식, 채광 상태, 조명, 의자의 편안한 정도와 배열 상태 등에 따라 좌우된다. 예컨대, 의자는 반드시 등받이가 있고, 가능하면 집단원들의 발달과정에 따른 체형에 적합해서 편안하게 앉을 수 있어야 한다. 단, 안락의자는 오히려 집단작업에 집중하기 어려울 수 있다. 또한, 의자는 같은 종류로 준비한다. 크기와 종류가 다른 의자는 집단원들에게 불필요하게 미묘한 갈등을 유발할 수 있기 때문이다.

넷째, 탁자 사용은 집단역동에 부정적인 영향을 줄 수 있다. 탁자는 집단원들 사이를 가로막아 서로의 행동관찰을 제한함으로써, 역동적인 상호작용을 저해하기 때문이다. 단, 구조화 집단에서 집단원들이 글씨를 쓰거나 그림 그리기 등의 활동을 위해 탁자가 필요한 경우는 예외다. 이러한 특수한 경우를 제외하고는 탁자를 사용하지 않는 것이 좋다.

끝으로, 좌석 배열은 집단역동에 영향을 미친다. 집단의 좌석 배열은 집단상담자와 집단원들이 몸을 돌리지 않고도 쉽게 전체가 잘 보일 수 있고 대면할 수 있는 원형이 바람직하다. 원형으로 앉는 것은 이미 오래전부터 상하관계가 없이 중립적이고, 만민평등주의에 입각한 좌석 배열로 활용되었다. 집단 회기가 시작되면서 집단상담자는 집단원들이 서로 잘 보이도록 앉았는지를 확인하여, 필요한 경우 앉은 위치를 조정한다.

집단모임 빈도 / 집단 회기를 얼마나 자주 갖는가?

집단역동에 영향을 주는 여섯 번째 요소는 집단모임의 빈도frequency다. 집단 회기를 너무 자주 갖는 경우, 집단원들은 이전 회기에 대한 성찰, 과제 및/또는 경험학습의 실생활 적용을 위한 충분한 시간을 확보하지 못할 수 있다. 반면, 회기의 간격이 너무 떨어져 있으면, 회기 간의 연결성이 약화되어 다시 만날 때 생소한 느낌이 들 수 있다. 그러므로 집단모임의 빈도는 이러한 점들이 고려되어야 한다. 집단모임의 빈도는 집단유형, 집단원의 발달수준에 따라 차이가 있다. 일반적으로, 초등학생 · 중학생 집단은 주당 1~2회기가 적절하지만, 고등학생 · 대학생 · 성인 집단은 주당 1회기 정도가 적당하다(Corey, 2017). 그러나 아무리 성인이라도 정신기능 또는 지적 능력 수준이 낮은 사람들로 구성되는 치료집단은 매일 1회기 또는 주당 2~3회기 실시한다. 또한, 통원치료를 받는 외래환자들로 구성되는 집단은 주당 1~2회기가 일반적이다(DeLucia-Waack et al., 2014).

집단모임 시간 / 집단의 모임을 하루 중 어느 시간대에 갖는가?

집단역동에 영향을 주는 일곱 번째 요소는 집단모임을 하루 중 어떤 시간대에 갖는가다. 대학생집단과 성인집단은 보통 일과가 끝나는 늦은 오후나 저녁 시간에 갖는다. 점심시간 직후 또는 늦은 밤 시간은 집단원들이 쉽게 피로감을 느끼게 되어 집단역동에 부정적으로 작용할 수 있다. 반면, 초·중·고등학생 집단은 수업시간을 활용하거나 방과 후에 실시할 수 있다. 이들 역시 어떤 시간대에 집단모임을 갖는지에 따라 집단역동이 다를 수 있다. 그러므로 집단상담자는 각 시간대의 장점과 단점을 충분히 고려하여 가장 효과적이면서도 소속기관의 상황에 적절한 시간대를 선정해야 할 것이다.

집단참여 동기 / 어떤 동기로 집단에 참여하는가?

집단역동에 영향을 주는 여덟 번째 요소는 집단참여 동기다. 집단참여가 자발적voluntary으로 이루어졌는가, 아니면 강제 조치 등에 의해 비자발적으로 이루어졌는가에 따라 집단역동이 달라질 수 있다. 비자발적 참여involuntary participation란 학칙 위반 학생, 초범 또는 경범죄를 저지른 미성년자, 교정기관 또는 행형시설에 수용된 사람 등이 교정·교화를 목적으로 강제적 또는 반강제적으로 참여하는 것을 말한다. 집단참여는 자발적 동기에 의해 이루어지는 것이 이상적이다. 그러나 비자발적으로 참여하게 되는 사람들의 집단참여에 대한 동기수준은 자발적 참여자들과 다를 수 있다. 그러므로 비자발적 참여자들로 구성되는 집단의 상담자는 이러한 집단의 독특한 역동을 고려하여 집단계획과 준비에 임해야 할 것이다. 비자발적 참여자들로 구성되는 집단의 경우, 집단상담자는 집단의 첫 회기를 시작하면서 대화상자 2-1과 같이 언급함으로써 집단역동 촉진을 위한 기초를 다질 수 있다.

대화상자 2-1. 비자발적 집단을 위한 구조화의 예

예 1

리 더: 이 집단에 참여하게 된 것이 여러분 스스로 원해서 이루어진 것이 아니어서 마음이 다소 불편한 사람도 있을 거예요. 여기서 그러한 심정도 함께 나눌 수 있기를 바랍니다. 그러면 먼저 이 집단에서는 어떤 활동을 하게 되는지에 대해 간략히 소개하겠습니다.

예 2

리 더: 여러분 중에는 이 집단에 참여하기를 원치 않았고, 시간 낭비라고 생각하는 사람도 있을 줄 압니다. 제가 드리고 싶은 말씀은 이번 기회를 통해 여러분의 삶에 어떤 일이 일어날 것인가 기대해 보라는 겁니다. 저는 여러분이 관심을 가질 만한 활동을 저 나름대로 준비했습니다.

예 3

리 더: 제 경험에 따르면, 처음에는 이 자리에 앉아 있는 것조차도 어려워하던 사람이 끝마칠 무렵에는 생각과 감정을 나눌 수 있게 된 것에 대해 진정으로 고마움을 표시하는 분들이 많았습니다. 여러분 중에는 자신의 의지와는 상관없이 이 집단에 참여하게 된 것에 대해 언짢은 사람도 있을 줄 압니다. 그러나 여러분에게 꼭 드리고 싶은 말씀은 그동안 집단을 통해 여러 사람이 변화되었고, 여러분이 마음먹기에 따라 집단경험이 여러분의 삶에 도움이 될 수 있다는 사실입니다. 여러분이 앞으로 4주 동안 적극적으로 집단에 참여하신다면, 이번 집단이 여러분의 삶에 있어서 진정 의미 있는 경험이 될 수 있도록 저도 최선을 다하겠습니다.

비자발적 집단원 중에는 집단상담자의 노력에도 불구하고 집단참여에 대해 계속해서 부정적인 태도를 보이기도 한다. 이러한 상황에 직면하게 될 때, 집단상담자는 자신의 무능함을 탓하기보다 현실을 있는 그대로 받아들이며, 적절한 대안을 모색해야 할 것이다. 지금까지 살펴본 집단역동에 영향을 주는 요소들은 집단의 치유요인들과도 밀접한 관계가 있다. 과연 집단의 치유요인이란 무엇이며, 어떠한 것들이 있는지 살펴보기로 한다.

집단의 치료요인

생산적인 집단의 상호작용을 주의 깊게 관찰해 보면, 이 집단에서는 구성원들의 변화와 성장을 촉진하는 다양한 요인들을 발견할 수 있다. 집단에서 발생하는 힘과 에너지는 복잡한 방식으로 상호작용한다. 이렇게 발생하는 동력은 집단원 간에 신뢰관계와 응집력이 형성되면서, 집단의 역동과 발달에 활력을 불어넣는다. 집단마다 양상과 분위기는 조금씩 차이가 있겠지만, 집단원을 변화시키는 요인은 눈에 띄게 유사하다는 특징이 있다(Burlingame, Fuhriman, & Johnson, 2004; Gladding, 2016; Yalom, 2005).

집단원들은 대개 현재보다는 나아질 거라는 희망으로 집단에 참여한다. 이들은 집단에서 자신들이 있는 그대로 받아들여지는 경험을 통해 그동안 굳게 닫아 놓았던 마음의 문을 열게 된다. 집단원들은 자기개방을 통해 카타르시스를 체험하고, 유머와 직면을 통해 통찰을 얻게 되며, 다른 집단원들의 피드백을 통해 유대감/동지애, 돌봄, 사랑의 감정을 느끼게 된다. 이러한 경험은 치료의 원천이 된다. 이들은 이해받는 느낌과 함께, 이젠 혼자가 아님을 깨닫게 된다. 응집력을 기반으로 집단원들은 자신들의 행동 · 사고 · 감정 · 경험에 책임을 지게 된다. 책임감은 결코 가능할 것 같지 않았던 새로운 행동이나 기술을 용기 내어 실험해 보고, 현실에 적용해 보는 모험을 감행하게 하는 동력을 제공한다. 이러한 일련의 과정을 통해 집단원들은 서서히 자기 자신에 대해 더 깊이 이해하게 되고, 집단이 종결된 후에도 이러한 변화는 존속된다. 집단의 치료요인으로는 ① 희망, ② 수용, ③ 자기개방, ④ 카타르시스, ⑤ 유머, ⑥ 피드백, ⑦ 모델링, ⑧ 보편성, ⑨ 응집력, ⑩ 책임감, ⑪ 모험시도, ⑫ 새로운 행동과 기술 실험을 들 수 있다.

희망

집단의 첫 번째 치료요인^curative factor^은 희망이다. 희망^hope^은 변화 가능성에 대한 믿음이다. 정신적으로 어려움을 겪고 있는 사람은 자칫 운명('팔자')을 거스를 수 없다고 믿거나, 자신을 통제할 수 없는 외부 환경의 희생자로 여기기도 한다. 이러한 점에서 볼 때, 집단은 참여자들에게 적어도 지금보다는 나아질 것이라는 기대감을 제공한다. 집단상담에서의 희망은 집단원 개개인이 과거의 희생물이 아니라, 변화를 위해 기꺼이 새로운 결정을 내릴 수 있는 힘과 능력이 있는 존재임을 믿는 것이다. 이렇게 나타나는 치료적 힘은 플라시보 효과placebo effect 이상의 결과를 산출한다. 특히 심리치료에서 치료자와 환자 모두가 치료에 대해 비슷한 기대를 할 때, 긍정적인 결과가 더 잘 나타난다(Yalom, 2005). 좋은 일이 일어나는 데에는 시간과 인내가 필요하다. 믿음과 희망의 힘은 상상을 초월하여 기적처럼 나타난다.

삶을 효율적으로 통제하기 위해 노력하고 그 방법을 찾고자 하는 사람들을 집단에서 만나는 것은 집단원들에게는 새로운 가능성을 심어 주는 경험이다. 이러한 사람들과 상호교류하고 이들의 변화를 목격하게 되면서 집단원들은 삶의 변화 가능성에 대한 희망을 품게 되며, 이를 통해 집단원들은 변화와 치유를 위한 힘이 자신에게 있다는 사실을 깨닫게 된다. 이처럼 희망은 집단원 개개인의 변화·성장에서 강한 의지와 용기를 주는 중요한 치료적 힘의 원천이다(Steen & Bemak, 2008). 따라서 집단원들로 하여금 집단상담의 효용성에 대한 믿음과 확신을 갖게 하는 것은 집단상담자의 중요한 임무에 속한다. 이를 위한 작업은 예비 집단 단계에서 집단원의 긍정적인 기대를 강화하고 부정적인 선입견을 없애며, 집단의 치료효과를 상세히 설명해 주는 것에서 시작된다. 집단에서 희망이 치료요인으로 작용한 예는 글상자 2-7과 같다.

글상자 2-7. 희망이 치료요인으로 작용한 예

평소 운동을 즐겨했던 정수(남, 17세)는 교통사고로 하반신이 마비되자, 할 수 없는 일들만 떠올리며 시간을 보내고 있었다. 그러던 중, 대학원에서 상담을 전공한 담임교사의 권유로 지지집단에 참여하게 되었고, 집단에서 한때 자신과 비슷한 생각을 했던 사람들을 만나게 되었다. 이들 중 한 집단원이 핸드자전거(*주. 하반신을 쓰지 못하는 사람들을 위해 팔로 페달을 저을 수 있게 만들어진 자전거)를 타게 되었고, 천신만고 끝에 국가대표 핸드자전거 선수가 되는 과정을 통해 장애를 극복했다는 이야기를 들은 정수는 자신도 열심히 연습해서 핸드자전거 선수가 되겠다는 희망을 품게 되었다.

비자발적 집단참여자들은 집단참여에 대해 의미를 부여하지 않으면서 자신들의 변화 가능성에 대해 부정적인 태도를 나타내는 경향이 있다. 그러나 이들은 다양한 삶을 영위해 온 다른 집단원들과의 만남과 상호작용을 하게 되면서 자신들의 삶도 달라질 수 있을 거라는 영감을 얻게 될 수 있다. 즉, 자신의 삶에 있어서 변화를 선택할 수 있는 주체는 바로 자기 자신이라는 의식을 갖게 되는 것은 그 자체로 치유요인이다. 그러므로 집단참여를 통해 삶을 변화시킬 힘이 자신에게 있고, 지금보다 더 나은 삶이 가능하다는 확신은 집단원들에게 중요한 치료요인으로 작용한다.

수용

집단의 두 번째 치료요인은 수용이다. 수용acceptance이란 자기 자신과 다른 사람을 있는 그대로 받아들이고 인정하는 것을 말한다. 이는 다른 사람의 사고와 감정 표현의 권리를 인정하는 것을 포함한다. 서로에 대한 수용은 깊은 수준의 공감적 이해를 가능하게 하고, 과거 경험을 통해 견고하게 형성된 방어벽을 허물어뜨리는 힘이 있다(Brammer, Shostrom, & Abrego, 1989). 집단과정에서 집단원들은 흔히 수용과 거부의 양극단을 오간다. 특히, 집단초기에는 거부에 대한 두려움 때문에 집단작업에 소극적일 수 있다. 이러한 상황에서 아무런 조건 없이 수용되는 경험은 처음에는 놀라우면서도 부담스러울 수 있다.

자기 자신과 다른 사람을 있는 그대로 받아들이는 선택은 집단 내에 안전한 분위기를 조성한다. 안전한 집단분위기는 집단원들이 약점으로 여기거나 노출을 꺼리는 사실과 감정을 기꺼이 드러낼 수 있게 한다. 자기개방은 변화의 시작을 알리는 중요한 신호인 동시에 강력한 치료적 힘을 산출하여 집단원의 자기 탐색을 촉진한다. 자기 탐색을 통해 집단원은 심리적 고통이나 어려움의 원인을 발견하여 치유의 발판을 마련하게 된다. 타인수용은 자기수용에서 시작한다. 사람은 때로 남을 속이는 것보다 자신을 속이기 때문이다. 집단참여는 집단원들로 하여금 두려움의 원인이 비현실적이고, 불인정과 거부의 주체가 바로 자기 자신이라는 점을 깨닫게 함으로써, 변화와 성장의 물꼬를 터 준다. 불필요한 두려움은 진정한 기쁨을 방해할 뿐이다.

자기개방

집단의 세 번째 치료요인은 자기개방이다. 자기개방self-disclosure이란 개인적인 문제와 관심, 욕구와 목표, 기대와 두려움, 희망과 좌절, 즐거움과 고통, 강함과 약함, 개인적 경험 등에 대해 말과 행동으로 표현하는 것을 말한다. 자기개방은 '자기노출' '자기공개' '자기폭로'로도 불리는데, 집단상담과 치료과정의 필수요소라는 사실에 대해 집단치료자 대부분의 의견이 일치하고 있다(Corey & Corey, 2017; DeLucia-Waack et al., 2014; Gladding, 2016; Jacobs et al., 2016; Kottler, 2015; Yalom, 2005). 자신에 대해 개방하지 않으면 도움을 받을 수 없다. 자기개방은 다른 집단원들과 집단상담자에게 지속적으로 반응하는 것이다. 이는 대인관계 행위, 즉 다른 사람들과의 관계 속에서 자기를 드러내는 것이다. 이 과정을 통해 집단원은 마음의 짐을 벗을 뿐 아니라, 다른 집단원들과 더 깊은 관계를 형성한다.

자기개방에 상대되는 개념은 자기은폐다. 자기은폐는 대개 거부에 대한 두려움으로 인한 것이다. 이는 흔히 자기기만self-deceit으로 이어져 자기이해를 가로막는다. 가장 견고한 감옥은 흔히 우리 스스로 만든다. 자기이해의 지름길은 다른 사람들에게 자기를 있는 그대로 드러내는 것이다. 자기개방을 통한 용서는 다른 사람이 아니라 자신에게 주는 선물이다. 정신적인 문제가 심각한 사람일수록 흉금을 털어놓을 수 있는 인적 자원이 없는 상태에서 생활해 온 경우가 허다하다(Yalom, 2005). 이 경우, 사소하게 보이는 자기개방도 집단원에 따라서는 다른 사람에게 처음으로 공개하는 것일 수 있다. 그러므로 집단원의 자기개방 내용은 그의 생애사 또는 삶의 맥락 속에서 이해되어야 한다. 자기개방의 내용으로는 집단원의 배경이나 개인사에 관한 내용에서부터 물질오남용, 아동학대, 근친상간, 충동적 도벽, 범죄, 자살시도, 각종 정신장애 관련 병력 등과 같이 심각한 정도의 것들이 있다. 자기개방을 토대로 이루어지는 집단원들 간의 상호작용은 개인의 관심사나 문제에 대한 통찰을 촉진한다. 통찰은 집단원의 자기이해를 앞당겨 효과적인 대인관계 기술을 향상시킨다. 집단경험을 통한 사고와 행동의 변화는 궁극적으로 자아의 성장과 발달로 이어진다. 그러나 자기개방은 때로 오해를 일으키곤 한다.

자기개방의 오해. 자기개방에 대한 잘못된 이해는 다음 다섯 가지로 정리할 수 있다. 첫째, 자기개방을 마치 과거의 일(그때 거기의 사건)을 반복적이고 기계적으로 늘어놓는 것으로 여기는 것이다. 이러한 오해를 피하기 위해서는 집단원은 공개하려는 정보가 자신의 관심사, 문제 또는 갈등과 어떤 관련이 있는지 스스로에게 질문을 던져 본다.

둘째, 자기개방을 다른 사람들의 자기개방을 염두에 두고 솔선수범하는 수단으로 여기는 것이다. 물론 시의적절하고 올바른 형태의 자기개방은 집단역동을 촉진한다. 그러나 아무리 그렇다고 해도 자기개방이 집단원들에게 지나친 부담 또는 압박감이 되어서는 안 된다. 만일 개방적이고 솔직해야 한다는 명분으로 다른 집단원들을 불필요할 정도로 압박한다면, 집단원들은 자신을 이해시키거나 방어를 위해 필요 이상의 말을 하거나 집단참여를 주저할 수 있기 때문이다.

셋째, 자기개방을 마치 개인의 사적 정보를 낱낱이 드러내는 것으로 여기는 것이다. 개인의 기억 속에 있는 사건, 사적인 정보 또는 숨겨진 비밀 따위를 낱낱이 드러내는 것이 자기개방의 본질은 아니다. 사적인 정보를 과도하게 드러내는 것은 오히려 다른 사람들에게 부담을 줄 수도 있기 때문이다. 그러면 만일 심각한 정도의 비밀을 털어놓는 집단원이 있다면, 어떻게 반응해야 하는가? 이 경우,

집단상담자는 집단원이 수직적 양상보다는 수평적 양상으로 개방하도록 돕는다(Yalom, 2005). 여기서 수직적 양상이란 비밀스러운 내용에 대한 보다 깊은 수준의 내용인 반면, 수평적 양상은 동일 수준을 유지하되, 탐색의 범위를 넓히는 것을 말한다.

넷째, 자기개방은 다른 집단원에게 느끼는 모든 감정을 여과 없이 토로하는 것으로 여기는 것이다. 사람들은 흔히 잘 아는 사람에게 쉽게 말을 거는 반면, 그렇지 못한 사람에게는 자신의 느낌을 투사하려는 경향이 있다. 따라서 집단원들은 다른 사람에 대한 감정 중 어떤 반응을 공유하는 것이 적합한지를 판단하여 선택적으로 표출해야 한다. 특히, 지속적으로 느껴지는 감정을 표출하는 것은 일반적으로 잘 공유되는 경향이 있다.

끝으로, 자기개방 자체를 목적으로 여기는 것이다. 자기개방은 집단 내에서 개방적인 의사소통을 촉진하는 효과가 있다. 따라서 집단원들은 자기개방을 통해 집단의 힘을 경험하고, 삶의 변화를 모색할 수 있게 된다. 그렇다고 해서 자기개방이 지나치게 안전한 주제에만 한정된다면, 집단작업은 피상적인 수준을 넘어설 수 없다. 자신을 개방할수록, 더욱 깊고 의미 있는 통찰과 자각이 일어나고, 통합된 자기상self-image과 자기감sense of self을 확립할 수 있다.

지금까지 자기개방에 대한 오해에 대해 살펴보았다. 자기개방에 대한 오해, 즉 흔히 잘못 이해하는 점을 재정리하면 글상자 2-8과 같다.

글상자 2-8. 자기개방의 오해 풀이

1. 과거 사건의 반복적 · 기계적인 방식으로 늘어놓는 것이 아니다.
2. 다른 사람의 자기개방을 유도하기 위해 시범적으로 하는 것이 아니다.
3. 사적 정보를 무조건 낱낱이 드러내는 것이 아니다.
4. 타인에 대한 감정을 여과 없이 토로하는 것이 아니다.
5. 자기개방 그 자체가 목적이 아니다.

'가면은 감추려는 것을 드러낸다.'는 말이 있다. 사람들이 숨기려는 것은 바로 그들이 누구이고, 무엇을 두려워하며, 무엇을 고통스러워하는지, 무엇을 원하고 있는지에 대한 단서를 제공한다. 누구나 자신에게 솔직하고 진실해진다면, 가면을 버리고 자신의 진정한 모습을 드러낼 수 있을 것이다. 이렇게 중요한 자기개방의 촉진방안은 무엇인가?

자기개방 촉진방안. 집단상담자는 자기개방의 모델로서, 시범을 통해 집단원들의 자기개방을 촉진할 수 있다. 그러나 각별한 주의가 요구된다. 즉, 집단상담자의 자기개방이 지나치게 길거나 장황해서 서로의 역할에 혼란을 초래해서는 안 된다. 그리고 집단상담자의 시의적절한 자기개방은 집단원들이 예전에 생각할 수 없었던 관점들을 나누고 발견하는 법을 학습할 수 있게 되는 효과가 있다(Riva et al., 2004)는 점을 기억한다. 또한, 집단원은 자기개방의 내용에 대해 처벌받아서는 안 된다.

만일 집단원들 사이에 갈등이 생겼을 때, 자기개방과 관련하여 발생할 수 있는 최악의 상황은 집단원들을 믿고 공개한 개인적으로 민감한 정보를 상대를 비난하는 데 사용하는 것이다. 이 경우, 집단상담자는 즉시 개입해야 한다. 왜냐하면 이는 비열한 행위일 뿐 아니라 집단규범을 심각하게 위반하는 것이기 때문이다. 이러한 일이 발생하는 경우, 집단상담자는 비난을 받은 집단원과 다른 집단원들의 느낌을 묻고, 다른 집단원이 이와 유사한 경험을 한 적이 있는지를 탐색한다. 폐쇄적인 태도로 자신을 은폐하면서 개인적인 것에 대하여 거의 말을 하지 않는 집단원이 있다면, 다른 집단원들이 그와 심리적으로 교류하고 관심을 나누기가 쉽지 않을 것이다.

카타르시스

집단의 네 번째 치료요인은 카타르시스다. 카타르시스catharsis란 개인의 내면에 누적된 감정을 표출을 통해 해소하는 것을 말한다. 이 말은 본래 '청소'를 의미하는 그리스어에서 유래된 말로, 악령, 전염성 독소, 과다한 담즙 등으로부터 말끔히 청소한다는 의미로 사용되었다. 그러다가 1895년 브로이어Breuer와 프로이트가 히스테리 치료에 관한 논문을 발표하면서, 억압된 감정의 해소방법을 일컫는 개념이 되었다. 억압된 감정 표출은 그 자체로 치유 효과가 있다. 개인의 안녕을 위협해 온 감정 억압에 쓰이던 에너지를 다른 영역에 사용할 수 있기 때문이다.

감정 표출은 정신건강뿐 아니라 신체건강에도 매우 중요하다. 억압된 감정은 흔히 근육 긴장, 소화불량, (편)두통, 고혈압뿐 아니라 우울과 불안을 비롯한 각종 정신장애의 원인으로 작용하기 때문이다. 사람은 일반적으로 자신의 신체적 증상이 신체가 심리적 고통을 짊어지면서 나타나는 현상을 잘 인식하지 못한 채, 단지 고통스러운 경험을 기억하고 싶지 않다고 말하곤 한다. 이는 '임금님 귀는 당나귀'라는 제목의 동화에 나오는 이발사의 경우처럼, 억압되어 있던 고통스러운 경험과 관련된 감정을 표출하면, 사람들은 흔히 '속이 후련해지는' 심리적 · 신체적 해방감을 느끼게 되는 동시에 명료한 사고로 이어진다.

카타르시스는 개인상담뿐 아니라 집단상담의 중요한 치료요인으로서, 집단원들 간의 신뢰감과 응집력을 높이는 기능도 있다. 감정을 인식 · 표현하는 것은 정신건강의 필수요건이다. 카타르시스는 특정 이론적 지향에 국한되지 않고, 집단상담과 치료 모두에 효과적으로 사용된다(Bemak & Young, 1998). 이를 위해 집단원은 자신의 감정을 탐색 · 인식 · 표출하는 방법을 습득해야 할 것이다. 단, 일상생활에서도 억압된 감정을 자유롭게 표출하는 것은 주변 사람들이 이를 감당할 수 없을 수 있다. 따라서 집단원들이 자신들의 감정을 상대에 따라 적절한 시기에 적절한 방식으로 조절하여 표현하는 방법을 습득하도록 돕는 것은 집단상담자가 해야 할 일이다. 글상자 2-9는 집단에서 카타르시스가 치료요인으로 작용한 예다.

글상자 2-9. 집단에서 카타르시스가 치료요인으로 작용한 사례

현아는 집단에서 어머니가 끊임없이 자신의 삶을 통제하려고 하는 것에 대한 분노를 억압해 왔음을 깨달았다. 현아는 집단에서 그동안 억압되었던 감정을 표출하면서 속이 후련해짐을 느꼈다. 집단상담자가 빈의자 기법을 통해 현아가 어머니에게 분노

를 느끼게 된 이유를 탐색하도록 돕자, 현아는 깊은 안도감을 느꼈다. 다른 집단원들과의 상호작용을 통해 현아는 감정 억압이 어머니 또는 다른 사람들과의 관계에 영향을 주었고, 모든 사람이 자신을 통제하려 하지는 않는다는 사실을 인식하게 되었다. 집단상담자는 집단에서 털어놓은 말을 실제로 어머니에게 하지 않도록 주의를 주었다. 현아는 집단작업을 통해 자신이 어머니에게 진정으로 원하는 것이 무엇이고, 어머니와의 친근한 관계를 가로막고 있는 것이 무엇인지에 대한 탐색을 통해 어머니와의 관계를 개선해야 할 것이다.

자신의 감정을 정확하게 인식하고, 적절한 방식으로 표출할 수 있다면, 집단원은 인식된 감정을 토대로 인지행동적 작업과 연결할 수 있게 될 것이다. 그러나 직접적인 표현을 통해 감정을 정화하는 작업 자체는 상담의 궁극적인 목표로 볼 수 없다. 카타르시스의 치료 효과에도 불구하고, 그 자체로는 장기적인 변화 유발에는 한계가 있기 때문이다. 단순히 감정을 인식하고 토로했다고 해서 경험을 통해 학습한 것을 통합하고 새로운 행동을 실천할 수 있는 것은 아니다. 집단경험에서 유익함 또는 혜택을 얻기 위해서는 지금 여기 경험을 조망하도록 하는 인지구조가 필요하다(Corey & Corey, 2017; Duncan et al., 2010; Yalom, 2005). 통찰을 명백히 하고 문제해결을 위한 방법과 전략을 강구 · 실천하는 것은 오히려 감정 표현보다 훨씬 더 중요한 작업이다. 인지적 요인에는 문제 또는 경험에 대한 설명, 해석, 그리고 새로운 관점 제공에 필요한 틀이 포함된다. 카타르시스를 경험한 집단원들은 흔히 이러한 경험의 통합을 어려워한다. 특정 경험과 연관된 강렬한 감정의 의미를 인지적으로 개념화하는 것은 개인의 문제 탐색과 해결에 필수적이다. 집단경험이 집단원들에게 유익함을 가져다주려면, 집단원들에게 지금 여기 경험의 관점을 제공하는 인지적 틀이 요구된다.

유머

집단의 다섯 번째 치료요인은 유머다. 유머[humor]는 다른 사람을 웃기는 말 또는 행동이다. 집단상담은 진지한 과정이다. 그렇다고 해서 항상 심각해야 할 필요는 없다. 이는 살다 보면 세상에 실망할 수는 있지만, 심각하게 살 필요는 없다는 역설이다. 유용하고 효과적인 피드백은 유머를 통해서도 얼마든지 제공할 수 있다. 자신의 사고와 행동에 대해 유머를 통해 웃을 수 있다는 것은 자신 또는 자신의 문제를 새로운 각도에서 조망해 볼 수 있고, 통찰을 촉진할 수 있음을 의미한다.

유머는 자칫 경직되고 어색해질 수 있는 집단분위기를 부드럽고 안전하게 바꾸어 놓을 만한 힘도 있다. 비극과 희극은 양극단에 존재하는 것처럼 보인다. 그러나 비극처럼 여겨지는 고통은 다른 관점에서 유머로 승화될 가능성이 상존한다(Corey, 2017). 이러한 관점에서 볼 때, 집단 회기가 거듭되고 신뢰감이 쌓여 가면서, 유머는 뛰어난 치유 효과를 산출하게 된다. 단, 유머는 상대에 대한 애정, 존중, 보살핌을 전제로 이루어져야 하되, 결코 다른 집단원을 당혹스럽게 하거나, 인격 모독, 비하, 약점 공격 또는 비아냥거리는 수단으로 사용되어서는 안 된다.

피드백

집단의 여섯 번째 치료요인은 피드백이다. 피드백feedback이란 다른 사람과의 면대면 상황에서 상대방의 행동, 사고, 또는 감정에 대한 개인의 솔직한 생각 및/또는 감정을 말과 행동으로 되돌려 주는 것을 말한다. 이 개념은 커트 르윈Kurt Lewin에 의해 처음 행동과학에 소개된 전기공학에서 빌려 온 용어다. 피드백은 집단에서 학습이 일어나게 하는 중요한 수단이다. 솔직하고 구체적인 피드백은 집단원의 행동이 다른 집단원들에게 어떤 영향을 주었는가를 알게 하고, 대인관계에서 어떤 변화가 필요한가를 깨닫게 한다. 사람은 종종 솔직한 생각과 감정을 표현하기보다 억압하거나 이차사고를 통한 거짓된 반응을 보이는 것에 익숙하다.

피드백은 자기개방과 함께 집단상담에서 학습이 일어나게 하는 중요한 요인이다. 피드백은 집단원들의 변화 동기 강화, 타인에게 영향을 주는 자신의 행동에 대한 통찰, 자발적인 위험감수, 집단경험에 대한 긍정적 인식을 돕는다(Morran, Stockton, & Whittingham, 2004). 특히, 집단상담자의 다양한 피드백을 통한 개입은 집단원들의 성장을 촉진한다. 집단상담자는 집단원들이 생산적인 의사소통과 상호작용을 촉진하는 피드백 방법을 습득하도록 도와야 한다(Hulse-Killacky, Orr, & Paradise, 2006). 솔직하고 사려 깊은 피드백은 집단원들로 하여금 자신의 행동이 타인에게 미치는 영향을 인식할 수 있고, 대인관계에서 변화를 시도해 보고 싶은 것을 결정할 수 있게 해 준다. 또한, 대인관계 방식을 새로운 관점에서 조망해 볼 기회를 제공하고 의미 있는 행동 변화를 시도해 볼 수 있게 한다(Stockton, Morran, & Krieger, 2004). 대인관계에서 피드백은 집단원들로 하여금 집단의 결과와 다른 사람들과 관련된 방식의 변화에 대해 책임지게 한다.

자기이해를 통한 인간적 성장은 직접적이고 솔직한 감정 표현과 생각의 교류가 필수로 요구된다. 그러므로 집단의 안전한 분위기 속에서 우호적 · 비우호적 피드백을 교환해 보는 것은 집단원들에게 중요한 학습의 기회가 된다. 솔직한 감정 표현과 이에 대한 반응을 들어봄으로써, 집단원은 자신의 감정 표현이 다른 사람에게 어떤 영향을 미치는지 파악해 볼 수 있다. 또한, 언제, 어떤 피드백을 제공할 것인가에 관한 선택은 결국 다른 사람과의 관계 변화의 책임이 바로 집단원 자신에게 있다는 것을 암시한다.

집단에서의 피드백은 개인상담에 비해 훨씬 더 강력한 힘을 발휘한다(Morran et al., 2004). 한 사람이 제공하는 피드백에 비해 여러 사람의 공통적인 견해는 그만큼 더 큰 위력을 지니고 있기 때문이다. 이러한 치료적인 힘을 조기에 활성화하기 위해 집단상담자는 집단초기에 피드백의 모범을 보임으로써 집단원들이 모방 · 실천할 수 있도록 한다. 자기 자신을 비현실적으로 인식하는 집단원은 다른 집단원들의 피드백을 통해 자기이해의 폭을 넓히는 동시에, 자신을 다른 각도에서 조망해 볼 수 있게 된다. 솔직한 피드백을 통해 집단원들은 또한 자신과 타인을 진정으로 수용하는 방법을 배울 수 있게 된다. 그렇지 않다면, 집단원들 간의 상호작용은 결국 일종의 게임 같이 무의미한 형태로 변질될 수 있다. 그렇다고 해서 솔직해야 한다는 말이 다른 집단원들에게 속에 있는 말을 거침없이 쏟아 놓으라는 의미는 결코 아니다. 상대방에 대한 존중과 배려가 없는 피드백은 단순히 불손한 처사로 간주될 수밖에 없다.

모델링

집단의 일곱 번째 치료요인은 모델링이다. 집단상담에서 모델링(modeling)은 중요한 치료요인이다(Corey & Corey, 2017; DeLucia-Waack, 2014; Kottler, 2015). 집단원들은 서로에 대한 관찰과 상호작용을 통해 학습하게 된다. 조용하고 말이 없는 사람도 다른 사람의 문제해결 과정을 지켜봄으로써 대리학습(vicarious learning)의 효과를 얻을 수 있다. 집단유형과 관계없이 집단원은 관찰을 통해 다른 집단원들이 자신에게 소중하고 의미 있는 존재라는 사실을 깨닫게 된다. 이는 다른 집단원들의 무조건적 수용과 지지 때문만이 아니라, 이들의 문제나 관심사가 자신의 것과 흡사하거나 상호개방을 통해 간접학습이 일어나기 때문이다. 따라서 집단상담자는 집단 내에서 발생할 수 있는 모방학습 효과를 극대화하기 위한 방안을 모색해야 한다. 예를 들어, 소극적인 집단원을 독려하여 적극적인 집단원에 대한 관찰과 모방을 유도함으로써 의미 있는 학습이 일어나도록 동기를 부여하는 것은 모델링 촉진을 위한 집단상담자의 전형적인 작업에 속한다. 그렇지만 소극적인 집단원에게 과도하게 집단참여를 종용하거나 압력을 가하는 일은 바람직하지 않으며, 오히려 역효과의 가능성이 있다는 점을 염두에 둔다.

보편성

집단의 여덟 번째 치료요인은 보편성이다. 보편성(universality)이란 문제를 겪고 있는 사람이 자기 혼자가 아니라는 점과 다른 사람들도 자신과 비슷한 생각과 감정이 있다는 사실, 즉 공통성(commonality)을 깨닫게 되는 것을 의미한다. 집단원들 간의 공통성은 이들을 하나로 묶어 주는 힘이 있다. 사람마다 정도의 차이는 있겠지만, 누구나 외로움, 이해받고 싶은 욕구, 거절에 대한 두려움, 가까워지는 것에 대한 부담감, 과거 관계에서 받은 상처 등의 문제를 안고 살아간다는 사실을 깨달으면 외롭다는 감정이 줄어들 수 있다. 다른 집단원들과 교류하게 되면서 얻게 되는 일종의 통찰로, 집단발달에 동력을 제공한다. 통찰은 집단원 자신이 겪고 있는 문제의 원인을 깨닫게 되는 것으로, 보통 개인상담에서와는 다소 다른 방식으로 얻게 된다. 보편성에 관해 얄롬(Yalom, 2005, p. 6)은 글상자 2-10과 같이 설명하고 있다.

글상자 2-10. 보편성에 대한 얄롬의 설명

> 다른 집단원들이 자신의 관심과 유사한 내용을 털어놓은 후, 집단원들은 세계와 더 가까워진 것 같다는 느낌을 보고했다. 이들은 또한 이러한 과정을 '인류에 대한 환영' 경험이라고 묘사했다. 간략히 말하면, 이러한 현상은 '우리 모두는 같은 배에 탄 운명' 이라는 상투적인 표현에서 발견할 수 있다.

사람은 흔히 자신이 독특하고, 유독 자기만이 고통을 겪고 있다고 생각한다. 특히, 대인관계에서 겪는 어려움은 친밀한 관계 형성을 어렵게 한다(Norcross & Lambert, 2011). 집단상담은 이들이 유사한 생각과 감정이 있는 유일한 사람들은 아니라는 사실을 깨닫는 기회를 제공한다. 집단원들은 개인적인 관심, 사고, 감정 등을 공유하게 되면서 다른 사람들 역시 비슷한 관심이 있다는 사실에 놀라워한다. 글상자 2-11은 집단원이 집단참여를 통해 보편성을 경험하는 예다.

글상자 2-11. 집단원의 보편성 경험의 예

> **예 1** 평소 남편과 갈등을 빚을 때마다 결혼생활에 대해 회의를 느끼곤 했던 결혼 3년 차인 한 여성은 부부간에 아무런 갈등을 빚을 것 같지 않아 보였던 비슷한 연배 여성의 부부갈등에 관한 이야기를 듣게 되면서, 이러한 경험을 하는 것이 자신만이 아님을 알게 되면서 안심하게 되었다.
>
> **예 2** 자신이 남자답지 못하게 눈물을 흘리는 것에 대해 매우 못마땅하게 여기던 50대 남성은 평소 상남자 이미지를 풍기던 다른 남성이 TV 드라마를 보고 눈물을 흘렸다는 말을 들은 후, 눈물을 흘린다고 해서 남성다움을 상실하는 것이 아님을 깨닫게 되어 안도의 한숨을 쉬었다.

집단 회기가 거듭되면서, 집단원들은 상호교류를 통해 서로에 대해 알고 이해하게 된다. 그러면서 자연스럽게 삶의 문제의 보편성을 깨닫게 된다. 집단초기에 집단원들은 서로 다른 점을 발견하게 되면서 이질감을 느끼기도 한다. 그러나 집단이 발달하면서 집단의 응집력이 높아진다. 집단원들은 서로의 차이점보다 공통점에 대해 더 관심을 기울이게 되면서, 집단원 사이에 '우리'라는 의식이 싹튼다. 다른 집단에 비해 공통주제를 다루게 됨으로써, 보편성을 더욱 강한 치유요인으로 활용할 수 있는 집단원은 글상자 2-12와 같다.

글상자 2-12. 보편성을 강하게 느낄 수 있는 집단의 예

○ 신입생/전입생	○ 교칙 위반으로 처벌받은 학생
○ 이혼한 가정의 자녀	○ 자살 계획 또는 시도하는 사람
○ 최근에 이혼한 성인	○ 상습적 물질사용 문제를 겪고 있는 사람
○ 10대 미혼모	○ AIDS 환자
○ 자녀를 잃은 부모	○ 참전군인

고통이나 실망 같은 부정적인 감정을 일으키는 사건이나 주변 환경을 바라보는 시각과 경험은 개인에 따라 매우 다르다. 반면, 결과적으로 생성되는 감정은 보편적인 성질이 있다. 언어와 문화가 다르더라도 사람들에게는 기쁘고 슬픈 감정을 통해 타인과 결속되는 공통적인 성향이 있다. 그러므로 응집력이 높은 집단의 구성원들은 일상생활의 세세한 경험보다 보편적인 인간의 주제에 초점을 맞춘다(Marmarosh & Van Horn, 2010). 따라서 집단상담자는 집단원들이 관심을 갖는 주제에 초점을 맞춤으로써 보편성을 깨닫게 함은 물론 집단응집력의 극대화를 꾀한다.

응집력

집단의 아홉 번째 치료요인은 응집력이다. 응집력cohesiveness은 집단원들이 우리라는 의식we-ness과 소속감belongingness을 기반으로 집단 내에서 적극적으로 일체화하려는 정도를 뜻한다. 응집력은 집단의 기본 속성으로, 시간이 지남에 따라 수용과 함께 발전하는 깊은 수준의 친교다. 혼자가 아니라는 의식은 집단원들에게 집단 참여의 용기를 주며, 집단발달의 촉매 역할을 한다. 응집력은 개인상담과 심리치

료에서 관계와 유사한 개념으로, 집단의 성과에 강력한 영향을 미치는 요인이다(DeLucia-Waack et al., 2014).

응집력은 집단의 치료요인으로, 집단원들이 자유롭게 의미 있는 상호작용을 할 수 있는 신뢰 분위기 조성을 촉진한다. 응집력이 높은 집단은 상호 지지적 · 수용적인 분위기 속에서 소속감과 유대감이 형성되어 있고, 서로 친밀하며, 온정적인 배려가 특징이다. 이러한 집단의 구성원들은 의미 있고 심도 있는 자기개방, 피드백, 지금 여기에서의 상호작용, 위험감수 의지, 집단 내 갈등 표출 및 해결, 높은 실행력을 나타낸다(Marmarosh & Van Horn, 2010). 이러한 특징은 집단원의 높은 출석률과 낮은 중도이탈률로 이어진다. 집단상담자는 공통주제(예, 어린 시절이나 청년기에 어려웠던 경험, 욕구 인식, 친근한 관계 형성에 대한 부담감, 삶의 의미 탐색, 부모와의 관계 또는 문제 인식 등)를 끄집어냄으로써 집단의 응집력 증진을 끌어낼 수 있다. 응집력이 높은 집단과 낮은 집단의 특징을 정리하면 표 2-1과 같다.

표 2-1. 응집력이 높은 집단과 낮은 집단의 특징 비교

요인	응집력이 높은 집단	응집력이 낮은 집단
☐ 상호 신뢰감	• 높음	• 낮음
☐ 관계/유대감	• 관계가 돈독하고, 유대감이 높음	• 관계가 피상적임
☐ 피드백	• 솔직한 정적 피드백을 나누며, 때로 교정적 피드백을 교환함	• 피드백이 대체로 모호하며, 부정적 · 교정적 피드백에 집중함
☐ 경험 공유	• 감정 표출이 자유로우며, 문제를 함께 해결해 나감	• 부적 감정 표출을 억제하며, 문제해결력이 낮음
☐ 상호작용	• 순간순간의 느낌과 생각을 즉각적으로 표현함	• '그때 거기'에 관한 사실과 생각을 중심으로 피상적으로 표현함
☐ 지지/돌봄	• 상호지지/돌봄 수준이 높음	• 상호지지/돌봄 수준이 낮음
☐ 수용	• 서로 있는 그대로 수용함	• 서로 비판적 성향을 나타냄
☐ 자기개방	• 자발적으로 자기개방/자기탐색에 집중함	• 자기개방을 꺼리고, 산만한 태도를 보임
☐ 집단 작업 /실행력	• 적극적으로 참여하고, 실행력이 높음	• 경직된 자세로 참여에 소극적이며, 실행력이 낮음

☐ 중도포기	• 없거나 타당한 사유에 의함	• 많거나 방어적 태도에 의해 이루어짐
☐ 모험시도	• 변화를 위해 더 많은 모험을 시도함	• 변화를 위한 모험보다 편안함에 안주함
☐ 상호의존도	• 높음	• 낮음

표 2-1에 제시된 것처럼, 응집력이 높은 집단은 집단원들 간의 수용, 지지, 온정, 돌봄, 매력, 결속력, 상호의존도, 친밀감, 경험의 공유 등과 밀접한 관계가 있다. 이러한 점에서 응집력은 다수의 치유요인의 하나라기보다는 효과적인 치료를 위한 필수 선행요건인 셈이다. 반면, 응집력이 낮은 집단은 상호 신뢰감의 부족으로 피상적인 상호작용만을 교환하게 되고, 부적 감정 표현을 억제하게 되면서 집단의 일체성이 생기기보다는 오히려 분열의 조짐을 보이게 된다. 응집력을 높이기 위한 선행요건은 글상자 2-13과 같다(Berman & Weinberg, 1998).

글상자 2-13. 응집력을 높이기 위한 선행요건

1. 일정한 시간이 요구된다.
2. 동질집단으로 구성한다.
3. 집단의 안정된 상황으로 집단원들이 안전감을 느낀다.
4. 개인의 자기표현을 유발할 수 있는 집단분위기를 조성한다.
5. 민주적 리더십으로 의존적 태도와 파괴적인 동맹형성을 예방한다.
6. 집단상담자에게 도전은 하되, 이 문제를 잘 해결하여 성숙한 집단발달의 방향으로 나가게 하는 건설적인 요소로 활용한다.

글상자 2-13에 제시된 선행요건 외에도, 집단의 응집력을 높이기 위해서는 거절에 대한 두려움, 고독과 자포자기의 심정, 열등감과 실패감, 고통스러운 기억, 과거에 대한 죄책감, 후회, 가장 나쁜 적이 자신의 내부에 있다는 사실, 친밀감에 대한 욕구와 두려움, 중요한 타인들과의 미해결된 문제 등을 해결해야 한다.

책임감

집단의 열 번째 치료요인은 책임감이다. 책임감responsibility은 선택의 결과를 스스로 떠맡는 것으로, 개인에게 일어난 일에 대한 책임이 자신에게 있음을 인식하는 것이다. 이는 자신을 외부 요인의 희생자로 보지 않고, 자신의 행동에 대한 책임을 기꺼이 수용하는 것이다. 집단상담은 집단의 안전한 분위기 속에서 집단원에게 자신의 선택에 대해 책임져 보게 하는 치료적 힘을 제공한다. 외부 요인, 즉 주위 사람들이나 상황이 변하기를 기다리는 것 같은 실현 불가능한 일을 기대하기보다는 집단원 자신이 먼저 변화되면 외부 요인들도 따라서 변할 수 있다는 원리를 터득하게 하는 것이 바로 집단상담의 힘이다.

사람들은 때로 고통과 불행의 원인을 외부에서 찾으며, 원망과 분노를 표출하거나, 아프다는 핑계로 책임을 회피하기도 한다. 그러나 이러한 선택은 근본적인 해결책과는 거리가 멀다. 집단상담에서는 문제해결의 열쇠는 집단원 자신이 쥐고 있고, 문제해결을 위해서는 합리적이고 올바른 선택을 해야 한다고 가정한다. 또한, 자신이 처한 상황과 외부 요인에 대한 원망을 멈추고, 자신이 문제해결의 주체라는 인식을 할 때, 집단원은 비로소 자신의 삶에 대한 통제와 변화가 가능해진다고 가정한다. 자신의 선택에 대해 기꺼이 책임지려고 할 때, 집단원은 비로소 변화를 위한 결단을 내릴 수 있다. 변화를 위한 결단은 적극적인 집단참여의 동기를 부여하게 되고, 집단 경험학습을 실생활에 적용하기 위한 활동 계획과 실천 전략 수립을 위한 동력으로 작용한다. 변화를 위한 계획과 실천은 집단원에게는 일종의 모험이지만, 몸소 책임감을 체험하게 되면서 집단원은 성장·발달하게 된다.

힘은 집단원 자신에게 아직 개발되지 않은 자발성, 창의성, 용기, 강점 등이 내재되어 있다는 인식을 통해 생성된다. 여기서 힘은 근력 또는 권력이 아니라 자기 주도적인 삶에 필요한 능력이 자신에게 있다는 사실을 깨닫는 것이다. 집단원은 집단경험과 학습을 통해 자신의 힘을 가로막고 있던 요소들을 발견하게 된다. 과거의 피해 경험으로 인해 세상 사람들은 여전히 자신에게 피해를 입히려 한다는 검증되지 않은 생각과 기본가정 속에서 살아가는 사람이 있다. 이들 역시 집단에서의 현실검증을 통해 더 나은 삶을 영위하기 위해 피해의식을 새로운 생각으로 대체할 때, 자신에게 자기 주도적 삶을 영위할 힘이 내재되어 있음을 깨닫게 된다. 글상자 2-14는 집단참여를 통해 집단원의 내면에 잠재되어 있던 힘을 키워가는 과정의 예다.

글상자 2-14. 집단원이 잠재적 힘을 키워 가는 과정의 예

어려서 부모에게 심할 정도로 매를 맞으며 자란 현석은 몸을 움츠리고 다니는 습관이 생겼다. 학교폭력 문제로 집단상담에 참여하게 된 그는 피드백을 통해 자신이 여전히 다른 사람에게 매 맞을 것을 두려워하는 사람처럼 행동하고 있음을 깨달았다. 집단에서 자신을 잘 드러내지 않는 행동에 대해 다른 집단원들은 현석을 냉정하고 무심하게 보인다는 피드백을 제공하곤 했다. 현석은 차츰 자신이 더 이상 폭력을 휘두르는 성인들로부터 자신을 보호할 수 없는 어린아이가 아님을 깨달았다. 그는 그동안 자신에게 내재해 있던 신념에 도전했고, 용기를 내어 자신을 드러냄으로써 자신의 감정 표현과 다른 집단원을 대하는 방식에 더 큰 힘을 얻게 되었다.

글상자 2-14에 제시된 것처럼, 이러한 집단 작업을 수행하기 위해서는 집단상담자는 집단원들에게 내재되어 있을 수 있는 무력감의 배경을 이해할 필요가 있다. 그러나 집단원들이 집단 밖의 사람들과의 교류에 있어서 자신의 생각과 감정을 마구 표출하게 방임해서는 안 된다. 대신, 어떤 시점에서 생각과 감정을 드러내야 하는지, 그리고 그러한 행동으로 인해 초래될 수 있는 잠재적 결과를 평가해 볼 수 있도록 돕는다.

모험시도

집단의 열한 번째 치료요인은 모험시도다. 모험시도[risk-taking]란 자신의 약점을 기꺼이 공개·인정하며, 변화를 꾀하는 것을 의미한다. 이는 집단원이 스스로를 통제하고 되풀이해 온 방식을 포기하는 것을 의미한다. 집단에서 모험을 시도한다는 것은 상처받을 수 있는 상황에서 기꺼이 자신을 개방하는, 변화를 위한 적극적

행동이다. 만일 편안한 상태에 머무르면서 변화 시도를 하지 않는다면, 집단원은 집단경험을 통해 얻는 것이 별로 없을 것이다. 진정 바꿔 보고 싶다면, 지금 당장 용기를 내야 한다. 모험시도야말로 집단의 핵심이다. 누구에게도 말해 본 적이 없는 가장 깊고 어두운 비밀을 진정한, 솔직한, 진솔한 방식으로 소리 내어 말하는 것은 삶의 행동방식에 놀랄 만한 변화를 가져오게 되는 요인이다(Kottler, 2015).

집단원의 모험시도는 집단 첫 회기에 집단참여에 대한 느낌을 표현하는 순간부터 시작된다. 모험시도를 위한 자기개방 수준은 집단상담자와 집단원들에 대한 신뢰수준에 달려 있다. 신뢰감trustworthiness은 그 자체로 치유력이 있어서 집단원들로 하여금 자신을 기꺼이 드러내는 모험을 기꺼이 감수하게 하면서, 자신을 새로운 관점에서 조망해 볼 수 있게 한다. 이러한 작은 변화는 새로운 행동을 시도할 수 있는 용기를 북돋아 주는 촉매 역할을 한다. 모험시도는 집단원이 스스로를 통제하고 되풀이해 온 방식을 포기하는 것을 의미한다. 열 번의 변명을 하느니 한 번의 모험을 시도하는 것이 낫다. 이는 순간순간을 자발적으로 선택하게 하는 효과가 있다. 모험시도는 말로만 다짐하고 실천하지 못하던 행동들을 기꺼이 실행에 옮길 수 있는 용기와 자신감을 심어 준다.

새로운 행동과 기술 실험

집단의 열두 번째 치료요인은 새로운 행동과 기술 실험이다. 집단은 새로운 기술과 행동을 연습할 수 있는 안전한 공간을 제공(Joyce, Piper, & Orgrodniczuk, 2007)하는 실험실laboratory이다. 생각하는 대로 살 것인가, 사는 대로 생각할 것인가? 건강하고 행복한 삶을 위해서는 이에 합당한 변화가 뒤따라야 한다. 같은 행동을 반복하면서 다른 결과를 기대할 수는 없다. 지금 하는 행동은 과거의 결과인 동시에, 미래를 예견해 주기 때문이다. 19세기 러시아의 문호 표도르 도스토옙스키Fyodor Mikhailovich Dostoevskii(1821~1881)는 '사람들이 가장 두려워하는 것은 새로운 발걸음을 내딛는 것과 새로운 단어를 입 밖에 내는 것'이라고 했다. 익숙한 생각과 행동을 내려놓고 새로운 행동을 실험해 보는 데는 적잖은 용기가 요구된다. 집단에서 실험을 통해 습득한 행동을 실생활에 적용해 보는 일은 점차 자신의 것으로 자리매김할 수 있게 한다. 글상자 2-15는 집단에서 실험해 볼 수 있는 새로운 행동과 기술의 예다.

글상자 2-15. 집단상담에서 실험 가능한 행동과 기술의 예

○ 적극적 경청	○ 애정 표현
○ 감정 표현 방법	○ 배우자/동반자와의 성에 관한 대화
○ 시선 접촉을 유지하며 대화하기	○ 상대방을 인정 · 배려하는 행동
○ 비언어 행동(미소, 주의 기울이기 등)	○ 자기주장을 위한 역할연습
○ 평소에 잘 이야기하지 않는 사적인 부분의 개방	○ 타인의 의견에 반대되는 의견제시
	○ 중요한 타인과의 대화 방법

글상자 2-15에 제시된 것 외에도, 집단상담에서 다룰 수 있는 새로운 기술과 행동은 수없이 많다. 또한, 자기표현훈련집단, 자기주장훈련집단, 부모교육집단, 대인관계훈련집단, 의사소통집단 등과 같은 형태의 집단은 구성원들이 역할연습을 통해 새로운 행동들을 실험해 볼 수 있는 집단의 좋은 예다. 특히, 학교장면에서는 졸업을 앞둔 학생들에게 면접에 임하는 요령과 방법을 직접 연습해 볼 기회를 제공함으로써 진학 또는 취업을 도울 수 있다. 그뿐 아니라, 집단원들이 감추어 왔던 자신의 단면을 과장되게 표현해 볼 수 있다. 예를 들어, 지나치게 조용하고 말이 없는 사람은 말을 더 많이 해 보게 할 수 있다. 또한, 소극적 · 비사교적인 집단원은 적극적 · 사교적인 집단원의 역할을 시연해 보고 난 후, 다른 집단원들의 피드백과 자신의 소감을 나누어 볼 수 있다. 새로운 행동을 실험한 후, 집단원들은 자신의 행동을 얼마만큼 변화시킬 것인가를 결정한다. 대화상자 2-2는 새로운 행동의 실험에 관한 대화의 예다.

대화상자 2-2. 새로운 행동 실험에 관한 대화의 예

무 송: (잠시 머뭇거리다가) 저는 어려서부터 많이 수줍어하고 소극적인 성격이었어요. 음, 그래도 중 · 고등학교에 다니면서 많이 나아졌다고 생각했는데, 대학생

이 되었는데도 사람들 앞에서 말을 잘못해서……. 이런 내 성격이 맘에 안 들어요.

리 더: 그렇군요. 우리 집단에서 무송 씨와 정반대되는 성격을 가지고 있다고 생각되는 사람을 골라 보시겠어요? (무송은 민수를 지목한다. 리더는 민수의 허락을 받은 후, 무송에게 제안한다.) 자, 그럼, 민수 씨의 행동을 따라 해 볼래요? 민수 씨의 몸짓, 자세, 목소리의 억양 같은 것까지도요. 그러고 나서, 무송 씨 소감과 다른 사람들의 피드백을 들어 보겠어요.

대화상자 2-2에 제시된 대화의 예에서, 스스로를 수줍어하는 성격의 소유자로 규정하고 불만족스러워하는 집단원이 집단에서 자신이 원하는 성격을 가진 집단원의 행동 특성을 모방·실연해 보고 있다. 본받고 싶은 사람의 행동을 직접 실행에 옮겨 봄으로써, 이 집단원은 성격 변화의 가능성을 실험해 보고 있다. 행동 실험을 마치면, 이 집단원은 행동 실연에 대한 소감을 나누는 한편, 다른 집단원들의 피드백을 참고할 수 있게 된다. 이러한 일련의 과정을 통해, 이 집단원은 자신의 성격 변화의 가능성을 점쳐 볼 수 있는 한편, 변화를 위한 실천 의지를 다지게 된다.

다른 임상가들이 주장한 집단의 치료요인

지금까지 살펴본 집단의 치료요인 외에도, 집단의 치료요인을 주장한 임상가들은 많다. 여기서는 비교적 최근의 것만을 선별하여, 얄롬, 코틀러, 제이콥스 등의 것을 중심으로 소개한다.

얄롬의 주장. 어빈 얄롬(Irvin D. Yalom, 1931~현재)은 미국의 정신건강 전문의로서, 집단심리치료의 발전에 크게 기여한 인물이다. 얄롬은 집단치료의 산물이 치유cure라고 여겼던 것은 자신의 착각이었다는 점을 고백하면서 심리치료의 결실은 치유가 아닌 '변화change' 또는 '성장growth'이라는 점을 강조했다. 그래서 이러한 변화나 성장을 가져오는 요인을 치유요인curative factors으로 명명했던 것을 정신건강 전문의인 자신의 위치를 고려하여 치료요인therapeutic factors으로 변경했다(Yalom, 2005, p. xiii). 그는 자신의 오랜 임상경험을 바탕으로, 집단의 치료요인을 글상자 2-16과 같이 정리했다.

글상자 2-16. 얄롬이 주장한 집단의 치료요인

1. 희망고취instillation of hope: 삶에 대한 희망감
2. 보편성universality: '나 혼자가 아니구나.' 하는 느낌
3. 정보공유imparting information: 건강한 삶에 관한 정보 습득
4. 이타심altruism: 다른 사람들을 위해 기꺼이 나누어 줌
5. 일차가족집단의 교정적 재현corrective recapitulation of the primary family group: 초기 아동기와 유사한 역동 체험을 통한 학습
6. 사회화 기법 발달development of socializing techniques: 성숙한 사람들의 특성으로 나타나는 사회화 기술 습득
7. 모방행동imitative behavior: 다른 사람들의 긍정적 행동 모방
8. 대인학습interpersonal learning: 다른 사람들과의 상호작용을 통한 학습
9. 집단응집력group cohesiveness: 다른 사람들과 연결되어 있다는 느낌
10. 카타르시스catharsis: 과거에 표출해 본 적이 없었던 감정 방출
11. 실존적 요인existential factors: 삶에 대한 책임수용

그러면 과연 집단의 치료요인은 실제로 치료 효과가 있는가? 이 질문에 답하기 위해 얄롬(Yalom, 2005)은 레스츠Leszcz와 함께 환자 20명을 대상으로 60개 문항으로 구성된 Q-분류법Q-sort을 활용하여, 이들이 가장 유용하다고 여기는 치료요인을 추출했다. 여기서 추출된 요인 중 가장 중요하다고 응답한 치료요인을 중요한 순서대로 정리하면 글상자 2-17과 같다(부록 B 참조).

글상자 2-17. 집단원들이 선정한 집단치료의 치료요인

1. 전에는 알지 못했거나 받아들일 수 없었던 자기 부분의 발견 및 수용 ⇨ '자기이해'
2. 무작정 참는 대신 나를 괴롭히는 것이 무엇인지 표현할 수 있게 됨 ⇨ '카타르시스'

3. 다른 집단원들이 나에 대해 어떻게 생각하는지 솔직히 말해 줌 ⇨ '대인간 입력'
4. 감정 표현 방법 학습 ⇨ '카타르시스'
5. 내가 다른 사람들에게 어떤 인상을 주는지에 대해 가르쳐 줌 ⇨ '대인간 입력'
6. 다른 집단원들에 대한 정적 · 부적 느낌 표현 ⇨ '카타르시스'
7. 내가 다른 사람들로부터 아무리 많은 지도와 후원을 받았어도 내 인생을 살아가는 방식에 대한 궁극적인 책임은 내게 있다는 사실 학습 ⇨ '실존적 요인'
8. 내가 다른 사람들에게 어떤 성격으로 보이는지 알게 됨 ⇨ '대인간 입력'
9. 다른 사람들이 위험을 감수하며 난처한 일을 해 봄으로써 이득을 얻는 것에 대한 관찰이 내가 동일한 일을 해 보는 데 도움이 됨 ⇨ '동일시'
10. 집단과 다른 사람에 대해 더욱 갖게 되는 신뢰감 ⇨ '대인간 출력'

이 연구에서 집단참여자들이 뽑은 중요한 치료요인의 첫 8개 항목 중 7개가 정화 또는 통찰의 형태를 띠고 있다. 연구자들은 또한 집단치료에 참여했던 사람들의 관심 방향을 개별 항목에서 12개의 일반적인 범주로 전환하여 치유요인에 대해 다음과 같이 중요한 순서에 따른 결과를 산출했다.

글상자 2-18. 집단원들이 선정한 집단의 치료요인

1. 대인간 입력interpersonal input	2. 응집력cohesiveness
3. 대인간 출력interpersonal output	4. 보편성universality
5. 이타주의altruism	6. 생활교육guidance
7. 카타르시스catharsis	8. 자기이해self-understanding
9. 실존적 요인existential factors	10. 희망 고취instillation of hope
11. 가족 재연family reenactment	12. 동일시 identification

글상자 2-18에 제시된 바와 같이, 연구에 참여한 집단원들은 대인간 입력을 가장 중요한 치료적 요소로 꼽았다. '대인간 입력'이란 자기가 다른 사람에게 어떤 모습으로 지각되는지에 대해 알게 되는 것을 말한다.

코틀러의 주장. 임상가이면서 집단상담의 교육자이자 전도자로 활동하고 있는 코틀러(Kottler, 2015)는 집단상담을 인간의 삶을 변화시키는 중요한 도구라는

점을 강조했다. 그러면서 그는 집단의 보편적인 치료요인을 〈표 2-2〉와 같이 요약 · 정리했다.

표 2-2. 코틀러가 주장한 집단의 치료요인

치료요인	설명
1. 응집력*cohesion*	• 성과와 직결되는 집단작업의 기반인 동시에 자산임 • 집단원 간, 집단원과 리더, 집단원과 집단 간에 형성됨 • 집단원의 참여를 유도하여 목표/과업을 성취하거나 서로 연결되어 있다는 정서적 유대감을 갖게 함
2. 지지support	• 미지의 영역 탐색을 가능하게 하는 원천임 • 대인관계의 중요한 요소로, 집단참여에 대한 희망감을 주는 요소임 • 집단원들이 집단에서 가장 도움이 되었고 집단성과에도 긍정적인 영향을 주었던 경험이었다고 보고함
3. 소속감sense of belonging	• 집단에 대해 느끼는 매력과 보편성, 그리고 혼자가 아니라는 느낌을 제공함
4. 카타르시스 catharsis	• 강렬한 정서 방출을 통한 긍정적 변화를 유발함 • 단, 예기치 않은 집단원의 강렬한 정서 방출은 다른 집단원들을 당혹스럽게 할 수 있으므로, 이에 관한 틀이 마련되어야 함
5. 대리학습 · 모델링 vicarious learning/modeling	• 직접 경험뿐 아니라 관찰을 통한 학습이 일어남 • 집단 내에서 다른 사람의 말, 행동, 작업에 대한 관찰을 통해 자신의 상황에 대입해봄으로써 변화의 동기로 삼음
6. 상호영향mutual influence	• 집단원들이 서로 연결되어 있어서 한 집단원의 성과는 다른 집단원들에게도 영향을 줌 • 한 집단원의 진척은 다른 집단원들에게 좋은 느낌을 주고 변화의 동력을 제공함
7. 알아차림 awareness	• 개인의 행동을 더 잘 인식하게 됨 • 자신의 행동이 타인에게 미치는 영향을 더 잘 인식하게 됨
8. 가족재현family reenactment	• 집단원의 가족(부모와의 갈등, 형제자매간의 경쟁, 권력투쟁과 통제 등)을 연상시키는 것 같은 대인관계 상황을 제공함 • 이러한 상황은 원가족 구성원과의 쟁점 해소를 가능하게 함
9. 공개선언public commitment	• 여러 사람 앞에서 계획을 소리 내어 공개함으로써 실행 및 성취 가능성을 높임
10. 과업촉진task facilitation	• 집단경험을 통해 얻은 새로운 통찰을 건설적인 계획수립으로 이어지도록 도움 • 돌아가며 다음 회기까지 변화를 위해 실천할 행동을 말하게 하고, 지난 1주일간 실행한 행동의 결과에 대해 보고하게 함
11. 모험시도risk taking	• 집단 안팎에서 다양한 형태와 수준의 모험적 행동을 실행함 • 타인에게 드러낸 적이 없었던 깊고 어두운 비밀을 개방함으로써 변화를 촉진함

12. 실연rehearsal	• 실생활의 실험실처럼 집단원들에게 새로운 행동연습 기회를 제공함 • 타인과의 관계형성 · 유지를 위한 새로운 대안을 모색 · 실행함
13. 직면 · 피드백 confrontation/feedback	• 진정한 자신이 되어 보고 다른 사람들의 솔직한 반응을 들어봄 • 다른 사람들이 어떻게 반응할지에 대해 염려하지 않은 상태에서 솔직하게 반응해봄
14. 마법magic	• 결코 가능하지 않을 것 같았던 방식으로의 자기이해를 통해 삶의 극적인 변화를 유발함 • 깊은 동료의식, 보살핌, 사랑의 감정을 통해 내면이 치유됨 • 생애 최초로 깊이 이해받고 있고, 있는 그대로 받아들여진다는 느낌을 경험함

집단의 치료요인은 학자 또는 임상가들의 이론적 접근이나 치료적 관점에 따라 조금씩 다를 수 있다.

제이콥스 외의 주장. 제이콥스 외(Jacobs et al., 2016)는 글상자 2-20과 같이 집단상담자가 주목해야 할 치료요인 열다섯 가지를 들었다.

글상자 2-19. 제이콥스 외가 주장한 집단의 열다섯 가지 치료요인

1. 리더와 집단원들의 목적 명료성	2. 집단원들의 목적 연관성
3. 집단크기	4. 각 회기의 길이
5. 모임 횟수	6. 장소의 적절성
7. 리더와 집단원들을 위한 시간대의 적절성	8. 리더의 태도
9. 개방 vs. 폐쇄 집단	10. 자발적 vs. 비자발적 참여
11. 집단원들의 참여수준	12. 집단원들 간의 신뢰수준
13. 집단원들의 리더에 대한 태도	14. 리더의 경험과 집단리더십 수준
15. 공동리더십의 조화	

제이콥스를 비롯한 임상가 및 연구자들은 글상자 2-19에 열거된 요인들이 긍정적(치료적), 중립적 또는 부정적(반치료적)일 수 있음을 강조했다.

수업활동 / 수업시간에 함께 해 볼까요?

1. **장점 선물** 자존감 증진 또는 회복을 위한 방안에는 장점/강점을 말로 표현해 주

기가 있다. 이 연습은 개인의 긍정적 특성에 대한 피드백을 당사자에게 선물의 형식으로 표현해 주는 것이다. 이때 선물은 감사함, 희망의 메시지 혹은 용기를 북돋아 주는 것 같이 마음을 전하거나 진솔한 마음을 담은 구체적인 물건이 될 수 있다. 전체 참여자들이 원으로 둘러앉은 상태에서 준비된 사람이 자발적으로 일어나 장점 선물을 주고 싶은 사람에게 가서 선물을 공개적으로 전하고 그 자리에 앉는다. 선물을 받은 사람은 장점 피드백을 받은 소감을 간략히 말하고 나서, 자리에서 일어나 장점 선물을 받지 않은 다른 사람에게 선물을 제공한다. 모든 사람이 한 번씩 공개적으로 피드백을 받고 나면, 각자의 소감을 나눈다.

2. **관찰연습** 강의시간에 다른 학생들의 반응을 살펴보자. 물론 강의에 방해되지 않고 담당 교수를 비롯하여 다른 학생들의 시선을 끌지 않는 범위 내에서 관찰한다. 이러한 관찰을 통해 다른 사람들이 느끼거나 반응할 수 있다고 생각하는 방식에 관해 머릿속으로 가설을 세워 보거나 행동의 원인으로 생각되는 것을 기록해 보자.

1. 누가 지루해하고 있는가?
2. 주의가 산만해진 사람은 누구인가?
3. 불안하거나 초조해하는 사람은 누구인가?
4. 강의에 몰입하고 있는 사람은 누구인가?
5. 담당 교수의 강의에 집중하는 것처럼 보이지만, 속으로는 다른 생각에 잠겨 있는 것처럼 보이는 사람은 누구인가?
6. 누가 누구와 시선을 접촉하는가?

전체 집단의 형태로 모여, 각자 관찰한 내용을 보고한다(예, "교수님께서 질문하시자, 지영이는 책을 뒤적이면서 머리를 긁적였어요."). 관찰한 내용에 대한 보고를 모두 마치면, 관찰 대상자의 행동 원인에 대해 설정한 가설 또는 해석을 잠정적인 방식으로 발표해 보자. 그런 다음, 이 활동을 통해 경험 또는 얻게 된 점에 서로 이야기를 나누어 보자.

복습문제 / 공부한 것을 확인해 볼까요?

객관식 문항

1. 다음은 얄롬(I. Yalom)이 주장한 집단상담의 치유요인에 대한 설명이다. (가)와 (나)에 나타난 집단상담의 치유요인을 바르게 연결한 것은? ▶2012년 전문상담

> (가) 집단원 자신이 다른 사람들에게 아무리 많은 지지와 후원을 받았다 할지라도 자신의 인생을 살아가는 방식에 대한 궁극적인 책임이 자신에게 있다는 사실을 배운다.
> (나) 다른 집단원들이 자신의 관심과 유사한 내용을 털어놓은 후, 집단원들은 보다 더 세계와 가까워진 것 같다는 느낌을 보고한다. 이러한 현상은 '우리 모두는 같은 배에 탄 운명'이라는 표현에서 발견할 수 있다.

	(가)	(나)
①	대인학습(interpersonal learning)	응집성(cohesiveness)
②	실존적 요인(existential factors)	보편성(universality)
③	대인학습(interpersonal learning)	보편성(universality)
④	희망고취(instillation of hope)	응집력(cohesiveness)
⑤	실존적 요인(existential factors)	대인학습(interpersonal learning)

2. 학교 집단상담에서 집단원의 비자발적 참여를 다루는 방법으로 옳은 것만을 〈보기〉에서 모두 고른 것은? ▶2011년 전문상담)

〈보기〉
> ㄱ. 집단참여와 표현을 독려, 강화한다.
> ㄴ. 집단원으로서 가질 수 있는 자유와 권리를 알려 준다.
> ㄷ. 사전에 만나 집단의 목표 등 상세한 정보를 제공한다.
> ㄹ. 비자발적 참여에 대한 느낌과 생각을 표현할 기회를 준다.
> ㅁ. 집단에서 나눈 이야기는 비밀보장이 된다는 것을 알려 준다.

① ㄱ, ㄴ　② ㄷ, ㄹ　③ ㄱ, ㄴ, ㄷ
④ ㄱ, ㄴ, ㄷ, ㄹ　⑤ ㄱ, ㄴ, ㄷ, ㄹ, ㅁ

3. 얄롬(I. Yalom)의 이론을 근거로 집단원이 느끼는 집단상담의 치유요인을 조사하고 있다. 〈보기〉 중에서 동일한 요인으로 옳게 묶인 것은? ▶**2010년 전문상담 1차**

〈보기〉

ㄱ. 집단원들과 계속 친밀감을 느꼈다.
ㄴ. 마음의 응어리를 털어놓으니 시원하다고 느꼈다.
ㄷ. 다른 집단원이 변화되는 것을 보고 가능성을 느꼈다.
ㄹ. 인생이 때로 부당하고 공정하지 않다는 것을 느꼈다.
ㅁ. 집단원이 내 문제와 비슷한 문제를 해결하는 것을 봤다.
ㅂ. 다른 사람처럼 나 자신도 잘 지내고 있다는 것을 알았다.
ㅅ. 꾹 참는 대신 괴로운 것을 말하면 그때마다 가슴이 후련해졌다.
ㅇ. 다른 집단원들도 나와 같이 나쁜 생각과 감정을 가진다고 느꼈다.
ㅈ. 집단원들도 나처럼 복잡하고 불행한 과거를 갖고 있다는 것을 느꼈다.
ㅊ. 집단원들과 아무리 친해져도 인생은 여전히 홀로 짊어지고 살아야 함을 깨달았다.

① ㄱ, ㄹ ② ㄴ, ㅈ ③ ㄷ, ㅅ
④ ㅁ, ㅊ ⑤ ㅂ, ㅇ

4. 다음 얄롬(I. Yalom)의 글에서 설명하는 치료적 요인은? ▶**2009년 전문상담**

집단치료는 자체 안에 많은 긴장을 가지고 있다. 예를 들면, 형제간의 경쟁, 지도자의 관심에 대한 경쟁, 집단의 주의를 끌기 위한 경쟁, 지위와 우월을 위한 분투, 성적 긴장, 관계 왜곡, 집단원 간의 배경과 가치의 차이 등이다. 그러나 긴장만으로 충분치는 않다. 그 긴장들은 교정적 정서체험으로 전환되어야 한다. 이것을 위해서는 두 가지 조건이 필요하다. 집단원들은 이러한 차이들이 드러나도록 허용하기 위해 집단을 충분히 안전하고, 지지적인 장으로 경험해야 하고, 그리고 효과적인 현실검증이 가능하도록 충분한 피드백과 표현의 솔직성이 있어야 한다.

① 정화 ② 응집력 ③ 모방행동
④ 대인관계 학습 ⑤ 사회화 기술의 개발

주관식 문항

5. 다음은 집단의 치유력에 관한 개념들이다. 각 개념을 간략히 서술하시오.

① 집단과정: ______________________

② 집단역동: ______________________

6. 집단의 치유요인 열두 가지를 쓰시오.

⇨ ______________________

____

____

7. 자기개방에 대한 오해 다섯 가지를 서술하시오.

① ______________________

② ______________________

③ ______________________

④ ______________________

⑤ ______________________

8. 집단원의 자기개방 촉진방안을 논하시오.

⇨ ______________________

____

____

9. (가)는 준서(고2, 남)의 집단상담 소감문이고, (나)는 전문상담교사가 집단상담 수퍼비전을 받고 나서 작성한 축어록의 일부이다. 얄롬(I. Yalom)과 레스츠(M. Leszcz)가 제시한 집단상담의 치료적 요인 중 (   ) 안에 공통으로 해당하는 요인의 명칭을 쓰고, 밑줄 친 ㉠이 드러나는 내용을 (가)에서 찾아 쓰시오. **▶2018년 전문상담**

(가)

집단따돌림을 당했을 때의 기억들이 끊임없이 나를 괴롭혔다. 그럴 때마다 상담실에 가서 도움을 받았다. 오늘은 집단상담 시간에 '생애 곡선'을 그려 보았다. 태어나서 죽을 때까지 나의 모습을 써 보고 이야기하면서 많은 생각을 하게 됐다. 우리는 고통과 죽음을 피할 길이 없는 것 같다. 부모님이나 선생님이 아무리 도와주신다고 하더라도 살아가는 것에 대한 책임은 나에게 있는 게 아닐까? 나의 가치와 삶의 의미는 어떤 걸까? 조금 더 생각을 해 봐야겠다. 최근에 따돌림을 당해서 힘들어 했던 경호가 집단상담에 열심히 참여하면서 변해 가는 모습을 보며, 나도 어려움을 극복할 수 있을 것 같다고 생각했다. 다음 집단상담 시간이 기다려진다.

(나)

상 담 교 사: 준서의 소감문을 보면 준서에게 긍정적인 변화가 일어나고 있는 것 같아요. 이 변화에 도움을 주는 치료적 요인이 (　)(이)라는 생각이 들었어요.

수퍼바이저: 치료적 요인으로 (　)을/를 생각한 이유는 무엇인가요?

상 담 교 사: 준서가 집단상담 소감문에 쓴 내용이 기억나요. '우리는 인생에서 고통과 죽음을 피할 길이 없는 것 같다.'는 것을 알게 되었다고 했는데 이 과정을 통해서 성장과 변화가 일어나는 것 같아요. 이것이 (　)의 효과라고 보여져요.

수퍼바이저: 네, 그렇지요. 그리고 제가 보기에는 ㉠ 희망 고취도 치료적 요인으로 함께 나타나는 것 같습니다.

10. 다음은 전문상담교사가 중학교 3학년 학생들을 대상으로 실시한 집단상담 과정의 일부이다. 상담교사가 진행하고 있는 구조화 활동의 내용을 쓰시오. ▶ **2017년 전문상담**

상 담 교 사: 집단 활동을 원활하게 진행하려면 우리가 해야 할 것이 있어요. 먼저, 시간을 잘 지켜야 합니다. 집단상담 시작 5분 전까지 꼭 모여 주세요. 또 어떤 것이 있을까요?

상 담 교 사: 집단 활동을 원활하게 진행하려면 우리가 해야 할 것이 있어요. 먼저, 시간을 잘 지켜야 합니다. 집단상담 시작 5분 전까지 꼭 모여 주세요. 또 어떤 것이 있을까요?

지　　아: 열심히 참여하기요.

상 담 교 사: 네, 열심히 참여하는 것은 정말 중요하지요. 적극적으로 참여하는 것은 자기 자신의 성장에 도움이 됩니다. 우리 모두 자신의 생각과 느낌을 적극적으로 표현하면 좋을 것 같아요. 또 다른 것은 어떤 것이 있나요?

소 정: 비밀이 지켜졌으면 좋겠어요.

상 담 교 사: 네, 아주 중요한 점입니다. 이 집단에서 있었던 일을 다른 곳에서 이야기해서는 안 됩니다.

11. 다음은 상담의 종결 단계에서 전문상담교사인 박 교사와 집단원들이 나눈 대화의 일부이다. 얄롬(I. Yalom)과 레스츠(M. Leszcz)가 Q-분류법을 통해 밝힌 집단의 치료적 요인 중, 준기(고2, 남)와 은지(고2, 여)의 진술에 해당하는 요인을 순서대로 한 가지씩 쓰시오.

▶2015년 전문상담

박 교 사: 여러분은 이번 집단상담이 매우 좋았고 도움이 되었다고 했어요. 어떤 경험이 특별히 좋았는지 이야기해 보도록 하지요.

준 기: 저는 다른 집단원들이 저에 대해 어떻게 생각하는지 솔직하게 말해준 것이 받아들이기 힘든 점도 있었지만, 큰 도움이 되었어요. 저에게 다른 사람을 짜증나게 하는 습관이나 태도가 있다는 것을 알게 되었고요. '다른 사람들은 내가 생각하고 있는 것과는 다르게 나를 볼 수도 있겠구나.'라는 생각을 하게 된 것이 기억에 남아요.

은 지: 저는 사는 게 늘 힘들고 어려웠어요. 그래서 화도 나고 왜 이렇게 살아야 하나 고민을 많이 하며 지냈어요. 집단상담 시간에 죽음에 관해서 이야기를 나누었을 때였던 거 같아요. 옆에서 누군가 나를 도와주는 사람이 있다 해도 나의 아픔이나 어려움은 결국 내가 책임지고 해결해 나가야 한다는 생각이 들었어요.

12. 다음은 전문상담교사가 진행하는 집단상담 과정에 대한 기록의 일부이다. 지문에 근거하여 집단상담에서 작용한 치료적 요인 네 가지를 제시하고, 집단상담에 긍정적으로 작용한 이유를 요인별로 서술하시오. **▶2014년 전문상담**

> 대인관계의 어려움이 있는 학생들을 대상으로 계획한 10회기의 집단상담 중 8회기가 끝났다. 자발적으로 참여했음에도 처음에 집단원들은 좀처럼 자신의 이야기를 하려고 하지 않았다. 2회기에는 내가 중학교 때 겪었던 대인관계의 어려움에 대해 이야기를 하자, 집단원들도 점차 속마음을 드러내기 시작하였다. 4회기의 역할 바꾸기 활동에서는 집단원들이 눈물을 흘리기도 하였고 후련하다고 말하기도 하는 등 의미 있는 변화를 보였다.
>
> —중략—
>
> 혜진이는 자신의 소극적 행동에 대한 집단원들의 다양한 반응이 도움이 되어 자신감을 되찾은 것 같다. 지민이는 수줍음의 문제가 완전히 해결되지는 않았지만, 이제는 친구들에게 먼저 말을 걸겠다는 다짐을 하는 등의 진전이 있었다.

① ______________________________

② ______________________________

③ ______________________________

④ ______________________________

13. 다음에 제시된 현수(주 2, 남)의 사례를 읽고 아래 〈조건〉에 따라 서술하시오.

▶2013년 전문상담 2차

> 현수는 어려서부터 주벽이 심했던 아버지의 폭력에 시달려 왔다. 지나치게 내성적이고 주변에 친한 친구들이 없었던 현수는 최근 들어 학교 내 폭력서클의 학생들과 어울려 다니기 시작하였다. 이러한 사실을 알게 된 담임교사는 현수에게 Wee센터에서 전문상담교사가 운영하는 집단상담에 참여해 볼 것을 적극 권유하였다. 현수는 결국 담임교사의 권유를 받아들여 집단상담에 참여하기로 하였다. 그 후, 집단상담에 흥미를 느끼게 된 현수는 매 회기 집단활동에 열심히 참여하였다. 그런데 집단상담이 진행되는 동안 현수는 다른 집단원이 고통스러운 과거 경험을 드러낼 때마다 자신의 아픈 기억이 떠올라 그 집단원이 말을 마치기도 전에 끼어들어 곧 괜찮아질 거라는 말로 위로하곤 하였다. 전문상담교사는 이러한 행동이 반복되자 개입하여 현수가 자신의 행동을 탐색하도록 도왔다.

현수가 어려서부터 아버지에게 자주 맞았다는 사실을 알게 되면서, 전문상담교사는 현재도 학대를 받고 있는지 궁금하였다. 만일 여전히 학대를 받고 있는 것으로 밝혀진다면, 전문상담교사는 당연히 이 사실을 관계기관에 알려야 한다는 것을 잘 알고 있었다. 그러나 이러한 조치가 가정형편이 어려운 현수와 그의 가족에서 미칠 영향을 고려하게 되면서, 전문상담교사는 어떤 결정을 내려야 할지 몹시 갈등이 되었다. 집단회기가 진행되면서 현수는 점차 자신의 감정을 구체적으로 표현하게 되었고, 다른 집단원들과도 적극적으로 상호작용하는 모습이 자주 관찰되었다. 종결회기에서 현수는 집단참여를 통해 아버지와의 관계가 좋아졌고, 좋은 친구를 얻게 되면서 폭력서클 친구들과 어울리지 않게 되었다. 특히 현수는 집단원들과의 관계에서 '우리라는 의식(we-ness)'을 갖게 된 것이 자신의 삶에 있어서 큰 변화로 이어졌다고 소감을 말하였다.

〈조건〉

- ○ 집단상담 과정에서 나타난 현수의 문제행동을 일컫는 용어를 쓰고, 그 문제행동에 대한 정의를 서술한 후, 이 행동이 현수와 집단원들에게 미칠 영향을 서술하고, 이 문제행동에 대한 전문상담교사의 대처방안을 서술할 것
- ○ 얄롬(I. Yalom)이 주장한 집단의 치료적 요인에 의거하여 종결회기에서 현수가 말한 '우리라는 의식(we-ness)'에 나타난 치료적 요인을 쓰고, 이를 설명할 것
- ○ 위의 사례에서 나타난 전문상담교사의 윤리적 갈등을 키치너(K. Kitchner)의 윤리적 의사결정 5원칙에 따라 현수의 사례에 적용시켜 각각 서술할 것

14. 다음은 집단상담 과정에서 나타나는 현상이다. 설명과 예시를 읽고 ①, ②에 해당하는 용어를 쓰시오.

▶2007년 전문상담 1차

① 집단원이 집단 안에 머물도록 하는 전체적인 힘이 되며 집단역동의 근원이다. 또한 집단원이 집단에 대해 느끼는 매력, 소속감 등을 의미한다.

집단원 A: 나는 여기에 오는 게 좋아요. 매일 기다려져요. 왜냐면 매번 제 문제에 대한 새로운 통찰이 생기거든요.

집단원 B: 저도 마찬가지예요. 사실은 오늘 중요한 약속이 있었지만 여기에 왔어요.

집단원 C: 집단원 모두 자신을 변화시키겠다는 의지가 강한 것 같고 그것이 저에게도 집단에 열심히 참여할 수 있도록 힘을 실어 주고 있어요.

② 집단발달의 과정 중에 집단원에게 불확실감, 좌절, 실망, 저항, 갈등 등이 출현한다.

집단원 A: 이 집단에서는 제가 원했던 목적을 달성하기 어려울 것 같아요. 제가 고민했던 문제들이 더욱 더 실타래 엉켜 있듯이 엉켜 있는 느낌이에요.

집단원 B: 집단의 리더가 너무 방임적인 것 같아요. 집단원에게 시간이 골고루 돌아가야 하는데 너무 한 사람에게만 집중되어서 실망이 많이 돼요.

집단원 C: 벌써 7회기나 진행되었는데 집단원끼리 신뢰하는 것 같지 않아요. 주로 험담과 불평만 잔뜩 늘어놓는데, 이래가지고 집단이 끝까지 잘 갈 수 있을지 걱정돼요.

① ______________________________

② ______________________________

정답 1. ② 2. ④ 3. ⑤ 4. ④

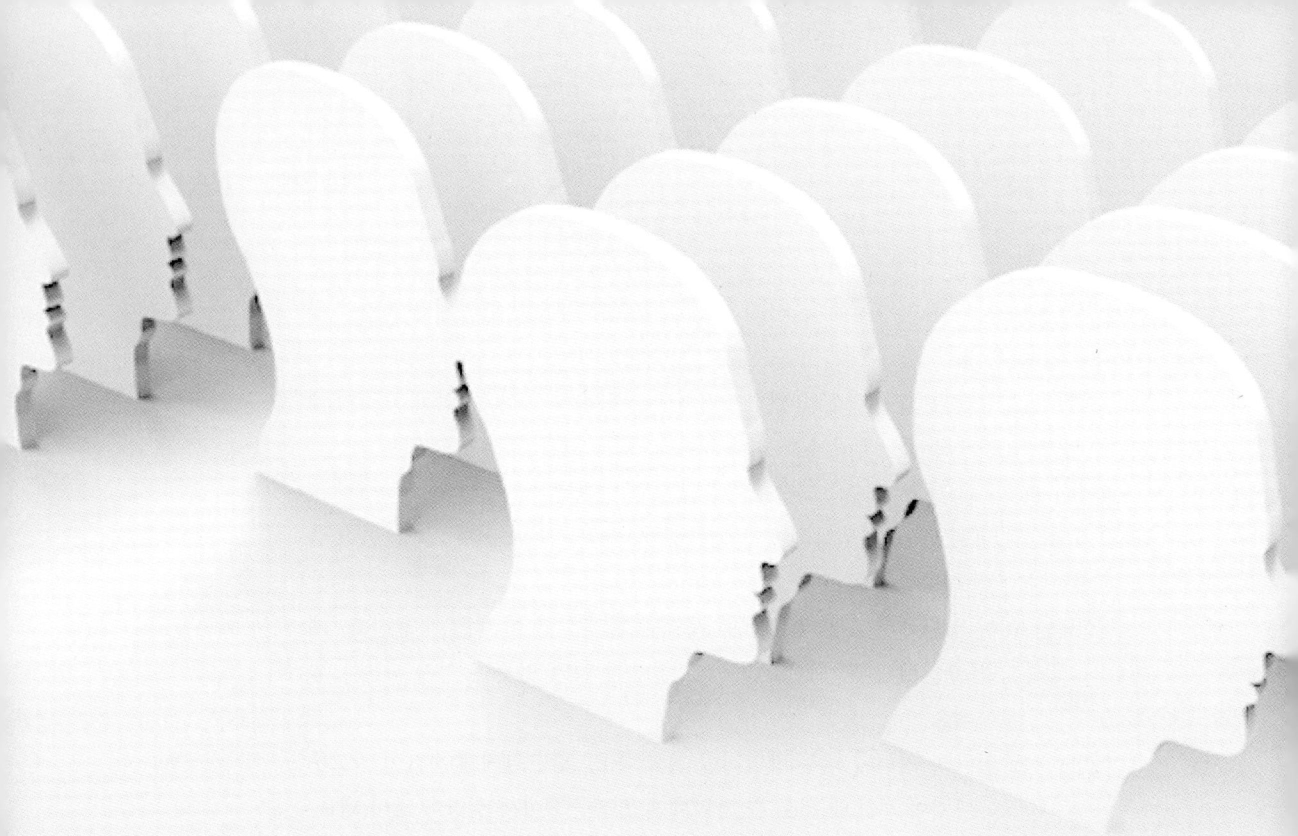

CHAPTER 03

윤리적 집단상담, 어떻게 해야 하는가?

윤리!

○ 집단상담에서 윤리기준 준수는 어떤 의미가 있는가?
○ 윤리적 집단상담자는 어떤 특징이 있는가?
○ 집단상담에서 윤리, 도덕, 법, 어떻게 다른가?
○ 나는 얼마나 도덕적/윤리적인 사람 및/또는 상담자인가?

집단상담자에게 집단에 관한 이론적 지식과 전문적 역량 못지않게(어떤 의미에서는 더욱) 중요한 것은 집단을 윤리적으로 합당하게 운영하는 것이다. 집단상담은 집단원의 삶을 변화시키는 독특한 치유력과 집단원들에게 해를 입힐 잠재성을 동시에 지니고 있다. 이러한 점에서 집단상담자는 집단상담자 윤리, 그리고 관련 법에 관한 지식을 갖추어야 한다. 정신건강 전문가로서 법과 윤리에 합당한 서비스를 제공하는 것은 집단상담자가 자신이 속한 사회의 구성원들과 맺은 중요한 약속이면서 사회적 책무다. 이러한 약속과 책무를 충실히 이행하는 일은 집단상담 전문가뿐 아니라, 준전문가와 예비 집단상담자라고 해서 예외일 수 없다.

집단상담자가 집단상담 실행에 있어서 높은 수준의 도덕성을 실천할 수 있도록 집단상담 관련 학회 또는 협회에서 제정된 것이 집단상담자 윤리강령ethical code of conduct이다. 이 기준은 집단상담 서비스 수혜자들의 안녕과 복지를 위해 집단상담 서비스 제공자들이 책임 있는 의사결정과 윤리적으로 합당한 집단상담 서비스 제공을 위한 지침으로 활용되고 있다. 집단상담자는 윤리적 · 법적 지식, 기술, 그리고 인성적 자질을 갖추고 있을 것으로 기대된다. 그렇지만 집단상담자는 때로 미처 의식하지 못한 상태에서 흔히 글상자 3-1과 같은 비윤리적 행위를 범하기도 한다.

글상자 3-1. 집단상담자가 흔히 범할 수 있는 비윤리적 행위의 예

○ 집단원들이 경험할 것으로 예상되는 사항을 사전에 알려 주지 않음
○ 적절한 후속 치료의 가능성에 대해 확실하게 안내하지 않음

- ○ 지속적인 참여 요구(⇨ 언제라도 참여하지 않을 권리를 인정해 주어야 함)
- ○ 충분히 다룰 시간적 여유가 없는 상태에서 부적 정서를 중심으로 한 활동을 함
- ○ 집단활동 참여 강요(⇨ 집단원이 참여하기를 원치 않는다면, 불참할 권리를 인정해 주어야 함)
- ○ 공개를 원치 않는 개인 정보를 특정 활동[예, 비밀Secret(*주. 사적인 비밀을 카드에 익명으로 작성하게 하여 카드를 섞은 다음, 집단원 개개인이 한 장씩 뽑게 하여 자신의 문제인 양 소개하도록 하는 활동)]을 통해 공개하게 함

상담자 또는 치료자에게 준수해야 하는 윤리기준이 있다는 사실을 아는 내담자의 수가 점차 늘고 있는 것만큼, 정신건강 전문가의 윤리적 행동을 문제 삼는 내담자 또는 소비자가 늘고 있으며, 향후 더욱 늘어날 전망이다. 이러한 상황을 고려할 때, 집단상담자 윤리와 법에 관한 지식과 전문적 판단 능력은 집단참여자는 물론, 집단상담자 자신을 보호하기 위한 중요한 장치다. 집단상담자가 윤리적 범주 내에서 정신건강 서비스를 제공할 수 있도록 돕기 위해, 이 장에서는 ① 집단상담자 윤리기준의 특징, ② 집단상담에서의 윤리적 쟁점, ③ 법적 책임과 업무상 과실로 나누어 살펴보기로 한다.

집단상담자 윤리기준의 특징

집단상담자 윤리기준은 보통 집단상담자가 책임 있는 직무 수행에 요구되는 포괄적인 지침을 제공하고 있어서 대체로 명확하거나 구체적이지 않은 특징이 있다. 왜냐하면 집단상담에서는 미묘하고 다양한 상황이 전개되므로, 이러한 사안마다 일일이 적용할 수 있는 윤리조항을 마련하기 어렵기 때문이다. 그러므로 집단상담자는 숙지한 윤리기준을 토대로 집단상담 과정에서 부딪치게 되는 문제나 상황에 대해서도 현명한 판단을 내릴 수 있어야 할 것이다. 그러나 이 외에도, 집단상담자는 건전한 사고와 양심에 기초하여, 책임 있고 합당한 윤리적 판단 및 의사결

정을 내리는 연습이 요구된다. 따라서 윤리적 판단 능력을 신장시키기 위해 집단상담자 또는 예비 집단상담자는 교육지도 집단경험, 동료자문, 수퍼비전, 연수, 워크숍 등을 통해 집단리더십을 개발하고, 윤리적 상담 실천과 양질의 집단상담 서비스 제공에 최선의 노력을 기울여야 할 것이다.

집단상담에서의 윤리적 쟁점

집단상담자 윤리기준은 국가별, 학회별로 차이가 있다. 지금까지 비교적 일관되게 다루어져 온 집단상담자의 윤리적 쟁점에는 집단상담자의 가치관, 집단원 선별과 오리엔테이션, 사전동의, 자발적 · 비자발적 집단참여, 집단 준비와 행동, 비밀보장, 이중 또는 다중 관계, 다양성과 다문화주의, 상담기록 관리, 상담료 청구가 포함된다(Rapin, 2010). 여기서는 통합적 관점에서 집단상담자가 흔히 직면하는 쟁점에 관해 살펴보기로 한다(글상자 3-2 참조).

글상자 3-2. 집단상담자가 흔히 직면하는 윤리적 쟁점

1. 오리엔테이션	2. 집단원 선별	3. 비밀유지
4. 자발적 · 비자발적 참여	5. 중도포기	6. 강압 · 압력
7. 상담자의 가치관 주입	8. 합당한 치료	9. 다중관계
10. 기법 사용	11. 목표설정	12. 자문
13. 집단종결	14. 평가 · 후속 조치	15. 의뢰
16. 전문적 발달		

오리엔테이션

집단상담자가 흔히 직면하는 윤리적 쟁점의 첫 번째는 오리엔테이션에 관한 것이다. 먼저, 오리엔테이션[orientation]이란 집단 시작에 앞서 집단경험을 통해 얻을 수 있는 점, 집단의 목적, 집단에 참여하게 되면서 겪게 될 수 있는 잠재적인 문제 등을

포함한 집단참여 필수적인 내용을 집단원들에게 구두로 안내하는 활동을 말한다. 오리엔테이션의 효과를 높이기 위해서는 사전에 이러한 내용이 담긴 유인물을 집단참여 대상자들에게 나누어 주고, 집단의 예비단계에서 핵심 내용을 함께 검토한다. 그리고 필요하다면, 집단의 예비단계에서 유인물의 핵심 내용을 집단원들과 함께 검토한다. 오리엔테이션에는 ① 정보 제공, ② 집단상담자의 자격 제시, ③ 집단의 목적 및 절차 소개, ④ 심리적 모험의 가능성 소개, ⑤ 집단원의 심리적 안전 보호, ⑥ 집단원의 물질사용 제재, ⑦ 개인상담과의 병행, ⑧ 상담료에 관한 내용이 포함되어 있다.

이 외에도, 집단에 독특한 기준을 설정하게 되는 경우, 집단의 예비단계에서 또는 오리엔테이션 시에 논의한다. 예를 들어, 비행이나 일탈행동 때문에 비자발적으로 참여하는 청소년집단의 경우, 집단 내에서 갈등이 발생할 때는 집단원들의 안전성이 문제가 되곤 한다. 이때 집단상담자는 집단의 예비단계, 오리엔테이션, 또는 집단 회기 중에도 충고 금지부터 폭력적 언사나 행동 금지에 이르기까지 행동에 대한 구체적인 기준을 정할 필요가 있다. 다른 한편으로, 집단상담자는 집단원들에게 갈등 발생 시 상호작용 방법에 관해 교육해야 한다. 그리고 집단의 기준을 위반하게 되는 경우, 어떤 제재를 받게 될 것인가는 집단 또는 집단상담자가 결정한다. 단, 기준 위반에 따른 벌칙 적용은 구체적이고, 명확하며, 강제적이어야 한다. 그러면 먼저, 정보 제공에 관한 윤리기준에 대해서부터 살펴보자.

정보 제공. 오리엔테이션과 관련된 윤리적 쟁점의 첫 번째 사항은 정보 제공 information giving에 관한 것이다. 오리엔테이션에서 가장 우선적으로 다루어야 할 사항은 집단에 관한 정보를 제공하는 일이다. 집단상담자는 잠재적 집단원들에게 진행 중인 집단, 또는 계획 중인 집단에 관해 상세한 정보를 제공해야 한다. 집단 참여를 희망하는 사람들은 집단의 목표, 과정, 내용에 관해 알 권리가 있다. 이들은 집단에서 마주할 가능성이 있는 위험요소[과거의 불쾌한 사건 인식, 고통스러운 결과를 초래할 수 있는 결정(예, 이혼) 등]에 대해 명확히 알고 있어야 한다. 집단상담자가 잠재적 집단원들에게 제공해야 하는 정보는 글상자 3-3과 같다.

글상자 3-3. 잠재적 집단원에게 제공해야 할 정보

○ 집단참가 신청 절차	○ 상담료 지불 방법(유료인 경우)
○ 집단경험의 시간 변인	○ 집단종결 절차
○ 집단참가에 대한 기대	

정보 제공은 집단참여 대상자 또는 새로 집단에 참여하는 사람들에게 집단참여를 준비시키는 기능이 있다. 집단 첫 회기에 집단상담자가 집단원들에게 자기개방에 관해 설명해 주어야 할 사항은 글상자 3-4와 같다.

글상자 3-4. 집단원들에게 알려야 할 자기개방에 관한 사항

1. 감당하기 힘들 정도의 너무 이른, 너무 많은 자기개방은 자제할 것
2. 집단으로부터 자기개방에 대한 압력을 받을 수 있음
3. 밝히고 싶지 않은 것 또는 부담스러운 것은 개방할 필요가 없거나, 시간 여유를 가지고 준비가 되었을 때 개방해도 됨
4. 일상생활에서 중요한 사람에게 집단상담자 및/또는 다른 집단원들처럼 따뜻하고, 수용적 · 보호적 · 개방적이며, 주의를 기울여 줄 것을 요구하는 것의 위험성

글상자 3-4에 제시된 것처럼, 집단상담자가 집단원들에게 집단경험이 일상생활에 미치는 영향에 관해 알리지 않는 것은 비윤리적이다.

집단상담자의 자격 제시. 오리엔테이션과 관련된 윤리적 쟁점의 두 번째 사항은 집단상담자의 자격에 관한 것이다. 집단상담자는 고도의 교육과 훈련을 기반으로 임상 경험을 통해 습득한 전문지식, 기술, 기법, 전략 등을 사용하여 도움이 필요한 사람에게 집단상담 서비스를 제공한다. 이때 선행되어야 할 점은 집단원들에게 집단상담자 자신이 갖추고 있는 수행 역량을 정확히 알리는 일이다. 즉, 집단상담자는 자신이 특정 집단의 성격과 목적 성취에 적합한 자격을 갖추고 있고, 합당한 집단서비스를 제공할 수 있는 능력 등을 갖춘 전문가라는 사실을 입증할 만한 자료를 제시해야 하며, 집단원이 원하면 언제든지 확인할 수 있도록 해야

한다(APA, 2005). 자격증을 게시 또는 진열해 놓는 일 외에, 집단상담자는 자신의 역할 기대, 권리, 책임에 대해서도 집단원들에게 알려 주어야 한다.

집단의 목적 및 절차 소개. 오리엔테이션과 관련된 윤리적 쟁점의 세 번째 사항은 집단의 목적과 절차에 관한 것이다. 즉, 집단상담자는 집단의 목적과 집단에서 이루어지는 활동의 목적을 명확히 이해하고, 이러한 내용을 오리엔테이션을 통해 집단원들에게 구두로 전달해야 한다. 집단상담자는 자신이 담당하게 될 집단작업과 활동의 이론적 배경과 근거가 무엇이고, 집단과정에 어떻게 작용하는지에 대해 상세히 설명해 주어야 한다. 또한, 집단원들에게 자신의 리더십 유형, 즉 집단을 이끌어 가는 방식과 집단목적 간의 관계에 관해 자세히 설명해 주어야 한다. 따라서 집단상담자는 집단목적을 비롯하여 집단원들이 필수적으로 알고 있어야 할 제반 사항에 관해 명확하게 기술할 수 있는 능력을 갖추어야 한다.

심리적 모험의 가능성 소개. 오리엔테이션과 관련된 윤리적 쟁점의 네 번째 사항은 심리적 모험시도[risk-taking] 가능성 소개에 관한 것이다. 집단상담자는 집단경험으로 인해 발생할 수 있는 잠재적인 인생의 변화에서 비롯되는 모험에 대해 집단원들과 이야기를 나누고, 집단원들이 이러한 가능성에 직면할 준비가 되어있는지에 대한 탐색을 돕는다. 만일 집단과정에서 특이하거나 실험적으로 사용하는 절차가 있다면, 집단상담자는 이 사실을 사전에 집단원들에게 알려야 한다. 또한, 특정 집단의 구조를 통해 제공할 수 있는 서비스와 그렇지 못한 서비스에 관해 집단원들이 이해하기 쉽게 설명해 주어야 한다. 그리고 집단원들 사이에 심리적 기능이 활성화되어야 할 필요성을 강조해야 한다.

치료적 집단에 작용하는 강력한 힘은 긍정적 변화를 가져오는 경향이 있지만, 경우에 따라 위험을 수반하기도 한다. 그러므로 집단상담자에게는 집단원들이 집단참여로 인해 발생 가능한 위험요소에 대해 반드시 논의해야 할 책임이 있다. 집단상담자는 이런 가능성에 대해 효과적으로 설명할 방법을 마련해야 한다. 집단원들은 집단 압력과 불확실성, 그리고 부적절하게 확신을 심어 주는 행위와 적대적으로 직면하는 행위의 희생양이 되기 쉽고, 집단과정이 오히려 그들의 생활에 위기를 가져다줄 수도 있기 때문이다. 이러한 이유로, 집단초기에 비교적 편안함을 느끼지만, 회기가 진행될수록 방어적이 되고 감정에 상처를 받고 떠나는 집단원이 생기기도 한다.

집단에 따라서는 집단 갈등이 개인에게 심한 고통을 주고 대처하기 힘들게 하는 상황이 첫 회기부터 노출되기도 한다. 또한, 집단 외부에서는 집단원의 중요한 타인, 즉 가족 구성원 또는 직장 동료가 집단원의 변화에 대해 불편해하거나 과민반응을 보일 수 있어서 집단원의 일상생활에 혼란을 초래할 수 있다. 게다가, 이전의 생활방식과의 차이로 인해 오히려 더 부적절감을 느끼게 되기도 한다. 그뿐 아니라, 집단원에 따라서는 집단에 참여하기 전보다 상황이 악화된 상태로 집단을 떠날 수도 있다. 집단상담자는 집단원들과 이런 가능성을 극복할 방안에 대해 논의해야 한다. 예를 들어, 근친상간 피해 여성에게 집단상담자는 대화상자 3-1과 같이 말할 수 있다.

대화상자 3-1. 심리적 모험 제안의 예

리 더: 어린 시절에 겪었던 고통스러운 기억과 학대받았던 일들을 끄집어내기 시작할 때, 영선 씨는 집단에 참여하기 전보다 더 큰 분노를 경험하게 될 수 있어요. 그렇지만 집단 내에서 이런 감정을 토로하는 것은 아주 중요해요. 특히, 영선 씨가 이런 감정에 더 이상 시달리고 싶지 않다면, 주저하지 말고 적극 참여해 보시기 바랍니다.

다른 한편으로, 집단상담자는 집단원들이 집단에서 학습한 것을 일상생활에 적용할 수 있도록 돕는다. 집단원에 따라서는 이전에 숨겨 왔던 강한 감정이 일어날 수 있다. 이런 상황에서는 감정 이면의 문제 이해, 또는 해결방안의 모색이 중요하다. 집단원들은 흔히 개인상담이나 집단상담에의 참여를 계속하고 싶은 마음과 중도 포기하고 싶은 갈등 같은 양가감정을 갖는다. 이 경우, 집단상담자는 후속 집단 회기를 통해 집단원들의 감정을 탐색하는 한편, 집단원에게 유익한 의사

결정을 할 수 있도록 돕는다.

집단원들은 때로 집단에서 스스로 위험을 창출하고, 이를 두려워하기도 한다. 현재의 고통을 미결 상태로 내버려 두면, 자신이 미쳐 버리거나 깊은 우울감에 빠져 다시는 회복하기 어려울 것이라고 믿고 있는 집단원이 있는가 하면, 자신은 이미 통제 기능을 상실하여 다른 사람에게 거부당할 것이라는 생각으로 다른 사람들이 자신에 대해 알게 되는 것을 두려워하는 집단원도 있다. 그런가 하면, 다른 사람에게 심리적으로 상처 주는 것을 두려워하여 감정 표출을 꺼리는 집단원도 있다. 이러한 두려움은 조기에 발견하여 비현실적인 자각에 대해 스스로 깨닫도록 하는 것이 중요하다. 이 경우, 그 요소에 대한 안전장치가 마련되어야 한다. 이때 집단상담자는 집단원들에게 자기결정권self-determination, 즉 자신에 대해 무엇을, 얼마나 깊이 있게 탐색할 것인지 결정할 권리가 있음을 강조한다. 자기결정권에는 집단참여와 중도 포기에 관한 권리도 포함된다. 이 과정에서 집단상담자는 집단압력을 경계하고, 집단원들이 집단 활동에 대해 스스로 선택하도록 격려한다.

집단원의 심리적 안전 보호. 오리엔테이션과 관련된 윤리적 쟁점의 다섯 번째 사항은 집단원의 심리적 안전 보호에 관한 것이다. 집단원에 따라서는 집중집단intensive group 경험을 통해 자기 자신과 가족의 생활에 영향을 끼치는 중요한 의사결정을 성급하게 내리기도 한다. 집단원이 새롭게 발견한 자발성 또는 의사결정 능력은 단순히 집단에서 작용하는 힘, 압력 및/또는 분위기에 의한 것일 수 있다. 그러므로 집단상담자는 집단원들이 성급한 결정을 내리기보다는 집단작업을 통해 자기 자신의 변화를 꾀하는 데 초점을 맞추도록 돕는다. 예를 들어, 결혼한 지 20년 된 여성이 남편이 자신에게 무관심하다는 생각으로 결혼생활에 불만을 느끼던 중에 집중집단의 첫 회기를 마치자마자 곧바로 이혼을 결정했다고 하자. 이 경우, 집단원의 심리적 안전 보호를 위해 집단상담자는 집단원에게 성급한 의사결정에 따른 위험 부담이 있음을 알려야 한다. 왜냐면 이 여성이 집단에서 일정 기간 동안 집단작업을 통해 결혼생활과 부부관계에 대한 사고, 태도, 행동 등의 변화를 통해 관계 개선의 여지가 얼마든지 남아 있기 때문이다.

만일 그렇지 않고, 집단상담자가 집단원의 이러한 결정을 방임한다면, 이 집단원의 즉흥적 · 극단적인 반응은 집단경험을 통한 행동 변화의 가능성을 조기에 차단하는 것이 될 수 있다. 이 예시는 집단상담자가 시의적절한 개입을 통해 집단원의 심리적 안전을 어떻게 공고히 하고 있는지 보여 주고 있다. 또 다른 예로는, 집단에서 구조화 활동(예, '유서 쓰기' '입관 체험' '묘비명 쓰기' 등의 죽음 관련 활동) 후에 이와 관련된 감정을 수습하지 못하는 것이다. 이처럼 집단상담자가 집단원들의 경험과 반응을 제대로 다룰 수 없는 활동을 하는 것은 비윤리적 행위에 속한다.

설령 집단에서의 심리적 모험이 치유요인이라고 하더라도, 집단원들에게는 자신들에게 지나치게 위협적으로 느껴지는 집단 활동 또는 작업에의 참여를 거부할 권리가 있다. 아무리 집단작업의 일환이라고 하더라도, 다른 집단원에 대해 격한 감정 표현은 그에게 심리적 상처를 입힐 수 있다. 그러므로 집단상담자는 이러한 분노 또는 적대감 같은 감정을 언어를 통해 적절한 방식으로 표현하도록 도와야 한다. 집단상담자는 집단 활동으로 인해 발생하는 문제에 대해 효과적으로 대처할 수 있어야 한다. 또한 집단상담자는 집단원들에게 집단경험을 실생활에 선별해서 적용할 것을 강조해야 한다.

윤리적 측면에서 볼 때, 집단상담자는 집단원들이 전달하고 싶은 핵심 메시지를 정리해 주고, 그들의 생각과 감정에 관심을 나타내며, 적절한 방법으로의 표현을 도울 수 있어야 한다. 그뿐 아니라, 집단에서 발생할 수 있는 잠재적 위험 발생은 사전에 방지함으로써 집단원들을 보호할 지침을 설정해야 한다. 이 지침은 문제 발생 시 효과적으로 대처할 수 있는 기틀이 된다. 집단상담자는 집단원의 결정에 따라야 할 책임은 없다. 그러나 집단규범에 어긋나는 행동을 하는 집단원에게 주의를 환기시키는 것은 집단상담자의 책임이다. 만일 이러한 행동에 개입하지 않고 방임 또는 방관한다면, 집단 내에 희생양 또는 희생자가 생기게 될 것이다(Moreno, 2007). 이러한 행동 발생을 막기 위해서는 공격의 타깃이 되는 집단원에게 느낌을 탐색 · 표출할 기회를 제공하는 것이다.

집단원의 물질사용 제재. 오리엔테이션과 관련된 윤리적 쟁점의 여섯 번째 사항은 집단원의 물질사용 제재에 관한 것이다. 집단상담자는 집단참여를 원하는 사람, 즉 잠재적 집단원이 집단 내에서의 기능에 영향을 줄 수 있는 향정신제 또는 물질 사용 여부를 사전에 파악해야 한다. 또한, 집단 회기 동안 합법적이든 불법적이든 간에, 집단원뿐 아니라 다른 집단원들의 신체나 정서에 영향을 줄 수 있는 불법 물질사용을 일절 금한다.

개인상담과의 병행. 오리엔테이션과 관련된 윤리적 쟁점의 일곱 번째 사항은 집단원의 개인상담 병행에 관한 것이다. 집단상담자는 잠재적 집단원들이 상담 또는 심리치료를 받고 있는지 조사해야 한다. 만일 집단참여를 희망하는 사람이 다른 전문가에게 상담을 받고 있다면, 집단상담자는 상담자에게 집단참여 사실을 알리도록 조언하는 한편, 집단원에게는 집단 회기 사이에 자문을 제공할 수 있다는 규정에 관해 설명해 주어야 한다.

상담료. 오리엔테이션과 관련된 윤리적 쟁점의 여덟 번째 사항은 상담료에 관한 것이다. 집단상담 서비스에 대한 상담료는 참여자의 재정 상태와 처지를 고려하여 결정해야 한다. 집단원이 미처 상담료에 관한 규정에 대해 알지 못한 상황 또는 불참한 회기에 대해서는 상담료를 부과해서는 안 된다. 또한, 집단상담자는 집단원들과 상담료 지불 관련 계약을 체결해야 하고, 계약서에 명시된 기간 만료 전까지는 상담료를 인상해서는 안 된다. 단, 이미 설정된 상담료 체계가 집단참여를 희망하는 사람들에게 부적절한 경우, 집단상담자는 이들이 기대하는 상담료 수준에 적절한 서비스를 찾도록 도와야 한다.

집단원 선별

집단상담자가 흔히 직면하게 되는 윤리적 쟁점의 두 번째 사항은 집단원 선별에 관한 것이다. 집단원 선별은 집단원 선발selection을 위해 집단 시작에 앞서 실시하는 것으로, 주로 개별면담을 통해 이루어진다. 선별screening은 자해 또는 타해, 집단

진행 방해, 및/또는 집단과정에 부정적인 영향을 미치거나, 집단경험에 의해 상처받을 가능성이 높은 사람을 사전에 거르는 작업을 말한다. 이 작업은 동질적인 사람들로 편성하여 집단상담자의 집단진행을 수월하게 하려는 것이 아니라, 집단의 치료적 작업에 대한 잠재적 집단원의 준비도와 적합도를 평가하기 위한 것이다. 한 집단을 다른 상담자와 진행하려는 경우에는 두 사람이 함께 선별 면접에 참여해서 서로의 반응에 관해 탐색할 수 있다는 점에서 바람직하다. 글상자 3-5는 윤리적으로 합당한 집단원 선별을 위한 체크리스트다.

글상자 3-5. 집단원 선별을 위한 체크리스트

- ❍ 집단의 목적에 부합되는 욕구와 목적이 있는가?
- ❍ 집단과정을 저해할 가능성이 없는가?
- ❍ 집단경험으로 인해 안녕[well-being]이 위협받거나 상처받을 가능성은 없는가?
- ❍ 현재 시점에서 집단상담에 적합하지 않다는 단서가 있는가?

글상자 3-5에 제시된 사항을 고려할 때, 집단상담자는 집단참여 신청자들이 집단경험을 통해 기대되는 효과를 얻을 가능성을 평가할 수 있는 체계적인 방법을 고안해야 할 것이다. 대체로 자살 충동, 취약성, 급성 정신병, 반사회적 성향, 또는 심한 편집증이 있거나, 극도의 자기중심성 또는 위기상황에 처해 있는 사람은 집단상담에 적합하지 않다(Yalom, 2005). 집단원 선별은 글상자 3-6 중 한 가지를 택하거나 몇 가지를 병행하여 실시한다.

글상자 3-6. 집단원 선별 방법

- ❍ 개별면담
- ❍ 질문지 작성
- ❍ 선별과정의 일부로서의 면담
- ❍ 집단상담 신청자들에 대한 집단 면담

집단원 선별 방법 중 개별면담은 시간이 많이 걸린다는 약점이 있지만, 가장 효과적인 방법이다. 집단원 선별 시, 집단상담자는 집단 신청자들에게 집단의 성격,

발생 가능한 문제, 집단상담자의 경력, 집단규정, 비밀유지에 관해 설명해 준다. 집단참여가 결정된 사람은 집단상담자와 계약서에 공동 서명한다. 이때, 집단상담자와 친분이 있는 사람은 집단에 지원하지 않도록 사전에 통보한다. 왜냐면 이는 다중관계multiple relationship가 될 뿐 아니라, 상습적 물질사용, 상담 또는 심리치료 경험 등에 관한 탐색이 곤란할 수 있기 때문이다.

비밀유지

집단상담자가 흔히 직면하게 되는 윤리적 쟁점의 세 번째 사항은 비밀유지confidentiality에 관한 것이다. 집단상담자는 비밀유지의 의미, 중요성, 한계에 관한 설명을 통해 집단원들을 보호해야 한다. 비밀유지 원칙의 위반은 윤리기준뿐 아니라 법률의 저촉을 받는 사안이다. 비밀유지와 관련되어 고려해야 할 윤리기준은 ① 비밀유지와 한계, ② 녹음/녹화, ③ 미성년자 · 강제 참여로 나누어 살펴보기로 한다.

비밀유지와 한계. 비밀유지와 관련되어 고려해야 할 윤리적 쟁점의 첫 번째 사항은 비밀유지와 한계에 관한 것이다. 집단상담자는 집단원들에게 비밀유지의 중요성을 강조해야 하는 한편, 집단원의 사적 정보의 유출을 막아야 한다. 집단상담자에게는 비밀유지 원칙 위반의 잠재적인 결과가 무엇인지를 알려 줄 윤리적 · 법적 책임이 있다. 그러나 집단상담의 특성상, 집단원들의 사적인 비밀이 완전히 보장되기에는 한계가 있다. 그러므로 집단에서 완벽한 비밀유지는 가능하지 않음을 집단원들에게 알려야 한다(ASCA, 2016). 동시에 자해, 타해 또는 재산에 대해 현저한 위험이 임박한 경우, 집단상담자는 이 사실을 보고해야 할 의무가 있다는 사실을 집단원들에게 알리는 등 적절히 조치해야 한다(Lasky & Riva, 2006).

비밀유지 문제는 종종 집단원이 자신의 사생활을 낱낱이 공개하는 것이 집단에 적극적으로 참여하는 것으로 여기는 등의 자기개방에 대한 오해 때문에 발생한다. 이 경우, 집단상담자는 집단원들의 비밀유지 원칙 준수를 완전히는 통제할 수 없음을 집단원들에게 전달하면서, 사적 정보의 공개는 편안한 범위 내에서만 할 수 있음을 강조한다. 비밀유지 원칙을 준수하도록 돕기 위해서는 집단상담자는 기회가 있을 때마다 집단원들에게 이 원칙 준수의 중요성을 강조하는 동시에, 필요한 경우 이 문제에 대해 집단원들과 논의한다. 비밀유지 원칙 준수에 있어서, 일반적으로 자신의 상황을 숨겨서 신뢰를 잃는 것보다는 솔직히 개방하는 것이 집단원들의 협조를 더 잘 얻을 수 있다. 만일 비밀유지 원칙을 반복적으로 위반하는 집단원이 있다면, 집단상담자는 그에게 집단을 떠나도록 요청할 수 있다(Corey & Corey, 2017).

집단상담자가 비밀유지에 관한 정보를 제공하고, 개방된 내용을 보호하며, 위반 행위를 적극적으로 다루려고 노력하는 경우, 비밀유지 원칙 위반으로 인한 피해를 감소시킬 수 있다(Lasky & Riva, 2006). 또한, 집단원들에게 집단에서 일어나는 일 또는 집단원들이 공개하는 사적인 내용에 대해 말하거나 글로 옮기지 않을 것이며, 집단원의 신분에 관해 발설하지 않겠다는 서약서를 작성하게 하는 것도 비밀유지에 도움이 된다.

녹음/녹화. 비밀유지와 관련되어 고려해야 할 윤리적 쟁점의 두 번째 사항은 녹음 또는 녹화에 관한 것이다. 집단상담자는 종종 교육 목적으로 집단상담 회기를 녹화/녹음하는 것이 필요한 경우가 있다. 녹음/녹화된 자료는 때로 집단상담자 자신을 보호하기 위한 자료로도 활용될 수 있다. 이 경우, 집단상담자는 집단원들에게 녹음/녹화의 용도를 명백히 밝히고, 사전동의서informed consent form를 받아야 한다. 그리고 필요한 경우, 수퍼비전 목적상 축어록verbatim(*주. 집단에서의 대화 내용을 글로 옮긴 문서)으로 작성될 수도 있다는 점을 집단원들에게 알려야 한다.

그러나 만일 녹음/녹화에 따른 불편함을 호소하거나 이의를 제기하는 집단원이 있다면 집단상담자는 즉시 녹음/녹화를 중지해야 하며, 집단원들과 이 문제에 대해 논의하고 동의를 얻은 후에 녹음/녹화를 계속할 수 있다. 녹음/녹화는 이에 대해 집단상담자가 편안하게 느끼는 정도에 따라 집단원들이 영향을 받는 경향이 있다. 그러므로 집단 회기에 대한 녹음/녹화가 필요한 경우, 집단상담자는 자신부터 이에 대해 편안한 마음을 가져야 한다. 그리고 녹음/녹화 자료를 포함한 집단원에 관한 기록은 비밀이 유지될 방법으로 보관하거나 폐기해야 한다.

미성년자 · 강제 참여. 비밀유지와 관련되어 고려해야 할 윤리적 쟁점의 세 번째 사항은 미성년자와 강제 참여에 관한 것이다. 미성년자를 대상으로 구성된 집단의 경우, 집단상담자는 비밀유지 원칙과 그 한계를 구체적으로 명시해야 한다. 비밀유지와 관련된 미묘한 쟁점은 미성년자의 비밀은 어느 범위까지 지켜줘야 하는지에 관한 것이다. 부모나 보호자(또는 법적 후견인)는 미성년자가 집단에서 공개한 정보에 대해 알 권리에 관한 규정은 관련 학회마다 차이가 있다. 그러므로 집단 시작 전에 미성년자의 부모나 법적 보호자의 서면동의를 받는 것이 안전하다(ASCA, 2016). 동의서에는 집단목적에 관한 간략한 설명과 비밀유지의 중요성, 그리고 비밀유지 원칙을 위반하지 않으려는 집단상담자의 의도에 관한 진술을 포함한다. 만일 부모가 자신의 자녀가 집단에서 공개한 내용에 관해 묻는 경우, 집단상담자는 부모에게 사전에 비밀유지의 중요성, 집단목적, 그리고 자녀에 대한 간단한 피드백을 제공하되, 자녀가 말한 구체적인 내용은 언급하지 않도록 한다(Corey & Corey, 2017).

아동 · 청소년 집단의 집단상담자는 비밀유지 원칙이 잘 지켜지도록 가르칠 책임이 있다. 따라서 집단상담자는 구성원들의 지적 발달수준에 맞는 어휘를 사용하여 비밀유지 원칙의 성격 · 목적 · 한계에 대해 미리 알려 주는 한편, 비밀유지를 위한 방안에 대해 함께 모색한다. 만일 비밀유지 원칙 위반 사실이 집단원들의 문제로 제기되는 경우, 이 문제에 대한 논의를 시작하도록 함으로써 비밀유지의 중요성을 강조할 수 있다. 또한, 법정에서 집단원에게 불리한 증언을 하라는 요청을 받는 경우, 해당 집단원에게 이 사실을 알린다. 끝으로, 강제 조치에 따라 집단에 참여하는 미성년자에게는 집단상담자가 관련 기관에 의무적으로 보고해야 할 의무가 있음을 알린다.

자발적 · 비자발적 참여

집단상담자가 흔히 직면하게 되는 윤리적 쟁점의 네 번째 사항은 집단원의 자발적 또는 비자발적 참여에 관한 것이다. 집단참여는 기본적으로 집단원의 권리에 속하며, 집단참여는 반드시 자발적으로 이루어져야 한다. 자발적인 집단참여는 집단이 의미 있는 결실을 맺게 하는 주요 요인이다. 그러나 안타깝게도, 모든 집단원들이 자발적으로 집단에 참여하는 것은 아니다. 그러므로 집단상담자는 집단원들에게 적극적이고 자발적인 집단참여의 중요성을 설명해 줄 필요가 있다.

자발적 참여. 집단참여는 자발적 참여voluntary participation가 이상적이며, 강요되어서는 안 된다. 자발적 집단이든 비자발적 집단이든 집단원의 집단작업 및/또는 활동 참여 여부의 선택은 집단원의 권리이므로 원치 않는 활동에의 참여를 강요해서는 안 된다. 그렇지만 집단활동에 참여하지 않을 수 있는 권리 행사가 집단원의 안녕과 복지에 항상 유익하게 작용하는 것은 아니다. 그러므로 집단상담자는 집단원들에게 이에 관한 정보를 제공해야 한다. 특히, 의무적으로 집단에 참여해야 하는 잠재적 집단원에게는 집단의 성격, 목적, 절차, 활동 참여를 거절할 수 있는 집단원의 권리, 비밀유지의 한계, 그리고 집단 내에서 능동적 참여가 개인에게 미치는 영향 등에 대한 명확한 정보가 제공되어야 한다.

비자발적 참여. 비자발적 참여involuntary participation란 자신의 의지와는 상관없이 강제조치에 의해 일정 기간 또는 횟수를 지정받아 집단에 출석하는 것을 말한다. 상담 서비스가 법정 명령 같은 방식으로 강제된 경우, 대상자에게는 사전에 제공될 서비스의 성격(예, 법정 명령 또는 의무 여부, 비밀유지의 한계에 관한 정보 포함)에 대한 정보가 제공되어야 한다(APA, 2010, 3.10.c). 예를 들면, 법원이 비행, 음주운전, 성범죄 등의 불법행위로 처벌받게 된 미성년자에게 집단상담 참석을 명하는 것이다. 이러한 조치는 이들이 받아야 하는 행형시설 복역 또는 필수교육의 대체 성격을 띤다.

그러므로 이들에게는 의무적으로 참여해야 하는 집단상담에 일정 기간 불참에 따르는 결과가 반드시 고지되어야 한다. 또한, 집단에 출석은 하되 활동에 참여하지 않는 경우, 이러한 내용이 이들의 임상 파일에 기록으로 남는다는 점이 반드시 고지되어야 한다(Corey & Corey, 2017). 그런가 하면, 정신질환으로 입원한 환자의 퇴원 여부는 부분적으로 정규적인 집단치료 여부를 포함해서 치료과정에 협조한 정도가 영향을 주기도 한다. 이처럼 타의에 의해 비자발적으로 집단에 참여해야 하는 경우라 할지라도, 집단상담자는 집단원들의 솔직한 생각과 감정을 적절한 방식으로 표현할 기회를 제공해야 한다(Baker, 2003). 사람들은 때로 글상자 3-7과 같은 이유로 집단참여에 소극적이거나 거부하기도 한다.

글상자 3-7. 집단원들의 집단참여 거부 이유

1. 집단상담자에 대한 불신
2. 새로운 시도에 대한 막연한 불안감
3. 집단활동의 효과에 대한 낮은 신뢰감
4. 자신은 상담을 받아야 할 만큼의 문제가 없다는 신념
5. 집단상담 또는 집단치료에 대한 잘못된 정보 또는 고정관념
6. 자신의 사적 정보가 자신이 원치 않는 용도로 사용될 수 있다는 염려
7. 자신이 정신병 또는 심각한 정신적 문제가 있는 사람으로 보일 수 있다는 우려

글상자 3-7에 제시된 것처럼, 비자발적 참여 집단원들은 자기개방을 두려워하거나 꺼리는 경향이 있다. 이들은 자기개방을 주저하면서도 집단활동에 관심을 보이는 이중적인 태도를 나타내기도 한다. 이 경우, 집단상담자는 집단원의 문제를 공개적으로 다룸으로써, 이들이 가질 수 있는 두려움과 저항을 충분히 이해하도록 돕는다. 집단상담자는 비자발적 집단원이 집단활동을 위해 시간 활용 방안을 결정할 수 있고, 집단원들의 참여도에 의해 효과적이고 성장지향적인 집단이 될 수 있음을 설명해 준다. 다시 말해서, 집단원에게는 침묵할 자유가 있고, 어떤 문제를 논의하고 어떤 영역을 비밀로 유지할 것인지에 대한 결정 역시 이들에게 달려 있음을 알린다.

사전동의. 사전동의informed consent(*주. '설명동의'라고도 함)란 집단참여에 앞서, 잠재적 집단원이 집단참여에 대한 합리적인 결정을 내릴 수 있도록 집단 절차, 목적, 전략, 집단원의 책임과 권리 등 집단참여와 관련된 제반 측면에 대해 인정한다는 반응을 얻어 내는 과정을 말한다. 이는 집단상담자가 집단원들에게 이들의 책임뿐 아니라, 권리를 알도록 돕는 일이다. 집단원 중에는 집단치료의 성격에 대한 오해, 선입견, 불신, 또는 단순히 불안이나 두려움 때문에 참여를 꺼릴 수 있다(Barnett et al., 2007). 따라서 집단원이 의무적으로 참여해야 하는 집단의 경우, 집단상담자는 불신도 존중하는 개방적인 태도로 이러한 쟁점을 다루되, 단순히 집단원들이 불평만을 늘어놓게 하기보다는 자기개방, 개인적 참여의 중요성, 그리고 집단원의 권리에 관한 사항을 다룬다(Fallon, 2006). 집단에 참여하는 사람들은 글상자 3-8과 같은 권리가 있다.

글상자 3-8. 집단원의 권리

1. 집단원으로서 사생활을 보장받을 권리
2. 언어적 · 신체적 모욕으로부터 보호받을 권리
3. 입회 절차와 집단경험을 위한 시간제한
4. 집단원으로서 갖는 역할 · 권리 · 책임에 대해 논의할 수 있는 권리
5. 집단상담자 교육 정도와 연수에 관해 간단한 정보를 제공받을 권리
6. 상담료 납부방법에 관한 규정에 대한 안내를 받을 권리
7. 집단 내에서 금지 또는 허용되는 활동에 관해 설명을 들을 권리
8. 집단목적, 절차, 집단상담자의 방침, 집단규칙에 관한 안내를 받을 권리
9. 집단에서 집단원의 의견을 듣고자 하는 집단상담자의 계획에 관한 정보를 제공받을 권리
10. 집단의 내재적 위험과 모험 요소를 최소화하기 위한 합리적 안전장치의 혜택을 받을 권리
11. 연구를 위한 일방적 관찰 또는 집단 회기의 녹음/녹화 자료를 확인할 권리
12. 집단 회기 동안 수집된 정보가 집단 밖에서 어떻게 사용되는지에 대한 집단상담자의 설명과 비밀유지 한계에 관해 충분히 논의할 수 있는 권리

13. 개방에 대한 압력, 즉 다른 집단원 또는 집단상담자가 활동 참여와 상의하고 싶지 않은 문제를 털어놓으라는 요구에 따르지 않을 권리

집단참여의 자발성 여부와 상관없이, 집단상담자는 사전동의 절차를 밟아야 한다. 특히, 미성년자를 대상으로 하는 경우는 개인상담과 마찬가지로 소속기관의 규정에 따른다. 비자발적 집단의 경우라도, 집단상담자는 집단원들의 협조를 구하는 한편, 자발적으로 집단참여가 이루어지도록 노력한다. 집단상담자에게는 집단의 기대에 미치지 못하는 집단원이 집단 회기에 출석했다는 이유만으로 집단상담을 받은 것으로 인정하지 않을 권리가 있다. 단, 집단상담자는 집단원의 집단참여가 인정되지 않는 경우에 발생할 수 있는 결과에 대해 해당 집단원에게 통보해 주어야 한다.

중도포기

집단상담자가 흔히 직면하게 되는 윤리적 쟁점의 다섯 번째 사항은 중도포기에 관한 것이다. 집단참여자에게는 언제든지 자신이 원하면 집단참여를 중도에 포기하고 집단을 떠날 수 있는 권리가 있다. 이에 집단상담자는 집단원이 효율적으로 집단참여를 마무리할 수 있는 체제를 마련해야 한다. 예컨대, 중도포기 절차는 집단원 선별을 위한 면담 또는 집단의 첫 회기에 모든 집단원에게 안내되어야 한다. 중도포기은 ① 법적 구속하에 있는 집단원의 중도포기, ② 중도포기 절차, ③ 중도포기 권리에 대해 살펴보기로 한다.

법적 구속하에 있는 집단원의 중도포기. 중도포기에 관한 윤리적 쟁점의 첫 번째 사항은 법적 구속하에 있는 집단원의 중도포기에 관한 것이다. 집단원은 언제라도 집단을 떠날 권리가 있다. 그러나 법원의 판결에 따라 강제적 또는 비자발적으로 집단에 참여해야 하는 집단원에게는 조기 종결에 따른 결과에 대한 안내가 요구된다(Swenson, 1993). 예를 들어, 미성년자 초범자에 대해 법원이 형량 대

신 집단상담 10회기 참여를 선고했다고 하자. 집단상담자는 대상자에게 집단에 성실하게 참여하지 않은 것으로 법원에 보고되면, 법원은 이를 재심의하여 형량대로 복역하도록 법적 조치를 받을 수 있음을 고지해 주어야 한다.

중도포기 절차. 중도포기에 관한 윤리적 쟁점의 두 번째 사항은 중도포기 절차에 관한 것이다. 집단원의 중도포기 결정에 앞서, 집단상담자는 이 사실을 자신과 다른 집단원들에게 반드시 사전에 알릴 것을 집단원들에게 강조해야 한다. 중도에 집단을 떠나고자 하는 집단원이 생기는 경우, 집단상담자는 이 집단원과 중도포기에 따른 결과에 대해 논의한다. 그럼에도 집단원이 집단을 떠나기로 한다면, 집단상담자는 집단에 참석하여 다른 집단원들에게 집단을 떠나게 된 이유를 밝히도록 격려한다. 이 과정을 통해 집단상담자는 집단원의 중도포기 요인을 탐색할 수 있고, 중도포기에 대해 신중하게 고려할 수 있는 시간을 제공할 수 있다. 그렇지 않고 아무런 해명 없이 중도포기하는 경우, 다른 집단원들은 집단원의 중도포기에 따른 심리적 영향을 받을 수 있다(예, 집단원의 중도포기가 마치 자신의 잘못된 말 또는 행동 때문으로 여겨 불필요한 죄책감을 느낄 수 있음).

또 다른 문제점은 중도포기 집단원이 충분한 논의를 거쳐 해결될 수 있었던 표현되지 않은 미결감정에 집착할 수도 있다는 점이다. 그러므로 집단원이 중도에 집단을 떠나는 결정과 관련하여 집단원들은 이러한 미결사안을 탐색할 기회를 가질 필요가 있다. 그러나 만일 다른 집단원들이 해당 집단원에게 집단을 떠나지 말도록 압력을 행사한다면, 집단상담자는 이를 즉각 저지한다. 집단을 떠나기로 결정한 집단원에게 집단에 남도록 압력을 행사하는 것은 윤리적으로 적절하지 않기 때문이다.

중도포기 권리 안내. 중도포기에 관한 윤리적 쟁점의 세 번째 사항은 중도포기 권리 안내에 관한 것이다. 집단상담자는 누구에게든 집단참여를 강요하지 않을 뿐 아니라, 집단원의 중도포기 권리를 인정해야 한다. 또한, 집단원 선별을 위한 면담 또는 오리엔테이션 시간을 통해 잠재적 집단원들에게 집단의 특성에 관해 상세히 설명해 준다. 특히, 단기집단 또는 폐쇄집단의 경우, 집단원들에게 자신이 선택한 집단에 빠지지 않고 끝까지 참여하는 것의 중요성을 강조한다.

강압 · 압력

집단상담자가 흔히 직면하게 되는 윤리적 쟁점의 여섯 번째 사항은 강압 또는 압력에 관한 것이다. 집단상담자는 신체적 위협, 협박, 강요, 또래의 압력 등으로부터 합리적인 방법으로 집단원의 권리를 보호해야 한다. 단, 치료적 압력과 이것과 무관하게 가해지는 압력은 구별한다. 집단상담자는 글상자 3-9와 같은 상황이 발생할 때, 즉각적으로 개입할 책임이 있다.

글상자 3-9. 집단상담자가 즉각 개입할 책임이 있는 상황

1. 집단원에 대한 언어폭력
2. 다른 집단원에게 부적절한 방법으로 도전하는 경우
3. 집단원의 의지와는 다른 방향으로 변화하도록 압력을 가하는 경우
4. 다른 집단원 또는 자신에게 심리적 · 신체적으로 해를 입히려는 경우

집단의 목적은 집단원 스스로 해답을 찾도록 돕는 것이지, 다른 집단원들이 적절하다고 생각하는 것을 실천하도록 압력을 행사하기 위함이 아니다. 집단상담자는 집단원들에게 진정한 배려와 관심을 기울임으로써 집단원들이 원치 않는 방향으로 변화하도록 요구하는 강압적인 태도를 보여서는 안 된다.

집단상담자의 가치관 주입

집단상담자가 흔히 직면하게 되는 윤리적 쟁점의 일곱 번째 사항은 집단상담자의 가치관 주입에 관한 것이다. 집단상담자는 자신의 가치관, 태도, 신념, 행동을 인식해서 집단원들에게 상담목표와 일치하지 않는 가치관values을 주입하지 않아야 한다. 가치관은 의도하든 의도하지 않든 간에 의식하지 못한 상태에서 집단상담자의 리더십에 영향을 준다. 집단상담자는 자신의 가치관과 욕구needs, 그리고 이

러한 요소들이 집단상담에 미칠 수 있는 영향을 인식함으로써 이러한 영향을 방지 또는 최소화하기 위해 노력해야 한다. 집단상담은 집단상담자가 옳다고 여기는 방향으로 집단원들이 변화하도록 설득하는 과정이 아니라, 집단원 스스로 자신의 가치관을 탐색·확인함으로써 자신이 원하는 삶을 영위할 수 있도록 돕는 과정이다. 이 과정에서 집단원들은 스스로 결정을 내리고, 그 결정에 대해 책임지는 연습을 하며, 현재 자신의 행동을 통해 얻지 못하고 있는 것을 얻기 위해 새로운 행동 패턴 개발을 시도하게 된다.

집단상담자의 가치관 공개. 집단상담자의 가치관 주입에 관한 윤리적 쟁점의 첫 번째 사항은 상담자의 가치관 공개에 관한 것이다. 집단상담은 집단상담자의 세계관(예, 종교, 이혼/재혼, 임신/낙태, 동성애, 육아/양육방식, 효도, 체벌, 학업/교육 등)을 다른 사람에게 강요하는 공간이 아니다. 다만, 집단원 개개인이 자신의 가치체계를 확인하고, 이를 기반으로 의미 있는 선택을 돕는 공간이다. 이에 집단상담자는 사전에 자신의 가치관을 명료화하는 한편, 자신과 다른 가치관을 지닌 집단원과의 작업에서 중립을 유지해야 한다. 예를 들어, 특정 종교가 있는 집단상담자는 은연중에 신앙 또는 종교적 삶의 중요성을 강조하지 않아야 한다.

집단상담자의 가치관 공개는 집단과정을 촉진할 수 있지만, 오히려 그 반대의 가능성을 배제할 수는 없다. 그러므로 집단상담자는 자신의 가치관 공개에 앞서 이에 따른 잠재적 이익과 손실을 면밀히 검토해 봐야 한다. 자신의 가치관을 공개했을 때와 하지 않았을 때, 어느 쪽을 더 후회할 것 같은가? 집단상담에서 가치관 중립의 원칙은 집단원들에게도 동일하게 적용된다. 또한, 일부 집단원이 다른 집단원에게 자신의 가치관에 근거한 조언이나 피드백을 하는 경우, 이러한 행동은 종종 갈등의 원인을 제공할 수 있다. 그러므로 집단상담자는 집단원들이 자신의 가치관을 다른 집단원들에게 강요하지 않도록 개입해야 할 책임이 있다.

암묵적 가치관. 집단상담자의 가치관 주입에 관한 윤리적 쟁점의 두 번째 사항은 암묵적 가치관에 관한 것이다. 집단상담자를 포함해서, 어느 집단이건 암묵적 가치관implicit values이 존재한다. 집단의 암묵적 가치관의 예는 글상자 3-10과 같다.

글상자 3-10. 집단의 암묵적 가치관의 예

❍ 감정 표현	❍ 신뢰 방법의 학습
❍ 직접적이고 솔직한 자기표출	❍ 효율적 의사소통 기술 습득
❍ 사적 정보의 공유	❍ 자율적 의사결정

글상자 3-10에 제시된 집단의 암묵적 가치관에 대해서는 집단참여를 희망하는 사람들에게 집단참여에 앞서 명백히 밝힐 필요가 있다.

집단의 오용. 집단상담자의 가치관 주입에 관한 윤리적 쟁점의 세 번째 사항은 집단의 오용에 관한 것이다. 집단상담자는 자신의 개인적 · 전문적 욕구를 집단원들을 통해 충족하려고 해서는 안 된다. 예를 들어, 집단상담자가 자신의 치료와 변화를 위해 집단을 이용하는 것은 비윤리적이다. 집단상담자는 자신의 가치관과 기본가정이 다문화적 맥락에서 어떤 작용을 하는지, 그리고 집단원들에 대한 자신의 개인적 반응이 어떻게 집단과정을 저해할 수 있는지 인식하고 있어야 한다. 또한, 발생 가능한 역전이에 대해서도 주의 깊게 모니터링해야 한다.

문화적 변인. 집단상담자의 가치관 주입에 관한 윤리적 쟁점의 네 번째 사항은 문화적 변인에 관한 것이다. 집단상담자는 성별, 연령, 장애, 민족/인종, 종교, 성 지향성 등에 대한 편견을 토대로 이루어진 고정관념과 차별의 영향을 인식함으로써 모든 집단원의 권리와 존엄성을 보호해야 한다(Sue & Sue, 2016). 상담자에게는 내담자의 문화적 가치를 이해함으로써 내담자의 세계관에 부합되는 개입방법을 적용할 책임이 있다(ACA, 2014; APA, 2017; ASGW, 2012). 대화상자 3-2는 집단에서 문화적 변인과 관련되어 다문화가정의 자녀(여, 초4)와 집단상담자 사이의 대화 예다.

대화상자 3-2. 문화적 변인과 관련된 대화의 예

리 더: 말리까, 조금 전에 학교생활에 대해 말하다가 눈물을 글썽거린 것 같은데, 어떤 상황이었는지 말해 줄래요?
말리까: (겸연쩍은 미소를 지으며) 음, 그러니까. 아까 말하는데, 갑자기 우리를 위해 고생하시는 엄마 생각이 났어요. 엄마는 캄보디아에서 오셨어요.
리 더: 아, 그랬구나. 우리가 이야기를 나누는 중에도 말리까가 하고 싶은 이야기가 있으면, 주저하지 말고 말해 주기 바라요. 우리가 말리까에 대해 더 잘 알 수 있는 기회가 될 테니까요.

대화상자 3-2에서, 집단상담자는 다양한 문화적 변인에 대한 자신의 고정관념이나 편견이 집단에 미칠 수 있는 영향을 고려하여 가치 중립적 태도로 집단원의 적극적인 참여를 독려하고 있다.

합당한 치료

집단상담자가 흔히 직면하게 되는 윤리적 쟁점의 여덟 번째 사항은 합당한 치료에 관한 것이다. 집단상담자는 집단상담이 집단원들의 문제와 욕구에 합당한 치유작업이 될 수 있도록 최선을 다해야 한다. 이러한 노력의 일환으로, 집단상담자는 집단원들의 문화, 인종, 종교, 생활방식, 연령, 장애, 성별 등의 차이를 인정하고 존중해야 한다(Hays & Erford, 2017). 집단상담자는 집단원 개개인에 대한 자신의 행동을 명확하게 인식하는 한편, 특정 집단원을 편애 또는 편들기 같은 행위를 경계해야 한다. 집단상담자는 특정 집단원(들)을 선호할 수 있지만, 모든 집단원이 동등하게 대우받을 권리가 있다는 사실을 인식하고 이를 실천해야 한다. 이를 위해 말 없는 집단원을 집단과정에 참여시키고, 비언어 행동의 의미를 파악하며, 중언부언하거나 집단의 대화를 독점하는 행동을 차단함으로써, 모든 집단원이 집단시간을 균등하게 사용할 수 있도록 한다. 만일 집단원의 수가 많은 집단을 계획하는 경우, 집단상담자는 합당한 자격을 갖춘 상담자와 공동으로 집단을 이끈다.

다중관계

집단상담자가 흔히 직면하게 되는 윤리적 쟁점의 아홉 번째 사항은 다중관계에 관한 것이다. 다중관계multiple relationships란 집단상담자가 집단원과의 사이에서 집단상담자와 집단원이라는 관계 외에, 집단참여 목적과는 다른 형태로 형성되는 관계를 말한다. 다시 말해서, 집단상담자와 집단원이라는 관계 외에 설정된 관계로, 집단원이 집단활동에 전적으로 참여하는 데 방해되거나, 집단상담자의 객관성 유지와 전문적 판단에 손상을 줄 수 있는 관계다. 그러므로 집단상담자는 집단원 선별 과정부터 다중관계의 가능성과 이 관계에서 파생되는 문제점을 신중하게 고려해야 한다. 종전에는 이중관계dual relationships라는 용어로 통용되었다. 그러나 이 말은 이차 관계의 복잡성을 충분히 설명하지 못한다는 한계로 더 이상 윤리강령에서 사용되지 않는다. 대신, 다중관계는 '비전문적 관계nonprofessional relationship'라는 용어와 병행하여 사용된다. 다중관계의 대표적인 예로는 혈연관계(부모-자녀 같은 가족, 친척), 사회적 관계(친구, 동창생), 사업적 관계(고용자 vs. 피고용자)를 들 수 있다. 집단상담자가 이들을 자신의 집단에 참여시키는 것은 비윤리적이다. 집단상담자는 집단이 진행되는 기간에 글상자 3-11과 같은 목적으로 집단원(들)에게 전문가로서 역할과 힘을 이용해서 제2, 제3의 관계를 형성해서는 안 된다.

글상자 3-11. 다중관계의 예

❍ 개인적 목적으로서의 만남	❍ 사적 이익의 확대	❍ 성적 친밀감 형성
❍ 사회적 접촉(예, 교제)	❍ 물물교환	

글상자 3-11에 제시된 다중관계의 예 외에, 대학/대학원의 집단상담 관련 강좌에서 집단참여 학생들에게 집단원으로 참여하는 정도에 따라 학점을 부과하는 것은 비윤리적이다. 그러므로 담당 교수는 집단참여를 학점 산정과 무관하게 하고, 학생들에게 탐색을 원하는 사항과 그만둘 수 있는 권리를 인정해 줌으로써, 이들에게 미칠 수 있는 부정적인 영향을 최소화해야 한다. 또한, 학생들에게 자신의 개인상담

또는 치료적 집단에 참여하도록 종용하는 것 역시 윤리적으로 부적절하다.

이러한 점에서 집단상담에서 다중관계는 완전히 피할 수 없을 수 있다. 다중관계는 그 자체로는 유해하지 않다. 다중관계에 따라서는 집단원들에게 유익한 점도 있다. 집단상담자는 때로 다중관계를 피할 수 없는 상황이 생긴다. 예를 들면, 집단상담자와 집단원의 관계 외에도 취미로 동호회 활동을 함께 하거나, 여타의 모임에 함께 참석할 수 있다. 이러한 상황은 소도시의 경우에 더 자주 발생할 수 있다. 따라서 미국의 상담관련 학회에서는 다중관계에 관한 규정을 다소 완화해 왔다. 예를 들면, ACA의 2005년 개정 윤리강령에서는 종전(1995년 제정 기준)의 '상담자의 판단이나 객관성을 저해할 위험성'에 관한 언급을 삭제하는 한편, 상호작용이 잠재적으로 유익할 때는 예외적으로 다중관계를 허용하고 있다(강진령 외, 2009). 대신, 이 관계가 유익하다는 것을 증명할 수 없다면, 비전문적 관계를 피할 것과 비전문적 관계를 시작하기 전에 비전문적 관계형성의 정당성, 이 관계의 유익성, 예상되는 결과 등을 상담기록부에 기록으로 남겨야 한다고 규정하고 있다(ACA, 2014).

그럼에도 불구하고 다중관계의 가능성을 피하는 것은 집단상담자에게는 윤리적 상담을 위한 최상의 전략이다. 그렇지 않고, 착취적인 다중관계를 맺는 것은 비윤리적이다. 여기서 착취적exploitative이란 집단상담자가 자신의 이익추구를 위해 집단원을 이용하는 것을 의미한다. 다중관계의 가장 심각한 상황은 성적 욕구 해소를 위한 관계, 또는 사회적/사업적 관계다(Wheeler & Bertram, 2015). 다중관계는 집단상담자가 집단원을 집단상담 외에 개인상담으로 만나는 경우에도 발생한다. 집단상담자는 자신이 운영하는 집단에 참여하는 사람에게 개인상담을 해서는 안 된다고 주장하는 사람들도 있지만, 제이콥스 외(Jacobs et al., 2016)는 내담자에게 최상의 이익이 된다면 치료 서비스를 제공하지 않는 것이 오히려 비윤리적이라는 점을 강조했다. 이들은 또한 치료적 집단의 목적이 내담자가 더 나아지도록 돕는 것이라는 점을 감안할 때, 개인치료가 내담자의 긍정적 변화에 도움이 된다면 이는 가치 있는 치료과정으로 간주해야 한다고 주장했다.

기법 사용

집단상담자가 흔히 직면하게 되는 윤리적 쟁점의 열 번째 사항은 기법[techniques] 사용에 관한 것이다. 집단상담자는 기법 사용을 위해 전문지식과 적절한 기법 사용을 위해 관련 전공의 학위와 자격증을 취득해야 함은 물론, 전문가의 수퍼비전을 받아야 한다. 집단상담자는 적합한 훈련 또는 개입(치료)에 익숙한 상담자/치료자의 감독 없이 어떤 기법도 시도해서는 안 된다(ASGW, 2012). 단, 그 기법에 익숙한 상담전문가의 수퍼비전을 받는 상황에서는 해당 기법을 적용할 수 있다. 전문의가 수련 없이 진료하는 것이 비윤리적인 것처럼, 적절한 준비 없이 집단을 이끄는 것은 비윤리적이다. 만일 적절한 훈련을 받지 못한 상태에서 집단을 운영했다면, 이는 집단상담자와 소속기관이 이에 상응하는 법적·윤리적 책임을 져야 할 것이다. 기법 사용에 관한 윤리적 쟁점은 ① 전문지식, ② 전문기법, ③ 집단상담 실습, ④ 수퍼비전, ⑤ 자격증·학위, ⑥ 자격에 합당한 집단유형 선택으로 나누어 살펴보기로 한다.

전문지식. 기법 사용에 관한 윤리적 쟁점의 첫 번째 사항은 전문지식에 관한 것이다. 집단상담자는 자신이 담당하는 집단에 적용되는 이론적 접근에 대해 명확히 설명할 수 있고, 집단에서의 개입에 관한 근거를 제시할 수 있어야 한다. 집단에서 논의되고 있는 주제에 관한 이해 없이 집단을 이끄는 것은 비윤리적이다(Fernando & Herlihy, 2010). 만일 집단원들이 깊은 정서적인 주제를 다룬다면, 이러한 주제를 다루는 방법을 아는 것은 집단상담자의 책임이다. 집단원이 복잡한 문제를 드러냈을 경우, 문제해결을 돕는 일을 다른 집단원들에게 맡길 수는 없다. 집단상담자가 전문가로서 양질의 집단상담 서비스를 제공하기 위해서는 적어도 글상자 3-12와 같은 내용의 지식과 능력을 갖추고 있어야 한다.

글상자 3-12. 집단상담자가 갖춰야 할 전문지식

1. 집단의 유형	2. 집단상담의 장점과 단점

3. 집단역동의 기본 원리	4. 집단상담자의 문제행동
5. 집단의 치유요인	6. 집단원 모집 · 선별 전략
7. 집단의 발달단계별 특징과 역할	8. 집단 및 집단원 평가
9. 집단과정의 촉진/저해요소와 대처방안	
10. 집단원들에게 영향을 주는 성격적 특성(예, 가치관)	
11. 집단활동에 관한 윤리문제 기술	
12. 집단상담에 관한 연구 이해 및 집단상담 서비스에의 적용 능력	

전문지식의 또 다른 중요한 영역은 집단원들의 문화적 배경과 성적인 주제에 관한 이해다. 집단원들의 문화적 배경으로 인한 독특한 주제에 관해 잘 알지 못하는 상태에서 집단을 이끄는 것은 비윤리적이다(Debiak, 2007). 상담 개입의 형태에 따라, 집단상담자는 기법의 잠재적 효과에 걸맞은 훈련을 받아야 한다. 윤리적으로 합당한 집단상담자가 되려면, 집단상담자는 문화적 배경이 다양한 집단원들의 독특한 욕구를 충족시킬 수 있도록 상담기법을 적절히 수정할 필요성을 인식하고 있어야 한다. 또한, 집단원들이 집단 내에서 이루어진 학습을 일상생활에 적용하도록 도울 수 있어야 한다.

전문기법. 기법 사용에 관한 윤리적 쟁점의 두 번째 사항은 집단상담자의 전문기법에 관한 것이다. 집단상담자는 집단상담 서비스를 효과적으로 수행할 수 있도록 글상자 3-13과 같은 기법을 활용할 수 있는 능력을 갖추어야 한다.

글상자 3-13. 집단상담자가 갖춰야 할 전문기법

1. 집단원들의 참여촉진	2. 집단과정의 관찰 · 지각
3. 집단원들의 행동관찰	4. 기본적인 상담기법 적용
5. 집단 회기의 시작 · 종결	6. 시의적절한 정보 제공
7. 생산적 행동을 통한 모델링	8. 적절한 자기개방 격려
9. 피드백 교환	10. 비형식적 질문
11. 공감적 이해 · 신뢰 관계 형성	12. 집단원의 비생산적 행동에 대한 직면
13. 집단원들의 의미 있는 경험 촉진	14. 소속학회의 윤리기준 숙지 · 준수

15. 집단의 목적 성취를 위한 방향유지
16. 집단원들의 학습통합과 실생활에의 적용 촉진

집단기법은 집단과정을 촉진하고 집단원의 감정 탐색 또는 심화에 사용된다. 집단상담자에게는 기법 사용에 대한 합당한 근거가 있어야 한다. 집단기법은 때로 집단상담자에 의해 오남용 또는 비윤리적인 방식으로 사용될 수 있기 때문이다. 글상자 3-14는 집단상담자가 집단기법을 비윤리적으로 사용하는 경우의 예다.

글상자 3-14. 집단기법이 비윤리적으로 사용되는 경우의 예

- 자신에게 생소한 기법을 사용하는 경우
- 자신의 힘과 역량을 나타내기 위해 기법을 사용하는 경우
- 강렬함을 원하는 집단상담자의 개인적 요구를 위해 강렬함 조성을 유일한 목적으로 삼아 기법을 사용하는 경우
- 집단원의 참여 거부 의사 표현에도 불구하고 집단원에게 압력을 행사하는 기법을 사용하는 경우

집단상담자는 기법 사용에 신중해야 한다. 만일 집단기법이 집단원들의 강렬한 감정 표출로 이어질 가능성 있다면, 더더욱 그렇다. 물론 특정 기법이 적용될 때 나타날 수 있는 결과를 항상 정확하게 예측할 수는 없다. 그럼에도, 집단상담자는 예상하지 못한 결과에 대처하는 방법을 알고 있어야 하는 것이 윤리적으로 합당하다. 이러한 이유에서 집단상담자는 기법 사용에 앞서, 스스로에게 질문(예, "이 기법은 누구를 위한 것인가? 기법 적용을 통해 누구의 욕구가 충족되는가?")을 던져 봐야 한다.

집단기법은 충분한 시간을 확보한 상태에서 적용되어야 한다. 즉, 기법 적용을 통해 집단원의 강렬한 감정을 유발한 상태에서, 시간이 다 되었다는 이유로 회기를 종결하여 집단원이 버림받는 느낌이 들지 않게 해야 한다. 집단상담자는 또한 집단기법에 잠재된 역효과를 인식하고 있어야 한다. 역효과 방지를 위해 집단상담자는 사용할 기법을 먼저 경험해 볼 필요가 있다. 이처럼 집단상담자는 훈련과

경험을 통해 적절한 자격을 갖춘 기법만을 활용해야 한다. 또한, 사전에 자신의 전문적 역량을 정확하게 알려야 할 의무가 있다.

집단상담 실습. 기법 사용에 관한 윤리적 쟁점의 세 번째 사항은 집단상담 실습practicum에 관한 것이다. 대학원 상담 관련 전공 교육과정 또는 일반인을 위한 집단상담자 훈련 프로그램에는 적어도 한 과목 이상의 집단상담 연습 및 실습이 포함되어야 한다. 이 과목은 실습생이 집단상담에 관한 지식과 기술을 실제로 적용해 봄으로써 습득할 수 있도록 고안되어야 한다. 집단상담 실습에는 집단원으로 집단에 참여하는 것은 물론, 다른 집단에 대한 관찰과 집단상담자로서 집단을 직접 운영해 본 경험이 반드시 포함되어야 한다. 나아가, 더 높은 수준의 집단상담 서비스를 제공하기 위해서는 특정 집단 형태에 관한 집중 훈련이 필수로 요구된다.

수퍼비전. 기법 사용에 관한 윤리적 쟁점의 네 번째 사항은 수퍼비전supervision에 관한 것이다. 집단상담자는 집단과정에서 해결하기 어려운 문제가 발생하는 경우, 전문적인 지원을 받기 위해 충분한 임상 경험을 갖춘 전문가의 수퍼비전을 받아야 한다(ASGW, 2008). 이때, 반드시 경험이 많고 자격을 갖춘 전문가의 교육지도가 필수로 수반되어 집단활동에 필요한 기술의 습득을 도모해야 한다.

자격증 · 학위. 기법 사용에 관한 윤리적 쟁점의 다섯 번째 사항은 집단상담자의 자격증certificate과 학위diploma에 관한 것이다. 자격증 및/또는 학위는 전문가와 비전문가의 구분에 중요한 요소다. 그러나 자격증 및/또는 학위를 소지하고 있다는 사실만으로는 자격 있는 집단상담자라고 단정 지을 수 없다. 아무리 상담 관련 전공으로 박사학위를 받고 상담 또는 심리치료 관련 자격증을 소지했다고 하더라도, 집단상담을 담당하기에는 인격, 또는 전문적 훈련의 측면에서 준비되어 있지 않을 수 있기 때문이다. 이와는 대조적으로, 학위나 자격증 없이도 집단을 잘 이끌거나 공동리더로 활동하는 준전문가들도 상당수 있다. 이러한 관점에서 볼 때, 집단상담자는 자신의 능력의 범위와 한계를 깊이 인식하고 있어야 한다. 이를 위해 집단상담자가 자신에게 던져 볼 수 있는 질문은 글상자 3-15와 같다.

글상자 3-15. 집단상담자의 한계 확인을 위한 체크리스트

- ❍ 내가 이끌 수 있는 집단의 유형은 무엇인가?
- ❍ 나는 내가 받은 교육과 훈련에 적합한 집단을 이끌고 있는가?
- ❍ 나의 전문 영역은 무엇인가?
- ❍ 내가 능숙하게 활용할 수 있는 집단기술과 전략은 무엇인가?
- ❍ 나는 몇 회기 정도를 안정되게 이끌어 나갈 수 있는가?
- ❍ 다른 전문가의 의견은 언제 구해야 하는가?
- ❍ 의뢰는 어떤 경우에 해야 하는가?

자격에 합당한 집단유형 선택. 기법 사용에 관한 윤리적 쟁점의 여섯 번째 사항은 집단상담자의 자격에 합당한 집단유형 선택에 관한 것이다. 집단상담자는 상담자 교육과정을 성공적으로 이수하고, 전문지식과 능력 및 임상 경험을 고루 갖춘 수퍼바이저의 지도하에 일련의 훈련을 통해 집단상담 기술과 전략을 갖춘 전문가다. 그러면 집단을 이끌 수 있는 권한이 있는 사람은 누구인가? 집단상담자의 능력 수준을 결정하는 준거는 무엇인가? 집단상담자는 자신의 한계를 어떻게 인식할 수 있는가? 집단상담자의 자격에 관한 문제는 여러 요인이 고려되어야 하는데, 그중 한 가지 요인이 집단유형이다. 집단유형에 따라 요구되는 상담자의 자격은 차이가 있다.

예를 들어, 대학생들과 활동하도록 인증받은 전문가는 초등학생들로 구성된 집단을 이끄는 데는 부적절하다. 개인성장집단을 이끌도록 연수를 받았거나 자격증을 소지한 전문가는 병원에서 외래환자를 위한 치료집단을 담당하는 데 필요한 연수나 경험이 요구될 수 있다. 또한, 물질사용자 집단 운영에 노련한 상담자가 있는가 하면, 부부집단 또는 가족치료에 능숙한 상담자도 있다. 따라서 집단상담자는 다양한 유형의 집단 중에서 자신이 이수한 교육과 훈련에 적합한 유형의 집단을 택하는 것이 전문가로서 능력을 발휘할 수 있을 뿐 아니라, 윤리적으로도 합당한 선택이 된다.

이 외에도, 집단 운영에 있어서 집단상담자는 집단원들의 자산을 적극 활용하는

한편, 집단의 효율성과 집단원의 능력에 초점을 맞추어야 한다. 또한, 집단초기에 집단원들의 강점에 초점을 맞추는 것의 중요성을 인식해야 있다. 즉, 집단원들의 강점에 초점을 맞춤으로써, 집단원들이 안전함으로 느끼게 되고, 자기방어의 벽을 허물며, 기꺼이 자기탐색을 주도하도록 도울 수 있어야 한다.

목표설정

집단상담자가 흔히 직면하게 되는 윤리적 쟁점의 열한 번째 사항은 목표설정에 관한 것이다. 집단상담자는 집단원의 개인적 목표설정을 도와야 한다. 이는 적절한 상담기술을 사용하여 집단원이 집단경험을 통해 얻고자 하는 목표를 구체화할 수 있도록 돕는 것을 의미한다. 집단의 진행과정에서 집단상담자는 집단원 개개인이 자신이 설정한 목표의 달성 정도를 평가하고, 필요하다면 목표를 수정하도록 도와야 한다. 특정 집단의 맥락 속에서 집단원 개개인이 자신의 목표를 얼마만큼 달성할 수 있는지 명료하게 이해할 수 있도록 돕는 일 역시 윤리적 측면에서 집단상담자가 담당해야 할 중요한 임무다.

자문

집단상담자가 흔히 직면하게 되는 윤리적 쟁점의 열두 번째 사항은 자문에 관한 것이다. 집단상담자는 회기 사이에 이루어지는 집단원들을 위한 자문consultation에 관한 규정을 정하고, 이에 관해 설명해 주어야 한다.

자문 기회의 오용 방지. 자문과 관련된 윤리적 쟁점의 첫 번째 사항은 자문 기회의 오용 방지에 관한 것이다. 집단상담자는 집단원들이 자신의 문제가 집단에서 다루어지는 것을 피하기 위해 집단 회기 사이에 이루어지는 자문 기회를 오용하지 않도록 한다. 만일 집단 회기 사이에 이루어진 자문 내용이 집단과 관련이 있는 경우, 집단상담자는 해당 집단원에게 이러한 사안을 집단에서 직접 다루어 보도록 권면한다.

집단상담자를 위한 자문. 자문과 관련된 윤리적 쟁점의 두 번째 사항은 집단상담자를 위한 자문에 관한 것이다. 집단상담자는 윤리적인 문제가 발생하거나 집단상담자로서 기능에 방해되는 어려움에 봉착하는 경우, 다른 전문가에게 자문을 구하거나 수퍼비전을 요청해야 한다. 또한, 전문적 판단과 치료적 능력을 저해할 수 있는 개인적인 어려움이나 갈등이 발생하는 경우, 다른 전문가의 도움을 받아야 한다. 이 경우, 집단상담자가 담당하는 집단과 관련된 내용은 오직 전문적 자문과 교육 목적으로 논의되어야 한다. 한편, 집단상담자는 집단원들에게 자문 내용의 비밀유지 여부에 관한 규정을 알려 주어야 한다. 자문과 수퍼비전은 초심 집단상담자뿐 아니라, 경험이 많은 집단상담 전문가에게도 필요하다. 집단상담의 지식과 경험 정도에 상관없이 누구든지 더 학습하고 성장해야 할 여지가 있기 때문이다. 집단상담자는 집단을 시작하기에 앞서, 집단원들에게 자문과 수퍼비전의 취지를 잘 설명해 주어야 한다. 그리고 필요한 경우, 자문의 결과에 대해 집단원들에게 알린다.

집단종결

집단상담자가 흔히 직면하게 되는 윤리적 쟁점의 열세 번째 사항은 집단종결에 관한 것이다. 집단상담자는 집단참여 목적에 따라 가장 효과적인 시기에 집단을 종결하도록 노력해야 한다. 집단상담자는 집단원 개개인의 진척 정도에 지속적으로 관심을 갖는 한편, 정기적으로 집단원이 집단경험을 탐색·재평가하도록 돕는다(DeLucia-Waack, 2006a). 집단원이 시의적절하게 집단을 떠나고, 집단에서 심리적인 독립을 이룰 수 있도록 돕는 것 역시 집단상담자의 중요한 책임에 속한다.

평가·후속 조치

집단상담자가 흔히 직면하게 되는 윤리적 쟁점의 열네 번째 사항은 평가 및 후속 조치에 관한 것이다. 집단상담자는 자신의 집단에 대해 지속적으로 평가하고, 후속 조치를 위한 절차를 마련해야 한다.

집단 회기 평가. 평가 및 후속 조치와 관련된 윤리적 쟁점의 첫 번째 사항은 집단 회기 평가에 관한 것이다. 집단상담자는 집단에 대한 지속적인 평가의 중요성을 인식하고, 집단원 자신의 진척 정도에 대한 평가를 도와야 한다. 또한, 최종 회기에 집단경험이 집단원들의 행동에 미친 영향을 평가한다. 집단상담자는 자신의 행동을 관찰하는 한편, 집단에서 자신이 어떤 모범이 되는 행동을 하는지 살펴야 한다. 집단의 목표와 평가는 서로 관계가 깊다. 집단원 예비선발 단계 또는 집단초기에 집단목표와 집단원의 개인적인 목표가 수립된다. 이러한 목표는 집단 회기가 진행되면서 수정될 수 있고, 또 자연스럽게 수정되기도 한다. 인간중심치료집단 또는 정신분석집단처럼 비교적 덜 구조화된 집단의 경우, 집단목표가 구체적으로 설정되지 않은 상태에서 집단원을 모집한다는 점에서 예비선발 단계는 더욱 중요하다. 집단과정의 관찰은 평가의 중요한 부분에 속한다. 집단이 진행됨에 따라 변해 가는 모습은 다양한 방법으로 평가될 수 있다. 따라서 집단상담자는 집단작업 능력과 전략에 익숙해져야 한다.

후속 집단 회기. 평가 및 후속 조치와 관련된 윤리적 쟁점의 두 번째 사항은 후속 집단 회기follow-up session에 관한 것이다. 후속 집단 회기는 개별, 전화 및/또는 유인물을 통해 이루어진다. 후속 집단 회기는 집단원과 개별적으로 하거나, 전체 집단원들과 함께하거나, 또는 이 두 가지를 병용하는 방법이 있다. 후속 집단 회기에서는 글상자 3-16에서 제시한 체크리스트의 정도를 결정한다.

글상자 3-16. 후속 집단 회기 체크리스트

- ❍ 집단원들은 각자의 목표를 얼마나 달성했는가?
- ❍ 집단이 집단원들에게 어떤 영향을 주었는가?
- ❍ 집단원들이 의뢰를 통해 어떤 이로운 점을 얻었는가?
- ❍ 향후 집단 개선에 필요한 정보는 무엇인가?

후속 집단 회기가 없는 경우, 집단상담자는 후속 상담이 필요한 집단원 또는 이러한 접촉을 요청하는 집단원과의 면담에 시간을 할애해야 한다.

의뢰

집단상담자가 흔히 직면하게 되는 윤리적 쟁점의 열다섯 번째 사항은 의뢰referral에 관한 것이다. 집단상담자는 자신의 전문적 능력과 경험의 한계를 알고 있어서, 모든 유형의 집단원들과 집단을 담당할 수 없음을 인식해야 한다. 그러므로 자신의 능력을 벗어날 정도로 특수한 도움이 필요한 집단원들은 적절한 시기에 다른 전문가에게 의뢰해야 한다. 또한, 자신이 운영하는 집단의 형태가 특정 집단원의 요구에 부합되지 않는다고 판단되는 경우, 해당 집단원에게 다른 적절한 전문가에게로의 의뢰를 제안해야 한다. 따라서 집단상담자는 의뢰가 필요한 경우를 위해 집단원들에게 도움을 줄 수 있는 지역사회 자원에 대해 잘 알고 있어야 한다. 그래서 필요한 경우, 집단원들이 시의적절하게 전문적 도움을 구할 수 있도록 도와야 한다.

전문적 발달

집단상담자가 흔히 직면하게 되는 윤리적 쟁점의 열여섯 번째 사항은 전문적 발달professional development에 관한 것이다. 집단상담자라면 전문적 발달이 진로의 지속적 · 발달적 과정이라는 점을 인식해야 한다. 이러한 인식을 토대로, 집단상담자는 집단상담 서비스의 질을 높이고 역동적인 교류를 촉진해야 한다. 이를 위해 집단상담자는 집단운영에 필수적인 훈련과 교육지도를 지속적으로 받아야 한다. 집단상담자가 준비되지 않은 영역의 집단을 이끄는 것은 비윤리적일 뿐 아니라, 위법의 소지가 있다. 그러므로 집단상담자는 다양한 교육과 연수를 통해 필요한 전문지식 · 기술 · 기법 · 전략을 꾸준히 개발해야 한다. 게다가, 새로운 집단상담 기법과 전략에 관한 연구 결과와 집단상담 동향에 관한 정보와 자료를 지속적으로 업데이트하여 집단활동에 적용해야 한다.

법적 책임과 업무상 과실

집단상담자는 마땅히 해야 할 임무를 제대로 수행하지 못하거나, 서비스 수혜자에게 해를 입히는 경우, 이에 대해 민사상 책임을 져야 한다. 마찬가지로, 집단상담자가 태만 또는 무지로 인해 적절한 서비스를 제공하지 못해 집단원이 심리적 손상 또는 해를 입었음을 입증하는 경우, 집단상담자는 업무상 과실에 대한 소송에 휘말릴 수 있다. 여기서 태만negligence은 전문가 학회 또는 단체에서 제정한 돌봄 기준standard of care에서 벗어나는 무행위(*주. 당연히 해야 할 행위를 하지 않음)를 가리킨다. 즉, 상담 서비스 수혜자에게 해가 될 정도로, 특정 분야에서 수용되는 정도의 서비스를 제공해야 하는 치료자의 임무를 이행하지 않은 행위를 의미한다.

정신건강 전문가의 돌봄 기준에는 철저한 문서 기록 및 보관, 필요한 경우의 자문 요청, 자문 내용을 기록으로 남기는 것이 포함된다. 이는 집단상담자 역시 집단 회기에서 발생하는 임상 관련 문제를 기록으로 남기고, 제반 윤리적·법적 쟁점의 가능성이 있는 사안에 대해 전문가에게 자문을 구하는 한편, 자문받은 내용을 사례일지에 기록으로 남겨야 한다. 만일 이런 기록이 집단원의 사생활 침해와 비밀유지를 어렵게 하는 경우에는 집단원별로 기록을 남길 필요가 있다(Knaus, 2006). 업무상 과실에 대한 소송을 피하는 핵심 방안은 합당하고 통상적이면서도 분별 있는 방식을 유지하는 것이므로, 집단상담자는 집단 회기 요약을 비롯하여 치료의 목표와 성과를 기록으로 남겨 둔다. 집단상담자들을 법적 소송으로부터의 보호를 위한 지침은 글상자 3-17과 같다(Corey & Corey, 2017).

글상자 3-17. 법적 소송을 피하기 위한 조치 사항

1. 사설 또는 공공 기관에서 근무하는 경우, 자신의 전문적 업무수행에 관한 고용주의 법적 책임이 명시된 계약서를 작성한다.
2. 충분한 시간과 여유를 가지고 신중하게 집단원을 선발한다.
3. 집단참여 희망자들에게 사전에 충분한 정보를 제공하여 현명한 선택을 하게 한다.

4. 집단초기에 서면으로 사전동의서를 받는다.
5. 미성년자에 대해서는 부모 또는 보호자의 서면동의서를 받는다.
6. 집단참여 정도가 집단성과의 결정요인임을 집단원들이 인식하도록 돕되, 이행하지 못할 것을 함부로 약속하지 않는다.
7. 집단상담 서비스 범위를 교육 · 훈련 · 경험 테두리 내의 집단으로 한정한다.
8. 현재 또는 과거 집단원과 성적인 관계를 갖지 않는다.
9. 법령과 정책 범위 내에서 집단을 운영한다.
10. 자신이 속한 기관의 윤리강령을 집단상담 실행에 통합시킨다.
11. 집단원들과 협력 관계를 형성하고 이를 활용하되, 역량을 벗어나는 행위를 하지 않는다.
12. 윤리적 · 법적 · 임상적 · 문화적 쟁점과 관련된 문제의 가능성이 있는 경우, 동료나 다른 전문가에게 자문을 구하고, 자문 내용을 기록으로 남긴다.
13. 자신의 개인적 반응(예, 역전이)이 집단과정을 저해하지 않는지 예의주시한다.
14. 집단원들을 잘 돌보는 것이 가장 확실한 보호 장치임을 기억하고, 명확한 돌봄 기준을 실행에 옮기는 동시에, 이 기준을 집단원들에게 알린다.
15. 집단 회기 내용(집단원과 매 회기 관련 내용, 특이사항 등)을 기록으로 남긴다.
16. 집단원에게 의뢰가 필요한 적절한 시기를 인식한다.
17. 집단원의 종결, 의뢰, 권장사항이 있는 경우, 반드시 기록으로 남긴다.
18. 집단 전체와 집단원 개개인에 대한 진척 정도를 평가하고, 목표 대비 진척 정도를 스스로 평가하도록 집단원들을 가르친다.
19. 자해 또는 타해 가능성이 있던 집단원의 상황을 평가 및 개입 방법을 습득하고, 이런 상황에서 집단상담자로서 취한 조치를 반드시 기록으로 남긴다.
20. 자신의 욕구충족을 위해 집단원들을 사용하거나 희생양으로 삼지 않는다.
21. 위기관리 워크숍에 주기적으로 참가하여 집단상담 돌봄 기준을 업데이트한다.
22. 역량 또는 윤리적 실천과 상관없이 업무상 과실에 대한 소송 가능성에서 완전히 자유로울 수 없음을 인식하고, 적극적으로 위기관리 전략(예, 업무상 과실보험 가입)을 실천한다.

수업활동 / 수업시간에 함께 해 볼까요?

1. **나의 신념, 나의 가치관** 각자 소중하게 여기고 있으면서 다른 사람들에게도 중요하다고 믿고 있는 신념과 가치관 목록을 만들어 보자. 이러한 신념과 가치관 중에서 집단상담자로서 활동하게 되는 경우에 나타날 가능성이 높은 것을 조사해 보자. 윤리적 측면에서 볼 때, 이러한 경우에 초래될 수 있는 결과는 무엇인가?

2. **나의 신념과 가치관은** 우리 모두에게는 사람들에게 유익하다고 여기는 것에 관한 신념과 가치관이 있다. 가족, 친구, 종교, 건강, 물질, 세계 평화, 교육 등과 같이 사람들에게 유익하다고 믿는 요소들의 목록을 작성해 보자. 그러고 나서 이러한 신념과 가치관이 자신의 문화적 가치관에 어떻게 스며들어 있는지와 자신과 다른 배경을 지닌 사람들과 어떻게 갈등의 소지가 있는지 논의해 보자.

복습문제 / 공부한 것을 확인해 볼까요?

객관식 문항

1. 상담윤리에 합당한 전문상담교사의 행동만을 〈보기〉에서 있는 대로 고른 것은?

▶2012년 전문상담 1차

〈보기〉

ㄱ. 중학생을 대상으로 성장집단상담을 준비하는 단계에서 학생과 학부모 모두의 동의를 받은 학생을 집단에 참가시켰다.

ㄴ. 상담 회기 중에 불안과 공포 증세를 호소하는 학생에게 전문상담교사 자신이 훈련을 받은 적이 없는 이완 기법을 적용하였다.

ㄷ. 상담 중인 학생의 신체에서 상처를 발견하고 학생이 아버지로부터 자주 매를 맞는다는 사실을 확인한 후 아동보호전문기관에 신고하였다.
ㄹ. 사이버 상담을 신청한 학생에게 학교 홈페이지 비밀상담방에서 주고받는 상담 내용이 해킹당할 수도 있음을 상담 시작 전에 알려 주었다.

① ㄱ, ㄴ ② ㄱ, ㄷ ③ ㄱ, ㄷ, ㄹ
④ ㄴ, ㄷ, ㄹ ⑤ ㄱ, ㄴ, ㄷ, ㄹ

2. 상담윤리에 합당한 전문상담교사의 행동만을 〈보기〉에서 모두 고른 것은?

▶ **2011년 전문상담**

〈보기〉

ㄱ. 정 교사는 학습장애로 의심되어 의뢰된 학생에 대해 자기 능력의 한계를 느껴 다른 전문가에게 의뢰하였다.
ㄴ. 송 교사는 현재 상담 중인 학생의 상담 내용을 학부모가 알고 싶다고 하여 필요한 내용만 간략히 알려 주었다.
ㄷ. 임 교사는 차량을 정비하러 정비소에 들었다가 자녀 문제로 상담을 받았던 학부모가 운영하는 곳이란 것을 알고, 다른 정비소에서 차량을 수리하였다.
ㄹ. 오 교사는 상담과정에서 학생이 성적 하락으로 부모님께 혼날까 봐 가출 계획을 구체적으로 세우고 있다는 이야기를 듣고, 학부모와 담임교사에게 그 사실을 알렸다.
ㅁ. 박 교사는 연구를 수행하면서 학생들 자신이 피험자라는 사실을 알게 됨으로써 연구에 미칠 영향을 최소화하기 위해, 연구가 끝난 뒤 연구 목적을 설명하고 동의를 얻었다.

① ㄱ, ㄴ ② ㄷ, ㄹ ③ ㄱ, ㄹ, ㅁ
④ ㄱ, ㄴ, ㄷ, ㄹ ⑤ ㄴ, ㄷ, ㄹ, ㅁ

3. 다음은 집단상담 초기 단계에서 집단상담자가 하는 역할이다. (가)~(라)의 역할을 수행하기 위해 집단상담자가 해야 할 행동을 〈보기〉에서 골라 바르게 연결한 것은?

▶ **2011년 전문상담**

(가) 집단의 시작을 돕는다.
(나) 집단 규준의 발달을 돕는다.

(다) 집단의 분위기 조성을 돕는다.
(라) 집단의 의사소통과 상호작용을 촉진한다.

〈보기〉
ㄱ. 한 집단원의 반응을 다른 집단원에게 연결한다.
ㄴ. 집단원들의 느낌이나 생각을 이해하려는 일관된 태도를 보인다.
ㄷ. 집단원들이 해야 할 바람직한 행동을 알려 주거나 모범을 보인다.
ㄹ. 집단상담자가 먼저 자신이 가진 불안과 희망, 두려움과 기대를 표현한다.

	(가)	(나)	(다)	(라)
①	ㄱ	ㄴ	ㄷ	ㄹ
②	ㄴ	ㄱ	ㄹ	ㄷ
③	ㄴ	ㄷ	ㄹ	ㄱ
④	ㄷ	ㄹ	ㄱ	ㄴ
⑤	ㄹ	ㄷ	ㄴ	ㄱ

4. 전문상담교사의 행동 중 상담윤리에 합당한 것은? **▶ 2010년 전문상담 1차**

① 전에 근무했던 학교의 학부모이자 친한 친구를 상담하였다.
② 한부모가정 자녀를 대상으로 하는 학교적응 프로그램에 참가 신청한 중학생들에게 동의서를 받고 집단을 운영하였다.
③ 졸업생의 상담 사례를 학회에서 발표하기 위해 동의를 받으려 했으나 연락이 닿지 않아 동의를 받지 않고 가명 처리하여 발표하였다.
④ 집단따돌림을 당하고 있어서 많이 힘들어서 옥상에서 뛰어내리고 싶은 충동을 자주 느낀다는 학생의 이야기를 상담과정에서 듣고 학부모와 담임교사에게 그 사실을 알렸다.
⑤ 자녀 문제로 계속 상담을 받고 있는 학부모를 상담하던 과정에서 그가 정수기 임대업을 한다는 것을 알았고 마침 정수기가 필요해서 그에게서 정수기를 임대하였다.

주관식 문항

5. 다음은 집단상담자 윤리와 관련된 용어들이다. 각 용어를 간략히 서술하시오.

① APA: ______

② NASW: ______

③ ACA: ______

④ ASCA: ______

⑤ 비밀유지: ______

⑥ 다중관계: ______

⑦ 사전동의: ______

6. 집단상담자 윤리기준 제정의 의의를 서술하시오.

______

______

______

7. 집단상담자 윤리기준의 특징을 서술하시오.

______

______

______

8. 다음은 전문상담교사가 중학생 대상의 집단상담을 계획·운영한 과정에 관한 내용이다. (가)~(라) 중 비윤리적 행동에 해당하는 사례 두 가지를 찾아 기호를 쓰고, 그 이유를 각각 서술하시오. **▶2018년 전문상담**

(가) 프로그램 계획 회의에서 유사 집단상담 프로그램을 진행했던 동료 상담교사가 현실치료 상담기법을 활용하였는데 효과가 좋았다며 제안하였다. 하지만 이 기법과 관련하여 아직 미숙하고 수련을 받지 않았기 때문에 포함시키지 않았다.

(나) 집단상담 참여자를 모집하기 위하여 담임교사들에게 홍보를 부탁하였고, 12명의 학생이 신청하였다. 그중 10명은 자발적으로 신청하였고 2명은 담임교사가 의뢰하였다. 이에 비자발적으로 신청한 학생 2명의 학부모에게만 동의서를 받았다.

(다) 집단상담 시작 전에 집단구성원의 사생활 보호와 비밀보장의 중요성을 강조하고 이를 집단의 규준으로 삼았다. 하지만 비밀보장의 한계로 집단상담 과정에서 사생활 보호나 비밀보장이 완전하게 지켜지지 못할 수도 있음을 알렸다.

(라) 찬수는 2회기 참여 후부터 집단상담에 참여하지 않았다. 그만두고 싶은 경우 사전에 알려야 한다는 안내를 하지 않았기 때문에 찬수의 결정을 존중하여 본인에게 직접 연락을 하지 않고 집단상담을 계속 진행하였다.

---

9. 다음은 집단상담 수퍼비전 내용이다. ㉠~㉣ 중 비윤리적 행동에 해당하는 기호를 한 가지 쓰고, 그 이유를 시기, 내용 및 집단원의 연령을 고려하여 서술하시오. **▶ 2017년 전문상담**

수퍼바이저: 집단상담을 진행하면서 윤리와 관련된 사안들을 어떻게 다루었는지 이야기해 봅시다.

김 교 사: 저는 결석과 지각이 잦은 학생을 대상으로 학교적응력 향상 프로그램을 운영하고 있어요. ㉠ <u>집단상담 진행 중 한 학생이 부모에게 학대를 당한다는 사실을 인지하게 되었어요. 그 회기가 끝난 직후 해당 학생과의 개인상담을 통해 학대 사실을 확인하였고, 비밀보장의 예외규정을 다시 설명하고, 해당 학생의 동의를 구한 후 학대 사실을 관련 기관에 신고했어요.</u>

—중략—

이 교 사: 정서행동특성검사에서 인터넷중독 고위험군으로 선별된 학생들에 대한 사후 조치의 일환으로 자기조절 향상 프로그램을 진행하였어요. 해당 학생들의 명단은 담임교사에게 받았어요. 그런데 ㉡ <u>교내 학교폭력대책자치위원회 업무로 너무 바빠서 집단상담을 시작하기 1주일 전에야 해당 학생들에게 일정과 장소만 안내하고 바로 1회기를 시작했어요.</u> 1회기에서도 자기소개, 규칙정하기, 인터넷 사용 시간표 작성 등을 하느라 정신이 없었어요.

—중략—

최 교 사: 저는 학교폭력 징계 결과에 따라 의뢰받은 가해 학생들을 대상으로 분노조절 프로그램을 5일간 하루종일 운영하고 있어요. 한 학생이 첫째 날은 1시간 지각하더니 둘째 날은 오후에 나타나는 거예요. 그래서 ⓒ 그 학생에게 집단에 성실하게 참여하지 않을 경우 출석만으로는 집단상담을 이수한 것으로 인정할 수 없다고 분명하게 알려 주었어요.

10. 다음은 전문상담교사가 진행한 집단상담 운영 과정의 일부이다. 상담교사가 위배하고 있는 키치너(K. Kitchner)의 윤리 원칙 두 가지를 쓰고, 위배한 행동에 대한 각각의 대안 행동을 서술하시오. **▶2016년 전문상담**

상담교사는 학교폭력 예방을 위한 프로그램의 일환으로 분노조절 집단상담을 계획하였다. 이후, 각 반 담임선생님들에게 집단상담 홍보를 부탁하여 희망하는 학생들의 신청서를 받았다.

신청을 받고 나니, 계획했던 총 12명의 인원 중 1명이 부족하여 평소 폭력행동을 자주 보였던 지희를 명단에 넣고 집단상담 시간에 맞춰 나오라고 통보하였다. 집단상담을 위한 공간은 학교의 빈 교실을 활용하였으며, 탁자와 의자를 둥글게 배치하였다. 매회 집단상담 시간에 반항적인 동수의 이야기는 자제시키고, 잘 따르는 예리에게 이야기를 더 많이 하게 하였다.

11. 다음은 전문상담교사인 박 교사가 영주(중2, 여)를 상담하면서 구조화를 하고 있는 장면이다. 박 교사가 진행하고 있는 절차를 상담의 윤리적 관점에서는 무엇이라고 하는지 쓰시오. **▶2015년 전문상담**

박 교 사: 영주야, 상담을 시작하기 전에 몇 가지 알려 줄 것이 있단다. …(중략)… 선생님이 상담을 잘하기 위해서 너와의 상담 내용을 녹음해야 할 경우도 있는데, 그럴 경우가 생기면 너에게 자세하게 안내해 줄

게. 무엇보다 상담은 상담자인 내가 너의 고민에 대해 답을 해 주기보다는 너와 함께 해결 방법을 찾아가는 것이란다. 그래서 너의 어려움을 솔직하게 이야기하는 것이 중요하단다.

영 주: 네, 알겠습니다. 그런데 궁금한 것이 있는데요. 상담은 매일 하는 건가요?

박 교 사: 좋은 질문인데, 상담은 매주 규칙적으로 1회 정도씩 진행되고, 약 50분 정도 하게 될 거야.

영 주: 그렇군요. 잘 알겠습니다.

박 교 사: 자, 지금까지 너에게 이야기했던 것을 정리해 보면 상담자로서의 나의 자격, 비밀보장의 원칙과 예외 상황, 상담을 거부하고 종결할 너의 권리, 상담 참여에 따른 잠재적 이익과 위험, 상담 내용의 녹음과 그에 따른 조치, 내담자로서의 너의 적극적이고 솔직한 참여, 그리고 상담의 진행 방식까지 알려 주었지. 이 내용들을 충분히 이해했니?

영 주: 네, 충분히 이해했습니다.

12. 다음은 학교폭력 가해학생 5명(중2, 남)을 대상으로 실시된 '분노관리 집단상담'의 의뢰 경위와 축어록의 일부이다. 집단상담 참여 학생들의 특성에 비추어 전문상담교사가 고려해야 할 집단상담자 윤리 지침을 세 가지만 서술하시오. 그리고 ㉠~㉢에서 전문상담교사가 사용한 집단상담 기술을 각각 설명하고, 이러한 기술 적용 시 유의 사항을 각각 두 가지씩 서술하시오.

○ 의뢰 경위: A중학교 학교폭력대책자치위원회는 학교폭력 가해학생 5명에 대한 조치로 20시간 특별 교육이수를 명령하였으며, Wee센터를 교육기관으로 지정하여 가해학생들을 의뢰하면서 사후결과 보고를 요구함

○ 상담 내용

상담교사: 오늘은 최근 들어 몹시 화가 났던 상황에 대해 이야기해 보자. 누구부터 이야기해 볼까?

경 수: 엊그제 학원 갔다 와서 저녁을 먹고 있는데 아빠가 술 취해서 들어오셨어요. 뭔가 기분 나쁜 일이 있었는지 저한테 막 화를 내고 때리기까지 하는 거예요. 너무 화가 나서 집을 확 나와 버렸어요. (잠시

침묵) 근데 우리 아빠가 항상 그런 건 아니고요. 기분이 좋을 때는 용돈도 많이 주세요. (얼굴이 굳어지고 주먹을 꽉 쥐면서) 이 정도면 괜찮은 아빠죠, 뭐.

상담교사: ㉠ 경수가 말로는 아빠에 대해 괜찮다고 하지만 말하는 동안 얼굴 표정이 굳어지고 주먹을 불끈 쥐더구나.

경　수: (놀라면서) 제가 그랬나요? 저도 잘 모르겠어요.

영　훈: (다리를 떨며 고개를 숙인 채 바닥만 응시하고 있음)

상담교사: 영훈이가 계속 말이 없는데, 지금 무슨 생각을 하고 있니?

영　훈: 음, 그냥요……. (20초간 침묵)

상담교사: ㉡ 조금 전 경수가 말한 내용은 지난 시간에 영훈이가 아빠 때문에 화가 났다고 말한 내용과 비슷한 것 같아. 지금 기분이 어떤지 말해 줄 수 있겠니?

영　훈: (20초간 침묵)

민　철: (신경질적인 말투로) 선생님은 말하고 싶지 않은 애한테 왜 자꾸 말 시키고 그러세요? 짜증나게.

상담교사: 그래, ㉢ 선생님도 누가 힘든 이야기를 하면 마음이 불편해져서 일부러 그런 이야기를 못 하도록 했던 적이 있어. 민철이도 지금 그런 건지 궁금하구나.

(1) 윤리지침 ① ______________________

② ______________________

③ ______________________

(2) 기술 ㉠ ______________________

㉡ ______________________

㉢ ______________________

(3) 유의사항 ______________________

____

____

____

____

____

13. 다음은 집단상담자를 위한 윤리지침의 일부 조항이다. 물음에 답하시오.

▶ 2008년 전문상담 1차

- 집단상담자는 집단원이 사전에 그 사용처에 대해 알고 동의한 경우에 한하여, 상담 장면을 녹음 또는 녹화할 수 있다.
- 집단상담자는 집단상담 사례를 발표할 때, 집단원들의 익명성을 보장해야 한다.

(1) 위 조항은 집단상담자가 지켜야 할 윤리지침 중 무엇에 관한 내용인지 쓰시오.

---

(2) 위의 윤리지침을 따를 수 없는 예외적 상황을 한 가지만 쓰시오.

---

14. 〈보기〉는 집단상담자가 지켜야 할 윤리지침의 하나이다. 어떤 윤리지침인지 쓰시오.

▶ 2006년 전문상담 1차

〈보기〉

집단상담자는 집단상담이 진행되는 동안에는 집단구성원과 부적절한 개인적 관계를 피해야 한다. 왜냐면 이러한 관계는 집단상담자와 객관성과 전문적 판단을 해칠 수 있고, 또한 집단상담자가 자신의 이익을 위해 힘이나 역할을 오용할 수 있기 때문이다.

정답 1. ③ 2. ④ 3. ⑤ 4. ④

CHAPTER

04

집단상담자, 어떤 일을 하는가?

집단상담자!

❍ 나는 왜 집단상담자가 되려고 하는가?
❍ 나는 집단상담의 치유 효과를 믿는가?
❍ 내가 참여하고 싶은 집단의 리더는 어떤 품성과 자질을 지니고 있기를 원하는가?
❍ 나는 나 같은 집단상담자가 이끄는 집단에 참여하겠는가?

집단상담자는 집단상담에 관한 전문적 교육과 훈련을 성공적으로 이수하고, 수퍼비전하에 임상 실습을 완수하여 집단상담을 이끄는 정신건강 전문가다. 집단상담자는 집단의 계획 → 준비 → 작업 → 평가에 이르는 제반 절차를 담당하는데, 집단상담자에게 요구되는 집단의 운영방식 또는 역할은 집단의 목적과 유형에 따라 차이가 있다. 집단상담자의 능력 평가에는 무엇을 어떻게 할 수 있는지가 포함된다. 이는 상담이론을 비롯하여 개인 · 집단 상담에 관한 지식, 집단기술 및 기법을 활용한 작업, 임상 경험, 문제행동을 하는 집단원을 돕는 방법 등, 다양한 전문적 역량이 요구된다는 의미다. 그런가 하면, 인간적 자질과 품성을 갖추지 못한 상태에서 집단기술만 능숙하게 사용한다면, 전문가라기보다 단순 기술자technician라는 지적을 면하기 어려울 것이다. 그러므로 집단상담자가 '어떤 사람인가'는 그의 전문적 역량 이상으로 큰 비중을 차지한다. 그렇지만 어떤 자질qualifications을 갖추어야 하는지에 대한 대답은 그리 단순하지 않다.

집단상담자는 자신이 원하든 원치 않든, 집단원의 본보기가 된다. 특히, 자기개방의 모델로서, 집단의 한계와 규범을 설정하고, 규칙이행을 도우며, 시간 관리를 담당하게 된다는 점에서 그렇다. 이러한 점에서 집단상담자의 자질과 품성은 집단의 성패에 중요한 영향을 준다. 상담자 교육 프로그램이 예비 집단상담자에게 집단상담 이론과 기술뿐 아니라 인간적 자질을 강조하는 이유가 바로 여기에 있다. 이 장에서는 ① 집단상담자의 역할, ② 집단상담자의 자질, ③ 집단상담자 교육과 훈련, ④ 집단상담자의 전문성, ⑤ 집단리더십, ⑥ 공동리더십, ⑦ 집단상담자의 문제행동으로 구분하여 살펴보기로 한다.

집단상담자의 역할 / 집단상담자의 역할은 무엇인가?

집단상담에서 집단상담자 역할의 중요성은 아무리 강조해도 지나침이 없다. 노련한 집단상담자는 심리적으로 집단 내에 존재하며 진솔하다(Corey & Corey, 2017). 특히, 집단작업 과정에서 집단상담자가 집단원들에게 보이는 태도는 신뢰할 수 있는 공동체 형성에 중요한 요인으로 작용한다. 집단상담자의 개인적 특성, 가치관, 인생 경험 등은 집단과정에서도 집단원들의 변화를 위한 촉매제로 작용한다. 집단상담자가 담당하는 역할은 글상자 4-1과 같다.

글상자 4-1. 집단상담자의 역할

1. 집단의 목표를 설정하고 세부계획을 수립한다.
2. 집단원들을 선별 · 선발한다.
3. 전문지식과 임상경험을 토대로 집단작업을 주도한다.
4. 집단을 구조화하고 집단의 흐름을 적절히 통제한다.
5. 집단에서의 한계를 설정하고, 집단규칙과 시간을 관리한다.
6. 집단원들을 보호 · 돌봄 · 격려 · 수용한다.
7. 집단원들에게 본보기 역할, 즉 모범을 보인다.
8. 집단원들의 말과 행동에 대해 치료적으로 적절한 반응을 보인다.
9. 집단의 상호작용을 관찰하여 집단과정을 해석하고 의미 있는 반응을 보인다.

글상자 4-1에 제시된 것처럼, 집단상담자는 집단과정에서 다양한 역할과 기능을 수행한다. 집단상담자가 솔직하게 자기를 개방한다면, 집단원들은 자신의 사적인 세계를 드러내는 행동의 의미와 가치를 경험하게 될 것이다. 집단상담자가 집단원들을 있는 그대로 수용해 주는 한편 자신의 가치관을 주입하려 하지 않는다면, 집단원은 자신이 다른 사람들과 다를 수 있고, 자기 자신이 될 권리와 '나의 나됨'의 의미를 배우게 될 것이다. 이처럼 집단에서 상담자가 직접 모범을 보이는 것은 집단원들에게 건설적인 방법으로 의미 있는 대인관계 형성방법을 알려 주는 효과적인 방법이다.

집단상담자가 집단을 신뢰하고 집단원들에게 변화 역량이 있다고 믿는다면, 집단원은 기꺼이 집단을 자신의 성장을 위한 발판으로 삼게 될 것이다. 집단상담자가 개방적이고 존중하는 태도로 집단원의 말에 귀 기울이고 집단원의 주관적인 경험을 존중하는 반응을 보인다면, 집단원들은 비로소 적극적 경청의 힘을 깨닫고 자신들도 이를 실행해 보려고 하게 될 것이다. 그렇지만 집단상담에 참여한다고 해서 누구나 긍정적인 경험을 하는 것은 아니다. 집단상담이 사람을 돕는 유용한 방법이지만, 때로는 기대와 다른 결과를 산출할 수도 있기 때문이다. 이러한 가능성의 원인에는 집단상담자의 자질이 포함된다. 성공적인 리더의 특성을 찾기도 어렵지만, 효과적인 리더십 관련 특성에 관한 합의점을 찾는 일은 훨씬 더 어렵다(Corey & Corey, 2017). 그렇다면 집단상담자가 갖추어야 할 자질은 무엇일까?

집단상담자의 자질 / 집단상담자는 어떤 자질을 갖추어야 하는가?

집단상담자의 인간 됨됨이는 집단의 성패에 영향을 미치는 요인으로 작용한다. 다른 사람들과 건강한 관계를 형성 · 유지하는 집단상담자의 능력은 집단과정 촉진에 영향을 준다. 집단상담자의 인간적 자질은 훌륭한 집단상담자가 되려는 동기와 노력 여하에 따라 길러질 수 있다(Kottler, 2015). 집단상담자가 갖추어야 할 자질은 ① 자기수용, ② 개방적 태도, ③ 타인의 복지에 대한 관심, ④ 유머 감각, ⑤ 자발적 모범, ⑥ 공감적 이해 능력, ⑦ 심리적 에너지, ⑧ 새로운 경험 추구, ⑨ 창의성으로 정리할 수 있다. 그러면 먼저 집단상담자의 자기수용에 관한 자질부터 살펴보자.

자기수용

집단상담자의 첫 번째 인간적 자질은 자기수용이다. 자기수용self-acceptance은 자기를 있는 그대로 받아들이며 인정하는 것이다. 자기를 수용하는 집단상담자는 자신의 강점뿐 아니라 약점도 자신의 일부로 인정하고 받아들인다. 또한, 자기수용을 통해 집단원들과 상호작용을 더 정확하게 이해하고, 자기 스스로 자신이 완벽하지 않은 존재라는 사실을 인정하고, 집단원들을 있는 그대로 수용함으로써 집단과정을 촉진한다. 자기수용을 위해서는 내면에 대한 깊은 성찰이 선행되어야 한다. 자기를 있는 그대로 수용하는 집단상담자는 사소한 실수에 낙심하지 않고, 때로 집단원들에게 자신의 약한 부분과 한계를 기꺼이 인정하기도 한다. 이러한 태도는 집단원들과 직접적이고 솔직한 관계를 형성하게 하여 집단원들이 느끼는 두려움이나 기대를 직접 표현할 수 있게 한다.

개방적 태도

집단상담자의 두 번째 인간적 자질은 개방적 태도다. 개방적 태도open-mindedness는 새로운 경험, 그리고 자신의 것과는 다른 유형의 삶과 그 가치를 기꺼이 수용하는 자세다. 필요한 경우, 집단상담자는 집단에서 자신의 경험을 드러내기도 한다. 그렇다고 해서 개인적인 삶의 모든 부분을 낱낱이 드러내지는 않는다. 집단상담자의 개방적 태도는 집단원의 감정과 신념을 솔직하게 개방하는 촉매 역할을 하여 집단과정에 활력을 불어넣는다. 집단상담자가 개방적 태도로 자신의 경험을 노출하는 경우의 예는 대화상자 4-1과 같다.

대화상자 4-1. 집단상담자의 자기개방

리 더: 다른 사람들의 시선이 주헌 씨에게 집중되고 있고, 주헌 씨의 관심사에 대해 다루게 된 것에 대해 불편한 느낌이 든다는 것 잘 알고 있어요. 저도 한때 주헌 씨와 비슷한 문제를 경험한 적이 있었거든요. 사실, 저도 열악한 가정환경에서 자라났고, 부모님이 자녀들에게 보여 주신 것은 자주 다투면서 우리 형제들에게 소리를 지르는 모습이었어요. 그때 저는 결심했죠. 아무도 믿지 않겠다고요. 그런데 그랬던 제게 변화가 생겼습니다. 대학에 다닐 때 우연히 참여한 집단상담에서 사람을 믿는 것에는 모험이 따르지만, 그저 가깝게 지내보자는 생각을 하게 되었죠. 주헌 씨에 대해서는 아직 잘 모르지만, 저는 제 자신에게만 의지하며 사는 것이 얼마나 외로운가를 잘 알고 있거든요.

대화상자 4-1에서, 집단상담자는 자신의 어린 시절 부모와의 관계를 공개하면서 집단원을 공감적으로 이해해 주고 있다. 이와 같은 집단상담자의 개방적 태도는 집단원들이 집단에서 자신의 약한 모습과 두려움을 노출해도 좋다는 인정의 표현으로 작용하게 되어 이들의 자기개방을 촉진한다. 게다가, 집단원의 문제는 책임있는 실천과 부단한 노력으로 극복될 수 있다는 사실을 직접 보여 주는 것이기도 하다. 개방적 태도를 지닌 집단상담자의 특징은 글상자 4-2와 같다.

글상자 4-2. 개방적 태도를 지닌 집단상담자의 특징

1. 쉽게 위협을 느끼지 않는다.
2. 쉽사리 정서적으로 불안정해지지 않는다.
3. 부정적 피드백에 과민한 반응을 보이지 않는다.
4. 집단원의 긍정적 피드백은 물론 교정적 피드백도 솔직하게 다룬다.

집단원들은 때로 집단상담자에게 리더십에 문제가 있다거나, 집단의 방향을 구체적으로 제시해 주지 않는다거나, 자신만을 따돌린다는 등의 불만을 제기하기도 한다. 이들의 불만 중에는 정당한 것도 있겠지만, 그중에는 시기와 질투, 권위에 대한 시험, 타인에 대한 감정 투사로서 부당한 것도 있다. 개방적 태도를 지닌 집단상담자는 방어적이기보다는 개방적인 자세로 그 원인과 자신의 감정을 탐색한다. 왜냐하면 집단원들의 피드백은 긍정적이든 부정적이든 간에 치료적으로 의미가 있다고 믿기 때문이다. 또한, 집단발달 과정에서 필연적으로 집단상담자의 권위에 도전하거나, 타인에 대한 감정을 집단상담자에게 투사하는 일이 발생할 수 있다는 사실을 잘 알고 있기 때문이다.

타인의 복지에 대한 관심

집단상담자의 세 번째 인간적 자질은 다른 사람의 복지에 깊은 관심이 있다는 것이다. 이는 주위 사람의 안녕과 행복한 삶을 영위할 수 있도록 배려하는 마음을 보살피는 행동으로 나타내는 것이다. 이는 또한 개인적 이익을 위해 집단을 이용

하지 않는다는 의미이기도 하다. 관심關心은 상대방에게 마음을 모으고 주의를 기울이는 것이다. 이는 상대방의 말에 귀 기울이고, 공감적 이해 행동으로 나타낼 수 있다. 친절, 동정, 지지 그리고 반박조차 관심의 표현일 수 있다. 관심을 표현하는 방법에는 받아들이기 힘든 피드백으로 인해 당혹스럽거나 마음 아파하는 집단원 곁에 심리적으로 함께 있어 주는 것이 포함된다. 집단에서 함께 하는 사람들이 자신에게 관심이 없다는 생각이 들면, 가면을 벗어버리고 싶은 마음이 줄게 된다.

이에 비해, 이해理解는 남의 사정을 잘 헤아려 너그러이 받아들이는 것이다. 이는 상대방의 감정과 가치를 표현할 수 있는 권리를 지지하는 행동으로 나타낼 수 있다. 관심과 이해는 집단원들에 대한 진정한 지지를 나타내는 것으로, 이를 통해 메시지(예, "당신의 생각과 감정을 잘 헤아릴 수 있으니 털어놓아도 됩니다. 다른 사람을 기쁘게 하려고 노력하지 않아도 됩니다. 마음 놓고 이야기하세요.")를 전달하게 된다. 관심과 이해는 흔히 다른 사람의 괴로움을 진정으로 이해하는 공감으로 이어진다. 관심과 이해가 치유요인으로 작용한 예는 글상자 4-3과 같다.

글상자 4-3. 관심과 이해가 치유요인으로 작용한 예

> 이혼가정 자녀들을 위한 집단상담에서 자민은 더 이상 엄마와 함께 살 수 없게 되어 너무 슬프다며 눈물을 흘렸다. 다른 아이들은 숨죽인 채, 자민의 말에 열심히 귀 기울였다. 자민이 말하다가 눈물을 흘려서 미안하다고 사과하자, 민수가 자기도 많이 슬퍼서 눈물이 났다고 했다. 이렇게 서로의 감정을 나눔으로써 집단원들은 자신들의 감정이 정상이라는 사실을 확인하는 한편, 더욱 친밀해졌다.

집단상담자의 주된 임무는 집단원이 집단경험을 통해 얻고자 하는 것을 얻도록 돕는 것이다. 돌봄 또는 배려는 집단원을 진심으로 존중·신뢰하고, 가치 있는 존재로 대하는 것이다. 집단원을 보살피는 방법에는 온정과 관심, 그리고 지지를 아끼지 않는 것뿐 아니라, 집단참여를 촉구하는 것도 포함된다. 그러나 어느 정도까지 참여할 것인가는 집단원 스스로 결정하게 한다. 집단원의 말과 행동이 일치하지 않는 경우, 집단원이 지나친 두려움과 심한 저항을 일으키지 않는 방식으로 조

심스럽게 직면시키는 일도 집단원의 안녕과 복지에 대한 집단상담자의 적극적인 관심의 표현이다.

유머 감각

집단상담자의 네 번째 인간적 자질은 유머 감각이다. 유머 감각sense of humor은 집단원들에게 치료적으로 의미 있는 웃음을 안겨 줄 수 있는 말 또는 행동을 할 수 있는 능력이다. 유머 감각은 기술, 기법, 또는 개입방법이라기보다는 개인적 특성이다. 유머 감각은 대인관계 형성과 유지에 중요한 요소다. 집단원들이 각자의 관심사에 몰입하다 보면 다양한 각도에서 조망해 볼 수 있는 여유를 갖지 못할 수 있다. 집단상담이 아무리 진지한 심리적 작업과정이라고 해도, 집단상담자의 유머 감각은 웃음을 통해 집단원의 문제를 새로운 각도에서 조망해 볼 수 있게 한다. 집단상담에서 유머는 글상자 4-4와 같은 효과가 있다.

글상자 4-4. 집단상담에서 유머의 치유 효과

1. 공유된 경험을 구축한다.
2. 창의성을 발휘할 수 있게 한다.
3. 큰 저항 없이 금지 또는 금기시되었던 주제를 다룰 수 있게 한다.
4. 마치 치유적 양념 같은 기능이 있어서 통찰을 촉진한다.
5. 긴장을 감소시키고 심리적 중압감에서 벗어나게 한다.

유머가 집단역동에 미치는 영향을 고려할 때, 유머 감각을 지닌 집단상담자는 유용한 자산을 소유하고 있다고 볼 수 있다. 시의적절한 유머는 강력한 치유 효과를 수반하기 때문이다. 단, 유머와 농담은 집단원을 희생양 또는 조롱거리로 만드는 데 사용되어서는 안 되고, 상대에 대한 존중과 배려, 돌봄이 전제되어야 한다.

자발적 모범

집단상담자의 다섯 번째 인간적 자질은 자발적으로 모범을 보이는 것이다. 자발적 모범이란 집단원들의 행동 변화를 위해 바람직한 행동의 모델 역할을 하는 것을 말한다. 즉, 집단상담자가 개방적 태도, 수용적 자세, 적극적 경청, 자기개방, 타인에 대한 존중과 배려, 즉각적인 긍정적 피드백 등을 몸소 실천함으로써 집단원들에게 대리학습[vicarious learning]의 기회를 제공하는 것이다. 이러한 모방학습의 기회는 집단과정을 촉진하는 강한 원동력이다. 그러므로 집단상담자는 필요한 경우, 명확한 지침을 통해 집단작업을 위한 기본적인 방법을 가르쳐야 한다. 적극적 경청기술을 설명해 주고 시범을 보임으로써, 집단원들이 집단경험을 통해 효과적인 의사소통 기술을 습득할 수 있도록 돕는 것이 그 예다. 만일 다른 집단원들의 말을 진지하게 경청하는 집단원의 모습이 관찰된다면, 집단상담자는 즉각 긍정적 피드백을 통해 행동을 강화해 준다. 또한, 치료적으로 유용한 탐색질문을 하거나, 관찰 내용을 토대로 구체적인 피드백을 제공한다. 이처럼 질문 또는 관찰을 통한 피드백의 예는 대화상자 4-2와 같다.

대화상자 4-2. 생산적 질문과 관찰을 통한 피드백의 예

- "동현 씨는 저의 어떤 행동을 가장 좋아하시나요?"
- "서영 씨를 집단에 참여시키려면 제가 집단상담자로서 어떻게 하면 될까요?"
- "저는 지난 회기에 승기 씨가 선아 씨에게 매력을 느끼지만, 선아 씨가 오해할까 봐 염려된다고 말했을 때처럼 승기 씨가 자신의 느낌을 솔직하게 표현할 때 훨씬 가까워지는 느낌이 들어요."

집단상담자가 나타내는 행동뿐 아니라, 나타내지 않은 행동 역시 집단원들에게 영향을 준다. 예를 들어, 지난 회기에 결석했다가 이번 회기에 지각한 집단원에 대해 집단상담자가 아무런 반응을 보이지 않는다면, 이러한 행동은 집단규범에 영향을 줄 수 있다. 즉, 집단 회기에 결석 또는 지각하는 사람을 환영해서는 안 된다는 암묵적 규범이 형성될 수 있다. 이러한 규범은 서로 배려하지 않는 집단분위기 조성의 원인이 될 수 있다. 집단규범은 흔히 집단초기에 형성되고, 일단 형성되면 변경되기 어렵다는 특징이 있다. 이러한 점에서 집단상담자는 대화상자 4-3과

같이 모범을 보임으로써 규범 형성을 주도해 나가야 한다.

대화상자 4-3. 집단상담자의 자발적 모범의 예

리 더: 수아 씨! 희애 씨가 어려서 아버지를 여의게 되면서 어려워진 가정 형편에도 불구하고 학교공부에 몰입했다는 이야기를 열심히 경청하는 모습을 보니 참 기뻐요. 자녀와의 효과적인 의사소통으로 관계를 개선해 보려는 수아 씨로서는 집단의 참여목표에 성큼 다가섰다는 생각이 들어요.

대화상자 4-3에서, 집단상담자는 집단원들의 말과 행동을 관심 있게 경청하고 지켜보고 있다는 점을 전달하고 있다. 동시에, 이는 간접적으로 집단원들에게 경청하는 법과 다른 사람들을 돕는 방법에 대해 시범을 보이는 효과가 있다. 반면, 집단상담자는 때로 대화상자 4-4와 같이 타성에 젖은 의미 없는 말을 전하기도 한다.

대화상자 4-4. 집단상담자의 비생산적인 메시지의 예

리 더: 변화를 위해서는 편안하고 안정된 삶에 안주해서는 안 됩니다. 건설적인 모험을 할수록 자신의 미지의 세계를 탐색할 수 있고, 잠재력을 계발할 수 있게 될 겁니다. 새로운 행동을 시도하고 대안적인 역할을 실험해 볼수록 변화를 체험하게 되고, 지속적인 인간적 성장과 발전을 이루게 될 것입니다."

대화상자 4-4에 제시된 집단상담자의 진술은 의미 있는 말처럼 들릴 수 있지만, 직접 모범을 보이지 않는다면 이는 공허한 도덕적 계율을 읊조리는 것이 될 수 있다. 이러한 점을 고려할 때, 집단상담자는 집단원들에 대해 걸어 다니는 모델walking model이다. 즉, '내가 시키는 대로 하세요.'가 아니라 '내가 하는 대로 해 보세요.'라는 의미를 내포한 대상이다.

공감적 이해 능력

집단상담자의 여섯 번째 인간적 자질은 공감적 이해 능력이다. 공감empathy이란 감

정의 공유, 즉 상대방의 감정을 함께 경험하고 나누는 것을 말한다. 이는 각기 독특한 자질과 관점을 지닌 집단원의 주관적 경험세계에 동참하여 집단원의 참조틀frame of reference에 기반을 둔 감정을 함께 느끼고자 노력하는 것이다. 공감적 이해empathic understanding는 집단원의 감정을 함께 느끼고, 이해한 것을 말과 행동으로 나타내는 것이다. 이는 또한 집단원의 감정을 스스로 경험해 볼 수 있도록 집단상담자 자신을 허용하는 것이다.

공감적 이해 능력은 정서적 교감의 필수요소이자, 집단상담자의 중요한 자질이다. 또한, 집단원들에 대해 민감하고 정확하게 이해한 것을 바탕으로 이들과 교류할 수 있는 능력이다. 공감적 이해 능력이 있는 집단상담자는 집단원의 감정과 욕구를 인식 · 전달할 수 있다. 게다가, 집단의 목표 달성을 위한 방향으로 집단원들이 자연스럽게 나아갈 수 있도록 도울 수 있다. 아무리 전문적인 교육과 훈련을 받은 집단상담자라고 하더라도, 집단원들의 세세한 감정, 행동 또는 경험 모두에 대해 공감해 주지 못할 수 있다. 그러나 중요한 것은 이해하려는 의도를 갖는 것이며, 이러한 의도를 전달하는 일이다. 공감은 자신의 반응에 주의를 기울이면서 잠시 상대방의 감정 세계에 머무르다가 자기 세계로 되돌아온다는 점에서 동조, 동정sympathy 또는 동일시identification와 구별된다. 자기개방과 마찬가지로, 집단상담자는 집단원의 모든 감정에 대해 공감적 이해를 나타낼 필요는 없다. 집단상담자는 집단원의 주관적 경험에 동참은 하되, 동조, 동정, 또는 동일시할 필요는 없다.

심리적 에너지

집단상담자의 일곱 번째 인간적 자질은 높은 수준의 심리적 에너지다. 심리적 에너지psychological energy란 집단원들을 이해해 주고 이들의 욕구를 충족시키기 위해 활용되는 역동적인 자원을 말한다. 이러한 자원은 집단 효과에 대한 신뢰에 바탕을 두고 있으며, 전문가로서의 카리스마charisma로 이어지기도 한다. 활력 넘치는 집단상담자의 열정과 확신은 집단원들을 매료시키는 한편, 상담과정을 촉진하는 동력으로 작용한다. 심리적 에너지가 충만한 집단상담자는 자신을 솔직하게 표현하고, 실행 중심적인 행동을 통해 생동감 넘치는 리더십을 발휘한다(Gladding, 2016). 이러한 집단상담자는 자신의 약점을 기꺼이 인정함으로써 약점을 숨기는 데 에너지를 낭비하지 않는다. 반면, 심리적 에너지가 부족한 상담자는 자신의 취약점이 드러날까 봐 두려워하며 자기방어에 에너지를 소모한 나머지, 더 많은 에너지가 필요하게 되는 악순환을 되풀이한다(Chen & Rybak, 2018).

집단상담은 흥미로우면서도 심리적·신체적 에너지가 필요한 과정이다. 이러한 점에서 집단상담자는 자신의 몸과 마음의 에너지 수준을 수시로 확인해야 한다. 일반적으로 예기치 않게 집단원의 저항에 부딪치거나, 중도에 포기하는 집단원 또는 집단 효과에 이의를 제기하는 집단원들로 인해 집단상담자의 심리적 에너지가 급격히 소모되곤 한다. 이런 일이 반복되어 에너지 수준이 낮아지면, 집단상담자는 집단 밖의 자원에서 심리적 영양 공급을 받아야 한다. 심리적 영양 공급을 게을리하는 경우, 집단상담자는 자칫 자신이 기대한 집단과 실제 집단 간의 불일치로 열정을 상실하거나, 자신을 포함하여 집단원들을 탓하게 되기 쉽다. 더욱이, 집단의 성공에만 전력을 다하거나, 집단의 성과에 대해 비현실적으로 높은 기대를 하거나, 극적 변화를 갈망하는 집단상담자는 오히려 심리적 영양실조로 집단에 대한 실망과 비관적인 태도로 이어지기 쉽다.

집단원들은 종종 집단상담자를 완벽한 존재로 인식하기도 한다. 즉, 집단상담자는 전능한 힘이 있어서 자신들의 문제를 해결해 줄 수 있을 뿐 아니라, 그들이 갖추기를 원하는 자질과 능력을 모두 갖추고 있을 것으로 여기기도 한다. 그러면서 자신의 힘을 과소평가하고, 통찰력이나 변화에 대한 공功을 집단상담자에게 돌리기도 한다. 집단상담자가 이런 것에 현혹되면 자칫 자기 함정에 빠지는 잘못을 범할 수 있다. 심리적 에너지가 충만한 집단상담자는 집단원이 스스로 통찰력이 있어서, 변화된 부분을 집단원이 노력한 결과로 돌려줌으로써 지속적인 변화에의 동기를 부여하는 동시에, 일상생활에도 적용해 볼 힘을 북돋아 주는 특징이 있다.

새로운 경험 추구

집단상담자의 여덟 번째 인간적 자질은 새로운 경험을 추구하는 것이다. 집단상담자의 인격은 종종 다양한 생활경험의 영향을 받는다. 넓고 깊은 경험은 각기 다른 삶의 경험과 다양한 가치관을 가진 집단원들을 이해하는 데 도움을 준다. 새로운 경험을 추구하는 집단상담자는 자기와 다른 세계 또는 문화적 배경에서 온 집단원들의 문화에 대해 기꺼이 배우고자 한다. 집단원들 간의 차이를 존중하고 그들에게서 배우고자 하는 집단상담자는 집단원들로부터 신뢰를 얻게 된다. 반면, 특정 지역 또는 문화에 대해 편견, 선입관, 또는 정형화된 사고를 지닌 집단상담자는 다양한 문화적 배경에 대한 이해가 부족한 나머지 자신의 가치관 및/또는 세계관을 집단원들에게 강요하거나 주입하려는 잘못을 범하기도 한다(Debiak, 2007).

그러므로 집단상담자는 자신의 삶의 문제를 인식하고, 다양한 관점에서 조망해 볼 필요가 있다. 고독, 기쁨, 고뇌, 불확실성 같은 실존문제를 겪어 보지 않은 집단상담자가 집단원의 고통을 어떻게 이해할 수 있겠는가? 타인이 겪은 것을 모두 경험하지는 못할지라도, 최소한 집단상담자는 자신이 경험한 사건에 대한 감정을 확인해야 한다. 아무리 경험이 많은 집단상담자라 하더라도 집단원의 문제를 똑같이 경험할 것으로 기대하는 것은 비현실적이다. 그러나 인간의 감정은 어느 정도 보편적인 특징이 있다. 비록 원인은 다를지라도 사람은 비슷한 사건에 대해 공통적인 느낌을 경험하게 된다(DeLucia-Waack et al., 2014).

그러면 어떻게 하면 집단원들의 삶에 공감적으로 접근할 수 있을까? 여러 방법이 있겠지만, 이 중 하나는 다양한 삶에서 겪는 경험에 대해 개방적인 태도를 취하는 것이다. 새로운 경험에 개방적이고 이를 추구하는 집단상담자는 상담 업무 외에도 다양한 부류의 사람들과 교제하며, 대화를 나누며, 스포츠와 문화생활을 즐긴다. 생활경험의 범위가 넓을수록 다양한 사람들을 접하게 되고, 그만큼 사람들을 폭넓게 이해할 수 있기 때문이다. 이러한 경험은 각기 다양한 상황에 놓여 있는 집단원의 입장을 이해하는 데 도움이 될 것이다(Corey & Corey, 2017).

창의성

끝으로, 집단상담자의 인간적 자질에는 창의성이 포함된다. 창의성creativity이란 종래의 집단운영 방식을 매번 답습하기보다는 새로운 것을 창안하여 집단상담에 적용할 수 있는 능력을 말한다. 창의성은 순간순간 독창적일 수 있는 능력이다. 창의적인 집단상담자는 끊임없이 기법과 활동, 작업방식에 변화를 추구한다. 변화를 추구하는 집단상담자가 이끄는 집단은 진부하거나 지루하지 않고 생동감이 넘친다. 유머가 풍부한 집단상담자와 함께 집단을 이끌거나 때로 집단에서 약간의 거리를 유지하는 것은 창의적인 관점을 갖는 데 도움이 된다. 창의성에는 단서를 토대로 집단원의 문제를 탐색할 방법을 찾아내는 능력도 포함된다. 물론 집단원의 문제 탐색은 이론적 접근을 토대로 이루어져야 한다. 에릭슨Erik Erikson의 심리사회발달이론을 토대로 집단원들이 아동기 때 경험했던 초기 기억을 되살리는 데 도움이 되는 기법을 고안·활용하는 것이 한 예다. 이처럼 집단상담자는 상담 및 심리치료 관련 이론들을 토대로 다양한 창의적 기법과 활동 및 작업 전략들을 창출해 낼 수 있다.

이 외에도, 코틀러(Kottler, 2015)는 유능한 집단상담자의 인간적 자질로 ① 신뢰성, ② 카리스마, ③ 유연성, ④ 열정, ⑤ 자기수용, ⑥ 유머 감각, ⑦ 솔직성, ⑧ 현실감각을 들고 있다. 추가로, 유능한 집단상담자의 인간적 자질은 친화력, 개방성, 따스한 배려, 돌봄, 객관성, 진실성, 힘, 인내심, 자기 인지self-cognition 등이 있다. 또한, 유능한 집단상담자는 사람을 좋아하고 리더십이 있어서 다른 사람들과 편안하고 원만한 관계를 유지하는 특성을 빼놓을 수 없다. 그렇다면 상담자의 인간적 자질과 전문적 능력은 타고나는 것인가? 그렇지 않다. 타고난 상담자는 없고, 다만 길러질 뿐이다(Rogers, 1961). 그러면 집단상담자는 어떻게 길러지는가?

집단상담자 교육과 훈련

집단상담자가 되기 위해서는 개인상담과 마찬가지로 전문적인 교육과 훈련이 필요하다. 성인여아동류聖人與我同類! '누구나 노력하면 성인이 될 수 있다.'는 뜻의 맹자孟子의 말이다. 노련하고 유능한 집단상담자가 되기 위해서는 일정한 교육과 훈련이 필수적으로 요구된다(Brown, 2010). 전문적 교육과 수련에 필요한 핵심요소로는 ① 교수학습, ② 경험학습, ③ 관찰연습, ④ 수퍼비전을 들 수 있다. 그러면 먼저, 교수학습부터 살펴보자.

교수학습

첫째, 교수학습instructional learning은 집단상담에 관한 이론 강의와 집단연습을 중심으로 이루어지는 과정이다. 이 과정을 통해 예비 집단상담자는 집단과 집단상담에 관한 기본 지식을 습득하고, 구조화 · 비구조화 활동을 통해 자기이해를 꾀하며, 집단운영에 대한 기초를 익힌다. 집단상담자 교육은 주로 강의실이나 실습실에서 이루어진다. 집단상담자 교수학습은 글상자 4-5에 제시한 네 가지 요소로 구성된다(Wastell, 1997).

글상자 4-5. 예비 집단상담자를 위한 교육의 네 가지 기본 요소

1. 집단운영 방식을 이론적으로 다룬다.
2. 다양한 상황과 개입에 대한 이해와 통찰을 도모한다.
3. 이론과 과학적인 연구 결과를 토대로 학습자의 경험을 분석하여 이해를 돕는다.
4. 추후학습에 필요한 자원 확대를 돕는다.

경험학습

둘째, 집단상담은 직접적인 경험이 강조된다. 집단상담자 교육과 훈련 역시 경험학습experiential learning이 중시된다(Leva et al., 2009). 따라서 예비 집단상담자에게는

집단참여를 통해 집단의 힘과 효용성에 대한 직접적인 경험학습이 요구된다. 집단리더십은 지식만으로 습득되지 않는다. 집단상담에 관한 지식이 차고 넘친다 하더라도, 집단상담에 참여한 적이 없거나 운영한 적이 없어 집단의 실제에 적용할 수 없다면 그 많은 지식은 무용지물이 될 것이다. 상담이 응용학문의 영역에 속하고 실천지향적이 성격이 있음을 고려할 때, 집단상담은 자동차 운전에 비유할 수 있다. 자동차 운전과 마찬가지로, 집단상담 역시 이론적인 지식만으로 충분하지 않다. 이는 자동차 운전에 관한 지식이 아무리 많더라도 직접 운전을 해 본 적이 없다면 자동차 운전을 할 수 없는 이치와 같다. 또한, 집단에서 집단기술을 적용할 수 없다면 집단상담에 관한 지식을 갖추고 있는 것의 의미는 이내 퇴색되어 버릴 것이다. 이러한 점에서 예비 집단상담자로서 집단참여 경험을 해 보는 것의 중요성은 아무리 강조해도 지나침이 없다.

집단상담 교육자로서 한 번쯤 갈등하는 문제가 있다. 즉, 어떻게 하면 학생들에게 실제적인 집단경험 기회를 제공할 것인가, 그러면서도 학생들의 안전과 권리를 보장하는 선 사이에 균형을 어떻게 유지할 것인가에 관한 문제다. 상담전공 학생들이 겪을 수 있는 사안이라면, 이는 집단상담 시간에 자신을 얼마나 드러낼 것인가에 관한 것이다. 이는 물론 실제 치료를 위한 집단상황이 아니므로 대부분의 학생들은 비교적 안전한 수준의 자기개방을 하지만, 때로 깊은 수준의 자기개방을 하기도 한다. 이러한 상황을 고려할 때, 집단상담 교육자는 예비 집단상담자에게 집단상담 연습에 앞서 각자 자기개방 수준을 정하도록 안내할 필요가 있다(Luke & Kiweewa, 2010; Shumaker et al., 2011). 이러한 취지에서 집단상담 교육자는 학생들에게 집단참여에는 모험이 따를 수 있다는 사실과 잠재적 피해로부터 보호하기 위한 지침을 설명해 줄 필요가 있다(ASGW, 2008). 예비 집단상담자는 집단연습에서 자기개방 수준과 심리적 안전지대에서 얼마나 벗어나 보는 모험을 해 볼 것인지를 결정해야 할 것이다.

관찰연습

셋째, 집단상담 관련 지식을 습득하고 실제 집단에 참여한 경험과 함께 관찰연습은 집단상담을 실제로 운영하기 위한 기초 기술이다. 이를 ① 관찰연습 방법, ② 집단관찰 지침, ③ 집단관찰 대상, ④ 집단과정 관찰로 나누어 살펴보면 다음과 같다.

관찰연습 방법. 관찰연습은 일반적으로 ① 실습 조에 대한 직접 관찰, ② 일방경one-way mirror을 통한 관찰, ③ 집단상담 동영상 시청을 통해 이루어진다.

첫째, 실습 조에 대한 직접 관찰은 집단상담 실습 조와 관찰 조로 나누어 실습 조의 집단연습 장면을 관찰 조가 관찰하는 방식이다. 실습 조와 관찰 조 역할은 서로 번갈아 가면서 한다. 이 방법은 집단상담 강의시간에 손쉽게 활용할 수 있다는 장점이 있다. 또한, 집단연습을 마치자마자 관찰 결과를 소개하고, 피드백과 의견을 교환할 수 있으며, 이를 토대로 재차 집단연습에 임할 수 있다는 이점이 있다.

둘째, 일방경을 통한 관찰은 실제로 진행되고 있는 집단의 장면을 직접 관찰할 수 있다는 점에서 매우 실질적이다. 이 방법은 수퍼바이저가 집단상담자에게 이어폰을 통해 집단운영에 관한 지시 또는 제안할 수 있고, 집단역동에 변화를 주게 되는 장면을 직접 확인할 수 있다는 이점이 있다.

셋째, 집단상담 동영상을 통한 관찰은 숙련된 집단상담자의 집단장면을 담은 동영상을 경험이 많은 집단상담자와 함께 시청하면서 집단의 과정과 내용에 대해 논의하는 방법이다. 이 방법은 다양한 집단상담자들의 집단운영 방식을 관찰함으로써 그들의 효과적인 전략과 세련된 기술을 보고 배울 수 있다는 이점이 있다. 시청각 자료를 통한 관찰연습은 일방경을 통한 관찰연습에 비해 집단장면을 직접 관찰할 수 없다는 단점이 있지만, 필요할 때마다 반복해서 관찰할 수 있다는 장점이 있다.

집단관찰 지침. 예비 집단상담자는 상담집단에서 기록자나 관찰자로 참여함으로써 집단상담자로서 갖춰야 할 관찰 능력은 물론, 집단운영 능력을 발전시킬 수 있다. 집단관찰을 위한 지침은 글상자 4-6과 같다.

글상자 4-6. 집단관찰을 위한 지침

1. 집단원들의 모습이 잘 보이는 곳에 앉는다.
2. 다른 관찰 조원들과 거리를 두고 앉는다.
3. 가급적 많은 과정적 요인들을 주의 깊게 살핀다.
4. 기억을 되살리는 데 도움이 될 만한 내용 또는 시간을 메모한다.
5. 전반적인 내용보다는 구체적인 관찰 내용을 기록한다.
6. 사적인 내용에는 관여하지 않고, 논의는 피한다.
7. 요구가 있는 경우에만 관찰한 것을 보고한다.
8. '어떻게 했어야 하는데' 식의 추론보다는 관찰한 내용을 구체적으로 기술한다.
9. 추론(관찰 내용의 잠정적 해석)이 요구되는 경우, 이를 뒷받침할 구체적인 자료를 제시한다.
10. 집단원이 관찰한 내용에 동의하지 않는 경우, 개인에 따라 다르게 지각할 수 있음을 인정한다.
11. 진단적 논의는 하지 않는다.

집단관찰 대상. 그러면 집단상담에서 무엇을 관찰해야 하는가? 일반적으로, 집단작업에 유용한 집단관찰의 주요 대상은 글상자 4-7과 같다.

글상자 4-7. 집단작업에 유용한 집단관찰 대상

1. 집단참여에 대한 무관심 또는 철수 신호
2. 비언어적 신호(예, 표정, 시선, 자세 등)의 의미 있는 변화
3. 주제 또는 업무에서 다른 주제 또는 업무로 넘어가는 방식
4. 정서 분위기
5. 집단원들의 참여와 균형성
6. 적극적/소극적 경청 행동
7. 집단원 상호 간의 지지와 격려
8. 침묵의 처리방식
9. 집단의 결정에 대한 타당성
10. 특정 집단원에게만 말하거나 귀 기울이는 경향성(의사소통 네트워크 유형)
11. 집단상담자가 자신의 역할수행을 위해 노력하는 모습
12. 모험시도 또는 신뢰를 나타내는 신호

집단관찰 연습 시 기억할 점은 관찰자가 집단원의 어떤 어려움이나 문제의 원인에 대해서는 일체 언급하지 말아야 한다는 것이다. 또한, '이렇게 했어야 하는데' 같은 방식으로 규정짓는 말은 삼가야 한다.

집단과정 관찰. 집단과정을 관찰하는 경우에는 플로차트flow chart를 이용하여 시각적으로 표시할 수 있다. 플로차트를 이용한 집단과정 관찰 시 고려 사항은 글상자 4-8과 같다.

글상자 4-8. 집단과정 관찰 시 고려 사항

1. 누가 누구에게 주로 말하는 경향이 있는가?
2. 누가 누구에게는 말하지 않는 경향이 있는가?
3. 집단원들은 균형 있게 참여하고 있는가?
4. 전체 집단에게 말하는 경향이 있는 집단원은 누구인가?
5. 소집단이 전체 집단에 기여한 횟수 또는 비율은 어떠한가?
6. 집단원들은 어떻게 상호작용하고 있는가?

그림 4-1은 집단과정 관찰 시에 활용할 수 있는 집단원 관찰용지의 예를 제시한 것이다.

From	To									
	새하	시은	승희	찬주	준상	정수	수아	리더	전체	계
새하 / 여	–	//	//	//	/	//	//	//	//	15
시은 / 여	//	–	///	0	0	0	0	/	/	7
승희 / 여	///	///	–	//	/	//	//	////	////	21
찬주 / 여	////	0	////	–	0	//	0	////	////	18
준상 / 남	0	0	/	0	–	///	0	//	/	7
정수 / 남	0	0	/	0	///	–	0	/	/	6
수아 / 여	/	0	/	0	0	0	–	/	/	4
리더 / 여	//	///	////	//	//	//	//	–	////	21
계	12	8	16	6	7	11	6	15	18	99

그림 4-1. 집단원 관찰용지의 예

그림 4-1에서 이 집단은 한 명의 집단상담자와 총 7명의 집단원들로 구성되어 있다. 먼저, 집단원들의 진술 횟수를 단순 비교해 보면, 새하 15, 시은 7, 승희 21, 찬주 18, 준상 7, 정수 6, 수아 4 그리고 리더 21회로 총 99회의 진술이 있었다. 이 자료를 통해 알 수 있는 점은 다음과 같다. 새하라는 집단원은 다른 모든 집단원들에게 고르게 반응하고 있다. 이에 비해 시은은 전반적으로 참여율이 그리 높지 않은 편이면서 그나마 일부 집단원, 즉 새하와 승희에게 각각 2회와 3회 진술했다. 시은과는 대조적으로, 승희와 찬주는 상대적으로 높은 참여율(각각 21%, 18%)을 보이고 있다. 특히, 승희는 반응횟수가 집단상담자와 동일한 양상을 보이고 있다. 그러나 이 두 집단원은 반응 대상자의 범위에서 차이가 나고 있다. 승희는 비교적 모든 집단원들에게 골고루 반응하는 편인 데 비해, 찬주는 리더를 포함한 일부 집단원들(새하, 승희, 정수)에게만 편중되는 경향이 보인다.

이 자료만을 토대로 분석을 한다면, 이 두 집단원이 집단 내 대화를 주도하고 있는 것으로 짐작할 수 있다. 그러나 이러한 가정을 검증하기 위해서는 좀 더 입체적인 관찰과 분석이 요구된다. 여기서 특별히 관심을 가질 만한 점이 있다면, 이 집단에서 2명뿐인 남성 집단원들(준상, 점수)의 반응 방식이다. 이 두 사람은 상대적으로 말이 없는 상태일 뿐 아니라 그나마도 남성들끼리만 반응을 주고받은 것으로 보인다.

끝으로, 수아는 거의 말을 하지 않은 것으로 나타나 집단에 매우 소극적으로 참여하고 있는 것으로 보인다. 다른 한편으로, 반응 대상의 관점에 보면, 집단원들 대부분이 자신의 진술 횟수에 걸맞은 정도로 반응의 대상이 되었다. 그러나 찬주라의 경우에는 진술 횟수보다 훨씬 적은 정도로 다른 사람들의 반응 대상이 되었다. 반면, 정수는 자신이 반응을 보인 횟수보다 다른 사람들의 반응 대상이 된 횟수가 눈에 띄게 많았다. 그림 4-2는 집단원 행동의 질적인 측면, 즉 상호작용 과정 분석을 위한 행동관찰 양식의 예다.

상호작용 행동	집단원							계
	새하	시은	승희	찬주	준상	정수	수아	
우호적 태도	/	0	///	//	/	0	0	7
공감적 이해	/	0	///	0	0	0	0	4
지지	/	0	///	0	/	0	0	5
조언 요구	0	//	0	0	0	///	//	7
도움 · 조언 제공	/	0	///	////	///	0	0	11
질문 · 정보 요구	//	//	////	////	0	///	/	16
정보 제공	//	0	//	////	0	0	0	8
의견 제시	//	0	////	//	/	0	0	9
피드백 제공	//	/	/	0	0	0	0	4
기타	0	/	/	0	/	0	/	4
계	12	6	24	16	7	6	4	75

그림 4-2. 집단원 상호작용 과정 분석을 위한 행동관찰 양식의 예

그림 4-1의 분석내용을 기초로 그림 4-2의 집단원 상호작용 과정분석 결과를 살펴보면 다음과 같다. 우선, 새하는 조언 요구를 제외하고 우호적 태도에서부터 피드백 제공에 이르기까지 상당히 균형 있는 상호작용 행동을 나타내고 있다. 이에 비해 시은은 그리 많지 않은 진술들은 대체로 조언 요구(2회), 질문 · 정보 요구(2회) 그리고 피드백 제공(1회)에 관한 것이었다. 한편, 가장 많은 진술 횟수를 보였던 승희와 찬주의 상호작용 행동에 대한 분석결과는 뚜렷한 차이를 보이고 있다. 승희는 거의 집단상담자의 역할에 버금갈 정도로 상호작용 행동목록상의 전반적인 행동들을 수행하고 있다. 반면, 찬주는 총 반응 수는 승희와 비슷하나, 상호작용 행동의 질적 측면에서는 2회의 우호적 행동을 보였을 뿐, 행동의 대부분은 도움 · 조언 제공(4회), 질문 · 정보 요구(4회), 정보 제공(4회), 의견 제시(2회)에 집중되고 있다. 이 집단의 두 남성 집단원들의 경우, 준상은 도움 · 조언 제공(3회)을 비롯하여 우호적 태도, 지지, 의견 제시 그리고 기타 행동을 각각 한 차례씩 보인 것으로 나타난다. 반면, 정수는 총 6회의 반응이 각각 3회의 조언 요구와 질문 ·

정보 요구 행동을 보이고 있다. 끝으로, 가장 참여가 적은 수아는 조언 요구 2회, 질문 · 정보 요구 1회 그리고 기타 행동 1회를 나타낸 것으로 분석된다.

수퍼비전

끝으로, 집단상담자 교육과 훈련에는 수퍼비전supervision을 받는 것이다. 수퍼비전은 주로 집단상담에 관한 전문지식과 임상 경험이 풍부한 집단상담 전문가에게 받는다. 수퍼비전을 받게 되는 집단상담자는 집단 회기를 녹음 또는 녹화하여 수퍼바이저supervisor에게 집단운영을 위한 기술, 기법, 전략 등에 관해 지도를 받는다. 수퍼바이저의 피드백을 통해, 예비 집단상담자는 임상가로서 자신의 모습과 특성을 파악할 수 있는 한편, 집단을 이끌어 나가는 기술 · 기법 · 전략을 다듬고 발전시킬 수 있게 된다(강진령, 2010; DeLucia-Waack & Fauth, 2004; Fernando & Herlihy, 2010).

그뿐 아니라, 집단상담자의 역전이 또는 특정 집단원에게 느끼는 감정을 탐색하거나 다룰 수 있다. 역전이는 매우 민감하고 복잡한 사안으로, 특히 초심 집단상담자에게는 심각한 쟁점이 될 수 있다. 다른 집단원들과 마찬가지로, 집단상담자 역시 미결감정, 개인적 취약성, 무의식적 갈등이 있을 수 있고, 이러한 요소들이 집단작업에 영향을 미칠 수 있으므로 집단상담자의 역전이 반응은 피할 수 없는 현상이다(Curtis & Hirsch, 2011; Hayes et al., 2011; Wolitkzy, 2011). 예를 들면, 남성 집단원에게서 권위적이고 엄격하기만 했던 자신의 아버지 모습을 발견하고는 강한 반감과 함께 비논리적으로 반응하는 집단상담자가 있는가 하면, 여성 집단원에게서 자신의 전 부인의 모습을 발견하고는 비치료적인 방식으로 반응하는 집단상담자가 있을 수 있다. 그렇지만 객관적이면서도 솔직한 태도로 자신의 역전이를 직시하려는 집단상담자는 자각을 앞당길 수 있다. 따라서 집단상담자는 수퍼비전을 통해 집단원들의 전이와 자신의 역전이 반응을 효과적으로 다룰 방법을 습득해야 할 것이다. 집단상담자가 미처 인식하지 못하는 역전이는 집단원들의 방어적 행동과 전이 그리고 변화를 돕는 과정에서 드러나는 자신의 오래된 상처를 해소할 수 있는 능력을 저해할 수 있기 때문이다.

수퍼바이저의 교육지도 외에도 집단상담과 관련된 다양한 워크숍workshop 참가는 예비 집단상담자가 집단운영 능력을 발전시켜 나가는 데 도움이 된다. 덧붙여서, 강의실과 상담실 안팎의 다양한 집단실습 기회를 적극 활용하거나, 집단상담에 관한 전문서적, 사례 연구집, 학술지, 학술논문 등은 새로운 집단상담 기술 · 기법 · 전략을 스스로 터득할 수 있는 중요한 통로이기도 하다. 게다가 집단상담과 치료에 관한 다양한 교육이나 학술 세미나에 참가하는 것 역시 유능한 집단상담자로 거듭나기 위한 탁월한 선택이다. 이 외에도, 집단상담자의 전문성 신장을 위해서는 다음과 같은 조건이 요구된다.

집단상담자의 전문성 / 집단상담자의 전문성은 어떻게 길러지는가?

집단상담자는 전문적인 교육과 훈련을 성공적으로 이수한 정신건강 전문가다. 집단상담 전문가가 되기 위해서는 ① 개인상담 경험, ② 집단상담 경험, ③ 집단계획 및 조직 능력, ④ 상담/심리치료 이론에 관한 지식, ⑤ 인간에 관한 폭넓은 식견 등이 요구된다. 그러면 먼저, 집단상담자로서 임상 경험의 가장 기본이 되는 개인상담 경험에 대해서 살펴보자.

개인상담 경험

예비 집단상담자가 전문성을 갖추기 위한 첫 번째 요건은 개인상담을 직접 체험해 보는 것이다. 개인상담 경험은 다음 두 가지로 나뉜다. 하나는 내담자로서 개인상담을 받아 보는 것이고, 다른 하나는 상담자로서 실제 내담자를 상담해 보는 것이다. 개인상담 경험은 상담자로서보다 내담자로서의 경험이 선행되어야 한다.

내담자로서의 경험. 집단상담자가 되려면, 내담자로서의 경험이 요구된다.

왜냐하면 개인상담을 통해 자기 이해, 즉 상담자가 되고자 하는 동기를 탐색하며, 내담자로서 상담의 필요성과 그 효과를 몸소 체험해 볼 수 있기 때문이다. 그뿐 아니라, 장차 집단상담자로서의 역할과 기능에 걸림돌이 될 수 있는 개인적인 문제를 탐색·해소하고, 집단과정에서 역전이 발생 가능성을 낮춤으로써 중립적 입장에서 집단작업의 효과성을 높일 수 있기 때문이다. 이를 통해 예비 집단상담자는 장차 자신의 상담 서비스 수혜자들에게 영향을 줄 수 있는 사항에 대한 통찰(글상자 4-9 참조)을 얻을 수 있다.

글상자 4-9. 예비 집단상담자가 개인상담의 내담자 경험을 통해 확인 가능한 내용

1. 집단원 이해에 걸림돌이 되는 선입관
2. 집단원에 대해 왜곡된 인식을 초래할 수 있는 미결사안unfinished issues
3. 집단원들에게 잘못 주입할 수 있는 삶의 철학, 인생관, 가치관
4. 미처 확인되지 않은 잠재된 욕구
5. 집단과정을 촉진 또는 저해할 수 있는 욕구 또는 갈등
6. 개인적 또는 집단상담자로서의 강점(용기, 노력, 성실, 정직, 보살핌 같은 성격적 특성)

상담자로서의 경험. 집단상담자로서의 전문성을 갖추기 위해서는 개인상담을 받아 보는 것 외에도 개인상담을 직접 실시해 보는 경험이 요구된다. 이 경험은 도움이 필요한 낯선 사람과 치료적 대화를 나누는 일에 대해 자신감을 심어 준다. 이러한 자신감은 집단원들과의 치료적 의사소통과 대인관계 형성·유지 기술로 전이되어 집단작업의 촉매가 된다. 집단상담자로서 거듭나기 위해서는 의미 있는 변화가 수반되어야 한다. 그러나 때로 연이은 시행착오로 인해 자신의 능력에 대한 실망과 혼란으로 좌절감에 압도되기도 한다. 그런가 하면, 본래의 자기상self-image과 상담자로서의 역할 사이의 괴리감으로 번민에 빠지기도 한다. 그러나 이러한 경험은 집단상담자의 성장과정에서 누구나 겪는 것이며, 또한 반드시 거쳐야 하는 과정이다(Baker, 2003; Kottler, 2015). 그러므로 예비 집단상담자는 이러한 과정을 집단상담 전문가가 되기 위한 일종의 성장통쯤으로 여겨도 좋을 것이다.

집단상담 경험

예비 집단상담자가 전문성을 갖추기 위한 두 번째 요건은 집단원으로 집단상담에 참여해 보는 것이다. 집단기술을 체득하려면 연습과 경험이 필요하다. 집단상담자 훈련과정의 일부로 집단참여를 권장하는 데는 다음 두 가지 이유가 있다.

첫째, 집단에 참여해 보는 것은 그 자체만으로도 중요한 경험이 될 수 있다. 집단참여 경험은 개인상담과는 다른 집단역동과 과정의 힘을 느껴 볼 수 있을 뿐 아니라, 집단원의 입장에서 집단상담자와 집단에 대해 조망해 볼 기회가 된다. 또한, 집단원의 입장에서 집단상담자의 집단운영 방법에 대한 관찰을 통해 리더십 증진을 위한 대리학습의 기회로도 삼을 수 있다.

둘째, 집단상담자의 역할 수행에 앞서 집단상담 경험을 해 보는 것은 윤리적으로 합당하다(ASGW, 2008). 예비 집단상담자가 집단원으로 집단에 참여해 보는 것은 선택사항이 아니라 필수과정이다. 집단상담 경험을 위해 유용한 집단으로는 자기탐색집단과 자기성장집단을 들 수 있다. 이러한 집단은 예비 집단상담자에게 자기 탐색과 자기 이해의 기회를 제공한다는 이점이 있다. 이에 비해, 교육지도실습집단은 수퍼바이저의 지도하에 집단상담자 역할을 연습해 볼 수 있다는 점에서 집단상담자 훈련에서 빼놓을 수 없는 과정이다. 이러한 일련의 수련과정을 거쳐 예비 집단상담자는 비로소 집단실습에 임할 수 있게 된다. 자기탐색집단/자기성장집단, 교육지도실습집단, 그리고 집단상담 실습에 대해 살펴보면 다음과 같다.

자기탐색집단/자기성장집단. 예비 집단상담자가 집단상담을 경험해 볼 수 있는 첫 번째 방법은 자기탐색집단 또는 자기성장집단에 집단원으로 참여해 보는 것이다. 이 두 집단은 주로 구조화된 활동을 중심으로 진행되는 특징이 있다. 예비 집단상담자가 이러한 집단에 참여함으로써 얻을 수 있는 효과는 다음과 같다.

첫째, 집단 활동을 통해 다른 구성원들로부터 신뢰 · 지지 · 격려를 받거나, 자신의 약점을 개방해 보거나, 또는 성취감이나 친밀감을 느껴 볼 수 있다. 이 집단에서 개인적인 문제에 직면해 보는 경험은 예비 집단상담자에게 집단상담의 기능을 몸소 체험해 볼 귀중한 기회가 된다. 이러한 체험은 치료적 가치 외에도 교육의 기회가 된다.

둘째, 집단참여를 통해 예전에 미처 깨닫지 못했던 미결과제unfinished business 또는 문제를 탐색하거나 해결방안을 모색해 볼 수 있다. 이를 통해 예비 집단상담자는 자기 이해를 증진시키는 학습 경험을 할 수 있다(Leva et al., 2009). 설령 집단상담자로서 집단을 이끄는 상황에 있다고 할지라도, 집단상담자는 얼마든지 다른 집단에 집단원으로 참여하여 지속적인 인간적 성장을 꾀할 수 있다. 자기탐색집단 또는 자기성장집단처럼 주로 구조화된 활동을 중심으로 진행되는 집단에 참여해 본 예비 집단상담자는 교육지도 실습집단을 통해 유능한 집단상담자가 되기 위한 한 걸음을 더 내딛게 될 것이다.

교육지도실습집단. 예비 집단상담자가 집단상담을 경험해 볼 수 있는 두 번째 방법은 교육지도 실습집단에 참여하는 것이다. 교육지도실습집단은 집단상담자 교육과 훈련을 목적으로 운영되는 집단이다. 이 집단은 수퍼바이저가 함께 참여하여 예비 집단상담자의 집단과정에 대한 통찰력과 이해력을 기르는 데 주안점을 둔다. 교육지도실습집단 경험을 통해 예비 집단상담자는 구성원들의 피드백에 대한 자신의 반응, 경쟁심, 인정 욕구, 질투심, 불안, 타인에 대한 감정, 공동리더나 집단원들과의 힘겨루기power struggling 같은 집단운영에서의 다양한 쟁점에 관해 배우게 된다(Brown, 2010).

교육지도실습집단 운영의 기본 취지를 실천하기 위한 목적으로, 이 집단의 리더는 집단에 참여하는 실습생들에게 집단을 이끄는 데 필요한 기본적이고도 유용한 기술과 전략을 가르친다. 그러나 아무리 교육지도가 목적인 집단이라고 하더라도 집단참여 자체는 치료적 성격을 띠게 마련이다. 그러므로 예비 집단상담자는 다른 일반적인 집단의 참여자들과 마찬가지로, 집단에서 나누고 싶은 사적인 관심사와 자기개방 수준의 한계를 정한 다음, 집단작업에 임해야 한다.

집단상담 실습. 예비 집단상담자가 집단상담 경험을 위해 거쳐야 할 세 번째 과정은 집단상담 실습에 참여하는 것이다. 미국상담학회의 상담 및 교육관련 프로그램 인준위원회Council for Accreditation of Counceling and Related Educational Programs(CACREP, 2009)에 따르면, 상담 전공자는 필수로 최소 10시간의 소집단 경험을 해야 한다. 자기성장집단 또는 자기탐색집단, 그리고 교육지도실습집단에 이어 집단상담 실습 역시 집단상담자가 되기 위해 반드시 거쳐야 하는 필수과정이다(Fehr, 2019). 집단상담 실습이란 수퍼바이저의 지도감독하에 예비 집단상담자가 단독 또는 공동리더로서 실제 집단원들로 구성된 집단을 이끌어 보는 일련의 과정을 말한다. 집단상담 실습을 통해 예비 집단상담자는 집단운영에 필요한 다양하고 유용한 실무를 익히는 한편, 집단상담자로서의 기술과 능력을 체득 · 발전시키게 된다.

집단상담에 관한 전문적 기술 습득과 능력 개발은 결국 전문가로서의 유용성과 자신감을 높여 주는 동시에, 양질의 서비스 제공으로 이어질 수 있다. 초심 집단상담자에게 있어서 집단실습은 비록 노련한 전문가만큼 세련된 기법을 구사하지는 못할 수 있지만, 시행착오를 통해 더욱 많은 것을 배우는 귀중한 기회가 된다. 집단상담 실습에 참여하는 예비 집단상담자가 사전에 확인할 사안은 글상자 4-10과 같다.

글상자 4-10. 집단상담 실습생을 위한 체크리스트

- ❍ 집단운영에 적용되는 상담/심리치료의 이론적 접근은 무엇인가?
- ❍ 공동리더가 있다면 역할분담을 어떻게 할 것인가? 또한, 어떤 협의 절차를 가질 것인가?
- ❍ 집단 회기는 어떻게 시작할 것인가?
- ❍ 집단의 구조화는 어떻게 할 것인가?
- ❍ 집단상담자의 자격에 대해 이의를 제기하는 집단원이 있다면 어떻게 대처할 것인가?
- ❍ 집단원들이 침묵으로 일관한다면 어떻게 대처할 것인가?
- ❍ 비자발적으로 참여하는 집단원이 있다면 어떻게 대처할 것인가?
- ❍ 중언부언 또는 대화독점 등의 문제행동을 보이는 집단원이 있다면 어떻게 조치할 것인가?
- ❍ 집단참여를 거부하는 집단원이 있다면 어떻게 대처할 것인가?

○ 집단 회기는 어떻게 종결할 것인가?
○ 집단 회기를 요약하기 위한 시간은 얼마나 배정할 것인가?
○ 집단원들의 집단참여 성과를 평가하는 준거는 무엇인가?

예비 또는 초심 집단상담자는 집단에서 실수 경험을 통해 배우되, 지나치게 자기 비판적이지 않아야 한다. 이를 위해 가능하다면, 이들은 교육 · 토론 · 지지 · 과업 집단을 이끄는 것으로 시작하되, 4~5명 정도의 인원으로 구성된 집단으로 연습을 시작한다. 그러다가 집단진행이 익숙해지면, 집단원 수를 늘리거나, 집단원들에게 친숙한 주제로 성장집단을 시도한다. 또한, 단독으로 성장집단을 맡기에 앞서 경험이 풍부하고 숙련된 리더가 이끄는 집단에 참여해 본 후에 상담집단 또는 치료집단을 맡는 것도 좋은 방법이다(Jacobs et al., 2016). 그러면 집단상담 실습을 위한 집단의 유형과 크기는 어떻게 결정해야 할까? 집단상담 실습을 위한 집단의 유형과 크기 선정을 위한 일반원칙은 글상자 4-11과 같다.

글상자 4-11. 집단상담 실습을 위한 집단의 유형과 크기 선정 원칙

1. 치료집단보다 상담집단이나 교육집단을 택한다.
2. 집단원 수는 4~5명 정도로 제한하되, 경험이 축적됨에 따라 최대 8명까지 점차 늘려 간다.
3. 다양한 집단경험을 원하는 실습생은 스트레스 관리 프로그램 또는 자기주장 훈련 같은 성장집단을 운영해 본다.

만일 예비 집단상담자가 성장집단을 이끌 수 있다는 자신감이 생기면, 다른 상담자와 함께 치료집단을 맡아 보는 것도 집단상담자로 성장 · 발전하기 위한 발판을 마련하는 중요한 도전이 될 것이다.

집단계획 및 조직 능력

집단상담자에게 요구되는 세 번째 조건은 집단계획 및 조직 능력이다. 집단계획

및 조직 능력이란 집단의 목적부터 평가에 이르기까지 구체적 · 체계적인 계획을 수립하고, 전체 일정을 조직할 수 있는 역량을 말한다. 이는 잠재적 집단원 대상의 요구조사, 집단의 총 회기 수, 집단모임의 시간과 장소, 주제, 준비물, 논의사항, 평가 절차 등, 회기별 그리고 전체 회기에 대한 것을 말한다.

상담/심리치료 이론에 관한 지식

집단상담자에게 요구되는 네 번째 조건은 상담/심리치료 이론에 관한 지식을 갖추는 것이다. 개입의 이면에 이론이 없는 집단상담자는 자신의 집단이 가장 생산적인 단계에 도달하지 못하게 된다는 사실을 깨닫게 될 것이다(Corey & Corey, 2017). 상담이론에 관해 해박한 지식을 갖는다는 것은 단순히 각 이론적 접근에 관한 내용을 암기하고 있음을 의미하는 것이 아니다. 이는 이러한 지식을 임상적으로 적용할 수 있는 능력, 즉 실천적 지식[practical knowledge]을 갖추고 있음을 의미한다. 상담/심리치료 이론에 관한 지식은 인간 이해의 기본요소인 동시에 우리가 살아가고 있는 세상에 관한 이해다. 상담/심리치료 이론은 집단원들의 행동과 그 이유, 그리고 그들이 겪는 복잡한 심리적인 문제들을 조망 · 이해 · 설명 · 조력하는 데에 필수 도구이자 열쇠다(Fehr, 2019). 그러므로 상담/심리치료 이론에 관한 지식과 임상에의 적용 능력을 두루 갖추고 있는 것은 집단상담자가 전문가로서 인정받을 수 있는 준거가 되는 동시에 사회적 책무에 속한다.

인간에 관한 폭넓은 식견

집단상담자에게 요구되는 다섯 번째 조건은 인간에 관한 폭넓은 식견을 갖추는 것이다. 그렇다고 해서 세상의 모든 문제를 직접 경험해 봐야 한다는 뜻은 아니다. 여기서 인간에 관한 폭넓은 식견이란 집단원의 발달과정에 따른 과업을 신체적 · 인지적 · 심리사회적 · 성격적 · 문화적 · 도덕적 측면에서 조망할 수 있는 지식과 경험을 말한다. 이러한 지식과 경험을 토대로 집단상담자는 집단원의 행동과 사고의 변화, 자율적인 의사결정 촉진, 문제해결력 신장을 위하여 사회의 다양한 쟁점과 문제점에 대해서도 깊은 관심과 안목을 갖게 된다. 예를 들어, 이혼가정 자녀들로 구성된 집단을 이끄는 집단상담자는 관련 법규에 대해 잘 알고 있을 뿐 아니라, 집단참여 아동들의 처지를 이해하고, 그들을 돕는 데 필요한 역량과 경험을 갖추어야 한다.

집단경험이 쌓이고 전문적인 능력을 갖추게 되면서, 예비 집단상담자는 일상생활에 대해서도 자신감을 가질 수 있다. 그뿐 아니라, 주위 사람들의 행동과 사고의 의미와 그 영향에 대해서도 더 잘 이해할 수 있는 민감성sensitivity을 체득하게 된다(Kottler, 2015). 예비 집단상담자의 이러한 능력은 다시 집단원들의 자기 탐색과 자기 이해를 도모할 수 있는 의지를 심어 주며, 나아가 생산적인 변화를 유발하는 촉매로 활용한다는 점에서 그 의미가 더해진다. 집단상담자의 인간적 자질과 전문성은 집단리더십과 함께 새로운 집단상담 전문가를 탄생시킨다. 집단상담자 발달과 집단리더십은 과연 어떤 관련이 있을까?

집단리더십

집단상담의 성공 여부는 집단상담자, 집단원, 환경, 상황 등 다양한 변인에 의해 결정된다. 그중에서도 집단상담자의 집단리더십group leadership은 가장 으뜸이 되는 요소다(Brigman & Earley, 2008; Kottler, 2015; Riva et al., 2004; Yalom, 2005). 아무리 최적의 환경을 갖추고 집단참여에 대한 동기 수준이 높은 사람들로 구성된 집단이라고 하더라도, 집단상담자의 리더십이 뒷받침되지 않는다면 그 집단의 성공 가능성은 그만큼 희박해질 수밖에 없다. 그만큼 집단리더십의 이해와 점검은 집단상담자가 되기 위한 중요한 요건에 속한다. 그러면 집단리더십이란 과연 무엇을 말하는가?

집단리더십의 정의

집단리더십group leadership은 집단의 공동목표를 달성하기 위한 집단원의 행동 조정에 필수적인 요소다. 리더십은 몇 안 되는 인간의 보편적인 행동 중 하나(Erickson et al., 2010)로, 리더십의 정의는 다양하다. 이에 포사이스(Forsyth, 2018)는 여러 주요 학자들이 내린 리더십의 정의에 공통으로 포함된 요소를 정리하여 리더십을 사회적 상호작용의 특수한 형태, 즉 집단과 개인의 목표 달성을 촉진하기 위해 다른 사람들에게 영향을 주고 동기화시키도록 개인들 간의 협력이 허용되는 ① 호혜reciprocal, ② 교류와 사회적 교환transactional and social exchange, ③ 변형transformational, ④ 협력cooperative, ⑤ 적응과 목표 추구adaptive and goal-seeking의 과정으로 보았다.

집단리더십 점검

예비 또는 초심 집단상담자는 흔히 리더십과 관련하여 앞으로 직면하게 될 문제 또는 예기치 않은 상황을 부담스러워한다. 그러면서 이들은 자신에게 글상자 4-12와 같은 질문을 던지곤 한다.

글상자 4-12. 초심 집단상담자의 불안감을 표현하는 자기대화의 예

- "집단을 어떻게 시작해야 하지?"
- "언제, 어떤 기술, 기법 또는 전략을 사용해야 하나?"
- "집단원들이 스스로 활동을 시작하려면 얼마나 기다려야 할까?"
- "집단 내에서 문제가 발생하면 어떻게 대처해야 하지?"
- "실수로 집단원에게 심각한 정신적 손상을 입히게 되는 것은 아닐까?"
- "상담이론을 제대로 적용할 수 있을까?"
- "집단상담자로서의 불안감을 집단원들과 나누어도 되는 걸까?"
- "집단원들이 침묵으로 일관하면 어떡하지?"
- "집단원들이 집단경험을 통해 성과를 얻게 된 것을 어떻게 알 수 있지?"

집단상담을 성공적으로 이끌기 위해서는 불확실한 상황에서도 나아갈 수 있는

용기가 필요하다. 집단상담을 진행하는 가운데 누구든지 실수를 범할 수 있지만, 실수를 합리화하거나 부인하지 않고 인정한다면 오히려 실수를 통해 더 많은 것을 배울 수 있다(Kottler, 2015). 그러나 완벽을 추구하면서 자신의 실수에 대해 너무 비판적인 태도를 취한다면, 오히려 자신감을 잃게 되어 이후의 집단상황에서도 자신을 위축시키는 결과를 초래할 수 있다(Berg et al., 2018). 실수에 대한 두려움은 집단상담자의 창의성과 능력을 억누를 수 있다는 점에서 예비 또는 초심 집단상담자는 이를 경계해야 한다.

집단리더십 유형

집단리더십은 상담뿐 아니라 교육학, 심리학, 정신의학, 경영학, 행정학, 사회학, 사회복지 등 여러 영역에서도 관심의 초점이 되어 왔고, 리더십 유형에 관한 연구 또한 여러 연구자에 의해 진행되었다(Capuzzi & Gross, 2009; Johnson & Johnson, 2016; Posthuma, 2002). 어떤 리더십 유형을 택할 것인가는 집단의 목적과 밀접한 관계가 있다. 집단상담자에 따라서는 한 가지 유형만을 집단의 목적과 관계없이 일괄 적용하거나, 대학원 과정에서 배웠던 집단리더십 유형을 그대로 답습하기도 한다. 그러나 유능한 집단상담자는 대부분 융통성이 있고, 다양한 능력과 리더십을 발휘하는 특징이 있다(Gladding, 2016; Riva et al., 2004).

사람은 누군가가 잘 이끌어 준다면 이끌리는 것에 마음을 쓰지 않는다고 한다. 집단원들에게는 어느 정도의 구조화 · 조직 · 지시가 필요하다. 집단리더십은 대체로 개입방식의 세 가지 차원(① 적극적 vs. 소극적, ② 지시적 vs. 비지시적, ③ 구조화 vs. 비구조화 접근)에 따라 나뉜다. 이는 집단상담자의 선택에 달려 있지만, 단기집단 또는 학교에서 운영되는 집단의 경우에는 상대적으로 적극적이고 지시적이며 어느 정도 구조화된 리더십이 권장된다. 특히, 집단원들이 어리거나 지적 능력이 낮은 경우에는 더더욱 그렇다. 집단리더십은 크게 ① 민주형, ② 독단형, ③ 방임형으로 나눌 수 있다.

민주형 리더십. 민주형 리더십democratic leadership은 인본주의 또는 형이상학적 이론을 따르는 집단상담자가 주로 선택하는 유형이다. 이 유형의 리더십은 기본적으로 "자, 갑시다!Let's go" 유형(집단중심적group-directed 또는 비지시적nondirective 리더십)이다. 민주형 리더의 대표적인 특징은 집단운영에 있어서 구성원들의 의사를 존중하여, 말 그대로 민주적으로 풀어 나가는 것이다. 이 유형에 속하는 집단상담자는 독단적으로 집단의 방향을 설정하거나 집단원의 관심과 문제에 대해 최종적인 결정을 내리지 않는다. 민주형 리더십의 대표적인 특징은 글상자 4-13과 같다.

글상자 4-13. 민주형 리더십의 특징

1. 집단중심적 또는 비지시적 리더십으로도 불린다.
2. 구성원들과 집단에 대한 책임을 공유한다.
3. 집단상담자의 지식과 경험뿐 아니라 구성원들의 자율성, 자기이해, 문제해결력을 인정한다.
4. 집단 내에 합리적이고 촉진적인 분위기를 조성한다면, 집단과 집단원들은 스스로 잠재력을 개발하게 된다고 가정한다.
5. 집단상담자는 자신을 모든 문제의 해답을 알고 있는 전문가처럼 행동하기보다는 인간발달과정의 촉진자 역할을 한다.
6. 주로 명료화, 재진술, 반영, 피드백, 과정에 대한 평가 등의 집단기술을 주로 사용한다.

글상자 4-13에서 언급한 것처럼, 민주형 집단상담자가 적극적 경청기술을 주로 활용하는 이유는 집단원 개개인이 집단 내에서 다른 집단원들의 변화에 기여할 수 있도록 적극적인 참여를 유도하기 위해서다. 그러나 그렇다고 해서 집단상담자가 집단이 원하면 어떤 방향으로든 나아가게 내버려 둔다는 의미는 아니다. 대신, 의사소통 기술을 활용하여 구성원들과 협력하여 집단의 목표 · 방향 · 절차를 설정하는 작업에 참여한다. 다음은 민주형 리더십과 대조적인 특성이 있는 독단형 리더십에 대해 살펴보자.

독단형 리더십. 독단형 리더십autocratic leadership은 리더중심적leader-directed이다.

이 유형의 집단상담자는 기본적으로 구성원들이 변화에 필요한 통찰이나 집단행동을 독자적으로 발전시킬 수 없다고 믿는다. 또한, 구성원들이 자기 주도적이지 못하여 심리적으로 고통스러운 상황에 처하게 된 것이므로 전문가의 도움이 필요하다는 기본가정을 한다. 이러한 점에서 독단형 집단상담자는 '독재형' 또는 '권위주의적authoritarian' 리더로도 불린다. 독단형 리더십의 대표적인 특징은 글상자 4-14와 같다.

글상자 4-14. 독단형 리더십의 특징

1. 집단에서 제시되는 자료의 의미를 이해할 수 있는 유일한 사람이라는 입장을 취한다.
2. 인간행동과 집단역동에 관한 지식과 경험을 토대로 집단 방향을 독자적으로 설정하고 집단과정을 주도한다.
3. 집단역동과 집단원 개개인의 행동을 분석·해석을 통해 행동에 대한 이해의 폭을 확대시키는 것이 리더의 역할이라고 믿는다.

독단형 집단상담자는 대체로 정신분석 또는 정신역동 모델과 밀접한 관련이 있다. 그렇다고 해서 독단형 리더십은 이 이론적 모형에 국한되지는 않는다. 다른 이론적 접근을 따르는 리더라고 하더라도, 얼마든지 독단형 리더십을 적용할 수 있다. 이론적 접근에 의해 독단형 리더십을 적용하는 집단상담자가 있는가 하면, 개인의 성격적 특성상 집단에서 자기개방을 꺼려서 이 유형을 선택하는 집단상담자도 있다. 또한, 학교에서 학생들을 가르쳐 온 교사들은 상담을 교육과 동일하게 여기게 되면서 독단형 리더십을 택하기도 한다.

방임형 리더십. 방임형 리더십laissez-faire을 지향하는 리더는 집단의 방향이 전적으로 구성원들에게 있고, 집단 과정 및 결과에 대한 책임 역시 그들에게 달려 있다고 믿는다. 독단형 리더십이 일직선 위에서 한쪽 끝을 차지한다면, 방임형 리더십이 다른 한쪽 끝을 차지한다. 이 유형의 집단상담자는 '수동적' 또는 '소극적' 리더로도 불린다. 엄밀히 말하면, 방임형 리더는 집단전문가로 보기 어렵다. 왜냐하면 집단의 계획이나 절차가 대부분 구성원들에 의해 설정 및 진행될 뿐 아니라, 집단상담자의 전문적인 개입이 미미하기 때문이다. 초심 집단상담자가 집단에서 비지시적 리더십을 모방하다가 결국 방임형 리더십으로 변질되는 경우가 더러 있다. 또한, 개인적인 애정 욕구를 충족시키려는 집단상담자가 때로 방임형 리더십을 보이기도 한다. 그러나 방임형 리더십의 가장 큰 문제는 이 유형의 집단상담자가 이끄는 집단의 구성원들은 집단을 통해 얻을 수 있는 것이 거의 없다는 사실이다(Chen & Rybak, 2018). 그러면 집단리더십을 증진시킬 방안은 무엇일까? 집단리더십 유형에 변화를 줄 수는 없을까? 만일 있다면, 그 방안은 무엇인가?

집단리더십 증진방법

집단리더십 증진방법으로는 ① 모델 기용, ② 집단과정의 중요성 인식, ③ 적절한 집단 규모와 목표 설정, ④ 집단원들의 자발적 참여 권장, ⑤ 집단평가서 작성, ⑥ 집단 회기의 녹음/녹화를 들 수 있다.

모델 기용. 집단리더십 증진을 위한 첫 번째 방법은 모델model을 활용하는 것이다. 이 방안은 모델링modeling, 즉 모방학습 방법을 적극 활용하는 방법이다. 모델링은 흔히 집단상황에서 더 신속하게 긍정적인 변화가 일어나는 이유를 설명해 주는 강력한 학습 도구다. 그러므로 모델링을 통한 학습을 촉진하기 위해서는 모델이 될 만한 사람을 집단에 참여시키는 한편, 이질적인 참여자들로 나머지를 구성한다. 집단은 일반적으로 이질적인 집단참여자들로 구성될 때 더 효과적이다(Jacobs et al., 2016).

학교에서 집단을 운영하는 경우, 모델 기용의 일환으로 집단 내에 다른 학생들에게 모범이 될 만한 학생 1~3명을 함께 참여시키는 방법이 있다(Malekoff, 2014). 단, 이혼 또는 상실 같은 특정 문제를 다루는 집단의 경우는 예외다. 따라서 각 집단은 문제를 가진 학생들과 보통 학생들 그리고 역할 모델들로 구성되는 것이 바람직하다. 만일 문제를 가진 학생들만으로 집단을 구성한다면, 학생들은 적절한 역할 모델이 없어서 적응적인 행동 습득에 오랜 시간이 필요하거나 아예 습득하지 못할 수 있다. 게다가, 이러한 집단에 참여하는 학생들은 자신이 소위 '문제아'로 낙인 찍힌 것으로 여겨 오히려 역효과를 가져올 수 있다는 문제가 있다(Fibkins, 2014).

집단과정의 중요성 인식. 집단리더십 증진을 위한 두 번째 방법은 집단과정의 중요성을 올바르게 인식하는 것이다. 일반적으로, 집단과정은 집단내용보다 중요하다. 즉, 집단원들이 어떻게 상호작용하는가는 어떤 내용의 이야기를 나누는가보다 치료적으로 더 큰 의미가 있다. 집단원들의 상호작용은 집단의 강력한 치료적 요소이기 때문이다. 따라서 집단원들의 상호작용을 극대화하려면, 집단의 한 회기를 60분 기준으로 글상자 4-15와 같이 구성할 수 있다.

글상자 4-15. 상호작용 촉진을 위한 집단 회기 구성의 예

1. 분위기 전환용 워밍업 활동(5~10분)
2. 지난 회기 돌아보기(5분)
3. 상담 목표 및 과제의 진전 상황 보고(5~10분)
4. 사회적 기술 · 자각을 높이는 활동 및 토의(20~25분)
5. 요약 및 마무리(5~10분)

집단 회기의 요약 및 마무리 작업을 구조화한다면, 글상자 4-16에 제시된 미완성문장 중 하나를 완성하면서 마칠 수 있다.

글상자 4-16. 집단 회기 마무리를 위한 미완성문장의 예

○ 오늘 만남에서 나는 ______________________________ 을(를)배웠습니다.
○ 나는 ______________________________ 을(를)다시 배웠습니다.
○ 나는 ______________________________ 에 놀랐습니다.
○ 나는 ______________________________ 에 기뻤습니다.

집단에 참여함으로써 얻을 수 있는 점은 집단원들 간의 상호작용을 통해 서로에게서 많은 것을 느끼고 생각하며, 깨달음을 통해 다양한 학습 경험을 하는 것이다. 이러한 점에서 집단상담자는 집단원 개개인이 집단에서 어떤 행동을 하고, 어

떤 역할을 담당하고 있는지 인식하도록 도와야 한다. 집단에서의 행동과 역할은 가정 · 학교 · 사회에서의 행동과 역할과 연관이 있기 때문이다. 이러한 연결 작업을 통해 집단원 개개인이 자신의 모습을 이해하도록 돕는 것은 곧 집단과정의 중요한 부분이면서 집단상담자의 역할이기도 하다.

적절한 집단 규모와 목표 설정. 집단리더십 증진을 위한 세 번째 전략은 집단 시작에 앞서 적절한 크기의 집단과 감당할 수 있을 만한 수준의 목표를 설정 · 계획하는 것이다. 집단상담자는 집단상담자 교육과 훈련과정에서 집단상담에 관한 전문지식을 갖추고, 집단기술과 기법을 익히며, 실습을 통해 임상경험을 축적하는 등 일련의 과정을 거친다. 따라서 집단상담자는 자신의 교육 · 훈련 · 임상경험에 적합한 집단의 유형과 규모를 정하는 한편, 이에 합당한 집단 목표와 실행 계획을 수립해야 한다.

초심 집단상담자는 처음부터 집단원 수가 너무 많은 집단보다는 작은 규모의 집단을 맡는 것이 바람직하다. 규모가 작은 집단운영을 통한 성공 경험은 집단운영에 대한 자신감을 심어 줄 뿐 아니라, 규모가 큰 집단을 운영하거나 어려운 집단에 도전할 수 있는 용기를 줄 수 있기 때문이다(Alle-Corliss & Alle-Corliss, 2009). 집단의 규모가 클수록 집단상담자의 노련함이 요구되는 반면, 작을수록 집단상담자가 감당하기에 용이할 수 있다. 집단운영에 대한 용기와 자신감은 전문가로서 발돋움할 수 있는 강력한 원동력이 된다.

초심 집단상담자에게는 또한 특정 문제를 주제로 다루는 집단보다는 발달상의 과업을 다루는 집단을 먼저 운영해 보는 것이 권장된다. 익숙한 주제를 다루는 집단에서의 성공경험은 정서적 깊이를 가진 문제들을 기꺼이 다루고자 하는 의욕을 불러일으킬 수 있기 때문이다. 집단경험은 집단상담자가 전문가로 성장하는데 중요한 초석이 된다. 반면, 집단원들에게는 각자의 발달과정에서 중요하고 의미 있는 정서훈련이라는 점에서 의의가 있다. 특히, 학교에서 운영하는 집단은 치료보다는 발달과 교육이 강조된다. 이러한 점에서 초심 집단상담자에게는 비교적 안전한 주제인 학생들의 발달상의 관심사를 나누기 위한 집단을 운영해 보는 것도 좋은 대안이다(Akos et al., 2007).

집단원들의 자발적 참여 권장. 집단리더십 증진을 위한 네 번째 전략은 집단원들이 집단작업에 자발적으로 참여하기 위한 안전한 분위기를 조성하는 것이다. 자발적 참여는 역동적인 상호작용을 촉진함으로써 집단의 목표 성취와 생산적인 성과 산출에 긍정적으로 작용하기 때문이다(Riva et al., 2004). 집단상담자는 집단 과정에서 자신에게 부여된 권한을 인식하는 한편, 이러한 권한이 집단원에 따라서는 다양한 형태의 압력으로 작용할 수 있음을 알고 있어야 한다. 그러므로 집단상담자는 집단 활동 및 기법을 소개하거나 집단작업 과정에서 실험을 제안하는 경우, 의무의 형태가 아니라 초대하는 형식을 취함으로써 자신에게 주어진 권위와 권한을 적절히 활용한다.

학교장면의 경우, 학생들에게 자발적 집단참여 독려를 위한 방안은 가정통신문을 활용하는 것이다. 집단상담자는 가정통신문을 통해 학부모에게 자녀의 집단참여를 알린다. 이는 공적 관계 형성을 위한 유용한 방법이다. 부모의 이혼이나 사망 같은 특정 문제를 다루게 될 집단의 대상 학생들을 모집하는 경우에는 부모나 보호자(또는 법적 후견인)의 허락을 받아야 한다. 초등학교에서는 대체로 학부모로부터 자녀의 집단참여에 대한 동의를 받아야 하는 반면, 중학교에서는 학부모에게 가정통신문이나 안내장으로 대신하는 경우도 있다. 이에 비해 고등학교의 경우, 학생들의 성숙도와 집단참여 목적에 따라 학부모에게 알리지 않거나 자녀의 집단참여 사실을 비밀로 할 수도 있다. 그렇지만 미성년자를 대상으로 진행되는 집단의 경우, 사전에 집단참여 아동·청소년의 부모나 보호자의 동의서를 받는 것이 안전하고, 윤리적·법적 측면에서 집단상담자를 보호하는 장치가 될 수 있다(Barnett et al., 2007).

집단평가서 작성. 집단리더십 증진을 위한 다섯 번째 전략은 집단종결 시 집단원들에게 무기명으로 집단평가서를 작성하도록 하는 것이다. 집단에 대한 평가는 집단상담자가 남은 회기를 계획하는 데 유익한 정보를 제공한다. 집단평가는 ① 집단 회기에 대한 집단원의 자기평가, ② 집단경험이 집단원의 일상생활에 미친 영향에 대한 자기평가, ③ 집단상담자의 자기평가도 이루어진다. 각 영역에 대한 평가서에 들어갈 문항의 예는 글상자 4-17과 같다.

글상자 4-17. 집단평가 영역별 문항의 예

□ 집단 회기에 대한 집단원의 자기평가

1. 이번 집단에서 가장 좋았던/싫었던 점은 무엇인가요?
2. 집단작업을 통해 습득 또는 경험한 것 중 가장 중요한 것은 무엇인가요?
3. 당신의 변화에 기여한 요인은 무엇인가요?
4. 특별히 기억에 남거나 의미가 있었던 활동, 논의 및/또는 주제는 무엇인가요?
5. 집단이 당신을 더 나아지게 하려면, 집단상담자는 무엇을 어떻게 다르게 하면 좋을까요?

□ 집단경험이 집단원의 일상생활에 미친 영향에 대한 자기평가

1. 변화를 원했던 행동의 빈도가 증가/감소했나요?
2. 흡연 또는 음주 횟수가 감소했나요?
3. (이성) 친구(성인의 경우, 배우자 또는 동반자)와의 대화가 개선되었나요?
4. 특정 과목에서 학업성적이 올랐나요?
5. 수업에 더 집중하고 있나요?
6. 지각 또는 결석률이 감소했나요?

□ 집단상담자의 자기평가

1. 집단계획을 얼마나 잘 실행에 옮겼나요?
2. 집단원 개개인의 욕구를 얼마나 잘 충족시켰나요?
3. 계획하지 않았거나 예기치 않은 일이 일어났나요?
4. 사전에 이를 예상해서 수정할 수 있었나요?
5. 이번 회기에 터득한 것 중 다음 회기에 사용할 수 있는 것은 무엇인가요?
6. 집단 회기에 대한 전반적인 만족도를 10점 척도로 환산한다면 몇 점에 해당하나요?
7. 이번 회기에 대한 평가점수는 지난 회기의 것과 비교할 때, 어떤 변화가 있었나요?

집단상담자는 글상자 4-17에 제시된 문항들을 참고하여 라이커트 척도를 활용하여 용도에 맞는 평가도구를 개발·사용할 수 있다. 집단상담자는 집단원의 자기평가 결과를 집단의 효과를 되돌아보는 자료로 활용한다. 이때, 집단상담자는 중립적인 입장을 취함으로써 집단원들의 자기평가에 영향을 주지 않아야 한다. 학교장면의 경우, 집단상담자는 평가에 근거하여 집단과정에 대한 전반적인 피드백을 학교행정가, 교사, 학부모에게 제공한다. 이처럼 집단상담에 대한 평가 결과를 공유하는 이유는 학교의 중요한 후견인들로 하여금 집단상담에 대한 이해, 지지, 관심을 증대시키기 위해서다.

집단 회기의 녹음/녹화. 집단리더십 증진을 위한 여섯 번째 전략은 집단 회기를 녹음 또는 녹화하여 회기가 끝난 후 되돌려보는 것이다. 이를 통해 집단상담자는 집단에서 자신이 어떤 행동을 하고, 어떤 역할을 수행하고 있으며, 집단원들 간의 상호작용 촉진을 위해 어떻게 개입하고 있는지 관찰할 수 있다. 특히, 집단 회기를 녹화하는 것은 집단상담자뿐 아니라 집단원들의 말과 행동까지 폭넓고 세세하게 관찰할 수 있다는 점에서 음성만을 재생할 수 있는 녹음보다 훨씬 더 효과적이다. 한편, 녹화에 비해 녹음은 집단 회기의 내용에 집중할 수 있다는 장점이 있다. 집단상담자가 어떤 말과 행동으로 집단에 개입하는지를 점검·평가하는 일은 매우 중요하다. 집단 회기를 녹음/녹화하는 경우, 집단상담자는 녹음·녹화에 관한 윤리지침을 준수해야 한다(제3장 참조).

공동리더십

공동리더십co-leadership이란 2인 또는 그 이상의 리더가 협력하여 1개 집단을 이끄는 것을 말한다. 공동리더십은 국내외에서 집단상담자 교육을 위한 목적으로도 널리 활용되고 있다. 이는 주로 초심 집단상담자가 임상 경험이 풍부한 집단상담자와 함께 동일한 집단을 이끄는 형태로 이루어진다. 우리나라에서는 경험의 정도에 따라 임의로 명칭을 구분하여 경험이 많은 집단상담자를 '리더[leader]'로, 경험이 적은 집단상담자를 '부[副] 리더' 또는 '보조 리더'로 부르기도 한다.

초심 집단상담자의 실습에 활용할 수 있다는 장점 외에, 공동리더십은 집단원들에게 여러 가지 독특한 이점을 제공한다(Luke & Hackney, 2007). 실제로, 집단상담자 10명 중 9명은 기회가 된다면 다른 상담자와 협력하여 작업하는 것을 선호하는 것으로 나타났다(Yalom, 2005). 이러한 결과는 집단을 직접 운영해 본 사람에게는 그리 놀라운 것이 아닐 것이다. 그러나 현실적으로 한 집단을 2인 이상의 집단상담자가 운영하는 것은 일종의 사치로 여겨질 수 있다. 상담기관에서 근무하면서 집단을 운영하게 되는 경우, 공동리더십을 경험할 기회는 그리 많지 않다. 왜냐하면 경제성을 고려할 때 한 집단에 상담자 1인만 배정해도 됨에도 불구하고 2인 또는 그 이상의 상담자를 배정하려는 상담 기관이 그리 많지 않을 것이기 때문이다(Corey & Corey, 2017). 그렇지만 공동리더십은 다음과 같은 장점이 있다.

공동리더십의 장점

공동리더십은 무엇보다도 집단상담자 혼자서 집단을 운영하는 것에 비해 집단운영이 더 수월하다는 이점이 있다. 그 이유는 무엇인가? 공동리더십의 장점은 집단상담자의 ① 소진 가능성 감소, ② 역할분담 용이, ③ 상호보완, ④ 상호 피드백 교환, ⑤ 상호 정보교환, ⑥ 집단리더십 모델링을 들 수 있다.

소진 가능성 감소. 공동리더십의 첫 번째 장점은 집단상담자의 소진[burnout] 가능성을 줄일 수 있다는 점이다. 집단상담은 집단상담자와 집단원들이 서로 영향을 주고받는 과정이다. 이 과정에서 집단원들의 다양한 문제행동으로 집단상담자의 소진 가능성은 항시 잠재해 있다. 이 경우, 한 상담자가 집단을 이끌어 가는 동안 다른 상담자는 문제의 소지가 있는 집단원에게 주의를 기울임으로써 서로의 소진 가능성을 줄일 수 있다. 오늘날 대부분의 임상가들은 공동리더십이 장점이 있음을 강조하고 있다(Corey, 2017; Gladding, 2012; Jacobs et al., 2016: Kottler, 2015; Luke & Hackney, 2007; Yalom, 2005). 따라서 공동리더십의 장점에 관한 폭넓고 심층적인 연구가 수행되어야 할 것이다.

역할분담 용이. 공동리더십의 두 번째 장점은 집단상담자 사이에 역할분담이 가능하다는 점이다. 집단상담자들은 서로 협의를 통해 상부상조하며 집단을 이끌 수 있는 반면, 집단원들은 두 상담자의 서로 다른 관점에서 도움을 얻을 수 있다. 예를 들어, 한 집단상담자가 집단원의 호소 내용을 중심으로 말과 행동에 대한 반응을 담당한다면, 다른 집단상담자는 주로 집단원들이 서로 교류하는 상황에 대해 면밀한 관찰과 분석을 통해 집단과정을 촉진할 수 있다. 또한, 강렬한 감정을 표현하는 집단원이 있는 경우, 한 집단상담자는 그 집단원에게 주의를 기울이는 한편 다른 집단상담자는 전체 집단원들의 반응을 확인할 수 있다. 이처럼 집단상담자들이 서로 긴밀하게 협력한다면, 집단원들의 말과 행동을 더 효율적으로 연결하고, 집단원들의 상호작용을 촉진하며, 집단의 흐름을 더 효과적으로 조율할 수 있다는 장점이 있다.

상호보완. 공동리더십의 세 번째 장점은 집단상담자들 간에 상호보완할 수 있다는 점이다. 예를 들어, 한 집단상담자가 질병이나 기타 사유로 집단에 참석할 수 없는 경우, 다른 집단상담자가 그를 대신하여 단독으로 집단 회기를 계속 진행할 수 있다. 또한, 한 집단상담자가 심리적으로 소진되거나 일시적으로 정서적 어려움을 겪게 되는 경우, 다른 집단상담자가 더 적극적으로 집단을 이끌 수 있다. 이를 통해 문제를 겪고 있는 집단상담자는 집단운영에 대한 부담과 책임감을 덜 수 있다. 대화상자 4-5는 한 집단을 공동으로 운영하는 집단상담자들이 상호보완적인 역할을 담당하는 것을 보여 주는 대화의 예다.

대화상자 4-5. 집단상담자들 간에 상호보완적인 대화의 예

리더 1: 자, 그러면 역할연습에서 여러분의 아버지 역할에 적격일 것 같은 사람을 골라 보세요.

리더 2: 잠시만요! 지금 바로 역할연습을 시작하는 것도 좋지만, 아직 마음의 준비가 되지 않은 분들이 있는 것 같은데, 활동 참여에 대해 잠시 마음의 준비를 할 시간을 좀 더 드리는 것이 어떨까요?

리더 1: 아, 저는 모두 준비가 되었다고 생각했는데, 그럼 모두가 준비되었는지 물어볼까요?

리더 2: 네, 좋은 생각이네요.

한 집단을 다른 상담자와 공동으로 이끄는 경우, 집단상잠자들은 종종 집단진행에 대해 서로 다른 관점과 견해를 가지고 있을 수 있다. 대화상자 4-5에서, 공동리더들은 집단 활동을 시작하기에 앞서 서로의 의견을 대화를 통해 조정하고 있다. 예컨대, 집중집단intensive groups을 운영하거나 다루기 어려운 집단원들과 작업계획을 수립해야 하는 경우, 공동리더들은 서로 의견교환을 통해 효과적인 방안을 모색하는 한편, 각자 다양한 삶과 임상경험을 되살려 특정 사안에 대한 대안과 정보를 공유할 수 있다. 게다가, 공동리더 개개인의 독특한 대인관계 패턴은 집단의 흐름이나 분위기에 영향을 주게 되어 홍미로움과 다양성을 더할 수 있다(Jacobs et al., 2016).

상호 피드백 교환. 공동리더십의 네 번째 장점은 집단상담자들 간에 피드백feedback을 교환할 수 있다는 점이다. 공동리더는 서로의 공명판 역할을 하면서 서로의 감정이 지나치게 주관적으로 치우치지 않도록 조절할 뿐 아니라, 유용한 피드백을 교환할 수 있다. 예를 들어, 한 집단상담자가 특정 회기에 심리적으로 강한 영향을 받았다면, 집단 회기를 마치고 나서 해소되지 않은 감정을 다른 집단상담자와 탐색 · 해소할 수 있다. 이 경우는 두 사람 모두 그 회기에 참석했기 때문에 비밀유지 원칙에 저촉되지 않는다(Luke & Hackney, 2007). 특히, 집단상담 실습에서 집단상담자들이 서로에 대해 솔직한 피드백 교환을 통해 회기 결과에 대해 평가하고 토의할 시간을 갖는 것은 서로에게 유익한 학습 기회가 될 수 있다. 즉, 집단운영 실습이 끝나면, 실습생에게 피드백을 주고 공동리더십 경험에 관한 소감을 나누는 것이다.

집단상담자들 간의 상호 평가와 피드백은 지지적이면서도 도전이 될 수 있다. 이들은 서로의 리더십 유형에 대해 건설적인 제안을 할 수 있고, 지각한 것을 교환함으로써 집단운영 능력을 신장시킬 수 있다. 그런데 여기서 기억해야 할 사항은 공동리더들이 회기 내에 그런 감정을 표현하고 다룰 필요가 있다는 사실이다. 만일 한 집단상담자가 역전이가 생길 정도로 집단원의 영향을 받게 된다면, 다른 집단상담자가 개입하여 역전이가 집단상담자의 중립적 태도 유지에 영향을 미치지 않도록 조정할 수 있다.

상호 정보교환. 공동리더십의 다섯 번째 장점은 집단상담자들 간에 상호 정보교환을 가능하게 한다는 점이다. 두 사람의 정보교환을 통해 공동리더들은 서로에게서 집단을 이끄는 방식과 전략, 그리고 다양한 기법을 배울 수 있다. 더욱이, 집단상담자 고유의 전문 분야가 있는 경우, 상호협력을 통해 각자의 전문성을 살려 집단을 이끌 수 있다. 이러한 시도는 집단에 활력을 불어넣게 되어 집단역동을 활성화하는 효과가 있다. 또한, 한 집단상담자가 특정 집단원(들)이 필요로 하는 전문지식과 임상경험을 갖추고 있다면, 이러한 전문성을 적극 활용할 수 있다. 예를 들어, 10대 미혼모를 위한 교육집단에서 한 집단상담자가 임신과 출산에 관한 지식과 경험이 깊다면, 이는 집단의 큰 자산으로 활용될 수 있을 것이다.

집단리더십 모델링. 공동리더십의 여섯 번째 장점은 집단리더십에 관한 기술과 전략을 서로 나누고 모방을 통한 학습이 일어날 수 있다는 점이다. 집단상담자들은 서로의 집단운영 방식을 지켜봄으로써 배울 수 있다. 만일 집단을 처음으로 이끌게 되는 집단상잠자가 경험이 풍부한 집단상담자와 공동으로 집단을 이끌게 된다면, 훨씬 안정감을 가지고 집단에 참여할 수 있음은 물론, 집단운영에 관한 지도 감독을 받을 수 있는 효과를 얻을 수 있다. 또한, 남녀 각각 한 명씩의 집단상담자로 구성된 집단의 경우, 서로 역할 모델의 기능을 담당할 수 있다. 특히, 결혼 관련 문제를 다루기 위한 부부집단은 혼성 리더들로 구성된 집단의 형태가 효과적일 수 있다. 또한, 혼성 리더들이 이끄는 집단은 집단원들이 가족 관련 미결 쟁점의 해결을 도울 때, 부모의 모습으로 집단작업에 임할 수 있다는 장점이 있다. 그렇지만 이러한 집단의 리더들을 반드시 혼성으로 구성해야 하는 것은 아니다. 많은 집단이 동성 리더들에 의해 성공적으로 운영되었고, 집단원들 역시 남녀 리더들 사이에 성차를 인식하지 못한 것으로 판명되었기 때문이다(Okech & Kline, 2005). 그러나 지금까지의 연구에서는 모델링을 공동리더십의 장점으로 보지 않았다(Jacobs et al., 2016). 특히 집단치료의 경우, 실제로 집단치료자 두 사람 사이에 상호작용이 일어나지 않을 수도 있기 때문이다(McNary & Dies, 1993).

공동리더십의 제한점

공동리더십의 여러 장점에도 불구하고, ① 인력 활용의 비효율성, ② 집단상담자들 간의 의견 불일치, ③ 경쟁심 유발, ④ 집단원 편애 가능성이 잠재해 있다.

인력 활용의 비효율성. 공동리더십의 첫 번째 제한점은 학교, 상담센터 또는 정신건강 관련 기관의 입장에서는 전문 인력을 비효율적으로 활용하는 것으로 여겨질 수 있다는 것이다. 이는 인력 관리의 효율성과 경제성을 고려할 때, 특히 그렇다. 만일 이들 기관에서 이전과 동일한 수의 집단을 공동리더십 체제로 운영하기로 한다면, 전임상담원들의 상담 관련 업무시간이 크게 늘 것이다. 이처럼 전임상담원들에게 과도한 업무 부담을 안겨 줄 수 있다는 점은 공동리더십의 한계에 속한다.

집단상담자들 간의 의견 불일치. 공동리더십의 두 번째 제한점은 집단상담자들 간에 의견이 일치하지 않아 집단의 역동, 분위기, 성과에 부정적 영향을 미치는 것이다. 물론 두 리더들 사이의 태도, 사고방식, 대인관계 패턴, 목표 등에서의 차이점은 집단에 활력을 불어넣을 수 있다는 점에서 공동리더십의 장점으로 작용할 수 있다. 그러나 집단 회기 중에 리더들 간의 의견차는 집단의 흐름을 가로막거나, 집단원들을 혼란에 빠뜨릴 수 있다는 문제가 있다. 이러한 문제를 예방하려면, 공동리더들은 정기적인 만남을 통해 집단리더십에 관해 서로의 의견을 조율할 필요가 있다. 사전에 의견 조율을 통해 집단 회기 내에서 리더들의 관계를 효과적으로 유지해 나갈 수 없다면, 공동리더십은 집단과정을 매우 복잡하게 만들 가능성은 항상 존재하게 될 것이다(Luke & Hackney, 2007). 대화상자 4-6은 리더들 간의 의견이 일치되지 않는 상황에서 이루어진 대화의 예다.

대화상자 4-6. 의견 불일치 상태에 있는 집단상담자들 간의 대화 예

리더 1: 선생님, 저는 적어도 집단초기에는 집단원 한 사람 한 사람에게 전적으로 수용적이고 따뜻하게 지지해 주는 것이 좋을 것 같아요.

리더 2: 음, 저는 선생님 의견도 분명히 일리가 있다고 생각하지만, 집단 회기 수가 한정되어 있어서 조금 더 적극적인 개입이 필요하다고 생각하거든요. 집단이 시작된 지 얼마 되지는 않았지만, 제 경험상 집단 목표를 달성하려면 직면을 사용해서라도 집단원들의 자기개방과 통찰을 돕는 것이 훨씬 더 효과적이라는 생각이 들어요.

대화상자 4-6에서 이 리더들은 협의를 통해 집단운영에 대한 적절한 타협점을 도출해야 한다. 만일 그렇지 않고 두 리더가 서로 호흡을 맞출 수 없다면, 그 집단은 목적지를 향해 나아가지 못하고 표류하는 배와 같은 운명에 놓이게 될 것이다.

경쟁심 유발. 공동리더십의 세 번째 제한점은 집단상담자들 간에 경쟁심이 유발될 수 있다는 점이다. 만일 집단상담자 중 한 사람 또는 두 사람 모두 서로 경쟁할 필요성이나 상대를 압도하고 싶은 욕구를 느끼고 있다면, 이에 따른 혼란은 집단원들의 몫이 될 것이다. 예를 들어, 한 집단상담자가 집단의 시작부터 주도권을 잡고 집단의 통제와 결정을 도맡게 된다면, 다른 집단상담자는 이에 대해 불만을 느낄 수 있다. 리더의 이러한 불만은 집단리더십에 영향을 주게 되어 결국 집단역동에도 부정적인 영향을 미치게 된다. 이러한 문제를 예방 또는 해결하려면, 집단상담자들은 한배에 타고 있다는 의식으로 팀워크를 발휘하여 집단작업에 임해야 한다. 대화상자 4-7은 리더 두 사람이 리더십 경쟁을 하는 상황에서 이루어진 대화의 예다.

대화상자 4-7. 리더십 경쟁 상황에서 이루어진 리더들 간의 대화 예

리더 1: 오늘 저녁은 지난번에 내어 준 숙제에 관한 이야기를 들어 보는 것으로 시작할까요? 여러분 각자가 목표 달성을 향해 얼마나 진척되고 있는가를 알 수 있을 테니까요.

리더 2: 여러분 중에는 지난주 회기에 대해 질문이 있는 분도 계실 겁니다. 여러분의 질문에 대한 답변도 해드리겠습니다.

소 은: 저는 지난 한 주를 그럭저럭 잘 보낸 것 같아요. 아파트 앞에 있는 학교 운동장에서 3일 내내 하루도 안 빼먹고 조깅을 했거든요.

리더 1: 와, 드디어 해내셨군요. 그런데 주하 씨는 지난주에 고향에 계신 아버님께 전부터 전해 드리고 싶었던 말씀을 드리기로 했었는데…… 어떻게 됐나요?

주 하: 네, 괜찮았어요. 지난 명절에 고향에 내려갔을 때, 내가 갑자기 화를 내고 올라오게 되었던 점에 대해 사과드렸어요. 집단에서 연습해 본 것처럼, 그때 왜 그랬는지, 자초지종을 설명해 드렸고요. 그리고 "아빠 사랑해요!"라는 말도 했고요. 아버지께서 화를 내실 줄 알았는데, 의외로 기뻐하시는 것 같아서 내심 많이 놀랐어요.

리더 2: 그 점이 바로 우리가 전에 다루었던 부분이지요. 부모님과 언쟁을 벌이지 않아야 한다는 점 말이에요. 대신, 부모님의 말씀을 그저 인정해 드리는 것이 더 현명한 대처방법이죠. 그러면 부모님과 언쟁한 것에 대해 좀 더 이야기를 나누어 볼까요?

연 수: 저는 직장 상사들과 약간 트러블이 있었는데, 이런 것에 대해서도 말해도 되나요?

리더 2: 그럼요.

대화상자 4-7에서, 집단리더들은 서로 다른 사안에 초점을 맞추고 작업을 시도하고 있다. 리더 1은 집단원들에게 내어 준 숙제를 점검하고자 하는 반면, 리더 2는 중요한 인물과의 관계에 관해 탐색하기 위한 방향으로 초점을 옮겨 가고자 하고 있다. 리더 2의 초점이 반드시 잘못된 것으로 볼 수는 없지만, 선택한 시점이 부적절한 것으로 보인다. 왜냐하면 집단원들은 이미 지난 한 주간 일어난 일에 관해 이야기하려는 상황에서 갑자기 사고의 흐름을 다른 방향으로 옮겨야 했기 때문이다.

이 경우, 리더 1은 어려운 결정을 내려야 한다. 즉, 먼저 제기했던 목표를 포기하고 리더 2가 제시한 방향으로 초점을 옮겨 가도록 허용할 것인가, 아니면 자신이 제안한 대로 지난 회기 때 내어 준 숙제확인 작업을 계속할 것인가를 결정해야

할 것이다. 만일 후자의 경우를 선택하게 되는 경우, 예상되는 문제는 집단원들이 지켜보는 앞에서 리더 2와 힘겨루기를 하는 모습을 보여야 하는 모험을 감수해야 할 것이다. 대화상자 4-7의 예는 리더들의 집단작업이 효율적으로 이루어지고 있는 것으로 보기 어렵다. 그러므로 리더 두 사람은 협의 또는 수퍼비전을 통해 이러한 문제부터 해결해야 할 것이다.

집단원 편애 가능성. 공동리더십의 네 번째 제한점은 집단상담자 한 사람 또는 각자 특정 집단원을 편드는 상황이 발생할 수 있다는 점이다. 예를 들어, 한 여성 집단원이 남편에 대한 불만을 이야기하던 중에 불특정 남성에 대한 반감을 털어놓았다고 하자. 이때 여성 집단상담자가 그 집단원의 입장에 동조하는 것 같은 반응을 보인다면, 집단은 자칫 남녀로 나뉘어 성 평등 관련 토론장으로 변질될 수 있다. 그런가 하면, 마치 부모와 특정 자녀 사이의 애착 때문에 부모 사이에 균열이 생길 수 있듯이, 집단원들과 집단상담자와의 관계로 인해 공동리더들 사이에 균열이 생길 수 있다. 특히, 공동리더가 혼성으로 편성된 집단은 종종 가족 체계를 연상시켜 성별 및/또는 성차와 관련된 집단역동에 영향을 미치기도 한다. 그러면 집단상담자는 공동리더십의 제한점을 어떻게 극복해야 하는가?

공동리더십의 제한점 극복 방안

공동리더십의 장점을 극대화하는 한편, 제한점을 최소화하여 집단리더십의 생산성을 높이려면, 글상자 4-18에 제시된 공동리더십의 제한점 극복방안을 실행한다.

글상자 4-18. 공동리더십의 제한점 극복방안

1. 공동리더들 사이에 의사소통 통로를 열어 놓는다.
2. 신뢰와 존중을 바탕으로 서로의 전문성을 인정한다.
3. 서로의 강점과 한계점을 함께 확인한다.
4. 서로에 대해 더 잘 알기 위한 시간을 마련한다.
5. 집단계획, 목표/세부목표, 규준 등에 관해 협의 · 결정한다.

6. 집단의 예비 모임에 함께 참석한다.
7. 집단 회기 전과 후의 모임을 통해 집단운영에 관해 의견을 나눈다.
8. 회기 전 모임에서는 집단에서 우선 다뤄야 할 사항과 기대되는 점을 상의한다.
9. 회기 후 모임에서는 회기 결과 평가, 피드백 교환, 집단 반응에 대한 의견 교환, 다음 회기의 목표 및 활동 등에 대해 협의한다.
10. 소통기술을 지속적으로 다듬고, 집단 관련 사항에 관한 협의를 통해 신뢰 관계를 유지한다.

공동리더십은 집단원들의 집단경험을 손상하는 것이 아니라, 보강을 위한 도구가 되어야 한다. 공동리더들은 집단에서의 상대적인 위치에 대해 안정감을 가지고 서로를 존중함으로써 생산적인 집단작업을 수행해 나가야 한다. 만일 두 집단상담자의 집단운영 철학과 방식이 확연히 달라서 집단진행에 걸림돌로 작용할 가능성이 있다면, 이들에게 공동리더십은 그리 권장할 만한 선택은 아닐 수 있다.

집단상담자의 문제행동

집단상담자로서 성장해 가는 과정에서 초심 집단상담자는 때로 실수를 범하기도 한다. 집단과정에서 집단상담자가 범하기 쉬운 문제행동으로는 ① 지나친 개입, ② 방어적 행동, ③ 폐쇄적 태도, ④ 과도한 자기개방을 꼽을 수 있다. 먼저, 집단상담자의 지나친 개입부터 살펴보면 다음과 같다.

지나친 개입

집단상담자가 흔히 범하기 쉬운 문제행동의 첫 번째는 집단과정에 과도하게 개입하는 것이다. 이는 집단초기에 초심 집단상담자에게서 종종 나타나는 현상이다. 집단원들이 상호교류하는 과정에서 집단상담자는 집단원들의 진술에 대해 일일이 반응할 필요는 없다. 집단역동이 구성원들 간의 말과 행동을 통한 상호작용에 달려 있다. 이러한 점을 고려할 때, 초심 집단상담자는 집단원들이 말할 때마다 반응을 보이는 대신, 집단원들에게 자기개방을 할 수 있는 분위기를 조성하며, 또한 연결 등의 집단기술을 활용하여 다른 집단원들에게 이에 대해 반응할 기회를 제공해야 한다. 대화상자 4-8은 집단상담자가 지나치게 개입하고 있는 상황에서 이루어지고 있는 대화의 예다.

대화상자 4-8. 집단상담자의 지나친 개입의 예

보 람: 우리 아빠는 매일 밤늦게 술에 취해 들어오세요. 그리고는 엄마와 소리 지르면서 싸워요.
리 더: 엄마 아빠가 밤늦게 다투실 때마다 무섭겠구나.
슬 기: 우리 엄마는요, 만날 제가 하는 일에 참견하고 잔소리하세요. 이젠 엄마랑 말하고 싶지도 않아요.
리 더: 슬기는 엄마와 대화 나누기가 많이 힘든가 보구나.
한 솔: 우리 아빠는 공부 잘하는 우리 형만 좋아하는데……. 저는 우리 형이 아예 없었으면 좋겠어요.
리 더: 한솔이는 아빠가 공부 잘하는 형만 예뻐하는 것 같아서 속상한가 보구나.

대화상자 4-8에서, 집단상담자는 집단원들이 자기개방을 할 때마다 언어적으로 반응하고 있다. 노련한 리더라면 일일이 반응을 보이기보다는 다른 집단원들이 반응을 보일 때까지 잠시 기다려 주거나, 대화상자 4-9와 같이 연결을 통해 집단원들의 참여를 독려할 것이다.

대화상자 4-9. 집단상담자의 적절한 개입의 예

승 민: 글쎄요, 정아한테 제가 먼저 전화를 걸어 사과한다고 문제가 해결될지는 잘 모르겠어요.
리 더: 음, 그럴 수도 있겠구나. 승민이가 이야기할 때, 상택이가 고개를 갸우뚱했는데…….
상 택: 제 생각으로는, 먼저 사과한다고 여자 친구와의 관계가 전과 똑같이 되지는 않을 수 있지만, 적어도 승민이가 그렇게 할 수밖에 없었던 상황이었다는 것을 알릴 필요는 있지 않을까요?

리 더: 음, 지난주에 세희가 남자 친구와 이와 비슷한 상황에 있었다고 말했던 것으로 알고 있는데…….

세 희: 네, 저도 비슷한 상황이었는데요. 제 남자 친구가 먼저 나한테 전화해서 사과하면서 자기 마음을 솔직하게 말해 줘서 오해가 풀렸던 것 같아요.

방어적 행동

집단상담자가 흔히 범하기 쉬운 문제행동의 두 번째는 방어적 행동이다. 집단을 이끌면서 집단상담자가 견디기 힘들어하는 것 중에는 집단원들의 비판, 평가, 부정적 반응이 포함된다. 예를 들어 구조화 활동을 투입하는 경우, 집단원들은 자신들의 자율성을 구속한다고 불평하면서 지시에 잘 따르지 않을 수 있다. 그런가 하면 비구조화된 집단의 경우, 구체적인 논의 방향을 제시해 주지 않아 혼란스럽다고 토로하면서 집단참여에 소극적인 태도를 보일 수 있다. 대화상자 4-10은 집단효과에 대해 비판적인 평가를 하는 집단원의 반응에 집단상담자가 방어적 행동을 보이는 대화의 예다.

대화상자 4-10. 집단상담자의 방어적 행동의 예

승 희: 글쎄요, 제가 이 집단에 참여하게 된 지도 그럭저럭 5주나 되는데요. 솔직히 말해서 이 집단은 제 기대에 한참 못 미치는 것 같아요. 솔직히, 이 집단에서 얻은 것이 아무것도 없거든요.

리 더: 승희 씨 말씀은 이해되지만, 집단참여에 너무 소극적이고 자기를 잘 드러내지 않은 승희 씨에게도 책임이 있지 않을까요?

대화상자 4-10에 제시된 것 같은 상황을 대비하여, 집단상담자는 비판적 태도나 부정적 반응을 보이는 집단원을 치료적 · 건설적으로 대하는 방법을 체득해야 한다. 즉, 집단에서 집단원들이 부정적인 태도나 행동을 표출하는 경우, 집단상담자는 반응(예, "승희 씨가 집단에서 얻고자 했는데 아직 얻지 못하고 있는 것이 무엇인가요?")을 함으로써 치료적 작업의 단서로 삼을 필요가 있다. 만일 그렇지 않고 집단상담자가

방어적인 행동으로 일관한다면, 이는 서로에 대한 적대감과 좌절감을 안겨 줄 수 있다. 특히, 초심 집단상담자가 집단운영과 성과에 대한 기대가 높은 경우, 몇 회기 지나지 않아 중도에 포기하고 싶을 정도의 좌절감이 들 수 있다. 이들은 때로 자신의 노력에 비해 합당한 보상이나 긍정적인 피드백을 충분히 받지 못하고 있다고 여겨 크게 실망할 수도 있다. 그러나 집단리더십을 신장시키는 일은 시간과 노력이 요구된다. 이는 집단상담자에게 마음의 여유와 지속적인 정진이 필요하다는 의미다.

폐쇄적 태도

집단상담자가 흔히 범하기 쉬운 문제행동의 세 번째는 폐쇄적 태도다. 폐쇄적 태도란 집단과정에서 개인의 사적인 내용의 노출을 최소화하려는 경향을 말한다. 집단상담자의 폐쇄적 태도는 집단원들에게도 영향을 주게 되어 자기개방을 가로막는 걸림돌이 될 수 있다. 집단상담자의 자기개방은 집단원들의 자기개방 수준에 직간접적으로 영향을 준다. 여기서 고려해야 할 점은 언제, 얼마나, 어떻게 개방할 것인가다. 집단상담자가 시의적절하게 자신을 개방하는 것은 집단역동을 촉진할 수 있기 때문이다(Trotzer, 2013).

그러면 집단상담자가 폐쇄적인 태도를 취하게 되는 이유는 무엇인가? 하나는 전문가 이미지를 훼손시키지 않고 불편한 상황에 놓이게 되는 것을 원치 않기 때문일 수 있다. 다른 하나는 집단상담자의 사적인 내용을 개방하는 것이 치료적 관계 형성을 막는다고 여길 수 있기 때문이다. 폐쇄적 태도를 보이는 집단상담자들은 경험이 많고 노련한 집단상담자일수록 자신의 감정 표현에 적극적이고, 집단원들 못지않게 집단활동에 적극적으로 참여한다는 사실을 기억해야 할 것이다.

과도한 자기개방

집단상담자가 흔히 범하기 쉬운 문제행동의 네 번째는 과도한 자기개방이다. 이러한 행동은 때로 집단상담자가 자기개방을 많이 할수록 집단원들의 자기개방을 촉진할 것이라는 믿음이 원인이 되기도 한다. 또한, 자신도 집단원들과 크게 다르지 않다는 점을 강조하면서 자신의 사적인 내용을 과도하게 노출하는 방식으로 나타난다. 자기를 과도하게 개방하는 집단상담자는 자신 및/또는 과거 경험에 관한 세세한 부분까지도 털어놓으면서, 마치 개인적인 문제해결을 위해 집단을 이용하는 것 같은 방식으로 나타나기도 한다. 이러한 행동은 집단상담자로서보다는 마치 집단의 일원으로 기능하는 것 같은 행태로 나타난다.

그러나 집단상담자의 역할과 기능은 집단원과 엄연히 구분되어야 한다. 집단상담자의 자기개방은 너무도 쉽게 집단원들과의 경계를 허물어뜨릴 수 있기 때문이다. 집단상담자는 적절한 자기개방을 함으로써 집단의 초점이 집단원이 아니라 집단상담자에게 맞춰지지 않도록 유의해야 한다. 동시에, 집단상담자는 리더의 역할을 그만두고 집단원의 한 사람이 되라는 집단압력을 극복해야 한다. 집단상담자는 전문가로서 집단원들 간의 상호작용 촉진, 안내, 개입, 평가 등의 임무를 수행해야 함을 인식 · 수행해야 한다.

집단상담자의 자기개방을 위한 지침. 집단상담자가 집단에 참여하는 일차적인 이유는 집단원들 사이의 상호작용을 촉진하고, 집단의 초점을 설정 · 유지 · 이동 · 심화하는 등 전문가로서의 임무를 수행하기 위함이다. 따라서 집단상담자의 자기개방은 집단원들의 집단참여 목적 성취를 위해 이들을 돕는 도구로 활용되어야 한다(Yalom, 2005). 집단상담자가 자기개방을 할 때 고려해야 할 지침으로는 다음 세 가지를 들 수 있다.

첫째, 집단상담자의 역할 수행에 방해되는 문제가 있다면, 다른 전문가와의 상담 또는 자문을 통해 그 문제를 우선 해결한다. 이를 통해 집단상담자는 자신의 사적인 문제가 집단에 부정적인 영향을 주거나 역할 혼동으로 발생할 수 있는 문제를 예방할 수 있다. 집단상담자는 집단원들에게 단순히 감명을 주거나, 동정심을 유발하거나, 개인의 문제에 대한 부담을 덜고자 하는 목적을 위한 자기개방을 피해야 한다(Morran et al., 2004). 그러나 이는 때로 집단원들의 변화촉진을 위한 도구로서가 아니라 자기과시 또는 집단원들의 관심을 끌거나 집단원들이 자신을 좋아하게 하려는 욕구충족의 일환으로 이루어지기도 한다. 따라서 집단상담자는 자기개방과 연관된 자신의 동기를 인식하고 있어야 한다.

둘째, 집단작업과 관련된 자기개방은 일반적으로 유익하다는 점을 기억한다. 집단상담자의 적절한 자기개방은 집단원의 경험이 정상이라는 느낌을 주고, 집단원들 간의 자기개방을 촉진한다. 예컨대, 특정 집단원에 대해 가지고 있는 지속적인 느낌을 표출하는 것은 집단과정을 촉진한다. 이처럼 일반적으로 집단에 대한 느낌과 관련된 자기개방은 생산적인 반면, 집단에서 다루고 있는 주제와 관련이 없는 개인적인 사건이나 문제를 털어놓는 것은 비생산적이다. 또한, 또래관계에서 어려움을 겪고 있는 청소년을 돕기 위해 집단상담자는 자신의 청소년기에 겪었던 유사한 경험에 관해 이야기해 줄 수 있다. 이러한 형태의 자기개방은 집단상담의 탈신비화[demystification]에도 도움을 줄 수 있다.

셋째, 집단에서 자신의 사적인 문제를 끄집어내고 싶은 유혹을 계속해서 느낀다면, 집단상담자는 글상자 4-19와 같은 질문을 통해 그 이유와 어느 정도까지 털어놓을 것인가를 고려해야 한다.

글상자 4-19. 자기개방에 대한 집단상담자의 동기 확인을 위한 체크리스트

- ○ 내가 드러내려고 하는 나의 사적인 이야기는 치료적 효과가 있어서 집단원들에게 이익을 가져다주는가?
- ○ 다른 집단원들과 다름이 없는 인간이라는 점을 나타내기 위함인가?
- ○ 집단원들의 자기개방을 촉진하기 위함인가?
- ○ 진정으로 자신의 사적인 모습을 보여 주기를 원하기 때문인가?

집단상담자의 자기개방은 집단원들의 이익에 도움이 될 수 있을 정도로 시의적절하고, 목적성이 분명해야 한다. 집단상담자의 사적인 문제를 집단에 공개하는 것은 집단원들에게 보편성을 통한 치료 효과가 있겠지만, 일반적으로는 바람직하지 않다. 그러므로 집단상담자는 자신의 문제를 공개하기보다 집단원들 사이에 자기개방의 빈도와 깊이에서 큰 차이가 나지 않도록 균형 유지를 위한 조정자로서의 임무를 수행해야 한다(Yalom, 2005). 이때, 집단상담자는 '지금 여기'과 관련

된 반응을 함으로써 집단 내의 상호작용을 촉진해야 한다. 만일 집단상담자가 자신의 역할에 불편함을 느낀다면, 이는 곧 개인상담 또는 집단원으로 집단에 참가하여 도움을 받을 필요가 있음을 의미한다.

수업활동 / 수업시간에 함께 해 볼까요?

1. **집단상담자로서의 나** 각자 집단상담자로서의 자질에 대해 생각해 보자. 집단상담자로서 나의 감정과 약점은 무엇인가? 나는 어떤 리더십 유형에 속하는가? 나는 어떤 집단상담자가 되고 싶은가? 내가 모델로 삼고 있는 인물이 있다면, 누구인가? 그 이유는 무엇인가? 소집단으로 나누어 이러한 질문에 관해 이야기 나누어 보자.

2. **공동리더십 연습** 2인 1조로 나누어 강의시간에 강의내용의 일부에 대해 발표하거나, 연습활동을 리드하거나, 집단 관련 현안에 대한 논의를 주도해 보자. 두 사람은 사전에 다음과 같은 상항에 대해 논의한다.

   1. 한 사람이 집단을 시작하면, 다른 사람은 시계를 눈여겨보며 마무리하는 역할을 담당한다.
   2. 서로 반대편에 위치하여 마칠 때까지 서로의 모습은 물론 다른 구성원들을 지켜볼 수 있도록 한다.
   3. 집단이 진행되는 상황에 대해 구성원 개개인이 어떤 반응을 보이는지에 대해 지속적으로 살핀다.
   4. 때때로 서로 시선의 접촉을 유지함으로써 집단을 함께 이끌고 있음을 확인한다.
   5. 적어도 한 차례는 두 집단상담자가 구성원들 앞에서 집단운영에 관한 이야기를 나눈다.

복습문제 / 공부한 것을 확인해 볼까요?

객관식 문항

1. 전문상담교사가 어떤 학생과의 상담에서 역전이를 경험할 때 취할 행동으로 가장 적절하지 않은 것은?

① 역전이가 일어날 때는 언제나 상담을 중단한다.
② 상담의 진행과정에 대하여 수퍼바이저에게 수퍼비전을 받는다.
③ 상담자로서 자신의 역동을 알기 위하여 각종 세미나와 연수에 적극적으로 참여한다.
④ 상담과정에서 나타나는 자신의 감정에 대하여 동료 전문상담교사들에게 수퍼비전을 받는다.
⑤ 자신의 한계를 알고 학생의 문제를 잘 다룰 수 있는 다른 전문상담교사에게 학생을 의뢰하는 것을 검토한다.

주관식 문항

2. 집단상담자의 자질[qualifications] 다섯 가지만 서술하시오.

① ______
② ______
③ ______
④ ______
⑤ ______

3. 집단상담자 교육과 훈련에 필요한 핵심요소 네 가지를 서술하시오.

① ______
② ______
③ ______
④ ______

4. 집단상담자의 전문성을 신장시키기 위한 요건 다섯 가지를 서술하시오.

① ______
② ______

③ ____________________
④ ____________________
⑤ ____________________

5. 집단리더십 유형 세 가지를 서술하시오.

① ____________________
② ____________________
③ ____________________

6. 공동리더십의 장점 여섯 가지를 서술하시오.

① ____________________
② ____________________
③ ____________________
④ ____________________
⑤ ____________________
⑥ ____________________

7. 집단상담자의 문제행동 네 가지를 서술하시오.

① ____________________
② ____________________
③ ____________________
④ ____________________

8. 다음은 예비 집단상담 전문가에게 보낸 자기소개서의 일부이다. 집단상담자가 되기 위해 노력해야 할 점을 ㉠~㉣ 중에서 찾고 보완해야 할 자질을 쓰시오. 그리고 ㉤과 관련하여 예비 집단상담자가 개인상담에서의 상담자 경험과 내담자 경험을 통해 얻을 수 있는 교육적 효과를 각각 두 가지씩 서술하시오. **▶2016년 전문상담**

자기소개서

이름: 이은주

안녕하십니까? 저는 앞으로 집단상담 전문가가 되고 싶은 이은주입니다. 찾아

뵙고 선생님의 지도를 받기 전에 간단히 제 소개를 드리고자 합니다. 저는 고등학교 시절에 참여했던 집단상담 덕분에 고민이 많았던 청소년기를 잘 견뎌 낼 수 있었습니다. 그 이후 기회가 되는대로 집단상담에 참여하였고, 그러면서 자연스럽게 집단상담 전문가가 되고 싶다는 희망을 가지게 되었습니다.

—(중략)—

㉠ 저는 있는 그대로의 저를 받아들이며 강점은 물론이고 약점도 저의 일부로 여깁니다. ㉡ 저는 새로운 경험을 추구하며, 저와 다른 방식의 삶과 그 가치를 기꺼이 수용하는 자세를 지니고 있습니다. ㉢ 저는 쓸데없는 농담으로 시간을 낭비하지 않고, 늘 신중하며 진지하게 사람을 대하는 장점을 가지고 있습니다. ㉣ 사람들에 대한 폭 넓은 이해력을 가지기 위하여 상담이론을 열심히 공부하고 있습니다.

—(중략)—

㉤ 집단상담자가 되기 위해서는 무엇보다 먼저 개인상담을 직접 체험해 보는 것이 중요하다는 말을 들었습니다. 아직 제가 개인상담은 경험해 보지 못했지만, 그래야 한다면 개인상담을 경험해 보도록 하겠습니다.

9. 〈보기〉는 집단리더의 지도성 유형을 설명한 것이다. 각각 어떤 유형에 해당하는지 쓰시오.

▶ 2006년 전문상담 1차

〈보기〉

1. 집단구성원이 스스로 집단의 방향을 결정하고 문제를 해결할 수 있도록 도와준다.
2. 집단의 진행은 전적으로 집단구성원의 책임이라고 생각하여 가능한 한 관여하지 않는다.
3. 집단구성원만의 힘으로는 변화를 가져올 수 없다고 생각하여 집단과정을 주도적으로 이끈다.

(1) ______

(2) ______

(3) ______

정답 1. ①

05

CHAPTER

집단원,
어떻게 참여하는가?

집단원!

○ 집단원은 누구를 말하는가?

○ 나는 어떤 사람인가?

○ 나는 어떤 사람들을 좋아하는가/싫어하는가?

○ 나는 기꺼이 집단에 구성원으로 참여하겠는가?

○ 내가 집단에 참여한다면, 나는 어떤 역할을 담당하게 될 것 같은가?

집단원group member은 집단에 참여하는 사람을 가리키는 말이다. 사람들은 심리적 문제해결, 대인관계에서의 어려움 극복, 중요한 인물의 추천, 성격상의 결점 보완, 집단상담자가 되기 위한 집단경험, 친밀한 대인관계 형성, 또는 단지 대화를 나눌 수 있는 사람이 필요해서 등 다양한 이유로 집단에 참여한다. 그런가 하면, 법원 판결에 따라 비자발적으로 집단에 참여하는 사람도 있다. 이처럼 집단참여 동기가 다르듯이, 사람들의 각기 다른 성장 배경, 성격, 능력, 소질, 적성, 흥미, 관심, 신념, 가치관, 태도는 집단참여 동기에 직간접적으로 영향을 미친다. 게다가, 사람들은 각자의 삶의 역사와 경험을 가지고 집단에 참여한다. 사람들은 이러한 요소의 영향을 받아 각자 독특한 사고와 행동상의 특성을 나타낸다.

집단원 중에는 인종, 민족, 성 지향성 등 다른 문화적 배경을 지닌 사람에 대한 신념을 가지고 있어서 집단 내에서 신뢰 관계 또는 유대감 형성을 어려워하는 사람도 있을 수 있다. 예를 들면, 이성애자들로부터 판단과 거부를 경험해 온 동성애자 집단원은 이성애자 집단원들이 자신을 있는 그대로 받아들이지 않을 거라는 성급한 결론을 내릴 수 있다(Sue et al., 2014). 치료적 집단의 이점은 이러한 집단원들로 하여금 과거의 경험이 현재의 대인관계에 미치는 영향을 탐색할 수 있다는 것이다.

사람들은 일상생활에서 각자의 역할이 있다. 집단에 참여하는 사람들 역시 은연중에 집단에서 각자 나름의 역할을 맡게 된다. 집단에서 어떤 역할을 맡게 되는가는 흔히 과거부터 해 오던 일, 집단의 구성, 그리고 상황의 독특한 역동성에 기초한다. 이러한 역할은 집단과정의 촉진제 역할을 하거나, 목표 달성에 장애물로 작용하기도 한다(Capuzzi & Gross, 2009). 집단원의 역할을 또 다른 관점에서 보면, '희생양scapegoat'과 '영웅hero'이 있다. '속죄양'으로도 불리는 희생양은 집단원이 수용하기 어려워하는 부분을 마치 다른 집단원의 것처럼 여기거나, 자신의 욕구나 문제를 다른 집단원에게 투사함으로써 나타난다. 집단원들은 희생양이 된 집단원을 자신들의 죄의식, 분노, 수치감 같은 강한 감정의 표출대상으로 여기게 된다. 그리고 결국 이 집단원은 다른 집단원들의 불편한 감정을 대신 해소해 주는 일종의 피뢰침 역할을 담당하게 된다(Smith & Berg, 1995).

이러한 현상은 집단 내에 긴장이 고조된 상황에서 자신의 경험을 기꺼이 공개하는 모험을 시도하는 집단원에 대해 흔히 일어난다. 이 경우, 해당 집단원은 결국 희생양이 되어 다른 집단원들로부터 불편한 감정 해소를 위한 공격의 표적이 되기도 한다. 반면, 마치 '성스러운 소holy cow'(Schoenwolf, 1998)처럼 만인의 영웅으로 떠받들어지는 집단원도 생긴다. 이 집단원은 다른 집단원들이 일종의 성스러운 대상으로 이상화함으로써 나타난다. 가족 내에 애지중지하는 자녀가 있는 것처럼, 집단 내에서도 이와 유사한 대우를 받게 되는 집단원이 나타난다. 이러한 역할은 집단원들 사이에서 종종 관찰되는 역동의 일부다.

집단원들은 각자 집단참여 목적이 있고, 이를 성취하기 위해 집단에 참여한다. 집단상담자는 집단원들의 집단참여 목적을 구체적 · 실천적이고 달성 가능한 형태의 목표로 재설정하는 것을 돕는다. 집단참여의 목적 달성을 위해 애쓰는 과정에서 집단원들은 일상생활에서 습관화된 자신의 모습을 자연스럽게 드러낸다. 이러한 행동은 집단 내에서 다양한 형태의 문제행동이 되어 집단과정을 저해하기도 한다. 이처럼 집단과정을 저해하는 다양한 역기능적인 역할이 있는가 하면, 집단과정과 목표 달성을 촉진하는 건설적인 역할도 있다(Gladding, 2016). 이 장에서는 집단원을 이해하기 위한 방편으로 집단원의 기능적 측면의 역할과 문제행동을 살펴보기로 한다. 그러면 먼저 집단원들이 집단에서 담당하게 되는 기능적 역할은 무엇인가?

집단원의 기능적 역할

집단과정을 이해하기 위해서는 집단원의 기능적 측면의 역할을 파악해 볼 필요가 있다. 집단에서 담당하게 되는 집단원의 역할은 이들의 일상생활에서의 역할과도 밀접한 관련이 있다는 점에서 집단원의 행동과 대인관계 패턴을 이해하는 데 단서를 제공한다. 그러므로 집단원의 기능적 역할을 파악하는 일은 이들에 대한 이해를 돕고, 이들이 제시하는 문제의 해결과 인간적 성장을 도울 수 있는 자료로 활용될 수 있다. 집단원의 기능적 역할은 크게 ① 집단과업 역할, ② 집단 건축 및 유지 역할, ③ 개별 역할로 나누어 살펴보기로 한다.

집단과업 역할

집단과업 역할의 분석은 집단과업이 구성원들의 공통 관심사나 문제 또는 주제를 정하고 구체화하여 작업/해결하는 것이라는 가정하에 이루어진다. 여기서 집단과업 역할group task roles은 집단원의 문제해결 활동을 촉진 · 조정하는 기능과 관련이 있다. 집단리더와 집단원 개개인은 집단과업과 관련된 다양한 역할을 담당하게 된다. 집단과업과 관련된 주요 역할은 열두 가지로 구분되는데, 각 역할에 대한 설명은 표 5-1과 같다.

표 5-1. 집단과업과 관련된 집단원의 역할

역할	설명
☐ 창안자 · 공헌자	• 집단의 문제나 목표에 관한 새로운 아이디어나 변화된 방법을 제안하거나 건의함
☐ 정보 모색자	• 필요한 정보를 구하면서 집단에서 논의되고 있는 문제에 관한 정보와 사실의 옳고 그름에 관심이 있고, 옳고 그름의 여부를 묻기도 함
☐ 의견 모색자	• 집단이 지향하고 있는 가치관 또는 제시된 제안이나 대안과 관련된 가치관에 대해 명확하게 짚고 넘어가기 위한 질문을 던지곤 함
☐ 정보 제공자	• 집단의 문제해결에 도움이 될 것이라는 판단하에 자신의 경험담을 일반화시켜 집단에 제시함

☐ 의견 제시자	• 제시된 제안 또는 대안과 관련된 자신의 신념이나 의견을 말함
☐ 부연 설명자	• 예를 들어 설명하거나 근거를 제시하여, 아이디어나 제안이 집단에 의해 수용된다면 어떻게 작용할 것인지를 연역적으로 추론함
☐ 조정자	• 다른 집단원들의 다양한 아이디어와 제안 사이의 관계를 설명하거나 명확하게 정리해 줌
☐ 방향 제시자	• 집단에서 이야기가 오고 갔던 내용을 요약함으로써 집단의 목표 달성과 관련하여 현재 그 집단이 어느 위치에 와 있는지 알려 줌
☐ 평가자 · 비평자	• 집단과업에서 집단기능의 기준에 비추어 집단의 성취도를 고려하고, 제안이나 집단 논의의 실용성과 논리성, 사실 또는 절차에 대해 평가하거나 의문을 제기하기도 함
☐ 활력 제공자	• 집단 분위기를 활성화하여 구체적인 결정에 도달할 수 있도록 활력을 불어넣음
☐ 진행 기술자	• 집단을 위한 일상적인 업무를 수행하거나 유인물을 나누어 주기도 하며, 필요한 경우 시청각 기자재 등을 작동함으로써 집단과정을 촉진함
☐ 기록자	• 집단에서 제안되거나 논의한 내용을 받아 적거나 집단이 결정한 내용을 기록으로 남기는 역할('집단의 기억장치')을 함

집단 구축 및 유지 역할

집단 구축 및 유지group building and maintenance 역할이란 집단의 기능과 관련된 특성을 말한다. 즉, 집단을 강화 · 조절 · 지속하기 위해 집단작업의 방법을 변경 또는 유지하는 역할에 해당한다. 집단 구축 및 유지 역할은 일곱 가지로 구분되는데, 각 역할에 대한 설명은 표 5-2와 같다.

표 5-2. 집단 구축 및 유지 역할에 관한 설명

역할	설명
☐ 격려자	• 다른 집단원들이 집단에 기여하는 것에 대해 지지 · 격려 · 수용함 • 따스함과 확고한 태도로 다른 집단원들에게 피드백을 제공하고 존중하고 보살피며, 다른 집단원들의 관점, 새로운 아이디어, 제안을 이해 · 수용하는 자세를 보임

☐ 화합자	• 집단원들 사이의 감정 대립 발생 시 중재하고, 의견의 불일치가 발생할 때 화합을 시도하며, 갈등이 야기될 때 긴장을 해소하는 역할을 함
☐ 타협자	• 자신의 아이디어나 위치가 관련된 갈등 상황에서 나타남 • 자신의 위치에서 양보나 잘못 시인 등 집단의 조화 유지에 주도적인 역할을 함으로써, 의견 대립이 발생한 집단과 동등한 정도의 양보를 유도하여 타협함
☐ 문지기 · 촉진자	• 다른 집단원들의 참여를 격려 · 촉진(예, "우리 아직 ○○ 씨의 생각을 들어 보지 않았는데……." 등) 또는 대화가 잘 진행되도록 규칙 제안(예, "우리 이야기하는 시간을 제한해서 모든 사람이 이야기할 수 있도록 하는 것이 어떨까요?" 등)을 통해 대화를 이어나갈 수 있도록 유도하는 역할을 함
☐ 기준 설정자	• 집단이 제 기능을 할 수 있도록 기준 설정을 제안하거나, 집단과정 수준 평가에 기준을 적용하는 역할을 함
☐ 관찰자/해설자	• 집단과정의 다양한 면을 지속적으로 기록하여 리더와 집단원들이 집단과정에 대해 평가할 때 해석과 함께 자료를 제공하는 역할을 함
☐ 추종자	• 집단이 움직이는 대로 따라가고 다른 집단원들의 아이디어나 제안을 수동적으로 받아들이며, 집단논의 또는 의사결정에 거의 참여하지 않고 마치 청중이나 구경꾼처럼 방관하는 태도를 보임

개별 역할

개별 역할을 범주화하는 것은 집단과업 또는 기능과 상관없이 단순히 집단원 개개인의 역할을 분류하기 위한 것 이상이다. 개별 역할[individual roles]은 보통 일곱 가지로 나뉘는데, 각 역할에 대한 설명은 표 5-3과 같다.

표 5-3. 집단원의 개별 역할에 관한 설명

역할	설명
☐ 공격자	• 다른 집단원 또는 리더를 비난함으로써 지위를 깎아내리고, 다른 집단원의 가치관, 행동, 느낌에 대해 반박 또는 비난함 • 집단 또는 작업 중인 문제에 대해 공격적 · 비판적인 말을 던지거나 상처가 될 만한 농담으로 다른 집단원들을 난처하게 하거나, 다른 집단원들이 집단에 기여하는 것을 질시하는 태도를 보임

☐ 차단자	• 매사에 부정적 · 저항적인 태도를 보이며, 중요하지 않은 내용의 말로 다른 집단원들의 말을 끊고 대화에 끼어들거나, 정당한 이유 없이 다른 집단원들 또는 리더의 진술에 반박함 • 다른 집단원들 또는 리더의 의견이나 제의에 반대를 일삼으며, 때로 집단에서 이미 통과된 안건에 대한 재론을 요구하기도 함
☐ 자기 고백자	• 리더와 집단원들을 마치 자신을 위해 마련된 청중인 양 여기며, 이기적이면서도 집단의 발전과 무관한 느낌 · 통찰 · 생각 등에 대해 거론하는 특징이 있음
☐ 바람둥이	• 집단과정과 활동에 적극적으로 참여하지 않으며, 매사에 냉소적이고 수수방관하는 태도를 보임 • 방관자로서 집단에서 철수하는 태도를 보이거나 의도적으로 무관심한 자세를 보여 집단 분위기를 흐트러뜨리고 응집력을 약화시킴 • 때로 집단과정에 열심히 참여하는 것처럼 보이다가 치고 빠지는hit-and-run 식의 게임('수동공격적 성향')을 나타냄
☐ 압제자	• 자신의 나이, 권위 또는 우월감을 내세워 집단 또는 특정 집단원(들)을 통제 · 조종하려고 함 • 자신의 우월한 지위에 걸맞게 집단원들의 시선이 자신에게 집중되어야 한다는 식의 태도를 취하며, 권위적인 태도로 집단이 나아갈 방향을 제시하거나 불필요하게 다른 집단원들의 이야기를 가로막는 등의 행동을 나타내기도 함
☐ 도움 모색자	• 자신의 불안정한 심리 상태나 개인적으로 혼란스러운 감정을 필요 이상으로 과장하여 호소하거나 이유 없이 자신을 격하시킴으로써, 다른 집단원들에게 동정심을 기대하거나 동정적인 반응을 얻어내려고 시도함
☐ 특수 관심 탄원자	• 특수 주제(예, 벤처기업, 건강/질병, 로또, 정치, IT 산업, 전업주부, 컴퓨터 등)에 대해 언급하면서 자신의 개인적인 욕구에 가장 잘 부합되는 상투적인 내용 속에 자신의 약점이나 편견을 감추고자 함

지금까지 살펴본 집단원의 역할은 집단과정을 촉진하기도 하고, 집단의 목적 달성을 저해하기도 한다. 집단의 발달을 촉진하기 위해 집단원의 역할을 사정 · 분석하려면, 그림 5-1에 제시된 집단원 역할 분석지를 활용할 수 있다. 집단원 역할분석을 위한 관찰지는 집단리더의 필요와 용도에 따라 얼마든지 변형해서 사용할 수 있다.

A. 집단과업 역할		집단원 명	총 횟수
A1	창안자 · 공헌자		
A2	정보 모색자		
A3	의견 모색자		
A4	정보 제공자		
A5	의견 제시자		
A6	부연 설명자		
A7	조정자		
A8	방향 제시자		
A9	평가자 · 비평자		
A10	활력소 제공자		
A11	진행 기술자		
A12	기록자		
B. 집단 건축 및 유지 역할		**집단원 명**	**총 횟수**
B1	격려자		
B2	화합자		
B3	타협자		
B4	문지기 · 촉진자		
B5	기준 설정자		
B6	관찰자 · 해설자		
B7	추종자		
C. 개별 역할		**집단원 명**	**총 횟수**
C1	공격자		
C2	차단자		
C3	자기 고백자		
C4	바람둥이		
C5	압제자		
C6	도움 모색자		
C7	특정 관심 탄원자		

그림 5-1. 집단원 역할분석 관찰지

고기능 집단 vs. 저기능 집단

집단원의 다양한 역할을 종합해 보면, 집단의 기능 수준에 따른 차이를 짐작할 수 있다. 고기능 집단high-functioning groups과 저기능 집단low-functioning groups은 여러 측면에서 차이가 있다. 글상자 5-1은 고기능 집단, 즉 기능 수준이 최적의 상태인 집단의 특징을 제시한 것이다(Johnson & Johnson, 2016).

글상자 5-1. 고기능 집단의 특징

1. 집단원들은 그들에게 기대되는 것이 무엇인지를 잘 알고 있어서, 개인의 목표가 집단 목표와 일치한다.
2. 건강한 규준이 설정되어 구조와 자발성 사이에 균형을 유지한다.
3. 역기능적 집단 역할은 지속적으로 저지되는 한편, 집단의 힘은 협력과 과업 완수를 위해 작업하는 집단원들에게 집중된다.
4. 높은 수준의 신뢰, 안전, 응집력이 형성되어 있다.
5. 집단원들 사이에 정보와 경험이 기꺼이 공유된다.
6. 리더십 유형이 독단적 또는 방임적이기보다는 민주적이며, 리더와 집단원들이 서로 책임을 분담한다.
7. 갈등과 의견의 불일치는 건설적인 것으로 간주되어, 무시하기보다는 직면적인 작업을 통해 해결한다.
8. 높은 수준의 솔직성과 개방성으로 건설적인 피드백이 교환된다.
9. 의사소통이 다방면으로 진행되고, 집단 내의 힘, 통제, 기여가 고르게 분포된다.
10. 집단과 집단원들, 그리고 이들의 삶에 지속적이고 관찰 가능한 변화와 성장이 이루어진다.

심리적 고통을 호소하는 집단원에 대해 지지와 격려를 아끼지 않는 것은 흔히 선한 행동으로 여겨진다. 그러나 집단 내에 긴장감이 돌 때마다 그러한 분위기를 감당하기 어려운 나머지 한 집단원이 미결감정을 충분히 표출하기도 전에 '일시적 구원'을 하려고 한다면, 이는 자칫 집단의 치료적 효과를 격감시키는 역기능적 행동으로 변질될 수 있다. 그 밖에 집단원들은 다양한 문제행동을 보이기도 한다. 여기서는 집단원의 문제행동에는 어떤 것들이 있는지 좀 더 상세하게 살펴보자.

집단원의 문제행동

집단의 진행과정에서는 때로 다루기 힘들거나 문제가 있는 행동을 하는 집단원이 생긴다. 이러한 집단원의 문제행동은 직간접적으로 집단에 부정적인 영향을 미친다. 따라서 집단상담자는 집단에서 다루기 힘든 집단원의 문제행동에는 어떤 것들이 있고, 이러한 행동이 집단역동에 어떤 영향을 주며, 어떻게 대처해야 하는지 알고 있어야 한다. 집단원들이 흔히 나타내는 문제행동은 그동안의 일상생활을 통해 습관화된 것일 수 있다. 그러나 다른 한편으로는 과거의 미결과제로 인한 전이에 의한 것일 수 있다(Yalom, 2005).

전이 vs. 문제행동. 전이transference는 내담자/환자가 자신의 해결되지 않은 갈등 또는 감정을 상담자/치료자에게 투사하는 감정이다. 이러한 감정 또는 갈등은 집단원이 과거에 경험한 대인관계와 연관이 있다. 이러한 감정을 집단상담자에게 투사하는 경우, 그 감정의 강도는 집단원의 삶에서 해결되지 않은 요소들과 연관이 있다. 집단원의 전이가 발생하는 경우, 집단상담자는 이를 없애려고 하기보다 중립적인 상태를 유지함으로써 치료 도구로 활용해야 할 것이다(Corey & Corey, 2017; Yalom, 2005). 다른 한편으로, 집단상담자는 자신에 대한 집단원들의 반응을 전이로만 여기지 않아야 한다. 집단상담자를 자신들에게 전문지식과 임상경험을 활용하여 도움을 주는 존재로 믿고 있는 집단원들의 행동 모두가 전이 현상은 아니다. 즉, 집단상담자에 대한 집단원들의 모든 감정을 집단원의 통찰로 '해결해야 할' 전이로 해석해서는 안 된다(Polster, 1995). 예를 들어, 집단상담자에게 서운한 감정을 표현한다고 해서 집단원이 자신의 부모에 대해 억압되었던 분노를 집단상담자에게 전이하고 있는 것은 아닐 수 있다. 단, 만일 집단상담자와 거의 접촉이 없었음에도 강한 감정을 드러낸다면, 이는 전이의 가능성이 높다.

만일 집단상담자가 전이에 초점을 맞춘다면, 집단원들과의 치료적 접촉에서 실제로 일어나고 있는 현상을 무시하게 되고, 지금 여기의 관계에서 벗어날 수 있다. 게다가, 집단상담자의 관점에서만 해석한다면, 특정 사건에 대한 집단원 자신의 경험을 신뢰하지 않는 오류를 범할 수 있다는 문제가 있다(Polster, 1995). 따라서 집단상담자와 집단원들 사이에 진정한 접촉이 필요함을 고려할 때, 집단상담자는 전이 개념이 자칫 집단원을 비인격적인 존재로 폄훼하는 수단으로 오용되지 않도록 유의해야 한다. 반면, 집단상담자는 자신이 집단원의 행동을 문제가 있다고 보거나 다루기 어려워하는 것이 자신의 문제 또는 역전이로 인한 것일 수 있음을 유념해야 한다.

역전이 vs. 문제행동. 역전이[countertransference]는 상담자/치료자가 자신의 해결되지 않은 갈등을 내담자/환자에게 투사하는 감정이다. 집단상담자는 항상 집단원들과의 관계와 상호작용에서 발생하는 어려움이 자신의 문제 또는 미결과제로 인한 투사에 의한 것일 가능성을 염두에 두어야 한다. 집단상담자가 자신의 역전이를 스스로 적절하게 다루지 않는다면, 치료 관계에서의 약자인 집단원들에게 심각한 해가 될 수 있다. 또한, 집단원들이 집단상담자에게 도전하는 경우, 집단상담자는 자신에게 집단원들에게는 주어지지 않는 특권이 있음을 인식하지 못하고, 무기력해지고 좌절에 빠질 수 있다. 집단상담자 스스로 자신의 문제를 적극적으로 다루려 하지 않고 지속적인 성장을 위해 노력하지 않으면서, 집단원들이 변화에 필요한 위험감수를 기대하는 것은 모순이다. 단순히 집단원이 의도적으로 집단상담자를 화나게 하는 행동을 하고 있다고 여기는 것은 별 도움이 되지 않을 것이다. 그러므로 집단상담자는 문제로 여기는 집단원의 행동에 대한 자신의 반응을 지속적으로 살펴야 한다. 글상자 5-2는 집단상담자의 역전이 탐색에 도움이 되는 질문의 예다.

글상자 5-2. '역전이 탐색'을 위한 집단상담자의 체크리스트

- ❍ "집단원들의 다양한 전이에 대해 나는 집단상담자로서 어떻게 반응하고 있는가?"
- ❍ "어떤 형태의 전이가 나에게 역전이를 일으키는 경향이 있는가?"
- ❍ "집단원의 방어적 행동을 나에 대한 공격으로 받아들이고 있지는 않는가?"

> ❍ "집단원의 도전을 리더로서의 무능함으로 받아들여 자책하고 있지는 않는가?"
> ❍ "문제행동을 보인다고 여기는 집단원에게 과민하게 반응하고 있지는 않는가?"
> ❍ "집단원의 문제행동에 대한 나의 반응이 오히려 방어적 행동을 부추기고 있지는 않는가?"

집단원의 문제행동 조력을 위한 지침. 집단원이 집단상담자와 다른 집단원들에게 나타내는 전이 반응은 그 대상이 되는 집단원의 강한 감정을 일으킬 수 있다. 이러한 반응이 치료적으로 적절하게 다루어진다면, 이 집단원은 다른 집단원들에 대한 생각과 감정을 자유롭게 표현함으로써 자신이 집단 밖에서의 경험을 어떤 방식으로 다른 집단원들에게 투사하고 있는지에 대한 통찰을 얻을 수 있다(Yalom, 2005). 이러한 감정들이 안전한 집단 분위기 속에서 심도 있게 탐색된다면, 집단원은 자신의 반응을 더 적절하게 표현할 수 있게 될 것이다. 글상자 5-3은 집단상담자가 집단원의 문제행동을 다루는 데 필요한 일반 지침이다.

글상자 5-3. 집단원의 문제행동을 다루기 위한 일반 지침

1. 집단원을 희생하면서 자신의 욕구를 충족시키지 않는다.
2. 자신의 역전이 반응을 지속적으로 살핀다.
3. 집단원의 문제행동을 지나치게 개인적 · 방어적으로 받아들이지 않는다.
4. 집단원을 존중하면서 그의 행동으로 인해 집단에서 일어나는 일에 대해 솔직하고 건설적인 방식으로 상호작용한다.
5. 문제행동의 포기를 강요하기보다 문제행동의 원인 탐색을 격려한다.
6. 꼬리표를 붙이거나, 진단적 어투로 범주화하지 않는다.
7. 관찰된 행동을 구체적으로 말해 주거나, 직감을 잠정적인 어조로 기술한다.
8. 문화적 배경을 고려하여 편견 또는 고정관념이 배제된 중립적 입장에서 조망한다.
9. 고통스러워하는 부분에 대해서는 배려와 존중을 기반으로 도전 · 격려한다.
10. 단순한 해결책을 제시하기보다 문제행동을 집중 탐색하도록 돕는다.
11. 갈등을 회피하기보다는 탐색과 해결을 돕는다.
12. 다른 집단원들에게 문제행동으로 인한 영향에 관해 이야기할 기회를 제공한다.

문제행동을 보이는 집단원과 작업하는 경우, 집단상담자는 자신에게 주어진 힘을 인식해야 한다. 또한, 집단원들과 자기 자신 사이에 존재하는 힘의 차이가 집단에 미치는 영향을 알고 있어야 한다. 글상자 5-4는 집단상담자의 개인적인 반응이 문제행동을 보이는 집단원의 방어적 행동에 원인을 제공하고 있는지 확인하기 위한 질문의 예다.

글상자 5-4. 집단원의 '방어적 행동'에 대한 집단상담자의 체크리스트

- "집단원과 작업할 때, 어떤 느낌이 드는가?"
- "집단원의 문제행동 발생 또는 악화에 나는 어떤 역할을 하고 있는가?"
- "집단원은 내가 알고 있는 누군가를 떠오르게 하지 않는가?"

집단원들이 집단경험을 통해 최대한 많은 것을 얻을 수 있는 행동을 하도록 교육하는 것은 집단상담자의 임무다(Parcover et al., 2006). 이러한 관점에서 집단상담자는 집단원들에게 문제행동이 집단에 미치는 영향에 대해 충분히 설명해 준다. 집단의 치료적 속성은 집단원들로 하여금 자신들을 새로운 관점에서 조망해 보고, 다른 집단원들이 자신을 어떻게 인식하는지 살펴볼 기회를 제공한다. 그러므로 집단상담자는 성급히 문제행동을 없애려고 하기보다는 면밀한 관찰을 통해 집단원 스스로 자신의 행동이 문제가 있음을 인식하고 있는지, 집단원이 자신의 행동을 통해 소통하려는 것이 무엇인지 확인해야 할 것이다. 여기서는 집단상담자가 다루기 힘든 집단원의 문제행동을 ① 대화독점, ② 소극적 참여, ③ 습관적 불평, ④ 일시적 구원, ⑤ 사실적 이야기 늘어놓기, ⑥ 질문 공세, ⑦ 충고 일삼기, ⑧ 적대적 행동, ⑨ 의존적 행동, ⑩ 우월한 태도, ⑪ 하위집단 형성, ⑫ 지성화, ⑬ 감정화로 구분하여 살펴보기로 한다.

대화독점

집단원의 첫 번째 문제행동은 집단에서 대화를 독점하는 것이다. 대화독점monopolizing

이란 집단원 개개인에게 할당되는 일정한 시간을 특정 집단원이 일방적으로 사용하는 행동을 말한다. 대화독점은 특정 사안에 대해 지나치게 세세하게 기술하거나, 횡설수설하거나, 다른 집단원들에 비해 지나칠 정도로 자주 많은 시간 동안 참여하는 행동 등으로 나타난다. 대화독점 행동은 집단원들의 참여수준의 연속선상에서, 침묵 또는 소극적 참여의 반대편 끝에 위치한다. 대화독점 행동의 가능한 원인은 글상자 5-5와 같다.

글상자 5-5. '대화독점' 행동의 가능한 원인

1. 집단참여에 대한 불안감의 역기능적 표현
2. 적극적 집단참여는 말을 많이 하는 것이라는 믿음
3. 다른 집단원들이 자신에게 주목해 주고 좋아해 주기를 바라는 욕구의 표현
4. 일상생활에서 다른 사람들에게 무시당하면서 살아온 것에 대한 방어적 행동
5. 집단에 대한 통제유지를 위한 시도
6. 다른 사람들이 자신에게 주의를 집중하게 하는 능숙한 속성 표출

집단초기에 집단상담자와 집단원들은 누군가 자발적으로 말을 꺼내 준다는 사실만으로도 안도감과 함께, 침묵 상황에 대한 불안감이 누그러질 수 있다. 이러한 이유로, 초심 집단상담자는 집단원이 대화를 독점하는 행동에 적극 개입하지 않는 경향이 있다. 그러나 회기가 계속되면서 이 집단원의 말이 반복적으로 길어지게 되면, 다른 집단원들이 집단시간 공유를 방해하게 되면서 집단상담자와 다른 집단원들은 좌절감과 지루함을 느끼게 된다. 이러한 행동에 대해 집단상담자가 조기에 개입하지 않는 경우, 집단의 신뢰 분위기를 해칠 수 있다. 어떤 의미에서 대화독점은 고도의 이기심 표출이다. 대화독점의 문제점에는 집단원이 말은 많이 하지만, 심리적으로 유의하지 않거나 자신의 내면에 대해서는 거의 드러내지 않는 것이 포함된다. 대화를 독점하는 집단원은 끊임없이 다른 집단원과 동일시하는 경향이 있어서, 다른 집단원과 관련된 상황과 연결하여 자신의 일상생활에 관한 이야기를 장황하게 늘어놓는다는 특징이 있다. 심지어, 집단상담자가 차단하

더라도, 다른 집단원과 관련된 상황과 연결함으로써 부적절하게 자신의 말을 이어 가기도 한다. 이러한 대화독점 행동은 집단 내에 다음과 같은 문제점을 초래할 수 있다.

문제점. 집단 내에서 대화를 독점하는 집단원이 있는 경우, 초래할 수 있는 문제점은 다음과 같다.

첫째, 집단원들에 대한 집단시간의 고른 배분이 어려워진다. 이는 대화를 독점하는 집단원, 그리고 이러한 행동을 방관하는 집단상담자에 대한 다른 집단원들의 불만으로 이어질 수 있다. 이러한 상황에서 발생하는 감정은 집단원들의 '감춰진 사안hidden agenda'의 원인이 될 수 있어서 신뢰관계에 균열을 초래할 수 있다는 문제가 있다.

둘째, 집단상담자가 집단원의 대화독점 행동에 적극 개입하지 않고 방임한다면, 집단에서 말을 많이 하는 것이 마치 바람직한 행동이라는 인식을 심어 줄 수 있다. 이러한 인식은 독점적인 대화 방식이 집단규범으로 자리 잡게 되는 이차적인 문제를 야기할 수 있다.

셋째, 끊임없이 말하려는 집단원의 행동은 시간이 지나면서 그의 이야기를 들어야 하는 다른 집단원들의 심리적 · 신체적 에너지를 고갈시키게 된다. 더욱이, 집단상담자가 이러한 상황을 방관한다면, 이 때문에 좌절을 겪게 되는 다른 집단원들은 해당 집단원에 대해서는 물론, 집단상담자에게도 분노를 일으키게 된다는 문제가 있다. 다른 집단원들의 감정이 조기에 다루어지지 않는다면, 집단 분위기에도 상당한 영향을 미치게 된다.

개입방법. 집단원이 대화를 독점하려는 행동에 대해서는 다음과 같이 개입할 수 있다. 먼저, 대화독점 집단원에게 그 행동을 통해 얻고자 하는 점과 관련된 역동 탐색의 기회를 제공한다. 집단상담자는 집단원의 두서없이 이야기를 늘어놓는 행위와 시간 독점을 시의적절하게 개입하여 집단시간을 적절하게 활용할 수 있도록 해야 하고, 대화독점이 초래하는 결과를 깨닫도록 해당 집단원을 도와야 한다(ASGW, 2000). 또한, 말이 없는 집단원의 참여를 독려하는 한편, 의사소통에서 비음성 단서nonverbal cues를 인식시켜 준다. 집단상담자는 집단원들이 대화를 독점하는 집단원에 대해 노골적으로 좌절감을 표현하기 전에 개입해야 한다. 집단원의 문제행동이나 집단원들 사이의 갈등을 시의적절하게 조절하는 개입기술을 갖추는 것은 집단상담자의 전문성의 일부인 동시에, 윤리적으로도 합당한 선택이다. 집단원의 대화독점에 대한 개입을 위한 집단상담자 진술의 예는 대화상자 5-1과 같다.

대화상자 5-1. '대화독점'에 대한 집단상담자의 개입반응 예

- "동현 씨께서 여러 가지에 대해 말씀해 주셨어요. 다른 집단원들과 제가 동현 씨께서 들어 주기를 원하는 내용을 한 문장으로 말한다면, 무엇일까요?"
- "오늘 연미 씨가 직장생활에서의 어려움에 관해 여러 가지 이야기를 했는데, 우리에게 전달하고 싶은 메시지가 무엇인지 잘 이해가 되지 않아서 좀 당황스러운데, 지금 전달하고자 하는 내용을 한 문장으로 말해 보시겠어요?"
- "건희 씨는 우리 집단에서 하고 싶은 말이 많은 것 같아요. 그렇지만 다른 분들께도 이야기할 기회를 드려 볼까요?."
- "가을아, 네가 전달하고자 하는 말을 내가 제시하는 미완성문장으로 표현해 볼래? '만일 내가 이 집단에서 말을 하지 않는다면, ____________.'"
- "미연 씨, 오늘 많은 말씀을 해 주셨는데, 우리 집단에서 한 분에게 이 미완성문장을 완성해 보시겠어요? '~ 씨께서 저에 대해 가장 들어 주셨으면 하는 것은 ________ 입니다.'"

대화상자 5-1에 제시된 것처럼, 집단 회기 시간을 독점하는 집단원에게 자신의 행동 탐색 기회를 제공하기 위한 방안으로는 문장완성기법Sentence Completion Technique(SCT)이 있다. 이 기법을 활용하는 경우, 집단상담자는 대화를 독점하는 집단원에게 마음속에 가장 먼저 떠오르는 것을 적거나 말하게 한다. 그런 다음, 이 집단원이 완성한 문장(들)을 발표하면, 다른 집단원들에게 피드백을 제공하게 한다. 이러한 연습을 통해 집단상담자는 대화를 독점하는 집단원에게 자신의 행동

에 대한 통찰을 얻도록 도울 수 있다. 문제행동에 대한 통찰은 대인관계에서 더 생산적인 행동을 습득할 수 있는 원동력이 된다. 이때 사용할 수 있는 미완성문장의 예는 글상자 5-6과 같다.

글상자 5-6. 대화독점에의 개입을 위한 미완성문장의 예

1. 난 당신이 내 이야기에 귀 기울여 주기를 원합니다. 왜냐하면 ______________.
2. 나는 여기서 말하고 싶은 것이 많은데, 그 이유는 ______________________.
3. 내가 말을 많이 하는 이유는 ______________________________________.
4. 다른 사람들이 내게 귀 기울이지 않으면, 나는 ____________한 느낌이 듭니다.
5. 만일 내가 __________(을)를 이야기하지 않는다면, ______________________.
6. 만일 내가 다른 집단원들에게 _______(을)를 이야기한다면, ______________.

집단상담자는 대화독점 집단원에게 글상자 5-6에 제시된 미완성문장 중 한 가지를 골라 다른 집단원들과 차례로 이야기를 해 보도록 제안할 수 있다. 이때, 집단상담자는 해당 집단원에게 상세한 설명보다는 마음속에 떠오르는 것을 이야기하도록 하되, 다른 집단원들에게는 이에 대해 반응하지 않도록 한다. 이러한 활동은 대화독점 행동의 기능에 대해 집단원들의 이해를 돕는다. 대화상자 5-2는 집단원의 대화독점과 이에 대해 반응에 대해 집단상담자가 개입하는 상황에서의 대화의 예다.

대화상자 5-2. 집단원의 대화독점 행동에 대한 집단원 반응에의 개입 예

미 주: 저는 지난번에도 말했듯이, 저는 사람들과 가까워지는 게 너무 어려워요. 그래서 친구라고 할 만한 사람도 별로 없어요. 어려서부터 제가 말 좀 하려고 하면, 엄마 아빠는 귀찮다고 하면서 내 말을 들으려 하지 않고 무시했던 기억이 나요. 그래서 그런지 다른 사람들과 같이 있으면, 나를 귀찮아하는 것 같아요. 이번 집단상담에 참여하면서 제 문제를 해결하고 싶은데.

석 준: (불쑥 끼어들면서) 제가 볼 때, 미주 씨는 말이 너무 많은 게 문제인 것 같기는 해요. 다른 사람들에게도 말할 기회를 줘야 하지 않을까요?

리 더: 석준 씨가 미주 씨의 행동으로 인해 어떤 감정을 느꼈나 본데, 미주 씨의 행동이 석준 씨에게 어떤 영향을 미치고 있는지, 미주 씨에게 직접 말해 주시는 것이 도움이 될 것 같아요.

대화상자 5-2에서 집단상담자는 대화를 독점하는 집단원에게 반응하는 다른 집단원에게 감정 표현의 기회를 제공함으로써, 그녀의 어떤 행동이 다른 사람들과의 친밀관계 형성을 저해하는지에 대한 인식을 돕고 있다. 즉, 미주라는 집단원으로 하여금 자신에게 익숙한 행동이 집단 안팎에서 자신이 원하는 것을 얻지 못하고 있는 원인에 대한 통찰을 돕고 있다. 이러한 작업은 대화를 독점하는 집단원으로 하여금 경험학습을 통해 자신이 원하는 것을 충족할 방법을 모색 · 발견할 기회를 제공할 것이다. 이를 위해 집단상담자는 자신에게 글상자 5-7과 같은 질문을 던져볼 수 있다.

글상자 5-7. '대화독점' 행동의 원인 파악을 위한 집단상담자의 체크리스트

- "집단원이 다른 집단원들의 분노를 사는 이유는 무엇일까?"
- "집단원의 관심 끌기 행동이 잘 이해되지 않는 이유는 무엇일까?"
- "집단원이 달리 행동하는 것을 어렵게 하는 나의 행동이 있다면, 그것은 무엇일까?"
- "집단원이 집단 밖에서 문제가 될 수 있는 행동을 집단 내에서 반복하고 있는 이유는 무엇일까?"

집단에서 문제행동을 나타내는 집단원은 일상생활에서 피해를 입은 적이 있는 사람일 수 있다. 만일 대화독점 행동을 성격의 일면으로보다 고통 또는 아픔의 징후로 볼 수 있다면, 집단상담자는 해당 집단원에게 분노로 반응하기보다 훨씬 더 수월하게 그의 행동이 삶에 미치는 영향과 의미 탐색에 초점을 맞출 수 있을 것이다.

소극적 참여

집단원의 두 번째 문제행동은 집단활동에 소극적으로 참여하는 것이다. 소극적

참여passive participation란 집단에서 거의 침묵으로 일관하거나 철수 행동을 보이는 것을 말한다. 이러한 성향을 보이는 집단원은 '침묵하는 집단원silent member'으로도 불린다(Yalom, 2005). 물론 집단원의 참여 정도는 항상 같을 수는 없다. 집단원에 따라서는 신뢰 형성에 더 많은 시간이 필요할 수 있지만, 침묵의 의미는 탐색될 필요가 있다. 집단참여에 너무 소극적인 나머지 철수 행동을 보이는 집단원은 자신의 문제행동에 대해 대화상자 5-3과 같이 변명할 수 있다.

대화상자 5-3. '소극적 참여' 집단원의 진술 예

- "너무 저에 대해 걱정하지 않으셨으면 좋겠어요. 저도 저 나름대로 다 생각이 있거든요. 저도 때가 되면 뛰어들 거예요."
- "제가 원래 다른 사람들 앞에서 말을 잘 못하는데, 사실 이 문제 때문에 집단상담을 신청했고요."
- "좀 더 적극적으로 참여해 보라는 선생님 말씀, 정말 고마운데요. 전 사실 지금까지 다른 분들의 말씀을 들으면서 많은 걸 배우고 있거든요."

대화상자 5-3의 진술처럼, 소극적으로 참여하는 집단원 중에는 자신의 행동에 대한 변명으로 언어표현 능력의 부족을 내세우기도 한다. 반면, 다른 집단원들의 문제에 관한 이야기를 경청함으로써 많은 것을 배우고 있다고 주장하거나, 때가 되면 참여할 거라고 항변하기도 한다. 집단시간 내내 침묵으로 일관하거나 집단작업에 소극적으로 참여하는 것은 집단과정에 그리 큰 영향을 미치지 않는 것처럼 보인다. 그러나 소극적 참여는 다음과 같은 문제점을 초래할 수 있다.

문제점. 집단원이 침묵하거나 집단 활동에 소극적으로 참여한다면, 집단상담자는 집단원이 어떤 경험을 하고 있고, 어떤 영향을 받고 있는지 알 길이 없다. 또한, 다른 집단원들은 이 집단원에 대해 아는 것이 별로 없기 때문에 자신들의 자기개방이 일방적이라는 느낌이 들 수 있다. 더욱이, 집단원들이 위험을 감수하고 자기개방을 할 때, 소극적으로 참여하는 집단원이 자신들을 일방적으로 관찰(또는 평가)하고 있다는 느낌 때문에 불안해지거나 심지어 두려운 느낌이 들 수도 있다.

만일 집단에 말이 거의 없거나 참여가 소극적인 집단원 몇 명이 있다면, 기꺼이 자기개방을 하던 집단원들은 점차 이를 꺼리게 될 수 있다. 집단원의 소극적 참여 행동이 방관된 상태로 집단이 진행된다면, 집단에서 다룰 필요가 있는 감춰진 사안이 묻히게 되고, 집단원들의 억압된 감정은 집단의 신뢰 분위기를 저해하고, 집단응집력을 떨어뜨리게 될 것이다. 이 소극적 참여가 집단에 미치는 영향을 글상자 5-8과 같다.

글상자 5-8. 집단원의 '소극적 참여'가 집단에 미치는 영향

1. 다른 집단원들에게 불필요한 의구심을 자아내어 자기개방을 꺼리게 한다.
2. 심한 경우, 죄책감을 갖는 집단원이 생길 수 있다.
3. 집단원들은 소극적으로 참여하는 집단원에 대해 별로 아는 바가 없다고 느낀다.
4. 다른 집단원들은 일방적으로 관찰당하는 느낌을 갖게 되어 불안 또는 분노를 유발할 수 있다.
5. 소극적인 집단원을 의식하게 되어 집단원들의 참여가 전반적으로 둔화된다.
6. 집단의 신뢰 분위기를 저해하고, 집단의 응집력을 떨어뜨린다.

개입방법. 집단에서의 침묵은 생산적 침묵과 비생산적 침묵으로 나눌 수 있다. 생산적 침묵은 집단에서 일어난 일들을 통합하거나 깊이 숙고하느라 말이 없어지는 것을 말한다. 이 경우, 집단상담자는 2~3분 정도 말없이 기다려 주면서 집단원이 생각과 감정을 정리하여 말하도록 여유를 준다. 반면, 비생산적 침묵은 두려움, 분노, 지루함 같은 감정 상태에 놓이거나 어떻게 행동해야 할지 몰라 입 열기를 주저하는 것이다. 집단상담자는 글상자 5-9와 같은 질문을 던져 봄으로써 소극적 집단원의 태도의 의미를 탐색해 볼 수 있다.

글상자 5-9. '소극적 참여'의 의미 탐색을 위한 집단상담자의 체크리스트

○ "집단원의 침묵은 어떤 의미를 지니고 있는가?"
○ "주로 어떤 경우에 침묵하는가?"
○ "이 집단에서 말을 꺼내기 힘들게 하는 것은 무엇인가?"

- "이 집단원은 이 집단에 속해 있는 것에 대해 어떤 느낌이 드는가?"
- "집단원의 침묵에 대해 다른 집단원들은 어떤 반응을 보이는가?"
- "말이 없는 집단원은 집단 밖에서도 말이 없거나 소극적인 태도를 보이는가?"
- "소극적 집단원은 집단 내에서 어떤 모습을 원하는가?"

집단참여에 소극적이거나 말이 없는 집단원이 있는 경우, 집단상담자는 그 행동의 의미를 파악한 후에 개입방법을 선택해야 한다. 이 집단원은 성격적으로 수줍어하는가, 아니면 상황에 따라 말이 없는가, 소극적 행동의 의미를 어떻게 해석하는가에 따라 집단상담자는 이 문제를 여러 방법으로 언급할 수 있다. 집단원이 집단참여에 미온적인 태도를 보이는 이유를 살펴보면 글상자 5-10과 같다.

글상자 5-10. 집단원의 '소극적 참여'의 가능한 원인

1. 집단원의 성격적 특성
2. 말할 가치가 없다는 느낌
3. 특정 집단원 또는 집단상담자에 대한 저항감
4. 집단상담자를 시험하기 위한 교묘한 힘겨루기 게임
5. 집단원 역할의 몰이해
6. 다른 집단원들 또는 집단상담자에 대한 열등감
7. 집단상담자의 모호한 지시사항
8. 집단의 진행 방향에 대한 불만 또는 불확실성
9. 집단에 대한 믿음 부족, 안전감, 신뢰성 상실
10. 거절되거나 수용받지 못할 것에 대한 두려움
11. 남들에게 자신, 가족 또는 집안에 관해 노출해서는 안 된다는 신념
12. 언어표현력 부족으로 어리석게 보일 것 같은 두려움
13. 의사소통 또는 침묵과 관련된 정신적 상처

집단참여에 소극적인 집단원의 참여를 독려하기 위해 집단상담자는 다음과 같이 개입할 수 있다.

첫째, 집단원의 행동에 대해 공개적 및/또는 사적 면담을 통해 소극적인 집단참

여의 이유를 탐색한다. 이때, 집단원에게 지속적으로 참여를 요구하는 것은 바람직하지 않다. 왜냐하면 이러한 요구는 집단원이 집단에서 상호작용의 주체로서 상호작용에 대한 책임에서 벗어날 수 있게 하기 때문이다(Billow, 2010). 이는 또한 집단상담자에게는 좌절감을, 집단원 모두에게는 공분을 살 수 있다. 그러므로 이들에 대해서는 비난보다는 적극적으로 참여할 수 있도록 격려하는 것이 바람직하다.

둘째, 적극적인 집단참여 기회를 제공한다. 단, 다른 집단원들이 소극적인 집단원에 대해 비난하거나 공격적인 태도를 취하지 않도록 적절하게 개입한다. 집단원들 모두가 집단에 적극적으로 참여하여 학습효과를 극대화할 수 있는 분위기를 조성하는 것은 집단상담자의 중요한 임무다. 집단상담자는 대화상자 5-4와 같은 반응을 통해 소극적 집단원들의 참여를 유도할 수 있다.

대화상자 5-4. '소극적 참여' 집단원의 참여촉진을 위한 집단상담자의 반응 예

- "긍연 씨는 이번 집단 회기에서 원하는 것을 얻었는지 궁금합니다."
- "동인이 이야기를 들으면서 성주도 어떤 느낌이 들었을 것 같은데."
- "오늘은 숙명 씨가 집단과정에 미처 참여하기도 전에 회기를 마치게 되었네요. 다음 주에는 숙명 씨의 관심사부터 들어 보기로 할까요?"

소극적 집단원은 자신의 입장을 말로 표현하지 않으면, 다른 집단원이 알지 못할 것이라고 생각할 수 있다. 대화상자 5-4의 반응 외에도, 집단상담자는 연결 기술을 통해 소극적인 집단원의 집단참여를 유도한다. 그러나 집단원과 개인면담을 자주 하는 것은 삼간다. 왜냐하면 그 집단원은 이를 통해 집단 내에서 다른 집단원들과 직접적인 방식으로 상호작용해야 한다는 책임감에서 벗어날 수 있다고 생각할 수 있기 때문이다.

셋째, 다른 집단원의 자기개방에 대한 소극적으로 참여하는 집단원의 비언어 행동을 관찰해서 다룬다. 즉, 집단상담자는 자신의 관찰 내용을 해당 집단원에게 언급함으로써 집단참여를 격려할 수 있다. 이를 위한 대화의 예는 대화상자 5-5와 같다.

대화상자 5-5. 집단원의 행동 관찰을 통한 개입을 위한 대화의 예

서 경:	(울먹이면서) 지금 생각하면 이해가 전혀 되지 않는 것은 아닌데, 엄마는 일하고 오면 내가 첫째라는 이유로 저를 참 많이 혼내셨어요. 집안이 지저분하다, 동생들 챙기지 않았다는 등의 이유 때문이었죠.
리 더:	(지선의 눈에 눈물이 맺히는 것을 보고는) 지선 씨가 서경 씨의 말을 들으면서 어떤 감정이 올라오는 것 같은데, 지금 어떤 느낌이 드는지 서경 씨에게 직접 말해 줄 수 있나요?

넷째, 매 회기 마무리 과정에서 집단경험에 대한 소감을 말할 기회를 제공한다. 이때, 집단상담자는 집단원들에게 집단에서 어떤 경험을 했는지, 어떤 느낌이 들었는지, 그리고 얻기를 원했던 것을 얻고 있는지를 탐색한다. 만일 집단참여를 원했지만 기회를 놓친 순간들이 있었다고 한다면, 다음 회기에 그 주제에 관한 이야기로 시작할 수 있도록 조치할 수 있다.

다섯째, 소극적으로 참여하는 집단원에게 집단에서 말을 하고 있지 않으면 다른 집단원들은 그 원인을 그에게 돌리는 경향이 있음을 알려 준다.

이 외에도, 집단의 사전준비단계에서 집단원들에게 매 회기마다 자신의 반응을 공유하겠다는 서약서를 작성하게 하는 개입방법이 있다.

습관적 불평

집단원의 세 번째 문제행동은 습관적으로 불평을 늘어놓는 것이다. 습관적 불평 habitual complaint이란 거의 매 회기마다 집단, 집단상담자 및/또는 다른 집단원(들)에 대해 불평불만을 늘어놓는 행동을 말한다. 집단초기에는 종종 집단상담자의 운영방식이나 집단과정 등에 대해 불만을 품거나 불평을 토로하는 집단원이 나타날 수 있다. 특히, 비자발적 집단원들로 구성된 집단에서 이러한 일들이 더욱 빈번히 나타날 수 있다. 집단원의 습관적 불평은 다음과 같은 문제점을 야기할 수 있다.

문제점. 첫째, 습관적으로 불평불만을 늘어놓는 행동은 무엇보다도 집단의

분위기를 해치고 집단과정의 자연스러운 흐름을 저해한다. 둘째, 불평은 종종 또 다른 불평불만의 불씨가 되어 다른 집단원들에게 번질 수 있다. 그 결과, 집단에 대한 신뢰에 부정적인 영향을 미치게 된다는 문제가 있다. 나아가, 습관적 불평은 흔히 다른 집단원과의 논쟁으로 이어질 수 있다. 이러한 점에서 집단상담자가 조기에 개입하여 조치를 취하지 않으면, 집단원의 습관적 불평은 집단역동, 집단과정, 성과에 걸림돌로 작용할 수 있다.

개입방법. 집단원의 습관적 불평에는 다음과 같이 개입한다. 만약 집단상담자가 집단원의 불평불만이 습관적 또는 만성적이라는 판단이 든다면, 일단 초점을 다른 사람 또는 주제로 돌린다. 그런 다음 집단 회기를 마치고 나서, 습관적으로 불평하는 집단원과의 개인면담을 통해 불만의 원인을 탐색한다. 습관적 불평 문제를 다룰 때, 집단상담자들이 흔히 범하는 실수는 다른 집단원들이 함께 있는 상황에서 불평에 대해 직면하는 것이다. 그러나 이러한 개입방식은 집단상담자와 불평하는 집단원 사이에 논쟁으로 확대될 수 있다는 점에서 지양한다. 집단상담자와 집단원 사이에 옥신각신하는 모습은 결코 치료적 작업으로 보기 어렵기 때문이다. 습관적으로 불평불만을 일삼는 집단원에 대한 개입방법은 글상자 5-11과 같다.

글상자 5-11. '습관적 불평'에 대한 개입방법

1. 개별면담을 통해 불평의 이유를 알아본다.
2. 생산적인 집단을 위해 정중하게 협조와 도움을 요청한다.
3. 해당 집단원과 시선접촉을 피함으로써 나서지 않게 한다.
4. 단순히 집단상담자의 관심과 집단에서의 역할을 원하는 경우라면, 이를 제공한다.
5. 동맹자, 즉 집단에 활력소를 불어넣는 집단원에게 질문이나 피드백을 제공하게 하여 집단분위기를 고양시킨다.

집단원의 습관적 불평은 대부분 집단의 긍정적 가치를 깨닫게 되면서 감소 또는 사라진다. 그러므로 집단상담자는 집단원의 습관적인 불평을 다루느라 너무 많은

시간과 에너지를 소모함으로써 다른 집단원들의 집단참여 기회를 박탈하는 잘못을 범하지 않아야 한다.

일시적 구원

집단원의 네 번째 문제행동은 일시적 구원이다. 일시적 구원이란 타인의 고통을 지켜보는 것의 어려움 때문에 나타나는 피상적인 지지 행위로, 다른 집단원의 부적 감정 표현을 가로막는 행위를 말한다. 이러한 행위는 다른 집단원의 상처를 달래고 고통을 줄여 주고자 함으로써 자신도 마음의 안정을 취하려는 무의식적 욕구 표현으로 해석된다. 마음의 고통을 감내하기 힘들어하는 사람들은 종종 다른 사람의 고통을 지켜보는 것조차 힘들어서 일시적인 지지를 제공하고자 한다. 이러한 집단원들은 고통스러운 경험을 다른 집단원들과 함께 나누는 것의 치료적 효과를 인식하지 못하고, 고통을 표현하는 집단원의 주의를 다른 곳으로 돌리려고 시도한다.

일시적 구원은 언뜻 다른 집단원에 대한 배려와 돌보는 행동으로 여겨질 수 있다. 그러나 실제로는 고통을 피하기 위한 방편의 하나이며, 가식적인 도움이라는 점에서 일시적 구원은 '반창고 붙이기[band-aiding]'(Yalom, 2005) 또는 '상처 싸매기'로도 불린다. 만일 우리 몸에 상처로 인해 곪은 환부가 있다면 적절한 시기에 고름을 제거하는 치료를 한다. 그러나 일시적 구원은 순간의 고통을 피하려고 환부에 일회용 반창고를 붙여 임시방편적인 조치만을 취하는 행위에 비유할 수 있다. 집단에서 흔히 관찰할 수 있는 일시적 구원의 예에 대한 개입의 예는 대화상자 5-6과 같다.

대화상자 5-6. '일시적 구원'에 대한 개입의 예

혜 수: 음……. 사실, 아무한테도 말하고 싶지 않았는데요. (갑자기 눈물을 보이면서) 근데 엄마 아빠가 헤어져서 따로 살기로 했대요.

정 윤: 걱정 마! 그냥 화가 나서 말로만 그러는 거야. 우리 엄마 아빠도 싸울 때마다

"그러면 이혼해! 헤어져!" 이런 말을 하면서 싸우는데, 진짜 이혼하지는 않았어! 네가 걱정한다고 해결될 일이 아니야!. 그리고 내 생각에는…….

리 더: (정윤의 말을 끊으면서) 혜수야, 가족 간에 생긴 어려움으로 고통스럽겠구나. 우리 모두는 이러한 상황에서 네가 어떻게 생각하고 느끼고 있는지에 대해 귀담아들을 준비가 되어 있고, 네게 도움이 되었으면 한다. 네 생각을 밖으로 내놓음으로써 아픔을 함께 나누고 싶고, 우리가 지지한다는 것을 알아주었으면 해.

– 중략 –

리 더: (혜수가 부모님의 이혼에 관한 감정을 표출하고 난 후) 여기 있는 모든 사람에게 이야기하고 싶어요. 부모님의 이혼 같은 문제로 고통받고 있을 때, 대개 동정이나 충고가 필요하지 않아요. 대신, 경청과 지지가 필요하답니다.

일시적 구원과 진솔한 돌봄, 관심, 배려, 공감을 표현하는 행동 사이에는 차이가 있다. 진정한 돌봄은 고통 표출이 상처 치유의 첫 단계임을 인정하는 한편, 집단원에게 그동안 억압되었던 고통스러운 감정을 탐색 · 인식 · 토로할 기회를 제공하는 것임을 기억할 필요가 있다(Yalom, 2005). 따라서 필요한 경우, 집단상담자는 이러한 점에 대해 집단원들에게 설명해 주어야 한다.

문제점. 집단원의 일시적 구원에 따른 문제점은 다음과 같다. 앞서 지적한 것처럼, 일시적 구원은 언뜻 다른 집단원에 대한 보호, 배려, 돌봄 또는 관심처럼 보인다. 그러나 진정한 의미에서 도움을 제공하는 행동과는 거리가 있다. 그러므로 오히려 고통을 겪는 사람에게 고통스러운 감정을 토로하도록 도움으로써 그동안 억압되었던 감정을 충분히 경험하도록 허용하는 것이 치유를 위한 작업이다. 이처럼 안전한 분위기 속에서 신뢰할 수 있는 사람들에게 고통스러운 경험을 토로하는 것은 문제해결과 변화의 첫 단계다.

고통스러운 경험을 토로하는 집단원이 있을 때, 다른 집단원(들)이 위로의 차원에서 신체접촉(예, 끌어안기, 어깨 또는 등 두드려주기, 손잡기 등)을 시도할 수 있다. 이 경우, 집단상담자는 신체접촉에 대해 해당 집단원의 의향을 확인함으로써 불필요한 오해가 생기는 일이 없도록 해야 한다(ACA, 2014). 이때 중요한 것은 신체

접촉 이면의 동기다. 즉, 다른 사람이 고통스러워하는 모습을 지켜보기가 어렵기 때문인가, 아니면 돌봄, 공감적 이해의 마음을 전하고 싶은 것인가? 예컨대, 과거에 성학대 또는 성폭행 피해 경험이 있는 사람은 다른 사람이 허락 없이 하는 신체접촉을 위협으로 받아들이기 힘들어 할 수 있다. 이처럼 집단에서의 신체접촉은 미묘한 주제이기는 하지만, 굳이 금할 필요까지는 없다(Corey & Corey, 2017). 집단상담자와 집단원들, 그리고 집단원들 간의 신체접촉은 매우 강력한 치유 효과를 지니고 있기 때문이다.

개입방법. 일시적 구원을 시도하는 집단원을 돕기 위한 방안은 다음과 같다. 즉, 다른 집단원이 고통스런 경험을 노출할 때, 그의 느낌과 생각에 대해 탐색할 기회를 제공한다. 특히, 미결감정을 회피 또는 억압해 왔던 집단원에게는 안전한 집단분위기에서의 교정적 정서체험이 강력한 치료적 효과를 산출할 수 있다. 교정적 정서체험corrective emotional experience이란 과거에는 다룰 수 없었던 정서적 상황에서 겪은 외상적 경험을 수정하기 위해 집단원을 안전하고 우호적인 환경에 노출시키는 것을 말한다(Alexander & French, 1946; Frank & Ascher, 1951). 교정적 정서체험은 지성, 언어, 또는 습관에 의한 단순한 경험이 아니라, 유기체가 직접 경험하는 근원적인 심적 과정이다. 이는 예기치 않은 상황에서 집단원이 집단 내 다른 사람 또는 사물에 대해 강한 정서 반응을 체험하고 있음이 인식될 때 일어난다. 집단원들의 지지와 피드백, 현실검증reality testing, 그리고 굳어져 버린 패턴의 인식 과정을 통해 집단원은 비로소 역기능적인 패턴에 종지부를 찍게 된다. 교정적 정서체험을 위한 집단작업에서 이루어지는 개입의 예는 대화상자 5-7과 같다.

대화상자 5-7. '교정적 정서체험'을 위한 작업의 예

윤 서: 내가 한수 씨 나이일 때는 절대로…….

한 수: 내 나이일 때라니요. 무슨 말씀이세요? (몹시 상기된 표정으로, 두 주먹을 불끈 쥐며) 난 정말 나이 많은 척하면서 어른 행세를 하는 사람을 보면 속이 부글부글 끓어요! 그리고…….

리 더: 그렇군요. 그런데 한수 씨가 윤서 씨 말을 듣고 마음이 많이 언짢은 것 같아요.
한 수: (집단상담자를 노려보며) 어떤 면에서 상담자 선생님도 똑같아요! 항상 내가 어떻게 해야 한다는 말만 하고 있잖아요! 그거 알아요? 그런 말은 모조리 쓸데없는 쓰레기 같은 거라고요. 그런 말은 이미 지긋지긋하게 들었다고요!
정 안: (상기된 표정으로) 이봐요, 한수 씨! 내가 볼 때는 다 한수 씨에게 도움이 되기를 바라는 마음에서 드리는 말씀이잖아요. 그러니까 이제 그만 진정하라고요. 한수 씨를 도우려고 하는 상담자 선생님에게 그렇게 말하면 안 되잖아요?
한 수: (정안을 노려보며) 댁은 좀 빠지시죠. 당신이 상관할 문제가 아니잖아요. 이 문제는 나와 노인네들 사이의 문제니까요. 저 여자는 집단이 시작할 때부터 항상 내 일에 껴들었거든요.
리 더: 오케이, 한수 씨! 여기서 잠시 멈추고, 지금 우리 집단에서 어떤 일이 진행되고 있는지 살펴보기로 합시다. 윤서 씨와 정안 씨 마음이 많이 불편하시겠지만, 한수 씨도 많이 상처받으신 것 같아요. 우리가 지금까지 함께해 왔는데, 한수 씨가 마음 깊은 곳에서부터 진정으로 자신의 마음 상태를 표출한 것은 이번이 처음인 것 같아요.
한 수: (고개를 숙인 채) 음……, 그건 맞아요!
리 더: 그리고 한수 씨가 지금까지 마음속에 담아 왔던 감정을 결국 오늘에야 소리를 낼 수 있게 된 용기에 박수를 보내면서, 여기서 다른 무엇인가가 진행되고 있다는 생각이 들기도 합니다만…….
한 수: 그게 무슨 뜻이죠?
리 더: 한수 씨의 질문에 답해 줄 분 있나요?

대화상자 5-7에서, 집단상담자는 한수라는 집단원이 윤서의 도움제공과 정안의 지지에 대해 왜 그렇게 민감한 반응을 보였는지 헤아려 보는 작업에 집단원들을 참여시키고 있다. 집단상담자는 현재 한수가 나타내는 행동은 현재 집단원들과는 상관없고, 실제로는 과거에 그가 경험했던 중요한 타인(들)과의 상호작용에서 경험한 감정의 재경험 또는 재연reenactment일 거라는 가설을 세운다. 이 예에서 심도 있는 탐색과 촉구작업을 통해, 결국 한수는 윤서라는 집단원의 행동이 어린 시절 친엄마를 그리워하던 자신을 심하게 꾸짖으며 학대했던 새엄마를 떠올렸다는 사실이 밝혀졌다.

당시 한수는 체벌의 이유를 잘 이해하지 못했고, 다만 이유 없이 맞았다는 생각으로 두려움과 분노감이 억압된 상태였다. 집단 전체는 그의 삶에서 반복적으로 직면해야 했던 상황을 연상시켰다. 집단원들의 입장에서는 겉으로는 그를 돌보려는 선한 행동을 시도하고 있지만, 한수에게는 다른 집단원들이 실상은 자신이 이혼가정에서 친엄마의 사랑을 받지 못한 무가치한 사람으로 여기고 있다는 생각이 지배하고 있었다. 집단에서 이러한 현상이 나타나는 경우, 집단상담자는 교정적 정서체험을 준비하는 차원에서 글상자 5-12와 같은 질문을 자신에게 던져 본다.

글상자 5-12. '교정적 정서체험'을 위한 집단상담자의 체크리스트

- ○ 집단원의 감정폭발outburst은 무엇에 관한 것인가?
- ○ 집단원은 내가 현재 인식하지 못하는 것을 보고, 느끼고, 경험하고 있는가?
- ○ 집단원의 독특한 경험을 설명할 수 있는 성별, 민족, 문화 관련 배경은 무엇인가?
- ○ 이러한 점은 내가 집단원에 관해 알고 있는 사실과 어떻게 부합되는가?
- ○ 집단원은 현재 진행되는 상황을 왜곡 또는 과장하고 있지는 않은가?
- ○ 다른 집단원들은 현재 이 집단원과 관련되어 일어나고 있는 상황에 대해 어떻게 반응하고 있는가?
- ○ 나의 직감/직관은 지금 어떤 상황이 전개되고 있다고 말해 주고 있는가?
- ○ 집단원이 자신의 행동을 인식하고 과거의 경험과 연결할 수 있으려면, 나는 무엇을 어떻게 도와야 하는가?
- ○ 종결에 앞서, 집단원을 돕기 위해 나는 무엇을 해야 하는가?
- ○ 이번 일을 통해 얻은 교훈은 무엇이고, 어떻게 하면 이것을 다른 집단원들의 경험으로 일반화할 수 있는가?

사실적 이야기 늘어놓기

집단원의 다섯 번째 문제행동은 사실 또는 사건 중심의 이야기를 늘어놓는 것이다. 사실적 이야기 늘어놓기factual story-telling란 감정 또는 생각을 말하기보다 과거의 사건에 관해 사실 중심의 이야기를 두서없이 늘어놓는 것을 말한다. 이는 집단원이 다른 집단원들을 청중 삼아 자신의 과거사past history 또는 개인사personal history를 늘

어놓는 것이다. 집단초기에 일부 집단원들은 자기개방의 일환으로, 과거에 겪었던 경험들을 장황하게 소개하기도 한다. 이처럼 사실적인 이야기 중심의 자기개방은 일상생활에서 처음 또는 자주 만나는 사람들과의 사회화와 관계 형성 및/또는 유지를 위한 방법이기 때문이다.

사실적인 이야기 중심의 자기개방은 종종 집단상담 경험이 없는 집단원이 집단에서 자신의 역할에 대한 오해에서 비롯되기도 한다. 즉, 자신이 겪은 과거사를 상세히 털어놓으면, 집단상담자가 이를 해결해 줄 것이라는 잘못된 믿음에서 기인할 수 있다. 그런가 하면, 자기개방을 마치 자신의 개인사를 상세히 보고하는 것으로 오해하는 것에서 비롯되기도 한다. 그러므로 집단초기에 집단원이 자신의 과거나 현재 생활에서의 경험을 사건 중심으로 장황하게 늘어놓는 것은 그리 놀라운 일은 아니다.

이러한 행동에 대해 직면하는 경우, 이들은 자기개방으로 인해 기꺼이 위험을 감수하고 있다고 주장할 수 있다. 이때 집단상담자는 자기개방이 사실적 이야기를 늘어놓는 것과 다르다는 사실을 설명해 줄 수 있다(예, "자기개방은 개인의 과거나 현재의 생각과 감정에 초점을 맞춘 진술인 반면, 사실적 이야기 늘어놓기는 자기 자신 또는 주변 사람들에 관해 단순히 사실 중심으로 두서없이 상세히 이야기하는 것입니다."). 집단원의 진술이 자기개방인지 사실적 이야기 늘어놓기인지에 대한 판단하기 위해 집단상담자는 스스로에게 글상자 5-13과 같은 질문을 던져 볼 수 있다.

글상자 5-13. '사실적 이야기 늘어놓기' 여부의 판단을 위한 집단상담자의 체크리스트

- ○ "현재 집단원이 하고 있는 이야기가 그를 이해하는 데 도움이 되는가?"
- ○ "현재 집단원이 하고 있는 이야기가 그의 관심사를 경청·이해하는 것을 방해하는가?"
- ○ "현재 집단원이 하고 있는 이야기가 집단원의 목표 달성을 더 잘 도울 수 있는 정보를 제공하고 있는가?"

그러나 집단에 대한 몰이해[misunderstanding] 때문이 아닌 상태에서 사실적 이야기를 늘어놓는 집단원이 있다면, 이는 집단원 자신의 진솔한 느낌이나 생각의 노출을

꺼리는 방어 수단으로 볼 수 있다(Yalom, 2005). 또한, 집단원들 간에 사실적 이야기를 장황하게 늘어놓는 행동이 집단규범으로 뿌리내리려 한다면, 집단상담자는 이를 문제행동으로 인식하고 집단원들이 과거와 현재의 세부적인 사실보다는 자신들의 생각과 감정에 초점을 맞춘 생산적인 자기개방을 할 수 있도록 개입해야 한다(DeLucia-Waack et al., 2014). 사실적 이야기를 늘어놓는 집단원이 집단에 미칠 수 있는 문제점은 다음과 같다.

문제점. 사실적 이야기 늘어놓기의 문제점은 집단원이 자신의 과거 경험에 대해 세세한 부분까지 이야기하고 있지만, 정작 그 집단원이 그 경험에 대해 어떻게 생각하고 느끼는지는 거의 알지 못한다는 것이다. 다른 한편으로, 이 집단원은 자신의 개인적인 경험을 개방하고 있다고 믿고 있지만, 집단상담자와 다른 집단원들은 그러한 느낌이 들지 않는다는 문제가 있다(Rogers & Farson, 2015). 이 외에도 집단원이 과거 사건이나 경험에 관한 사실적 이야기를 장황하게 늘어놓게 되는 경우에 집단에서 발생할 수 있는 문제는 글상자 5-14와 같다.

글상자 5-14. '사실적 이야기 늘어놓기'의 문제점

1. 다른 집단원들은 심리적으로 의미 없는 이야기를 듣게 되어 지루하고 피곤해할 수 있다.
2. 사실적 이야기를 늘어놓는 집단원 자신도 의미 있는 학습을 하고 있다는 느낌보다는 오히려 공허하고 동일한 이야기를 되풀이하는 느낌이 들 수 있다.
3. 사건에 대한 당사자의 주관적 감정을 잘 알지 못하는 집단원들은 달리 도울 수 있는 방도를 찾지 못하게 되어 무능감 또는 무력감을 느낄 수 있다.
4. 한정된 집단시간이 장황한 이야기를 늘어놓는 집단원에게 집중되어 집단상담자의 공평하지 못한 시간 배분 또는 적절한 개입 부재에 대해 다른 집단원들의 불만이 초래될 수 있다.

글상자 5-14에 제시된 것처럼, 집단원의 사실적 이야기를 늘어놓는 행위는 다른 집단원들뿐 아니라, 이러한 행동을 하는 집단원 역시 집단의 효과에 대해 의구심을 갖게 될 수 있다는 점에서 집단상담자의 시의적절한 개입이 요구된다. 집단상담자의 적절한 개입을 통한 행동 시정은 문제행동을 보이는 집단원이 추후에 자신의 행동이 생산적이지 않았다는 사실을 깨닫게 되면서 불필요한 죄책감을 느끼지 않아도 되게 하는 효과가 있다. 그러면 사실적 이야기를 늘어놓는 행동에 대해서는 어떻게 개입해야 하는가?

개입방법. 사실적 이야기를 늘어놓는 집단원에게 필요한 조치는 무엇보다도 집단원으로 하여금 자신에게 초점을 맞추도록 돕는 일이다. 이를 위해 집단상담자는 다음과 같은 조치를 취한다. 첫째, 공감적 이해를 통해 사실적 이야기를 늘어놓는 집단원이 지금 여기에 초점을 맞추고, 과거 경험에서 야기된 감정을 현재형으로 표출하도록 돕는다(Rogers & Farson, 2015). 집단원이 사실적 이야기를 늘어놓을 때, 집단상담자의 개입에 필요한 진술의 예는 대화상자 5-8과 같다.

대화상자 5-8. 집단원의 '사실적 이야기 늘어놓기'에 대한 개입 진술의 예

- "방금 말씀하신 과거의 사건 또는 상황이 현재 어떤 영향을 주고 있나요?"
- "그때 그 사건이 현재 서준 씨의 삶에 어떻게 영향을 미치고 있나요?"
- "다른 사람과 갈등 관계에 있는 것에 대해 어떤 느낌이 드나요?"
- "지금 동연 씨는 동연 씨 자신에 대해서보다 동연 씨의 주변 사람들에 대해 더 많이 말을 하고 있는 것처럼 들리네요. 동연 씨 자신에 대해 좀 더 말해 줄 수 있나요?"

둘째, 차단 기술을 사용하여 사실적인 이야기보다는 과거의 사건 또는 상황에 대한 느낌을 진솔하게 토로할 수 있도록 화재 방향을 전환한다. 집단원들의 생애사, 즉 과거의 삶에 어떤 일이 있었는지에 대해 잘 알고 있는 것은 집단원들을 통합적으로 이해하는 데 도움이 된다. 이러한 점에서 일부 집단상담자는 집단초기에 집단원들이 사실적인 이야기를 늘어놓는 것에 대해 비교적 관대한 입장을 취하기도 한다. 그러나 앞서 언급한 것처럼, 사실적 이야기를 장황하게 늘어놓는 행동은 집단의 활력을 떨어뜨린다는 문제가 있다. 대화상자 5-9는 5회기 때 집안사정에 대해 상세하게 사실적인 내용 중심으로 반복해서 이야기하지만, 정작 자

신의 느낌과 생각을 언급하지 않는 집단원을 돕기 위해 집단상담자가 어떻게 개입해야 하는지를 보여 주는 대화의 예다.

대화상자 5-9. '사실적 이야기 늘어놓기'에 대한 개입의 예

예 원: 저는 서울에서 태어나 자랐어요. 그런데 초등학교 3학년 때 아빠가 하시던 사업이 잘 안 돼서, 우리 네 식구는 할아버지, 할머니가 살고 계신 인천으로 이사했어요. 음, 그때부터 이사를 자주 다니게 되었어요. 저는 거기서 초등학교를 졸업했고, 졸업하자마자 큰이모가 살고 계셨던 수원에서 살게 되었어요. 이사해서 얼마 안 있어서 엄마가 조그마한 가게를 하나 내셨는데, 이따금 엄마 가게에 들러서 엄마를 도와드리곤 했던 기억이 나요. 그 당시 아빠는 잠시 부산에 내려가 계셨는데, 거기서 아빠 친구 일을 도와주고 있었데요. 그런데…….

리 더: (예원의 말을 끊으면서) 그러니까 예원이가 집안 사정 때문에 어렸을 때 몇 차례 이사하게 되면서 가족이 잠시 떨어져 지내야 했었나 보네. 예원이의 이야기를 듣다 보니까, 예원이의 어릴 적 경험이 현재 예원이에게 어떤 영향을 주고 있는지 궁금하구나.

예 원: (약간 격양된 어조로) 음, 집단에서는 마음에 품고 있는 이야기를 다 털어놓는 것이 좋다고 하지 않았나요?

리 더: 아하, 예원이로서는 자신의 변화를 위해 어린 시절에 어떤 일이 있었는지에 대해 말했던 거구나. 그런데 예원이가 이사를 자주 다니게 된 것이 어쩌면 현재 예원이가 겪고 있는 친구 관계에서의 어려움과 어떤 연관이 있을 것 같은 생각이 언뜻 드는데…….

대화상자 5-9에서, 자신의 과거사에 대해 지나치게 사실적인 내용만을 반복적으로 늘어놓는 것을 집단상담사가 차단하자, 예원이라는 집단원은 자신은 집단규범대로 자기개방을 하고 있었다고 주장하면서 경미한 정도의 분노를 표출했다. 이에 집단상담자는 공감적 이해를 통해 집단원에게 그 사건을 통해 어떤 경험을 했는지에 대해 탐색할 기회를 제공함으로써 화제의 방향 전환을 돕고 있다. 이처럼 사실적인 이야기를 늘어놓는 집단원에게는 그러한 행동에 대해 직면하게 하거나, 또는 이야기 속의 사건에 대한 자신의 느낌 또는 생각의 탐색을 통해 통찰을

유도하여 변화를 도울 수 있다. 단, 집단상담자는 자신의 관찰내용 또는 해석에 대한 집단원의 준비도, 즉 어느 정도로 수용할 수 있는지를 고려해야 한다.

셋째, 집단원에게 자신에 관해 구체적이고 개인적인 방식으로 표현하는 법을 가르치고, 관련 없는 이야기를 하지 않도록 지속적으로 살핀다. 만일 자신을 더 생생하게 드러내기를 원하는 집단원이 있다면, 집단상담자는 그 집단원에게 자신에 관한 이야기를 글로 써 보는 과제를 부과할 수 있다. 그런 다음, 이 집단원에게는 과제를 하는 과정에서 느낀 점과 떠오른 생각에 대해서만 집단에서 소개할 기회를 제공한다.

질문 공세

집단원의 여섯 번째 문제행동은 질문 공세다. 질문 공세란 다른 집단원들에게 질문으로 일관하는 행위를 말한다. 질문을 통한 탐색probe은 집단원에 관한 정보와 자료 수집, 그리고 집단원의 생각 또는 감정 탐색을 위한 집단상담자의 중요한 도구다. 그러나 집단원들 사이의 질문은 때로 다른 집단원에 대한 단순한 호기심 충족을 위한 수단으로 변질되기도 한다. 이는 다른 집단원의 자기개방 도중에 끼어들어 질문하거나, 상대방이 답변하기도 전에 연이어 질문하는 형태로 나타난다. 이러한 형태의 질문은 해당 집단원이 일상생활에서의 관계 형성 또는 참여방법으로 활용하고 있는 것으로 짐작할 수 있다. 다른 한편으로는 자신에 관해 노출하기를 꺼리는 무의식적 욕구의 표현이자 자기은폐의 수단으로 볼 수 있다. 집단원의 이러한 행동은 다음과 같은 문제점이 있다.

문제점. 집단원의 질문 공세에 따른 문제점은 글상자 5-15와 같이 요약 · 정리할 수 있다.

글상자 5-15. '질문 공세'의 문제점

1. 집단원의 자기 탐색을 방해한다.
2. 자신은 숨긴 채, 알려지지 않은 상태로 남아 있게 해 준다.

3. 질문하는 동안 다른 집단원들에게 주의를 집중하게 함으로써 자신은 지금 여기에서 경험하고 있는 감정과 접촉하지 않아도 되게 한다.
4. 다른 집단원들의 말을 가로막을 뿐 아니라, 이들에게 일일이 답변해야 하는 부담을 준다.
5. 감정 탐색보다는 생각에 의존하게 하거나 방어적 행동을 유발한다.

글상자 5-15에 열거된 문제점의 요지는 질문 공세가 다른 집단원의 주관적 감정 탐색에 별 도움이 되지 않는다는 것이다. 집단원의 질문 공세에 대한 개입방법은 다음과 같다.

개입방법. 집단원의 질문 공세 행동에는 다음과 같이 개입한다. 첫째, 습관적인 질문은 관계 형성에 도움이 되지 않는다는 사실을 깨닫도록 돕는다. 이를 위해 집단상담자는 질문의 함정에 대해 알려 준다. 그렇다고 해서 집단상담자가 "질문은 삼가시고 자기표현만 하세요."라는 말을 해야 한다는 의미는 아니다. 대신, 해당 집단원에게 습관적인 질문은 그 자신에 대해서는 드러내지 않는 반면, 다른 집단원들을 곤혹스럽게 만들 수 있고, 집단의 치료적 흐름을 저해할 수 있음을 인식시킨다. 질문 공세 행동을 하는 집단원에 대한 개입의 예는 다음과 같다.

대화상자 5-10. '질문 공세' 행동에 개입하기 위한 진술의 예

○ "그 질문을 하기 전에 어떤 느낌이 들었나요?"
○ "질문하지 않으면, 어떤 생각 또는 느낌이 드나요?"
○ "주안 씨에게 질문하게 된 계기는 무엇인가요?"
○ "그 사실에 대해 알고 싶어진 계기는 무엇인가요?"
○ "시준 씨에게 질문하게 된 계기에 대해 말하면서 순간 어떤 생각 또는 느낌이 드나요?"
○ "시현 씨에게 질문하게 된 동기가 무엇인가요?"

둘째, 질문 공세를 하는 집단원에게 질문 속에 포함된 핵심 내용을 자신을 주어로 해서 직접 표현해 보도록 한다. '나'를 주어로 집단원 자신의 감정 또는 욕구를

표현하도록 하는 작업은 질문보다 자기개방을 통해 생각과 감정을 나누는 것이 효과적인 소통방법임을 인식시켜 주는 효과가 있다. 이때, 집단상담자는 질문을 일삼는 집단원의 질문과 그 질문에 숨겨진 메시지를 이해할 필요가 있다. 집단원의 질문과 숨겨진 메시지의 예는 표 5-4와 같다.

표 5-4. 질문과 숨겨진 메시지의 예

질문의 예	숨겨진 메시지
☐ "제가 말할 때 왜 웃으시나요?"	• "당신은 제 말을 귀담아 듣는 것 같지 않아요." • "당신은 이 집단에서 일어나는 일에 대해 진지하게 여기는 것 같지 않다는 생각이 들어요."
☐ "왜 다른 사람을 아프게 하나요?"	• "당신을 믿을 수 없어요. 그래서 다른 사람이 했던 방식으로 당신에게 나를 개방하지 않을 거예요."
☐ "왜 강요하죠?"	• "내가 얼마나 깊이 작업해야 할지 잘 모르겠어요." • "난 더 이상 깊은 이야기를 하고 싶지 않아요."
☐ "몇 살이세요?" / "지금 나이가 몇이세요?"	• "내가 당신보다 나이가 훨씬 많은데/적은데, 서로 이해할 수 있을지 모르겠군요." • "당신에 대해 좀 더 알고 싶어요."
☐ "저에 대해 어떻게 생각하세요?"	• "난 당신을 좋아하고 존경해요. 그래서 당신이 날 어떻게 생각하는지 중요해요."
☐ "사람들은 왜 자기 부모를 비난하죠?"	• "저는 사람들이 자기 부모를 비난하는 게 잘 이해되지 않아요." • "난 부모로서 내 아이들이 날 비난하게 될까 봐 두려워요."
☐ "왜 동거녀와 헤어지지 않나요?"	• "난 당신 자신, 당신이 어려움을 당하고 있는 것, 그리고 그런 관계를 지속하고 있는 이유가 잘 이해되지 않아요."

대화상자 5-11은 습관적으로 질문 공세를 하는 한 대학생의 예다.

대화상자 5-11. '질문 공세'의 예

현 식: 저는 고등학교를 선택할 때도 그랬던 것처럼 이 대학을 선택한 거며, 학과 선택까지 우리 엄마가 일방적으로 정해 주셨어요. 전 정말이지 학교를 계속해서 다녀야 하나, 아니면 하루빨리 그만두고 재수를 해야 하나 정말 모르겠어요.

시 준: 현식 씨는 어느 고등학교를 졸업하셨어요? 서울에 있는 학교였나요? 아니면 지방에 있는 학교였나요? 참, 고등학교 내신 성적은 어땠어요? 수능 점수는 예상대로 나왔나요?

리 더: 현식 씨가 현재 겪고 있는 어려움을 덜어 주기 위해 시준 씨 나름 관심을 갖고 도와주려는 모습이 보여요. 그런데 방금 현식 씨에게 던진 질문을 시준 씨 자신을 주어로 해서 느낌을 말씀해 보시겠어요? 예를 들면, "나는 현식 씨의 말을 들으니까 ______한 느낌이 들어요." 같은 형식으로요.

대화상자 5-11에서, 집단상담자는 질문 공세를 하는 시준이라는 집단원에게 질문 대신 질문 내용을 '나'를 주어로 표현해 보도록 하고 있다. 이 외에도, 집단상담자는 집단원에게 질문을 하기 전에 마음속에서 무엇이 진행되고 있는지 말해 보도록 제안할 수 있다. 이런 개입을 통해 질문 공세를 하는 집단원은 다른 집단원들에게 연이은 질문을 하게 된 행동의 원인과 자신의 감추어진 욕구를 탐색해 볼 수 있다. 대화상자 5-12는 다른 집단원에 대해 궁금한 점을 '나'를 주어로 그에 대한 관심을 잘 표현하고 있는 집단원과 집단상담자의 대화 예다.

대화상자 5-12. '질문 공세'에 대한 대체 반응의 예

리 더: 한나 씨가 시영 씨에 대해 알고 싶은 점이 많은 것 같은데, 시영 씨를 대하면서 갖게 된 생각이나 느낌을 평서문으로 표현해 보시겠어요?

한 나: 글쎄요, 저는 시영 씨가 오늘따라 무언가에 대해 깊이 생각에 잠겨 있는 것처럼 보이거든요. 음, "시영 씨가 아무 말도 하지 않아서 도대체 무슨 생각을 하고 있을까 궁금해요. 오늘따라 다른 사람들 눈치만 보면서 입을 꽉 다물고 있어서요."

질문은 상대방에 대해 좀 더 알기를 원한다거나 일종의 관심표현으로 해석될 수 있다. 그러나 질문을 받게 되는 집단원은 대답을 해야 하는 부담감 때문에 불필요하게 방어적 행동을 하게 될 수 있다는 문제가 있다. 그러나 대화상자 5-12에서처럼, '나'를 주어로 자신의 느낌을 표현하는 것은 그럴 가능성이 적다는 점에서

안전하고 치료적으로도 유용하게 활용될 수 있다는 이점이 있다.

충고 일삼기

집단원의 일곱 번째 문제행동은 다른 집단원에게 충고를 일삼는 것이다. 충고 일삼기란 다른 집단원의 결함 또는 잘못을 타이르거나, 해야 할 일do's 또는 하지 말아야 할 일dont's에 관한 개인적인 생각과 의견을 제시하는 것을 말한다. 충고는 표면적으로는 다른 집단원에게 도움이 되고자 하는 동기와 의도로, "난 당신이 ~해야 한다고 생각해요." 또는 "난 당신이 ~하는 것이 좋을 것 같아요." 라는 형식으로 이루어진다. 집단에서 흔히 관찰할 수 있는 충고 일삼기의 예는 대화상자 5-13과 같다.

대화상자 5-13. '충고 일삼기'의 예

예 1

종 서: 결혼한 후로 저는 줄곧 부모님과 따로 살았어요. 부모님도 그걸 원하셨고요. 그런데 작년에 아버님이 혈압으로 쓰러지셔서 거동이 불편하세요. 여전히 어머님은 괜찮다고 하시는데, 자식 된 도리로 이젠 부모님을 모시고 살아야 하지 않을까 하는 생각이 들더라고요. 그런데 지난번에도 말씀드렸다시피, 제가 실직 상태고, 제 아내 월급으로 우리 네 가족이 빠듯하게 생활하는 처지라서…….

동 규: 종서 씨, 기분 나쁘게 생각하지 말고 들어 보세요. 아무리 그래도 종서 씨가 장남이고 부모님 건강도 좋은 상태가 아닌데, 늙으신 부모님을 모시고 사는 것이 자식으로서 당연한 도리가 아닐까요? 그게 조상 대대로 내려온 우리의 아름다운 전통이고, 미덕이잖아요. 젊어서 고생은 사서도 한다고 하고요. 그러니까 어떤 어려움이 있어도 꼭 참고 효도하시는 것이 나중에 복 받으실 것 같아요.

예 2

미 선: 남편이 어젯밤에도 회식이 있다고 하면서 술에 만취가 되어서 새벽이 되어서야 집에 들어왔더라고요. 이게 하루 이틀도 아니고……. 아무리 잔소리를 해도 소용이 없는 거예요.

인 희: 그런 정도면 깨끗하게 헤어지는 것이 낫지 않을까요? 네, 하루라도 빨리 헤어지는 것이 나아요. 사실 나도 전남편의 그런 점들이 너무 지긋지긋해서 눈 딱 감고 헤어졌거든요. 물론 다른 일도 있었지만요.

예 3

다 인: 제가 어려서부터 아빠가 엄마한테 그렇게 잘해 드린 기억은 없지만, 그렇다고 큰 문제는 없이 살아왔던 것 같은데……. (표정이 갑자기 어두워지면서) 어찌 생각하면 제가 자식 역할을 제대로 못 하고, 엄마 아빠 속을 썩여 드렸던 것이 결국 엄마 아빠가 헤어지시게 되지 않았나 하는 생각이 들 때면 우울해지는 거예요.

우 경: (다소 흥분하면서) 부모님이 마음이 안 맞아서 이혼한 것이지, 다인 씨가 죄책감을 가질 것까지는 없어요. 왜 다인 씨가 우울해해야 하나요? 그분들 나름대로 심사숙고해서 내린 결정이었을 텐데……. 그런 부정적인 생각은 버리시고, 앞으로는 좋은 일만 생길 거라고 믿고, 늘 긍정적인 생각으로 그날그날 생활에 최선을 다하시면 기분이 훨씬 나아질 거예요.

대화상자 5-13에서 각 집단원은 다른 집단원에게 충고하고 있다. 대화의 예 3의 경우, 다인이라는 집단원의 말의 옳고 그름을 헤아리는 것은 그리 중요하지 않다. 다만, 이 상황에서 초점이 되어야 할 점은 다인이 부모의 이혼에 원인 제공을 했다고 믿고 있고, 이에 대해 죄책감이 든다는 사실이다. 우경이 다인에게 죄책감을 느끼지 말라고 충고하는 것은 언뜻 상대 다인을 배려하는 것처럼 보일 수 있다. 그러나 이는 다인이 부모와의 관계에서 느끼는 감정 탐색과 표출을 막고 있다. 충고를 일삼는 행위는 집단원의 의도와는 달리, 다음과 같은 문제점을 초래한다.

문제점. 집단원의 충고 일삼기에 따른 문제점은 다음과 같다. 첫째, 충고를 일삼는 것은 일종의 자기방어, 저항, 자기과시의 형태다. 이러한 행위는 다른 집단원이 자신의 문제 또는 관심사를 털어놓는 것을 마치 다른 사람들의 충고를 구하거나 필요로 하는 것으로 여기는 투사의 결과다. 이러한 행위는 그 대상이 되는 다른 집단원의 생각을 정리할 기회를 박탈하거나, 감정 표출 또는 미결감정의 재

경험을 저해할 수 있다는 문제가 있다.

둘째, 사람들은 종종 다른 사람의 충고를 구하는 것처럼 보이지만, 실제로는 다른 사람들의 충고/조언을 귀담아듣지 않는 경향이 있다. 설령 귀담아듣는다고 하더라도 듣는 것과 실천은 별개다.

셋째, 충고는 어떤 의미에서는 대상자에게 스스로 문제를 해결할 능력이 없음을 선언하는 것과 같다. 충고대로 실행에 옮겼다가 원하는 결과가 나타나지 않을 경우, 집단원은 자신의 결정 또는 행동에 대해 책임지기보다는 충고해 준 사람에게 책임을 전가할 수 있다. 반면, 충고가 문제해결에 도움이 되었다고 하더라도, 장기적인 관점에서 보면 새로운 문제가 발생하는 경우에 스스로 해결책을 모색·해결하려 하기보다 다른 사람의 충고를 바라거나 의존하게 할 수 있다는 문제가 있다. 이는 집단원의 결정과 행동에 대해 스스로 책임져야 한다는 집단상담의 기본 가정 또는 철학에 부합되지 않는다.

넷째, 충고는 이를 제공하는 사람은 승자/강자^top dog^, 그 상대는 패자/약자^under dog^라는 미묘한 느낌을 준다. 또는 성인 대 아동, 상사 대 부하, 상전 대 하인, 성공한 사람 대 실패한 사람의 관계 같은 묘한 분위기를 풍긴다. 기본적으로, 다른 사람에게 충고한다는 것은 상대방이 자주적인 문제해결력이 없음을 전제한다는 점에서, 집단상담에서 충고는 바람직한 행위로 볼 수 없다. 그러면 충고를 일삼는 행동에는 어떻게 개입해야 할까?

개입방법. 집단원의 충고를 일삼는 행동에 대한 개입방법은 다음과 같다. 첫째, 집단원이 시간적인 여유를 가지고 자신의 문제와 갈등을 탐색하도록 돕는다. 만일 집단원이 스스로 문제 상황을 해결할 방법에 대한 생각을 말한다면, 이는 훨씬 더 강력하고 다른 사람에 대한 의존성을 줄일 수 있다. 집단에서의 바람직한 행동은 다른 집단원이 제기하는 문제에 대해 해결책을 제시하기보다 자신의 문제를 해결하기 위해 어떤 노력을 하고 있는지에 대한 이야기를 나누는 것이다. 집단상담자는 구체적인 결과에 집착하기보다 과정에 초점을 맞춤으로써, 집단원의 결정이 가져올 결과와 감수해야 할 사항에 대한 점검을 돕는다. 집단원들이 문제해결 방법을 터득하도록 돕기 위해 집단상담자는 질문을 던질 수 있다(예, "그동안 문제해결을 위해 시도했던 방법 중 어떤 것이 가장 효과적/비효과적이었나요?" "문제해결을 위해 당신 자신에게 하고 싶은 조언이 있다면 무엇인가요?").

둘째, 교육회기educative session를 통해 집단원들에게 섣부른 충고는 이들의 생각만큼 그리 효과적인 조력 방법이 아니라는 점을 일깨워 준다. 즉, 집단상담자는 도움이 필요한 집단원에게 충고보다는 그의 문제에 대해 깊이 탐색할 수 있도록 돕는 것의 가치를 강조한다. 이를 통해 집단원들은 충고가 누군가에게 효과적이었던 것이 다른 사람에게는 그렇지 않을 수 있음을 배울 필요가 있다.

셋째, 충고를 일삼는 행동의 동기를 탐색해 볼 기회를 제공한다. 집단상담자는 문제행동을 보이는 집단원이 충고를 통해 얻고자 하는 것이 무엇인지에 대한 통찰을 얻도록 돕는다. 충고는 어떤 의미에서는 다른 사람에 대한 관심과 배려의 표현으로 볼 수 있다. 그러나 동시에 이러한 행동은 다른 사람들의 주의를 자신에게 집중시킬 수 있는 효과를 줄 수도 있다. 집단상담자는 섣부른 충고보다는 문제 탐색의 기회를 갖는 것이 더 중요하다는 사실을 집단원들에게 설명해 주고, 직접 시범을 보인다. 집단상담자는 충고를 일삼는 집단원에게 이미 만들어져 있는 해결책을 제시하는 충고 대신, 다른 집단원이 자신의 어려움과 노력을 함께 나누고, 갈등 또는 문제를 충분히 탐색할 수 있는 시간을 갖게 함으로써 스스로 결정하게 하는 일의 중요성을 인식할 수 있도록 돕는다.

넷째, 충고가 다른 사람들과 연계할 수 있는 긍정적인 방법으로 인식되는 문화적 배경을 가진 집단원 또는 자신의 문제해결을 위한 조언을 구하기 위해 집단에 참여한 집단원들에게는 집단에 대한 기대에 관해 이야기할 기회를 제공한다. 이들 중에는 집단상담자를 마치 자신의 문제해결을 위해 올바른 제안을 해 주는 전문가로 인식할 수 있다. 이 경우, 집단상담자는 자신에게 충고 또는 조언을 구하는 집단원의 기대에 대해 논의하는 한편, 자신의 역할과 자신이 제공할 수 있는 것에 관해 설명해 줌으로써 집단상담에 대한 탈신비화를 할 필요가 있다. 대화상자

5-14는 다른 집단원에게 충고하는 집단원에 대해 집단상담자가 개입하는 대화의 예다.

대화상자 5-14. '충고 일삼기'에 대한 개입의 예

경 미: 작년에 엄마가 돌아가시고 나서는 너무 정신이 없었어요. 엄마가 그렇게 바라던 직장에 취직했는데…, 엄마가 곁에 없으니까 그렇게 썩 기쁘지도 않은 거예요. 근데, 엄마 생각만 하면 자꾸 눈물만 나요. (말을 채 맺기도 전에 눈물을 흘린다.)

태 혁: 사실, 저도 작년에 할머니가 돌아가셨거든요. 그때 많이 힘들었는데, '돌아가신 분은 돌아가신 분이고, 산 사람은 살아야지.' 하는 생각으로 할머니를 잊어버리려고 하니까 마음이 편해지더라고요. 경미 씨도 자신을 위해서라도 이젠 잊어버리시는 것이 좋을 거예요. 그리고요….

리 더: 태혁 씨, 잠깐만요! 우선 감정적으로 어려움을 겪고 있는 경미 씨를 도우려는데 대해 감사를 표하고 싶어요. 그리고 태혁 씨가 할머니를 잃은 슬픔을 잘 극복하게 되었다니 기쁘고요. 그렇지만 지금 태혁 씨의 말이 경미 씨에게 진정으로 도움이 될는지 확신이 서질 않아요. 왜냐면 현재 경미 씨가 겪고 있는 감정적인 어려움은 경미 씨의 삶에서 소중했던 사람을 잃게 되면서 겪게 되는 자연스러운 감정으로 볼 수 있거든요.

대화상자 5-14에서, 집단상담자는 태혁이라는 집단원이 자신의 경험을 바탕으로 경미에게 충고하는 행동이 비치료적이라는 판단하에 즉시 개입하여 태혁의 말을 차단하고 있다. 만일 집단상담자가 태혁의 행동에 개입하지 않고 방임한다면, 집단은 더 깊은 수준의 자기 탐색으로 들어가기보다는 단지 공허한 충고로 이어지는, 치료적 의미가 퇴색된 공간이 되어 버릴 수 있다. 이 대화의 예에서 태혁의 충고는 자신의 조회체계에 근거한 것으로서, 감정 표현을 돕기보다는 오히려 무관심 또는 방치를 조장하고 있다. 이는 지지와 격려를 통해 새로운 선택을 할 수 있도록 힘을 북돋아 주기보다는 감정 인식 저해 또는 억압하는 결과를 초래할 수 있다.

적대적 행동

집단원의 여덟 번째 문제행동은 적대적 행동이다. 적대적 행동hostile behavior이란 내면에 누적된 부적 감정을 직간접적인 방식으로 집단상담자 또는 다른 집단원들에게 표출하는 것을 말한다. 적대감은 흔히 가시 있는 농담, 비판, 빈정댐, 수동공격적passive-aggressive 행동 등의 형태로 간접적으로 또는 은밀하게 표출된다는 점에서 간파하기가 쉽지 않다는 특징이 있다. 이는 또한 (무단)결석, 지각, 분리, 중도이탈, 짜증, 또는 지루함 표현을 위한 곁눈질 등을 통한 분노 표출로 나타나기도 한다. 적대적 행동은 흔히 공격성 또는 문제행동으로 주의를 끌 수 있었던 가족에서 자라난 집단원이 집단에서도 반복으로 보일 수 있다. 이러한 행동은 집단에서 도전을 받거나 가치 침해의 가능성이 있을 때, 자신의 취약성을 드러내지 않고자 하는 수단으로 나타난다. 이러한 태도 또는 행동을 나타내는 집단원은 자신이 취약해진다는 느낌이 들면, 다른 집단원에게 비난 · 비판 · 빈정거림 · 적대감을 드러내곤 한다(Corey & Corey, 2017). 적대적 행동에 대해 집단상담자 또는 다른 집단원들이 좌절 또는 분노로 반응하는 것은 적대적 행동을 보이는 집단원에게는 오히려 구미가 당기는 유혹으로 작용할 수 있다. 집단에서 흔히 관찰되는 것으로, 집단상담자의 개입이 요구되는 집단원의 적대적 행동의 단서는 글상자 5-15와 같다.

글상자 5-15. '적대적 행동'의 단서

1. 언어적 · 신체적으로 서로를 공격한다.
2. 성차별 · 인종차별적 언사를 일삼는다.
3. 다른 집단원들에게 눈에 띌 정도로 무관심하거나 무감각하다.
4. 집단 회기에 지각 · 조퇴 · 결석하거나, 심지어 중도에 집단을 떠난다.
5. 지나치게 예의나 격식을 차리면서도 은연중에 비판적 표현을 일삼는다.
6. 집단참여에 소극적이면서 수동공격적 행동을 나타낸다.
7. 냉소적인 농담, 빈정거림, 치고 빠지는 식의 행동을 보인다.
8. 다른 집단원의 의견 또는 행동에 의해 침해받은 것처럼 보이거나 철수 행동을 나타낸다.

9. 자신의 행동을 통제하지 못해서 다른 집단원들에게 미치는 부정적인 영향을 인식하지 못한다.

이 외에도, 적대적 행동을 보이는 집단원은 지나치게 방어적인 태도를 보임으로써, 자신이 적대적 행동을 지니고 있음을 은폐하기도 있다. 그리고 대부분의 경우, 이러한 행동을 보이는 집단원들은 자기가 적대적 행동을 보인다는 사실을 인식하지 못하는 경향이 있다. 적대적 행동을 나타내는 집단원은 집단에 다음과 같은 문제점을 초래한다.

문제점. 집단원의 적대적 행동에 따른 문제점은 다음과 같다. 첫째, 적대적 행동은 다른 집단원의 적대적 행동과 감정을 불러일으킬 수 있다. 적대감 표출은 공격적 행동으로 나타나지만, 이러한 행동을 나타내는 집단원은 직면 상황에서는 당혹스러워하면서 재빨리 후퇴하거나, 분개하면서 온갖 변명을 늘어놓는 특징이 있다. 이들은 대체로 다른 집단원들의 피드백에 귀 기울이지 않고 방어적인 태도를 취함으로써 결국 집단원들 간의 신뢰에 기반한 솔직한 상호작용을 저해하는 경향이 있다. 따라서 심각할 정도로 적대적 행동을 나타내는 사람은 집단이 진행될 수 없을 정도로 분위기를 해칠 수 있다는 점에서, 사전에 선별될 필요가 있다.

둘째, 적대적 행동은 다른 집단원들에게 심리적 위협을 준다. 이는 집단원들의 자기개방을 어렵게 한다. 게다가, 집단원들은 적대적 행동을 보이는 집단원에 대한 피드백 제공 또는 직면을 꺼림으로써 오히려 이 집단원에게 더 많은 통제권을 제공하는 결과를 초래할 수 있다. 따라서 적대적 행동은 집단의 분위기와 집단원들 사이의 응집력 형성을 크게 저해한다는 점에서 집단상담자가 반드시 관심을 가지고 다루어야 할 문제행동이다. 그러면 집단상담자는 적대적 행동을 보이는 집단원을 어떻게 다루어야 하는가?

개입방법. 집단원의 적대적 행동은 다른 문제행동과는 달리 다른 집단원들과 집단과정을 지배하게 되는 힘이 있다는 점에서 즉각적인 개입이 필요하다. 집단원의 적대적 행동에 대한 구체적인 개입방법은 다음과 같다.

첫째, 다른 집단원들이 적대적 행동을 보이는 집단원에게서 받는 영향과 느낌에 관해 이야기를 나누게 한다. 이때, 집단상담자는 집단원들이 적대적 행동을 보이는 집단원을 자기비판 또는 공개 처형하는 식으로 흘러가도록 내버려 두어서는 안 된다. 대신, 집단원들 간에 피드백을 교환하는 방식으로 진행하되, 적대적 행동을 보이는 집단원이 다른 집단원들이 그에게 원하는 행동에 대해 경청하게 한다.

둘째, 적대적 행동을 보이는 집단원이 집단에서 얻고자 하는 것 또는 원하는 것을 확인한다. 적대적 행동과 행동은 다른 사람들에게 위협을 느끼는 것에서 오는 두려움의 표시나 열등감, 상대적인 무능력감에 대한 방어의 수단으로 나타날 수 있다. 그러므로 적대감 이면에 있는 두려움이 표출되고, 이러한 상황에 적절하게 개입할 수 있도록 돕는 것은 집단에 대한 적대적 행동에 변화에 촉매 역할을 한다. 집단상담자는 적대적 행동을 보이는 집단원의 과거사와 집단 내에서 적대적 행동이 어떻게 작용하는지에 대한 인식 촉진을 위한 작업을 통해 적대적 행동이라는 보호 장벽을 보다 건설적인 방법으로 대체할 수 있도록 돕는다.

대화상자 5-15는 비행 청소년 수용시설의 청소년들을 대상으로 한 집단에서 적대적 행동을 보이는 집단원과의 사이에서 이루어진 대화의 예다. 이 집단에 참여하고 있는 청소년 두 사람이 시설에서 주도권 다툼을 벌이고 있다. 집단상담자는 둘 중 한 사람을 다른 치료집단으로 보낼 수 있지만, 잠정적으로 두 사람이 그 문제에 대해 작업하는 것을 돕기로 작정했다. 집단상담자는 먼저 두 청소년을 개별적으로 만나 대화를 나누고 나서, 대화상자 5-15와 같이 집단 회기를 시작했다.

대화상자 5-15. '적대적 행동'을 보이는 집단원들과의 대화 예

리 더: 오늘은 우리 모두에게 중요한 문제를 다루어 볼 시간을 가질까 합니다. 여러분도 알고 있는 것처럼, 상주와 지수가 우리 센터에 입소한 이래 서로 갈등을 겪어 왔습니다. 나는 이 두 사람과 따로 이야기를 나누었고, 두 사람은 이 문제를 집단에서 다루어 보기로 동의했습니다. (두 사람 쪽으로 시선을 돌린다.)

상 주: 예, 그러자고 했어요.

지 수: 저도요.

리 더: 좋습니다. 그럼 먼저, 지금까지 여러분이 이 두 사람의 관계에서 문제의 원인으로 여기고 있는 것이 무엇인지에 대해 이야기를 나누어 보겠습니다.

모 현: 두 사람은 각자 자기가 옳다고 생각하는 것 같아요. 그리고 다른 사람이 옳을 수 있다는 것에 참기 힘들어하는 것 같고요.

인 성: 음, 제가 볼 때, 두 친구는 항상 상대방보다 앞서려고 하는 것 같아요. 상주는 지수 빼고는 다른 사람들 말을 잘 듣는 편이거든요. 그런데 지수가 말할 때는 아예 고개를 돌려 버리는 것 같아요.

상 주: 지수란 녀석은 도대체가 혀를 제멋대로 놀리는 것이 문제예요. 언젠가 내가 우리 집안에 관해 이야기하고 있었는데, 비웃듯이 콧방귀를 끼면서 나한테 멍청한 놈이라고 했거든요.

리 더: 잠깐만, 상주야! 네가 지수에게 화가 나는 것에는 네가 가족에 대해 말할 때 지수가 보인 행동이 포함되어 있구나. 여러분은 자신을 화나게 하는 사람에 대해 어떤 반응을 보이나요?

대화상자 5-15에서, 집단상담자는 우선 다른 집단원들에게 두 청소년에게 대한 피드백을 제공하도록 함으로써, 점진적으로 두 사람을 논의에 끌어들이고 있다. 구체적인 불만 사항에 초점을 맞추는 대신, 갈등 해소에 관한 일반적인 주제와 분노 해결방법에 초점을 맞춘 것이 돋보인다. 회기를 마칠 무렵이면, 갈등 상황에 놓여 있는 두 집단원의 예는 사람들 간에 서로 다른 점들이 어떻게 해결될 수 있는가를 나타내 주는 데 사용될 수 있을 것이다. 집단상담자는 두 집단원의 갈등은 힘겨루기 상황의 해결방법을 잘 모르고 있기 때문일 거라고 가정하고 있다. 따라서 집단상담자는 이 문제를 회피하기보다는 직접적인 방식으로 다룸으로써 갈등 해결방법을 제시하고 있다.

의존적 행동

집단원의 아홉 번째 문제행동은 의존적 행동이다. 의존적 행동이란 집단상담자 또는 다른 집단원들이 자신을 보살펴 주고, 자신에게 나아갈 방향을 알려 주며, 자신에 관한 사안을 대신 결정해 줄 것으로 기대하는 집단원의 행동을 말한다. 의존적 행동은 집단에서 다양한 형태로 나타나는데, 집단원에 따라서는 아내나 남편 또는 자녀나 이성 친구 없이는 살 수 없다고 하거나, 무력감을 호소하기도 한다. 때로는 집단상담자와 다른 집단원들에게 필사적으로 해결책을 구하거나 일종의 지시를 기대하는 양상으로 나타나기도 한다.

단, 다른 문화적 배경을 지닌 집단원이 침묵하거나, 집단상담자나 나이든 집단원, 또는 권위 있어 보이는 집단원에게 조언을 구하거나 이들의 의견에 따르거나, 다른 집단원들에게 조언을 하려고 하는 경우, 집단상담자는 이 집단원이 문화적 규범 때문에 이러한 행동을 보일 수도 있다는 점을 고려해야 한다(Hays & Erford, 2017; Pedersen et al., 2016). 이 경우, 집단상담자는 우선 이 집단원의 감정을 인정해 주고, 집단원의 과거와 현재 경험을 언어적으로 표현하도록 도와야 한다. 자신의 이야기를 경청하고 인정해 준다는 느낌이 들 때, 사람은 변화에 더 개방적일 수 있기 때문이다. 집단원의 의존적 행동은 집단역동에 다음과 같은 문제점을 초래한다.

문제점. 집단원의 의존적 행동은 다음과 같은 문제가 있다. 첫째, 의존적 행동을 보이는 집단원은 집단원들 간의 상호작용에서 긍정적인 대답, 즉 '네'라는 대답을 반복하는 경향이 있다. 이러한 긍정적인 반응에 대해 다른 집단원들은 그 집단원이 미처 생각지 못했을 거라고 여기고 그를 돕기 위해 열심히 정보·조언·피드백을 제공하는 패턴이 생기게 된다. 그런가 하면, 집단원들이 자신을 원하고 필요로 하기를 바라며 자신에게 의존하려고 할 때 자신이 중요한 존재라는 느낌을 받는 집단상담자의 경우, 이러한 성향으로 인해 집단원의 의존적인 자세를 부추기는 오류를 범할 수 있다. 집단상담자의 이러한 성향은 글상자 5-16과 같은 이유로 인해 조성될 수 있다.

글상자 5-16. 집단원의 '의존적 행동'을 부추기는 집단상담자 성향의 원인

1. 집단원들의 지속적인 참여를 통해 재정적 보상이 따를 수 있기 때문
2. 일상생활에서 충족되지 못한 욕구를 충족시킬 수 있기 때문

3. 일종의 정신적 지주 또는 부모로서 집단원의 삶에 방향을 제시한다는 작위적 의미를 부여하기 때문
4. 다른 사람들로부터 감사의 말을 듣거나 인정을 받기 위한 주요 원천으로 집단을 사용하고자 하기 때문
5. 자신의 미결과제를 집단을 통해 작업하려는 무의식적 의도가 있기 때문

둘째, 의존적 행동을 보이는 집단원 중에는 다른 집단원들의 피드백을 고려해 보기보다는 '~을 해 보시지 그러세요? 네, 그렇지만~Why don't you~, Yes but~' 식의 반응을 보이기도 한다. 이러한 반응을 보이는 집단원은 마치 게임을 하듯 교묘하게 집단원들의 제안을 회피 또는 무시하는 반응(예, '감히 날 도우려고 해?')을 반복해서 나타낸다. 그 결과, 의존적 행동을 보이는 집단원을 도우려고 여러모로 애쓴 집단원들은 허탈하게 되거나, 불필요한 죄의식을 갖게 된다. 의존적 행동을 나타내는 집단과의 대화의 예는 대화상자 5-16과 같다. 어머니와 단둘이 사는 순하라는 집단원은 지금껏 어머니가 자신을 어린아이처럼 취급하면서 사소한 것까지 일일이 지시하는 것에 대해 불평을 해 왔다. 다른 집단원들은 순하의 문제해결에 도움을 주기 위해 대화상자 5-16과 같은 반응을 보였다.

대화상자 5-16. '의존적 행동'을 나타내는 집단원과의 대화 예

범 준: 순하 씨는 이젠 나이로 보더라도 이미 어른인데, 어머니가 여전히 어린아이 취급을 한다면, 적절한 기회에 어머니께 이젠 어른으로 대해 달라고 말씀드려 보지 그러셨어요?

순 하: 네, 정말 그래야 할 것 같아요. 음, 그런데 우리 엄마가 마음이 너무 약해서요. 엄마가 충격받을까 봐 염려되거든요.

성 훈: 음, 그러면 순하 씨는 이젠 어엿한 성인이 되셨으니까, 아예 분가하시는 것은 어떠세요?

순 하: 네, 그거참 좋은 생각인데요. 글쎄요, 근데 제가 좀 겁이 많아요. 그리고 생활비도 만만치 않고, 요즘 경기가 좀 안 좋잖아요. 다들 마찬가지겠지만요.

모 현: 순하 씨는 다니는 회사의 사원들을 위한 숙소를 이용하면 경제적으로 큰 부담이 없을 텐데요.

순 하: 어머, 정말 그런 방법이 있었네요. 음, 그런데 제가 다른 사람들과 함께 살 자신이 없어요. 한 번도 다른 사람들과 같이 살아 본 적이 없거든요.

대화상자 5-16에서, 의존적 행동을 나타내는 집단원은 다른 집단원들에게 자신을 위해 조언을 하도록 분위기를 조성해 놓고는 그들의 조언을 비웃듯이 받아들이지 않고 있다. 설령, 조언을 받아들인다 하더라도 이를 즉각 실행에 옮기지 않은 것 역시 의존적 행동을 보이는 집단원의 특징에 속한다. 왜냐면 다른 사람들의 제안이 무엇이든 간에 스스로 실천하는 것을 불가능하게 여기거나, 실패할 것으로 생각하기 때문이다. 그러면 의존적 행동을 보이는 집단원에 대해서는 어떻게 개입해야 할까?

개입방법. 의존적 행동을 보이는 집단원에 대한 개입은 다음과 같다. 첫째, 무엇보다도, 집단원 자신의 문제행동을 올바르게 인식하도록 돕는다. 의존적인 사람을 돕기 위한 출발점은 타인에게 의존함으로써 얻거나 누릴 수 있었던 욕구충족의 고리를 끊는 것이다. 이는 집단원이 의존적 행동을 보임으로써 다른 집단원들의 주의를 집중시키거나, 자신에 대한 책임을 회피할 수 있었던 강화 요인을 원천적으로 봉쇄하는 것을 의미한다. 의존적 행동을 통해 욕구를 충족해 왔던 악순환의 고리를 끊음으로써 집단상담자는 의존적 행동을 보이는 집단원에게 무기력한 행동을 강화하는 요인의 유입을 막을 수 있게 된다. 동시에, 집단상담자는 그 집단원이 타인에게 의존하려는 경향성이 있다는 점을 인식시킴으로써 자주적이고 독립적인 새로운 삶에 대해 재고해 볼 기회를 제공한다. 대화상자 5-17은 의존적 행동을 나타내는 집단원에게 개입하는 반응의 예다.

대화상자 5-17. 집단원의 '의존적 행동'에 대한 개입의 예

리 더: 제가 보기에는 순하 씨가 지난 회기에서도 순하 씨를 도우려는 집단원들의 제안에 귀 기울이지 않은 것 같았어요. 순하 씨는 어머니가 순하 씨를 어린아이처럼 취급한다고 불평하지만, 오히려 순하 씨가 어머니께 그렇게 반응하도록 요구하고 있지 않은가 하는 생각이 들었어요. 순하 씨는 변화를 원하기보다 어머니가 변화되기를 기다리는 것처럼 보였고요.

대화상자 5-17에서 집단상담자는 순하의 의존적인 행동을 직면시킴으로써 그런 자세를 보이는 집단원의 비생산적인 자세와 행동을 인식하도록 돕고 있다.

우월한 태도

집단원의 열 번째 문제행동은 우월한 태도다. 우월한 태도란 자신이 마치 도덕군자道德君子인 양 다른 집단원에 대해 비판 또는 판단함으로써 자신의 우월성을 나타내려는 마음가짐 또는 이러한 자세가 행동으로 나타나는 것을 말한다. 우월한 태도를 보이는 집단원은 흔히 대화상자 5-18과 같은 말로 자신이 다른 집단원들보다 한 수 위에 있다거나, 더 완벽한 사람이라는 이미지를 내보이려고 한다.

대화상자 5-18. '우월한 태도'를 보이는 집단원의 진술 예

성 주: 내 문제는 여러분의 것에 비하면 정말 별 것 아니네요. 여러분 대부분이 부모님을 잘못 만나 이런저런 상처를 많이 받았다고 하니 저는 사실 할 말이 별로 없어요. 솔직히, 부모도 부모지만, 여러분이 행동을 그렇게 하니까 그런 문제가 생기고, 또 그 정도로 살 수 밖에 없지 않았나 하는 생각도 들고요. 부모님을 잘못 만나서 어려서부터 상처받고 고생하는 것도 따지고 보면 그 사람의 운명이고, 부모 잘 만나는 것도 그 사람의 능력이라고 생각해요.

대화상자 5-18에서, 성주라는 집단원은 자신이 다른 집단원들보다 우월하다는 태도를 보이며, 심지어 다른 집단원들 위에 군림하려는 듯한 자세를 나타내고 있다. 이처럼 우월한 태도를 보이는 집단원은 자신의 능력이 탁월하거나 도덕적인

사람처럼 행동하면서, 다른 집단원들의 행동에 대해 판단 · 비평하며 비판적인 태도를 나타내는 경향이 있다. 이들은 교류분석의 생활각본 중, '자기수용 타인거부 I'm OK, but you're not OK.' 같은 태도를 보인다. 이러한 태도를 보이는 집단원은 다른 집단원이 자신의 문제를 토로하는 경우, 자신도 비슷한 문제가 있었지만 이젠 더 이상 그런 문제는 없다는 식으로 반응함으로써 다른 집단원들의 반감을 사게 된다. 다른 집단원들에 대해 우월하다는 인상을 심어 주려는 것 같은 태도를 보이는 집단원은 집단에서 다음과 같은 문제점을 초래한다.

문제점. 우월한 태도를 보이는 집단원은 집단에서 다음과 같은 문제를 야기한다. 즉, 집단원의 우월한 태도와 행동은 다른 집단원들에게 적대감을 갖게 함으로써 집단역동에 부정적인 영향을 미친다. 집단원의 우월한 태도는 다른 집단원들로 하여금 자신들의 취약한 부분을 내보이기를 꺼리게 하는 한편, 방어적이고 경직된 분위기를 조성한다는 문제가 있다. 집단원들은 우월한 태도를 보이는 집단원에게 비판의 대상이 되지 않기 위해 자신의 약점이 노출될 수 있는 자기개방을 삼가게 될 수 있기 때문이다. 집단원들이 자기개방을 꺼리게 된다면, 집단분위기는 그만큼 폐쇄적이고 긴장된 분위기가 조성될 수 있다. 이렇게 위축된 집단분위기는 집단발달을 지체하는 결과를 낳게 된다. 그러면 우월한 태도를 보이는 집단원에 대해 어떻게 개입해야 하는가?

개입방법. 집단원의 우월한 태도는 다음과 같이 개입할 수 있다. 첫째, 우월한 태도를 보이는 집단원이 자신의 느낌이나 집단을 통해 얻고자 하는 점을 탐색해 보도록 한다. 자기탐색의 기회는 집단원 자신은 문제가 없다는 입장을 방어적이지 않은 상태에서 스스로 점검해 볼 기회를 제공할 수 있다. 그렇지 않고, 우월한 태도를 보이는 집단원의 부적절한 태도와 행동에 대해 비난하거나 조롱하는 반응을 보이는 것은 오히려 집단원들 간의 불필요한 논쟁을 야기할 수 있으므로 삼가는 것이 좋다. 집단원의 우월한 태도에 대한 논의는 흔히 이렇다 할 성과 없는 실망스러운 논쟁만을 초래할 수 있다. 그러므로 집단상담자는 우월한 태도를 보이는 집단원에게 집단에 계속 참여하는 이유와 집단에서 원하는 것에 대한 탐색을 통해 도전하는 것이 더 생산적이다. 이러한 작업을 위한 진술의 예는 대화상자 5-19와 같다.

대화상자 5-19. '우월한 태도'를 보이는 집단원에 대한 작업을 위한 진술의 예

❍ "이 집단에서 얻고자 하는 것은 무엇인가요?"
❍ "이 집단에 속해 있는 것에 대해 어떤 느낌이 드나요?"
❍ "다른 집단원들의 이야기를 들으면 어떤 느낌이 드나요?"
❍ "다른 집단원들이 당신에게 부적 감정을 표현하는 것에 대해 어떤 느낌이 드나요?"

대화상자 5-19에 제시된 질문들은 우월한 태도를 보이는 집단원에게 문제를 인식하라는 압력을 가하기보다 집단에서 받는 영향에 관해 이야기할 기회를 제공한다. 그렇다고 해서 다른 집단원들이 우월한 태도를 보이는 집단원을 희생양으로 삼거나, 그가 반드시 문제를 지니고 있어야 한다고 주장하는 것은 집단상담자가 즉시 차단할 필요가 있다.

둘째, 다른 집단원들에게 우월한 태도를 보이는 집단원의 행동이 그들에게 미치는 영향에 관해 이야기할 기회를 제공한다. 이 활동을 하기에 앞서, 집단상담자는 해당 집단원에게 다른 집단원들의 피드백을 들을 준비가 되어 있는지를 확인할 필요가 있다. 피드백 제공 시, 집단원들은 자신들의 느낌만을 말하되 비판 또는 판단하는 말을 하지 않게 한다. 이때, 집단상담자는 해당 집단원의 수용 능력을 고려하여 피드백 양을 적절한 수준으로 조절한다. 만일 피드백 수용량을 초과하는 것 같다면, 집단상담자가 말로 개입하여야 한다(예, "이 정도면 ○○ 씨가 생각할 거리로 충분한 것 같아요. 이젠 우리 각자에게 어떤 일이 일어나고 있는지에 대해 초점을 맞춰 보겠어요."). 우월한 태도를 보이는 집단원과 다른 집단원들 간에 이루어진 대화의 예는 대화상자 5-20과 같다.

대화상자 5-20. '우월한 태도'를 보이는 집단원과의 대화 예

지 우: 저는 엄마 아빠가 매일 같이 싸워서 이러다가 현서네 엄마 아빠처럼 이혼할까 봐 무서워요. 밤에 잠도 안 오고요. (울먹이면서) 그러다 보면 숙제도, 공부도 못하겠어요. 아침에도 늦게 일어나서 학교에도 지각하게 되고요.

현 서: (큰소리로) 야, 남자가 뭘 그런 걸 가지고 그래. 난 아무렇지도 않았어! 적어도 남자로 태어났다면, 그 정도는 견딜 수 있어야지. 넌 너무 약한 게 탈이야.

리 더: 현서야, 지우가 현재 겪고 있는 어려움을 극복할 수 있도록 반응을 보여 주었는데, 비슷한 경험을 했던 네가 지우의 얘기를 들었을 때 어떤 느낌이 드는지 궁금하구나.

대화상자 5-20에서 집단상담자는 현서라는 집단원이 우월한 태도를 보이는 것에 대해 그의 감정 탐색과 집단에서 원하는 것에 관한 질문을 통해 개입하고 있다. 집단상담자의 시의적절한 개입은 집단원의 생활 사건이 미치는 영향을 부인하려는 그의 입장을 방어적이지 않은 상태로 탐색할 수 있는 여지를 주고 있다. 만일 그렇지 않고 우월한 태도를 보이는 집단원의 부적절한 반응에 대해 비판을 가했다면, 이는 자기방어적인 태도와 행동을 유발하여 불필요한 논쟁을 일으킬 수도 있었을 것이다.

하위집단 형성

집단원의 열한 번째 문제행동은 하위집단 형성이다. 하위집단 형성subgrouping이란 비생산적인 사회화socialization의 일종으로, 집단 내에 파벌을 형성하는 것을 말한다. 이는 일부 집단원들이 집단 내에 또 다른 집단을 만들어 그들 나름의 세력을 형성·단합해서 다른 집단원들을 견제함은 물론, 직간접적으로 집단상담자에게까지 영향력을 행사하는 것이다. 집단 내 하위집단은 집단 밖의 사회화를 통해서도 형성된다. 다른 한편으로, 집단상담자를 포함한 집단원들과의 신뢰관계는 집단의 중요한 치유요인으로, 때로 집단 밖에서의 만남을 통해 집단응집력을 높이기도 한다. 특히, 나이든 성인집단('노인집단')의 경우, 집단 밖에서의 만남은 집단원들

의 지지기반으로 작용하기도 한다. 그러나 하위집단 형성은 흔히 성별, 연령, 출신학교/지역, 주거지역, 종교, 학력, 직업, 결혼 관계, 사회경제적 지위, 민족/인종 등의 배경 변인 또는 인구통계학적 변인에 의해 형성되어 집단에 부정적인 영향을 미치기도 한다. 집단원들의 하위집단 형성은 다음과 같은 문제점을 초래할 수 있다.

문제점. 집단원들의 하위집단 형성은 다음과 같은 문제를 야기할 수 있다. 첫째, 집단원들의 하위집단 형성은 특정 집단원 따돌림, 은밀한 사적 교제, 하위집단 구성원들 간의 직면 회피, 사교모임의 도구로 활용 등의 문제를 야기할 수 있다. 하위집단을 형성한 집단원들이 집단 밖의 모임을 계속함으로써 다른 집단원들과의 친밀감에서 차이가 나게 되고, 공유된 정보량의 차이로 괴리감이 생겨 집단응집력 형성을 저해할 수 있다.

둘째, 하위집단의 구성원들이 자신의 문제와 집단관련 문제를 하위집단에서만 논의하고, 정작 집단 회기에서는 다른 집단원들과 공유하기를 꺼릴 수 있다. 이러한 태도는 집단원들 간의 신뢰 분위기에 부정적인 영향을 미치게 되면서 집단원들 간에 우리 대 그들이라는 분위기를 조성할 수 있다.

셋째, 집단과정에서 같은 하위집단에 속하는 집단원들은 옹호하는 반면, 속하지 않는 집단원들은 의도적으로 따돌리는 문제가 발생할 수 있다. 즉, 갈등이 생기는 경우, 집단 대 개인 또는 집단 대 집단의 대결 양상으로 발전될 수 있다. 그러면 집단 내 하위집단 형성의 문제점에 대한 해결방안은 무엇일까?

개입방법. 집단 내의 하위집단 형성은 다음과 같이 개입할 수 있다. 무엇보다도, 집단에서 하위집단 형성에 따른 문제점을 직접적·공개적으로 다룰 필요가 있다. 집단 내에 하위집단이 형성되는 경우, 집단상담자는 해당 집단원들에게 집단이 진정 효과적으로 기능하기를 바라고, 또 발전하는 데 관심이 있는지를 확인한다. 이러한 과정을 통해 집단원들이 하위집단 형성이 비생산적이고 집단응집력에도 저해가 된다는 사실을 인식할 수 있도록 돕는다.

지성화

집단원의 열두 번째 문제행동은 지성화다. 집단원 중에는 집단과정에서 감정적으로 부담이 되는 내용을 다루게 되는 경우, 감정 노출을 꺼리는 한편, 인지적인 부분만을 언급하며 지적으로 처리하려고 하기도 한다. 이처럼 지성화intellectualization는 집단원 개인의 불안, 자아에 대한 위협, 불편한 감정과 충동 따위를 억누르기 위해 이와 관련된 감정을 직접 경험하는 대신 궤변head tripping 또는 분석적 사고 같은 인지 과정을 통해 해소하려는 적응기제로, '주지화'라고도 불린다(강진령, 2008, 2009). 이 적응기제는 감정에 저항하는 일종의 자아 방어의 형태로, 일상생활뿐 아니라 집단 내에서도 흔히 나타나는 현상이다. 지성화를 일삼는 집단원은 이른바 '목석 같은 사람' '피도 눈물도 없는 사람' '기계 같은 사람', 또는 '컴퓨터 인간'으로 불릴 만큼 감정 표현을 억제하고, 매사에 이성적으로 대하는 특성이 있다.

집단원의 지성화가 집단 내 관계에서 어려움을 초래한다고 하더라도 이러한 유형의 소통은 그 집단원의 성별 또는 직업과 연관된 것일 수 있다. 예컨대, 여성에 비해 남성은 성역할 사회화로 인해 소통에 있어서 지성화 경향을 나타낼 수 있다. 그렇다면 집단원이 지성화를 하고 있는지 어떻게 알 수 있는가? 만일 집단원이 정서적으로 영향을 받을 만한 주제에 관해 지적인 관심만이 있는 것처럼 초연한 어조로 이야기한다면, 이는 그가 지성화를 하고 있다고 볼 수 있다. 지성화를 일삼는 집단원은 집단에 다음과 같은 문제점을 초래할 수 있다.

문제점. 집단원의 지성화에 따른 문제점은 다음과 같다. 첫째, 집단의 신뢰 분위기 형성을 저해할 수 있다. 지성화가 감정 경험을 막기 위한 방어기제로 사용될 때, 자신의 감정 노출은 억제한 채 지적 측면에만 초점을 맞추고 이야기를 하는 집단원의 행동은 다른 집단원들에게도 영향을 주게 되어 집단원들 간의 감정 표출을 저해할 수 있다. 지성화를 하는 집단원은 근본적으로 자신이 용납하기 어려운 충동이 표출될 것을 두려워한 나머지 생각이 많은 경향이 있다. 그러나 생각에 따른 감정은 표현하지 않음으로써 다른 집단원들에게 무언가 숨기고 있는 것 같은 인상을 줄 수 있다. 집단원들이 자신의 감정을 자유롭게 표현할 수 없는 집단 분위기는 집단원들 간의 라포rapport 또는 신뢰감 형성을 어렵게 할 수 있다는 문제의 원인이 되기도 한다.

둘째, 집단원들의 자기개방을 가로막는다. 지성화를 일삼는 집단원은 자기개방에도 한계가 있어 집단원들 중에서도 가장 알 수 없는 베일에 감추어진 사람으로 인식된다. 이러한 특성은 결국 다른 집단원들에게 관찰 또는 감시당하고 있다는 인상을 주어 자기개방을 꺼리게 하고, 집단의 분위기를 폐쇄적이고 경직시키는 결과를 초래할 수 있다. 대화상자 5-21은 지성화를 일삼는 집단원과 집단상담자 사이에 이루어진 대화의 예다.

대화상자 5-21. '지성화'의 예

리 더: 서연 씨가 초등학교 시절 아버지가 돌아가셨을 때 무척 슬펐다는 말을 하면서 눈물을 흘렸을 때, 민석 씨가 고개를 가로저으면서 미소를 지었는데, 지금 어떤 느낌이 드나요?

민 석: 여자들은 눈물을 아무 때나 헤프게 흘리는 것이 문제예요. (다소 격앙된 어조로) 눈물을 흘리면서 슬퍼한다고 해서 죽은 사람이 다시 살아오기라도 하나요? 문제를 해결하려면, 그냥 주저앉아서 눈물을 흘리고 있기보다는 지금 당장이라도 합리적인 대책을 마련하는 것이 훨씬 생산적이지 않나요?

대화상자 5-21에서 민석이라는 집단원은 다른 집단원의 심리적 고통에 대해 공감하기보다 오히려 지성화를 하며, 은근히 여성을 폄훼하는 발언을 하고 있다. 이러한 반응은 집단 내 다른 집단원들, 특히 여성 집단원의 감정을 자극하기에 충분한 것이어서 자칫 집단의 분열을 조장할 수도 있다. 이는 인지 활동이 집단과정에서 필요한 부분이라고 하더라도 집단원의 감정과 통합되어야 한다는 점을 단적으로 보여 주는 예다.

개입방법. 지성화하는 집단원을 돕는 방법은 다음과 같다. 즉, 지성화가 바람직하지 않다는 것을 공개적으로 강조하지 않으면서 인지 작업과 정서 작업을 통합하도록 돕는다. 대인관계에서 집단원의 인지능력을 활용하는 한편, 정서 차원에서의 소통능력을 기르는 것이 집단원 자신에게 어떻게 도움을 주는지 인식할 수 있도록 돕는다. 이때 집단상담자는 집단원의 지성화를 심각한 문제로 여겨 이러한 소통방식을 포기하게 하기보다는 인지와 정서가 양 끝에 위치한 연속선 상에서 소통방식의 위치를 정서 쪽으로 다소 옮겨 보는 시험적 조치를 취한다.

이 작업은 질문을 통해 시작한다(예, "집단에서 이러한 행동을 통해 당신이 원하는 것을 얻고 있나요?" "당신이 변화를 주고 싶은 부분은 무엇인가요?"). 이 작업을 위해 집단상담자는 이들에게 역할연습을 통해 지금 여기에서 특정 사건을 재경험하게 함으로써 자신이 말하는 내용과 관련된 감정을 인식하고 직접 경험하고 정리하여 표현할 수 있게 하거나, 감정 표현 방법을 직접 시범을 보인다. 이러한 방법을 적용해 봄으로써 감정을 습관적으로 억압하던 집단원은 내면의 신호와 감정을 인식할 수 있게 된다. 그뿐 아니라, 인식된 감정을 직접 표현해 보면서 자기이해와 자기수용의 물꼬를 틀 수 있게 된다.

반면, 심한 정신적 상처trauma로 감정 표출을 어려워하고, 감정에 고립된 상태에 놓여 있거나, 감정을 드러내기보다 인지적으로 처리하는 것이 더 적절한 것으로 여기는 문화적 배경을 지닌 집단원에 대해서는 조심스러운 접근이 요구된다. 그러므로 집단상담자는 지성화를 일삼는 집단원을 감정이 없다거나, 사고와 감정이 단절된 상태라거나, 감정으로부터 분리된 상태라는 등의 낙인을 찍어서는 안 된다.

감정화

집단원의 열세 번째 문제행동은 감정화다. 감정화emotionalization는 지성화와 상대되는 개념이다. 감정화를 일삼는 집단원은 인지적이고 이성적인 면은 외면한 채, 마치 '감정 지상주의자'처럼 전적으로 감정에 초점을 맞추는 한편, 매사에 감정적으로 처리하여 집단의 흐름을 저해하는 특징이 있다. 물론 집단상담에서는 흔히 감정 탐색과 표현의 중요성과 치료적 효과가 강조된다. 그러나 감정 표현의 중요성을 강조하는 것은 이성적인 판단이나 인지적 측면의 탐색을 도외시해야 한다는 것은 아니다. 외부 세계와는 달리 수용적이고 포용적인 집단의 분위기에 심취된 집단원들은 자연스럽게 자신의 감정에 관심을 갖게 되면서 그동안 억눌러 왔던 감정을 자유롭게 분출하곤 한다. 그러면서 감정을 자극하는 주제, 즉 가정불화, 이혼, 실직, 질병, 상실감, 이별, 예기치 않은 부상 등에 관해 이야기하다가 감정이 격해져서 울음을 터뜨리기도 한다. 감정화를 일삼는 집단원과 다른 집단원 사이에 이루어진 대화의 예는 대화상자 5-22와 같다.

대화상자 5-22. '감정화'의 예

재 인: 사람이 살다 보면 즐거운 날이 있고 그렇지 않은 날이 있는 것 같아요. 전 지금까지 매사에 긍정적인 태도로 살아왔다고 자부할 수 있어요. 그런데 최근에 그렇게 믿었던 남자 친구가 저를 속이면서 이용해 왔다는 사람을 알았을 때는……. 아, 너무너무 맘이 아프고 속상해서……. (눈물을 흘리면서) 음, 내가 너무나 못나 보이고, 미워서 밤에 한숨도 못 잤어요.

명 석: (재인의 어깨에 손을 얹으며) 재인 씨, 속상한 심정을 여기서 표현해도 괜찮아요. 항상 긍정적인 모습을 유지하려는 것이 오히려 재인 씨를 더 힘들게 하는 것 같았거든요.

대화상자 5-22에서 재인이라는 집단원은 일상생활에서 발생한 문제에서 생긴 고통스러운 감정을 표현하고 있다. 이에 옆에 앉았던 남자 집단원인 명석이 재인의 어깨에 손을 얹으며 감정 표현을 지지하고 있다. 감정화가 지나친 집단원은 집단에 다음과 같은 문제점을 초래할 수 있다.

문제점. 집단원의 감정화에 따른 문제점은 다음과 같다. 대화상자 5-22의 예에서처럼, 자신이 겪고 있는 사건 또는 상황에 대해 자주 감정적인 반응을 보이면서 '진정한 집단작업'을 하고 있다고 여기면서도 변화를 위한 인지적 결단 및/또는 행동 변화를 실행에 옮기지 않는 집단원이 있다면, 이는 문제행동으로 간주할 수 있다. 강한 감정 표출을 통해 집단에 기여하고 있다는 인상을 다른 사람들에게 심어 줄 수 있다고 믿는 것은 문제행동에 해당한다. 이러한 행동은 언뜻 집단원 자신의 감정을 적극적으로 표현하는 것처럼 보이지만, 한편으로는 방어적 태도의 소산으로 해석할 수도 있다. 왜냐하면 경험이 부족한 집단상담자와 다른 집단원들은 감정적으로 어려워하는 집단원에게 직면하는 것을 주저하는 대신, 주의 깊은 관심을 보일 수 있기 때문이다. 그러므로 감정화를 일삼는 집단원의 문제는 슬픈 감정 자체보다 다른 집단원들에게 관심을 얻지 못하고 있다고 여기는 것이다. 대화상자 5-23은 한 집단원이 집단의 첫 회기부터 자신의 부모에 대해 불평을 늘어놓다가 적절치 않은 상황에서 반복적으로 울음을 터뜨리곤 했을 때, 집단상담자가 개입하는 대화의 예다.

대화상자 5-23. '감정화'에 대한 개입의 예

아 미: 엄마 아빠는 나를 항상 어린애 취급을 하면서 모든 일에 대해 잔소리를 하면서 그것도 모자라서 사사건건 참견하시는 거예요. 제가 뭐 어린애인가요? (눈가에 눈물이 맺힌다.) 음, 지난 주말에도 친구들과 시내에서 만나기로 약속했는데, 글쎄 친척들이 오신다고 나가지 말고 집안일을 도우라는 거예요. 내가 집에서 일만 하는 하녀가 아니잖아요. (감정에 북받쳐 울기 시작한다.) 내가 엄마 아빠의 소유물이 아니잖아요. (옆에 앉았던 현우가 울고 있는 아미의 어깨에 손을 얹으려고 한다.)

리 더: (침착하고 부드러운 목소리로) 현우 씨, 잠깐만요! (아미 쪽으로 몸을 돌리며) 아미 씨, 지금 아미 씨가 문제로 여기고 있는 부분을 효과적으로 대처하기 위해 어떤 시도를 하고 있는지 궁금합니다.

감정화를 일삼는 집단원에 의해 발생할 수 있는 또 다른 문제점은 이러한 집단원에게 불필요할 정도로 초점을 맞추고 관심을 집중시키느라 집단 시간을 허비할 수 있다는 점이다. 집단 회기 초에 눈물을 동반한 강한 감정을 표출하는 집단원이 있다면, 집단상담자는 그 집단원에게 반응을 보이고 배려하게 되는 한편, 다른 집단원들은 그 집단원에 대해 동정심이 들 수 있다. 그러나 특정 집단원에게 빈번히 집단의 초점이 맞추어지게 된다면, 특정 집단원에게 많은 시간이 할애되어 실망과 좌절로 분노감이 누적될 수 있다. 만일 집단 회기 종료를 앞둔 상황에서 이런

상황이 발생한다면, 또 다른 문제를 야기할 수 있다. 집단상담자가 그 집단원에게 관심을 보이느라 회기 종료가 지연될 수 있고, 이는 다른 집단원들의 좌절을 초래하여 결과적으로 집단원들의 불만이 생기게 될 뿐 아니라 집단의 생산성을 크게 떨어뜨릴 수 있게 된다는 문제가 있다.

개입방법. 집단원의 감정화는 다음과 같이 개입할 수 있다. 첫째, 집단상담자는 반드시 집단 회기 시간을 염두에 두고 감정화를 일삼는 집단원에게 어떻게 반응을 보일지를 결정한다. 만일 집단원이 빈번하게 눈물을 동반한 감정을 표출한다면, 집단상담자는 이러한 행동이 고통스러운 사건의 결과인지, 아니면 단지 주위 사람들의 동정을 얻기 위한 것인지를 분명히 파악한다.

둘째, 집단원들에게 둘씩 짝을 지게 하여 서로의 생각과 감정을 나누게 한다. 이때 집단상담자는 직접 감정화를 일삼는 집단원과 짝을 지어 그 집단원이 겪고 있는 고통에 대해 탐색한다.

셋째, 감정화를 일삼는 집단원의 고통을 일단 인정해 주고 나서, 집단 회기를 마친 후에 좀 더 이야기를 나누도록 제의한다. 단, 감정화를 일삼는 집단원을 돕는다는 구실로 다른 집단원들이 불필요한 질문 공세를 하도록 방치해서는 안 된다. 누군가가 눈물을 동반한 강한 감정을 표출하게 되면, 그 사람에 대해 동정심을 느끼는 것은 자연스러운 일이다. 그러나 집단원들은 어떤 고통스러운 경험으로 분투하는 집단원과 단지 동정심이나 구원을 얻고자 하는 집단원의 차이를 잘 알아채지 못할 수 있다.

따라서 집단상담자는 자신의 문제해결을 위한 노력은 하지 않으면서 단지 반복적인 감정화를 통해 다른 집단원들의 동정심을 유발하려는 집단원에 대한 다른 집단원들의 위로나 동정 또는 껴안아 주는 등의 신체적 표현은 차단할 필요가 있다. 자신에 대한 연민의 정으로 가득 차 있거나 다른 사람들에게 동정심을 유발하는 것과 같이 일종의 게임을 하는 집단원을 껴안아 주거나 어루만지는 행동은 결코 치료적이지 않기 때문이다.

집단원의 잠재적 문제행동

지금까지 살펴본 집단원의 문제행동 외에도, 마치 집단상담자처럼 행동함으로써 이를 자신의 개인적인 생각과 감정 표현의 회피수단으로 사용하는 집단원도 있다. 이러한 집단원은 자신이 마치 집단상담자처럼 다른 집단원들에게 질문을 통한 정보탐색, 조언, 해석, 집단역동에 관한 논평 등의 행동을 나타냄으로써 자신의 취약성을 드러내지 않는다. 그런가 하면, 자신이 집단에서 받는 영향 또는 경험에 집중하기보다 집단과정에 개입하여 집단상담자의 역할을 대신하면서 초점을 다른 집단원에게 옮기곤 한다.

이러한 행동 또는 대인관계 방식은 다른 집단원들의 반발을 불러일으켜 집단의 발달을 저해할 뿐 아니라, 집단원 자신의 문제를 다룰 기회를 잃게 된다는 문제가 있다. 따라서 집단상담자처럼 행동하는 집단원은 자신이 집단경험을 통해 얻고자 하는 것을 얻고 있는지 살펴볼 필요가 있다. 만일 특정 집단원이 집단상담자처럼 행동하는 것이 방어기제의 일종으로 판단된다면, 집단상담자는 존중하는 태도로 해당 집단원에게 그가 자신보다 다른 집단원들에게 관심을 집중하느라 집단에서 얻을 수 있는 것을 놓치고 있음을 알려야 할 것이다.

집단상담자는 또한 이러한 집단원의 행동의 목적 및/또는 동기 탐색을 통해 이러한 행동이 문제행동을 보이는 집단원이 궁극적으로 원하는 것을 얻게 할 수 있는지에 대한 평가를 돕는다. 집단원들의 집단참여 이유는 개인적인 문제나 고민 해결 또는 성장 등을 위해서다. 그러므로 집단과정에 자발적으로 참여하지 않는 상태로 집단상담자의 역할을 하고자 하는 것은 집단원 자신의 목표를 망각하는 일이다. 만일 이러한 행동의 동기가 다른 집단원들을 돕기 위한 것이라면, 이러한 목적은 집단상담자 역할을 대신하기보다 집단원으로서 집단과정에 적극 참여하고 다른 집단원들과의 상호작용을 통해 실현할 수 있다. 이 외에도, 집단과정에 부정적인 영향을 줄 수 있는 집단원의 문제행동으로는 글상자 5-17과 같은 것들이 있다.

글상자 5-17. 집단원의 잠재적 문제행동

○ 잡담	○ 소문 전파
○ 집단참여 거부	○ 간헐적 참여
○ 지나친 설득 및 강요	○ 비자발적 참여로 인한 저항
○ 지나친 수줍음	○ 상담자에 대한 반감 및 적대 행위
○ 집단원 간의 적대감	○ 반강제적인 집단참여 요구
○ 종교적 계율 설파	○ 이 주제에서 저 주제로 뛰어넘기
○ 대화를 지배하려는 행위	○ 다른 집단원에 대한 혐오감
○ 상습적 도덕성 강조	

집단상담자는 때로 자신의 문제행동으로 집단원의 문제행동이 생길 수 있다는 사실을 알고 있어야 한다. 따라서 문제행동을 보이는 집단원과 함께 작업할 때, 집단상담자 역시 자신에게 문제행동이 없는지를 재확인해 보고 그 문제에 정직하게 직면해 보는 것이 필요하다. 집단원의 문제행동에 대해 집단상담자가 자신의 행동을 성찰해 볼 수 있는 질문의 예는 글상자 5-18과 같다.

글상자 5-18. 집단원의 문제행동에 대한 집단상담자의 체크리스트

- ○ "집단원 개개인에 대해 어떤 느낌이 드는가?"
- ○ "집단 또는 집단원 개개인에 대해 어떤 기대를 하고 있는가?"
- ○ "내가 집단원의 문제행동에 대해 원인을 제공하거나 악화시키고 있는 행동과 태도는 없는가?"

문제행동을 보이는 집단원의 행동유형은 전체 맥락 속에서 이해해야 한다. 즉, 문제행동이 해당 집단원의 어떤 욕구를 충족시키기 위한 것이며, 그에게 주는 의미가 무엇인가를 이해하려는 맥락에서 다루어야 한다. 사람은 집단에서 자신의 행동이 일상생활의 문제를 해결하는 데 도움이 되지 않는다는 것을 깨닫게 되는 순간에도 무의식적으로 기존의 방법에 의존하려는 경향이 있다. 그럼에도 집단상담자는 집단에 참여하는 사람들이 자신을 더 잘 표현하고 다른 사람들과 좋은 관

계를 형성할 수 있는 효과적인 방법을 찾고자 하는 열망이 있다는 사실을 기억해야 한다.

수업활동 / 수업시간에 함께 해 볼까요?

1. **의사결정 연습** 6인 1조로 나뉘어 의사결정이 필요한 논의사항을 정한다. 예를 들어, 학과 MT 장소, 또는 집단상담 강의에 대한 학점 산정을 위한 새로운 방법을 결정해야 하는 임무가 주어졌다고 가정해 보자. 이때 각자 집단원의 문제행동(습관적 불평, 대화독점, 질문 공세, 충고 일삼기 등) 중 한 가지씩 맡아 시연을 해 보자. 이때 실제로 그러한 사람인 것처럼 말하고 행동한다. 그러고 나서 역할연습을 하고 난 각자의 경험과 느낌을 나누어 보자.

2. **실패 vs. 실수** 실패와 실수 사이에는 커다란 차이가 있다. 즉, 실패는 목표에 달성하지 못함을 의미하는 데 비해, 실수는 자신이 가진 능력을 제대로 발휘하지 못함으로써 생기는 잘못된 현상이다. 우리는 실패와 실수를 통해 소중한 경험을 할 수 있다. 각자 자신의 삶을 살펴보면서 가장 충격이 컸던 실패와 실수를 적고, 충격의 정도 순으로 번호를 기입한 다음, 각자의 각오 또는 다짐을 적어 보자.

1) 지난 3년간의 실패 경험

번호	실패 경험	순위
1		
2		
3		
4		
5		

2) 지난 3년간의 실수 경험

번호	실수 경험	순위
1		
2		
3		
4		
5		

3) 나의 각오

1. ______________________
2. ______________________
3. ______________________
4. ______________________
5. ______________________

복습문제 / 공부한 것을 확인해 볼까요?

객관식 문항

1. 집단상담에 참여한 은지(중2, 여)에 대해 전문상담교사인 이 교사와 공동리더인 박 교사가 함께 논의한 내용이다. ㉠~㉤ 중 집단원의 침묵에 관한 이해와 개입으로 적절한 내용만을 있는 대로 고른 것은? **▶2013년 전문상담**

박 교사: 은지가 집단에서 거의 말을 하지 않는 거 보셨지요?

이 교사: 네. 저도 신경이 많이 쓰였어요. 은지가 계속 그런 자세로 참여하면 다른 집단원들에게 불필요한 의구심을 자아낼 수 있고, 또 ㉠ <u>자신들이 일방적으로 관찰 당한다는 느낌을 갖게 되어 불안해하거나 화를 내는 집단원들이 생길 수도 있지요.</u>

박 교사: 그래요. ㉡ <u>은지를 의식해서 다른 집단원들의 집단참여가 둔화될 수도 있을 것 같아요.</u> 선생님은 은지의 침묵에 대해 어떻게 생각하세요?

이 교사: 글쎄요. 은지의 성격 때문일 수도 있고, 집단에 대한 믿음이 아직 부족해서 그럴 수 있을 것 같아요.

박 교사: 제 생각에는 ⓒ 어떤 이유이든 간에 은지가 침묵하고 있으면 즉각 개입해야 할 것 같아요.
이 교사: 글쎄요. ⓓ 말은 안 하더라도 다른 집단원들의 말을 듣고 혼자 깊이 생각하면서 깨닫는 경우도 있지 않을까요?
박 교사: 아, 그렇군요. ⓔ 그럼 은지가 침묵하는 의미를 먼저 파악해 봐야겠군요.
이 교사: 그렇게 해 보세요.

① ⓐ, ⓑ ② ⓑ, ⓒ, ⓔ ③ ⓒ, ⓓ, ⓔ
④ ⓐ, ⓑ, ⓒ, ⓓ ⑤ ⓐ, ⓑ, ⓓ, ⓔ

2. 집단상담에서 바람직한 집단원의 역할 행동으로 옳은 것만을 〈보기〉에서 있는 대로 고른 것은? **▶2012년 전문상담**

〈보기〉
ㄱ. 집단이 토의하고 결정할 때 잘 들어 주고 다른 집단원들의 생각을 받아들여 집단의 진행을 따라가는 행동
ㄴ. 다른 집단원이 제시한 상황과 연결하여 자신의 일상생활에 대한 상세하고 긴 이야기를 장황하게 늘어놓는 행동
ㄷ. 여러 가지 제안들 간의 관련성을 밝히고 종합하려고 노력하며, 여러 집단원들의 활동을 조정하려고 노력하는 행동
ㄹ. 다른 집단원이 슬퍼서 울려고 할 때 위로의 말을 하면서 상처를 어루만져 주고, 고통을 덜어 주고, 그의 기분을 좋게 해 주려고 노력하는 행동
ㅁ. 어떤 사실에 대한 다른 집단원의 태도와 가치관을 명료화하기 위하여 질문하거나 집단에서 다루고 있는 문제에 대하여 자신의 신념이나 견해를 진술하는 행동

① ㄱ, ㄷ, ㅁ ② ㄴ, ㄷ, ㅁ ③ ㄴ, ㄹ, ㅁ
④ ㄱ, ㄴ, ㄷ, ㄹ ⑤ ㄱ, ㄷ, ㄹ, ㅁ

주관식 문항

3. 집단원의 문제행동 중 '대화독점'의 문제점과 개입방법을 논하시오.

4. 집단원의 '충고 일삼기'가 다른 집단원들에게 미치는 영향을 서술하시오.

5. '집단 건축 및 유지 역할'과 '개별 역할'의 차이점을 설명하시오.

6. 집단과업 역할 중 세 가지를 택하여 설명하시오.

①

②

③

7. 집단 건축 및 유지 역할 중 세 가지를 택하여 설명하시오.

①

②

③

8. '일시적 구원'을 일삼는 집단원의 의도와 개입방법을 논하시오.

9. '소극적 태도'를 보이는 집단원이 집단에 미치는 부정적인 영향을 논하시오.

10. 다음은 전문상담교사가 중학교 3학년 남학생들을 대상으로 실시한 학습능력향상 집단상담 축어록이다. 밑줄 친 민수의 행동에 대해 전문상담교사가 민수에게 해야 하는 개입을 세 가지 서술하시오. ▶2017년 전문상담

〈보기〉

정 민: 전 아무리 공부를 해도 성적이 오르지 않아요. 선생님, 단기간 내에 성적을 올릴 수 있는 확실한 방법은 없나요?

민 수: (못마땅한 듯이 집단원들을 째려본다.)

영 철: 3학년이 되니까 과학이 너무 어려워요. 전 과포자라고요. 아버지께서는 저에게 꼭 공대에 들어가야 한다고 하시는데요. 중 2때는 수포자, 중 3이 되니 과포자, 내 인생에 희망이 없네요.

민 수: 여기는 우리 학교 꼴통들만 모여 있는 집합소 같아요. 저 애들과 같이 공부 못하는 아이 취급받는다는 게 짜증나요. 선생님, 저 이 집단상담 그만 할래요. 여기 온다고 성적이 오르는 것도 아니고요. (씩씩거리며) 차라리 이 시간에 공부하는 것이 저에게 더 도움이 될 것 같아요. (일어나서 나가려고 한다.)

경 인: 선생님! 민수가 나가려고 해요. 민수야, 중간에 갑자기 너 혼자 그만두는 게 어딨어!

①

②

③

11. 다음은 집단상담 축어록의 일부이다. 집단상담에서 발생할 수 있는 문제점 중에서 (가), (나)에 나타난 것을 순서대로 쓰시오. ▶2015년 전문상담

(가)

상담교사: (이슬의 표정을 보며) 이슬아, 오늘은 말이 별로 없구나. 저번까지는 네가 이런저런 피드백도 잘해 줘서 친구들에게 많은 도움이 되었는데.

이 슬: (바닥을 쳐다보며) 오늘부터는 말 안 할 거예요.

상담교사: 그 이유가 무언지 궁금하구나.

이 슬: (머뭇거리며) 오늘 다른 반 아이들이 지난주에 제가 집단에서 한 이야기에 대해 수군대는 것을 들었어요.

(나)

효 인: 우리 아빠와 엄마는 제가 어릴 때 헤어지셨어요. 그래서 외할머니께서 저를 키우셨어요. 이건 처음 말하는 거예요.

수　민: 저도 다른 사람한테 한 번도 말하지 않은 비밀이 있어요. 최근에 남자 친구가 생겼어요. 아무도 몰라요. 엄마가 알면 큰일 나요. 그런데 여기서는 이야기해도 될 것 같아요.
진　아: (눈치를 보며 주저하다가) 저는 딱히 털어놓을 만한 비밀이 없어서…….
효　인: 비밀이 없다고? 우리는 모두 말했는데.

12. 전문상담교사 A, B, C가 겪고 있는 문제 상황을 각각 정의하고, 각 문제 상황에 대한 대처 방안과 그 이유를 제시하시오.
▶2011년 전문상담 2차

학교에서 집단상담을 실시하고 있는 전문상담교사들이 모여서 자신이 만난 어려운 집단원들에 대해 다음과 같이 설명하고 있다.

상담교사 A: 집단원 중에 다른 사람의 말을 경청하면서 생각과 감정을 공유하기보다 혼자서 오랫동안 말을 하거나 어떤 쟁점이 나올 때마다 자기가 참견하지 않으면 직성이 안 풀리는 듯 행동하는 학생이 있습니다.

상담교사 B: 제가 운영하는 집단에서는 강요하지 않으면 거의 참여하지 않는 학생이 있습니다. 그는 또한 자기가 관심 있어 하는 영화나 TV 드라마 등의 주제로 화제를 바꾸려 하다가 저와 갈등을 빚기도 합니다.

상담교사 C: 제 경우에는 참여하는 학생들이 의사 표현을 활발하게 하지 않아서 힘이 듭니다. 특히 어떤 학생은 저와 다른 집단원의 이야기를 듣기만 할 뿐 자신의 생각을 잘 드러내지 않고 오랫동안 조용히 앉아 있기만 합니다.

정답 1. ⑤　2. ①

CHAPTER

06

집단기술, 어떤 것이 필요한가?

집단기술!

○ 집단기술에는 어떤 것들이 있는가?

○ 집단기술과 기법은 어떤 차이가 있는가?

○ 나는 집단기술의 적용이 사람을 변화시킬 수 있다고 믿는가?

○ 집단을 노련하게 이끌 수 있는 기술은 어떻게 체득할 수 있는가?

경험이 많고 노련한 집단상담자는 치료적인 집단상담기술이 몸에 배어 있어서 시의적절하게 사용할 역량을 갖추고 있다. 집단기술group skill이란 집단과정을 촉진하기 위해 집단상담자가 사용하는 일련의 의사소통 방법 또는 능력을 말한다. 이에 비해, 집단기법group technique은 상담이론에서 특정 목적을 위해 고안된 치료적 개입 방법을 말한다. 집단의 첫 회기 시작에 앞서, 초심 집단상담자는 종종 자신에게 질문을 던져 보아야 한다(예, "내가 할 수 있을까?" "어떤 말을 해야 할까?" "내가 이들을 어떻게 도울 수 있을까?" "무엇을 어떻게 도와야 하지?" "집단원들은 나와의 집단경험을 통해 집단참여 전보다 나아질까?").

집단기술을 체득 · 향상시키는 일은 지속적인 과정이다. 집단상담자에게는 집단상담 이론과 과정 및 실제에 관한 지식, 그리고 집단상담에의 참여와 수퍼비전하의 집단상담자 실습 같은 일련의 수련과정이 요구된다. 집단상담은 2인 이상의 참여자들이 집단상담자와 함께 상호작용함으로써 건설적인 변화 또는 치료적 효과가 산출되는 상담의 한 형태다. 그러므로 집단상담에서는 개인상담 기술 외에도 연결, 차단, 피드백, 보편화, 촉진, 지지, 진단, 종결, 평가 등의 다양한 기술들을 필요로 한다. 집단상담 기술을 능숙하게 사용할 수 있는 능력을 갖추기 위해서는 체계적인 훈련과 전문가의 수퍼비전하에 부단한 연습과 실습이 요구된다.

집단운영은 개인상담에서와 같이 적극적 경청을 통한 공감적 이해, 수용, 배려, 존중, 관심이 바탕을 이룬다. 이러한 기술은 집단 내에 안전하고 수용적인 분위기를 조성하는 한편, 집단원들의 변화를 촉진하는 중요한 요소이기도 하다. 집단상담자는 각 기술마다 여러 수준이 있다는 사실을 염두에 두고, 더 높은 수준의 기술을 활용할 수 있는 능력을 갖추기 위해 노력해야 할 것이다(ASGW, 2008). 이 장에서는 집단상담 운영에 필요한 기본적인 집단기술을 ① 변화촉진기술, ② 과정기술, ③ 내용기술, ④ 비언어 기술로 나누어 살펴보기로 한다.

변화촉진기술

변화촉진기술이란 집단원들이 집단작업을 통해 긍정적 · 생산적으로 변화해 갈 수 있는 치료적 분위기 조성에 도움을 주는 기술을 말한다. 변화촉진기술로는 ① 적극적 경청, ② 공감적 이해, ③ 초점 맞추기, ④ 모델링, ⑤ 적극적 참여 유도를 들 수 있다.

적극적 경청

변화촉진을 위한 첫 번째 기술은 적극적 경청이다. 적극적 경청active listening은 집단원의 말과 행동에 민감하게 반응하여 집단상담자 자신이 이해한 것을 자신의 말과 행동으로 되돌려주는 것을 말한다. 적극적 경청은 단순히 귀 기울여 들어 주는 것 이상을 의미하는 상담도구로, '능동적 경청' '반영적reflective 경청' 또는 '선택적selective 경청'으로도 불린다. 상대방에게 온전히 주의를 기울이는 것은 효과적인 의사소통을 위한 기본 태도다. 이를 통해 상대의 대화 내용에 집중할 수 있고, 몸짓이나 음성의 변화 등에 주의하며 숨겨진 의미를 감지해 낼 수 있다. 그럼에도 집단상담에서 적극적 경청이 어려운 이유는 무엇인가? 그것은 바로 집단상담자의 주의산만 때문이다. 집단상담자의 주의를 흩뜨리게 하여 적극적 경청을 어렵게 하는 요인은 글상자 6-1과 같다.

글상자 6-1. 적극적 경청의 저해 요인

1. 집단상담자 역할에 대한 지나친 의식
2. 집단상담자로서 자신이 어떻게 보일지에 대한 지나친 염려
3. 말하는 사람에게 초점을 맞추기보다 다음에 말할 것 또는 반응할 것에 대한 생각
4. 집단원의 표면적인 메시지에만 주의를 기울일 뿐, 행동에 대한 집중 결여
5. 지나치게 말을 많이 하면서 자신이 할 말에만 초점을 맞춤
6. 상세한 정보를 묻거나 관련 없는 폐쇄질문
7. 자신이 듣고 싶은 내용만 듣는 선별적 경청
8. 집단원이 스스로 자신의 문제를 탐색하여 해결책을 찾아가도록 돕기보다 성급한 충고를 일삼음
9. 집단원의 입장에서 이해하기보다 집단상담자의 입장에서의 집단원에 대한 판단 또는 평가

개인상담에서와 마찬가지로, 집단상담에서도 적극적 경청기술은 집단상담자의 필수 도구다. 그러나 집단에서의 적극적 경청은 동시에 여러 사람을 대상으로 한다는 점에서 훨씬 더 복잡하다. 집단상담자는 말하고 있는 집단원은 물론, 동시에 다른 집단원들의 말과 행동이 전달하는 메시지를 경청해야 하기 때문이다. 또한, 집단원들이 말하고 있지 않는 경우에도 그들이 어떻게 느끼고 생각하는지 파악하고자 해야 한다. 이를 위해 집단상담자는 수시로 집단을 둘러보면서 집단원들의 행동(예, 표정, 자세, 몸의 움직임 등)을 관심 있게 살펴야 한다.

집단원의 말과 행동을 통해 메시지를 동시에 경청하고 이해하기는 말처럼 쉬운 일이 아니다. 그러므로 예비 집단상담자는 평소에 기회 있을 때마다 적극적 경청기술을 연습해야 할 것이다. 상대방의 말과 행동을 동시에 관찰하면서 그 사람이 말하는 내용 이상의 메시지, 즉 메타의사소통metacommunication을 파악해 보는 것도 좋은 연습 방법이다. 이 방법은 다른 사람들의 말과 행동을 관찰하고 나서, 그들이 어떻게 느끼고 있고, 무슨 생각을 하고 있는지 파악해 보는 것이다. 대화상자 6-1은 시험불안test anxiety을 극복하기 위한 주제를 다룬 집단 회기에서 이루어진 적극적 경청의 예다.

대화상자 6-1. 적극적 경청을 통한 대화의 예

수 지: 선생님, 정말 신기하게도 오늘 중간고사를 잘 끝냈어요. 정말 처음으로 떨지 않고 시험을 마쳐서 기분이 너무 좋아요. 그전처럼 많이 떨게 될 줄 알았는데, 정말 의외였거든요.

나 나: 정말 저도 그랬어요. 믿기 어려울 정도로 하나도 떨지 않고 시험을 끝냈거든요. 지난주에 집단에서 시험 준비 방법과 전략에 관해 이야기를 나누었잖아요. 그게 많이 도움이 된 것 같아요.

리 더: 수지와 나나가 전혀 떨지 않고 중요한 시험을 무사히 마치게 되어 무척 기쁜가 보구나. 단지 시험이 끝났다는 것뿐만 아니라, 별다른 어려움 없이 시험을 잘 치르게 되어서 말이야. 너희 둘 다 이 집단에서 무언가를 얻은 느낌이 드나 보네.

대화상자 6-1에서 집단상담자는 수지와 나나라는 집단원의 진술 내용과 느낌을 반영해 주면서, 동시에 그들의 경험을 묶어서 반응해 주고 있다. 이처럼 집단상담자의 적극적 경청기술을 통한 반응은 집단원의 통찰을 유도하는 한편, 결과적으로 문제해결을 도모하여 궁극적으로 인간적 성장과 발전을 촉진하는 효과가 있다. 더욱이, 집단상담자는 집단원들의 말에 경청할 뿐 아니라, 시범을 통해 이들에게 기본적인 경청과 반응 기술을 습득하도록 돕는다. 자신의 이야기에 귀 기울이지 않는 집단에서 집단원들이 깊은 사적인 이야기를 하기는 쉽지 않을 것이다. 자신의 이야기에 관심을 기울이지 않는 사람들에게 자신을 드러낼 이유가 없기 때문이다.

공감적 이해

변화촉진을 위한 두 번째 기술은 공감적 이해다. 공감적 이해empathic understanding란 역지사지易地思之, 즉 다른 사람의 감정을 가슴으로 느끼고, 그의 입장을 머리로 이해하는 것을 말한다. 공감적으로 이해하는 집단상담자는 집단원의 주관적인 경험을 감지할 수 있고, 그의 눈으로 세상을 볼 수 있다. 공감적으로 이해하기 위해서는 무엇보다도 집단원 개개인에 대한 보살핌과 개방성이 필요하고, 폭넓은 경험

과 부단한 연습이 요구된다. 또한, 공감적 이해를 하기 위해서는 말뿐 아니라 미묘한 행동을 통해 전달되는 메시지도 분별할 수 있어야 한다. 그렇지 않은 경우, 집단상담자는 집단원과 지나치게 동일시하여 동조sympathy하게 되어 비치료적인 반응을 할 수 있기 때문이다. 공감적 이해의 핵심은 집단원이 경험하는 것을 파악하여 그의 내면세계에 들어가 그의 입장에서 주관적 감정을 공유하고 상황을 이해하는 것이다. 동시에, 그와 동일시하지 않고 집단상담자의 개별성individuality을 유지하는 데 있다.

초점 맞추기

변화촉진을 위한 세 번째 기술은 초점 맞추기focusing다. 개인상담과 마찬가지로, 집단상담 역시 대화의 초점을 맞추는 일련의 작업 과정이다. 초점focus이란 집단에서 논의되고 있는 주제 또는 소주제를 말한다. 한 회기에서 초점은 순간순간 주제, 활동 또는 개인으로 옮겨 간다. 예를 들어, 집단의 초점은 부모와의 관계 같은 주제, '신뢰의 원' 같은 집단 활동, 또는 특정 집단원의 문제가 되기도 한다. 그러므로 집단상담자는 집단의 초점이 어디에 맞추어져 있는지, 그리고 집단목적과 일치하는지 지속적으로 모니터링해야 한다. 집단의 초점은 집단목적과 일치하는 범위 내에서 얼마든지 이동할 수 있고, 논의 내용이나 개인 작업의 정도를 더 깊은 수준으로 심화시킬 수 있다. 초점 맞추기는 ① 초점 설정, ② 초점 유지, ③ 초점 이동, ④ 초점 심화 등의 과정이 필요에 따라 앞뒤로 오가며 이루어진다.

초점 설정. 초점 맞추기의 첫 번째 과업은 초점을 설정하는 일이다. 집단의 초점 설정은 집단상담자의 중요한 임무에 속한다. 집단원들은 종종 자신의 관심사에 몰입하여 다양한 생각들을 복잡한 양상으로 표출하게 된다. 이러한 점에서, 집단 내에서 여유를 가지고 집단의 흐름을 관찰할 수 있는 사람은 바로 집단상담자다. 집단상담자에게는 집단의 초점을 설정할 수 있는 권한이 있다. 집단의 초점 설정 방법은 매우 다양하다. 이는 단순히 집단원들에게 다음에 다룰 주제나 활동을 말해 줌으로써 설정될 수도 있다. 초점 설정을 위한 진술의 예는 대화상자 6–2와 같다.

대화상자 6-2. '초점 설정'을 위한 진술의 예

- "이제 남은 한 시간은 교우관계에 관한 이야기를 나누어 보겠습니다."
- "앞으로 10분 동안 동수 씨의 직장상사와의 갈등 문제에 대해 들어 보기로 하겠습니다."
- "오늘은 효율적인 시간 관리법을 정리해 보겠습니다. 지난주에 드린 과제물을 통해 어떤 경험을 했는지 함께 이야기를 나누어 보겠어요."
- "모두 돌아가면서 이번 회기에 기회가 주어진다면, 나누고 싶은 주제에 관해 이야기했습니다. 두 사람은 부부관계의 어려움, 한 사람은 재정적인 어려움, 세 사람은 직장생활에서의 갈등, 그리고 나머지 두 사람은 자녀교육에 관해 이야기를 나누고 싶다고 했습니다. 그러면 어느 분의 이야기부터 들어 볼까요?"

초점 유지. 초점 맞추기의 두 번째 과업은 초점을 유지하는 일이다. 초점 유지란 집단 내에서 집단의 목적에 부합된다고 판단되는 주제를 지속적 · 의도적으로 다루는 것을 말한다. 한 가지 주제에 관해 이야기를 나누던 중에 다른 주제의 이야기를 꺼내는 집단원이 있다면, 이를 차단하여 본래의 주제에 관한 이야기에 머무르게 하는 것도 초점 유지의 일환이다. 일단 집단의 초점이 맞추어지면, 집단상담자에게는 다음과 같은 임무가 주어진다. 즉, 집단의 초점이 산만해져서 다시 제 궤도에 올려놓거나 특정 주제나 사람에게 맞출 필요는 없는지 집단의 흐름을 면밀히 관찰한다. 또한, 다른 주제나 집단원 또는 활동으로 옮겨 갈 필요는 없는지 지속적으로 살펴야 한다. 예를 들어, 대학생 성장집단에서 한 집단원이 최근에 아버지를 잃은 슬픔을 토로하던 중에 다른 집단원이 최근 대학생들 사이에 인기가 높은 연예인들에 관한 이야기를 늘어놓는다고 하자. 이때 집단상담자가 즉각 개입하여 집단의 주제를 앞서 이야기하던 것으로 되돌려 놓는 것이 초점 유지다. 초점 유지를 위해 집단상담자는 대화상자 6–3과 같이 말할 수 있다.

대화상자 6-3. '초점 유지'를 위한 진술의 예

- ○ "선생님, 보현 씨의 문제를 조금 더 다루어 보는 것은 어떨까요?"
- ○ "한수 씨, 차현 씨가 자신의 고통스러웠던 경험을 충분히 털어놓을 수 있도록 잠시만 기다려 주시겠어요?"
- ○ "방금 상인 씨가 말한 것에 대해 잠시 생각해 볼까요? 음, 아버님과의 갈등은 언제부터 시작되었나요?"
- ○ "지금 다루고 있는 주제에 대해 앞으로 10분 정도만 이야기를 더 나누고, 새로운 주제로 옮기기로 하겠습니다."

그러면 집단의 초점은 어떤 경우에 유지해야 하는가? 집단마다 목적이 다르고, 집단원들의 욕구가 다양하다는 점에서 이 질문에 대한 대답은 쉽지 않다. 집단의 초점을 유지할 것인가, 아니면 다른 주제로 옮길 것인가를 결정하기 위해 집단상담자가 고려해야 할 사항은 글상자 6-2와 같다.

글상자 6-2. '초점 이동' 결정을 위한 체크리스트

- ○ "집단 시간이 충분히 남아 있는가?"
- ○ "집단원들은 현재의 초점에 관심이 있는가?"
- ○ "집단논의에 다른 집단원을 끌어들일 필요는 없는가?"
- ○ "집단의 초점은 어떤 주제, 사람 또는 활동에 맞추어져 있는가?"
- ○ "새로운 주제로 초점을 옮기고 싶은가? 아니면 옮길 필요가 있는가?"
- ○ "현재 다루고 있는 주제, 사람 또는 활동에 너무 오랫동안 초점을 맞추고 있는 것은 아닌가?"
- ○ "현재의 초점은 집단목적과 관련이 있는가? 이미 과거에 다룬 적이 있었던 것은 아닌가?"

초점 이동. 초점 맞추기의 세 번째 과업은 초점을 이동하는 일이다. 집단의 초점 이동은 초점 유지와 맞물려 있다. 즉, 집단의 초점 이동은 집단의 초점을 더 이상 유지할 필요가 없는 경우다. 그러므로 집단상담자는 글상자 6-2에 제시한 질문들에 대해 어떻게 답할 것인지 고려해 보면서 집단의 초점을 이동할 필요가

있는지를 결정한다.

초점 심화. 초점 맞추기의 네 번째 과업은 집단의 초점을 심화하는 일이다. 집단원들이 긍정적 · 생산적인 변화를 얻을 수 있게 하기 위해서는 집단작업이 깊은 수준에서 이루어질 필요가 있다. 집단의 초점 심화를 위해 집단상담자는 집단원들과 집중적으로 작업하되, 집단원들 사이에 개인적인 방식으로 나눔의 기회를 가질 수 있도록 촉진자 역할을 한다. 그리고 때로 집단원들이 자신의 사적인 문제와 상황을 재고해 볼 수 있게 하는 탐색질문을 하거나 집중적인 활동을 마련한다.

모델링

변화촉진을 위한 네 번째 기술은 모델링이다. 모델링[modeling]이란 집단상담자가 집단원들의 본보기가 되어 보고 배울 수 있도록 하는 방법을 말한다. 집단참여 경험이 없는 집단원은 집단에서 자신의 역할에 대해 혼란스러워할 수 있다. 집단에서 어떤 주제와 방식으로 말해야 하는지, 또는 다른 집단원의 자기개방에 어떻게 반응해야 하는지에 대해 낯설어하며 집단참여를 망설일 수 있다. 이때 필요한 것이 바로 집단상담자의 모델링이다. 집단상담자의 모델링은 집단규범 강화에 유용한 방법이다. 예를 들어, 진정성과 반응성, 타인에 대한 공감적 이해와 수용, 타인의 안녕에 대한 관심, 다양성 존중, 돌봄과 관심 표현, 감정 표현(특히, 비공격적 방식으로의 부적 감정 표현), 자기개방, 피드백, 모험 감수 행동, 긍정적 어조 등이 그것이다. 집단상담자의 역할은 집단원의 것과는 다르다. 그렇지만 전문가의 가면을 쓰고, 그 가면 뒤로 자신의 모습을 숨겨서는 안 된다. 집단상담자는 상담기술을 활용하여 집단원들의 참여 행동에 적극 반응함으로써 이들의 참여 행동을 강화한다. 대화상자 6-4는 집단상담자의 모델링을 위한 언어적 반응의 예다.

대화상자 6-4. 집단상담자의 모델링을 위한 언어적 반응의 예

○ "보하 씨가 자신의 감정을 솔직하게 표현해 줘서 고맙습니다. 그런데 선아 씨는 어떤 느낌이 드는지 궁금하네요." ⇨ 간접질문

○ "승우가 집안의 어려움에 관해 이야기할 때, 우람이가 승우의 슬픔을 함께 하고 격려해 주는 모습을 보니 따뜻한 느낌이 들어요." ⇨ 피드백
○ "서희는 소경 안내하기 활동을 통해 단짝이었던 혜연이와 다시 친해지게 되어 기쁜가 보구나." ⇨ 반영

대화상자 6-4에 제시된 진술의 예는 집단상담자가 집단원을 이해하고 있음을 보여 주는 일종의 강화 반응이다. 이러한 기술은 집단분위기에 직접적으로 영향을 준다는 점에서 특히 집단초기에 중요하다. 집단초기에 집단상담자는 안정되고 이완된 자세로 집단원들에게 비교적 일일이 반응하기도 한다. 그러나 집단원들이 각자 자신의 역할을 인식하고 점차 적극적으로 참여하게 되면, 집단상담자는 반응 횟수를 점차 줄여 나간다.

적극적 참여 유도

변화촉진을 위한 다섯 번째 기술은 집단원의 적극적 참여 유도다. 집단원 모두가 집단에 적극적으로 참여하도록 유도하는 것은 집단의 변화촉진 분위기 조성을 위한 집단상담자의 필수 과업이다. 집단원들을 집단작업에 적극적으로 참여시키기 위한 기본 방법으로는 ① 순서대로 돌아가기, ② 손들기가 있다.

순서대로 돌아가기. 순서대로 돌아가기go-around란 어느 한 집단원부터 시작하여 집단원 개개인이 시계 방향 또는 시계 반대 방향으로 차례로 돌아가며 활동에 참여 또는 반응하는 것을 말한다. 집단 회기를 시작하기에 앞서, 집단상담자는 집단원들에게 잠시 시간을 주고 난 후, 대화상자 6-5와 같은 말로 집단 회기를 시작한다.

대화상자 6-5. '순서대로 돌아가기'를 하기 위한 집단상담자 진술의 예

리 더: 자, 그러면 앞으로 약 3분 정도에 걸쳐서 여러분이 친구들로부터 인정받고 싶은 것이 무엇인지 생각해 보기 바랍니다. 2~3가지 정도로 정리해 보세요. (잠

시 멈추었다가) 다 되었으면 시계 방향으로 돌아가면서 각자의 생각을 들어 보겠습니다. 음, 희선 씨부터 시작해 볼까요?

이 외에도, 집단상담자는 자연스럽고 부드러운 표정, 시선 접촉 유지, 언어적 표현에의 관심 표출, 심리적 관심 기울이기, 고개 끄덕여 주기, 말을 이어 주는 질문 등을 통해 집단원들을 지속적으로 집단작업에 끌어들인다.

손들기. 손들기는 집단상담자가 열거하는 진술문이 집단원 자신에게 해당되면 손을 들게 하는 방법이다. 이는 '거수하기'라고도 불린다. 집단상담자는 손들기 시범을 통해 집단원들에게 손을 들도록 행동으로 신호할 수 있다.

대화상자 6-6. '손들기'를 적용하기 위한 집단상담자 진술의 예

리 더: (손을 들면서) "혹시 최근에 학교 친구들로부터 따돌림을 당해 본 사람 있으면 손들어 볼까요?" (집단원들을 둘러본다.)

집단원들의 적극적인 참여를 유도하기 위한 '순서대로 돌아가기'와 '손들기' 방법을 적용할 때, 집단상담자는 시선 접촉, 몸 기울이기, 흥미와 관심 표현하기 같은 행동을 적극적으로 이용할 필요가 있다.

과정기술

집단의 과정기술이란 집단과정을 촉진하기 위한 집단진행과 전반적인 흐름에 관한 반응, 및/또는 지금 여기의 상호작용 촉진을 위해 사용되는 일련의 말과 행동을 말한다. 일반적으로, 집단의 첫 회기는 구조화로 시작된다. 집단상담자는 연결, 차단, 피드백, 보편화 등의 집단기술을 토대로 지금 여기의 상호작용 촉진을 도모하는 한편, 집단원들을 지지 · 격려하고, 무비판적으로 집단원을 수용해 준

다. 집단 회기를 마칠 무렵이 되면, 집단상담자는 종결과 평가에 필요한 기술을 활용하여 집단 회기를 종료하는 작업을 한다. 집단상담자의 과정기술을 통해 집단원들이 지금 여기의 형태로 상호작용하게 되면, 집단상담자는 이러한 상호작용을 치료적 힘으로 전환한다. 이 작업은 글상자 6-3과 같이 집단원의 변화를 기반으로 하는 복잡한 단계로 이루어진다(Yalom, 2005).

글상자 6-3. 지금 여기 상호작용을 치료성과로 전환하는 과정

1. 집단원은 자신이 다른 사람과 어떤 일을 하고 있는지 안다.
2. 집단원은 자신의 행위가 다른 사람에게 미치는 영향, 다른 사람들이 행위자를 인식하는 데 미칠 영향, 그리고 궁극적으로 그 행위가 행위자의 자존감에 미칠 영향에 대해 명확하게 인식한다.
3. 집단원은 자신이 다른 사람을 대하는 양식에 대해 스스로 만족하고 있는지 판단할 수 있다.
4. 집단원은 변화하고자 하는 의지를 실행한다.
5. 집단원은 자신의 의도를 결단으로, 결단을 행동으로 옮긴다.
6. 집단원은 변화를 공고히 하고, 집단에서 변화를 삶의 전반적인 영역에 적용한다.

집단의 과정기술로는 ① 구조화, ② 진단, ③ 연결, ④ 차단, ⑤ 피드백, ⑥ 보편화, ⑦ 지금 여기 상호작용 촉진, ⑧ 지지·격려, ⑨ 종결, ⑩ 평가가 있다.

구조화

과정기술의 첫 번째는 구조화다. 집단상담에서 구조화structuring란 집단상담자가 집단원들에게 집단상담 참여에 필요한 제반 규정과 한계에 관해 설명하는 것을 말한다. 구조화는 상담자의 역할에 대한 인식, 상담과정에서 이루어지는 작업의 이해, 상담목표에 대한 동의를 위해 상담자와 내담자 사이에 이루어지는 상호작용 과정이다(Brammer et al., 1989). 집단상담에서 구조화는 ① 집단에 관한 구조화, ② 집단의 한계에 관한 구조화, ③ 비밀유지에 관한 구조화로 나뉜다.

집단에 관한 구조화. 집단에 관한 구조화에는 집단에의 적극적 참여, 생산적인 집단의 형성 및 유지를 위한 지침, 상담시간 준수, 불참하거나 늦게 되는 경우에 취해야 할 조치, 위급상황 시 연락방법, 상담실 이용방법, 그리고 기타 집단원들이 알아두어야 할 제반 사항이 포함된다. 대화상자 6-7은 집단에 관한 구조화 진술이 포함된 대화의 예다.

대화상자 6-7. '집단에 관한 구조화' 진술이 포함된 대화의 예

리 더: 여러분은 집단상담에 처음 참여하는 것으로 알고 있어요.

민 수: 글쎄요, 벌써부터 관심은 있었는데 차일피일 미루다가 이번에야 용기를 내서 실행에 옮기게 되었죠.

리 더: 민수 씨가 용기라는 말을 사용하는 것을 들으니 어쩌면 여러분도 집단에 어떤 일이 일어날 것인가에 대해 약간은 불안한 느낌이 들 수도 있겠다는 생각이 드네요.

소 현: 아, 정말 그래요. 저도 집단에 참여하기까지 정말 고민 많이 했거든요. 물론 집단에 참여하기로 결정한 것은 잘했다는 생각이 들지만, 아직 좀 더 두고 봐야 할 것 같아요.

리 더: (미소를 지으며) 음, 그렇군요. 그러면 여러분의 불안 해소에 도움이 될까 해서 앞으로 이 집단이 어떻게 진행될 것이고, 제 역할은 무엇이며, 여러분은 어떤 이야기를 나누게 되고, 어떤 작업을 할 것인가에 대해 말씀드리겠어요.

윤 선: 네, 그렇게 해 주세요. 저한테는 많은 도움이 될 것 같아요.

리 더: 네 좋아요. 집단을 시작하면서 여러분께 강조하고 싶은 점은 이 집단이 여러분의 것이고, 여러분을 위한 것이라는 사실입니다. 이 집단의 목적은 우리 각자의 관심사를 함께 논의해 보고 서로 돕고자 하는 것이에요. 많은 사람이 자신의 관심사나 문제를 해결하기 위해 집단에 참여합니다. 그러기 위해서는 문제에 관해 이야기를 나누고, 함께 생각해 보기도 하면서 새로운 행동을 실천해 보기도 하지요. 제 역할은 여러분의 관심사에 관해 이야기를 나누고, 그 의미를 이해하고, 문제해결에 필요한 방법을 마련해서 여러분의 삶의 방향을 전환할 수 있도록 돕는 일입니다. 아마 처음에는 잘 모르는 사람과 자신의 사적인 내용에 대해 공개하는 것이 다소 어려울 거예요. 하지만 이를 실천하는 데 도움이 될까 해서 드리고 싶은 말씀은 감정이 메말라 있으면 자기 자신은 물론, 다른 사람들에게 어려움을 줄 수 있다는 사실입니다. 음, 그리고 여기서 나누

> 게 되는 이야기는 여기에서 한정될 거예요. 집단모임은 이곳에서 총 12주에 걸쳐서 매주 수요일 저녁 6시 30분에 시작해서 8시 30분까지 총 2시간 동안 진행될 것입니다. 저는 여러분이 집단에 적극적으로 참여할수록 집단경험을 통해 얻는 것이 많을 것이라고 확신합니다. 그래서 집단에 빠지지 않고, 적극적으로 참여해 주시기를 기대하고 있어요. 만일 불가피하게 참석할 수 없거나 위급한 상황이 생기면, 상담실로 연락 주시거나 제 핸드폰 012-345-6789로, 적어도 24시간 전에 전화 주시면 고맙겠습니다. 혹시 궁금한 점이나 질문 있나요?

집단의 구조화는 집단원 선별과정에서 잠재적 집단원(*주. 자발적 또는 비자발적 참여와 상관없이 집단에 참여하고자 하는 사람) 면담 시에도 사용된다. 구조화의 핵심 내용은 집단의 첫 회기에 다시 간략히 소개한다. 이때 집단상담자는 집단원들에게 자기개방과 상호교류를 통해 각자의 관심사 또는 문제를 해결하는 데 기꺼이 도움을 주고받는 것이 얼마나 중요하고 의미 있는 일인지를 강조한다. 집단상담자는 대화상자 6-7에 제시된 집단에 대한 구조화의 예시를 참조하여 집단의 목적과 취향에 맞게 변형하여 활용할 수 있다.

집단의 한계에 관한 구조화. 집단의 한계(limits)란 집단상담자와 집단원 사이에 가능한 사항과 그렇지 않은 사항을 명백히 구분 짓는 것을 말한다. 초심 집단상담자는 흔히 집단원의 감정을 상하게 할까 염려한 나머지, 집단원의 요구사항을 모두 들어 주려는 경향이 있다. 그러나 일정한 한계 없이 집단원의 요구를 들어 주다 보면 집단의 질서가 무너지고, 집단상담자에게도 심적 부담이 될 수 있다. 이는 결국 집단의 역동과 성과에 부정적인 영향을 미치게 된다. 그러므로 집단상담에는 특정한 한계가 설정되어야 한다. 일단 설정된 한계는 집단상담자가 집단초기에 집단원들이 이해할 수 있는 언어로 구조화를 통해 집단원들에게 설명한다. 집단의 한계에 관한 구조화는 집단원의 ① 책임, ② 시간, ③ 행동, 및/또는 ④ 애정에 관한 내용으로 구성된다. 대화상자 6-8은 집단의 초기부터 자신을 대신하여 결정해 주기를 바라는 집단원과 집단상담자 사이에 이루어진 집단의 한계에 관한 구조화의 예다.

대화상자 6-8. '집단의 한계에 관한 구조화'의 예

태　희: 이제 더 이상 남편에게 변화를 기대하는 것은 무리라는 생각이 자꾸 들어요. 네, 불가능이란 말이 더 어울릴 것 같네요. 결혼생활이 이 지경까지 왔는데, 이 사람과 깨끗하게 헤어지는 것이 좋지 않을까요?

리　더: 글쎄요, 이 문제는 아주 사적인 사안이어서 제가 태희 씨 대신 어떤 결정을 내려드리기가 무척 조심스럽네요. (다른 집단원들을 둘러보며) 음, 이 집단은 여러분이 일상생활을 통해 갖게 되는 관심사, 생각 그리고 느낌을 나누면서 여러분 자신을 이해할 수 있도록 하기 위해 마련된 것이에요. 제 역할은 여러분이 어려워하는 일에 대해 직접 나서서 해결해 준다거나 해결책을 제시해 주는 것이 아니라, 여러분이 솔직하게 마음을 터놓고 이야기하고, 자신의 문제를 스스로 해결하도록 돕는 것입니다.

비밀유지에 관한 구조화.　비밀유지에 관한 구조화다. 집단의 구조화는 일반적으로 집단초기에 실시한다. 그러나 집단의 중간 또는 종결 국면에서도 집단상담자는 필요한 내용을 중심으로 구조화를 실시할 수 있다. 단, 비밀유지에 관한 구조화가 필요한 시기는 글상자 6-4와 같다.

글상자 6-4. '비밀유지에 관한 구조화'가 필요한 시기

1. 아동학대child abuse의 단서가 발견된 경우
2. 집단원들 간에 비밀유지 원칙이 무시되는 상황이 발생한 경우
3. 집단원 중에 자해 또는 타해 상황이 임박했다고 판단한 경우

대화상자 6-9는 이혼가정의 자녀들로 구성된 집단에서 이루어진 대화의 예다. 이 집단에서 집단상담자는 구성원들에게 비밀유지에 관한 구조화를 실시하고 있다.

대화상자 6-9. '비밀유지에 관한 구조화'의 예

예　지: 여기서 선생님과 나누게 되는 이야기를 다른 선생님이나 엄마, 아빠도 알게 되나요?

> **리 더:** 예지는 너의 개인적인 이야기가 비밀로 지켜지는지 궁금한가 보구나. (집단원들을 둘러보며) 이 집단은 여러분의 엄마 아빠가 새로운 결정을 하게 되면서, 여러분이 경험하는 생각과 감정을 나눌 수 있도록 하기 위해 마련된 것이에요. 이 집단에서 나누는 이야기는 선생님과 여러분 사이의 비밀이기 때문에 여러분의 허락 없이는 아무에게도 이야기하지 않을 거예요. 단, 예외가 있어요. 여러분이 누군가로부터 학대를 당하거나, 여러분이 자기 자신이나 다른 사람을 해칠 위험이 있을 때예요. 그런 경우는 여러분이 아직 미성년자이기 때문에 먼저 부모님이나 보호자에게 연락해서 어떻게 조치를 하는 것이 좋을지 의논하게 될 거예요.

구조화의 목적. 구조화를 실시하는 목적은 집단원들이 새로운 행동을 학습하고, 생산적인 집단분위기를 위한 규범을 창출하며, 필요한 경우 집단의 구조를 개선하고, 나아가 그들의 인간적 성장을 촉진하기 위한 틀을 제공하기 위함이다. 구조화는 교과서적이거나 판에 박힌 용어의 사용을 피하고, 자연스러운 문구를 사용하는 것이 효과적이다(Muro & Kottman, 1995).

진단

과정기술의 두 번째는 진단이다. 집단상담에서 진단diagnosis은 집단원의 행동, 사고, 감정 유형을 분류하고, 증상 유무를 확인하며, 어떤 진단적 범주에 속하는지 파악하는 것 이상으로, 지속적으로 이루어지는 일련의 사정assessment을 의미한다. 진단에는 문제행동 평가는 물론, 문제해결을 위한 적절한 개입 전략의 선택 능력도 포함된다. 예를 들어, 집단원에게 해결되지 않은 분노가 있다고 여겨지는 경우가 발생했다고 하자. 이때, 일차적으로 그 집단원이 집단 내에서 분노를 표출하는 것의 적절성과 안전성을 동시에 판단할 수 있는 능력이 바로 집단상담자의 진단 능력에 해당한다. 정확한 진단을 위해 집단상담자가 자신에게 던져 볼 수 있는 질문의 예는 글상자 6-5와 같다.

글상자 6-5. 정확한 '진단'을 위한 집단상담자의 체크리스트

❍ "집단상담의 혜택을 받기 어려운 집단원은 없는가?"
❍ "집단상담 참여 목적이 이 집단의 목적에 부합되지 않는 집단원은 없는가?"
❍ "집단분위기를 해칠 수 있는 행동, 사고, 감정을 지닌 집단원은 없는가?"
❍ "다른 전문가의 도움이 더 효과적일 것으로 판단되는 집단원은 없는가?"
❍ "즉각적인 도움이 필요할 정도로 위급한 상황에 있는 집단원은 없는가?"

집단상담에서 진단의 목적은 글상자 6-6과 같다.

글상자 6-6. '진단'의 목적

1. 집단원들이 집단참여 목적에 부합되는 집단을 선택하여 소기의 목적을 달성할 수 있도록 돕기 위함
2. 만일 위급한 상황에 있는 집단원이 있다면, 그의 안녕well-being을 도모하는 방향으로 돕기 위함
3. 집단에 부적절한 집단원이 있다면, 다른 형태의 전문적 도움을 선택하도록 안내함으로써 전문가로서의 소임과 윤리적 책임을 완수하기 위함

연결

과정기술의 세 번째는 연결이다. 연결linking, connecting은 특정 집단원의 말 또는 행동을 다른 집단원의 것과 이어 주는 데 사용되는 집단상담자의 통찰력 표현의 한 방법이다. 연결은 주로 집단원들의 사고와 행동에서의 유사점과 차이점을 지적하는 것으로, 개인상담에서는 사용되지 않는 기술이다. 집단상담자는 집단원의 진술 내용과 감정을 연결함으로써 감추어진 의미를 발견하기도 한다. 집단상담자는 또한 집단원들의 행동을 관찰하여 이들의 감정과 사고를 함께 묶어 주거나 연결해 줄 수 있다.

연결 시기. 집단상담에서 연결 기술을 사용하는 시기는 다음과 같다. 예를 들어, 모든 면에서 완벽하지 않으면 다른 사람들로부터 사랑받지 못할 것이라고

믿고 있는 집단원이 있다고 하자. 이때 집단상담자는 연결을 통해 그와 비슷한 상황에 있는 집단원의 메시지를 연결해 줌으로써 서로 공감대를 형성하고, 더 깊은 수준의 감정을 표출할 수 있게 도울 수 있다. 이처럼 집단원들의 공동 관심사에 주의하여 연결해 주는 것은 집단원들의 상호작용을 촉진하고, 집단의 응집력을 높일 수 있다. 다른 한편으로, 연결은 집단원들이 집단에서 자연스럽게 보편화universalization를 체험하게 할 수 있다는 장점이 있다. 연결 기술을 적용한 대화의 예는 대화상자 6-10과 같다.

대화상자 6-10. '연결' 기술을 적용한 대화의 예 1

보 람: 오늘 우리 반 아이들과 축구를 하는데, 우람이랑 두현이가 나만 빼놓고 다른 애들한테만 패스해 주는 거예요. 이젠 걔들과 놀지 않을 거예요.

시 연: 저도 우리 반 남자애들이 운동장에서 공놀이한다고 해서 같이 갔었는데요. 여자라고 시켜 주지 않는 거예요. 남자애들은 참 나빠요. 나도 남자애들과 다시는 놀지 않을 거예요.

리 더: 보람이와 시연이는 같은 반 친구들이 함께 놀아 주지 않아서 무척 속상했구나. 특히 시연이는 남자아이들이 여자라는 이유로 따돌리는 것 같아 몹시 실망이 컸던 것 같고……. 그래서 그 아이들과 다시는 놀지 않겠다고 마음을 먹게 되었구나. 그런데 실제로 그 친구들과 관계를 끊게 되면 어떻게 될까?

대화상자 6-10에서 집단상담자는 두 아동의 유사한 생각을 함께 묶어서 연결하고 있다. 문제 상황은 서로 다르지만, 두 아동이 선택하고자 한 행동은 친구들과의 관계를 끊는 것이었다. 이때 집단상담자는 연결을 활용하여 그런 선택에 대한 예상되는 결과를 탐색 및 생각해 볼 수 있도록 탐색질문을 하고 있다. 만일 한 아동이 친구들에 대한 분노를 표출했고 다른 아동도 이에 동감한다는 태도를 취하는 경우, 상담자는 두 집단원들이 각각 말과 행동으로 표현한 감정들을 대화상자 6-11과 같이 연결할 수 있다.

대화상자 6-11. '연결' 기술을 적용한 대화의 예 2

현 상: (화가 난 표정으로) 우리 반 애들은 힘이 없어서 싸움을 잘 못하는 아이하고는 잘 놀아 주지 않아요.

준 서: (입을 꽉 다물면서 고개를 끄덕인다.)

리 더: 현상이와 준서는 같은 반 친구들이 단지 몸이 약하다는 이유로 함께 놀아 주지 않아서 마음이 아픈가 보구나. (다른 아이들을 돌아보며) 좀 더 말하고 싶은 사람 있나요?

대화상자 6-11에서 현상이라는 집단원이 같은 반 아이들이 함께 놀아 주지 않는 것에 대해 언급하면서 표정으로 분노를 표출했다. 이때 준서가 동감하는 모습을 보이자, 집단상담자는 두 아동의 공통적인 상황과 관심사를 연결 기술을 통해 드러내어 주고 있다. 대화상자 6-12는 연결 기술을 적용하고 있는 다른 예다.

대화상자 6-12. '연결' 기술 적용을 위한 진술의 예

리 더: 혹시 여러분 중에 준서나 현상이와 비슷한 경험을 해 본 사람 있나요? 이와 비슷한 경험이 있으면 함께 이야기를 나누어 보기로 하죠.

대화상자 6-12에서 집단상담자는 다른 집단원들이 자신들의 생각과 문제를 나누고 있음을 집단원들이 알게 함으로써 다른 사람들로부터 받아들여지고 있다는 느낌과 소속감이 형성되도록 돕고 있다.

차단

과정기술의 네 번째는 차단이다. 차단^cutting-off, intervening^이란 집단과정에 부정적인 영향을 주거나, 집단원의 성장을 저해하는 의사소통에 집단상담자가 직접 개입하여 집단원의 역기능적인 진술 또는 행동을 중지시키는 기술이다. 차단은 '가로막기^blocking^' 또는 '저지하기'로도 불린다. 집단상담자는 집단이 생산적인 성과를 거둘 수 있도록 최선의 노력을 다해야 할 책임이 있다. 이러한 책임을 완수하기 위해

집단원의 행동이 집단목적에 어긋난다고 판단되는 경우, 집단원의 말이나 행동을 가로막아야 할 때가 있다. 이처럼 차단은 집단이 목적에 합당한 방향으로 안내하기 위해 집단상담자에 의해 취해지는 조치다.

차단 시기. 차단은 집단원의 인격을 존중하면서 비생산적인 행동을 저지하는 기술이다. 따라서 차단은 고도의 민감성과 단도직입성straightforwardness이 요구된다. 다른 사람의 말이나 행동을 중간에 가로막는 것은 자칫 예의에 어긋나거나 불손한 행동으로 오해받을 수 있기 때문이다. 이러한 이유로 집단원의 감정에 상처를 입히거나 분노와 저항을 불러일으킬까 봐 두려워하는 집단상담자에게 차단은 그리 쉽지 않은 기술로 여겨지기도 한다(Corey & Corey, 2017; Gladding, 2016). 차단을 사용하는 시기는 글상자 6-7과 같다.

글상자 6-7. '차단'이 필요한 시기

1. 중언부언할 때
2. 질문 공세를 할 때
3. 부정확한 사실을 말할 때
4. 상처 싸매기를 시도할 때
5. 집단원들 사이에 논쟁이 벌어질 때
6. '거기 그때' 형식의 논의를 할 때
7. 사실적인 이야기를 늘어놓을 때
8. 집단의 초점을 옮기고 싶을 때
9. 다른 집단원을 언어적 · 신체적으로 공격할 때
10. 잡담을 늘어놓거나 집단의 목적과 무관한 이야기를 할 때
11. 다른 집단원의 비밀누설 또는 사생활을 침해할 때
12. 회기 종결이 임박했을 때

글상자 6-7에 제시된 상황이 발생하는 경우, 집단상담자는 차단을 통해 집단과정을 촉진한다. 만일 집단상담자가 이러한 문제행동에 즉각 개입하지 않고 묵과

한다면, 이는 자신에게 주어진 책임 회피가 될 뿐 아니라, 집단과정에도 부정적인 영향을 미칠 수 있다. 그러므로 집단상담자는 집단이 본래의 목적에 합당한 방향으로 나아갈 수 있도록 적극 개입하여 자신의 책무를 다해야 한다. 집단상담자는 집단원의 문제행동 차단과 함께 글상자 6-8과 같은 조치를 통해 집단과정을 촉진할 수 있다.

글상자 6-8. '차단'을 통한 조력 방안

1. 연이어 질문하는 집단원 ⇨ 질문을 차단하는 한편, '나'를 주어로 자신에 대해 진술할 기회를 준다.
2. 다른 집단원 또는 집단 밖의 사람에 관해 말하는 집단원 ⇨ 당사자에게 직접 말해 보도록 제안한다.
3. 사실적인 이야기를 중심으로 장황하게 말하는 집단원 ⇨ 이야기를 주제로 '지금 여기'의 사건, 감정과 어떤 관련이 있는지 말해 보도록 한다.
4. 다른 사람의 비밀을 누설하거나 사생활을 침해하는 행위를 하려는 집단원 ⇨ 단호하면서도 부드러운 어조로 관심과 우려를 나타내면서 즉시 개입한다.

집단과정에서 차단을 적용하는 대화의 예는 대화상자 6-13과 같다.

대화상자 6-13. '차단'이 적용된 대화의 예

서 주: (어린 시절 아버지의 주벽으로 가족들이 어려움을 겪었던 일에 관한 이야기를 장황하게 말한다.) 또 제가 중학교 때로 기억하는데요.

리 더: 잠시만, 서주야! 어린 시절의 경험이 현재 너의 삶에 영향을 주고 있어서 지금 그 일에 관해 이야기하고 있는 것 같은데, 여기서 잠시 말을 멈추고, 다른 사람들이 서주 자신과 서주 가족에 관해 궁금한 점을 물어보는 시간을 갖도록 해요. (다른 집단원들을 둘러보며) 서주가 처했던 상황에 대해 서주가 가졌던 감정을 더 깊이 탐색할 수 있게 도울 수 있는 질문을 생각해 보기 바랍니다. (집단원들이 생각하는 모습을 관찰하다가) 자, 내가 먼저 해 볼까? 음, 아버지께서 술에 취해 집에 들어오실 때, 서주는 어떤 느낌이 들었나요?

대화상자 6-13에서 집단상담자는 집단원이 과거에 일어났던 사실을 장황하게

말하는 것을 차단했다. 집단상담자는 다른 집단원들에게 질문 기회를 제공함으로써 특정 집단원이 대화를 독점하지 않도록 개입하고 있다. 이처럼 집단상담자는 집단분위기를 해칠 수 있는 행동을 차단할 뿐 아니라, 집단원들에게 참여 기회를 골고루 제공함으로써 집단과정을 촉진할 수 있다.

피드백

과정기술의 다섯 번째는 피드백feedback이다(제2장의 '피드백' 정의 참조). 집단과정을 촉진하기 위해 집단상담자는 집단원들이 두려움과 기대, 그리고 집단원들 간의 갈등과 대립을 공개적으로 표현하도록 지지·격려한다. 이를 위해 집단상담자는 집단원들이 신뢰를 바탕으로 안심하고 생산적인 피드백을 교환할 수 있도록 안전하고 수용적인 분위기를 조성한다. 특히, 매우 사적인 문제를 탐색하거나 새로운 행동을 시도하는 집단원에게는 지지와 격려를 아끼지 않는다. 집단상담자는 집단원들에게 피드백을 주고받는 방법을 가르칠 필요가 있다. 즉, 집단원들은 어떤 형태의 피드백이 도움이 되고, 어떻게 다른 집단원들로부터 최상의 피드백을 받을 수 있는지를 알아야 한다. 글상자 6-9는 피드백이 유용하게 활용된 사례다.

글상자 6-9. 피드백이 유용하게 활용된 사례

학교에서 따돌림 문제로 집단에 참여하게 된 명수는 집단에서도 소외감을 느끼고 있다. 명수는 집단원들과 교류할 때, 빈정거리는 것 같은 말투를 보임으로써 다른 또래 집단원들로부터 소외당하고 있다. 다른 집단원들은 명수에게 호의적으로 대하고 있음에도 불구하고, 명수가 빈정거리는 말투로 반응하기 때문에 그와 거리감이 느껴진다는 피드백을 했다. 이에 명수는 집단 밖에서 다른 아이들이 자신을 좋아하지 않아서 거부할 거라는 생각, 그리고 이러한 생각에 따른 결과가 자신에 의해 초래된 것임을 깨달았다. 이어 명수는 자신의 아픈 경험을 기꺼이 드러냈고, 이에 대해 다른 집단원들은 따뜻한 지지와 격려로 반응해 주었다. 이 과정을 통해 그동안 단절되어 있던 명수와 다른 집단원들과의 관계가 회복되었다. 명수는 빈정거리는 태도와 행동을 그만두었고, 진솔하게 자신을 드러낼 때 다른 사람들이 진정성 있게 자신의 말에 귀 기울여 준다는 사실을 깊이 깨닫게 되었다.

집단초기에 집단원들에게 유용한 피드백 제공을 위한 방법을 가르치는 것은 집단상담자의 임무다. 집단원들은 집단초기에 피드백 제공에 관한 규범에 대해 확실히 알고 있어야 한다. 집단원들이 다른 집단원의 말 또는 행동으로 인해 받은 영향에 대해 즉시 표현할 수 있을 때, 피드백의 유용성이 극대화될 것이다. 유용한 피드백을 받으려면, 상대방의 말과 반응에 귀 기울여야 한다. 집단상담자는 피드백을 받는 집단원에게 경계심을 풀고 다른 집단원의 말에 경청하는 일의 중요성을 강조한다. 단, 피드백은 강요에 의해 이루어져서는 안 된다. 대화상자 6-14는 집단상담자와 집단원 사이에 피드백과 관련된 대화의 예다.

대화상자 6-14. 집단상담자와 집단원 사이에 피드백과 관련된 대화의 예

수 철: 저는 선생님이 저를 어떻게 생각하고 있는지 알고 싶어요.
리 더: 수철 씨에 대한 저의 생각을 말하기 전에, 수철 씨에 대한 저의 반응을 궁금해하는 이유를 알 수 있을까요?

다른 사람들이 자기 자신을 어떻게 생각하는지 알기 위해서는 먼저 자신을 알려야 한다. 즉, 피드백을 위해서는 자기개방이 선행되어야 한다. 구체적인 피드백은 피드백을 요구하는 이유를 알고 있을 때 가능하다. 대화상자 6-14에서, 집단상담자는 수철이라는 집단원이 피드백을 원하는 이유를 탐색함으로써 집단원들에게 다른 사람의 의견을 요구하기 전에 자기개방이 필요함을 인식시켜주고 있다. 그런 다음, 집단상담자는 집단원에게 자신의 피드백을 원하는지 물어볼 수 있다. 만일 수철이 자기개방을 충분히 해오지 않았다면, 그의 피드백 요청의 이면에는 메시지가 숨겨져 있을 수 있다(예, "이 집단에 있는 사람들이 나를 좋아하지 않을까 봐 염려돼요." "사람들이 나를 별로 좋아하지 않는다고 생각하기 때문에 적어도 상담자 선생님은 날 거부하지 않는다는 것을 확인하고 싶어요."). 집단기술로서의 피드백은 ① 정적 피드백과 ② 부적 피드백으로 구분할 수 있다(제2장 집단의 치유요인 중 '피드백' 참조).

정적 피드백. 정적 피드백positive feedback이란 다른 사람과의 면대면 상황에서 그 사람의 행동, 사고, 감정, 또는 경험에 대한 개인의 정적 감정 및/또는 생각(예, 상대방의 강점 또는 장점)을 말과 행동으로 되돌려주는 것을 말한다. 일반적으로, 정적 피드백은 부적 피드백에 비해 훨씬 더 잘 받아들여지는 특성이 있어서 행동 변화의 가능성을 높여 주는 한편, 집단원들 간의 신뢰감과 응집력을 높이는 경향이 있다. 따라서 집단상담자는 집단원들에게 정적 피드백을 제공함으로써, 집단원들도 동일한 행동을 할 수 있도록 가르치고 격려해야 한다(Riva et al., 2004). 특히 초·중·고등학생 집단의 경우, 또래들의 정적 피드백은 행동 변화에 강력한 촉매 역할을 한다(Greenberg, 2003; Muro & Kottman, 1995). 정적 피드백의 예는 대화상자 6-15와 같다.

대화상자 6-15. '정적 피드백'의 예

예 1

동 식: 선생님, 저는 친구 사귀는 것이 세상에서 가장 힘든 것 같아요. 나랑 친하지 않은 애들한테는 어떤 말부터 해야 할지 정말 모르겠거든요.

리 더: (부드러운 미소를 지으며) 음, 잘 모르는 아이들에게 말을 거는 것이 동식이에게는 어렵게 느껴지는구나. 그런데 조금 전, 동식이가 이 집단에 들어오면서 다른 아이들에게 먼저 말을 거는 것을 보았을 때, 선생님은 동식이가 꽤 사교성이 있는 아이라고 생각했거든.

예 2

채 연: 선생님, 저는 운동에는 소질이 없나 봐요. 달리기도 잘하지 못하고, 피구도 잘 못해요.

모 현: 그렇지만 채연이 넌 대신 피아노도 잘 치고 그림도 잘 그리잖아.

리 더: 모현이는 다른 사람의 장점을 알아줘서 힘을 북돋아 주는 장점이 있구나.

대화상자 6-15에서 집단상담자는 아동의 강점을 드러내어 말해 주고 있고, 또래 아동의 강점에 대해 언급한 아동에게 정적 피드백으로 반응함으로써 자긍심을 높여 주고 있다. 이처럼 구체적인 행동에 대한 정적 피드백은 해석적이고 복잡한 피드백보다 더 큰 영향력이 있다. 집단이 발달해 감에 따라 집단원들은 서로에게 자유롭게 반응하고자 한다. 피드백은 집단원들이 서로 어떤 영향을 주는지 알게 하는 유용한 도구다. 피드백 교환을 위한 규칙은 일반적으로 집단초기에 설정한다. 이때 집단상담자는 집단원들에게 적절한 피드백과 그렇지 못한 피드백의 예를 들면서 피드백 요령을 가르쳐야 한다. 집단과정에서 활용할 수 있는 피드백에는 정적 피드백 외에도 부적 피드백이 있다.

부적 피드백. 부적 피드백negative feedback이란 다른 사람과의 면대면 상황에서 상대방의 행동, 사고, 또는 감정에 대한 개인의 부적 감정 및/또는 생각(예, 문제행동, 비생산적 사고 또는 사고방식)을 말과 행동으로 되돌려주는 것을 말한다. 이에 비해, 교정적 피드백corrective feedback은 상대방의 비생산적 또는 부적응적인 행동 및/또는 사고에 변화를 줄 대안적 요구에 관한 반응이 포함된 부적 피드백이다. 피드백의 질은 집단의 진척 정도를 가늠해 볼 수 있는 지표다. 즉, 피드백이 솔직하고, 책임 있고, 모험적이며, 집단 안에서의 상호관계를 다룬다면, 그 자체로 신뢰 관계가 형성되었고 응집력이 높아졌음을 나타낸다. 집단원들이 자기개방을 할 때, 간헐적으로 상황에 적절하지 않은 미소를 띤 집단원에게 대한 부적 피드백의 예는 대화상자 6-16과 같다.

대화상자 6-16. 교정적 피드백의 예

해 인:	제가 힘들게 저에 관한 이야기를 하는데, 상준이가 웃으면 불안해져요. 상준이가 저를 흉보는 것 같거든요. 또 제가 말할 때, 상준이가 창밖을 보거나, 얼굴을 찡그리면, 얘가 내 말을 어떻게 받아들이고 있는지 궁금해져요. 저는 상준이가 저를 진심으로 수용해 주기 바라고 상준이와 더 가까워지고 싶어요.

집단에서는 어떤 말이든지 자유롭게 표현할 수 있다고 잘못 이해하고 있는 집단원들이 간혹 있다. 이런 집단원들은 집단초기에 집단상담자나 다른 집단원들에 대해 부적 감정을 여과 없이 토로하기도 한다. 문제는 집단원들 간에 신뢰감이

형성되지 않고 집단원들이 이를 받아들일 준비가 되지 않은 상태에서 발생한다는 점이다. 이 경우, 한 집단원의 부적 피드백은 또 다른 부적 피드백을 불러온다. 이는 도미노domino 현상처럼 집단원들 간의 심각한 갈등 상황으로 이어지게 될 수 있다. 다음은 부적 피드백이 포함된 대화의 예다.

대화상자 6-17. '부적 피드백' 대화의 예

해 인: 제가 힘들게 저에 관한 이야기를 하는데, 상준이가 웃으면 불안해져요. 상준이가 저를 흉보는 것 같거든요.
상 준: 내가 말하려고만 하면 항상 네가 먼저 이야기를 했잖아.
진 수: (해인을 바라보며) 그래, 맞아! 지난주에도 네가 말을 많이 했는데, 오늘도 또 너만 얘기하니까 나도 은근히 화가 났거든.
수 현: 그건 해인이 잘못이 아니잖아! 분명히 너희한테도 얘기할 기회를 줬는데, 아무 말도 하지 않았으면서 해인이만 얘기한다고 하는 것은 잘못된 것 같아.

대화상자 6-17에서, 해인이라는 집단원이 상준에게 부적 피드백을 했을 때, 상준 또한 부적 피드백으로 반응을 보였다. 이에 또 다른 집단원인 진수가 처음 피드백을 제공한 해인의 대화독점 행동에 대해 부적 피드백을 했다. 그리고 이 피드백은 또 다른 집단원인 수현의 부적 피드백으로 이어지고 있다.

피드백 제공 지침. 집단원의 잘못된 행동에 대한 부적 또는 교정적 피드백은 정적 피드백이 선행될 때 더 쉽게 받아들여지는 경향이 있다. 또한, 집단초기보다는 후반에 이루어진다면, 훨씬 더 신뢰할 수 있고 효과가 있다. 특히, 정적 피드백은 부적 또는 교정적 피드백보다 더 쉽게 받아들여진다는 점에서, 집단의 탐색단계에서 강조된다. 그러나 실제로는 집단의 발달단계와 관계없이 집단원의 적절한 행동을 촉진한다(Riva & Haub, 2004). 이에 비해, 부적 또는 교정적 피드백은 집단의 생산단계를 포함한 후기 단계에서 더욱 믿음이 가고, 유용하며, 받아들여지기 쉽고, 집단의 작업단계에서도 유용하다. 집단의 초기에는 정적 피드백이 강조되지만, 작업단계와 이후의 단계에서는 정적 피드백과 부적 또는 교정적 피드백의 균형이 유지되어야 한다(Morran et al., 2004). 집단과정에서 피드백을 제공하기 위한 지침을 요약 · 정리하면 글상자 6-10과 같다.

글상자 6-10. 피드백 제공을 위한 지침

1. 대인관계와 관련된 피드백 제공에 집중한다.
2. 포괄적이기보다는 구체적이고 명확하게 한다.
3. 시의적절하고 무비판적인 방식으로 한다.
4. 충고, 판단, 비판 없이 다른 집단원으로부터 받은 영향을 느낌 형태로 표현한다.
5. 피드백을 받는 사람과의 관계에서 원하는 바를 표현한다.
6. 상대방과 관계에서 경험한 어려움에만 집중하기보다 강점과 좋아하는 점을 말한다.

글상자 6-10의 피드백 지침을 정리하면, 피드백은 주목할 만한 행동에 초점을 맞추고, 구체적인 상황에 대해 언급하며, 평가나 판단함이 없이 피드백 제공자의 반응을 상대방 행동에 대한 느낌 형태로 표현해야 한다. 이에 집단상담자는 집단원들에게 정적 피드백과 부적 또는 교정적 피드백의 개념을 소개하는 한편, 이러한 피드백을 적절한 방식으로 주고받는 집단규범이 조기에 뿌리내릴 수 있도록 몸소 본보기가 됨으로써 집단원들의 사려 깊은 피드백 교환을 격려해야 한다(Stockton et al., 2004). 이로써 집단상담자는 집단과정 촉진은 물론, 집단원들이 이를 모방하여 새로운 생산적인 행동을 습득할 수 있는 분위기를 조성할 수 있다. 또한, 집단원들 사이에 이루어지는 피드백이 집단초기부터 지나치게 부적 또는 교정적 피드백으로 흘러 집단원들 간의 신뢰관계 형성을 저해하지 않도록 균형을 유지한다.

보편화

과정기술의 여섯 번째는 보편화다. 보편화[universalizing, universalization]란 집단원이 다른 집단원들과 상호작용하게 되면서 그들도 자신과 유사한 감정과 관심이 있다는 사실을 깨닫도록 돕기 위한 기술이다(제2장의 집단의 치유요인 중 '보편성' 참조). 이 기술은 집단 고유의 변화촉진 요소이면서, 강력한 치료적 힘을 지니고 있다. 사람들은 흔히 자신만 특정 문제를 겪고 있는 것으로 여길 수 있다. 대화상자 6-18은 보편화와 관련된 대화의 예다.

대화상자 6-18. '보편화'에 관한 대화의 예

지 수:	음, 제 성격이 너무 소심한 것 같아서 저 스스로도 답답할 때가 많아요. (다해를 바라보며) 성격이 활발해서 친구도 잘 사귀는 다해가 너무 부러워요. 솔직히 말하면, 다해만 보면 열등감이 생기는 것 같아요.
다 해:	(놀라는 표정으로) 우와! 난 지수가 공부도 잘하고 키도 크고 얼굴도 예뻐서 아무런 문제가 없을 거라고 생각했는데……. 너한테도 고민거리가 있다니 너무나 놀랍다.

대화상자 6-18의 예에서처럼, "저는 지금까지 저 혼자만 문제가 있고, 이런 고민을 하는 줄 알았어요."라는 집단원의 말은 집단에서 흔히 들을 수 있는 말이다. 집단상담자는 집단원 1~2명의 관심을 표현하는 말을 듣고 나서 보편화를 촉진하기 위해 대화상자 6-19와 같이 말할 수 있다.

대화상자 6-19. '보편화'를 촉진하는 대화의 예

은 지:	선생님, 제가 아무리 열심히 노력해도, 우리 엄마는 맘에 들어하지 않을 거예요. 엄마는 제가 항상 1등만 해서 의대에 진학해서 의사가 되기만을 손꼽아 기다리고 있거든요.
리 더:	은지, 넌 여기서 두 가지를 말하고 있구나. 하나는 너에 대한 엄마의 높은 기대가 부담스럽고, 다른 하나는 네가 엄마의 기대에 부응할 수 있을지에 대해 염려스러운 것! 음, 난 네가 방금 말한 내용이 중요하다는 생각이 드는데. (다른 집단원들을 둘러보며) 자, 이러한 경험을 해 본 사람이 또 있나요?

대화상자 6-19에서 집단상담자는 다른 집단원들 중에 유사한 관심이 있는 사람이 있는지를 알아보고 있다. 집단상담자는 질문을 통해 해당 집단원의 생각과 감정이 그 집단원만의 것이 아니라는 점을 보여 주고 있다. 만일 다른 집단원들이

자신들의 관심사를 나누고자 한다면, 고립감을 경험하고 있는 집단원에게 미치는 영향력은 매우 클 것이다.

지금 여기 상호작용 촉진

과정기술의 일곱 번째는 지금 여기 상호작용 촉진이다. 집단을 활성화하기 위해 치료자는 두 가지, 즉 집단을 지금 여기의 경험에 초점을 맞춘 상태로 이끄는 것, 그리고 집단내용의 흐름을 정지시키는 일을 담당해야 한다(Yalom, 2005). 지금 여기의 문제가 무시되는 경우, 집단은 숨겨진 주제에 의해 방해를 받게 될 것이다. 지금 여기 상호작용 촉진을 하기 위한 진술의 예는 대화상자 6-20과 같다.

대화상자 6-20. '지금 여기 상호작용 촉진'을 하기 위한 진술의 예

- "이 집단에서 당신의 시간을 어떻게 사용하고 싶나요?"
- "난 당신이 삶에서 어려운 부분에 관한 이야기를 회피하는 것 같은 느낌이 들어요."
- "이 집단에서 어떤 것이 당신에게 도움이 되고 있고, 어떤 것이 도움이 되고 있지 않은지에 대해 좀 더 이야기해 주시겠어요?"
- "나는 당신의 행동에 대해 옳고 그름의 관점에서 보고 있지 않아요. 그보다는 당신이 무엇을, 어떻게 하는 것이 당신이 세운 목표 달성에 도움이 될까에 더 관심이 있답니다."

집단상담자가 지금 여기에 초점을 맞춘다고 해서 집단원의 과거사 또는 생애사를 무시해야 한다는 의미는 아니다. 지금 여기에 초점을 맞추는 것은 집단의 이론적 접근에 따라 차이가 있다. 정신분석을 비롯한 정신역동적 접근을 적용하는 집단에서는 '그때 거기'에 초점을 맞추는 반면, 인지행동치료 기반의 집단과 경험학습 및 관계지향적 접근을 하는 집단은 현재 또는 지금 여기에 초점을 맞춘다. 통합적 접근을 하는 집단에서는 '지금 여기'과 '그때 거기' 둘 다에 초점을 맞추기도 한다(Corey & Corey, 2017). 집단과정에서 '지금 여기'의 경험을 자각하도록 돕는 작업의 이점은 글상자 6-11과 같다.

글상자 6-11. 지금 여기에서의 경험 자각을 돕는 작업의 이점

1. 집단원들 간의 상호작용의 정서 강도를 높인다.
2. 집단원 개개인의 주제에 관한 작업을 촉진한다.
3. 집단원의 일상생활에서의 행동 패턴을 관찰할 수 있다.
4. 집단원의 경험을 표현할 수 있게 함으로써 집단과정의 흐름을 촉진한다.

집단상담의 장점 중 하나는 상호작용을 통해 대인관계기술을 습득할 수 있다는 점이다. 집단원들이 집단에서 나타내는 행동 · 사고 · 감정 · 대인관계 패턴은 일상생활에서의 방식을 그대로 보여 주기 때문이다. 역으로, 집단원들은 집단에서 습득한 대인관계에 대한 경험학습을 일상생활에 적용할 수 있게 된다. 집단원들은 집단에서 과거의 경험과 관련된 문제 또는 주변에서 발생한 사건이나 관심사를 드러내기도 한다. 이때, 집단상담자는 집단원에게 자신의 문제를 다른 사람들에게 보고하는 식으로 말하기보다 '지금 여기 상호작용', 즉 지금 이 자리에서 무엇을 경험하고 있는지에 대해 말하도록 독려함으로써 지금 여기의 경험 자각을 도울 수 있다. 예를 들면, 직장생활에서 겪고 있는 문제에 대해 탐색하기를 원하는 집단원이 있다면, 집단상담자는 그 문제를 집단에서 지금 여기의 맥락에서 다루도록 돕는다.

집단원 중에는 '지금 여기의 상호작용'을 피하려고 방어적 태도를 보이기도 한다. 이 경우, 집단상담자는 집단원들이 순간순간의 생각 · 감정 · 행동에 주의를 기울이도록 돕는다. 집단원들이 지금 여기의 경험에 주의를 기울이게 될수록, 이들은 일상생활에서 대인관계기술이 향상될 뿐 아니라 관계의 질을 높일 수 있다 (Corey & Corey, 2017). 집단원들이 지금 여기 경험에 대한 탐색 작업에서 자신들의 경험을 진솔하게 털어놓기 시작하는 경우, 집단상담자는 이완된 자세로 질문보다는 집단원의 경험을 인정해 주며, 과거의 경험이 현재 자신에게 어떤 영향을 미치고 있는지에 대해 탐색하도록 돕는다. 집단상담자의 성급한 개입은 집단원으로 하여금 집단상담자가 자신의 경험을 부정하는 것으로 여길 수 있다.

집단과정에서 거기 그때에 일어났던 사건 중심의 진술을 피하기는 사실상 불가능하다. 왜냐면 과정에 관한 언급은 과거의 행동을 빼놓고 할 수는 없기 때문이다. 집단상담에서는 방금 전의 행동에서부터 몇 주 또는 수개월에 걸쳐 일어난 행동을 다룬다. 과거의 사건은 지금 여기의 일부인 동시에 과정 진술의 기초가 된다. 그렇지만 지금 여기에 초점을 맞추는 정도만큼 집단의 힘과 효과는 증대된다 (Yalom, 2005). 집단상담자는 글상자 6-12와 같은 방법으로 집단원들의 상호작용을 촉진할 수 있다.

글상자 6-12. 집단원들의 상호작용 촉진을 위한 지침

1. 집단상담자에게 의존하는 경향을 점차 줄여 간다.
2. 갈등과 대립을 공개적으로 표현하도록 격려한다.
3. 직접적 의사소통의 장애물을 극복하도록 돕는다.
4. 집단참여에 대한 두려움과 기대를 표현하도록 격려한다.
5. 집단참여를 적극 유도하여 모든 집단원들을 고르게 참여시킨다.
6. 사적인 문제를 탐색하거나 새로운 행동을 시도할 때, 지지 · 격려해 준다.
7. 서로 신뢰하고 생산적인 의견교환을 할 수 있는 안전하고 수용적인 분위기를 조성한다.

지금 여기의 상호작용을 촉진하는 궁극적인 이유는 집단원들이 집단참여 목적을 달성하도록 돕기 위해서다. 이 기술은 본질적으로 집단원들 간의 명쾌한 의사소통을 통해 집단의 방향에 대한 그들의 책임감을 일깨워 주기 위한 것이다. 대화상자 6-21은 중학교 1학년 학생 대상의 집단상담에서 이루어진 지금 여기 상호작용을 촉진하는 대화의 예다.

대화상자 6-21. 지금 여기 상호작용 촉진의 예

상 현: 저는 초등학교 때부터 수학을 싫어했던 것 같아요. 중학교에 다닐 때도 엄청 싫어해서, 수학 공부가 너무 하기 싫어서 그냥 될 대로 되라는 생각으로 지낸 것 같아요. 그래서 수학숙제는 안 하고 엄마 몰래 컴퓨터 게임만 하다가 엄마한테 들켜서 혼난 적도 많았어요. 그게 그러니까.

> **리 더**: (말을 끊으며) 상현이는 초등학교 때부터 수학을 싫어했던 것 같구나. 수학숙제를 하지 않으려고 몇 가지 방법을 시도했고 말이야. 그런데 방금 수학을 싫어했다는 이야기를 하면서 어떤 느낌이 드는지 궁금하구나.

대화상자 6-21에서 집단상담자는 상현이라는 집단원이 말한 내용을 정리해 주면서 과거의 경험을 지금 여기의 감정을 탐색해 볼 기회를 제공하고 있다. 상현이 전달하고자 하는 핵심은 좋아하지 않는 수학 공부에 대한 걱정이다. 이 문제는 집단원의 학업 문제에 속하면서도, 즉시 해결해야 할 문제이기도 하다.

지지 · 격려

과정기술의 여덟 번째는 지지와 격려다. 지지support · 격려encouragement는 집단원들에게 용기/의욕을 북돋워 주는 말과 행동을 전달하는 것이다. 이는 집단원들이 집단상담이라는 새로운 환경에 적응하면서 생기는 불안 및/또는 두려움에 대처하고, 다른 집단원들과 생각과 감정을 나누도록 돕는 역할을 한다. 집단원들은 흔히 자기 자신이 다른 집단원들에게 어떤 모습으로 비추어질 것인가에 관심을 갖는다. 심한 경우, 다른 집단원들이 자신을 어리석고 큰 문제가 있는 사람으로 취급하지 않을까 두려워하기도 한다.

이러한 이유로, 집단원에 따라서는 자신에 대해 개방했다가 나중에 후회하지 않을까 하는 불안감에 사로잡히기도 한다. 그러므로 집단상담자는 집단원들에 대한 지지와 격려를 아끼지 않음으로써 편안하고 안전한 분위기를 조성해야 한다. 또한, 새로이 집단에 참여할 때 약간의 불편함이나 불안감이 생기는 것은 지극히 자연스러운 현상이라는 점을 인정해 줌으로써 집단원들이 불안감을 덜 느낄 수 있도록 돕는다. 집단상담에서 특별히 지지와 격려가 필요한 경우는 글상자 6-13과 같다.

글상자 6-13. 집단상담에서 특별히 '지지 · 격려'가 필요한 경우

1. 집단원이 위기에 처했을 때
2. 다루기 어려운 문제를 과감하게 다루고자 할 때
3. 건설적인 변화를 시도하면서도 변화에 대한 확신이 부족할 때
4. 과거의 습관을 벗어 버리려고 애쓸 때

그러나 지나칠 정도의 지지와 격려는 자칫 집단원들이 스스로를 지지할 수 없다는 의미를 내포할 수 있으므로 주의해야 한다. 집단상담자의 지지 · 격려의 예는 대화상자 6-22와 같다.

대화상자 6-22. 지지 · 격려의 예

예 1

리 더: 집단과 같은 새로운 상황에 있을 때, 사람들은 긴장되고 불안하기도 해서 제대로 자기 자신을 표현하지 못하는 수가 있답니다. 그런데 오늘 재범 씨가 처음으로 용기 있게 자신의 솔직한 감정을 표현해 준 것에 대해 박수를 쳐 주고 싶어요.

예 2

리 더: (부드러운 어조로) 표성아! 아버지와의 갈등에 대해 말하는 것이 얼마나 어려운 일이고, 또 이처럼 사적인 내용을 우리와 함께 나누는 것이 두려울 수 있다는 사실을 잘 알고 있단다. 우리가 여기 있는 이유는 누군가를 비판하기 위해서가 아니라 서로 돕고 힘이 되어 주기 위해서란다.

대화상자 6-22에서 집단상담자는 집단원에게 지지 · 격려(예 1)하는 한편, 다른 집단원들에게는 비판이나 판단적인 언사가 집단장면에서는 허락되지 않는다는 점을 넌지시 전달(예 2)하고 있다. 집단원들에 대한 지지와 격려가 아무리 치료적 힘을 발휘할 수 있다고 하더라도, 부적절하거나 자기 파괴적 행동에 대해서도 지지와 격려로 그 행동을 강화하라는 의미는 아니다. 이에 집단상담자는 지지와 격려를 치료적으로 합당하게 사용할 수 있어야 한다. 지지와 격려는 언어적으로뿐

아니라 비언어적으로도 할 수 있다.

비언어적 지지 · 격려. 집단상담자는 비언어 행동으로 지지와 격려를 나타낼 수 있다. 즉, 부드러운 목소리, 따스한 말씨, 편안하고 밝은 표정으로 개방된 자세를 취하는 것은 전형적으로 지지와 격려를 나타내는 대표적인 비언어 행동이다. 그러나 비언어 행동은 억지로 자아내는 것이 아니라, 집단상담자의 내면과 일치되는 진솔한 것이어야 한다. 자기개방의 수위가 높아지면, 집단원은 자신에 관해 이야기하는 것에 부담을 느끼고 갈등을 겪게 될 수 있다. 이럴 때일수록 집단상담자의 적극적인 지지와 격려가 요구된다. 사적인 내용을 공개하면서 집단원들이 의식하게 되는 것은 집단상담자와 다른 집단원들의 반응이다. 집단상담자의 적극적인 지지와 격려는 집단원들에게 두려움을 극복하고, 모험을 감행할 수 있는 용기를 준다. 집단상담에서 진심에서 우러나오는 지지와 격려가 치료적 힘으로 작용하는 있음은 틀림이 없다. 그러나 집단원에 대해 지지와 격려를 잘못해서 비생산적인 결과를 초래하기도 한다.

비생산적인 지지 · 격려. 집단상담자가 흔히 저지르는 비생산적인 지지와 격려는 다음과 같다.

첫째, 집단원이 갈등이나 고통스러운 감정을 충분히 경험하기도 전에 지지와 격려를 하는 것이다. 즉, 집단원들의 문제행동인 일시적 구원 또는 상처 싸매기에 해당하는 반응이다. 이 경우, 비록 좋은 의도로 지지와 격려가 이루어졌을지라도, 집단원이 반드시 거쳐야 할 감정을 충분히 경험할 수 없게 할 수도 있다는 점에서 비생산적이다.

둘째, 집단원이 사실적인 이야기를 늘어놓거나, 다른 집단원들을 방해하거나, 집단원 자신에게 최선의 선택이 아닌 결정을 내리려고 할 때, 지지 · 격려를 하는 것이다. 이런 경우에는 지지 또는 격려를 하지 않는다.

셋째, 집단원의 게임 행동에 대해 지지 · 격려하는 것이다. 예를 들어, 한 여성 집단원이 자신이 얼마나 나약하고 무기력한지를 집단에서 애써 확인시키려고 하는 것에 대해 지지와 격려를 하는 것이다. 이는 집단상담자가 의도적이든 비의도적이든 간에 집단원의 의존성을 강화하게 된다. 이 경우, 집단상담자는 직면을 통해 그 집단원이 자신을 되돌아보게끔 돕는 것이 치료적으로 합당한 선택이다.

종결

과정기술의 아홉 번째는 종결이다. 종결termination 기술은 집단작업을 언제, 어떻게 마쳐야 하는지에 관한 방법 또는 능력을 말한다. 집단상담자는 집단 회기를 마쳐야 할 때, 집단원이 중도에 집단을 떠나려고 할 때, 집단작업을 종결할 때를 다룰 수 있는 능력을 발달시키는 한편, 각 상황에 따른 종결방법을 습득해야 한다. 집단이 종결되는 시기가 다가오면서 집단원들은 새로운 이별을 감당하기 어려워할 수 있다. 그러므로 집단상담자는 집단의 최종회기 2~3주 전에 집단의 종결이 임박했음을 집단원들에게 알려야 한다. 이때 포함해야 할 작업 내용은 글상자 6-14와 같다.

글상자 6-14. 집단종결 시 작업 내용

1. 집단에서 습득한 것을 실생활에 적용할 수 있도록 돕기
2. 집단 종료 후 실행해야 할 일에 대한 계약 체결하기
3. 집단 후 겪게 될 수 있는 심리적 문제에 대비하도록 준비시키기
4. 후속 집단 회기 일정 수립하기
5. 추가적인 상담 서비스에 관한 안내하기
6. 집단 종료 후 개인적으로 도움 요청 방법 안내하기

집단의 성과를 알아보는 방법으로는 후속 집단 회기와 평가가 있다. 단, 후속 집단 회기는 제9장에서 구체적으로 살펴보기로 하고, 여기서는 평가에 대해 알아보기도 한다.

평가

과정기술의 열 번째는 평가다. 평가evaluation란 한 회기를 마친 후에 그 회기에서 일어났던 사건 또는 다루었던 내용과 과정을 면밀히 검토하는 작업을 말한다. 평가의 목적은 이를 토대로 다음 회기의 목표와 상담전략을 구상하기 위함이다. 평가에는 집단을 통해 일어난 변화, 그리고 집단 회기의 생산적 요소와 비생산적 요소 검토가 포함된다. 집단상담자는 집단원들에게도 집단과정과 성과에 대한 평가방법을 가르쳐야 한다. 회기를 평가할 수 있게 되면, 집단원들은 자신들에게 어떤 변화가 필요한지 스스로 결정할 수 있게 되기 때문이다. 집단상담에서 평가는 집단과정과 역동을 평가하는 것으로 중요한 도구이자 절차다. 따라서 집단상담자는 집단원 개개인과 집단 전체의 성과를 평가하는 데 필요한 절차를 고안하여 집단계획서 또는 집단제안서에 반영한다.

내용기술

집단의 내용기술이란 집단원들 사이에 이루어지는 의사소통 내용을 치료적 측면에서 의미 있게 다루기 위한 도구를 말한다. 내용기술은 개인상담은 물론 집단상담에서도 유용하게 사용된다. 내용기술 중에서도 반영 같은 기술은 집단원들의 일상생활에서 흔히 경험할 수 없다는 점에서 집단원들에게 강력한 치료 효과가 있다. 여기서 다루는 집단상담 기술들을 능숙하게 적용할 수 있는 능력을 갖춤으로써, 집단상담자는 집단원들의 성장과 발달을 촉진시킴은 물론, 전문가로서 발돋움할 수 있을 것이다. 이를 위해 집단상담자에게는 반복적인 연습과 임상 경험이 요구된다. 그러나 집단상담자는 집단상담이 집단적으로 이루어지는 개인상담이 아니라는 점을 염두에 두고 내용기술을 활용해야 한다. 여기서는 집단원들의 진술 내용을 치료적으로 다루는 데 필요한 기술들, 즉 ① 명료화, ② 재진술, ③ 반영, ④ 요약, ⑤ 질문, ⑥ 직면, ⑦ 해석, ⑧ 정보 제공을 살펴본다.

명료화

내용기술의 첫 번째는 명료화다. 명료화clarification란 집단원의 모호한 진술 다음에 사용되는 질문 형태의 반응 기술이다. 집단원은 자신의 관심사 또는 문제에 몰입한 나머지, 진술 내용의 일부를 누락deletion, 왜곡distortion, 일반화generalization하여 진술의 핵심이 모호하거나 분명하지 않을 수 있다(Cormier, 2016). 집단원의 진술 내용의 공백을 채우거나, 진술 내용에 의미를 부여하기 위해 집단상담자가 사용하게 되는 언어적 도구가 바로 명료화다. 명료화는 단순한 질문이 아니라, 집단원에게 명확하고 구체적인 진술을 할 수 있게 고안된 질문의 형태를 띤 기술이다. 집단에서 명료화를 사용하는 목적은 글상자 6-15와 같다.

글상자 6-15. '명료화'의 사용 목적

1. 집단원이 더 구체적으로 말하도록 돕기 위함
2. 집단원의 진술 내용을 정확하게 들었는지 확인하기 위함
3. 모호하거나 혼동되는 진술 내용을 명확하게 하기 위함
4. 집단상담자가 이해한 의미를 집단원에게 투사하는 것을 방지하기 위함

명료화 요령. 명료화를 통해 집단원은 전달하려는 핵심 메시지의 초점을 맞출 수 있고, 혼란스러운 감정들을 분류해 낼 수 있다. 명료화는 집단원이 말한 진술 내용의 핵심 부분을 반복하면서 집단상담자가 이해한 내용을 "~은(는) ~라는 뜻인가요?" 또는 "~은(는) ~라는 말인가요?"라는 형식에 따라 진술하는 것이다. 명료화를 적용한 대화의 예는 대화상자 6-23과 같다.

대화상자 6-23. '명료화'를 적용한 대화의 예

호 연: 요즘 들어, 제가 점점 미쳐 가고 있는 것이 아닌가 하는 생각이 들어서 갑자기 무서워질 때가 있어요. 물론 남자 친구와 헤어진 것 때문에 잠시 혼란을 느끼는 것이겠지만요. 음, 어젯밤에는 제 친구 희선이와 통화했어요. 그런데 희선이는 내가 너무 이기적인 것 같다면서 심한 말을 하지 뭐예요. (울먹이기 시작한다.)

리 더: 호연 씨가 여러 가지 사항에 관해 이야기했는데, 요즘 점점 미쳐 가고 있다는 생각이 든다는 것은 남자 친구와 헤어지게 된 충격이 감당하기 힘들다는 말씀이신가요?

대화상자 6-23에서 집단상담자는 명료화를 통해 호연이라는 집단원이 자신의 상태를 비유적으로 표현한 것을 명확하게 이해하고자 하고 있다. 이 맥락에서 집단상담자가 사용한 명료화는 집단원이 실제로 작업할 필요가 있는 쟁점을 파악하는 데 도움을 주고 있다. 심한 스트레스 상황에 놓여 있는 집단원의 생각과 진술은 모호하고 혼란스러우며 불완전하여 다른 집단원들이 이해하기 어려울 수 있다. 그러므로 집단상담자는 명료화를 활용하여 혼란스러워하는 집단원이 집단에서 명확하게 소통할 수 있도록 돕는다.

재진술

내용기술의 두 번째는 재진술이다. 재진술paraphrase, rephrase, restatement은 어떤 상황, 사건, 사람 또는 생각을 기술하는 집단원의 진술 중에 내용 부분을 집단상담자가 다른 동일한 말로 바꾸어 말하는 기술이다. 이 기술은 주로 집단원에 관한 정보를 함축적으로 되돌려줌으로써 집단원 자신이 한 말의 내용에 주의를 기울이도록 돕는다. 재진술은 특히 집단원의 느낌에 대한 반응이 다소 이르다고 판단되거나, 집단원이 지나치게 자기 파괴적인 말을 할 때, 그 내용의 심각성을 강조하거나 통찰에 도움을 주기 위한 목적으로 사용되기도 한다.

재진술 요령. 재진술은 집단원이 말한 핵심 내용 중 집단상담자가 파악한 상황, 사건, 사람, 또는 생각에 초점을 맞춘 후, 집단상담자의 말로 바꾸어 "~ 상황이군요."(상황 초점), "~ (일/사건)이 있었군요."(사건 초점), "(~ 사람을) ~하게 여기는군요."(사람 초점), "(~에 대해) ~ 생각을 하고 있군요."(생각 초점)라는 형태의 반응을 보이는 것이다. 재진술을 적용한 대화의 예는 대화상자 6-24와 같다.

대화상자 6-24. '재진술'을 적용한 대화의 예

예 1
현 조: 오늘 아침 별거 아닌 것 가지고 엄마한테 혼났는데, 시험을 보는 중에도 자꾸 생각이 나는 거예요. 시험 결과도 보나 마나일 거예요.
리 더: 엄마의 꾸중이 결국 오늘 시험에 지장을 주었구나. (사건 초점)
예 2
준 서: 우리 수학 선생님은 이상하세요. 다른 애들은 막 장난칠 때는 가만히 있다가 내가 조금만 말해도 막 뭐라고 하시는 거예요.
리 더: 준서는 수학 선생님께서 준서한테만 불공평하게 대해 주신다는 생각이 드는가 보구나. (사람 초점)

반영

내용기술의 세 번째는 반영이다. 반영reflection, reflecting은 집단원의 감정 또는 진술의 정서 부분을 집단상담자가 그 감정의 원인이 되는 상황, 사건, 사람 또는 생각과 함께 다른 동일한 의미의 말로 바꾸어 되돌려주는 기술이다. 반영은 '감정의 재진술', 즉 집단원의 생각 · 느낌 · 행동 등을 거울처럼 비추어 되돌려주는 기술이다. 반영은 집단원의 입장을 집단상담자가 공감 · 이해하며, 세심하게 귀담아듣고 있음을 집단원에게 전달하는 데 사용되는 기술이다. 이런 관점에서 볼 때, 반영은 집단원의 감정을 정확하게 헤아려 줌으로써 집단원의 마음 문을 여는 섬세한 기술이다.

말에는 말하는 사람이 전달하고자 하는 내용뿐 아니라 감정이 담겨 있다. 예를 들어, 어떤 학생이 "제가 목표로 했던 대학 시험에 떨어졌어요."라고 말한다면, 이 말에는 대학 입학시험 실패로 인해 '실망스럽다' 또는 '화난다' 같은 감정이 내포되어 있다. 이와 마찬가지로, 사람들은 행동(예, 표정, 제스처)을 통해 감정을 나타내기도 한다. 그러므로 반영은 집단원의 말과 행동에 대한 민감하고 정확한 경청을 통해 집단원의 감정 상태를 읽어 줄 수 있다는 점에서 치료 효과가 높은 기술이다. 표현되지 않은 감정은 내면에 남아 있게 되어 직간접적으로 개인의 사고와 행동을 포함한 정신작용에 영향을 미친다. 이런 점에서 집단상담자는 반영을 통해 집단원이 자신의 내면에 관심을 기울이게 하고, 적극적으로 감정을 표현하도록 도울 수 있다. 감정 표현은 집단원이 자신의 감정을 수용하고 효과적으로 관리할 수 있게 하여, 자기 이해와 수용을 촉진하는 효과가 있기 때문이다.

반영 요령. 반영은 경청을 통해 말하는 사람의 감정 상태와 감정의 원인을 파악하여 공감하고 이해한 후, 그의 욕구 또는 원하는 것을 다음의 형식으로 집단상담자의 말로 되돌려주는 기술이다[예, "당신은 ~ (사건, 상황, 사람, 또는 생각) 때문에, ~ 한 느낌이 드는군요. 당신은 ~ 하기를 원하는데요.]". 단, 문장 순서는 얼마든지 바꾸어 진술할 수 있다. 반영을 적용한 대화의 예는 대화상자 6-25와 같다.

대화상자 6-25. '반영'을 적용한 대화의 예

예 1

서 주: 이번 시험을 정말 잘 봐서 엄마를 깜짝 놀라게 해 주려고 정말 열심히 공부했어요. 그런데 수학 계산문제에서 어이없게 실수를 했지 뭐예요. 선생님, 제가 정말 한심하죠?

리 더: (미소를 지으며) 서주는 이번 모의고사 준비를 꽤 열심히 했나 본데, 실수하게 되어 실망스러운가 보구나. 이번 시험에서 우수한 성적으로 엄마를 기쁘게 해 드리고 싶었나 본데.

예 2

수 경: 음, 저는 지난주에 집단에서 배운 의사소통 기술을 남편한테 적용해 보았어요. 근데 예상치도 않게 남편이 굉장히 좋아하는 거예요. 남편이 그렇게 좋아할 줄 몰랐거든요.

리 더: 수경 씨는 집단에서 터득한 기술을 가정에서 적용해 본 결과가 예상외로 좋은 반응을 얻게 되어 기쁘시군요. 그리 큰 기대는 하지는 않았던 모양인데…….

자 인: 저는 수경 씨가 어떤 심정인지 알아요. 저도 한때는…….

리 더: 수경 씨의 경험에 대해 자인 씨가 공감하는 부분이 있는 것 같은데, 수경 씨에게 그 부분을 직접 표현해 보시겠어요?

대화상자 6-25에서 집단상담자는 집단원의 진술에 대해 반영해 주고는 다른 집단원의 참여를 유도함으로써 집단과정을 촉진하고 있다.

요약

내용기술의 네 번째는 요약이다. 요약summarization, summarizing은 집단원의 둘 이상의 언어적 표현들을 서로 묶어서 진술의 내용 부분을 다른 동일한 의미의 말로 바꾸어 기술하는 재진술과 반영을 확대한 기술이다. 요약은 모든 집단상담자의 필수 기술이다(Corey & Corey, 2017; Jacobs et al., 2016). 요약의 목적은 집단원들의 언어적 표현들의 핵심이 되는 부분을 서로 엮어 공통 주제 또는 유형을 파악하고, 두서없는 이야기를 차단하며, 상담의 진척 정도를 검토할 수 있게 하기 위함이다. 집단상담자는 요약을 통해 집단원들이 자신들의 문제에 대해 깨달을 수 있게 할 뿐 아니라 집단의 흐름을 촉진할 수 있다.

집단의 흐름이 막다른 길에 이른 것처럼 정체되거나 지나치게 산만하고 분산될 경우, 요약 기술이 유용하게 활용될 수 있다. 이처럼 집단상담자의 시의적절한 요약은 집단분위기 전환에 유용하다. 예를 들어, 집단상담자가 충분한 구조화와 방향 제시를 하지 않아 혼란스럽다고 불평하는 집단원이 있는가 하면, 집단상담자에 대해 큰 만족감을 표출하는 집단원들이 있다고 하자. 이러한 상황은 자칫 집단원들 간의 논쟁으로 번질 수 있다. 이때 상담자는 즉시 개입하여 집단원들이 이 문제에 대해 어떻게 느끼는지에 대해 말할 기회를 제공함으로써, 서로들 간에 감정을 소통할 수 있도록 도울 수 있다. 그런 다음, 집단상담자는 이를 요약하고 대안을 제시한다.

대화상자 6-26. '요약'의 예

리 더: (집단원들을 둘러보며) 지금까지 각자의 삶에서 변화를 주고 싶은 점에 관해 이야기를 나누었어요. 정현 씨와 예희 씨는 전업해 보고 싶다고 했고, 소정 씨는 남편과의 관계 개선을, 음, 그리고 대학원에 등록하고 싶다는 사람도 있었

고, 더 행복해지기 위해 새로운 도전 거리를 찾고 싶다는 사람도 있었습니다. 이제 각자 여러분이 원하는 변화에 대해 잠시 생각해 보았으면 합니다. 다소 역설적으로 들리겠지만, 여러분이 원하는 것을 얻기 위해 포기해야 할 것은 무엇일까요?

대화상자 6-26에서 집단상담자는 요약을 통해 집단원들이 삶에서 변화를 원하는 점을 정리해 주고 있다. 이 예에서처럼, 집단상담자는 자신이 직접 요약을 할 수 있지만, 다른 집단원에게 요약해 보도록 제안할 수도 있다. 요약은 집단의 초점을 논의의 목적으로 되돌아오게 하는 기능도 있다. 또한, 문장완성 검사지를 활용하여 집단원 개개인이 요약을 해 보게 하는 방법도 매우 효과적이다.

대화상자 6-27. 집단원들에게 '요약'을 의뢰하는 진술의 예

예 1

리 더: 시간이 거의 다 되었네요. 지금까지 우리가 이야기를 나눈 것에 대해 생각해 봤으면 해요. 오늘 우리가 논의한 것은 무엇이었나요?

예 2

리 더: 이제 끝날 시간이 되었네요. 오늘 우리가 나눈 이야기를 정리해 보면서 다음에 제시되는 미완성문장을 완성해 보기 바랍니다. (문장완성 검사지를 나누어 준다.)

대화상자 6-27의 예 1에서 집단상담자는 집단원들에게 요약을 제안하고 있다. 만일 집단원들이 침묵으로 일관한다면, 집단상담자는 예 2에서처럼 문장완성기법(SCT)을 이용하여 집단 회기를 마무리 지을 수 있다.

질문

내용기술의 다섯 번째는 질문이다. 질문questioning, inquiry은 집단원들에 관한 정보와 자료를 수집하고, 그들의 생각이나 감정을 탐색하기 위한 상담기술이다. 이 기술은 엄밀히 말하면 질문을 통한 탐색probe의 의미가 있다. 그러나 집단작업에

서 질문은 생산적인 결과를 가져오는 경우는 거의 없고, 개인의 작업을 방해할 뿐(Corey & Corey, 2017; Rogers & Farson, 2015)이라는 점에서 그리 유용하지 않다. 여기서는 집단기술로서의 탐색질문을 세 가지(① 개방 vs. 폐쇄 질문, ② 직접 vs. 간접 질문, 그리고 지양해야 할 질문의 형태인 ③ 양자택일형 질문 vs. 왜 질문 vs. 질문 공세)로 나누어 살펴보기로 한다.

개방질문 vs. 폐쇄질문. **개방질문**open-ended questions은 육하 원칙(누가who, 언제when, 어디서where, 무엇을what, 어떻게how, 왜why)에 의거하되, 왜 질문을 제외한 질문의 형태를 말한다. 개방질문의 예는 대화상자 6-28과 같다.

대화상자 6-28. 개방질문의 예

- ❍ "지금 기분이 어떠세요?
- ❍ "문제해결을 위해 어떤 노력을 해 보았습니까?"
- ❍ "현재 고민하는 문제가 해결된다면, 삶이 어떻게 변할 것 같습니까?"

개방질문은 집단원의 자기탐색을 격려하거나 정보를 수집할 때, 집단원의 행동, 사고, 감정에 대한 구체적인 예를 알아볼 때, 집단원의 의사소통을 활성화할 때 등에 사용한다. 개방질문은 포괄적인 대답을 요구하는 형식을 취하고 있어서, 집단원에게 모든 가능한 반응의 통로를 열어 줄 수 있다는 이점이 있다. 따라서 집단상담자는 개방질문을 통해 집단원들이 자신들의 문제에 대해 넓은 안목을 갖게 하거나, 집단원의 사고, 감정, 신념, 관점을 도출할 수 있다. 이러한 장점 때문에 집단상담에서 질문이 요구되는 경우, 폐쇄질문보다는 개방질문의 사용이 권장된다. **폐쇄질문**closed-ended questions은 '예/아니요'로 답할 수 있는 질문의 형태다. 영어로는 "Do you ~ ?" 또는 "Are you ~ ?" 형식의 질문 형태다. 폐쇄질문의 예는 대화상자 6-29와 같다.

대화상자 6-29. 폐쇄질문의 예

○ "지금 기분이 우울하세요?"	○ "요즘 열공하고 있니?"
○ "오늘 아침 식사는 하셨나요?"	○ "남자친구는 있나요?"
○ "아버님을 존경하시나요?"	

대화상자 6-29에의 예처럼, 폐쇄질문은 논의 주제의 범위를 좁히고 한정시키는 기능이 있다. 따라서 폐쇄질문은 주로 구체적인 정보를 얻거나 문제의 유형이나 경향성을 찾아내는 데 사용된다. 다른 한편으로, 폐쇄질문은 지나치게 말이 많은 집단원의 말을 가로막고, 집단의 주제에 초점을 맞추도록 할 때 유용하게 사용된다. 폐쇄질문은 구체적이고 특정 사실을 포함한 답을 얻을 수 있는 이점이 있다. 그러나 반면, 자칫 심문의 형태가 되어 대화를 중단시키거나 집단원과의 촉진관계 형성을 저해하는 역할을 하게 될 수 있으므로 주의해서 사용해야 한다. 개방질문과 폐쇄질문 외에, 질문은 ① 직접질문과 ② 간접질문으로 나뉜다.

직접질문 vs. 간접질문. **직접질문**direct questions이란 글자 그대로 직접적으로 묻는 의문문 형태의 질문을 말한다. 따라서 직접질문은 간접질문에 비해 단도직입적인 느낌을 준다. 직접질문이 포함된 대화의 예는 대화상자 6-30과 같다.

대화상자 6-30. 직접질문의 예

예 1

리 더: 진로탐색검사 결과가 어떻게 나왔니?

미 나: 저는 어려서부터 선생님이 되는 것이 꿈이었는데요. 이번 검사결과도 이 방면에 소질이 있다는 결과가 나와서 너무 기뻤어요.

예 2

리 더: 대학에서 무엇을 전공할 계획이니?

수 빈: 저는 의대에 진학해서 정신의학을 전공하고 싶어요.

예 3

리 더: 이번 상담을 통해 무엇을 얻고 싶니?

준 수: 글쎄요. 요즘 들어 왠지 우울하고 공부에 집중도 잘 안 되는데요. 왜 그런지 이유를 알고 싶고, 다시 공부에 집중할 수 있게 되면 좋겠어요.

대화상자 6-30에서 집단상담자는 집단원에게 직접질문을 던지고 있고, 집단원은 질문에 대해 답하고 있다. 이렇게 단도직입적인 느낌을 주는 직접질문에 비해 완곡한 느낌을 주는 질문의 형태로는 간접질문이 있다. **간접질문**indirect questions은 의문문인 직접질문과는 달리, 평서문으로서 상대방에게 완곡한 느낌을 주는 형태의 질문이다. 따라서 간접질문은 문장의 끝이 물음표가 아니라 마침표로 끝맺는다는 점이 특징이다. 그렇지만 간접질문 역시 엄연히 상대방의 답변을 구하는 질문의 범주에 속한다. 간접질문의 예를 들면 대화상자 6-31과 같다.

대화상자 6-31. 간접질문의 예

예 1

리 더: 진로 탐색검사 결과가 나왔겠구나.

미 나: 저는 어려서부터 선생님이 되는 것이 꿈이었는데요. 이번 검사결과도 이 방면에 소질이 있다는 결과가 나와서 기뻤어요.

예 2

리 더: 대학에서 무엇을 전공할 것인지 결정을 했다고 한 것 같은데.

수 빈: 저는 의대에 진학해서 정신의학을 전공하고 싶어요.

예 3

리 더: 이번 상담을 통해서는 무엇을 얻고 싶은지 궁금하구나.

준 수: 글쎄요. 요즘 들어 왠지 우울하고 공부에 집중도 잘 안 되는데요. 왜 그런지 이유를 알고 싶고, 다시 공부에 집중할 수 있게 되면 좋겠어요.

대화상자 6-31의 예처럼, 간접질문은 집단원에게 관심을 보이면서 완곡한 어조로 넌지시 물어 보는 형태를 취하고 있다. 이처럼 간접질문은 부드러운 느낌을 준다는 점에서 종종 집단상담자에게 권장되는 탐색 기술이다. 직접질문과 간접질문 외에도 효용성이 높지 않은 질문 형태인 양자택일형 질문이 있다.

양자택일형 질문. 양자택일형 질문은 두 가지 중 한 가지를 강제로 선택하게 하는 질문의 형태다. 이러한 형태의 질문은 집단상담자가 두 가지만을 추려서 집단원에게 선택할 수 있도록 배려한다는 측면에서 유용성이 인정된다. 특히, 지적 수준이 낮거나 나이 어린 집단원에게는 집단상담자가 전문성을 발휘하여 두 가지 중 한 가지를 선택할 수 있도록 돕는다는 점에서는 장점으로 볼 수 있다. 그러나 양자택일형 질문은 실제로는 집단원에게 반드시 두 가지 중 한 가지를 선택해야 한다는 부담을 줄 수 있다. 게다가 이러한 형태의 질문은 집단원의 자기탐색의 폭을 제한하는 한편, 집단원들의 자유의지와 선택의 권리를 훼손시킬 수 있다는 점에서 집단상담자의 엄정한 판단이 요구된다. 양자택일형 질문의 예를 들면 대화상자 6-32와 같다.

대화상자 6-32. 양자택일형 질문의 예

- ○ "지금 기분이 좋으니, 나쁘니?"
- ○ "너는 반에서 보미와 제일 친하니, 아니면 슬기와 제일 친하니?"
- ○ "당신은 외향적인 성격인가요, 내성적인 성격인가요?"
- ○ "당신 스스로 가시겠어요, 아니면 우리가 동행해 드릴까요?"
- ○ "결혼은 당신 스스로 결정하셨나요, 아니면 집안의 강요 때문이었나요?"

양자택일형 질문은 집단원이 더 이상 선택할 여지가 없다고 판단될 때 사용되기도 한다. 그러나 집단상담자의 섣부른 판단은 집단원이 다른 것을 선택할 여지가 없다고 단정 짓는 것이 될 수 있다. 그러므로 집단상담자는 양자택일형 질문이 꼭 필요하다는 판단이 드는 경우라 하더라도 조심스럽게 적용해야 한다. 양자택일형 질문과 마찬가지로, 집단상담자가 조심스럽게 사용하거나 지양해야 하는 질문으로는 왜 질문이 있다.

왜 질문. 왜 질문(why-questions)은 왜(why)라는 의문사로 시작하는 형태의 질문이다. 왜 질문은 학문탐구에 있어서 지적 호기심을 나타내는 중요한 질문의 형태다. 그러나 대인관계 또는 상담 관계에서는 다음과 같은 문제를 야기할 수 있다. 첫째, 왜 질문은 상대방의 잘못을 지적하거나 비난하려는 시도로 받아들여질 수 있어서, 상대방에게 추궁당하는 느낌이 들게 하여 방어적 태도를 유발할 수 있다. 둘째, 왜 질문은 상대방에게 원인을 탐색하게 함으로써, 감정보다는 이성적인 측면에 초점을 맞추게 하는 경향이 있다. 왜 질문의 예는 대화상자 6-33과 같다.

대화상자 6-33. 왜 질문의 예

❍ "오늘 집단 시간에 왜 늦으셨나요?"	❍ "왜 그렇게 화를 내세요?"
❍ "아까는 왜 저를 보고 웃으셨죠?"	❍ "오늘따라 왜 말씀이 없으세요?"
❍ "내가 왜 이런 질문을 한다고 생각하니?"	

그러면 개인상담이나 집단상담을 막론하고 왜 질문은 절대 사용해서는 안 되는가? 반드시 그런 것은 아니지만, 집단원의 행동의 이유를 탐색하고자 하는 질문을 하고자 할 때는 왜 질문의 대체 형식인 '무엇을' '어떻게'로 시작하는 질문을 사용하는 것이 좋다. 또 다른 방법으로는 "~하려는 이유가 무엇인가 궁금하네요."라는 완곡한 형태의 간접질문으로 기술할 수 있다. 왜 질문을 굳이 해도 무방한 경우가 있다면, 이는 집단원에 관한 사실적인 정보를 얻고자 할 때다. 즉, "왜 의대에 가려고 하니?" 또는 "왜 학교를 옮기고 싶어 하니?"와 같이 집단원의 감정에 대한 탐색이 요구되지 않는 경우라면, 왜 질문을 사용해도 무방할 것이다.

앞서 언급한 것처럼, 질문은 집단원들에 관한 정보와 자료를 수집하고, 그들의 생각이나 감정의 탐색을 위한 유용한 집단상담 기술이다. 그러나 이렇게 유용한 도구도 상대방이 미처 대답하기도 전에 반복적으로 남용된다면, 오히려 집단역동과 과정을 해치는 도구가 되기도 한다. 다음은 질문의 남용으로 간주되는 질문 공세에 대해 알아보자.

질문 공세. 질문 공세^question bombardment^는 이미 질문을 던진 상태에서 상대방이 그 질문에 답하기도 전에 다른 질문들을 연속적으로 던지는 행위를 말한다. 초심 집단상담자는 종종 불안과 초조함 때문에 집단원의 대답을 기다리지 못하고 다른 질문들을 연속해서 던지는 실수를 저지르기도 한다. 연속적으로 던져지는 질문들은 집단원에게 압박감을 주고, 불필요한 죄책감이나 불안감을 초래하여 집단상담자와 집단원 사이의 관계를 손상시킬 수 있다. 아무리 적당한 변명을 하더라도 연속적으로 던져지는 집단상담자의 질문은 치료의 일환이라기보다는 집단상담자의 단순한 호기심 충족이나 불안감 해소를 위한 수단 정도로 보일 수밖에 없다.

집단상담자의 질문과 집단원의 대답으로 이어지는 대화는 집단의 활력을 크게 떨어뜨릴 수 있다. 왜냐하면 집단원들은 적극적으로 자기 탐색을 통해 변화를 추구하기보다는 단순히 질문에 대해 반응만 하게 되어, 점차 위축되고 소극적인 자세를 취하게 될 수 있기 때문이다. 따라서 집단상담자는 집단원이 대답하기 곤란한 질문을 하거나 질문에 대한 답변을 경청하지 않은 채 또 다른 질문을 던지는 잘못을 범하지 않도록 유의해야 한다. 질문 공세의 예는 대화상자 6-34와 같다.

대화상자 6-34. 질문 공세의 예

리 더: 희원 씨, 지난주에 내드렸던 과제는 어떻게 됐나요? 참, 그것보다도 직장 상사에게 느낌 표현해 보겠다고 한 것은 하셨나요? 그 결과는 어떻게 됐죠? 쉽지 않았을 텐데, 상대방은 어떤 반응을 보이던가요? 상사 분이 순순히 듣고 있던가요? 희원 씨 느낌 표현은 연습했던 대로 실행했고요? (다소 격양된 목소리로) 왜 아무 말씀이 없죠?

지금까지 개방질문과 폐쇄질문, 직접질문과 간접질문, 양자택일형 질문, 왜 질문, 질문 공세에 이르기까지 다양한 질문의 형태에 대해 살펴보았다. 그러면 과연 질문의 효과적인 활용 방안은 무엇일까? 질문의 효과적인 활용 방안을 정리하면 다음과 같다.

효과적인 질문. 적절한 시기에 효과적인 질문을 던지는 것은 집단상담자의 중요한 역량에 속한다. 질문을 효과적으로 활용하기 위한 지침은 글상자 6-16과 같다.

글상자 6-16. 효과적인 질문을 위한 지침

1. 개방질문을 한다.
2. 한 번에 한 가지에 대해 질문한다.
3. 간결하고 명확해서 이해하기 쉽게 질문한다.
4. 직접질문보다는 간접질문을 한다.
5. 왜 질문은 '무엇을' '어떻게'로 시작하는 질문으로 대체한다.
6. 질문한 다음에는 잠시 기다리면서 집단원의 대답에 경청한다.

글상자 6-16의 지침을 토대로, 집단상담자 자신만의 유용한 질문기술을 지속적으로 개발해 보자. 추가로, 집단원의 순간적인 자각을 높이는 데 도움이 되는 질문의 예는 대화상자 6-35와 같다.

대화상자 6-35. 순간적 자각을 높이기 위한 질문의 예

- "사적인 문제를 말한다면, 어떤 일이 생길 것 같은가요?"
- "부부간의 갈등을 해소하기 위해 어떤 노력을 해 보셨나요?"
- "다른 사람을 신뢰할 수 없는 마음을 어떻게 처리하고 있나요?"
- "지금 고독감에 대해 말하고 있는데, 몸에는 어떤 변화가 있나요?"
- "집단에서 거부당할 것 같은 두려움을 어떤 식으로 경험하나요?"

정리하면, 질문 활용에 있어서 집단상담자의 역량은 어떻게 가장 치료적인 형태와 내용의 질문을 최적의 타이밍과 상황에 맞게 던질 것인가에 달려 있다.

직면

내용기술의 여섯 번째는 직면이다. 직면(confrontation, challenging)은 집단원의 말과 행동

또는 말의 앞뒤가 일치하지 않는 경우, 이러한 모순점을 집단상담자의 말로 드러내어 주는 기술이다. 이 기술은 집단원의 말과 행동의 모순점을 검토해 보도록 초대함으로써 이를 스스로 깨닫도록 돕기 위한 기술이다. 그러므로 집단원들은 직면을 통해 자신들의 행동이 다른 사람에게 어떤 영향을 주는지 깨달을 수 있다. 이런 점에서, 직면은 집단원의 통찰을 유도하고 변화의 물꼬를 트는 데 필수적인 기술이다. 특히, 대인관계에서의 건설적인 직면은 건강한 관계 형성의 촉진요소인 동시에 집단상담의 기본 기술이기도 하다.

직면은 집단원과의 신뢰감 형성이 전제되어야 한다. 또한, 진솔한 보살핌을 토대로 지지와 적절한 균형을 이룬 상태에서 세련되게 이루어져야 한다. 왜냐하면 직면은 종종 공격적인 메시지로 인식되어 불필요한 저항 또는 반감을 불러일으킬 수 있기 때문이다. 존중과 배려를 기반으로 이루어지는 직면은 집단원들의 내면과 외현적 행동의 일치, 그리고 행동 변화를 촉진한다. 그렇지 않고, 집단원들의 방어적 행동 제거를 위해 직면을 사용하는 것은 오히려 집단 내에서 방어적인 상호작용을 증가시킬 수 있다. 더욱이, 공격적인 직면은 위험하고, 집단에 부정적인 영향을 미칠 수 있다(DeLucia-Waack et al., 2014; Yalom, 2005).

게다가, 낙인 찍기, 꼬리표 붙이기, '치고 빠지는 식'의 과도한 직면은 집단원의 집단경험에 대한 불만족 또는 해를 입힐 가능성이 높다(Dies, 1994). 이런 이유로, 초심 집단상담자는 집단원에게 상처를 주거나 집단원을 잃을 수 있다는 막연한 불안감으로 직면의 사용을 꺼릴 수 있다. 그러나 다른 사람을 공격하거나 비판하는 데는 그리 세련된 기술이 필요치 않다는 사실을 기억해야 할 것이다. 따라서 집단상담자는 집단원들과 신뢰관계가 형성되기 전까지는 지나친 직면 개입을 삼가는 대신, 따스하고 수용적인 태도로 집단원들이 자신들의 언행이 불일치되는 점을 재고해 볼 수 있도록 한다. 일단 신뢰관계가 형성되면, 집단원들은 집단상담자의 도전 또는 직면을 개방적으로 받아들이는 경향이 있기 때문이다. 그러므로 집단상담자는 집단원들에게 무엇이 직면이고, 무엇이 직면이 아닌지, 그리고 건설적으로 상호작용하는 방법을 가르칠 책임이 있다. 글상자 6-17은 직면이 아닌 상황을 요약·정리한 것이다.

글상자 6-17. 직면이 아닌 상황

1. 다른 집단원에 대한 판단, 비방, 비난
2. 부정적 피드백으로 다른 집단원을 공격하고 뒤로 빠지는 것
3. 다른 집단원에게 상처를 주려는 목적으로 적대시하는 것
4. 다른 집단원에게 그들의 근본적인 문제에 관해 이야기하는 것
5. 다른 집단원의 본래의 모습을 공격하는 것

돌보는 태도로 이루어지는 직면은 집단원이 자신에 대해 정직한 평가를 할 수 있게 해 주고, 자신의 반응에 대해 더 이야기할 수 있도록 해 준다. 직면은 건설적인 피드백의 일종으로, 집단원이 변화하기 원하는 것을 정하기 위해 자신의 대인관계 패턴 또는 삶의 특정 측면을 조망해 볼 기회를 제공한다. 직면의 적절한 시기 포착과 집단원의 문화적 배경을 고려하는 것은 직면의 효과성을 결정하는 핵심요소다. 적절하고 책임 있는 직면을 위한 지침은 글상자 6-18과 같다.

글상자 6-18. 적절하고 책임 있는 직면을 위한 지침

1. 자신이 직면 대상이 된다면 어떨지 생각해 본다.
2. 직면하려는 분명한 이유를 알고 있는지 확인한다.
3. 대상 집단원이 직면에 대해 깊이 생각해 볼 기회를 제공하는 것인지 확인한다.
4. 대상 집단원이 대안적 관점을 고려해 보게 하는 데 유용한 것인지 확인한다.
5. 구체적이고 관찰 가능한 행동에 초점을 맞춘다.
6. 직면의 목적은 다른 사람들과 더 가깝고 진솔한 관계 형성임을 기억한다.
7. 대상 집단원이 어떤 사람인지에 대해 독단적으로 말하지 않는다.
8. 단순히 낙인, 판단, 분석하기보다 그가 다른 집단원들에게 어떤 영향을 미쳤는지에 대해 말한다.

건설적인 직면은 생산적인 집단의 원동력이다. 집단상담에서 직면이 없다면, 집단은 활력을 잃고 침체되어 구성원들은 집단이 어디로 나아가고 있는 느낌이 들

지 않을 수 있다. 집단상담자는 직면을 시의적절하게 활용함으로써 집단원의 언행 불일치가 자신의 삶에 미치는 영향을 탐색하게 하는 한편, 직면을 통해 얻게 된 통찰을 변화를 위한 행동으로 옮길 수 있도록 돕는다. 민감성을 기반으로 적용되는 집단상담자의 직면은 궁극적으로 집단원으로 하여금 자기 직면 능력 개발을 촉진한다.

대화상자 6-36은 주변 사람들이 자기에게 너무 많은 요구를 한다고 불평하는 한서라는 집단원에게 직면을 통해 통찰의 기회를 제공하는 예다. 한서는 다른 집단원들의 말에 주의를 기울이며 열심히 돕기 위해 애쓰지만, 정작 자신을 위해 요구하는 일은 없었다. 어느 날, 한서는 마침내 집단상담을 통해 원하는 것을 얻을 수 없으므로 집단상담을 중도에 그만두고 싶다는 심정을 털어놓았다. 이 경우, 집단상담자는 대화상자 6-36과 같이 직면할 수 있다.

대화상자 6-36. 직면의 예

리 더: 저는 한서 씨가 일상생활에서 주변 사람들에게 하고 있을 것 같은 방식으로 이 집단에서도 하는 것을 관심 있게 지켜봤어요. 그 결과, 한서 씨가 다른 사람들에게 도움이 되기를 원하는 사람이라는 생각을 하게 되었지요. 그런데 정작 한서 씨 자신은 자기 자신을 위해 아무런 요구도 하지 않은 것 또한 관찰할 수 있었어요. 음, 그래서 저는 이 시점에서 한서 씨가 집단을 그만두고 싶다는 것은 그리 놀라운 사실이 아니라는 생각이 들어요. 왜냐면 한서 씨는 여기서도 자신의 일상생활과 똑같은 상황을 만들어 냈기 때문이죠. 저는 한서 씨가 자신의 심정에 대해 솔직히 말해 준 것이 기쁘고, 이러한 경험에 대해 좀 더 말해 주셨으면 해요.

대화상자 6-36에서 집단상담자는 직면을 통해 한서가 자신의 모순적이고 비생산적인 행동에 대해 통찰할 수 있도록 돕고 있다. 집단원들은 때로 집단참여에 두려움을 느낄 수 있다. 두려움의 원인은 집단원들로부터 자신의 부정적인 측면에 대해 공개적으로 '처형'당할 수 있다는 인식에서 오기도 한다. 그뿐 아니라, 집단원들은 집단상담의 효과 또는 효용성에 대해 의구심을 가질 수 있다. 그러므로 집단상담자는 집단의 성숙도와 집단원의 준비 상태를 고려해서 직면 기술을 사용해야 한다.

해석

내용기술의 일곱 번째는 해석이다. 해석interpretation은 집단상담자가 집단원의 행동 원인에 대한 설명 또는 연관성 여부를 잠정적인 가설의 형태로 기술하는 것이다. 해석은 집단원이 전달하려는 내용을 조심스럽게 경청하는 또 다른 방법이다. 특히, 이 기술은 집단상담에서 개인에게 초점을 맞춤으로써 모든 집단원이 특정 행위나 행동의 원인을 이해할 수 있게 하는 유용한 도구이기도 하다. 이런 의미에서 집단상담자는 때로 집단원들에게 집단역동과 과정에 대해 해석적 설명을 제공하기도 한다.

해석의 목적은 집단원이 자신의 행동 원인과 목적에 대한 통찰을 돕는 것이다. 이런 점에서 해석은 집단원에게 위협적인 개입이 될 수 있다. 그러므로 해석은 집단원이 받아들일 준비가 되어 있는지를 확인하여 적절한 시기에 제공하되, 사실적 진술보다는 잠정적인 가설의 형태로 제시한다. 왜냐하면 해석은 집단원의 생애사, 인구통계학적 변인, 말과 행동 등을 종합적으로 고려하여 집단상담자의 직관intuition과 직감hunch을 통해 집단원의 행동의 원인을 추론하는 것이기 때문이다. 따라서 집단상담자는 해석을 하고 나면, 집단원이 집단상담자의 직관적인 추론의 타당성 여부를 고려해 볼 수 있는 시간적 여유를 제공한다.

해석이 정확하고 적시에 적절하게 사용된다면, 집단원은 긍정적인 변화를 위한 토대를 구축할 수 있게 된다. 그렇다고 해서 집단상담자가 항상 해석을 사용해야 한다는 것은 아니다. 해석의 활용 여부와 방법은 이론적 접근에 따라 다를 수 있기 때문이다. 예를 들어, 정신분석에서는 주로 집단상담자가 해석을 하겠지만, 게슈탈트 집단에서처럼 집단원이 자신의 행동에 대해 스스로 해석해 보도록 할 수도 있다. 해석의 예는 대화상자 6-37과 같다.

대화상자 6-37. 해석의 예

예 1

리 더: 현준 씨는 다른 사람이 고통스러운 경험에 대해 말할 때면, 즉각적으로 위로해 주고, 그 사람에게서 한시라도 빨리 고통을 덜어 주려고 하는 것처럼 보입니다. 이는 어쩌면 현준 씨 자신이 어려서 겪었던 고통스러운 기억이 되살아나는 것에 대한 두려움의 표현이 아닌가 하는 생각이 언뜻 듭니다.

예 2

기 현: 세하, 네가 지금 말하고 있는 것이 무슨 말인지 잘 알고 있거든. 너도 마찬가지로 정말 어려웠던 때가 있었다는 것도 알고 있는데, 너는 내 경우하고는 달라!

리 더: 기현아, 세하가 너와 심리적으로 접촉하고 너에 대해 염려하고 있음을 나타내는데, 너는 세하를 애써 밀쳐 내려고 하는 것 같구나. 기현이가 전에도 다른 사람들에게 똑같이 했다고 그랬던 것 같은데.

기 현: 아니요, 그때는 상황이 좀 달랐거든요. 음, 글쎄요. 그러고 보니 정말 그런 것 같네요. 선생님 말씀이 맞네요. 그 전에도 사람들이 저와 가까이하려고 할 때, 왠지 모르게 싫었거든요.

지 수: 나도 비슷한 문제가 있으니까, 너무 실망하지 마!

인 주: 야, 너희만의 문제가 아니야. 기억나? 내가 전에 말했던 것.

리 더: 여러분이 기현이에게 힘을 주고 위로하는 것을 보니까, 우리 집단도 많이 발전한 것 같아 기쁩니다. 그런데 여러 사람이 갑자기 개입하는 이유가 이 주제에 불편함을 느껴서 초점을 다른 데로 돌리려고 하는 것은 아닐는지 생각해 볼 필요가 있을 것 같아요.

대화상자 6-37에서 집단상담자는 지수와 인주라는 집단원들의 행동 원인에 대해 잠정적인 방식으로 진술하고 있다. 집단상담자는 "~하는 것은 아닐는지?"라는 형식으로 진술함으로써 집단원들이 비난보다는 긍정적인 진술로 받아들일 수 있게 하여 집단원들의 통찰을 돕고 있다.

정보 제공

내용기술의 여덟 번째는 정보 제공이다. 정보 제공information-giving은 집단원들이 필요로 하는 자료나 사실적인 정보를 구두로 전달해 주는 것을 말한다. 정보 제공의 목적은 집단원이 문제해결 또는 의사결정을 위한 대안 모색과 평가, 그리고 자신이 처한 상황을 다른 시각에서 조망하여 잘못된 생각이나 신념에 변화를 유도하기 위함이다. 정보 제공은 집단원이 회피해 왔던 문제를 검토해 볼 기회를 제공하는 기능이 있다. 대화상자 6-38은 정보 제공의 예다.

대화상자 6-38. 정보 제공의 예

예 1

리 더: 희주 씨는 부모님을 한꺼번에 잃은 것에 대한 애도 과정이 아직 끝나지 않은 것 같습니다. 희주 씨 자신이 느끼는 상실감을 인정하고, 슬픔의 여러 단계를 고려해 볼 때, 희주 씨는 자신이 현재 어느 위치에 있는가를 돌아보는 것이 도움이 될 것 같습니다. 예를 들면…….

예 2

리 더: 하은이는 지난 여름방학 동안 남학생과 입을 맞춘 것 때문에 임신이 되었을까 봐 걱정하고 있다고 했는데, 하은이가 알고 있는 것과 달리 임신은…….

대화상자 6-38의 예 1에서 집단상담자는 부모를 여읜 희주라는 집단원에게 애도과정grief process에 관한 정보를 구두로 전하고 있다. 이처럼 정보 제공은 경험이나 사건, 대안, 또는 사람들에 대한 사실을 공유하는 것이다. 집단상담자는 정보를 제공하기 전에 집단원에게 소개하려는 정보에 대해 상세히 알고 있는지, 그리고 집단원이 정보에 관심이 있는지 확인한다. 그리고 나서, 집단원들이 필요로 하는 정보를 제공하고, 그들의 반응을 점검한다.

비언어 기술

지금까지 살펴본 집단상담 기술 외에, 집단상담자의 비언어 행동은 언어 행동(말)보다 더 민감하게 전달될 수 있다는 점에서 세심한 주의를 기울일 필요가 있다.

사람들 간의 의사소통은 보통 언어 행동보다 비언어 행동을 통해 더욱 빈번히 이루어진다. 예컨대, 집단상담자가 집단원들을 돕고 이해하고자 하는 마음을 전달하는 주요 수단은 신체언어body language를 통해서다. 이런 이유로, 촉진적인 집단상담자는 집단원 개개인과 총체적인 접촉, 즉 집단원의 사고 · 감정 · 목적 · 행동 등에 관심을 기울인다(Straus, 2018). 이를 위해 집단상담자는 집단원의 내면세계를 나타내는 신체언어를 지속적으로 살핀다. 얼굴이 붉어지거나 창백해지는 것 같은 정서 신호나 단서 외에도 긴장, 지루함, 분노, 초조함 또는 저항을 나타내는 신체언어가 이에 해당한다. 예를 들어, 집단원이 팔짱을 끼고 다리를 꼬고 앉아 있다면, 이는 반항적인 태도를 나타내고 있거나, 집단에서 진행되고 있는 것에 대해 흥미가 없음을 의미할 수 있다.

비언어 행동의 의미 해석에는 항시 오류의 가능성이 있다. 그러므로 집단상담자는 집단원들의 비언어 행동을 잠정적인 방식으로 해석한다. 만일 한 아동이 의자에 앉은 채로 다른 아동을 뚫어지게 쳐다보고 있다면, 집단상담자는 "정은아, 넌 한솔이가 말하고 있는 것에 대해 관심이 많은 것처럼 보이는구나."와 같이 개입할 수 있다. 이 예에서 집단상담자는 아동의 비언어 행동을 다른 아동이 말하고 있는 것에 대한 관심으로 해석했다. 아동은 아무 말도 하지 않고 있었지만, 신체언어가 관심을 나타내고 있는 것처럼 보였기 때문이었다. 글상자 6-19에 열거한 비언어 행동이 의미하는 집단원의 사고나 감정 상태가 어떤지를 살펴보자.

글상자 6-19. 비언어 행동이 의미하는 사고와 감정 상태

1. 입을 막음 ⇨ 죄책감
2. 몸을 실룩거림 ⇨ 좌절감
3. 동공 확대 및 주의집중 ⇨ 특별한 관심
4. 말하면서 시선 접촉을 피함 ⇨ 불확실함
5. 의자에 깊숙이 구부려 앉아 있음 ⇨ 거부감
6. 활력과 유머가 없고, 축 처져 있음 ⇨ 우울
7. 가슴을 펴고, 곧게 앉은 상태로 말하는 사람을 응시함 ⇨ 자신감

8. 집단상담자과 다른 집단원들의 눈을 응시함 ⇨ 행복감(행복하지 않은 사람은 보통 이렇게 하지 않음)
9. 출입구에서 가까운 곳에 앉아 다리를 떨거나, 자주 안경 또는 머리를 만지거나 옷매무새를 고침 ⇨ 불안감
10. 손으로 입을 가리고, 곁눈질하며, 발과 몸 전체를 출입구 쪽으로 향하고 있고, 코를 만지거나 문지름 ⇨ 불신감
11. 가슴을 편 상태로, 두 팔이 열려 있고, 손바닥이 위를 향함 ⇨ 개방적 태도
12. 부드러운 표정으로 열심히 응시함 ⇨ 사려 깊은 태도
13. 다른 집단원에게 고개, 손 또는 손가락을 가로 저음 ⇨ 권위적인 태도
14. 의자 끝에 앉아서, 눈 하나 깜빡하지 않은 채로 응시하며, 손은 뺨에 얹어 놓고, 턱을 괴고 있으며, 고개를 약간 숙인 채로 손가락 끝으로 뺨을 두드림 ⇨ 평가적 태도
15. 팔짱을 끼고, 다리는 의자에 붙어 있으며, 의자를 방패처럼 이용하고 있고, 다리를 꼬고 앉으며, 손을 이마에 올린 채 손바닥은 밖으로 향해 있고 손가락을 말고 있음 ⇨ 방어적 태도

비언어 행동은 자발적spontaneous, 즉 자신도 모르게 무의식적으로 표출된다는 특성이 있다. 이런 특성 때문에 비언어 행동은 일반적으로 언어 행동보다 개인의 실제 감정을 더 정확하게 나타낸다. 그러므로 집단상담자는 항시 집단원의 비언어 행동에 주의를 기울일 필요가 있다. 집단원들의 비언어 행동 관찰 시, 집단상담자는 언어 행동과 비언어 행동의 불일치에 주의를 기울인다. 이러한 불일치의 예는 글상자 6-20과 같다.

글상자 6-20. 말과 행동의 불일치 예

- 고통스러운 경험을 이야기하면서, 미소짓는 집단원
- 들릴까 말까 한 소리로 말하면서, 아무도 자기 이야기에 귀 기울여 주지 않는다고 호소하는 집단원
- 말로는 정적 감정을 표현하면서, 온몸이 경직된 집단원
- 진심으로 집단참여를 원한다고 하면서, 자기개방을 주저하는 집단원
- 집단원들을 좋아한다고 하면서, 팔짱을 낀 채 반응을 보이지 않는 집단원
- 표정 또는 몸짓으로 반응을 하면서, 어떤 반응도 느껴지지 않는다는 집단원

집단상담자가 특별히 관심을 가져야 할 비언어 행동으로는 시선, 고개 끄덕임, 표정, 눈물, 몸의 움직임을 들 수 있다. 단, 몸의 움직임에 관한 부분은 훨씬 더 복잡한 양상을 띠므로, 이 책의 범위를 벗어난다. 이에 관한 내용은 의사소통에 관한 서적들을 참조하기 바란다. 여기서는 ① 시선, ② 고개 끄덕임, ③ 표정, ④ 눈물을 중심으로 살펴보기로 한다.

시선

집단상담자가 특별히 관심을 가져야 할 비언어 행동의 첫 번째는 시선이다. 집단상담에서 시선 활용의 중요성을 강조하는 이유는 무엇인가? 시선은 무엇보다도 가치 있는 정보수집에 중요한 도구이기 때문이다. 그러나 더욱 중요한 것은 시선이 지닌 강력한 힘이다. 집단을 치료적으로 이끌 권한이 부여된 집단상담자의 시선은 집단의 상호작용을 촉진하는 촉매 역할을 한다. 그러면서도 시선은 때로 집단원의 말을 가로막는 데 사용되기도 한다. 집단상담자는 시선을 활용하여 집단원을 세밀하게 관찰함으로써 개개인에 관한 가치 있는 정보를 얻을 수 있다. 이는 집단원들이 상호작용하는 상황에서 말하고 있는 집단원에게 시선을 집중하는 것뿐 아니라, 수시로 전체 집단원을 두루 살피는 것을 의미한다.

그러나 집단에서 집단원의 말에 경청하면서 동시에 집단원 전체를 돌아보는 것은 말처럼 쉽지 않다. 만일 집단상담자가 말하고 있는 집단원에게만 시선을 집중한다면, 집단과정을 촉진하는 데 도움을 줄 수 있는 정보를 놓치기 쉽다. 한 집단원이 말하는 동안 다른 집단원들의 반응을 관찰하여 그들의 행동과 단서의 의미를 간파할 수 있다면, 집단상담자는 집단을 훨씬 효과적이고 생산적으로 이끌 수 있다. 이러한 점에서 집단상담자로서 모든 집단원들에게 골고루 시선을 집중하는 기술을 익혀야 할 것이다. 이는 집단원들의 다양하고 즉각적인 반응을 파악할 수 있는 좋은 방법이기 때문이다.

고개 끄덕임

집단상담자가 특별히 관심을 가져야 할 비음성 언어의 두 번째는 고개 끄덕임이다. 고개 끄덕임nodding은 누군가 의견을 제시하거나 관심사에 관해 이야기할 때, 동의의 의미를 나타낸다. 집단상담자는 단지 다음과 같이 말함으로써 집단의 상호작용을 촉진할 수 있다. 예를 들어, "서준아, 유나가 자신의 관심사를 이야기할 때, 그 이야기를 들으며 고개를 끄덕였는데, 그때 어떤 생각이 들었니?"라는 진술에서 집단상담자는 집단원이 고개를 끄덕이는 행동을 드러내어 줌으로써 집단 토의에 참여시키는 한편, 집단원들의 상호작용을 촉진할 수 있다.

표정

집단상담자가 특별히 관심을 가져야 할 비음성 언어의 세 번째는 표정이다. 고개를 끄덕이는 것이 특정한 쟁점에 대해 동의와 반대의 정도를 나타낸다면, 표정facial expression은 집단원이 동일한 경험을 했다거나 그 쟁점에 대해 긍정적 또는 부정적인 입장을 취하고 있는지를 나타낸다. 표정은 다른 집단원의 의견에 인정 · 거부, 만족 · 불만족, 또는 집단상담자가 명확하게 짚고 넘어가기를 원하는 기타 반응을 나타낸다. 대화상자 6-39는 표정에 대한 반응의 예다.

대화상자 6-39. 표정에 대한 반응의 예

수 아: 우리 지도교수님은 시도 때도 없이 저를 불러서 일을 시키세요. 심지어 시험기간이나 과제물이 많아서 정신 못 차릴 때도 일거리를 주시고는 며칠 내로 완성해서 가져오라는 거예요. 아, 정말 대학원에 공부하러 왔는지 지도교수님 일을 도와주러 왔는지 잘 모르겠어요.

서 희: 음, 저 같은 경우는 그 정도는 아닌데, 수아 씨 못지않게 지도교수님의 연구 프로젝트를 돕는 데 시간을 많이 보내고 있기는 해요.

연 수: 대학원생들이 그런 일까지 떠맡아야 하나요?

리 더: 나연 씨 표정을 보니까 다른 사람들이 말한 것에 대해 양가적인 느낌이 드는 것 같네요.

나 연: 글쎄요, 아, 네 그런 것 같아요. 다른 분들의 말씀에 공감이 가긴 하는데요. 제

경우는 좀 다른 것 같아서요. 사실 저도 공부하기도 바쁘고, 지도교수님 일을 도와드리느라 시간이 많이 들지만, 강의실에서는 배우지 못하는 것을 실제로 많이 배우고 있거든요.

유 진: 그래요. 저도 나연 씨 말씀에 동감이에요.

나 연: 아, 정말이요? 휴우, 저는 저만 그런 줄 알았거든요. 사실, 아까 선뜻 이 말을 하지 못한 것은 다른 사람들이 제가 마치 교수님들만 옹호하거나 아부하려는 학생으로 오해할 수 있다는 생각이 들었었거든요.

대화상자 6-39에서 집단상담자가 나연이라는 집단원의 표정의 변화를 발견하지 못해서 집단 토의에 끌어들이지 않았다면, 이 집단원은 다른 집단원들과 다른 생각과 의견을 가지고 있는 것이 두려워 자신의 생각을 나눌 기회를 갖지 못했을 것이다.

눈물

집단상담자가 특별히 관심을 가져야 할 비언어 행동의 네 번째는 눈물이다. 집단원이 눈물을 흘리는 것은 집단상담자에게 중요한 단서를 제공한다. 집단원에 따라서는 소리 없이 눈물만 흘리거나, 흐느껴 울거나, 때로 주체하기 힘들 정도로 울음을 터뜨리기도 한다. 눈물은 강한 정도의 부정적 감정 표출의 수단이면서 흔히 긍정적 감정 표출의 수단이다. 이러한 점에서 눈물 역시 집단원의 내면 상태를 이해하는 데 중요한 지표인 셈이다. 집단원이 눈물을 흘리는 경우, 집단상담자는 먼저 집단의 목적과 대상, 시간적 여유, 눈물을 흘리게 된 이유에 대한 해석 등을 고려한다. 이를 토대로 집단상담자는 집단원의 상황에 대해 함께 이야기를 나누거나, 단순히 그 상황을 인정해 주거나, 또는 무시하고 지나칠 수 있다. 경험이 많고 노련한 집단상담자라면, 갑작스러운 목소리의 떨림이나 고통을 눈물로 조용히 표현하는 행동을 그리 어렵지 않게 찾아낼 수 있을 것이다. 따라서 집단상담자가 집단원 개개인에 대해 지속적으로 관심을 가지고 살피는 일의 중요성은 아무리 강조해도 지나침이 없다.

문제 상황의 개입방법

집단을 이끌다 보면, 종종 크고 작은 문제 상황이 발생한다. 여기서는 집단원의 ① 좌절감, ② 두려움, ③ 불공정성에 대해 호소하게 되는 경우를 중심으로 문제 상황의 개입방법을 살펴보기로 한다.

좌절감

집단에서 흔히 문제가 되는 쟁점의 첫 번째는 좌절감이다. 예를 들어, 집단에서 얻고자 한 것을 얻지 못하고 있다고 느끼는 집단원이 이에 대해 불평을 늘어놓았다고 하자. 이 경우, 방어적으로 반응하기보다는 대화상자 6-40과 같은 진술로 치료적 중재를 할 수 있다.

대화상자 6-40. 집단원의 불평에 대한 치료적 반응의 예

- "서연 씨는 이 집단에서 무엇을 얻고 싶은가요?"
- "집단에서 얻고자 하는 것을 얻게 된다면, 경은 씨의 삶이 어떻게 변화할 것 같습니까?"
- "집단의 발달을 촉진하기 위해 각 집단원에게 바라는 것이 있다면, 한가지씩만 말씀해 주시면 고맙겠습니다."
- "제 집단운영 방식에 대해 다른 의견이 있으시면 말씀해 주세요. 앞으로도 집단을 운영하는 데 참고하도록 하겠습니다."

대화상자 6-40과 같은 집단상담자의 반응은 집단원으로 하여금 불평을 멈추고, 불만의 원인을 탐색하며, 그가 기대하는 것을 표현하도록 도울 수 있다.

두려움

집단에서 흔히 문제가 되는 쟁점의 두 번째는 두려움이다. 집단원이 부적 감정을 표출할 때는 생산적인 작업을 시작할 좋은 기회다. 어떤 집단원이 다른 집단원들의 비판적인 반응의 가능성에 대한 두려움을 표출했다고 가정할 때, 집단상담자

는 대화상자 6-41과 같이 개입함으로써 집단원의 작업을 더욱 심화시킬 수 있다.

대화상자 6-41. 집단원의 두려움에 대한 치료적 반응의 예

- "눈을 감고, 여기에 있는 사람들이 여러분에 대해 할 수 있는 모든 판단을 상상해 보세요."
- "자, 그러면 돌아가면서 미완성문장을 완성해 보도록 하겠어요. '여러분이 나를 알게 되면, ~에 대해 나를 판단할까 봐 두려워요.'
- "모현 씨를 가장 엄격하게 비판할 것 같은 사람을 지목해 보시겠어요? (집단원이 다른 한 사람을 지목하자), 강일 씨가 모현 씨의 어떤 점에 대해 비판할 것으로 생각되나요?"

대화상자 6-41의 예는 다른 집단원들의 비판에 대한 두려움 때문에 자신을 어떻게 억압하는가를 깨닫게 도움으로써 이에 대해 깊이 탐색할 기회를 제공한다.

불공정성

집단에서 흔히 문제가 되는 쟁점의 세 번째는 불공정성이다. 예를 들어, 한 집단원이 자신이 집단에서 주목받지 못하고 따돌려져 왔고, 집단상담자마저 다른 집단원들에게만 관심을 보인다고 불평을 늘어놓는다고 하자. 이러한 불평에 대해 노련한 집단상담자는 그 집단원도 자신에게 중요한 사람이라고 설득하는 일에 시간을 낭비하지 않는다. 대신, 그 집단원의 지각과 느낌을 주의 깊게 경청한 후, 대화상자 6-42와 같이 반응함으로써 집단원을 도울 것이다.

대화상자 6-42. 집단원의 관심 요청에 대한 치료적 반응의 예

- "제 관심을 더 많이 받는 것으로 보이는 집단원에게 미화 씨의 느낌을 직접 표현해 보시겠어요?"
- "이 집단에서의 느낌이 소진 씨가 가족들과 있을 때와 동일한 느낌이 들지 않는지 궁금해요."
- "혹시 혜연 씨 자신이 가정이나 학교에서 주목을 받고 있지 못하다고 느낀 적이 있나요?"

대화상자 6-42와 같은 집단상담자의 치료적 반응은 집단원들이 지금 여기의 경험을 표현하게 한다. 감정 표현은 집단원이 자신의 과거와 현재에서 마치 주변인outsider처럼 느껴지는 삶에 관해 심층적인 성찰과 작업을 동기화시키는 효과가 있다. 집단상담 기술은 집단원의 자기 이해를 도우면서도 변화의 계기를 마련한다. 이러한 기술들을 체득하는 일은 단순히 관련 서적을 읽는 것만으로는 한계가 있다. 그러므로 집단상담자는 집단 회기를 녹음 또는 녹화한 테이프를 다시 살펴보며, 자신의 집단상담 기술 능력을 수시로 점검할 필요가 있다. 집단상담 기술의 효율성을 높이기 위해 집단상담자는 수용, 판단하지 않기, 온정, 친절함, 열의, 빈정대지 않기 등의 태도로 소통해야 한다. 집단상담자는 이러한 태도를 유지하면서 시선 접촉, 몸 기울이기, 관심 나타내기 등의 비음성 언어를 활용해야 할 것이다. 이러한 집단상담 기술, 태도, 비음성 언어는 집단상담의 성과를 높이는 데 필요한 기본요소이기 때문이다.

집단상담자의 개인적 특성 역시 집단상담의 성과에 유의하게 영향을 미칠 정도로 중요한 요소다. 물론 어떤 성격적 특성은 집단상담의 효과를 높이는 것과 정적인 상관관계가 있지만, 흔히 그것만으로는 충분치 않다. 집단을 효과적인 치료적 집단으로 이끌기 위해서는 집단상담자는 적어도 기본적인 집단상담 기술을 익히고 숙달시켜야 한다. 다른 분야에서의 기술과 마찬가지로, 집단상담을 이끌어 가는 데 필요한 상담기술 또한 철저한 교육과 훈련, 그리고 부단한 연습을 통해 습득될 수 있다. 집단이 아무리 생산적인 결과를 산출해 낼 수 있는 잠재력을 지니고 있다고 하더라도 모든 집단원들에게 긍정적인 경험을 보장하지는 않는다. 즉, 집단원들에게 심각한 폐해를 줄 가능성은 항상 잠재해 있기 때문이다. 이러한 점에서 집단상담자는 자신의 인간적 자질은 물론, 전문가로서의 역량을 갖추어야 할 것이다.

수업활동 / 수업시간에 함께 해 볼까요?

1. **당신과 나, 그리고 우리** 두 사람씩 짝을 지어 전신을 볼 수 있는 거리를 두고 마주 보고 앉는다. 잠시 말없이 상대방을 응시한 다음, 상대방의 모습, 언어 · 비언어 행동 등에 대한 자신의 느낌을 말로 표현한다. 그러면 이 말을 들은 사람은 파트너가 표현한 느낌, 행동 또는 비언어적 소통에 대해 자신의 느낌을 말로 표현한다. 두 사람은 느낌을 주고받는 과정을 계속한다. 일정한 시간이 지나면, 2개 조를 합쳐서 4인 1조로 동일한 방식으로 서로의 느낌을 나눈다. 그런 다음, 다시 4인 1조의 2개 조를 합해서 8인 1조의 집단으로 감수성 훈련 활동을 계속한다. 이 연습은 감수성 훈련의 일종으로, 참여자들의 감성을 일깨워 주기 위한 활동이다. 연습을 마치면, 서로 소감을 나눈다.

2. **내용기술 연습** 5인 1조로 나누어, 집단의 내용기술을 연습해 보자. 한 사람은 집단상담자, 나머지 사람들은 집단원 역할을 한다. 이때 연습 목적상, 집단원들은 돌아가면서 자신의 사적인 내용에 관해 이야기한다. 집단상담자는 집단원이 진술할 때마다 그 진술에 대해 반응한다. 집단상담자 역할은 차례로 역할을 바꾸어 가면서 기술 연습을 반복한다.

3. **과정기술 연습** 5인 1조로 나누어, 집단의 과정기술을 연습해 보자. 먼저, 집단상담자를 정하고 집단원들이 관심을 가질 만한 주제를 정한다. 집단원들이 이 주제에 대해 이야기를 나눌 때, 집단상담자는 집단의 내용기술과 과정기술을 적용하여 반응한다. 1인당 5분 정도 집단상담자 역할을 담당한다. 집단상담자 역할은 차례로 돌아가면서 기술 연습을 반복한다.

복습문제 / 공부한 것을 확인해 볼까요?

객관식 문항

1. 상담면접 방법 중 '감정의 반영'에 대한 설명으로 옳은 것을 〈보기〉에서 모두 고른 것은?

〈보기〉
ㄱ. 상담자는 내담자가 진술하거나 함축적으로 표현한 감정을 내담자에게 반영해 준다.
ㄴ. 상담자는 내담자가 자신의 문제를 새로운 관점에서 볼 수 있도록 행동, 사고, 감정의 새로운 의미를 설명해 준다.
ㄷ. 상담자는 내담자로 하여금 자신의 감정을 알아차리고 경험하게 함으로써 문제해결에 이르도록 돕는다.

① ㄱ ② ㄴ ③ ㄱ, ㄴ
④ ㄴ, ㄷ ⑤ ㄱ, ㄴ, ㄷ

2. 다음은 집단상담 축어록의 일부다. ㉠~㉩의 진술에 해당되는 것으로 옳은 것을 〈보기〉에서 고르시오.

리 더: 글쎄요, ㉠ 이 집단은 여러분의 관심사, 생각 그리고 느낌들을 나누면서 자기이해 도모를 목적으로 마련된 것이고, 제 역할은 여러분이 어려워하는 일에 대해 직접 나서서 해결해 준다거나 해결책을 제시해 주는 것이 아니라, 여러분이 솔직하게 마음을 터놓고 이야기하고, 자신의 문제를 스스로 해결하도록 돕는 것입니다.
시 은: 그런데 저는 이 세상에서 쓸모없는 존재라는 생각이 들어요. 이 집단 사람들도 모두 다 저를 비난하는 것 같고요.
정 아: (다소 놀라는 표정으로) ㉡ 저는 시은 씨가 학벌도 좋고, 좋은 직장에다가 얼굴도 예뻐서 아무런 문제가 없을 거라고 생각했었는데, 그런 고민이 있다니 너무 놀라워요.
리 더: ㉢ 시은 씨는 자기 자신이 좀 더 가치 있는 사람이라는 확신이 들 수 있도록 하기 위한 도움이 필요한가 봐요.
윤 서: ㉣ 에이, 살다보면 누구나 때로 그런 느낌이 들 때가 있으니까 너무 신경 쓰지 마세요. 세월이 약이라는 말이 있잖아요.

준 상: 우와, 역시 윤서 씨는 위대한 상담가의 자질을 타고난 것 같네요. 그런데 제 생각에는 윤서 씨 자신부터 살피는 것이 좋을 것 같네요. 그리고 …….

리 더: ㉤ 잠시만요, 준상 씨! ㉥ 윤서 씨와 준상 씨 두 분은 다른 사람에게 어떻게 하도록 요구하듯이 말씀하고 있네요.

승 희: 음, ㉦ 저는 솔직히 시은 씨 말씀을 들을 때마다, 시은 씨는 주변사람들의 관심과 시선이 시은 씨에게 집중되지 않는 것을 견디기 힘들어하면서 스스로 자신의 평가를 절하함으로써 관심을 모으려 한다는 생각이 들곤 해요.

리 더: ㉧ 승희 씨 말씀은 시은 씨가 주변 사람들의 관심을 끌기 위해 스스로 비하시키고 있다고 생각한다는 뜻인가요?

〈보기〉

① 구조화	② 연결	③ 차단	④ 피드백
⑤ 보편화	⑥ 명료화	⑦ 재진술	⑧ 충고 · 조언

㉠____ ㉡____ ㉢____ ㉣____ ㉤____ ㉥____ ㉦____ ㉧____

3. 어느 고등학교에서 징계 받은 학생들을 집단상담에 의무적으로 참여하게 했다. 전문상담교사의 적절한 구조화 반응과 가장 거리가 먼 것은? ▶**2009년 전문상담 1차**

① 참석한 다른 학생들의 신상정보나 상담 내용에 대해 밖에 나가서 말하지 않겠다고 약속해야 합니다.

② 여러분이 이 집단에 자진해서 오지 않아서 기분이 좋지 않을 것이라고 생각해요. 솔직하게 감정을 말하는 시간을 갖고 싶어요.

③ 여러분이 적극적으로 동참하면 집단상담에 도움을 얻을 수 있어요. 저도 이 기간 동안 여러분이 좋은 경험을 할 수 있도록 최선을 다하겠습니다.

④ 지금 참여하고 싶지 않은 분들은 조용히 앉아만 있어도 좋아요. 제가 말할 수 있는 것은 이러한 집단은 도움이 되고, 여러분이 참여하면 도움이 될 수 있지요.

⑤ 여러분은 몸만 여기에 있고 집단 활동에 전혀 참여할 생각이 없네요. 그렇지만 내가 장담하는데, 이 집단상담이 끝나면 여러분은 모범학생이 되어 있을 것입니다.

4. 미국정신의학회진단기준(DSM-IV)에 의해 영수(중2, 남)에게 진단된 장애에 관한 설명으로 옳은 것을 〈보기〉에서 고른 것은? ▶ 2010년 전문상담 1차

> 엄마의 말에 따르면, 영수는 어릴 때부터 강아지나 고양이를 괴롭히는 일이 잦았고, 초등학교 5학년 때에는 짝꿍을 연필로 찔러 친구가 수술을 받기도 했지만, 전혀 잘못을 인정하지 않았다고 한다. 중학교에 입학한 후에도 거짓말, 가출, 흡연, 약물남용, 절도, 폭력 등의 문제가 지속되어 부모가 자주 학교에 불려갔고, 영수는 담임교사로부터 "학교에서는 도저히 감당할 수 없다."는 말을 들었다. 영수는 무단결석을 자주 하고, 무리 지어 다니며 반복적으로 친구들에게 심한 폭력을 행사하고도 죄책감과 후회가 없어 학교에서 징계를 받을 상황에 놓여 있다.

〈보기〉

ㄱ. 인지행동치료가 증상 감소에 효과적이다.
ㄴ. 동반된 질환에 따라 약물치료를 고려해야 한다.
ㄷ. 18세 이후에는 반사회성 성격장애의 진단 기준에 맞지 않아야 한다.
ㄹ. 거부적이고 적대적이며 반항적인 행동 양상이 6개월간 지속적으로 나타날 때 진단된다.
ㅁ. 사람과 동물에 대한 공격, 재산파괴, 사기 또는 절도, 중대한 규칙 위반 항목 중에서 3개 이상이 지난 6개월간 지속되며 최소한 한 항목은 지난 3개월 동안에 나타난다.

① ㄱ, ㄴ, ㄷ ② ㄱ, ㄴ, ㅁ ③ ㄴ, ㄷ, ㄹ
④ ㄴ, ㄷ, ㅁ ⑤ ㄷ, ㄹ, ㅁ

5. 다음 밑줄 친 부분에서 전문상담교사가 사용한 집단상담 기법을 적용할 상황으로 적절하지 않은 것은? ▶ 2010년 전문상담 1차

> 나 비: 지난주에 조금 이야기했는데요. 원래 제가 서울에서 태어났거든요. 태어난 지 얼마 되지 않아 춘천으로 이사를 했어요. 그리고 파주로 갔어요. 아빠가 군인이셨거든요. 그래서 자주 이사를 다녔어요. 그리고 대구로 갔어요. 대구에서 초등학교를 다녔어요. 거기서 동생이 태어났어요. 남동생이에요. 동생은 좀 크게 태어났어요. 아기 때도 컸었고, 유치원에서도 제일 키가 컸어요. 초등학교 때도 친구들 중에 제일 컸어

요. 그래서 제가 매일 놀렸어요. 동생은 너무 싫어했어요. 그리고 동생은…….

상담교사: 나비님, 잠깐만요. 여기서 나비님의 이야기를 중단시키겠어요. 아빠가 군인이셔서 나비님이 어려서부터 이사를 많이 다녔나 보군요. 그런데 여기서는 말하는 내용보다 말하는 방법을 다루고 싶어요. (집단원들을 바라보며) 나비님의 말을 들으면서 어떤 느낌이 들었는지 말해 주시겠어요?

① 집단의 초점을 옮기고 싶을 때
② 집단원이 눈물을 보이기 시작할 때
③ 집단원이 횡설수설하며 계속 중언부언할 때
④ 다른 집단원에게 정확하지 않은 사실을 말할 때
⑤ 회기의 종료가 임박해서 집단원이 심각한 주제를 새롭게 꺼낼 때

6. 상담의 언어적 기법 중 직면기법에 관한 설명으로 옳은 것을 〈보기〉에서 모두 고른 것은?

▶2010년 전문상담 1차

〈보기〉

ㄱ. 내담자의 대화 속에 숨어 있는 모순들을 드러내어 새로운 통찰과 바람직한 변화를 유도하는 기능을 한다.
ㄴ. 내담자로 하여금 자신의 감정을 깨닫게 하고 보다 강하게 경험하며 더 많이 표현하도록 하는 것을 주요 목적으로 한다.
ㄷ. 상황을 정확하게 파악하는 데 중요한 기능을 하는 대화 기술이므로 주로 상담 초기에 사용하는 것이 바람직하다.

ㄹ. 내담자의 언어적 진술과 비언어적 진술 간, 또는 언어적 진술들 간에 불일치하거나 상충되는 부분이 있을 때, 이러한 부분들을 진술하는 기법이다.
ㅁ. 사용의 예시는 다음과 같다.
내담자: 저는 담임선생님이 싫어요. 다른 아이들이 잘못할 때에는 가만히 계시다가도 제가 조금만 떠들면 막 야단을 치시는 거예요.
리 더: 담임선생님이 너를 불공평하게 대한다고 여기는구나.

① ㄱ, ㄴ　② ㄱ, ㄹ　③ ㄴ, ㄷ, ㄹ
④ ㄱ, ㄴ, ㄷ, ㄹ　⑤ ㄱ, ㄷ, ㄹ, ㅁ

7. 재우(중2, 남)와의 상담 과정 중 ㉠, ㉡, ㉢에서 전문상담교사가 활용하고 있는 상담기법을 바르게 연결한 것은? **▶ 2011년 전문상담 1차**

상담교사: 정수와 무슨 일로 싸우게 되었어?
재 우: (시무룩한 표정으로) 체육 시간에 축구를 하는데 정수가 나한테만 패스를 안 해 주는 거예요. 얼마나 열 받던지, 그래서 저도 모르게…….
상담교사: ㉠ 정수가 패스를 안 해 줘서 재우가 화가 많이 났었나 보구나.
재 우: 네, 정수가 공만 패스해 주었어도 아무 일 없었을 텐데.
상담교사: 그래, 재우가 많이 섭섭했던 모양이야.
재 우: (잠시 침묵) 아이들이 초등학교 때처럼 나를 나쁜 애로 보고 싫어할까 봐…….

—중략—

상담교사: ㉡ 재우 이야기를 들어 보니까, 정수가 패스를 안 해 주니까 갑자기 초등학교 때 따돌림당한 기억이 난 것 같구나. 그래서 가만히 있으면 또 그때처럼 억울하게 당할까 두려워서 재우도 모르게 주먹이 나간 것 같아.
재 우: (눈물을 흘리며 한참 있다가) 네, 맞아요. 그때처럼 가만히 있으면 또 무시당하고 공격당할 것만 같았어요. 그래서 저도 모르게 때린 것 같아요.
상담교사: ㉢ 선생님도 재우와 비슷하게 따돌림을 당한 경험으로 힘든 적이 있었단다.

	㉠	㉡	㉢
①	반영	해석	자기개방
②	반영	해석	정보 제공

③	재진술	요약	나-전달법
④	재진술	직면	자기개방
⑤	재진술	직면	나-전달법

8. 다음은 집단상담에서 집단원 슬기(중3, 여)가 한 말이다. 이 말에 대한 집단상담자의 반응 (가)~(다)에 해당하는 집단상담 기술을 바르게 연결한 것은? ▶**2011년 전문상담 1차**

> 슬 기: 이야기하고 싶지 않아요. (짜증스러운 말투와 표정으로) 와야 하니까 오긴 했지만 종일 수업에 지쳐서 피곤해요. 상담 선생님 말도 잘 이해가 안 되고요. 솔직히 말해서, 선생님께서 아직 경험이 별로 없으셔서 그런지 우리를 잘 이해 못하시는 것 같아요.

〈보기〉

(가) 많은 친구들이 슬기와 비슷한 마음이 들 것 같아요. 몇몇 친구들 표정이 동감이라고 말하는 것처럼 보이던데요. 누군가 비슷한 마음을 좀 표현해 볼까요?

(나) 슬기가 이야기할 때 지우가 고개를 갸우뚱하는 것을 보았어요. 지우는 슬기 말을 들으면서 어떤 마음이 들었나요?

(다) 선생님이 우리를 잘 이해하지 못하는 것 같다고 표현했는데, 앞으로는 확인되지 않은 '우리' '모두'보다는 확실하게 마음이 확인되는 '나' '누구와 누구' 이렇게 분명하게 말해 주었으면 좋겠어요.

	㉠	㉡	㉢
①	보편화	연결	행동제한
②	보편화	연결	명료화
③	연결	질문	명료화
④	연결	질문	행동제한
⑤	연결	보편화	명료화

9. 집단상담 과정에서 전문상담교사가 사용한 밑줄 친 부분의 상담기법에 관한 설명으로 적절하지 않은 것은? ▶**2013년 전문상담 1차**

> 은 경: 선생님은 저에 대해 모든 것을 아시는 것처럼 말씀하시지만, 선생님은 아무 것도 모르세요.

상담교사: 은경아, 내가 너에 대해서 말한 것 때문에 화가 난 것 같구나. 혹시 내가 아빠를 기억나게 하지는 않니? 지난번에 네 아빠가 모든 것을 아는 것처럼 말해서 화가 난다고 말했었던 것 같은데……. 내가 너에게 아빠를 기억나게 해서 나에게 화를 내는 것은 아닌지 궁금하구나.

은 경: 제가 그랬나요? (잠시 생각에 잠기다가) 사실 어릴 때부터 아빠는 저를 무시했어요. 아빠만이 아니에요. 엄마와 언니도 저를 무시했어요.

상담교사: 부모님과 언니가 너를 무시한다는 생각이 너를 괴롭히는 것 같구나. 네가 어린 시절에 식구들에게서 무시당했다고 느꼈던 것 때문에 나한테 예민해진 것 같은데, 어떻게 생각하니?

① 집단원이 새로운 방식으로 자신의 문제를 바라보게 한다.
② 집단원의 사고, 감정, 행동의 이면에 숨겨진 진정한 이유를 이해할 수 있도록 한다.
③ 집단원이 있는 그대로 받아들여지고 있다고 느끼게 되어 깊은 수준의 자기탐색을 가능하게 한다.
④ 집단원이 자신의 감정을 통찰하게 되어 더 이상 감정을 억제하지 않고 자유롭게 경험하게 한다.
⑤ 문제의 근원이 집단원 자신에게 있다는 사실을 깨달아 자신의 감정과 행동에 대해 스스로 책임을 질 수 있게 한다.

주관식 문항

10. 명료화 기술을 사용하는 시기를 서술하시오.

11. 차단 기술을 사용해야 하는 시기를 다섯 가지만 쓰시오.

①
②
③
④
⑤

12. 집단상담자에게 개방질문이 권장되는 이유를 서술하시오.

13. 개인상담과 비교할 때, 집단상담에서 독특하게 활용되는 기술 세 가지를 쓰고, 서술하시오.

①

②

③

14. 직면과 해석을 예를 들어 비교 · 설명하시오.

15. 집단상담자가 관심을 가지고 지켜봐야 할 집단원의 비언어 행동 네 가지를 쓰고, 그 의미를 서술하시오.

①

②

③

④

16. 다음은 전문상담교사가 중학교 3학년 학생들을 대상으로 실시한 집단상담 과정의 일부이다. 상담교사가 진행하고 있는 구조화 활동의 내용을 쓰시오. ▶ **2016년 전문상담**

> 상담교사: 집단 활동을 원활하게 진행하려면 우리가 해야 할 것이 있어요. 먼저, 시간을 잘 지켜야 합니다. 집단상담 시작 5분 전까지 꼭 모여 주세요. 또 어떤 것이 있을까요?
>
> 지 아: 열심히 참여하기요.
>
> 상담교사: 네, 열심히 참여하는 것은 정말 중요하지요. 적극적으로 참여하는 것은 자기 자신의 성장에 도움이 됩니다. 우리 모두 자신의 생각과 느낌을 적극적으로 표현하면 좋을 것 같아요. 또 다른 것은 어떤 것이 있나요?
>
> 소 정: 비밀이 지켜졌으면 좋겠어요.
>
> 상담교사: 네, 아주 중요한 점입니다. 이 집단에서 있었던 일을 다른 곳에서 이야기해서는 안 됩니다.

---

17. 다음은 세 명의 전문상담교사가 집단상담을 진행하면서 겪은 어려움을 집단수퍼비전 시간에 이야기한 내용이다. ( ) 안에 들어갈 집단상담 기술의 명칭을 쓰시오.

▶ **2015년 전문상담**

> 김 교 사: 학생들의 시간 관리에 대해서 이야기를 나누고 있는데, 원재라는 아이가 어제 본 영화에 관한 이야기를 시작하는 거예요. 그 영화를 본 몇 명의 학생들이 그 이야기에 가담하면서 순식간에 영화에 관한 토론장이 되어 버렸어요. 오늘 다루어야 할 주제를 절반도 다루지 못했는데, 아이들이 모두 영화 이야기에 집중해서 당황했어요.
>
> 이 교 사: 저희 집단에 있는 서희라는 아이는 궁금한 것이 뭐가 그리 많은지 다른 아이들이 이야기할 때마다 계속해서 질문만 하는 거예요. 적극적으로 참여하는 것 같아서 처음에는 그냥 두었는데, 솔직히 서희의 그런 행동 때문에 다른 아이들의 고민을 보다 깊이 있게 다루지 못하고 있다는 생각이 들었어요. 제가 뭘 잘못한 것인지 모르겠어요.
>
> 박 교 사: 저희 집단에서는 오늘 집단원들의 원가족에 대해 토론하였어요. 약 10분이 넘게 토론이 계속되기는 했지만 집단원들의 얘기는 겉돌기만 할 뿐, 핵심주제가 논의되지는 않았어요.

수퍼바이저: 흥미롭게도 세 분이 모두 비슷한 경험을 하셨네요. 여러분들의 사례와 관련해서 두 가지 집단상담 기술을 제안하고 싶습니다. 우선, 집단리더는 집단상담의 과정을 촉진하기 위해서 집단과정에 부정적인 영향을 주는 집단원의 말이나 행동은 차단시켜야 합니다. 또 한 가지 여러분들이 적용했어야 할 집단과정 기술은 (　　)입니다. 이 기술은 집단원들에게 집단의 목적을 일깨워 주는 효과가 있어서 자주 사용됩니다.

---

18. 다음은 집단상담 축어록의 일부이다. (가), (나)에서 전문상담교사가 활용한 집단상담 기법의 명칭을 순서대로 쓰고, 각 기법을 활용함으로써 얻을 수 있는 기대 효과를 서술하시오.

▶2015년 전문상담

(가)

진　　아: 친구들이 그럴 때마다 저는 정말 기분이 나빠요.
상담교사: 보미도 지난번에 그런 일이 있었다고 얘기했던 것 같은데, 보미야 어떠니?
보　　미: 저도 친구 때문에 짜증나서 괜히 속상했어요.
상담교사: 두 사람 말을 다 들어 보니 친구들한테 내심 기대했지만 친구들이 몰라줘서 기분이 좋지 않았다는 공통점이 있구나.
진　　아: 선생님 말씀을 듣고 보니 정말 그런 것 같아요.
보　　미: (고개를 끄덕이며) 맞아요. 나도 그것 때문에 그랬던 것 같아요.
성　　민: 선생님이 말씀해 주시니까 우리의 고민이 비슷하다는 것을 알 것 같아요.

(나)

현　　영: 제가 어떤 말을 하게 되면 다른 집단원들이 모두 저를 쳐다보면서 귀를 기울이니까 부담이 돼요. 또 제가 한 말을 친구들이 어떻게 생각할까 신경이 쓰이고 불편해요.
상담교사: 나도 그런 경험이 있었어. 처음으로 집단상담에 참여했을 때 많은 사람들 앞에서 내 얘기를 꺼내는 게 낯설고 힘들었던 기억이 나네.

19. 다음은 전문상담교사가 중학교 2학년 학생들을 대상으로 집단상담을 진행한 축어록의 일부이다. 전문상담교사가 사용한 집단상담 기술을 쓰시오. ▶**2014년 전문상담 1차**

혜 민: (상담교사를 보면서) 저희 엄마는 오빠와 저를 너무 차별해요. 용돈을 줄 때에도 오빠만 더 많이 주시고요. 학원도 더 비싼 곳에 보내 주세요.
지 희: 우리 엄마는 더 심해. 남동생만 예뻐하거든, 그래도 혜민이 너는 엄마가 핸드폰도 새것으로 바꿔 줬잖아…….
영 민: 사실 우리 아빠도 차별하기는 마찬가지야. 여동생만 칭찬해서 소외감을 느낄 때가 많아.
상담교사: 혜민이, 지희, 영민이는 모두 부모님이 너희를 다른 형제자매들과 차별대우한다고 생각하는구나.

---

20. 상담면접에는 '반영하기' '해석하기' 등의 다양한 기법이 활용된다. 다음 ①, ②, ③에 가장 적합한 면접기법의 명칭을 쓰시오. ▶**2007년 전문상담 1차**

① 내담자가 했던 말 중에서 불확실하거나 모호한 내용을 찾아 지적하고 그것을 내담자가 확실히 알도록 돕는다.
영미: 어머니의 지나친 사랑 때문에 너무 힘들어요.
리더: 그게 무슨 의미이지요?
영미: 그러니까 어머니는 매일 아침 차로 저를 등교시키고요. 그러고도 모자라 하교 시간에 교문에서 기다렸다가 학원에 데려다 주세요. 저는 친구들과 영화도 보고 싶고 피시(PC)방에도 가고 싶거든요.
리더: 그러니까 영미가 말하는 지나친 사랑이라는 것은 영미의 생활에 엄마가 지나치게 관여하고 있다는 것이군요.

② 내담자에게 자신의 모습을 바로 보게 해 준다.
은수: (떨리는 목소리로) 친구가 저를 배신할 수도 있지요.
리더: 지금 심하게 떨리는 목소리로 말하고 있군요. 정말 그것이 있을 수 있는 일이라면 그렇게 목소리가 떨리는 이유가 뭘까요?

③ 내담자에게 자신의 이야기를 듣고 있음을 알게 해 준다.
병태: 정말 저는 죽고 싶었습니다.

리더: (의자를 조금 더 내담자 가까이로 옮기고 몸을 기울이면서 고개를 끄덕인다.) 으으음…….

병태: 선생님, 저는 정말이지 죽고만 싶어요. 아무도 저를 이해해 주는 사람이 없어요. 이 세상 천지에 나 혼자 서 있다는 느낌이 들어요.

① ____________________

② ____________________

③ ____________________

21. 다음 ①, ②, ③에 가장 적합한 집단상담 기술의 명칭을 쓰시오. ▶ 2007년 전문상담 1차

① 집단원을 정서적으로 격려하지만, 때로는 비생산적이며 집단원을 의존적으로 만들기도 한다.

② 다른 집단원의 사생활을 침범하거나 험담을 늘어놓는 등의 신뢰를 깨는 행동이 나타날 때 활용된다.

③ 집단상담자의 통찰력이 요구되며 집단원 간의 의사소통을 강조할 때 자주 쓰인다. 한 사람이 행동하거나 말한 것을 다른 사람의 관심과 이어 준다.

① ____________________

② ____________________

③ ____________________

23. 〈보기〉에서 내담자 반응에 대한 상담자의 즉시적(immediacy) 반응을 쓰시오.

▶ 2006년 전문상담 1차

내담자: 선생님, 저는 그동안 여러 차례에 걸쳐 상담을 받아 왔는데 지금까지 무엇을 했나 하는 생각이 들어요. 괜히 시간을 낭비한 것 같은 생각도 들고……. 이제 상담을 그만 받고 싶습니다.

리 더: ____________________

• 상담자 반응: ____________________

• 상담자 반응: ____________________

정답 1. ③ 2. ㉠①, ㉡⑤, ㉢⑦, ㉣⑧, ㉤③, ㉥②, ㉦④, ㉧⑥ 3. ④ 4. ① 5. ② 6. ② 7. ① 8. ① 9. ③

CHAPTER

07

집단계획과 준비,
어떻게 해야 하는가?

집단계획, 그리고 준비!

- 집단상담은 어떻게 계획하고, 준비해야 하는가?
- 집단계획과 준비의 의미는 무엇인가?
- 집단계획서는 어떻게 작성해야 하는가?
- 예비 집단 회기는 어떻게 계획하고, 준비해야 하는가?

집단을 체계적으로 계획하고 준비하는 일의 중요성은 아무리 강조해도 지나침이 없다. 시간과 노력을 기울여 집단을 계획하고 준비한 만큼 집단의 성과에 직접적으로 영향을 주기 때문이다. 집단계획은 흔히 충분히 주의가 기울여지지 않는 영역이다(Conyne & Diederich, 2014). 성공적인 집단운영을 위해서는 집단계획에 상당한 시간을 투자해야 한다. 이는 집단계획서의 초고 작성에서 시작된다. 집단계획서는 집단을 계획하고 준비할 사항들을 일정한 형식에 따라 문서화 한 것으로, 집단제안서로도 불린다.

집단계획서는 집단의 목적, 목표 달성을 위한 절차와 전략, 예상되는 효과 등 일련의 요소에 대해 명확하고 구체적으로 진술되어야 한다. 집단계획서는 집단상담자가 소속된 기관장으로부터 공식적인 집단운영 허락을 받기 위해 필요한 서류 이상의 것이다. 왜냐면 집단계획서 작성과 결재 과정을 통해 집단상담자는 잠재적 집단원, 즉 장차 집단에 참여하게 될 사람들에게 의미 있는 집단경험을 제공하기 위해 집단운영과 관련된 제반 사항들을 꼼꼼히 점검해 볼 수 있기 때문이다.

학교에서의 집단은 주로 대집단 교실생활교육large group classroom guidance 또는 소집단상담small group counseling의 형태로 이루어진다. 또한, 모든 학생의 발달과업 충족에 중점을 둔다. 단, 대집단 교실생활교육은 특히 예방 차원에서 모든 학생을 대상으로 이루어지는 반면, 소집단 상담은 예방, 사후처치, 지지를 목적으로 특정 학생들을 대상으로 이루어진다. 집단목적에 따라 다소 차이가 있겠지만, 학교에서의 집단은 흔히 학생들의 발달과정에 따라 요구되는 과업에 알맞게 구성된 구조화된 프로그램 중심으로 이루어진다. 그 이유는 학교 집단상담은 주로 발달과정의 특정 시기에 공통으로 겪을 수 있는 문제와 갈등을 해결하는 방법 등을 가르치는 데에 초점을 맞추기 때문이다.

따라서 학교에서 실시되는 집단상담은 체계적 · 조직적인 집단상담 프로그램을 통해 학생들은 효과적으로 의사소통하는 방법을 터득하고, 원만한 대인관계를 형성하게 되며, 지속적인 인간적 성장에 강조점을 둔다. 학교 집단상담을 담당하는 교사 및/또는 상담교사는 이러한 프로그램을 통해 학생 개개인이 자신에 대해 좋은 느낌이 들고, 자신의 행동에 대한 책임의식이 있으며, 상호존중의 중요성을 인식하도록 도와야 할 것이다. 이처럼 정서적 변화와 성장은 학생들의 문제 예방은 물론, 지속적인 인간적 성장을 촉진한다.

이 장에서는 집단을 계획하고 준비하는 데 고려해야 할 사항과 집단계획서 작성에 필요한 세부사항, 그리고 집단 회기를 시작하기 전에 갖게 되는 예비 집단 회기를 어떻게 준비하고 계획하며 진행해 나갈 것인가에 대해 중점적으로 살펴보기로 한다. 그러면 먼저, 집단 준비는 어떻게 해야 하는지에 대해 알아보기로 한다.

집단준비 / 집단준비는 어떻게 해야 하는가?

체계적인 준비 없이 집단을 시작하는 것은 해도海圖/지도 한 장 없이 무작정 바다로 배를 띄우는 것과 같다. 사설 상담소에서 집단을 계획한다면, 기관 내부의 지지보다는 기관 외부 인사와 잠재적 집단원들에 대한 홍보가 중요한 과업이 된다. 반면, 종합병원이나 지역사회 정신건강센터처럼 규모가 큰 기관의 스태프로서 집단을 계획하고 준비한다면, 상황은 달라진다. 집단운영에 관한 결정권이 기관장에게 있기 때문이다. 게다가, 소속기관의 직원들은 집단계획과 준비에 직접적인 영향력을 행사하지 않을 수 있지만, 그들의 도움이 없이는 집단을 효과적으로 운영하는 데 많은 어려움을 겪을 수 있다. 이런 점에서 볼 때, 집단상담자는 소속 기관장을 비롯한 구성원들에게 집단의 목적과 필요성을 분명히 인식시키는 한편, 기관 외부, 즉 지역사회의 구성원들에게 적극 홍보하여 관심과 지지를 끌어내기 위한 노력이 요구된다.

기관 내부의 지지 확보

집단계획과 준비를 할 때, 소속 기관장을 비롯하여 내부 인사들의 신망과 지지를 확보하는 일은 매우 중요하다. 기관장을 비롯한 구성원들의 지지 없이 집단을 운영하기란 거의 불가능하기 때문이다. 이러한 점에서 이들과 긴밀한 협력collaboration 관계를 유지하는 일은 집단계획과 준비에서 다른 어떤 일보다도 중요한 과업에 속한다. 특히, 소속기관의 지지와 협조를 얻기 위해서는 좋은 의도도 중요하지만, 기관 설립 목표에 부합하고 서로에게 이익이 되는 점이 있어야 한다는 점을 명심해야 한다.

기관장의 지지. 집단운영에 대해 소속기관의 지지를 얻기 위해서는 무엇보다도 제한된 자원으로 최선의 것을 얻으려는 기관장의 욕구와 입장 이해가 선행되어야 한다. 학교의 경우, 집단상담자는 학교행정가에게 집단상담이 학생뿐 아니라 궁극적으로는 교사와 학부모에게도 도움이 된다는 점을 인식시킬 필요가 있다. 집단을 담당하게 될 교사나 상담교사는 학교행정가들의 관심을 집중시키는 학생들, 즉 학업 문제, 정서행동상의 문제, 출결 관련 문제 등을 가진 학생들의 문제를 체계적으로 접근하여 도울 수 있는 수단이 바로 집단상담(Erford, 2018)이라는 점을 강조할 필요가 있다. 집단상담이 이러한 학생들의 행동 변화와 인간적 성장을 위해 필수적인 과정이라는 믿음이 생길 때, 학교행정가들은 비로소 집단을 계획·준비하는 전문가의 말에 귀를 기울이게 될 것이다. 특히, 학교행정가가 다양한 교육 활동 계획에 비상한 관심을 기울이게 되는 새 학년 시작을 목전에 둔 시기라면 더욱 그럴 것이다.

구성원들의 지지. 집단계획과 준비를 할 때, 소속기관 내부의 지지를 얻기 위해서는 기관장 외에도 구성원들의 협조를 빼놓을 수 없다. 일선 학교의 경우, 교

직원들의 지지와 협조를 얻는 것은 여러 측면에서 필요하다. 특히, 교사들은 대체로 학생들의 학업성취도 향상과 학생 신분에 걸맞은 품행 형성에 깊은 관심이 있다. 따라서 학생들의 학업 증진과 올바른 행동 형성에 관한 집단상담은 교사들에게 호소력 있는 주제가 될 수 있다. 그러므로 이러한 주제와 관련된 집단상담은 교사들의 지지와 협조를 얻기에 용이하다.

그러나 다른 한편으로, 집단상담자는 집단에 관해 교직원들에게 한 차례 소개한 것으로 충분하다고 생각해서는 안 된다. 계획 중인 집단에 대해 교사들이 지속적으로 관심을 갖도록 홍보하기 위해서는 구두로 전달하는 것 외에도, 집단의 목적과 목표를 알리는 유인물을 나누어 주는 것도 좋은 방법이다. 집단상담자는 계획 중인 집단이 서로의 목표를 달성하는 데 필요한 유용한 수단이라는 점을 교사들이 인식하도록 돕는다. 교사들이 집단의 유용성에 대해 충분히 이해하고 있어야 학생들의 집단참여를 적극 권장할 수 있기 때문이다. 그리고 필요하다면, 집단상담자는 직원회의, 학부모회, 학교 또는 학급 소식지, 그리고 교내 외 각종 위원회를 통해 집단상담의 목적과 기대되는 효과를 상세하게 설명한다. 이렇게 설명한 내용은 항상 공동 목표로 표현되어야 한다. 아무리 훌륭한 일이라도 특정 개인에게만 이익이 되거나 영예가 돌아가게 된다면, 사람들 사이에 위화감이 조성될 수 있기 때문이다.

다음으로, 집단상담자는 집단상담 프로그램의 목적에 관해 건의사항이나 바라는 점이 있는지 알아본다. 만일 집단 활동의 내용 중 궁금해하는 점이 있다면, 집단상담자는 그 활동에 대해 상세하게 설명해 준다. 특정 문제해결을 위해 비자발적으로 참여하게 된 학생들로 구성된 집단의 경우, 집단상담자는 학교장, 담임교사, 학부모와 지속적으로 접촉하여 협의할 수 있는 채널을 마련한다. 그리고 필요한 경우, 폭넓은 정보수집을 위해 보건교사나 특수교사에게 협조를 요청한다.

기관 외부의 지지 확보

집단을 계획 · 준비할 때, 소속기관의 내부 인사들의 지지를 얻는 것 못지않게 기관 외부로부터의 지지와 협조가 요구된다. 특히 학교에서 실질적으로 잠재적 집단원이 될 수도 있는 학부모의 지지와 협조를 간과할 수 없다.

학부모의 지지. 학교장면에서 실시되는 집단상담의 경우, 학생들의 부모 또는 보호자는 중요한 외부 자원에 해당한다. 집단상담이나 프로그램에 대한 학부모의 지지 정도는 학교에서 진행되는 집단 활동의 활성화에 지대한 영향을 줄 수 있기 때문이다. 또한, 학생들의 문제와 관심사는 그 학생의 중요한 타인과 주변 환경의 영향을 떼어 놓고 생각할 수 없기 때문이기도 하다. 예컨대, 발달과업과 관련된 어려움을 겪고 있는 학생이 있다면, 학생의 부모나 형제자매는 일반적으로 직간접적 영향권 안에 있다고 볼 수 있다. 만일 집단에서 다루게 될 주제가 학생의 관심사나 문제와 직접 연관된 것이라면, 학부모는 자녀의 집단참여에 더욱 지지와 관심을 보일 것이다. 그러면 학부모의 지지와 협조를 위한 방안에는 어떤 것들이 있을까?

학부모의 지지 획득 방안. 집단상담자의 기대와는 달리, 학부모는 집단상담에 대해 올바르게 인식하고 있지 않을 수 있다. 학부모가 집단상담에 대한 인식 수준에 따라 이에 관한 관심과 지지 수준이 달라질 것이다. 따라서 집단상담자는 학부모에게 집단상담의 목적과 필요성에 대해 이해시키는 노력을 기울여야 한다. 학부모의 지지를 얻기 위해 학부모 면담이나 모임을 통해 집단상담자가 분명히 밝혀야 할 사항은 글상자 7-1과 같다.

글상자 7-1. 학부모의 지지를 위해 필요한 전달 사항

1. 학생지도의 효율성을 높이기 위해 집단상담을 운영한다는 점
2. 집단상담은 의학적 모형에 토대를 둔 집단치료와는 성격을 달리한다는 점
3. 집단 회기는 널리 수용되는 상담이론에 근거를 둔 교육과정의 일부라는 점
4. 집단상담은 학생들의 성장 · 발달을 도모하기 위해 개발된 활동으로 이루어졌다는 점
5. 집단상담은 정상인들을 대상으로 교육 · 발달모형에 기초를 두고 있고, 인간적 성장을 지향한다는 점

일단 집단계획서가 완성되고 기관장의 결재를 얻게 되면, 집단의 홍보와 집단원 선발 과정을 거쳐 첫 회기를 맞게 된다. 집단이 시작된 이후에도 집단상담자는 학부모들과 지속적으로 모임을 갖는 것이 좋다. 왜냐하면 이 모임을 통해 집단상담자는 학부모나 보호자들에게 집단상담자의 업무와 역할에 대해 이해시키고, 집단상담에 대한 인식을 확대해 나갈 수 있기 때문이다. 단, 집단상담자는 사전에 학교장과 교사들과의 회의를 통해 학부모들과의 회의에서 논의될 사항을 설명하고, 사전 준비사항을 면밀하게 검토한다.

만일 담임교사의 의뢰에 의해 비자발적으로 집단에 참여하게 된 학생들로 구성된 집단을 운영하는 경우, 집단상담자는 학부모와의 첫 면담 때 담임교사가 학생을 의뢰하게 된 배경을 설명해 준다. 집단상담자는 학부모의 질문에 상세히 답변하고 나서, 집단참여 동의서에 서명을 받는다. 집단상담과 관련된 상황에 대해 학부모를 이해시키는 과정은 매우 중요하다. 왜냐하면 학부모는 자신의 자녀가 조사 대상이 된 상황이나 부적응 학생 또는 문제 학생으로 인식되고 있다는 사실에 대해 크게 분개할 수 있기 때문이다.

집단상담자는 이러한 일련의 과정을 통해 학부모에게서 보고서나 기타 서식 작성에 필요한 학생에 관한 정보를 수집한다. 일반적으로 학생이 집단에 참가하려면 학부모의 허가를 받아야 한다는 규칙이 명문화되어 있든 그렇지 않든 간에 학부모의 동의를 얻는 것이 좋다. 그러나 예외적으로, 집단상담자가 법적으로 학부모의 동의를 받지 않아도 되거나 학부모에게 알리는 것이 오히려 학생에게 해가 된다고 판단되는 경우에는 학생의 안전을 항상 최우선으로 고려해서 학부모의 동의를 얻지 않는 경우도 있다.

학부모는 학생의 가정문제를 파악하여 학교생활에서의 문제점과 연결하고자 한다는 사실을 경계하는 경향이 있다. 이런 경우에는 학부모와 자주 만나 학생이 겪고 있는 어려움을 알려 줌으로써 학부모의 도움을 얻을 수 있다. 일선 학교에서의 집단상담은 주로 학생의 학교생활, 가정, 친구와 관련된 문제들을 다룬다. 집단상담자는 각 회기에서 탐색하게 될 내용에 대해 비밀유지의 중요성을 학생들에게 설명한다. 따라서 집단 활동에 대해서는 학생들에게 알려 줄 수 있지만, 법적으로 금지된 사항에 대해서는 알려 주지 않을 수도 있다. 집단상담자는 필요한 경우, 학생이나 학부모와 따로 만나 집단의 효과를 확인하거나 이를 통보 또는 논의할 기회를 갖는다.

집단계획서 작성 / 집단계획서는 어떻게 작성하는가?

집단상담자는 집단을 계획할 때, 합당한 근거, 목적, 활용하고자 하는 기술·기법·전략, 절차, 평가 외에도 집단운영에 관한 전반적인 사항에 대해 명확하게 알고 구체적으로 설명할 수 있어야 한다. 이를 위해 기관장의 결재를 받기 위한 목적과 무관하게 집단계획서는 서면으로 작성하는 것이 바람직하다. 집단을 계획·준비할 때 집단상담자는 집단의 목적에 따라 표 7-1과 같은 질문에 대해 명쾌하게 답할 수 있도록 준비한다.

표 7-1. 집단계획서 작성 시 고려 사항

영역	고려 사항
☐ 집단의 필요성 및 목적	○ 현시점에 집단이 필요한 이유는 무엇인가? ○ 집단의 기본가정은 무엇인가? ○ 집단의 목적은 무엇인가? ○ 집단의 목적 달성을 위한 세부목표는 무엇인가?
☐ 집단활동	○ 집단의 세부목표 달성을 위해 활용할 집단 활동은 무엇인가?
☐ 집단구성	○ 누구를 대상으로 할 것인가? ○ 어떤 절차를 거쳐 선별, 선발할 것인가? ○ 남성으로만 또는 여성으로만 구성할 것인가, 아니면 혼성으로 구성할 것인가? ○ 집단원들의 연령 제한이나 범위는 어떻게 정할 것인가? ○ 잠재적 집단원들과 논의되어야 할 사항은 무엇인가?

☐ 집단유형 및 형태	○ 개방집단 또는 폐쇄집단으로 할 것인가? ○ 동질집단 또는 이질집단으로 할 것인가? ○ 상담집단, 성장집단, 교육집단 또는 감수성훈련집단을 할 것인가? ○ 구조화 집단, 비구조화 집단 또는 반구조화 집단을 할 것인가?
☐ 집단원 선발	○ 집단원 선별을 위해 개별면담 또는 질문지를 활용할 것인가? ○ 다른 전문가나 타 기관으로부터의 의뢰를 수용할 것인가? ○ 자발적 선택을 원칙으로 할 것인가? 비자발적 집단원을 수용할 것인가?
☐ 집단크기	○ 집단원 수는 몇 명으로 할 것인가?
☐ 집단일정	○ 총 몇 회기로 할 것인가? ○ 얼마나 자주 모일 것인가? ○ 한 회기는 몇 분/시간으로 할 것인가? ○ 집단 회기는 몇 시부터 몇 시까지로 할 것인가? ○ 집단참여 지원자들과의 예비 모임의 일정은 언제로 잡을 것인가?
☐ 집단모임 장소	○ 집단모임은 어떤 환경과 조건을 갖춘 공간에서 가질 것인가?
☐ 집단상담자 수	○ 리더는 몇 명으로 할 것인가? ○ 집단은 단독/공동으로 운영할 것인가?
☐ 집단홍보	○ 집단계획과 내용을 어떤 방법으로 잠재적 집단원에게 알리고 관심을 끌 것인가?
☐ 기대효과 및 평가	○ 집단경험을 통해 집단원에게 기대되는 효과는 무엇인가? ○ 집단원의 집단경험은 어떻게 평가할 것인가?

표 7-1에 제시된 사항들을 고려할 때, 집단계획서에는 ① 집단의 필요성 및 목적, ② 집단활동, ③ 집단구성, ④ 집단유형 및 형태, ⑤ 집단원 선발, ⑥ 집단크기, ⑦ 집단일정, ⑧ 집단모임 장소, ⑨ 집단상담자 수, ⑩ 집단홍보, ⑪ 기대효과 및 평가가 포함된다. 먼저, 집단의 필요성 및 목적에 대해서부터 살펴보자.

집단의 필요성 및 목적

집단계획서의 첫 번째 요소는 집단의 필요성과 목적에 관한 진술이다. 집단상담자는 집단이 왜 필요하다고 생각하는가? 집단을 계획하는 목적은 무엇인가? 집단을 계획할 때, 집단상담자는 집단을 운영하고자 하는 이유가 무엇인지 자신에게 물어볼 필요가 있다. 집단상담자의 주요 임무에는 집단의 필요성과 목적을 명확하게 설정하고, 자신의 전문적 능력을 적용하여 소기의 목적을 달성하는 것이 포함된다. 집단의 목적은 마치 지도 위에 표시해 놓은 목적지와 같아서, 집단계획 및 준비 과정에서 우선적으로 고려되어야 한다.

집단목적 설정을 위해서는 집단상담 서비스를 필요로 하는 잠재적 수혜자들의 요구조사needs assessment가 선행되어야 한다. 요구조사 결과를 토대로 잠재적 서비스 수혜자들에게 필요한 집단 유형이 결정되면, 집단에서 다룰 주제와 활동을 선정한다. 요구조사 방법은 다양하다. 만일 집단상담 수혜자들이 이미 정해져 있는 경우에는 개별면담이나 질문지를 통해 집단에서 얻기를 원하는 것, 집단에 참여하고자 하는 이유, 그리고 특별히 집단에서 논의하고 싶은 주제를 파악한다. 집단상담자는 또한 잠재적 서비스 수혜자를 책임지고 있거나 잘 아는 사람들, 즉 다른 상담전문가나 의사, 교사, 학부모, 학교장 등으로부터 정보를 수집한다. 이때 집단상담자는 잠재적 집단원들의 집단참여 이유를 탐문한다. 잠재적 집단원들의 요구를 파악하는 일은 집단의 목적 설정에서 우선적으로 처리되어야 한다.

만일 음주나 흡연 문제, 비만이나 과체중 또는 학습방법을 개선하기 위해 집단에 참여하는 집단원이 있다면, 집단의 목적은 간단하다. 집단의 목적은 이미 설정되었으므로 집단참여를 원하는 사람들에 대한 면담 비중은 상대적으로 가벼워지고, 집단상담자의 임무 또한 단순해진다. 그러나 잠재적 집단원들의 요구가 구체적이지 않거나 불분명한 경우에는 집단상담자가 직간접적으로 집단원들이 집단참여 목적을 합리적으로 설정할 수 있도록 도와야 한다. 집단이 구체적인 목적에 초점을 맞추게 되면, 집단의 시간과 노력을 동시에 절약할 수 있다. 집단의 목적이 설정되면, 목적 달성을 위한 활동을 구성한다.

집단활동

집단계획서의 두 번째 요소는 집단 활동에 관한 진술이다. 잠재적 집단원들의 요구와 집단 유형이 정해지면, 집단상담자는 집단에 적절한 논제와 활동 내용을 결정한다. 집단의 논제와 활동 내용을 정하기 위해서는 가능한 모든 논제와 활동 내용을 직접 적어 보는 것으로 시작할 수 있다. 일단 논제와 활동 내용이 선정되면, 집단을 시작할 준비가 되었다고 볼 수 있다. 또한, 집단의 목적에서 벗어날 가능성은 그만큼 줄어든 셈이 된다. 예를 들어, 학생들의 학습능력 신장을 위한 집단의 경우, 집단상담자의 논제 및 활동 내용에는 학습의 기본 방법, 시간표 작성 요령, 다양한 학습전략, 시험 준비 요령 등이 포함될 것이다. 그러면 이러한 활동을 전개할 집단은 어떻게 구성해야 하는가?

집단구성

집단계획서의 세 번째 요소는 집단구성에 관한 진술이다. 집단을 어떻게 구성할 것인가는 집단이 집단원 모두에게 유익한 경험이 될 수 있는지와 직결된 사항이다. 집단구성은 집단의 목적과 유형에 따른 대상 선정이 선행되어야 한다. 집단구성에 대해서는 ① 대상 선정, ② 대상 선정 지침, ③ 동질 vs. 이질 집단으로 나누어 살펴보기로 한다.

대상 선정. 집단구성의 첫 번째 요소는 대상 선정이다. 집단의 계획 및 준비 과정에서 집단의 필요성과 목적 설정 못지않게 중요한 과업은 누구를 대상으로 구성할 것인가를 결정하는 일이다. 집단상담자는 집단목적을 토대로 대상을 선정하되, 성별, 연령, 학년, 성숙도, 교육 수준, 문제 유형과 관심사, 성격적 특성, 직업 또는 소속기관 등의 요소들을 고려한다. 학교장면의 경우라면 특히 학년이 중요한 고려사항이 된다. 즉, 초 · 중 · 고등학교에서의 집단상담 대상은 같은 학년의 학생들로 구성하는 것이 좋다. 대학상담센터에서 운영하는 자기성장집단의 경우에는 자아 탐색을 통해 인간적 성장을 원하는 재학생으로 대상을 한정시킬 수 있다.

일단 집단의 대상이 결정되면, 해당 집단의 구성원 모두를 자동적으로 참여하게 할 것인가, 집단참여를 원하는 사람에 한하여 모두를 참여시킬 것인가, 아니면 일정한 선발 절차에 의해 선발할 것인가를 결정한다. 만일 대학 신입생들을 위한 집단을 구성하는 경우, 신입생들은 누구나 자동적으로 집단에 참여하도록 할 것인가, 집단참여를 신청하는 신입생 모두를 참여시킬 것인가, 아니면 선발된 신입생들만 참여할 수 있도록 할 것인가를 결정한다. 집단의 대상을 선정하는 데는 절대적인 지침은 없다. 단지 집단의 유형, 목적, 소속기관의 규정과 여건, 시간적 여유 등과 같은 변수들을 고려해서 결정하면 된다. 그럼에도 집단상담자가 염두에 두어야 할 대상 선정 지침은 무엇인가?

대상 선정 지침. 집단구성의 두 번째 요소는 대상 선정 지침을 마련하는 일이다. 집단의 대상을 결정하는 일은 어떤 유형의 집단을 이끌 것인가에 따라 달라질 수 있다. 즉, 누구를 참여시키고 배제할 것인가는 집단유형, 집단목적, 집단원의 요구와 밀접한 관계가 있다. 그러나 집단과정에 방해가 안 되고 집단경험에 의해 집단원의 안녕과 복지에 부정적인 영향을 초래하지 않을 집단원을 선발해야 할 필요는 있다. 대상 선정과 관련해서 한 가지 잠재적인 문제점은 집단상담자가 소속되어 있는 기관의 관리자가 개입하여 집단의 대상을 선정하는 경우다. 기관장이나 법원에서 법을 위반한 비행 청소년들을 대상으로 집단을 운영하도록 지시하는 경우가 그 예다. 이 경우, 집단에 적합하지 않은 학생들도 집단에 참여하게 됨으로써 자칫 집단의 효율성을 떨어뜨리는 결과를 초래할 수 있다. 만일 학교장이 이러한 지시를 하였다면, 집단상담자는 학교장의 지시를 어길 수도 없고, 집단운영을 강행할 수도 없는 난처한 입장에 놓일 수 있다. 그러므로 집단상담자는 평소에 학교장을 포함한 기관장이나 법원 관계자들과 자주 대화를 나누고 돈독한 관계를 유지하면서, 기회가 있을 때마다 집단상담에 관해 올바르게 인식하도록 도와야 한다.

동질집단 vs. 이질집단. 집단구성의 세 번째 요소는 집단형태를 결정하는 일이다. 즉, 집단을 동질집단으로 또는 이질집단으로 구성할 것인지 결정해야 한다.

동질집단homogeneous groups이란 집단원들의 성별, 연령, 인종, 민족, 종교, 성장환경, 출신 지역, 교육수준, 사회경제적 지위, 직업 등이 유사한 사람들로 구성된 집단을 말한다. 반면, 이질집단heterogeneous groups은 앞에 열거한 집단원들의 특성과 배경이 비교적 다른 사람들로 구성된 집단이다. 동질집단과 이질집단은 각각 장단점이 있다. 그러므로 집단의 형태는 집단의 목적과 목표, 그리고 잠재적 집단원들의 요구를 면밀히 검토하여 결정되어야 한다.

예를 들어, 대학생들과 고등학교 중퇴자들을 한 집단에 편성하거나 실직자들과 전문직에 있는 사람들을 같은 집단에 포함시키는 것은 집단원들의 요구가 서로 다를 수 있으므로 바람직하지 않다. 반면, 나이든 성인들로만 구성된 집단은 구성원들의 유사성으로 인해 응집력을 높일 수 있고, 소외 · 고독 · 신체적 쇠약 · 재정문제 등 발달단계에 따른 쟁점에 대해 깊은 탐색을 할 수 있다는 장점이 있다. 또한, 내향적 · 소극적인 성품을 지닌 사람들은 외향적 · 적극적인 사람들과 함께 집단에 편성된다면, 집단원들이 서로를 통해 다양한 학습이 일어날 가능성을 높일 수 있다는 이점이 있다. 그런가 하면, 학교에서 학업성적이 우수한 학생들과 그렇지 못한 학생들, 사춘기의 남학생과 여학생, 인기 있는 학생들과 그렇지 않은 학생들, 또는 공격적인 학생들과 연약한 학생들을 같은 집단에 편성함으로써 상호 간의 이해의 폭을 넓히는 한편, 이를 통해 더불어 성장할 기회를 제공할 수 있다는 이점이 있다. 집단을 어떻게 구성할 것인가가 결정되면, 다음은 집단 유형을 택해야 한다.

집단유형

집단계획서의 네 번째 요소는 집단 유형에 관한 진술이다. 집단목적이 설정되고 이를 성취하기 위한 활동과 잠재적 집단원들, 즉 대상이 결정되면, 집단상담자는 이를 충족시키기 위해 가장 적합한 집단의 유형을 결정한다. 집단의 대표적인 유형에는 상담집단, 치료집단, 교육집단, 성장집단, 과업집단, 자조집단, 지지집단 등이 있다(제1장의 '집단의 유형' 참조). 집단유형이 결정되면, 집단상담자는 집단의 전반적인 목적과 자신의 역할 등을 가늠할 수 있게 된다. 예를 들어, 중학생을 대상으로 성 관련 주제로 교육집단을 운영하려 한다고 하자. 집단상담자는 대상 학생들의 요구에 관해 정보를 수집하고, 집단을 통해 얻고자 하는 점을 결정하며, 잠재적 집단원들의 요구 충족을 위해 어떤 유형의 집단이 적합한가를 결정하게 되면, 집단의 목적을 어떤 것으로 설정해야 할 것인가에 관한 생각이 명확하게 정리될 것이다. 집단유형 외에도 집단상담자는 집단형태, 즉 ① 구조화 vs. 비구조화 vs. 반구조화 집단, ② 개방 vs. 폐쇄집단, ③ 동질 vs. 이질집단 여부를 결정한다 (제1장의 '집단의 형태' 참조).

집단원 선발

집단계획서의 다섯 번째 요소는 집단원 선발에 관한 진술이다. 집단에 대해 홍보를 하고 나면, 집단상담자는 집단원 선발 방법을 결정한다. 집단원 선발selection은 선별 과정을 거쳐 이루어진다. 선별screening이란 본래 채를 사용하여 자갈 또는 부적절한 내용물을 걸러 내듯이, 집단목적에 부적합한 사람을 걸러 내는 작업을 말한다. 이처럼 집단원을 선별하는 가장 큰 이유는 집단이 모든 사람에게 유익한 것은 아니고, 집단 활동에 부적합한 사람이 있기 때문이다. 집단원 선발은 ① 개별면담, ② 질문지, ③ 의뢰에 의해 이루어진다.

개별면담. 집단원 선발에 필요한 절차의 첫 번째는 개별면담이다. 개별면담individual interview은 집단의 준비 과정에서 잠재적 집단원들을 대상으로 실시되는 것으로, 집단구성을 위한 필수 절차에 속한다. 개별면담은 가장 효과적인 집단원 선별 방법이지만, 많은 시간이 든다는 약점이 있다. 그럼에도, 개별면담은 집단을 시작하기에 앞서 집단상담자와 잠재적 집단원이 개인적으로 접촉할 수 있다는 이점이 있다. 개별면담은 잠재적 집단원과의 관계 형성을 시작하는 시점이다. 일대일의 면대면 상태에서 집단상담자는 잠재적 집단원의 집단에 대한 기대와 요구를 파악하는 한편, 집단의 목적에의 적합성 여부를 평가한다. 그렇다고 해서, 지나치게 형식적이거나 치료집단 같은 분위기를 조성할 필요는 없다. 대신, 편안한 분위기에서 잠재적 집단원과 자연스러운 대화의 기회를 갖는다.

개별면담을 통해 집단상담자는 잠재적 집단원들에게 집단에 관한 약식 오리엔테이션mini-orientation을 실시할 수 있다. 이때, 집단상담자는 집단참여에 필요한 제반 정보(예, 집단목적, 기본규칙, 집단의 방향, 집단상담자와 집단원의 역할, 집단에서 다룰 내용 등)에 관해 상세히 설명해 준다. 또한, 적극적인 집단참여의 중요성, 다른 집단원들의 말에 경청할 필요성, 다른 집단원 돕기 등, 집단에서 기대되는 행동에 관해 설명해 준다. 특히, 상담집단 또는 치료집단의 경우, 집단리더는 개별면담을 집단에 적용될 상담 및 심리치료 이론이나 특정 기술 · 기법 · 전략에 대해 알려주는 기회로 활용한다. 개별면담에서 집단상담자의 임무는 잠재적 집단원이 자신의 요구에 적합한 집단의 선택방법을 교육하는 것이다. 집단에 관한 내용 외에, 잠재적 집단원들에게 설명해 줄 수 있는 내용은 글상자 7-2와 같다.

글상자 7-2. 집단 소개에 포함해야 할 내용

○ 집단의 목적	○ 집단에서 사용될 기술 · 기법 · 전략
○ 집단상담자와 집단원의 책임	○ 개인적 문제해결을 위해 가능한 전문적 도움
○ 집단의 위험요소와 예방방안	○ 집단상담자의 집단운영 관련 자격 여부
○ 집단경험을 통한 기대효과	○ 집단상담자의 이론적 접근

글상자 7-2에 제시된 내용 외에도, 개별면담은 잠재적 집단원이 집단에 대해 궁금해하는 사항을 개별적으로 설명해 줄 수 있다는 이점이 있다. 그리고 초 · 중등학교 학생을 대상으로 하는 집단의 경우, 가정통신문을 통해 학부모에게 학생의 집단참여에 대한 동의를 구하는 것이 선행되어야 한다. 집단상담자는 학생 개개인의 가정에 공식적인 서신을 보내 학부모로부터 자녀의 집단참여를 허락한다는 서명을 받아야 한다. 그리고 학교 수업시간에 실시되는 경우에는 반드시 담임교사의 승인을 얻는다. 잠재적 집단원들은 집단참여에 앞서, 글상자 7-3의 사항을 고려해 보고 집단참여를 준비해야 한다.

글상자 7-3. 집단 선택 시 고려 사항

○ 참석할 집단에 관한 상세한 정보	○ 집단경험을 통해 얻고자 하는 것
○ 유능한 집단상담자 선택 방법	○ 목표 달성을 위한 방법

집단상담자 역시 이와 같은 사항들을 염두에 두고 잠재적 집단원 선발을 위한 면담 계획을 세우고 집단을 준비한다. 집단참여 신청자 면담 절차는 글상자 7-4와 같다.

글상자 7-4. 집단참여 신청자 면담 절차

1. 집단의 회기 수, 주제 등 기본 사항에 관한 설명으로 면담을 시작한다.
2. 자발적 참여 원칙을 강조한다.
3. 집단원의 참여가 요구되는 이유를 설명해 준다.
4. 집단참여 목표를 선택할 기회를 제공한다.
5. 집단목표는 집단이 발달해 감에 따라 변경이 가능하다는 점을 설명해 준다.
6. 집단목표는 집단상담자, 그리고 다른 집단원들과의 상호작용을 통해 달성될 수 있다는 점을 강조한다.
7. 빠짐없는 출석, 적극적 참여, 비밀유지의 중요성을 강조한다.
8. 집단에 관한 기대를 점검한다.

잠재적 집단원 면담에서 집단참여를 통해 얻을 수 있는 효과의 대표적인 예는 새로운 사람들과의 만남, 대인관계 형성, 그리고 상호작용을 통해 변화와 성장을 이룰 수 있다는 점이다. 또한, 구체적인 목표 설정과 성취를 통해 성취감을 맛볼 수 있고, 새로운 사회적 기술을 습득할 수 있다는 점 역시 집단참여를 통해 얻을 수 있는 성과다. 이 외에도 집단상담자는 잠재적 집단원에게 집단참여와 관련하여 작성해야 할 갖가지 서류 양식과 제출 요령에 관해 상세히 설명해 준다. 또한, 집단의 긍정적인 측면에 대한 요약을 통해 집단참여 동기를 높인다. 집단상담자는 이러한 일련의 과정을 통해 예비 집단원 선발에 필요한 정보를 얻을 수 있다.

질문지. 집단원 선별을 위한 두 번째 방법은 질문지를 이용하는 것이다. 질문지[questionnaire]란 잠재적 집단원이 집단에 적합한가를 알아보기 위해 사전에 개발된 일련의 질문 문항들이 수록된 검사지를 말한다. 집단원 선발을 위한 질문지에는 일반적으로 성별, 연령, 결혼 여부, 진단명, 질병에 관한 기록, 자녀 상황 등의 인적사항을 비롯하여 집단참여 목적, 집단참여 경험 여부, 집단에 대한 기대, 집단에 기여할 수 있는 방법 등이 기재되어 있다. 일선 학교에서 활용되는 질문지의 경우, 학년 · 반 같은 항목이 추가되는 반면, 결혼 여부, 진단명, 질병에 관한 기록, 자녀 상황 같은 항목은 제외된다. 질문지 문항은 집단의 목적과 유형에 따라 다르다. 집단상담자는 집단원 선별 이유가 집단작업에 함께 참여하고, 서로에 대해 개방하며, 이러한 과정을 통해 서로에게서 배울 수 있는 사람들로 집단을 구성하는 데 필요한 정보를 구하기 위한 것이라는 점을 기억한다.

의뢰. 집단원 선발을 위한 또 다른 방법은 상담기관, 병원, 학교, 사회복지기관, 법원 등으로부터 의뢰[referral]를 받는 것이다. 이를 위해 집단상담자는 이러한 기관 관계자들에게 집단의 목적과 집단에 적합한 집단원의 조건에 관해 상세하게 알려 주어야 한다. 왜냐하면 집단원 선발이 단순히 잠재적 집단원들에 대한 소개만으로 이루어질 수 있기 때문이다. 그러므로 집단상담자는 잠재적 집단원 의뢰자들이 집단의 목적과 집단원의 자격을 명확하게 이해하고 있는지 확인해야 한다.

집단크기

집단계획서의 여섯 번째 요소는 집단 크기 또는 규모에 관한 진술이다. 집단은 모두 몇 명으로 구성할 것인가? 특정 목적에 알맞은 집단의 크기는 정해져 있는가? 이 질문에 대해서는 이론적 접근에 따라 차이가 있다고 답할 수 있다. 집단 크기는 ① 집단상담자의 집단통제 능력과 경험수준, ② 집단원의 연령, 성숙도, 기능수준, 문제/관심사, ③ 집단유형, ④ 집단목적을 고려해서 정한다. 집단크기 결정에 연령을 고려한다면, 집단원의 나이가 어릴수록 집단 크기가 작은 것이 효과적이다. 특히, 초등학교 저학년 아동을 대상으로 집단을 구성하는 경우, 이들은 다른 아동의 말을 경청한다거나 차례를 기다리는 등의 사회적 기술을 아직 제대로 갖추지 못했다는 점을 고려해야 한다.

만일 많은 수의 아동을 한 집단으로 구성하려고 한다면, 집단상담자는 안전 문제와 함께 아동 통제에 큰 부담을 안게 될 것이다. 그러므로 초등학생 집단은 3~4명으로 유지될 수 있지만, 저학년의 경우에는 5명을 초과하지 않는 것이 바람직하다(Corey & Corey, 2017). 반면, 초등학교 4학년부터 중학교 2~3학년 정도의 학생들은 일반적으로 6~7명 정도, 그리고 고등학생 집단은 대학생집단 또는 성인집단과 마찬가지로 8명 정도가 적당하다. 그러나 발달상의 쟁점을 다루는 생활교육집단의 경우에는 20~30명의 아동도 가능하다. 집단 크기를 결정할 때, 집단상담자는 집단의 크기가 너무 크면 상호작용의 기회가 불충분한 반면, 너무 작으면 집단역동 발생 또는 집단원들 간에 상호작용을 통해 서로 영향을 주고받기가 불충분하다는 점을 고려한다.

집단일정

집단계획서의 일곱 번째 요소는 집단 일정에 관한 진술이다. 집단은 총 몇 회기로 구성할 것인가? 집단은 얼마 동안 모임을 지속할 것인가? 집단의 지속기간은 집단의 목표와 직접적인 관계가 있다. 집단의 지속기간과 효과 사이에는 어떤 관계가 있는지에 대해 전문가들 사이에 일치된 견해는 없다. 그러나 일반적으로 치료집단은 다른 유형의 집단에 비해 집단 일정이 훨씬 더 길어서, 보통 수개월에서 1년 이상 지속되기도 한다.

그러면 일선 학교에서 이루어지는 집단은 보통 얼마 동안의 기간이 적당한가? 일선 학교에서는 대체로 치료집단을 운영하지 않는다. 그러므로 학사일정과 발달상의 특성을 고려할 때, 초·중등학교에서의 집단 일정은 6~8주를 넘지 않는 것이 바람직하다(Muro & Kottman, 1995). 집단 일정이 길어지면, 집단모임이 학사 일정과 발달과정상의 특성을 영향을 받을 가능성이 높아지게 되어 부득이 중도에 포기해야 하는 학생들이 생길 수 있기 때문이다. 이처럼 집단 일정을 길게 설정하는 경우, 집단 회기에 빠지거나 중도 포기해야 하는 학생들에게는 한 집단을 끝까지 참석함으로써 얻을 수 있는 성취감마저 박탈당하는 결과가 초래될 수 있다.

그럼에도 고등학생이나 대학생 집단은 한 학기를 기준으로 15주 동안 운영하는 것으로 계획할 수 있다. 그 이유는 발달과정 특성상, 초·중등학생들보다 고등학생이나 대학생들이 더 안정적이기 때문이다. 동시에 고등학생과 대학생들이 지속적으로 변화를 시도하고 생활습관에 변화를 가져오기 위해서는 적어도 이 정도의 시간이 요구되기 때문이다. 집단 일정은 ① 모임 횟수, ② 모임 빈도, ③ 회기 길이, ④ 모임 시간으로 나누어 살펴보자.

모임 횟수. 집단 일정에 관한 첫 번째 요소는 모임 횟수다. 집단 회기를 총 몇 회기로 할 것인가는 집단이 누구를 대상으로 할 것인가, 그리고 집단상담자가 어느 기관에 소속되어 있는가에 따라 좌우된다. 초등학생을 대상으로 하는 집단은 주당 1회기 이상의 모임을 갖는다고 가정할 때, 연령에 따라 4~8회기 정도의 회기를 계획하는 것이 바람직하다. 중학생들을 위한 집단의 경우에는 8~10회기 정도 갖는 것이 좋지만, 사정에 따라 융통성 있게 조정할 수 있다. 고등학생 또는 대학생 집단의 경우, 매주 1회 집단모임을 갖는다면 10주에서 한 학기에 해당하는 15주 정도가 적당하다. 이는 학생들의 행동 변화를 유발할 수 있고, 생활습관을 바꿀 수 있을 정도로 긴 기간이면서 너무 지루하거나 타성에 젖지 않을 만큼 짧은 기간이기 때문이다.

성인집단의 경우에는 최소한 10회기 이상, 필요에 따라서는 20회기 이상의 집단모임을 갖는다. 입원환자 집단은 매일 또는 주당 2~3회, 외래환자 집단은 주당 1회 또는 격주로 만나는 것이 일반적이다(Jacobs et al., 2016). 그러나 회기 수가 많아지면, 집단참여가 타성에 젖게 될 수 있다는 약점이 있다. 그러므로 모임 횟수를 적정하게 조정해야 할 것이다. 첫 회기부터 종결에 이르기까지 꾸준히 참여하여 마무리 짓는 경험은 집단원들에게 강한 성취감을 느끼게 하는 한편, 집단에서 습득한 새로운 사고와 행동을 실생활에 적용하는 데 원동력이 된다.

모임 빈도. 집단 일정에 관한 두 번째 요소는 모임 빈도다. 집단모임은 얼마나 자주 가질 것인가? 매주 1회 또는 2회 만날 것인가? 아니면 격주로 모일 것인가? 집단모임의 빈도 역시 절대적인 규칙은 없다. 단, 회기의 빈도는 집단원들의 주의집중 시간의 길이에 따라 결정한다. 즉, 나이가 어리거나 기능수준이 낮은 사람들로 구성되는 집단의 회기는 모임 시간의 길이를 짧게 하는 대신, 더 자주 모임을 갖는다(Corey & Corey, 2017). 이 원칙에 따르면, 초등학교 저학년 집단은 일주일에 2~3회기, 고학년 집단은 1~2회기가 적당하다. 중학생 집단은 대체로 주당 1회기가 적당하나, 필요에 따라 2회기도 무방하다. 고등학생, 대학생과 성인집단은 통상적으로 주당 1회기가 적당하다. 다만, 학교 내에서 집단이 조직·운영된다면, 모임 빈도를 학교의 방침과 수업시간에 맞게 조정한다(Brigman & Earley, 2008).

회기 길이. 집단 일정에 관한 세 번째 요소는 회기 길이다. 집단의 한 회기는 몇 분 또는 몇 시간 동안 가질 것인가? 이는 회기의 빈도와 마찬가지로, 집단유형과 집단원의 주의집중 시간 및 기능수준에 따라 조정한다. 발달과정에 따라 적정한 집단 회기의 길이는 표 7-2와 같다.

표 7-2. 발달과정별 집단 회기의 길이

학교급 · 학년	회기 길이
☐유치원 아동	❍ 20 ~ 30분
☐초등학교 저학년(1~3학년) 아동	❍ 30 ~ 45분
☐초등학교 고학년(4~6학년) 아동	❍ 45 ~ 60분
☐중학생	❍ 60 ~ 90분
☐고등학생	❍ 90 ~ 120분
☐대학생 · 성인	❍ 120분 (2시간)

대학생을 포함해서 기능수준이 비교적 양호한 성인들로 구성된 집단은 매주 2시간(120분)이 적당하다. 2시간은 집중작업이 가능할 만큼 충분히 길고, 지치지 않을 정

도의 시간이기 때문이다. 반면, 정신기능의 손상으로 주의집중력이 떨어지는 입원환자들을 위한 집단은 집단 회기의 길이를 대폭 줄여서 매일 45분씩 한 회기를 갖는 것이 바람직하다(Corey & Corey, 2017). 이보다 더 높은 기능수준의 입원환자 집단도 주당 여러 시간의 회기를 갖는 것이 좋지만, 회기당 90분이 일반적이다.

모임 시간. 집단 일정에 관한 네 번째 요소는 모임 시간이다. 집단의 모임 시간은 하루 24시간 중 어느 시간대로 할 것인가? 이는 집단상담자와 집단원들의 상황을 고려해서 정한다. 학생들을 대상으로 구성되는 집단은 학교 시간표에 따라 모임 시간을 신축성 있게 조정한다. 다만, 집단모임 시간을 수업시간 중에 할 것인가 방과 후에 할 것인가는 학생들의 집단참여에 대한 동기수준에 큰 영향을 줄 수 있다. 그러므로 이 사안은 학교장 및 관계자들과의 협의를 통해 결정한다. 대학생 집단의 경우에는 학생 개개인의 시간표가 서로 다른 관계로 대체로 강의가 없는 오후 늦은 시간이나 저녁 시간으로 정하는 것이 일반적이다. 반면, 성인집단 중 가정주부를 대상으로 하는 집단의 경우에는 낮 시간에 집단모임을 가져도 문제가 없겠지만, 직장인들이 참여하는 집단은 주로 퇴근 후인 저녁 시간이 적합하다.

집단모임 장소

집단계획서의 여덟 번째 요소는 집단모임 장소에 관한 진술이다. 집단모임 장소로는 어떤 조건을 갖추고 있는 공간이 적합한가? 집단모임 장소 선택 시 고려 사항은 ① 조용하고 안정된 공간 환경, ② 집단원 수에 적당한 넓이, ③ 안락하고 정돈된 좌석 배치에 관한 것이다.

조용하고 안정된 공간 환경. 집단모임 장소 선택 시 조용하고 안정된 공간 환경을 갖추고 있는지를 고려해야 한다. 즉, 집단원들의 주의를 산만하지 않게 하고, 외부로부터 집단 활동이 침해받지 않는 공간이어야 한다. 조용하고 안정된 공간이란 다음 두 가지 요건을 갖춘 장소를 말한다. 하나는 주변이 소란하지 않은 환경이다. 다른 하나는 집단에서 나누는 이야기가 외부로 흘러나가지 않을 뿐 아니라, 인접한 공간에서의 소음이 집단작업을 방해할 수 없을 정도로 방음시설이 잘 되어있는 공간을 말한다.

집단원 수에 적당한 넓이. 집단모임 장소 선택 시 집단원 수에 알맞을 정도로 넓은 공간인가를 고려해야 한다. 집단원들이 여유 있게 앉을 수 없는 좁은 공간도 문제가 되겠지만, 신체적으로 활발한 움직임이 요구되는 집단이 아니라면 지나치게 넓은 공간도 피하는 것이 좋다. 불필요할 정도로 넓은 공간은 오히려 집단분위기를 산만하게 하여 집단작업에의 집중력을 떨어뜨릴 수 있기 때문이다. 게다가, 집단원 개개인에 대한 통제가 어려워질 수 있어서 집단상담자 역시 집단원들의 통찰과 행동 변화 유도에 어려움을 겪을 수 있다.

안락하고 정돈된 좌석 배치. 집단모임 장소 선택 시 좌석 배치가 안락하고 정돈된 공간인지를 고려해야 한다. 즉, 적절한 크기의 의자가 있고, 정돈이 잘 되어있는 장소여야 한다. 좌석이 안락하고 정돈된 공간은 집단원에게 안정감을 주고, 주의를 집중할 수 있게 하여, 자발적인 참여와 자연스러운 심리적 접촉과 교류를 촉진한다. 그러나 안락의자는 집단원들을 지나치게 이완시켜 작업에 대한 집중력을 떨어뜨릴 수 있다는 점에서 바람직하지 않다. 만일 오래된 건물의 공간을 사용해야 하는 경우, 집단상담자는 집단원의 발달수준에 맞게 내부 공간을 장식하여 집단원에게 안정감을 제공할 수 있다. 또한, 바닥에 깨끗한 장판이나 카펫이 깔려있거나 마룻바닥으로 되어 있다면, 바닥에 앉는 것도 좋은 방법이다. 바닥에 앉는 경우, 의자 같은 장애물이 없어서 집단원들이 양옆으로 훨씬 밀착해 앉을 수 있어서 집단작업에 집중할 수 있게 하는 효과가 있다. 단, 푹신한 쿠션이나 방석을 준비하여 집단원들에게 신체적으로 편안하고, 심리적으로 안정감을 느낄 수 있게 한다. 또한, 날씨의 변화가 집단의 역동에 영향을 주지 않게 하려면, 냉난방 시설이 잘 갖추어진 곳이어야 한다. 그림 7-1은 집단의 좌석 배치 유형을 제시하고 있다. 이 외에도, 집단모임 장소 선정 시 접근성(쉽게 찾아올 수 있는 곳), 적절한 크기의 의자, 안전성, 실내장식, 조명, 채광, 통풍상태 등을 고려해야 한다.

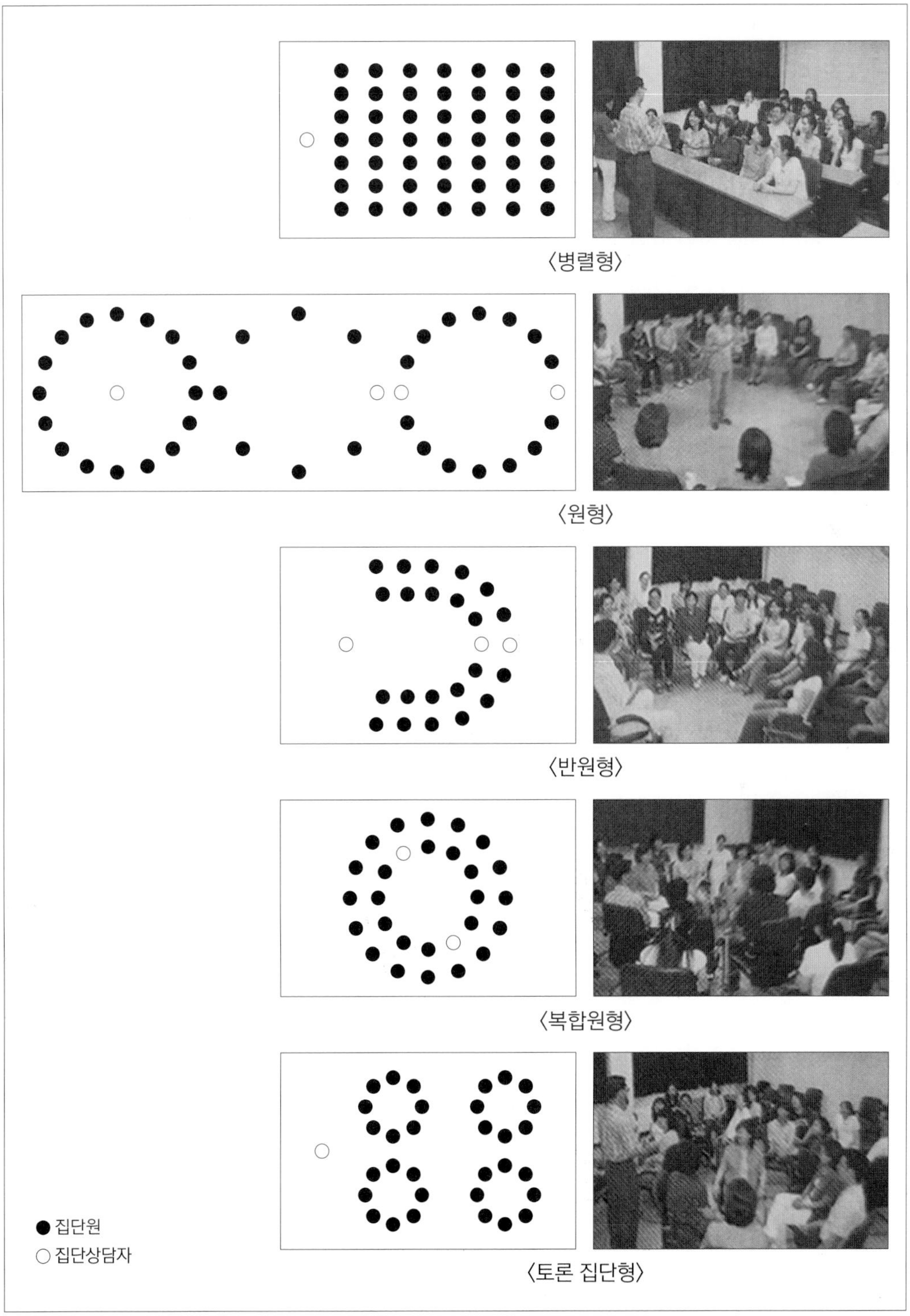

그림 7-1. 집단의 좌석배치 유형

집단상담자 수

집단계획서의 아홉 번째 요소는 집단상담자를 몇 명으로 할 것인가에 관한 진술이다. 집단은 단독으로 운영할 것인가? 아니면 다른 상담자와 공동으로 운영할 것인가? 이 역시 집단상담자가 결정해야 할 일이다. 공동리더십co-leadership은 특히 경험이 적은 상담자가 집단리더십을 익힐 수 있다는 이점이 있다. 또한, 공동리더십은 역할분담을 통해 집단과정을 촉진할 수 있고, 소진burnout이 일어날 가능성을 줄일 수 있다는 장점이 있다(제4장의 '공동리더십' 참조). 왜냐면 집단원의 감정표출에 한 상담자가 주의를 기울이는 동안 다른 상담자는 전체 집단원의 반응을 확인할 수 있기 때문이다.

공동리더십의 또 다른 장점은 공동리더 중 한 사람이 부득이 집단에 참가할 수 없는 경우, 다른 집단상담자가 집단을 계속 진행할 수 있다는 점이다. 또한, 한 집단상담자가 집단과정에서 강한 영향 또는 충격을 받았다면, 자신의 분노, 우울 등의 감정을 차후에 다른 공동리더와 탐색해 볼 수 있다. 만일 역전이가 생길 정도로 한 집단리더가 집단원으로부터 영향을 받게 될 때 역시 공동리더십의 장점이 빛을 발한다.

이러한 장점에도 불구하고, 공동 리더십은 자주 만나 집단운영에 관한 대화의 기회가 부족한 경우에 갈등이 생길 수 있고, 공동리더들이 서로 경쟁할 수 있다는 한계가 있다. 이에 따라 의견의 불일치, 상대의 개입 불신, 특정 집단원 옹호, 심지어는 엇갈린 목표를 향해 집단작업을 하게 되는 경우도 발생할 수 있다. 그러므로 공동리더십을 활용하려면, 잠재적 집단상담자들은 충분한 시간적 여유를 가지고 서로의 의견을 교환한다. 동시에, 집단계획에 있어서 공동리더십의 장점과 한계를 면밀히 검토하여 집단의 목적 달성을 위한 최적의 선택을 한다(제4장의 '공동리더십' 참조).

집단홍보

집단계획서의 열 번째 요소는 집단 홍보에 관한 진술이다. 집단의 계획 및 준비

과정에서 특히 중요한 영역이 있다면, 이는 바로 집단 홍보다. 집단 홍보는 집단에 대해 널리 알리고, 더 많은 잠재적 집단원들이 집단상담 서비스 혜택을 받을 수 있게 한다는 점에서 의의가 있다. 이 작업은 집단상담 서비스가 도움이 될 것으로 판단되는 대상자들을 직접 접촉하는 것이 좋다. 그러나 집단에 대한 비현실적인 기대를 하게 하는 집단성과에 관한 약속은 하지 않는 것이 좋다. 여기서는 ① 상담 기관에서의 홍보 전략, ② 학교에서의 홍보 전략에 대해 살펴보기로 한다.

상담 기관에서의 홍보 전략. 집단이 일반 상담기관에서 계획, 진행되는 경우, 집단 홍보를 위한 방안은 글상자 7-5와 같이 정리할 수 있다.

글상자 7-5. 상담기관에서의 홍보 방안

1. 언론매체(신문, 방송 등) 활용	2. 주요 기관의 인터넷 · 홈페이지 게시판 활용
3. 기관 방문 및 홍보 유인물 배포	4. 포스터 활용
5. 집단 수료자를 통한 홍보	

상담기관에서의 홍보 전략을 좀 더 구체적으로 살펴보면 다음과 같다. 첫째, 신문이나 방송 같은 언론매체mass media를 이용하는 방안이 있다. 이 방법은 다른 어떤 홍보 방법보다도 전달 효과가 크다는 점에서 가장 효과적인 대안이다. 그렇지만 안타깝게도 막대한 경비가 든다는 점이 상담기관에는 큰 부담이 될 수 있다는 한계가 있다.

둘째, 온라인on-line을 이용하여 인터넷 게시판에 올리거나 각종 학회 또는 상담소나 병원 같은 정신건강 관련 기관의 홈페이지를 이용하는 방법이 있다. 요즘 많은 사람들, 특히 청소년 대부분이 인터넷을 사용하고 있는 상황에서 온라인을 이용한 홍보 효과는 매우 크다.

셋째, 온라인을 이용하는 것 못지않게 오프라인off-line에서의 홍보 방법 역시 유용하게 활용할 수 있다. 즉, 기관을 방문하여 집단을 홍보하거나 유인물을 제작하여 나누어 주는 방법이 있다. 이 방법은 종래에 주로 사용하던 방법으로, 앞서 소개한 두 가지 방법에 비해 실효성이 그리 높지 않은 편이다. 그러나 집단상담자가 직접 유인물을 나눠 준다면, 집단에 관심 있는 사람들과 직접적인 접촉함으로써 잠재적 집단원들이 집단에 대한 오해를 줄이는 동시에 집단참여에 대한 동기를 높일 수 있을 것이다.

넷째, 포스터를 제작하여 공공건물, 식당, 현관, 화장실 등과 같이 사람들이 많이 모이는 장소나 게시판에 안내 포스터를 붙이는 방법이 있다. 집단에 관한 포스터는 대상자들의 시선을 끌 수 있도록 세련된 색상과 디자인으로 제작한다. 포스터에 들어가는 문구는 진지하면서도 재미있고 다소 과장되게 표현해도 무방하다. 포스터의 아랫부분은 연락처를 기입한 부분을 미리 쪽지처럼 오려 놓아 관심 있는 사람들이 한 장씩 떼어 갈 수 있게 하는 것도 좋은 아이디어다. 또한, 일정 시간이 지나면 새로 제작한 포스터로 대체하여 잠재적 집단원들의 주의와 관심을 지속적으로 불러일으킬 수 있게 한다.

끝으로, 집단에 참여했던 사람들과의 접촉을 통해 홍보하는 방법이 있다. 과거에 이미 집단에 참여했던 적이 있고 그 집단경험에 대해 만족스럽게 여기는 사람들은 계획 중인 집단상담의 중요한 홍보 요원인 셈이다. 이들의 입소문을 통해 이루어지는 홍보는 매우 실질적이어서 잠재적 집단원들에게 집단 효과에 대해 강한 신뢰감을 전달할 수 있기 때문이다.

학교에서의 홍보 전략. 학교장면에서의 집단은 주로 학생을 대상으로 이루어진다는 특징이 있다. 학교에서 학생들을 대상으로 집단을 계획하는 경우, 글상자 7-6과 같은 홍보 방안을 참고한다.

글상자 7-6. 학교에서의 홍보 방안

1. 동영상을 제작하여 학교 홈페이지 게시판에 게재한다.
2. 각 교실을 방문하여 프로그램을 안내하고 학생들의 질문에 답한다.
3. 교내 및 상담실 게시판에 안내 포스터를 부착한다.
4. 학교신문에 공지한다.

5. 집단에 참여했던 학생들을 홍보대사로 위촉 · 활용한다.
6. 가정통신문을 발송한다.
7. 팸플릿 또는 학교 안내용 소책자에 공지한다.

학교에서의 홍보 전략을 좀 더 구체적으로 살펴보면 다음과 같다. 첫째, 학생들의 관심을 끌 수 있는 문구 및/또는 삽화와 함께 학생들이 좋아하는 캐릭터를 활용한 동영상을 제작하여 학교 홈페이지 게시판에 올리는 방법이 있다. 앞서 언급한 것처럼, 이 방법은 오늘날 학생들 또는 청소년 대부분이 인터넷을 사용하고 있다는 점에서 매우 효과적인 홍보 방법이다.

둘째, 집단상담자가 직접 교실을 방문하여 집단을 소개 · 안내하는 방법이 있다. 이때 집단상담자는 학생들의 질문에 상세하게 답변해 줌으로써 학생들이 집단참여에 대해 관심을 갖도록 돕는다. 이 방법은 학생들이 집단상담자와 직접 접촉하면서 집단에 관한 상세한 정보를 얻고, 자유롭게 질문도 하며, 대화를 나눌 수 있다는 장점이 있다.

셋째, 학교 또는 학교상담실 게시판에 집단에 관한 상세한 정보를 담은 포스터를 붙이는 방법이 있다. 단, 포스터는 학생들의 시선과 관심을 끌 수 있을 만큼 독창적이고 세련된 디자인으로 제작되어야 한다.

넷째, 학교신문을 활용하는 방법이 있다. 이 방법은 학교신문에 광고를 내거나, 학생들의 관심사와 집단의 효용성에 관련된 내용을 기사화하여 집단에 참여했던 학생들의 경험보고서 등과 같은 내용과 함께 게재하는 것이다.

다섯째, 집단에 참여했던 학생들을 집단의 홍보대사로 활용하는 방법이 있다. 집단상담자는 집단상담에 참여했거나 상담에 재능과 관심이 있는 학생들과 협력관계를 유지함으로써 또래 상담자로서뿐 아니라 집단상담 홍보요원으로 활용한다. 이들은 자신들의 집단경험을 직간접적으로 다른 학생들에게 적극 소개하는 일을 담당한다. 이 학생들이 전하는 집단참여에 관한 소감은 다른 또래 학생들에게는 집단에 대한 관심을 불러일으키게 할 수 있는 강력한 자극제가 될 수 있다.

여섯째, 가정통신문을 학생들의 가정에 보냄으로써 학생은 물론 학부모의 관심을 불러일으키게 하는 방법이 있다. 가정통신문에는 집단상담의 유용성과 집단참여를 통해 얻을 수 있는 이점을 상세하게 기술한다. 그리고 필요하다면, 학교상담실 안내 소책자 또는 관련 자료를 첨부해도 좋다. 또한, 가정통신문에는 집단상담자의 이름과 자격을 구체적으로 명시한다.

끝으로, 집단상담 프로그램을 소개하는 내용을 담은 팸플릿pamphlet을 제작하거나, 학교 안내용 소책자brochure/booklet에 수록하는 방법이 있다. 여기서 중요한 점은 학생들을 집단에 참여시키거나 이들에게 필요한 집단을 구성할 때, 집단리더는 집단상담에 별 관심이 없는 학생들을 학교상담실에 앉아서 마냥 기다려서는 안 된다는 사실이다. 집단상담자는 학생들과 직접 접촉하고, 집단상담 서비스에 대한 관심과 참여율을 높이기 위해 다양한 방안을 강구해야 한다.

기대효과 및 평가

집단계획서의 열한 번째 요소는 기대효과와 평가에 관한 진술이다. 잠재적 집단원들이 집단에 참여하게 됨으로써 어떤 효과를 얻게 되는가? 이 사항은 집단의 필요성과 목적과 밀접한 관계가 있다. 집단상담자는 집단의 필요성과 목적을 성공적으로 달성하게 되면, 집단에 참여한 사람들이 어떤 이점을 얻게 되는지를 구체적으로 기술한다. 그리고 집단목적 달성 여부 또는 정도를 평가할 수 있는 타당하고 신뢰할 수 있는 도구를 제시한다.

요약하면, 집단을 계획하고 준비할 때 집단상담자는 기관장의 동의와 구성원들의 지지를 얻어야 한다. 일선 학교의 경우, 학교장은 물론 교사와 학부모의 지지를 얻어야 한다. 이들의 협조체제가 구축되면 집단상담자는 적어도 집단 시작 전 2~3주 동안 잠재적 집단원들에게 집단과 다른 상담 서비스에 대해 집중적으로 홍보한다. 이들의 출입이 잦은 곳에 집단 신청양식을 비치하여 집단상담에 대한 관심을 높이는 한편, 바구니 또는 상자를 마련하여 참여를 원하는 사람들이 손쉽게 작성하여 제출할 수 있도록 한다. 그러고 나서 학교의 경우, 학습 계획서를 만들거나 검토한다. 여기서 학습 계획은 교사 · 학생 · 학부모 · 학교행정가들로부터의 요구 평가, 발달이론, 상담 연구, 그리고 관련 학회가 승인하는 활동을 기초로 작성된다.

학생들을 대상으로 하는 집단의 상담자는 학기 초에 교사들에게 의뢰 용지를 나누어 준다. 학부모에게는 학부모회와 학교 소식지newsletter를 통해 집단의 유용성에 대해 적극 홍보한다. 만일 교사의 의뢰 수와 학생 및 학부모의 신청이 예상 인원을 초과하는 경우, 집단에 참여할 수 없게 된 학생들에게 자세한 상황 설명과 함께 다음번 집단에 들어갈 수 있을 거라는 안내장을 보낸다. 사전 집단 면담을 통해 집단원 선별작업을 마치고, 첫 회기를 시작하는 날 아침에는 집단 시작에 관한 안내장을 보낸다. 이와 같은 권장 사항을 고려할 때, 집단의 성공적인 운영 가능성은 그만큼 커지게 될 것이다.

예비 집단 회기

예비 집단 회기pre-group sessions란 집단의 첫 회기를 시작하기에 앞서, 집단참여가 확정된 사람들을 대상으로 집단에 대한 기대, 집단규칙과 절차, 집단원 역할, 집단참여 기술 등에 대해 안내하기 위한 모임을 말한다. 이 모임은 집단초기의 치료과정과 집단원의 변화에 긍정적인 영향을 미치고, 집단응집력, 집단원들의 집단참여에 대한 만족도와 심리적 안정성과 정적 상관이 있으며(Burlingame et al., 2004), 집단원의 참석률, 자기개방, 응집력 증진을 촉진한다(Yalom, 2005). 그러므로 집단상담자는 철저한 오리엔테이션을 통해 집단목표, 집단에서 집단원들에게 기대되는 행동과 역할, 집단과정과 규범에 대한 안내를 통해 집단의 치료적 효과를 촉진할 필요가 있다.

이는 또한 집단원들이 흔히 경험할 수 있는 집단참여에 따른 불안감을 감소 또는 해소시킬 수 있을 뿐 아니라, 집단성과를 높일 수 있다(Riva et al., 2004; Yalom, 2005). 만일 사전 준비 작업이 제대로 수행되지 않으면, 집단원들의 집단에 대한 몰이해로 인해 집단초기에 집단발달이 지체될 수 있다. 초임 집단상담자는 이를 집단원들의 저항으로 오해하기도 한다. 이는 단지 집단상담자가 집단의 목적, 집단과정, 집단원의 역할, 또는 집단원에게 기대되는 행동에 대해 충분히 설명하지 않은 관계로 인한 결과일 수 있다. 이 단계에서 집단상담자가 담당하게 될 사항은 글상자 7-7과 같이 요약·정리할 수 있다.

글상자 7-7. 예비 집단단계에서의 집단상담자 임무

1. 집단계획서 또는 제안서를 문서로 작성하여 기관장의 결재를 맡는다.
2. 집단에 관해 잠재적 집단원들에게 공고한다.
3. 집단원 선별과 오리엔테이션을 겸한 개별면담을 실시한다.
4. 집단원 선별과 구성에 관한 결정을 내린다.

집단의 효율성을 높이기 위해 잠재적 집단원들은 자신이 참석하게 될 집단과 유능한 집단상담자를 선택하는 방법에 대해 잘 알고 있어야 한다. 그리고 집단참여에 앞서, 집단경험을 통해 무엇을 얻기를 원하고, 집단목표를 어떻게 달성할 것인가에 대해 계획을 세워야 한다. 예비 집단 회기에서 집단상담자는 ① 집단원 기대의 명료화, ② 집단규칙 설정, ③ 집단원의 불안감 해소, ④ 비자발적인 잠재적 집단원 면담 임무를 수행한다.

집단원 기대의 명료화

예비 집단 회기에서의 집단상담자는 집단원들의 기대를 명료하게 정리해 주고 이해를 도와야 한다. 이 모임은 집단원들이 집단참여를 통해 얻고자 하는 점을 구체화·명료화하고, 집단에 대해 기대하고 있는 것을 표현하도록 용기를 북돋아 주기에 적당한 시간이다. 이를 돕기 위해 집단상담자는 대화상자 7-1과 같은 질문을 활용할 수 있다.

대화상자 7-1. 집단원 기대의 명료화를 위한 질문의 예

- "여러분은 이 집단에 대해 무엇을 기대하고 있나요?"
- "이 집단을 통해 얻고자 하는 점은 무엇인가요?"
- "집단이 성공할 수 있는 열쇠는 무엇이라고 생각하나요?"
- "이 집단에 참여할 수 있게 되었다는 소식을 들었을 때 어떤 느낌이 들었나요?"

집단원들은 이러한 질문에 대한 대답을 생각해 봄으로써 집단참여에 대한 마음 자세를 가다듬을 수 있다. 이러한 질문은 집단상담자에게도 집단상담을 통해 제공할 수 있는 서비스와 기타 궁금한 점들에 대해 상세히 설명할 기회가 될 수 있다.

이 외에도, 집단상담자는 집단원들에게 집단치료의 협력적 속성, 대인관계 증진 방법, 집단에서 충족이 가능한 것과 가능하지 않은 것, 예상되는 어려움(예, 갈등, 좌절, 실망)을 비롯하여 치료과정에 대한 탈신비화[demystification]를 도모한다. 예를 들어, 집단상담자가 자신의 문제를 해결해 주기를 바라는 집단원이 있는 경우, 집단상담자는 그 집단원으로 하여금 자신이 참여하려는 집단이 자신의 욕구충족을 위해 적합한 집단인지 판단하는 데 필요한 정보를 제공한다.

집단규칙 설정

예비 집단 회기에서의 집단상담자는 집단규칙을 정해야 한다. 이 모임은 집단원들이 집단참여를 통해 얻고자 하는 점을 구체화 · 명료화하고 집단규칙에 대해 논의하기에 유용한 시간이다. 집단의 규칙과 절차는 집단과정을 촉진하는 것이어야 한다. 집단상담자는 민주적으로 자신의 전략과 절차를 계획하고, 집단원 개개인의 집단참여 목적을 성취하도록 도와야 할 책임이 있다. 또한, 집단상담자는 집단규칙과 관련된 의견을 적극 수용하고, 필요한 규칙에 관한 논의를 주도해야 한다. 집단과정을 촉진하는 기본적인 집단규칙은 글상자 7-8과 같다.

글상자 7-8. 집단의 기본규칙

1. 지각, 조퇴, 결석 없이 모든 회기에 출석한다.
2. 다른 집단원이 집단 내에서 말하거나 행동한 것에 대해 비밀을 유지한다.
3. 집단참여를 통해 탐색 · 해결을 원하는 구체적인 관심사를 정한다.
4. 집단참여 기간 동안 다른 집단원과 비윤리적인 관계를 맺지 않는다.
5. 다른 집단원에게 물리적 폭력이나 언어폭력을 사용하지 않는다.

최소한의 규칙은 집단상담자들에게 도움을 준다. 이를 토대로 집단상담자의 책무를 정리하면 글상자 7-9와 같다.

글상자 7-9. 집단상담자의 윤리적 책무

1. 집단원의 비밀을 유지한다.
2. 집단원들이 기대하는 점을 파악한다.
3. 집단참여에 따른 위험성을 집단원과 논의한다.
4. 사적인 정보 유출 방지를 위해 안전 조치를 한다.
5. 집단원들을 과도한 압력이나 위협으로부터 보호한다.
6. 집단원들에게 집단과정에 활용할 기법에 관해 설명해 준다.
7. 집단원이 위험에 직면하게 되는 경우, 신속하게 대처할 수 있도록 돕는다.

글상자 7-9에 제시된 집단상담자의 책무 중, 집단 내에서 집단원들이 드러내는 사적인 정보에 대한 비밀유지는 집단상담자뿐 아니라 집단원들에게도 적용되는 윤리기준이다. 그러나 비밀유지는 윤리적 측면의 약속일 뿐, 집단의 특성상 완벽하게 보장할 수는 없다. 또한, 위반 행위에 대해 강제조치를 취하기 쉽지 않다. 그러므로 집단상담자는 비밀유지의 중요성과 한계에 대해 집단원들이 이해할 수 있는 언어로 설명해 줌으로써, 비밀유지의 원칙을 자발적으로 준수할 수 있도록 한다. 비밀유지에 대한 논의는 개별면담 때 하는 것이 이상적이다(Corey & Corey, 2017). 비밀유지는 집단의 기능에 매우 중요하므로, 집단상담자는 집단과정 전반에 걸쳐 주기적으로 집단원들에게 상기시켜 주어야 한다. 집단원들은 집단상담자가 윤리적 · 법적 이유로 비밀유지 원칙을 깨뜨릴 수 있는 상황에 대해 알 권리가 있다.

비밀유지 원칙에는 예외가 있다. 따라서 집단상담자는 집단원들에게 비밀유지 원칙을 파기할 수 있는 상황에 대해 미리 설명해 주어야 한다(제3장의 '집단상담자 윤리기준의 개요' 참조). 집단과정에서 비밀유지 원칙의 예외 조항과 관련된 상황은 부득이 집단 외부 사람에게 알려야 하는 것은 집단상담자의 의무다. 집단상담자는 이러한 절차에 관해 집단원들에게 알려 준다. 집단상담자는 또한 집단원들에게 약속할 수 있는 것과 그럴 수 없는 것에 대해 상세히 설명해 준다. 집단상담자의 설명은 집단원들이 집단 내에서 자신을 얼마나 드러낼 것인가를 정하는 데 도움을 준다. 이는 결국 집단참여에 대한 집단원의 권리를 인정한다는 것을 의미한다.

비밀유지 원칙이 제한적으로 적용되는 대상으로는 미성년자, 보호관찰 대상자, 위법행위로 인한 비자발적 참여자, 입원 상태의 정신질환자 등을 들 수 있다. 이들이 집단에서 말한 내용 중 특이사항은 이들의 개인기록부에 기록되어 다른 관계자들이 읽을 수 있음을 알려 주어야 한다. 그뿐 아니라, 집단에 출석했다고 하더라도 적극 참여하지 않는 경우, 이러한 사실 역시 기록될 수 있음을 알려야 한다. 집단상담자는 집단원들에게 어떤 종류의 정보가 기록되고, 기록된 내용을 볼 수 있는 사람이 누구인지 알려 주는 것이 좋다. 이를 통해 집단원은 집단에서 자신의 개방 정도를 결정할 수 있기 때문이다. 이 외에도, 집단 회기에 지각하기, 회기 중에 음식물을 먹거나 흡연하는 일, 집단 회기에 친구를 데려오는 일 등은 금지사항으로 규정한다.

집단원의 불안감 해소

예비 집단 회기에서의 집단상담자는 잠재적 집단원들의 불안감 해소를 도와야 한다. 이 단계는 집단참여에 대해 불안해하는 집단원들을 위해 불안감을 해소하는 데 도움을 줄 수 있는 중요한 시간이다. 집단상담자는 집단원들의 갖가지 궁금증

해결에 도움이 되는 사항들을 정리하여 오리엔테이션 내용에 포함시킨다. 집단원들이 집단에 관해 질문을 하는 경우 이에 대해 상세히 설명해 줌으로써 이들의 불안감을 해소할 수 있다. 예비 집단단계는 집단원들에게뿐만 아니라 초임 집단상담자에게도 불안감 해소를 위한 유익한 시간이다. 왜냐하면 집단상담자는 자신이 일정한 기간에 걸쳐 만나게 될 집단원들과 집단 시작 전에 자연스러운 대화를 나눔으로써 서로의 신뢰감을 쌓을 수 있기 때문이다. 집단상담에 관해 초등학생들이 흔히 던지는 질문FAQs과 이에 대한 대답의 예는 글상자 7-10과 같다(Muro & Kottman, 1995, pp. 139-140).

글상자 7-10. 초등학생을 위한 집단상담에 관한 FAQ

1. **집단상담에 참여해야 하는 이유는 무엇인가요?** ⇨ 집단은 어떤 일에 대해 우리가 어떻게 느끼고 생각하는지에 대해 서로 이야기 나눌 수 있는 공간이에요. 집단에서는 어떻게 하면 좋은 친구들을 더 많이 사귈 수 있고, 성적을 올릴 수 있는지, 또는 우리가 정말 잘할 수 있는 것이 무엇인지를 알기 위해서는 어떻게 해야 하는지에 대해 이야기를 나누기도 하지요.
2. **집단상담에는 누가 참여하나요? 집단상담은 문제가 있는 아이들을 위한 것인가요?** ⇨ 아니에요. 집단상담은 모든 아이를 위한 것이에요. 그래서 우리 학교에 있는 남녀 학생들 모두 집단에 참여하기를 바라고 있답니다. 집단에는 항상 상담 선생님이 계세요. 나는 우리 학교의 상담자 선생님이고, 여러분과 집단을 함께 꾸려 갈 거예요.
3. **집단에 참여할 사람은 누가 결정하나요?** ⇨ 여러분의 담임선생님이세요. 내가 하는 일은 누가 첫 번째 집단에 참여할 것인가를 정하는 것이에요. 여러분도 언제라도 신청할 수 있답니다. 여러분 중에 집단에 참여하고 싶은 사람 있나요?
4. **학생들은 집단에서 어떤 일을 하나요?** ⇨ 학생들은 자발적으로 다른 학생들과 생각과 감정을 나누고, 다른 사람의 말에 경청하며, 다른 사람을 돕기도 하고 도움을 받을 수도 있어요. (어린 학생들에게는 "우리는 서로 이야기를 나눌 거예요. 때로 함께 노력도 하고, 서로 돕기도 할 거예요."라고 말할 수 있다.)
5. **상담 선생님은 집단에서 무슨 일을 하나요?** ⇨ 집단을 시작하고 학생들이 서로 경청하도록 돕는답니다. 학생들이 새로운 것에 대해 배울 수 있고 서로에 대해 좀 더 알고 이해할 수 있도록 돕지요. 특히, 여러분이 잘하는 것을 말이에요.

6. **집단에서는 무슨 이야기를 하나요?** ⇨ 집단에서는 관심 있는 것에 관해 이야기를 나누게 된답니다. 장차 어른이 되면 하고 싶은 일, 하고 싶은 일을 더 잘할 수 있는 법, 새 친구를 사귀는 법 등등, 여러 가지 이야기를 나눌 수 있어요. 처음에는 집단 모임을 언제 가질 것인지를 결정할 수 있고요.
7. **다른 사람이 말하는 동안 다른 사람들은 무엇을 하나요?** ⇨ 다른 사람의 말에 귀를 기울입니다. 그리고 다른 학생들과 생각을 나누기도 하지요.
8. **상담 선생님은 학생들이 집단에서 말하는 것을 담임선생님이나 부모님께 알려 주나요?** ⇨ 집단에서 나눈 이야기는 다른 사람들에게 알리지 않아요. 물론 여러분이 다른 어른에게 알리고 싶다면, 상담 선생님과 상의할 수 있어요. 어떻게 말씀드려야 할지는 여러분과 사전에 상의할 거예요. (비밀유지 문제는 상담자 윤리강령을 준수해야 합니다.)
9. **친구, 형제, 자매가 같은 집단에 참여할 수 있나요?** ⇨ 네, 가능해요. 만일 이것이 문제가 된다면, 사전에 나와 상의해서 조정할 수 있답니다. 그렇지만 가족은 같은 집단에 편성되지 않지요.
10. **집단에서 말한 것을 친구들이 다른 사람들에게 말하지 않는다는 것을 어떻게 알 수 있나요?** ⇨ 이 점에 대해서는 우리가 처음 집단모임을 가질 때 논의해 볼 수 있어요. 만일 여러분 중에 다른 학생을 믿을 수 없다면, 꼭 알아야 할 사실이 있어요. 우리 각자는 우리가 말하고 행동하는 것에 책임이 있다는 것이죠.
11. **집단모임은 어디서 하나요?** ⇨ 학교상담실에서 하지요. 필요하다면, 빈 교실에서 할 수도 있어요. 집단이 편성되면, 모임 장소를 알려 줄 거예요.
12. **만일 집단에 참가하게 된다면 언제 집단모임을 갖게 되나요?** ⇨ 여러분의 담임선생님과 상의할 거예요. 아마 중요한 수업시간에 지장을 주지 않는 시간에 모임을 하게 될 거예요.
13. **집단모임은 매번 빠짐없이 참석해야 하나요?** ⇨ 네, 그래요. 약 ○주 동안 함께 만나게 되지요. 매 회기마다 여러분과 만나기로 해요.

초등학생은 대체로 청소년 또는 성인보다 의사표현력이 부족하다. 그래서 대화를 주도해 나가기보다는 상담자의 질문에 답하는 것에 익숙한 경향이 있다. 그러므로 아동을 위한 집단에서는 아동들의 불안감을 덜어 주는 한편, 자발적으로 감정을 표현할 수 있도록 구조화해서 간단한 활동으로 회기를 시작한다. 예를 들어,

아동이 학교에 대해서 좋아하는 것과 싫어하는 것 한두 가지를 말해 보도록 하는 활동이 있다.

구조화는 다음과 같은 점들을 포함하여 실시한다. 먼저 집단상담자는 자신이 '상담 선생님'이라고 불리는 선생님이라고 아동에게 간단히 소개한다. 그리고 집단에서 아동들과 함께 학교, 집, 친구와의 관계에서 겪고 있는 문제와 관심사, 감정에 관해 이야기를 나누게 될 것이라고 설명한다. 집단에서 아동은 두려움과 정신적 상처와 같이 자신과 관련된 문제에 관해 이야기할 수 있다는 점을 말해 준다. 집단상담자는 학부모와 교사에게 상담활동에 관해 이야기할 것이지만 그들과 만날 때는 아동에게 그 사실을 말해 줄 것이라고 알려 준다. 그러나 집단에서 알게 되는 것은 비밀로 할 것이고 문제를 다루는 데 도움이 되는 중요한 것은 학부모와 담임교사와 상의할 것이라고 설명한다.

그리고 집단에 참여하는 아동들도 집단에서 알게 되는 것은 비밀을 지켜야 함을 주지시킨다. 비밀유지는 집단의 회기에서 자주 논의될 규칙이라는 점을 강조한다. 또한, 사적인 비밀을 지켜 주어야 하는 이유와 목적을 아동이 이해할 수 있는 언어로 설명해 준다. 필요한 경우 비밀유지 원칙을 파기할 수 있는 예외 조항에 대해서는 말해 준다. 특히, 아동의 안전에 위협이 될 만한 상황이 발생하는 경우, 아동을 보호하기 위해 부득이 학부모나 교사에게 알릴 수밖에 없다는 점을 말해 줄 수 있다. 또 한 가지 중요한 점은, 다른 아동에게 신체적 또는 언어적으로 상처를 주는 것이나 타인의 소유물을 파괴하는 것은 인정되지 않음을 알리는 것이다. 집단을 지도하게 될 교사는 아동들과 함께 규칙을 만들어 아동들이 집단에 참여하면서 자신의 책임에 대해 알게 한다.

비자발적인 잠재적 집단원 면담

예비 집단 회기에서 집단상담자는 비자발적으로 참여하게 되는 잠재적 집단원들을 면담해야 한다. 비자발적 집단원이란 법원의 판결에 의해 대안적 조치로 상담을 받아야 하는 사람을 가리킨다. 집단상담자는 비자발적인 잠재적 집단원들 외에 기관 또는 개인이 의뢰한 잠재적 집단원들과 개별면담을 실시한다. 집단원 선별을 위한 면담시간은 1인당 보통 10~15분 정도 할애한다. 신청 인원이 10명이라면, 적어도 2시간 정도 걸릴 것으로 예상해야 한다. 법원의 대안적 조치 또는 의뢰된 경우, 잠재적 집단원 본인이 직접 집단참여를 신청하지 않았더라도 집단참여 의사는 원칙적으로 자발적으로 이루어져야 한다. 따라서 자발적으로 참여 의사를 밝히지 않는 집단원에 대해서는 집단참여를 재고해야 한다.

의뢰된 잠재적 집단원이 미성년자인 경우, 의뢰자(보호자, 학부모 또는 교사 등)에게는 잠재적 집단원이 자발적으로 집단참여 의사를 밝히는 경우에만 받아들일 것이라는 사실을 통보한다. 잠재적 집단원이 자발적으로 집단참여 의사를 밝히게 되면, 집단상담자는 학부모나 보호자에게 집단에 대한 안내장과 함께 집단참여 동의서를 보내 이를 작성 · 제출하게 한다. 그러면 다른 사람에게서 의뢰되거나 비자발적으로 집단참여를 신청하게 된 잠재적 집단원들에 대해 면담을 실시하는 이유는 무엇인가? 그 이유는 ① 집단의 적절성 여부 결정, ② 정보 제공, ③ 서약서 작성, ④ 집단목표 명료화로 정리할 수 있다.

집단의 적절성 여부 결정. 집단상담자는 비자발적으로 집단참여를 신청한 잠재적 집단원과의 개별면담을 통해 계획 · 준비 중인 집단에의 적절성 여부를 결정한다. 집단에 참여하게 될 사람은 선별과정과 절차를 거쳐 집단상담자가 결정한다. 잠재적 집단원들 중에는 집단에 부적합하여 개인적으로 이득이 없음은 물론, 집단발달을 저해할 수도 있기 때문이다. 대화상자 7-2는 이러한 경우에 해당하는 교사와 상담자 사이에 이루어진 대화의 예다.

대화상자 7-2. 집단원 선정 결과에 관한 교사와 상담자의 대화 예

교　사: 선생님, 왜 우리 반 현준이가 이번 집단상담 참여 학생 명단에서 빠졌죠?

리　더: 아, 현준이가 이번 집단참여 학생 명단에서 빠진 이유는 집단상담보다는 오히려 개인상담이 더 적합하다는 판단이 들어서입니다. 현준이는 집단 활동에 잘 집중하지 못하는 행동상의 특성이 있거든요.

정보 제공. 집단상담자는 개별면담을 통해 집단참여와 관련된 정보를 제공한다. 이들에게 제공될 정보에는 집단의 성격을 비롯하여 출석과 비밀유지의 중요성이 포함된다. 집단상담자는 개별면담을 통해 집단원들에게 집단에서 요구되는 사항과 기대되는 행동에 대한 정보를 제공한다. 이때, 집단원을 위해 집단상담자가 제공하는 집단참여에 관한 지침은 글상자 7-11과 같다(Corey & Corey, 2017).

글상자 7-11. 집단원을 위해 집단상담자가 제공하는 지침

1. 신뢰 형성방법을 학습한다.
2. 마음속에서 지속되는 느낌을 말로 표현한다.
3. 전문용어의 오용에 유의한다.
4. 자기 자신을 얼마나 개방할지를 결정한다.
5. 관찰자보다는 적극적인 참여자가 된다.
6. 일상생활에서 약간의 어려움이 발생할 수 있음을 예상한다.
7. 자기 자신의 생소한 부분을 발견할 수 있음을 예상한다.
8. 면밀하게 그리고 분별력 있게 경청한다.
9. 반복되는 피드백에 주의를 기울인다.
10. 자신을 특정 범주로 분류하지 않는다.

서약서 작성. 개별면담을 통해 집단상담자는 집단원 개개인에게 빠짐없는 출석, 집단작업에의 적극적 참여, 그리고 비밀유지에 관한 서약서를 작성한다. 서약서 작성은 자발적으로 이루어져야 한다. 집단원이 서약서 작성을 거부하거나 집단참여 의사가 없다면, 의뢰자 또는 미성년자 학생의 부모나 보호자 및/또는 담임교사에게 이 사실을 알린다. 집단상담자는 해당 집단원이 이다음에 자발적으로 집단에 참여하고자 한다면, 다음 집단이 시작하는 즉시 참여할 수 있도록 조치하겠다고 조언한다.

집단목표 명료화. 개별면담을 통해 집단상담자는 집단원 개개인이 집단에서 개인적으로 작업하고자 하는 목표를 설정할 수 있도록 돕는다. 집단상담자는 집단의 성격을 고려하여 집단원 개개인의 기대를 명확히 하도록 돕는다.

수업활동 / 수업시간에 함께 해 볼까요?

1. **집단상담자로서의 나의 강점·약점** 자신에 대해 잘 알고 있는 사람들(부모, 형제자매, 친구, 동료 등)에게 집단상담자와 집단원으로서 자신의 주요 강점과 약점에 대해 솔직하고 건설적인 피드백을 요청해 보자. 피드백 내용은 글로 작성하여, 강의시간에 다른 집단원들과 서로 의견을 나누어 보자. 이때 다른 구성원들과 서로에 대해 피드백을 나누어 보자.

2. **장점·강점 세례** 사람들은 어려서부터 크고 작은 비판의 세계에서 성장하게 된다. 비판은 개인의 잘못된 행실을 바로잡는 데 중요한 역할을 한다. 그러나 비판이 지나치거나 반복되면 개인의 자존감을 크게 떨어뜨리기도 한다. 낮은 자존감은 갖가지 정신적인 문제를 초래할 수 있다. 개인의 자존감 회복을 위한 방법에는 개인의 긍정적인 면, 즉 장점이나 강점을 발견하여 인정해 주는 것이다. 이 활동의 목적은 참여자 개개인의 장점, 강점, 긍정적 특성 등에 초점을 맞추고, 이를 언어적 · 비언어적으로 드러내어 줌으로써 참여자들의 자존감을 높여 주기 위함이다. 진행 절차는 다음과 같다. 먼저, 한 사람씩 지정된 자리에 앉으면 다른 사람들은 지정석에 앉은 집단원의 장점, 강점, 긍정적 특성, 칭찬할 만한 행동 등을 한 사람씩 돌아가면서 말해 준다. 모든 참여자에 대한 장점 · 강점 세례가 끝나면, 각자 자신의 긍정적 측면을 발견하게 된 소감과 피드백을 나눈다.

복습문제 / 공부한 것을 확인해 볼까요?

객관식 문항

1. 집단상담의 운영방식으로 가장 적절한 것은? ▶ **2009년 전문상담 1차**

① 집단규칙의 변경은 다수결로 결정한다.

② 집단상담자와 공동 집단상담자는 서로 대화하지 않는다.

③ 집단상담자는 집단원들의 상호 비밀보장의 준수 여부를 책임질 수 없다고 집단원들에게 알린다.

④ 어린 시절의 성학대 같은 이유로 이성으로 인한 외상이 있는 집단원들은 초기에 혼성집단으로 구성한다.

⑤ 연인관계인 집단원들을 동일한 집단으로 구성하지 않되, 상담 중에 발견하면 당사자들에게 비밀을 유지하라고 한다.

주관식 문항

2. 집단계획서 작성 시, 고려해야 할 열한 가지 요소를 쓰시오.

① ______________________ ② ______________________

③ ______________________ ④ ______________________

⑤ ______________________ ⑥ ______________________

⑦ ______________________ ⑧ ______________________

⑨ ______________________ ⑩ ______________________

⑪ ______________________

3. 집단원 선발을 위한 세 가지 방법을 서술하시오.

① ______________________

② ______________________

③ ______________________

4. 집단원 선별 절차를 밟는 이유를 서술하시오.

____

____

5. 다음에 제시된 A중학교 2학년을 위한 집단상담 프로그램 계획을 보고 ①, ②에 답하시오.

▶ **2007년 전문상담 1차**

- 프로그램 이름: 친구와 함께
- 집단상담 기간: 2006년 10월 13일 ~ 12월 1일 (8주간)
- 집단상담 시간: 주 1회 금요일 오후 3:00 ~ 5:00 (2시간)
- 집단상담 장소: 본관 1층 상담실
- 집단상담 내용: 친구 사귀는 기술 훈련
- 집단상담 참가인원: 10명 내외
- 수료기준: 1회부터 참석하여 결석 2회 이내인 학생
- 홍보계획: 교내 게시판 및 인터넷 홈페이지 활용
- 집단상담 참여 신청: 9월 26~29일, 상담실에서 신청서 작성 · 제출
- 집단상담 지도자: 상담부 김선영 선생님

위와 같이 유사한 연령층, 또는 관심사가 같은 사람들로 구성된 집단을 (①) 집단이라고 한다. 이와 같은 집단상담을 계획할 때 꼭 포함해야 하는 사항 중 위의 계획에서 빠진 것은 (②)이다.

① ______________________________

② ______________________________

6. 다음은 고등학생을 위한 분노조절 집단상담 프로그램 계획서의 일부이다. 아래 프로그램에 적용된 상담이론의 배경을 근거로 ㉠에 해당하는 활동 내용 한 가지를 그 이유와 함께 서술하시오. 그리고 아래와 같이 구조화된 프로그램을 실시할 때의 장점 두 가지와 동질집단의 장점 두 가지를 각각 서술하시오. ▶ **2015년 전문상담**

분노조절 집단상담 프로그램 계획서

- 프로그램의 목적: 청소년들의 분노 감정에 대한 이해를 높이고, 분노를 적절히 조절하는 방법을 배운다.
- 집단 대상: 고등학교 1학년생
- 집단크기: 6~8명
- 집단 형태: 동질집단, 폐쇄집단
- 집단 시간: 회기 당 90분, 총 8회기

• 장소: Wee 클래스

회기	주제	목표	활동 내용
1	프로그램 목적과 자기소개	• 프로그램 목적을 알리고 친밀감을 형성한다.	−서약서 쓰기 −자기소개
2	다양한 감정알기	• 분노는 다양한 감정 중 하나임을 안다.	−감정일기 쓰기
3	분노 이해하기	• 분노 유발 상황과 그 상황에서 경험하는 신체적, 정서적, 행동적 증상을 자각하고 상호관계를 이해한다.	−분노 이해하기 활동지 작성 −분노 상황 떠올려 보기 −분노 상황에서 경험하는 증상 탐색하기 −ABCDEF 모델 교육
4	분노를 일으키는 신념 알기	• 분노를 일으키는 비합리적 신념을 탐색한다.	−비합리적 신념 찾기 게임(조별) −나의 비합리적 신념 찾기 활동(개인)
5	(생략)	(생략)	㉠
6	대체신념 활용연습	• 대체신념을 활용할 수 있도록 연습한다.	−분노 유발 상황에서의 역할연기 −대안적 자기 진술문 만들기
		⋮	

정답 1. ③

CHAPTER

08

집단 시작,
어떻게 하는가?

집단 시작!

○ 집단의 첫 회기는 어떻게 시작하는가?
○ 집단의 매 회기는 어떻게 시작해야 하는가?
○ 집단의 첫 회기 시작은 매 회기를 시작하는 것과는 어떤 차이가 있는가?
○ 내가 집단원으로 참여할 집단은 어떻게 시작하기를 원하는가?

'시작이 반'이라는 말이 있다. 무슨 일이든지 시작하기는 어려우면서도 중요함을 비유적으로 이르는 말이다. 이 말이 시사하는 것처럼, 집단의 시작은 중요하다. 집단상담자의 전문적 능력에는 집단 회기를 효과적으로 시작할 수 있는 능력이 포함된다. 그러나 철저하게 계획하고 준비한다고 하더라도, 집단 회기의 성공적인 시작이 보장되는 것은 아니다. 집단 회기를 어떻게 시작하는가는 집단분위기, 집단역동, 집단과정, 그리고 집단 성과에 직간접적으로 영향을 준다. 집단의 첫 회기를 어떻게 시작하는지는 집단원들의 집단에 대한 첫인상뿐 아니라 이후 회기의 참여수준에도 영향을 줄 수 있다. 집단 회기가 시작되면서, 집단원들은 종종 자신이 집단에서 얼마나 수용되고 있는지에 관심이 집중된다. 다른 한편으로, 집단원들은 집단이 얼마나 안전한지, 어떤 집단원을 좋아하고 싫어하며, 얼마나 믿을 수 있는지, 얼마만큼 자기를 드러내고 얼마나 적극적으로 참여할 것인지를 결정한다.

집단 회기를 어떻게 시작하는가는 집단원들의 이러한 반응은 물론, 집단상담자와의 신뢰 관계에도 영향을 준다. 집단상담자와의 신뢰 관계와 상호작용을 통해 집단원들은 수용과 존중, 공감적 이해, 심리적·신체적 주의 기울이기, 반응하기 등의 기본적인 사회적 기술을 습득하게 된다. 이러한 경험은 집단 내 신뢰감 형성을 촉진할 뿐 아니라, 집단의 성과에도 영향을 미친다는 점에서 집단의 첫 회기를 어떻게 시작하는가는 매우 중요하다. 집단 시작은 집단의 첫 회기 시작과 매 회기 시작으로 나눌 수 있다. 집단 회기를 시작하는 방식은 집단상담자에 따라 다소 차이가 있을 수 있다. 그러나 이 장에서는 집단상담자들이 일반적으로 담당하게 될 역할에 초점을 맞추고, 첫 회기의 특징을 정리해 보고, 집단의 첫 회기와 매 회기를 어떻게 시작할 것인가를 집단상담자의 역할과 함께 살펴보기로 한다.

집단, 첫 회기 과정

집단의 첫 회기는 다른 회기에 비해 집단상담자에게 부담이 되는 시간이다. 이는 마치 오랫동안 계획하고 준비해 왔던 공연을 위해 무대 위로 발걸음을 옮기는 연주자의 심정에 비유할 수 있다. 이러한 상황은 집단원들 역시 크게 다르지 않다. 집단의 첫 회기는 집단원들에게도 마찬가지로 긴장감이 고조될 수 있다. 특히, 집단에 처음으로 참여하는 집단원에게는 더욱 그러할 것이다. 낯선 사람들과 만나 사적인 주제로 대화를 나눈다는 것은 말처럼 그리 쉬운 일이 아닐 것이기 때문이다.

집단의 첫 회기는 대체로 다음과 같은 과정으로 진행된다. 즉, 집단상담자와 집단원들이 서로 소개하고, 인사를 나누는 한편, 집단상담자는 집단의 목적과 방향, 그리고 집단원들이 준수해야 할 기본규칙에 대해 안내한다. 또한, 집단원들과 함께 집단규범group norms에 대해 논의하고 집단규칙group rules을 정한다. 이때, 집단에서 습득한 것을 일상생활에 적용하기 위해서는 집단원 각자의 노력이 필요하며, 그에 따라 얻어지는 성과에도 차이가 있을 것임을 강조한다. 그리고 집단상담자는 공감적 이해, 수용적 존중, 긍정적인 어조 등을 통해 집단원들과의 신뢰관계 형성에 역점을 둔다.

집단상담자는 집단원들에게 참여 기회를 공평하게 제공함으로써 집단역동을 촉진한다. 또한, 집단작업의 치료적 효과를 높이기 위해 자신의 전문지식과 임상경험을 적극 활용한다. 집단상담자와의 신뢰관계를 바탕으로 집단원들은 집단참여 목적과 관심사, 그리고 집단의 상호작용에서 갖게 되는 느낌과 생각을 표현하는 방법에 대해 배우게 된다. 또한, 집단과정의 기초, 즉 자기 자신을 다른 집단원들에게 드러내는 한편, 이들과의 상호작용을 통해 피드백을 주고받으면서 자기 탐색에 몰입하고, 다른 집단원들에게도 도움을 제공하여 자긍심을 높일 기회를 얻게 된다.

집단의 첫 회기에서 돋보이는 점은 집단상담자의 모델링, 즉 시범을 보이는 일이다. 개방적 태도로 집단원들에게 심리적인 주의를 기울이고, 책임 소재를 명확하게 하며, 집단참여 목적을 구체화하도록 돕는 일이다. 또한, 집단원들의 관심사와 문제점을 개방적으로 다루고, 구조화를 통해 이들이 생각하고 느끼는 바를 공유할 수 있도록 돕는 일이다. 그뿐 아니라, 집단원들에게 적극적 경청을 통한 반응 같은 기본적인 상호작용 방법을 가르쳐서 집단에 대한 기대와 요구를 평가하는 한편, 이런 기대와 요구가 충족되는 방향으로 이끌어 가는 역할을 하는 것이다. 집단의 첫 회기를 마치면서 집단상담자는 글상자 8-1과 같은 간단한 질문을 스스로 던져 봄으로써 자신의 역할 수행 정도를 점검할 수 있다.

글상자 8-1. 첫 회기 종결을 위한 체크리스트

- ○ 집단의 목적을 명확하게 언급했는가?
- ○ 집단원들이 서로 인사를 나누고, 소개할 수 있는 시간을 가졌는가?
- ○ 집단 내에 신뢰 분위기와 수용적인 관계가 형성되고 있는가?
- ○ 집단원들은 자신들의 감정과 행동에 관해 이야기를 나누었는가?

앞서 언급한 것처럼, 집단의 첫 회기를 어떻게 시작하는가는 그 이후의 회기에도 직간접적으로 영향을 준다. 그러면 이렇게 중요한 집단의 첫 회기는 어떻게 시작해야 하는가?

첫 회기, 어떻게 시작하는가

집단의 첫 회기를 어떻게 시작할 것인가를 알아보기 위해서는 우선 집단 회기 시

작에서 집단상담자가 담당해야 할 주요 과업을 살펴봐야 할 것이다. 집단 시작에 있어서 집단상담자의 주요 과업은 글상자 8-2와 같이 요약 · 정리할 수 있다.

글상자 8-2. 집단 시작 시 집단상담자의 주요 과업

1. 집단 시작	2. 집단구조화	3. 집단원 소개
4. 신뢰 분위기 조성	5. 긍정적 어조 사용	6. 집단원의 기대표현 돕기
7. 집단원의 자기표현 촉진	8. 집단원의 참여 촉진	9. 목표 구체화
10. 적절한 자기개방 촉진	11. 집단과정 관찰	12. 대화 내용에 초점
13. 질문에 대한 답변	14. 첫 회기 종결	

집단 시작

집단의 첫 회기를 시작하면서 집단상담자가 수행해야 할 첫 번째 과업은 집단 회기를 시작한다는 선언과 함께 집단 회기를 시작하는 것이다. 집단 회기를 시작하는 일은 어떤 집단원에게도 맡길 수 없는 집단상담자 고유의 권한이면서 임무다. 집단의 첫 회기를 시작하면서, 집단상담자는 수용적 태도와 공감적 이해를 기반으로, 긍정적인 어조로 집단원들에게 관심과 배려, 그리고 돕고자 하는 의도를 전달한다. 집단상담자의 이러한 노력은 집단 내에 신뢰 분위기를 조성하게 되어 자연스럽게 집단원들의 자기개방을 꾀하게 된다. 집단의 첫 회기를 시작하기 위한 방안을 좀 더 구체적으로 살펴보면 다음과 같다.

어떻게 시작하는가. 집단의 첫 회기는 일반적으로 집단상담자가 자기 자신과 집단의 성격에 대해 간단히 소개하고, 집단의 목적을 간략히 언급하는 것으로 시작한다. 이어서 필요하다면 말문 열기 활동(ice-breaking activities)을 통해 집단원들 간의 신뢰감 형성 촉진하거나, 아무런 활동 없이 직접 주제에 관한 논의로 들어간다. 청소년 또는 성인에 비해 의사표현 능력이 부족한 편인 초등학생들은 대화를 자발적으로 주도해 나가기보다는 오히려 집단상담자의 지문에 대답하는 것에 익숙한 경향이 있다. 그러므로 아동집단의 경우, 간단한 말문 열기/워밍업 활동으로

시작하도록 구조화함으로써 아동의 불안감을 덜어 주는 한편, 자발적으로 감정을 표현할 수 있도록 한다. 학교생활에서 좋아하는 것과 싫어하는 것 한두 가지를 말해 보도록 하는 활동은 간단한 '말문 열기' 활동의 한 예다. 집단원들 간의 관계를 촉진하기 위한 활동의 예는 글상자 8-3과 같다.

글상자 8-3. 집단 회기 시작을 위한 활동의 예

- ○ 각자 소개하고 인사하기
- ○ 집단원들 간의 신뢰 관계 형성을 위해 구조화된 활동하기
- ○ 2인 1조로 대화를 나눈 다음, 집단에서 대화 내용 및 소감 나누기
- ○ 사전에 준비된 미완성문장을 작성 · 발표하기

집단원들 간의 관계 촉진을 위한 활동을 실시할 때, 집단 소개에 앞서 집단원들을 먼저 소개할 수 있다. 집단의 주제에 따라, 집단을 시작하는 진술의 예는 대화상자 8-1과 같다.

대화상자 8-1. 집단 시작을 위한 진술의 예

☐ 이혼가정의 자녀 집단

리 더: 지난 모임 때 말한 것처럼, 이 집단은 어린이 여러분의 부모님과 더 이상 함께 살지 않게 된 상황에 대한 느낌과 생각을 함께 나누기 위한 모임이에요. 부모님이 여러분 곁을 떠나게 되면서 갖가지 느낌이 들었을 텐데, 그러한 느낌을 이 집단에서 나눌 거예요. 음, 그러면 이야기를 나누기 전에 집단에 참석한 사람들의 이름을 기억할 수 있도록 간단한 활동을 해 보겠어요. (잠시 멈추었다가) 내가 먼저 내 이름을 말하면, 내 옆에 앉은 송현이는 내 이름을 먼저 말하고 송현이 자신의 이름을 말하면 되겠죠. 다음으로, 주은이는 내 이름과 송현이 이름을 말한 후에, 주은이 자신의 이름을 말해야겠죠. 이렇게 돌아가면서 서로의 이름을 기억해 주는 것이에요. 자, 그러면 시작해 볼까요?

☐ 진로결정집단

리 더: 먼저, 진로결정집단에서 여러분들과 만나게 되어 반갑습니다. 이 집단의 목

표는 여러분의 소질과 적성에 맞는 진로를 탐색해 보고 진로에 관한 결정을 하기 위함입니다. 집단을 시작하기 전에 잠시 저에 대해 소개하고, 앞으로 4주에 걸쳐 매주 한 시간씩 예정된 각 집단 회기에 대해 설명하겠습니다.

☐ 의사소통 기술 증진 집단

리 더: 저는 지난 몇 년 동안 청소년 상담에 있어서 효과적인 의사소통 프로그램에 관해 관심을 가지고 연구를 진행해 오다가, 교과지도와 생활지도에 있어서 선생님들이 교실에서 학생들과 소통하는 데 도움이 될 만한 면담기술을 개발하게 되었습니다. 먼저, 제가 나누어 드린 유인물을 살펴보면서, 이 시간을 어떻게 활용할 것인지에 대해 잠시 말씀드리겠습니다.

집단의 첫 회기를 어떤 말로 시작할 것인가? 이는 집단원들의 집단과 집단상담자에 대한 첫 인상에 영향을 준다는 점에서 그 중요성은 의심할 여지가 없다. 그런데 집단을 시작하면서 집단상담자는 때로 다음과 같은 실수를 한다.

집단상담자의 실수. 집단상담자가 흔히 범할 수 있는 실수로는 ① 경직된 시작, ② 산만한 시작, ③ 강압적 시작을 들 수 있다.

첫째, 경직된 시작, 즉 지나치게 형식적이고 틀에 얽매여 경직되게 시작하는 것이다. 이 경우는 집단상담자가 너무 긴장한 나머지, 집단규범과 한계에 대해 지나치게 상세하거나 장황하게 설명하는 것이다. 집단의 첫 회기를 경직되게 시작하면, 집단원들은 마치 강의 또는 수업을 받는 것 같은 인상을 받게 될 수 있다. 그 결과, 집단원들은 집단상담자가 권위적인 태도로 집단을 압도한다는 인상을 받게 되어 시작부터 위압감 또는 지루함을 느낄 수 있다.

둘째, 산만한 시작, 즉 일정한 형식이 없이 산만하게 집단을 시작하는 것이다. 이 경우는 자칫 집단원들에게 집단에 대한 부정적인 인상을 주게 되어 신뢰감 형성에 걸림돌이 되기도 한다. 집단이 시작될 때 느꼈던 지루함 또는 불신은 집단원들로 하여금 집단참여에 소극적인 태도를 보이거나 조기에 집단을 떠나게 하는 원인이 될 수 있다.

셋째, 강압적 시작, 즉 집단 회기를 시작하면서부터 집단원에게 집단참여를 무리하게 종용하는 것이다. 이는 집단원들이 미처 마음의 준비되지 않은 상태에서 강한 압박감을 느끼게 하여, 집단 역동과 성과에 부정적인 영향을 미칠 수 있다. 이러한 현상은 집단원의 연령 또는 정신적 능력이 낮고, 집단참여 경험이 없을수록 빈번하게 나타난다(Riva & Haub, 2004). 대화상자 8-2는 집단을 시작하자마자 본론으로 들어가고자 하는 집단상담자와 이에 대해 미처 마음의 준비가 되지 않은 집단원 사이의 대화의 예다.

대화상자 8-2. 첫 회기를 시작하면서 집단상담자가 흔히 범하는 실수의 예

리 더: 그러면 시간이 없으니까 제 옆에 앉은 사람부터 시작해서, 이 집단에 어떤 이유로 참여하게 되었는지부터 들어 보겠습니다. 자, 바로 시작하시죠!
상 철: 네? 저…….
재 현: 글쎄요.

대화상자 8-2와 같이 미처 집단의 분위기에 적응이 되지 않은 집단원은 집단상담자의 갑작스러운 요구에 적절한 답변을 하기 어려워할 뿐만 아니라 불필요하게 부담스러워할 수 있다.

집단구조화

집단의 첫 회기를 시작하면서 집단상담자가 수행해야 할 두 번째 과업은 집단구조화다. 집단구조화group structuring란 집단과정을 촉진하기 위한 틀 또는 뼈대를 세우는 작업으로, 직접적인 교육의 성격을 띠며, 집단의 목적 · 규칙 · 과정을 소개하는 활동을 말한다. 집단구조화는 되도록 간결하게 하여, 집단원들이 지루함을 느끼지 않도록 한다. 그렇다고 해서, 필수로 포함되어야 할 내용이 제대로 언급되지 않는 구조화는 집단원들이 집단의 목적과 규칙을 명확하게 이해하지 못하게 되어 집단발달을 저해할 수 있다. 그러므로 집단상담자는 구조화의 간결성과 내용 충실도를 절충해야 할 것이다.

집단구조화는 집단원의 지적 능력이나 사회적 기능의 정도를 고려하여 실시한다. 즉, 어린 아동 또는 상호작용 능력이 부족한 집단원들로 구성된 집단인 경우, 그들의 참조틀frame of reference과 어휘력에 적합한 언어를 사용해서 구체적이고 세세한 내용까지 포함된 구조화가 요구된다. 그러나 집단원들이 집단과정에 익숙해지게 되면서 구조화의 필요성은 점차 감소한다. 그렇다면 집단구조화는 어떤 내용으로 구성되어야 하는가? 집단구조화에는 ① 집단목적 확인, ② 집단상담자의 역할 소개, ③ 집단규칙 설명, ④ 집단운영 방법 소개가 포함되어야 한다. 그러면 집단목적 확인에 관해 알아보자.

집단목적 확인. 집단구조화에 포함되어야 할 첫 번째 요소는 집단목적 확인이다. 집단의 기본 목적goals은 집단원 개개인이 인간적으로 성장하여 행복하고 만족스러운 삶을 영위할 수 있도록 돕는 것이다. 이러한 목적을 달성하기 위해서는 집단의 회기별 세부목표objectives를 설정한다. 세부목표의 예로는 집단원들 간의 관계 형성, 신뢰관계 구축, 가치관 명료화, 집단원의 개인적 관심사 확인, 논의를 원하는 주제 확인 등을 들 수 있다. 집단 회기의 목표는 집단원마다 다르게 설정되는 것이 일반적이다. 그러나 때로는 집단상담자와 집단원들이 함께 협의하여 다음 회기의 목표와 주제를 결정하기도 한다. 일단 집단 회기의 목표가 결정되면, 집단상담자는 대화상자 8-3과 같이 회기를 시작할 수 있다.

대화상자 8-3. 집단의 목적 확인 후, 집단상담자의 진술 예

리 더: 자, 오늘은 지난 회기를 마치면서 약속했던 세현 씨의 부부관계에 대한 사안부터 다루도록 하겠습니다. 여러분 잘 기억하고 있었죠?

대화상자 8-3에서 집단상담자는 지난 회기를 마치면서 약속했던 사안을 언급하면서 새로운 집단 회기를 시작하고 있다. 집단의 첫 회기에 집단원들의 논의가 어느 정도 무르익었다고 판단될 때, 집단상담자는 집단원들 간에 피드백을 교환하도록 대화상자 8-4와 같이 제안할 수 있다.

대화상자 8-4. 피드백 교환을 제안하는 진술의 예

> **리 더:** 지금까지 대인관계와 관련된 여러분의 경험에 관해 이야기를 나누어 보았습니다. 지금부터는 집단에서 서로를 통해 어떤 경험을 했는지에 대해 피드백을 나누어 보겠어요. 1인당 약 3분 정도의 시간을 드리겠어요. 먼저, 그 사람의 강점을 들고, 다음에는 변화가 필요하다고 생각되는 점에 관해 이야기하면 됩니다. 자, 그럼 누구부터 시작할까요?

집단상담자의 역할 소개. 집단구조화에 포함되어야 할 두 번째 요소는 집단상담자의 역할을 소개하는 일이다. 집단상담자는 자신의 역할, 즉 촉진자, 치료자, 교육자 및/또는 상담자로서의 역할에 관해 간단명료하게 설명한다. 이를 통해 집단원들은 집단상담자에게 기대할 수 있는 것이 무엇인지 명확하게 이해할 수 있도록 도울 수 있다. 집단상담자가 자신의 역할을 소개하는 진술의 예는 대화상자 8-5와 같다.

대화상자 8-5. 집단상담자가 자신의 역할을 소개하는 진술의 예

> **리 더:** 자, 그러면 잠시 여러분에게 제 역할에 대해 말씀드리겠어요. 우리는 앞으로 총 10주에 걸쳐 매주 수요일 저녁 7시 30분에 이 자리에 모여 서로의 경험과 관심사에 관해 이야기를 나누게 될 것입니다. 제 역할은 상황에 따라 다소 차이가 있을 거예요. 주로 상담자와 촉진자로서의 역할을 담당하겠지만, 필요한 경우에는 교육자나 치료자의 역할을 담당하게 될 거예요.

대화상자 8-5에서 집단상담자는 자신의 역할을 상담자, 촉진자, 교육자, 치료자로 소개하고 있다. 이와는 대조적으로, 초등학생을 위한 집단의 경우, 집단상담자는 자신을 '상담 선생님'으로 아동들에게 간단히 소개할 수 있다. 그리고 집단에서 아동들과 함께 학교, 가정, 친구와의 관계에서 겪고 있는 문제와 관심사, 느낌에 관해 이야기를 나누게 될 것이라고 설명한다. 집단상담자는 아동들에게 그들의 두려움이나 고민거리와 같이, 그들과 관련된 문제에 관해 이야기할 수 있다는 점을 상세히 설명해 준다.

집단상담자는 또한 집단의 진행 상황에 대해 학부모와 교사에게 이야기할 것이라는 점을 아동들에게 알린다. 그리고 혹시 학부모 또는 교사와 집단상담의 진행 상황에 대해 협의해야 하는 경우가 생긴다면, 이 사실을 해당 아동에게 사전에 알려 줄 것이라는 점을 말해 준다. 그러나 집단에서 알게 되는 것은 비밀로 하되, 문제를 다루는 데 도움이 되는 중요한 사항은 반드시 학부모와 담임교사와 상의할 것이라고 설명한다. 그리고 집단에 참여하는 아동들도 집단에서 알게 되는 것은 반드시 비밀을 지켜야 함을 주지시킨다. 덧붙여서, 비밀유지는 집단 회기에서 자주 논의될 규칙이라는 점을 강조한다.

집단규칙 설명. 집단구조화에 포함되어야 할 세 번째 요소는 집단규칙에 대한 설명이다. 집단상담자는 집단참여에 필요한 지침을 소개하고, 집단규칙을 설명한다. 집단규범group norm이 윤리나 도덕처럼, 집단원들에게 실천을 요구하는 행동기준으로, 권장사항으로 기능한다면, "집단규칙group rule은 법률이나 학칙처럼 구체적으로 명시되며, 위반에 대한 벌 또는 제재방침이 설정되어 있는 행동기준이다."(강진령, 2012, p. 352) 일반적으로 집단규칙에 포함되어야 할 내용은 글상자 8-4와 같다.

글상자 8-4. 집단규칙에 포함되어야 할 내용

1. 집단참여 시간을 엄수할 것
2. 음주 상태에서 집단참여는 금지함
3. 집단활동과 논의에 적극적으로 참여할 것
4. 집단원들의 사적인 정보에 대한 비밀을 유지할 것
5. 집단에서 음식을 먹거나, 음주 또는 흡연은 금지함
6. 다른 집단원을 비난 또는 공격하거나, 궁지에 빠뜨리는 행위는 금지함

집단상담자는 글상자 8-4에 열거된 내용을 토대로 규칙을 설정한다. 그러나 첫 회기에 모든 집단규칙에 대해 일일이 논의해야 하는 것은 아니다. 시작부터 해야 할 일과 해서는 안 되는 일에 대해 장황하게 언급하다 보면, 집단원들이 지루해할

수 있고 자칫 위협적으로 느껴질 수 있기 때문이다. 물론 효율성을 고려할 때, 집단규칙은 집단의 첫 회기를 시작하면서 자연스럽게 소개하는 것이 좋다. 집단의 분위기와 상황을 고려하지 않고, 집단의 문을 처음으로 열자마자 의례적이고 형식적으로 공표하는 방식을 취하는 것은 지양해야 할 것이다. 대화상자 8-6은 집단과정에서 집단규칙을 설명해야 할 상황이 생겼을 때, 집단상담자와 집단원 사이에 이루어진 대화의 예다.

대화상자 8-6. 집단규칙을 설명하는 대화의 예 1

지 민: (다소 격앙된 어조로) 연서 씨는 원래 그렇게 말이 없나요?

리 더: 잠시만요, 지민 씨. 때로 다른 사람의 말을 듣고 싶은 경우가 있을 겁니다. 그렇지만 우리 집단에는 다른 사람에게 말을 하도록 종용하거나 압력을 가해서는 안 된다는 규칙이 있는 것 기억하시죠? 다른 사람에게 말을 하도록 요구하기보다는 그 사람이 어떤 생각이나 느낌을 가지고 있는지에 대해 궁금하다고 표현할 수 있을 겁니다. 이러한 규칙을 설정한 이유는 집단에 참여한 사람들이 다른 사람들로부터 공격을 받거나 따돌려지게 될까 염려하는 것을 원치 않기 때문입니다. (지민이 이해하고 있음을 확인한 후, 잠시 멈추었다가) 자, 그러면 자인 씨 이야기로 다시 돌아갈까요?

대화상자 8-6에서 집단상담자는 집단규칙에 대해 언급할 필요성을 느끼고, 적절하게 부드러운 어조로 설명하고 있다. 집단상담자는 자칫 집단과정의 걸림돌이 될 수 있었던 지민이라는 집단원의 끼어드는 행동을 오히려 집단규칙에 관한 구조화를 실시하는 기회로 활용하고 있다. 집단의 초점을 집단규칙으로 이동시킴으로써 집단상담자는 의도하지 않게 가해자가 될 뻔한 지민을 배려하는 한편, 잠재적으로 피해자가 될 수 있었던 연서를 보호하고 있다. 그런 다음, 집단상담자는 본래 주제로 다시 초점을 옮기고 있다.

앞서 언급한 것처럼, 집단규칙은 집단의 첫 회기를 시작하면서 집단구조화의 일환으로 소개될 수 있다. 그러나 대화상자 8-6처럼 집단과정에서 필요한 경우에 적절하게 언급된다면, 집단원에게는 오히려 집단규칙에 관해 더 잘 이해할 기회가 될 것이다. 이와 관련된 예를 하나 더 들어 보자. 대화상자 8-7은 대학생들로 구성된 집단에서 첫 회기가 거의 끝나갈 무렵에 이루어진 대화의 예다.

대화상자 8-7. 집단규칙을 설명하는 대화의 예 2

한 솔: (갑자기 진지한 표정을 지으며) 선생님, 사실 제가 오늘 집단에 오기 전까지만 해도 이 말은 하지 않으려고 했는데요. (잠시 멈추었다가) 아직 아무한테도 말한 적이 없어서 아무도 모를 텐데요. 음, 우리 학교 기숙사 룸메(*주. 룸메이트)가 또 사고를 쳤거든요.

리 더: 아, 그래요. 그런데 한솔 씨, 한 가지 중요한 점을 말씀드리고 싶어요. 음, 오늘 집단을 처음 시작할 때, 비밀유지에 관한 원칙을 이미 말씀드렸는데요. 아무리 중요하다고 생각되더라도 이 자리에 없는 사람의 사적인 내용이라면, 우리 집단의 규칙을 다시 한번 고려해 보면 좋겠어요. 이 집단에서 신뢰관계가 형성되려면, 이 자리에 없는 사람의 사적인 비밀을 말하지 않는 것이 아주 중요하거든요. 모두 다 이해하고 있죠? (한솔이 고개를 끄덕이며 수긍하는 반응을 확인하면서 다른 집단원들을 둘러보며 반응을 살펴본 후, 가벼운 미소를 지으며) 자, 그럼 우리가 나누던 이야기로 다시 돌아갈까요?

대화상자 8-7의 예처럼, 집단초기에 집단원들은 비교적 일상적이고 피상적인 내용의 이야기를 나누는 경향이 있다. 그러다가 종결이 임박한 시점에서 사적인 관심사나 문제를 털어놓기도 한다. 이 대화의 예에서 집단상담자는 집단원의 표정과 태도에서 직감적으로 사적인 내용이라는 사실을 감지하고는 비밀유지에 관한 규칙을 설명하고 있다. 이처럼 필요한 경우에 집단규칙을 설명함으로써 집단상담자는 집단원들에게 집단규칙의 용도와 필요성을 더욱 강하게 인식시킬 수 있다.

집단구조화는 지적 수준과 발달수준에 적합한 언어로 실시해야 한다. 예를 들어, 초등학생들로 구성된 집단에서는 사적인 비밀을 지켜야 하는 이유와 목적을 아동들이 이해할 수 있는 언어로 설명해 준다. 필요한 경우, 비밀유지 원칙을 파기할 수 있는 예외 조항에 대해 말해 준다. 그리고 만일 아동들의 안전에 위협이 될 만한 상황이 발생하는 경우, 아동을 보호하기 위해 부득이 학부모나 교사에게 알릴 수밖에 없다는 점을 말해 준다. 그뿐 아니라 다른 아동을 신체적 · 언어적으로 상처를 주거나 다른 사람의 소유물 또는 재산을 파괴하는 것은 결코 용납되지 않음을 알린다. 집단상담자는 아동들과 함께 규칙을 제정하여 아동들이 집단참여를 하는 데 있어서 자신의 책임을 올바르게 인식하도록 돕는다.

집단운영 방법 소개. 집단구조화에 포함되어야 할 네 번째 요소는 집단운영 방법을 소개하는 일이다. 즉, 집단상담자는 집단이 어떤 계획하에, 어떤 방식으로 운영되는지를 소개한다. 집단의 첫 회기에 집단운영 방법을 소개하는 이유는 다음 두 가지로 정리할 수 있다. 하나는 논의 방식 또는 활동에 관한 설명으로, 집단원들의 긴장감과 불안감 해소를 꾀하는 동시에, 집단에의 적응과 집단원의 역할 수행을 용이하도록 돕기 위함이다. 또 다른 하나는 이러한 설명을 듣고 집단참여를 포기하는 집단원이 생길 수도 있기 때문이다.

중도에 집단을 떠나려는 집단원이 생기는 경우, 집단상담자는 개인면담을 통해 중도 포기를 결정하게 된 이유를 들어 본다. 중도 포기 사유의 타당성에 따라 집단상담자는 집단참여에 대한 설득 여부를 결정한다. 만일 중도 포기를 결심하게 된 동기가 집단원의 집단참여 목적이 집단의 유형에 부합하지 않는다면, 집단상담자는 집단에 계속 남아 있도록 종용해서는 안 된다. 그러나 이와는 달리 단지 막연한 불안감 때문이라면, 집단에 남도록 적극 권유한다. 대화상자 8-8은 학부모를 대상으로 자녀와의 의사소통 기술 향상을 위한 교육집단에서 상담자가 집단운영방법을 소개하는 예다.

대화상자 8-8. 교육집단 운영방법 소개를 위한 집단상담자 진술의 예

리 더: 앞으로 집단 회기의 첫 10분은 지난 회기의 주제를 요약 · 정리하는 시간으로 활용하겠습니다. 그러고 나서, 강사 선생님의 강의를 듣고, 나머지 시간은 강의에 대한 반응과 서로의 의견을 함께 나누도록 하겠습니다.

대화상자 8-8에서 집단상담자는 집단 회기의 일부를 특정 과업을 위한 시간으

로 나누어 지정하고 있다. 상담 · 치료 · 성장 집단의 경우, 집단상담자는 집단원들에게 자신이 어떤 방식으로 시간을 배분하여 집단을 이끌어 나갈 것인지를 설명한다. 그리고 만일 비구조화 집단에서 때로 구조화 활동을 활용할 계획이라면, 이러한 사실을 사전에 알린다. 이처럼 집단상담자가 사전에 집단운영방법과 계획을 소개하는 것은 집단원들에게 집단이 어떻게 진행될 것임을 염두에 두고 참여할 수 있다는 점에서 바람직하다. 대화상자 8-9는 치료집단에서 집단치료자가 집단운영방법을 소개하는 진술의 예다.

대화상자 8-9. 치료집단 운영방법 소개를 위한 집단치료자 진술의 예

리 더: 경우에 따라서는 아주 사적인 문제나 관심사를 내어놓는 사람이 있을 겁니다. 이런 경우, 우리는 그분에게 초점을 맞추고 도움이 되기 위해 노력할 겁니다. 그리고 필요하다면, 다른 사람들이 보는 앞에서 일대일로 상담하게 되는 경우도 있을 거예요.

집단원 소개

집단의 첫 회기를 시작하면서 집단상담자가 수행해야 할 세 번째 과업은 집단원들이 서로 소개하도록 돕는 일이다. 사람은 대체로 서로에 대해 알게 될수록 안전감을 느끼게 된다. 또한, 서로에 대해 안전감을 느낄 수 있는 만큼 서로에 대한 신뢰감이 싹트게 된다. 그러므로 기꺼이 개인적인 관심사 또는 심도 있는 문제를 함께 논의하게 될 집단일수록, 서로에 대해 알고 안전감을 느끼며 신뢰감이 형성되도록 돕는 일은 중요하다. 예를 들어, 상담 · 치료 · 성장 집단에서는 집단원들이 사적인 부분에 관해 이야기를 나누게 된다는 점에서 구성원들이 서로에 대해 관심을 갖게 마련이다. 그러므로 집단의 첫 회기에 서로 소개하는 시간은 그만큼 중요하다.

반면, 과업 · 교육 집단의 경우에는 이미 서로에 대해 알고 있거나 집단에서 사적인 내용을 다루지 않으므로, 서로를 소개하는 시간이 차지하는 비중은 상대적

으로 적은 편이다. 물론 집단의 유형에 따라 집단원 소개 방법이 달라지겠지만, 집단의 첫 회기에 집단원들의 가슴에 명찰을 부착하게 하는 것은 서로를 쉽게 알 수 있도록 하는 한 가지 방법이다. 게다가 집단원 소개는 간단하면서도 홍미를 유발할 수 있는 구조화된 활동으로 대신할 수 있다. 여기서는 집단원 소개 방법으로 ① 각자 소개하기, ② 이름 쌓기, ③ 2인 1조 소개하기, ④ 돌아가며 소개하기에 대해 살펴보기로 한다.

각자 소개하기. 각자 소개하기[name round]는 집단원들이 일정한 순서 없이 자발적으로 자신을 소개하는 방법을 말한다. 이 방법은 집단에서 가장 흔히 사용되는 자기소개 방법이다. 각자 소개하기는 이름, 집단참여 동기, 태어나서 자란 곳, 직업, 취미, 특기, 결혼 여부, 가족관계 등과 같은 내용을 소개하는 것이 일반적이다. 각자 소개하기를 위한 집단상담자의 진술 예는 대화상자 8-10과 같다.

대화상자 8-10. 각자 소개하기의 예

리 더: 이제 서로 소개하는 시간을 잠시 갖겠습니다. 정해진 순서는 없지만, 소개할 때, 자기 이름과 집단에 참여하게 된 동기나, 이 집단을 통해 얻고자 하는 점 등에 대해 소개하면 됩니다. 자, 누구부터 시작할까요? (자발적으로 먼저 시작하는 집단원이 나타나지 않자) 서로에 대해 잘 모르는 상태에서 자기 자신을 드러내는 일은 그리 쉽지 않을 겁니다. 그러면 편의상 제 옆에 앉은 현상 씨부터 시작해 보시겠어요?

이름 쌓기. 이름 쌓기[repeat round]는 첫 번째 집단원이 자신을 소개하면, 다음 집단원은 첫 번째 집단원의 이름을 말하고 나서, 자신을 소개하는 것을 돌아가면서 반복하는 방법이다. 이는 집단원들의 주의를 집중하게 하여 단시간에 다른 집단원의 이름을 기억하게 하는 방법이다. 이름 쌓기는 기억력을 활용해야 한다는 점에서 집단원들에게 다소 도전적이면서도 홍미를 유발할 만한 소개 방법이다. 이름 쌓기는 대화상자 8-11과 같은 진술로 시작할 수 있다.

대화상자 8-11. 이름 쌓기를 위한 진술의 예

> **리 더:** 지금부터 이름 쌓기 활동을 통해 서로를 소개하는 시간을 갖겠습니다. 제가 먼저 저에 대한 소개를 하면, 옆에 앉은 송주 씨는 제 이름을 먼저 말하고, 자신을 소개합니다. 그러고 나서 송주 씨 옆의 나영 씨는 제 이름과 송주 씨 이름을 말하고, 나영 씨 자신에 대해 소개하면 됩니다. 자, 이해가 되셨나요? 그럼 시작해 볼까요?

2인 1조 소개하기. 2인 1조dyads 소개하기는 집단원들이 둘씩 짝을 지어 이름, 소속, 집단참여 동기, 집단에서 얻고자 하는 점 등에 관한 내용을 토대로 이야기를 나누는 방법이다. 2인 1조로 소개하는 방법은 다음 두 가지로 변형시켜 활용할 수 있다. 하나는 집단원들을 2인 1조로 나누어 서로 소개할 수 있는 시간을 제공하되, 일정한 시간이 지나면 다른 집단원과 차례로 짝을 바꾸어 가며 소개하는 방법이다. 다른 하나는 2인 1조로 서로 소개하고 나서, 전체 집단에서 상대방을 소개하는 방법이다. 2인 1조 소개 방법은 대체로 시간이 많이 소요된다는 한계가 있다. 그러므로 이 방법은 집단원 수가 적어도 7명 미만인 상담 · 치료 · 성장 집단에 적합하다. 2인 1조 소개를 위해 집단상담자는 대화상자 8-12와 같이 말할 수 있다.

대화상자 8-12. 2인 1조 소개 시간을 갖기 위한 집단상담자 진술의 예

> **리 더:** 지금까지 집단의 목적과 규정을 설명해 드렸습니다. 그럼 이어서 둘씩 짝을 지어 서로 소개하는 시간을 갖겠습니다. 먼저, 내 옆에 앉은 선경이가 그 옆의 상현이와 짝을 지면, 미수와 민철이가 짝이 되겠죠? (잠시 멈추어 집단원 모두가 둘씩 짝을 지어 자리에 앉은 것을 확인하고 나서) 자, 그러면 앞으로 2분 동안 각자 소개하고, 집단참여 동기와 목적에 대해 이야기를 나누겠습니다. 제가 '그만'이라고 하면, 오른쪽 옆에 있는 다른 사람과 짝을 이루어, 동일한 방법으로 이야기를 나누시기 바랍니다.

돌아가며 소개하기. 돌아가며 소개하기milling는 집단원 개개인이 마치 맷돌이

돌아가듯이 한 방향으로 차례대로 소개하는 방법이다. 의자에 앉은 상태로 하는 것이 일반적이지만, 경우에 따라서는 모두 일어선 상태에서 실시하기도 한다. 이 방법은 특히 집단원의 수가 많은 집단에 적합하다. 이 활동은 집단상담자의 대화상자 8-13과 같은 진술로 시작할 수 있다.

대화상자 8-13. 돌아가며 소개하기를 위한 집단상담자 진술의 예

리 더: 자, 그러면 앞으로 약 10분 동안 서로를 소개하는 시간을 갖겠습니다. 모두 자리에서 일어나세요. (잠시 멈추었다가) 한 사람씩 차례로 돌아가면서 자기를 소개하고, 집단에 참여하게 된 동기에 대해 간략하게 말씀해 주시면 됩니다. 다른 분들은 소개하는 사람의 이름과 집단에 참여하게 된 동기, 그리고 얻고자 하는 점에 대해 잘 경청해 주시기 바랍니다.

집단원 소개 방법 또는 이와 관련된 구조화된 활동이나 프로그램은 다양하다. 어떤 활동을 택할 것인가는 집단크기, 회기 수, 목적 등의 변수를 고려한다. 집단원 소개 방법의 선택을 위한 일반적인 지침은 다음과 같다. 즉, 집단원 수가 많을수록 시간이 덜 걸리는 활동을 택하는 반면, 적을수록 더 많은 시간이 요구되는 활동을 택할 수 있다. 단, 집단상담자는 집단원 소개를 위한 시간이 늘어날수록, 집단작업을 위한 시간은 줄게 된다는 점을 염두에 두어야 한다. 그러므로 집단의 총 회기 수가 짧은 집단의 경우, 긴 시간이 필요한 활동은 지양해야 할 것이다.

신뢰 분위기 조성

집단의 첫 회기를 시작하면서 집단상담자가 수행해야 할 네 번째 과업은 집단 내에 신뢰 분위기를 조성하는 일이다. 집단초기에 집단원들은 흔히 양가감정 ambivalence, 즉 집단에 대한 기대감과 어떤 경험을 하게 될 것인가에 대한 불안을 느낀다. 이러한 양가감정은 집단의 첫 회기를 시작하면서 집단원들로 하여금 다른 사람이 먼저 말을 걸거나 관심 가져 주기를 기다리는 경향성으로 이어지기도 한다. 이로 인해 집단원들은 말의 속도가 빨라지거나, 불안한 몸짓을 하기도 하며,

때로 긴장되고 어색한 웃음을 터뜨리기도 한다. 집단원에 따라서는 이러한 분위기에 적응하기 어려워하기도 한다. 이러한 점에서 집단상담자는 보다 안전하고 편안하며, 신뢰할 수 있는 집단분위기 조성에 집중할 필요가 있다.

신뢰감은 집단이 진행됨에 따라 서서히 형성되는 특성이 있다. 신뢰에 관한 문제는 집단이 진행되는 동안 내내 다양한 형태로 나타난다. 그렇지만 신뢰감은 집단초기에 형성되는 것이 중요하다. 신뢰 분위기를 촉진하는 집단상담자의 태도로는 존중, 공감, 진솔성, 주의집중, 적극적 경청, 자기개방, 음성 · 비음성 언어를 통한 메시지 이해, 배려를 통한 직면이 있다. 신뢰에는 안전감이 따르지만, 반드시 편안한 느낌은 아닐 수 있다. 설령 신뢰관계가 구축된 집단에서도 집단에서 개인적인 이야기를 하면서 불편한 느낌을 토로하는 집단원(들)이 있다는 것은 그리 어색한 일은 아니다.

그러므로 집단상담자는 집단원들에게 집단에서 개인적인 이야기를 하는 것은 신뢰관계가 어느 정도 형성된 집단에서조차 편안한 느낌이 들지 않을 수 있음을 알려줄 필요가 있다. 이처럼 자기개방은 일종의 모험이지만, 집단원들은 집단에서 기꺼이 자기개방의 모험을 감수하고, 또 이로 인한 불안과 불편감을 기꺼이 감수하게 되면서, 이들의 변화와 성장이 이루어지게 됨을 몸소 경험할 필요가 있다. 이러한 일련의 과정을 통해 집단원들 간에 신뢰가 점진적으로 형성된다. 집단 내에 신뢰감이 형성되는 것을 알 수 있는 지표는 글상자 8-5와 같다(Corey & Corey, 2017).

글상자 8-5. 집단원 간에 신뢰감이 형성되고 있음을 알 수 있는 지표

1. 타인보다는 자신에게 초점을 맞춘다.
2. 사적인 경험 또는 문제에 대한 노출 위험을 기꺼이 감수한다.
3. 다른 사람의 비난에 대한 두려움 없이 진솔한 감정을 표현한다.
4. 구체적인 목표와 탐색할 영역을 자발적으로 결정하고자 한다.

그러면 집단원들 사이에 불신의 기류가 흐르고 있음은 어떻게 알 수 있는가? 집단원들 간에 신뢰감이 결여되어 있음을 나타내는 지표는 글상자 8-6과 같다.

글상자 8-6. 집단 내에 신뢰감이 결여되어 있음을 나타내는 지표

1. 집단원들의 자기개방이 피상적이거나 자기개방을 꺼린다.
2. 집단원들이 주로 모호하거나 주지적 · 추상적인 이야기를 나눈다.
3. 집단으로부터 얻기를 원하는 것을 모호하게 말한다.
4. 집단경험에서 많은 것을 얻고 싶어 하지 않는다.
5. 집단원들은 자신들의 작업 주제를 집단상담자가 결정해 줄 때까지 기다리는 경향이 있다.
6. 집단원들의 모험 감수 수준이 낮다.
7. 집단 내에 분노와 의심의 조짐이 관찰되고 있음에도, 집단원들은 이러한 감정에 대한 논의를 꺼린다.

집단 내에 신뢰 분위기를 조성하기 위해서는 집단상담자가 먼저 지금 여기에 초점을 맞추고, 현재 경험을 적극 표현하여 집단원들이 자기개방 방법을 모방 · 습득할 수 있도록 시범을 보일 필요가 있다. 예를 들어, 집단의 첫 회기에 참여하면서 느끼는 긴장감에 대해 솔직하게 표현하도록 돕는 것도 한 방법이다. 또한, 집단원의 약점보다는 강점에 초점을 맞춤으로써 자기표현과 수용을 위한 자신감을 심어 주는 한편, 인간적 성장의 기반을 조성해 준다.

집단원의 강점을 탐색 · 발견하여 이를 구체적으로 드러내어 주는 작업은 이들의 잠재력을 활성화하는 효과가 있다. 잠재력 활성화는 집단원들에게 그동안 성장의 걸림돌이 되어 왔던 요소들을 직시할 수 있는 용기를 길러 주게 되며, 결과적으로 문제해결 능력을 높일 수 있는 효과가 있다. 이렇게 될 때, 집단원들은 비로소 생산적인 삶의 장애요소들을 인식하게 되고, 완벽주의적 성향을 기꺼이 포기하는 반면, 자기 자신을 있는 그대로 수용하고 가치 있는 존재로 인정하며, 자신의 운명을 통제할 수 있고, 잠재되어 있던 능력을 인식하기 시작하게 된다.

긍정적 어조 사용

집단의 첫 회기를 시작하면서 집단상담자가 수행해야 할 다섯 번째 과업은 긍정

적 어조를 사용하는 것이다. 긍정적 어조positive tone란 집단원의 부정적 측면보다는 긍정적 특성 또는 강점에 초점을 맞춘 진술을 말한다. 긍정적 어조에는 부정문보다는 긍정적 의미의 평서문 사용이 포함되는데, 그 예는 표 8-1과 같다.

표 8-1. 긍정적 어조 vs. 부정적 어조의 예

긍정적 어조	부정적 어조
○ "남편께서 회식이 있더라도 너무 늦지 않게 귀가해 주기를 원하는군요."	○ "남편께서 술 마시고 밤늦게 귀가하는 것을 좋아하지 않는군요."
○ "이번 시험에서 좋은 결과를 얻어서 부모님도 기쁘게 해 드리고 싶었나 봐요."	○ "이번 시험 결과가 좋지 않아서 부모님께도 면목이 없나 봐요."

집단에서의 자기개방이란 어떤 이야기라도 마음 가는 대로 토로할 수 있음을 의미하지 않는다. 집단초기에 집단원들이 서로 부정적인 측면에 초점을 맞추고 피드백을 교환하기 시작한다면, 집단 내에는 위협적이고 안전하지 않은 분위기가 조성된다. 그 결과, 집단원들은 서로에 대한 신뢰감을 상실하게 되어, 자기개방을 꺼리게 되는 악순환으로 이어질 수 있다. 일반적으로, 대인관계에서 상대방에 대한 불평 또는 부적 피드백은 종종 부적 피드백을 불러일으킨다.

특히, 집단의 첫 회기에 이루어지는 부적 피드백은 대체로 아직 서로에 대해 잘 모르는 상태에서 나온 것이어서, 집단원들의 분노와 저항감이 들게 할 수 있다. 그러므로 집단상담자는 적어도 집단의 첫 회기에 다른 집단원에게 부적 피드백으로 일관하는 집단원의 진술을 긍정적인 어조로 대체할 수 있도록 시범을 보이거나 차단 기술로 개입할 필요가 있다. 집단상담자의 긍정적 어조 사용은 집단원의 표현방식에 영향을 준다. 집단초기에 긍정적인 어조를 사용하여 집단원의 긍정적인 면을 부각시키려는 노력은 집단 내에 안전하고 신뢰할 수 있는 분위기를 조성하게 된다. 자신에 대해 부정적으로 진술하는 집단원에 대해 긍정적 어조로 반응하는 집단상담자의 개입 예는 대화상자 8-14와 같다.

대화상자 8-14. 긍정적 피드백 교환을 위한 집단상담자 진술의 예

민 규: 엄마 말이 맞을지 몰라요. 어려서부터 엄마 아빠 말은 전혀 듣지 않고, 제멋대로 하다가는 나중에 커서 별 볼 일 없는 문제아가 된다는 것 말이에요.
리 더: 그렇구나. 그런데 다른 한편으로, 민규가 부모님의 뜻을 거슬려서라도 꼭 관철하고 싶은 것, 꼭 해 보고 싶은 것이 있는 것처럼 들리는구나.

대화상자 8-14에서 집단상담자는 민규이라는 집단원의 진술에 대해 재진술 또는 부정적인 감정을 반영해 주기보다 그의 의도를 긍정적 어조로 반응하고 있다. 긍정적 어조 사용은 집단초기에 신뢰 분위기 조성과 자발적인 자기개방에 동력을 제공한다. 게다가, 집단원 상호 간의 긍정적인 피드백 교환을 통해 집단원들은 결국 자신에 대한 부적 피드백을 기꺼이 수용할 수 있고, 이를 기꺼이 탐색하고자 하는 용기를 갖게 된다.

집단원의 기대표현 돕기

집단의 첫 회기를 시작하면서 집단상담자가 수행해야 할 여섯 번째 과업은 집단원의 기대를 자유롭게 표현할 수 있도록 돕는 일이다. 집단의 첫 회기에는 집단원들이 서로 낯설어하고 신뢰관계가 미처 형성되지 않은 시기다. 안전하다는 느낌이 들지 않는 집단원들의 자기개방은 피상적인 수준에 머무르게 된다. 집단원들의 적극적인 상호작용과 자기개방 수준의 깊이를 더하게 하려는 집단상담자의 노력은 집단원들에게 집단참여 목적과 집단참여를 통해 얻고자 하는 점에 관해 이야기할 기회를 제공하는 것에서 출발할 수 있다. 이러한 과정을 통해, 집단원들이 집단경험을 통해 얻고자 하는 것을 파악하고, 집단참여 목적을 구체화하게 되면서, 집단원들은 자신들의 기대치와 욕구 충족을 위해 자기개방과 탐색의 깊이를 더하게 된다. 이때, 집단상담자는 집단의 목적에 부합되는 기대는 피드백을 통해 적극 강화한다. 대화상자 8-15는 집단에 대한 기대를 표현하도록 돕는 집단상담자와 집단원들의 대화 예다.

대화상자 8-15. 집단원의 기대표현 돕기의 예

리 더: 지금까지 자기소개 활동을 통해 서로에 대해 조금은 알게 되었으리라 생각해요. 그러면 이젠 여러분이 집단에 대해 어떤 기대를 하고 있는지에 대해 이야기를 나누어 보겠어요. 앞으로 약 1분 동안 이 집단을 통해 얻고자 하는 점에 대해 생각해 보세요. (1분이 지난 후) 자, 그러면 준비된 사람부터 집단에 대해 어떤 기대를 하고 있는지에 대해 말해 볼까요?

선 영: 돌이켜보면, 저는 결혼하기 전까지는 내가 하고 싶은 것을 나름 하면서 살아온 것 같아요. (잠시 말을 멈췄다가) 음, 그런데 결혼하고 아이를 낳아 키우게 되면서 남편과 사사건건 부딪치게 되는 거예요. 나는 나 대로 힘들어 죽겠는데, 남편은 뭐가 그리 못마땅한지 도와주지는 않으면서 사사건건 내가 잘못했다는 말만 늘어놓는 거예요. (북받치는 감정을 자제하면서) 아, 저는 이 집단을 통해서 이런 상황이 내가 잘못해서인지, 아니면 다른 이유가 있는데 내가 모르고 있는지……. 다른 사람들의 의견을 들어 보고 싶어요.

리 더: 네, 바로 그 점이 이 집단의 존재 이유입니다. 여러분은 이 집단에서 여러분 각자의 관심사에 관해 이야기를 나누게 될 것입니다.

윤 서: 저는 지난달 남편과 이혼한 이래로, 이제 3살 난 딸아이를 혼자서 어떻게 키울 것인지 너무 고민이 되고 막막한데……. 상담자 선생님을 비롯하여 경험이 있는 분들에게서 이러한 상황을 극복할 수 있는 좋은 의견을 듣고 싶어요.

리 더: 네, 그렇군요. 저뿐 아니라, 여기 참석한 분들 모두가 윤서 씨가 얻고자 하는 것을 얻도록 도울 수 있게 되기 바랍니다.

기 숙: 사실, 저는 지금까지 큰 문제 없이 잘 살아왔어요. 그런데 큰애가 이번에 중학교에 입학했는데, 공부는 좀 하는 편이에요. (잠시 말을 멈추었다가) 이 집단에 참석하게 된 이유는 우리 아이가 어떻게 하면 공부를 잘할 수 있는지, 그 방법을 알아볼 수 있을까 해서예요. 예를 들어, 과목별로 유명한 학원이나 가정교사 같은 것 말이에요.

리 더: 잠깐만요. 이 집단의 목적은 집단원 개개인의 관심사를 서로 나누면서 문제해결을 꾀하거나 의사결정을 돕기 위함입니다. 기숙 씨께서 얻고자 하는 점을 이 집단에서 얻게 될지 확신이 서지 않네요.

대화상자 8-15에서 집단상담자는 집단의 목적에 부합되는 기대에 대해서는 적극적으로 강화해 주는 반면, 그렇지 않은 기대(기숙)에 대해서는 즉각적으로 개입

하여 부적절하다는 점을 지적하고 있다. 집단원들은 집단경험을 통해 일생에 중요한 변화 또는 인간적 성장을 기대한다. 집단에 참여하면서 일어나는 사고·감정·행동에의 변화는 일상생활에 직간접적으로 영향을 주게 된다. 즉, 변화를 원하는 집단원의 경우에도 막상 그 변화 때문에 일상생활에서 어색함과 불편함을 느끼게 되면서 일시적인 혼란을 경험할 수 있다. 이러한 상황에 처하는 집단원은 과거의 친숙한 상황이 오히려 편안하지 않을까 하는 생각을 할 수 있다. 이런 이유로 집단상담자는 새로운 행동을 습득하게 되면서 그에 따른 생활상의 일시적인 혼란이 발생할 수 있음을 집단원들에게 인식시켜야 한다(ASGW, 2008). 집단원은 각자 소망하는 보다 생산적이고 성숙한 삶을 위해서는 일시적인 혼란을 감수할 필요가 있다.

집단원의 자기표현 촉진

집단의 첫 회기를 시작하면서 집단상담자가 수행해야 할 일곱 번째 과업은 집단원들이 자신의 사고와 감정을 명확하게 표현하도록 돕는 일이다. 집단과정에서 집단원들이 자신들의 사고와 감정을 분명하게 표현하여 다른 집단원들이 알게 하는 일은 매우 중요하다. 다른 집단원들과의 관계 속에서 사고와 감정을 확인·표현해 보는 것은 자신을 깊이 탐색하고, 이해의 폭을 넓힐 수 있게 되어 자아 성장의 발판이 된다. 자아는 관계 속에서 형성되고 성장하기 때문이다. 집단초기에 집단원들이 자신들의 두려움과 염려를 숨기고 있다면, 다양한 형태의 회피 현상이 발생할 수 있다. 집단상담자는 이들에게 감정 표현을 강요할 수는 없지만, 대부분의 집단원들이 공통으로 겪는 경험을 하고 있음을 알려 줄 수는 있다. 집단원들에게 두려움과 염려를 극복할 것을 강요하거나, 두려움을 느끼지 않게 될 거라고 안심시키기보다는 집단원의 감정을 인정·공감해 주는 것이 더 효과적이다(Corey & Corey, 2017).

치료와 변화를 목표로 하는 상담집단과 치료집단은 집단원들이 다른 사람들과의 관계 형성이라는 새로운 경험을 할 수 있는 공간이다. 이들은 집단에서 자기개방과 자기표현을 토대로 과거와 현재의 관계에서 비롯된 오래된 상처를 치유할 수 있다. 집단이 감정 탐색 · 표출을 위한 안전한 공간으로 활용할 수 있을 때, 집단원들은 집단 내에서뿐 아니라 일상생활에서도 자신들의 문제에 대처하고 해결해 나갈 수 있는 새로운 방법을 터득하게 될 것이다. 그러나 사람은 흔히 사고와 감정 표현을 부담스러워한다. 주변 상황이 안전하게 인식되지 않거나, 자기표현 연습이 되어 있지 않는 등, 사고와 감정 표현의 어려움은 다양한 원인에 기인한다. 이러한 현상은 집단원들 사이에서도 흔히 나타난다. 집단원들은 의도적이든 비의도적이든 간에 모호한 표현으로 인하여 자신의 의사를 명확하게 전달하지 못하는 경우가 종종 있다. 이는 집단 내 의사소통의 질을 떨어뜨리고 집단원 자신뿐만 아니라 듣는 이로 하여금 오해의 여지를 남기곤 한다. 집단원의 모호한 진술의 예를 들면 대화상자 8-16과 같다.

대화상자 8-16. 집단원의 모호한 진술의 예

- "모든 걸 그냥 내던져 버리고 싶어요."
- "우리 집단분위기는 그저 그런 것 같아요."
- "솔직히, 저는 그렇고 그런 집안에서 태어나 자랐어요."
- "우리 아빠요? (미소를 지으며) 정말 뭐라 말할 수 없는 사람이에요."
- "내가 남자였다면, 상희 씨 같은 스타일을 좋아할 것 같아요."
- "사람들(남자, 여자, 부모, 한국 사람)은 모두 똑같은 것 같아요."
- "제 느낌이요? 그저 그렇죠, 뭐……. 그냥 덤덤하다고나 할까요?"

대화상자 8-16에 제시된 진술들은 개인의 내면 상태 또는 자신이 원하는 것을 구체적으로 진술하고 있지 않다는 공통점이 있다. 이러한 진술은 집단원의 혼란스러운 상태를 그대로 나타내는 것일 수 있다. 그러나 개인의 생각이나 감정을 명확하게 정리 · 이해하기 위해서는 구체적인 진술로 표출되어야 한다. 자기표현을 구체적으로 하려는 시도 자체만으로도 개인의 사고나 감정을 명확하게 이해하는 데 도움을 주기 때문이다.

집단원들의 자기표현을 돕기 위해서는 집단상담자가 집단원들에게 생각 또는 감정 표현 방법에 관해 시범을 보일 필요가 있다. 전문가의 시범을 관찰 · 모방함으로써 집단원들은 생각 또는 감정을 시의적절하게 표현하는 방법을 습득할 수 있다. 언어는 개인의 내면 상태를 표출하기 위한 수단으로 사용되지만, 표출되는 내용은 다시금 개인의 감정과 사고에 영향을 준다. 예를 들어, "할 수 없어요."라는 말을 습관적으로 사용하는 집단원이 있다고 하자. 이러한 메시지는 실제로 이 집단원의 무능력을 표현하는 것일 수 있다. 그러나 동시에 이러한 표현은 이 집단원의 잠재력을 무력화시키는 역할을 한다. 그러므로 자기표현을 어떻게 하는가는 집단원의 사고 · 감정행동, 그리고 심지어 생리적 반응에 이르기까지 영향을 미친다. 이러한 점에서 집단초기에 집단원들에게 자기표현을 촉진하는 일은 집단상담자의 중요한 과업에 속한다. 따라서 집단상담자는 집단원들에게 자기표현의 의의와 중요성을 깨달아 적절한 어휘 선택이 이루어지도록 돕는다. 만일 필요하다면, 집단상담자는 교육회기educative session를 통해 집단원들이 무심코 선택하는 단어들이 어떻게 그들의 정신세계에 영향을 주는지를 설명해 준다.

집단원의 참여 촉진

집단의 첫 회기를 시작하면서 집단상담자가 수행해야 할 여덟 번째 과업은 집단원들의 집단참여를 촉진하는 일이다. 낯선 집단에 참여하는 것이 집단원들에게 불안을 야기하는 것은 자연스러운 일이다. 어느 정도의 불안은 생산적인 활동으로 연결될 수 있지만, 지나친 불안은 자발성을 해친다. 그러므로 집단초기에 집단원들에게 더 많은 책임을 지도록 격려하는 것이 유용하다. 반면, 집단상담자의 지나친 구조화와 지시는 집단원들의 집단상담자에 대한 의존적인 태도와 행동을 부추기고, 자신들이 원하는 것을 주도적으로 결정하려 들지 않게 하며, 집단상담자가 무언가 해 주기를 기다리게 하는 문제를 초래할 수 있다.

집단원들의 집단참여를 촉진하려면, 집단 첫 회기에 집단상담자는 가급적 모든 집단원들이 집단에 고르게 참여할 수 있도록 한다. 만일 개인적인 생각 · 감정 · 관심사에 대해 말 한마디 못하고 첫 회기를 마친다면, 그 집단원은 집단에 대한 회의감 또는 고립감이 들 수 있다. 그렇다고 해서, 집단원들에게 강압적으로 집단참여를 종용할 필요는 없다. 다만, 집단원들이 원할 때마다 집단에 기꺼이 참여할 수 있다는 느낌이 들도록 분위기를 조성한다. 그러면서 필요한 경우, 집단참여에 미온적인 태도를 보이는 집단원에게 참여 또는 자기개방을 할 기회를 준다.

특히, 상담 · 치료 · 성장 · 지지 집단의 경우, 집단리더는 개인화personalization를 통해 집단원들이 이야기의 초점을 자신에게 맞출 수 있도록 돕는다. 왜냐하면 집단 초기에 집단원들은 흔히 다른 사람(들)에 대해 이야기의 초점을 맞추거나, 단순히 다른 집단원의 이야기에 귀 기울이며 관망하는 태도를 보이는 경향이 있기 때문이다. 이때 적극적인 집단참여는 흔히 자기개방을 동반한다. 집단원들은 사적인 경험을 토로하게 되면서 집단에 대한 불안감을 해소하게 되는 한편, 다른 집단원들과의 신뢰관계를 쌓아 가게 된다. 집단원들이 집단참여를 통해 얻고자 하는 것을 성취하기 위해서는 적극적인 참여가 필수적이다. 그러나 적어도 집단초기에 집단에서의 역할에 익숙하지 않거나 집단분위기에 적응하지 못해 집단참여에 소극적인 자세를 보이는 집단원들이 나타날 수 있다. 대화상자 8–17은 집단참여에 소극적이며 기여하는 것이 아무것도 없다고 푸념하는 집단원의 진술이다.

대화상자 8–17. 집단참여에 소극적인 집단원의 진술

주 상: 전 워낙 평소에도 말이 없는 사람이거든요. 남들 앞에서 말도 잘 못하고, 감정 표현은 더더욱 그렇고요. (미소를 지으며) 그래서 말을 하지 않는 것이지, 별다른 뜻은 없어요. (진지한 표정을 지으며) 음, 다른 분들의 이야기를 열심히 들으면서 많이 배우고 있으니까, 저한테 너무 신경 쓰지 않아도 될 것 같아요.

그러면 집단참여에 미온적인 태도를 보이는 집단원을 어떻게 도울 수 있는가? 일부 집단원의 소극적인 참여는 다른 집단원들의 집단참여와 자기개방에 부정적인 영향을 준다. 이러한 점에서 집단상담자는 소극적인 태도를 보이는 집단원의 집단참여를 촉진해야 한다. 집단원들의 적극적 참여를 유도하기 위한 방안은 글상자 8–7과 같다.

글상자 8-7. 집단원의 적극적 참여 촉진방안

1. 질문보다는 자기개방과 피드백을 통해 집단원들과 소통한다.
2. 사소한 것처럼 보이는 참여 행동이라도 적극 인정해 주고 강화한다.
3. 다른 집단원들의 말과 행동에 담긴 메시지에 적극 반응하고, 피드백 방법을 시범을 통해 실천하도록 돕는다.
4. 집단원들의 행동에 대한 감정 표현을 통해 집단원들도 자신들의 반응을 다른 집단원들과 함께 나누도록 한다.
5. 일상적인 대화나 잡담 형식을 지양하고, 직접적인 방식으로 소통함으로써 집단원들의 모델링을 유도하라.

글상자 8-7에 제시된 방법 외에도, 집단원들의 집단참여를 촉진하기 위한 방법은 많다. 예를 들어, 집단원 소개를 위한 구조화된 활동이나 다양한 인쇄물을 활용한 활동들이 있다. 이러한 활동들은 집단원들이 편안하고 자연스럽게 집단분위기에 적응할 수 있도록 돕는다는 점에서 가치가 있다.

목표 구체화

집단의 첫 회기를 시작하면서 집단상담자가 수행해야 할 아홉 번째 과업은 집단원들의 집단참여 목표를 구체화하도록 돕는 일이다. 집단원들은 대체로 자신들이 집단경험에 얻고자 하는 것에 대해 모호하거나 막연하게 진술하는 경향이 있다. 이러한 경우, 집단상담자는 집단원들의 모호한 목표를 구체적이고 측정 가능한 목표로 바꾸도록 도와야 한다. 예를 들면, 중요한 타인과 좋은 관계를 맺고 싶어 하는 집단원이 있다면, 집단상담자는 대화상자 8-18과 같은 일련의 질문을 통해 구체적이고 측정 가능한 목표수립을 도와야 할 것이다.

대화상자 8-18. 목표의 구체화를 위한 질문의 예

- "좋은 관계를 맺고 싶다고 했는데, 누구와 좋은 관계를 맺고 싶나요?"
- "그 사람과 무엇 때문에 갈등 또는 문제를 일으키나요?"

○ "이러한 문제가 그에게 어떤 영향을 미치나요?"
○ "그 사람과의 관계가 어떻게 달라지기를 원하나요?"

만일 자신을 더욱 아끼고 사랑하고 싶다는 집단원이 있다면, 집단상담자는 이 집단원에게 즐거움을 가져다주는 활동(예, 운동/헬스, 등산, 여행, 독서, 예술활동, 악기 연주, 친구들과의 만남 등)을 탐색하도록 돕는다. 집단원들의 목표가 구체적이고 명확해지면, 집단상담자는 이들에게 어떻게 개입해야 할지에 대해 더 명확한 생각을 가질 수 있다. 구체적인 목표 설정을 돕는 질문을 통한 대화의 예는 대화상자 8-19와 같다.

대화상자 8-19. 구체적인 목표 설정을 돕는 대화의 예

예 1

성 주: 제가 이번 집단에서 얻고자 하는 점이 있다면, 제 생활에 조금 변화를 주기 위해서라고 할까요?
리 더: 생활의 어떤 부분에 변화를 주시고 싶은가요?

예 2

지 수: 저도 남들처럼 감정을 잘 표현하며 살고 싶어요.
리 더: 어떤 감정을 표현하기가 어려운가요?
지 수: 화나는 거요. 분노감 같은 거요.
리 더: 누구에게 가장 화나시나요?

예 3

수 인: 이번 집단을 통해 좋은 대인관계를 형성하는 방법을 배우고 싶어요.
리 더: 대인관계 형성방법은 특히 누구와의 관계에 적용하고 싶나요?
수 인: 글쎄요. 제 남편과의 관계에 적용하고 싶어요.
리 더: 남편과의 관계에서 어떤 점에 어려움을 느끼시나요?

예 4

희 주: 아이들과 친하게 지내고 싶은데, 그게 잘 안 돼서 너무 속상해요.
리 더: 구체적으로 누구와 친하게 지내고 싶니?

희 주: 은비하고요.

리 더: 희주가 은비와 친하게 지내지 못하게 하는 행동이 뭐라고 생각하니?

예 5

민 서: 제 안에 응어리가 있는 것 같아요. 아마 분노가 남아 있기 때문이겠죠?

리 더: 민서 씨의 삶에서 분노의 대상은 누구인가요?

민 서: 음, 아마 아버지 때문일 거예요.

리 더: 지금 아버지에게 가장 하고 싶은 말은 무엇인가요?

예 6

진 석: 저는 형편없이 낮은 내 자존감을 높이고 싶어요.

리 더: 진석 씨가 자신을 비난하는 방식을 구체적으로 말씀해 보시겠어요?

목표 설정은 지속적인 과정이다. 집단이 진행되는 과정에서도 집단상담자는 집단원의 목표가 충족되는 정도를 지속적으로 평가한다. 그리고 필요한 경우, 집단원의 목표를 적절하게 수정하도록 돕는다. 집단참여를 통해 성취할 수 있는 일반적인 목표는 글상자 8-8과 같다.

글상자 8-8. 집단원의 일반적인 목표

1. 자기 · 타인 신뢰 방법 습득
2. 자신의 대인관계 패턴 탐색과 인식
3. 친밀관계를 저해하는 요소 탐색과 자각
4. 자신에 대한 자각 증진을 통한 선택과 결정 범위 확대
5. 자신의 문화적 배경이 선택과 결정에 미치는 영향 자각
6. 가치관 명료화를 통한 변화 모색 및 수정
7. 독립적 · 협력적 삶을 위한 탐색과 결단
8. 현재의 문제해결을 위한 보다 건설적인 방법 탐색 및 시도
9. 다른 사람의 욕구와 감정에 대한 민감성 체득
10. 다른 사람을 위한 피드백 또는 도움 제공을 통한 이타심 실천
11. 중요한 타인과의 진솔한 관계 형성방안 모색 및 시도

12. 현재의 삶에서 더 이상 유용하지 않은 생애 초기의 결단(각본) 수정을 위한 탐색과 결단
13. 자기주장 행동 습득, 즉 자신이 원하는 것을 다른 사람에게 요구하는 방법 연습 및 체득

집단원이 일반적인 목표를 정하면, 집단상담자는 목표 성취를 위해 집단발달을 지속적으로 살펴야 하는 책임이 있다. 또한, 집단원의 개인적인 목표를 협력적 방식으로 설정하는 것 역시 집단상담자의 책임에 속한다(ASGW, 2008).

적절한 자기개방 촉진

집단의 첫 회기를 시작하면서 집단상담자가 수행해야 할 열 번째 과업은 집단원들의 적절한 자기개방을 촉진하는 일이다. 자기개방self-disclosure이란 개인의 모든 것을 낱낱이 드러내는 것으로, 심리적으로 벌거벗는 과정이 아니라, 현재의 관심사를 진솔하게 표현하는 것이다. 자기개방은 집단의 유형에 따라 지금 여기의 경험에 한정시키기도 하고, 과거사past history 또는 생애사life history를 포함시키기도 한다. 자기개방은 통찰을 위한 중요한 도구이지만, 무엇을, 얼마만큼 드러낼 것인가는 전적으로 집단원에게 달려 있다. 집단상담자는 대화상자 8-20과 같은 진술로 집단원의 적절한 자기개방을 촉진할 수 있다.

대화상자 8-20. 집단원의 자기개방 촉진을 위한 집단상담자 진술의 예

리 더: 여기에서의 시간은 온전히 여러분을 위한 것입니다. 이 시간, 이 자리에서는 여러분 각자에 대해 아주 사적인 이야기도 다루어질 것입니다. 얼마만큼 자기 자신을 드러낼 것인지는 전적으로 여러분 각자의 결정에 달려 있습니다. 마음의 준비가 된 범위 내에서 자신을 드러내 보고, 원하는 만큼 점차 확대·심화시켜 나갈 수 있습니다.

대화상자 8-20에서 집단상담자는 집단원들에게 자기개방의 의미에 대해 언급하

고 있다. 그런데 이 진술에는 마치 자기개방의 범위를 넓고 깊게 할수록, 집단에서 많은 것을 얻어 갈 수 있는 것 같은 의미를 담고 있다. 이러한 진술은 집단원들에게 자기개방의 정도와 목표 달성의 가능성이 마치 정적 상관이 있는 것 같은 오해를 불러일으킬 수 있다. 집단상담자는 어떤 이유에서라도 집단원들에게 자기개방을 강요해서는 안 되고, 잘못된 기대를 갖게 해서도 안 된다. 대신, 집단원마다 자신에 관해 얼마나 드러낼 것인가를 결정할 권리와 책임을 동시에 갖고 있음을 알도록 하는 한편, 이들의 자기개방을 하지 않을 권리를 존중해야 한다(ASGW, 208).

집단과정 관찰

집단의 첫 회기를 시작하면서 집단상담자가 수행해야 할 열한 번째 과업은 집단과정과 집단원들의 상호작용 방식을 면밀히 살펴서 치료적 자원으로 활용하는 일이다. 집단원은 누구나 독특한 개성과 행동 패턴이 있다. 말이 없고 조용한 집단원이 있는가 하면, 목소리가 크고 다른 집단원들에게 영향력을 행사하려는 집단원이 있다. 또한, 다른 사람을 보살피거나 지지해 주는 집단원이 있는가 하면, 지나치게 민감하거나 공격적인 집단원도 있다. 그런가 하면, 소위 전통적인 남자 같은 여성이 있고, 여자 같은 남성 집단원도 있다. 집단상담자는 집단과정의 모니터링을 통해 집단원들을 이해할 뿐 아니라, 다음 회기를 위한 계획 수립에 중요한 자료를 수집한다. 집단과정 관찰은 주로 집단원들이 무엇을, 어떻게, 얼마나 자주, 주로 누구에게 이야기하는가에 대해 이루어진다. 집단과정에 대한 관찰이 중요한 이유는 집단 목표 달성은 물론, 집단발달과도 밀접한 관계가 있기 때문이다.

대화 내용에 초점

집단의 첫 회기를 시작하면서 집단상담자가 수행해야 할 열두 번째 과업은 집단 내에서 이루어지는 집단원들의 대화 내용과 주제에 초점을 맞추는 일이다. 집단 내에서의 이야기 주제는 학습방법, 부부갈등 대처방법처럼 구체적인 것부터 개인적인 관심사 또는 인간적 성장과 성숙처럼 다소 추상적인 주제에 이르기까지 다양하다. 집단상담자는 집단의 첫 회기에 집단원들이 나누는 논의의 주제가 집단 목적에 부합하는지 관심 있게 경청할 필요가 있다.

질문에 대한 답변

집단의 첫 회기를 시작하면서 집단상담자가 수행해야 할 열세 번째 과업은 집단원들의 질문에 답해 주는 일이다. 집단의 첫 회기에 집단원들은 궁금한 점이 많을 수 있다. 집단상담자의 인적 사항에 관한 것부터 집단의 목적, 집단의 모임 시간이나 장소 등에 이르기까지 질문의 내용은 다양할 수 있다. 이러한 사항에 관한 질문에 대해 친절하게 답해 주는 것은 집단상담자의 임무다. 이 과정에서 집단상담자는 두 가지 실수를 범할 수 있다. 하나는 집단원의 질문을 사소하고 하찮은 것으로 여겨 답변을 위한 시간을 할애하지 않거나, 성의 없이 답변해 주는 것이다. 집단상담자는 집단원들이 궁금해할 질문을 성의 있고 간결하게 답변해 주어야 한다. 다른 하나는 특정 집단원에게 국한되는 사안에 너무 많은 시간을 할애하는 것이다. 이 경우, 시간 절약을 위해 회기 종결 후 개인적으로 질문하도록 제안한다.

첫 회기 종결

집단의 첫 회기를 시작하면서 집단상담자가 수행해야 할 마지막 과업은 첫 회기를 종결하는 일이다. 모든 일에 시작할 때가 있으면, 마칠 때가 있다. 시작이 반이라는 말에서 시작의 어려움과 중요성을 강조하는 것 못지않게 마무리가 반이라고 말해야 할 정도로, 첫 회기를 어떻게 종결하는가 역시 중요하다. 첫 회기의 종결은 다른 회기의 종결과 크게 다르지 않다. 차이가 있다면, 집단원들의 소감을 확인하고, 궁금한 점을 설명해 주며, 기타 명확하게 확인하고 넘어가야 할 사항에 시간을 좀 더 할애한다는 점이다. 첫 회기 종결에 있어서 필수 요소는 ① 소감 확인, ② 회기 요약이다.

소감 확인. 집단유형에 따라 차이가 있지만, 첫 회기 종결에 앞서 집단상담자는 대화상자 8-21과 같은 질문으로 집단원들의 반응과 소감을 확인한다.

대화상자 8-21. 첫 회기 종결 시 집단원의 반응 확인을 위한 질문의 예

- ❍ "집단 첫 회기에 대한 소감이 어떤가요?"
- ❍ "오늘 집단 첫 회기에서 무엇을 배웠나요?"
- ❍ "집단에 대해 가졌던 기대와 차이가 있나요? 만일 있다면, 어떤 차이가 있나요?"
- ❍ "집단 첫 회기 동안 집단참여에 있어서 어려움은 없었나요?"
- ❍ "혹시 이해하기 힘들었던 점은 없었나요?
- ❍ "집단의 첫 회기에 참여하면서 어떤 점이 좋았나요?"
- ❍ "혹시 맘에 들지 않았던 점이 있다면 무엇인가요?"
- ❍ "그 밖에 집단에 관해 궁금하신 점이 있나요?"
- ❍ "다음 회기에 대해서는 어떤 기대를 하고 있나요?"

집단원의 자기평가에 대해 집단상담자는 중립적인 태도를 유지함으로써 집단원들의 평가에 영향을 주지 않고 진솔하게 집단의 효과를 되돌아볼 수 있도록 해야 한다.

회기 요약. 집단의 첫 회기를 종결할 때, 집단상담자는 첫 회기에 대해 요약·정리하고, 집단의 목적에 관해 재차 언급한다. 그런 다음, 다음 회기의 목표나 기대에 대해 간략하게 의견을 나눈 후에 첫 회기를 종결한다. 한 회기를 종결하면서 집단상담자는 그림 8-1과 같은 양식을 활용하여 집단원의 집단경험을 평가할 수 있다.

문항 나는…	거의 그렇지 않다	드물게 그렇다	때로 그렇다	자주 그렇다	거의 항상 그렇다
1. 다른 집단원들을 쉽게 신뢰한다.	1	2	3	4	5
2. 다른 집단원들이 신뢰하는 편이다.	1	2	3	4	5
3. 사적인 정보를 기꺼이 개방하고 있다.	1	2	3	4	5

4. 집단에서 개인적인 목표 성취를 위해 노력한다.	1	2	3	4	5
5. 집단에 적극 참여하고 있다.	1	2	3	4	5
6. 집단원들과의 상호작용에서 갖게 되는 느낌과 생각을 기꺼이 표현하고 있다.	1	2	3	4	5
7. 다른 집단원들의 이야기를 주의 깊게 경청한다.	1	2	3	4	5
8. 집단압력으로 인해 나의 생각과 감정 표현에 방해를 받는다.	1	2	3	4	5
9. 다른 집단원들에게 직접적이고 진솔한 피드백을 제공할 수 있다.	1	2	3	4	5
10. 다른 집단원들의 피드백을 열린 마음으로 받아들인다.	1	2	3	4	5
11. 사실적인 이야기보다는 지금 여기에서 경험하는 것을 말한다.	1	2	3	4	5
12. 다른 집단원들에 대한 질문보다는 그들의 행동에 대한 나의 느낌 및/또는 생각을 말한다.	1	2	3	4	5
13. 다른 집단원들을 일시적으로 위로하기보다는 공감, 지지 및/또는 격려해 준다.	1	2	3	4	5
14. 집단시간을 독점하지 않는다.	1	2	3	4	5
15. 집단경험으로부터 얻고자 하는 것을 얻기 위해 집단에 적극 참여한다.	1	2	3	4	5

그림 8-1. 집단 회기에 대한 자기평가척도: 집단원용

매 회기, 어떻게 시작하는가

집단의 첫 회기와 마찬가지로, 집단의 각 회기를 시작하고 끝내는 데에는 일정한 구조와 절차가 있다. 이와 마찬가지로, 한 회기를 마치면 집단상담자는 새로운 회기를 준비해야 한다. 집단 회기를 시작하기에 앞서, 다음 회기에 대한 사전 준비의 중요성은 아무리 강조해도 지나침이 없다. 다음 회기 준비에 있어서, 집단상담

자에게 무엇보다도 요구되는 일은 지난 회기를 되돌아보면서 성찰의 기회를 갖는 것이다. 여기에는 지난 회기에서 다루었던 주제, 쟁점, 초점이 이동해 간 경로 등을 트래킹tracking, 즉 일일이 되돌아보는 것은 물론, 집단상담자 자신의 사고 · 감정 · 행동 · 경험 등에 대한 반성이 포함된다. 지난 회기에 대한 반성 결과를 토대로 집단상담자는 새로운 회기에 필요한 마음의 준비와 전략, 그리고 수행해야 할 과업을 계획한다. 집단 회기의 시작과 종결을 위해 집단상담자가 염두에 두고 있어야 할 사항에는 ① 미결사안 언급, ② 체크인, ③ 집단 회기의 목표 설정, ④ 공지사항 전달 등이 포함된다.

미결사안 언급

집단 회기의 시작을 위해 집단상담자가 수행해야 할 첫 번째 과업은 집단 시작을 알리는 진술과 함께, 지난 회기에서의 미결사안에 관해 간략하게 언급하는 일이다. 집단상담자에 따라서는 미결사안을 언급하기에 앞서, 지난 회기의 내용과 과정을 요약하기도 한다. 여기서 미결사안이란 집단과정에서 해결되지 않은 문제 및/또는 감정을 말한다. 미결사안을 회기 초에 다루는 이유는 미처 해결되지 않은 감정 또는 문제가 집단과정과 역동에 걸림돌이 되는 것을 차단하여 집단과정을 촉진하는 원동력으로 활용하기 위해서다.

체크인

집단 회기의 시작을 위해 집단상담자가 수행해야 할 두 번째 과업은 집단원들의 체크인을 돕는 일이다. 체크인check-in이란 이번 회기에 집단원 개개인이 어떻게 시간을 보내기를 원하는지에 대해 일일이 확인함으로써, 지난 회기와 현 회기를 연계하는 작업을 말한다. 이때, 집단상담자는 처음에 말하는 집단원 또는 특정 집단원에게 초점을 맞춘 상태에서 너무 많은 시간을 할애하지 않도록 유의해야 한다. 집단 회기의 일반적인 진행 절차는 글상자 8-9와 같다.

글상자 8-9. 집단 회기 시작 시 체크인을 위한 일반 절차

1. 집단원들이 돌아가면서 이번 회기에 무엇에 대해 다루고 싶은지 1~2문장으로 말할 기회를 주되, 한 집단원에게 오래 머무르지 않는다.
2. 지난 회기 이후에 집단에서 배운 것을 연습하기 위해 집단 밖에서 무엇을, 어떻게 했는지에 대해 간략히 이야기할 시간을 준다.
3. 집단원들에게 지난 회기 이후에 느꼈던 풀리지 않은 감정 또는 지난 회기에 대해 생각한 점이 있었는지 묻는다.
4. 집단의 진척에 대한 집단상담자의 느낌 또는 생각이 있으면, 잠시 이에 대해 언급한다.
5. 개방집단에서 신입 집단원이 있는 경우 집단원을 소개하고, 기존의 집단원들에게는 그동안 집단에서 자신의 어떤 점에 대해 알게 되었는지 간략히 돌아보게 한다.

대화상자 8-22는 집단 회기를 시작하면서 집단원들의 체크인을 돕기 위한 집단상담자의 진술 예다.

대화상자 8-22. 집단 회기 시작 시 집단상담자 진술의 예

- "오늘 이 자리에 있는 것에 대해 어떤 느낌이 드나요?"
- "집단에 오기 전에 무엇을 생각하고 느꼈나요?"
- "집단에 참여하면서 두려움이 든다면, 무엇 때문인가요?"
- "이번 회기에 가장 성취하고 싶은 것은 무엇인가요?"
- "집단에서 얻고자 하는 것을 얻기 위해 어떻게 할 계획인가요?"
- "지난 회기에서 해결하지 못한 사안이 있으면 함께 나누겠습니다."
- "집단에서 지금 누가 가장 의식이 되나요? 그 이유는 무엇인가요?"
- "오늘 집단을 시작하기 전에 잠시 지난 일주일을 회상해 보고, 꼭 함께 나누고 싶은 것이 있으면 말씀해 주세요."
- "안전감을 느끼면서 집단에 참여하고, 함께 작업하는 데 필요한 규칙은 무엇일까요?"

집단 회기가 시작되면서 집단상담자가 흔히 범하는 실수는 집단원들이 진술할 때마다 조급하게 반응하여 다른 집단원의 참여를 방해하는 것이다. 개방집단의

경우, 신입 집단원 소개로 회기를 시작할 수 있다. 반면, 중도에 집단을 떠나는 집단원이 있으면, 작별인사와 함께 집단에서 경험하고 배운 점을 간단하게 소개할 기회를 마련한다.

집단 회기의 목표 설정

집단 회기의 시작을 위해 집단상담자가 수행해야 할 세 번째 과업은 집단 회기의 목표 설정을 위해 논의하는 일이다. 집단상담자는 이번 회기에 집단원들에게 말할 기회가 주어진다면, 무엇에 관해 이야기를 나누고 싶은지에 대해 돌아가면서 간략히 한두 문장 정도로 이야기하도록 하는 체크인과 함께, 대화상자 8-23과 같은 진술로 집단원들의 집단 회기 목표 설정을 돕는다.

대화상자 8-23. 집단 회기 목표 설정을 위한 집단상담자 진술의 예

- "오늘 집단 회기에 참여함으로써 얻기를 원하는 것이 무엇인가요?"
- "원하는 것을 얻기 위해 무엇을, 어떻게 하실 계획이세요?"
- "집단을 마칠 때, 자신이 습득했다고 말하고 싶은 것은 무엇인가요?"
- "각자 다음의 미완성문장을 완성해 보기 바랍니다. '기회가 주어진다면, 오늘 나는 ______________________________ 에 몰두하고 싶다.'

대화상자 8-23에 제시된 진술들은 집단상담자가 집단원들의 회기 목표 설정을 돕는 데 유용하게 사용될 수 있는 것들이다. 집단상담자는 집단원들에게 각자 설정한 집단 회기의 목표를 소개하게 한 다음, 어떤 집단원의 이야기부터 다룰 것인가를 직접 결정하거나 집단원들과 협의하여 결정한다. 그런데 집단 회기의 목표 설정을 위한 논의를 할 때, 때로 장황하게 자신의 문제를 설명하려는 집단원이 생길 수 있다. 이 경우, 집단상담자는 집단원의 말을 차단하는 한편, 일단 목표 설정부터 하고 나서, 추후 기회가 주어졌을 때 보다 구체적으로 소개할 수 있도록 안내한다.

공지사항 전달

집단 회기의 시작을 위해 집단상담자가 수행해야 할 네 번째 과업은 공지사항을 전달하는 일이다. 공지사항이란 집단원들이 알고 있어야 할 상담기관의 방침이나 공유할 필요가 있는 새로운 소식 등을 말한다.

수업활동 / 수업시간에 함께 해 볼까요?

1. **Welcoming Ceremony** 한 사람씩 단상 또는 강단 위에 올라가 자신을 알릴 수 있는 몸동작과 함께 자기 이름을 크게 외친다. 이에 다른 사람들은 일시에 자리에서 일어나 환호성과 함께 큰 박수를 보낸다. 모든 참여자에 대한 소개가 끝나면, 각자의 소감을 나눈다.

2. **집단 회기 시작 연습** 5인 1조로 나누어, 집단 회기를 시작하기 위한 방법을 연습해 보자. 한 사람은 집단상담자, 나머지는 집단원 역할을 담당한다. 집단상담자는 집단 시작에 관한 진술을 하고, 집단원들은 돌아가면서 자신에게 기회가 주어지면 나누고 싶은 이야기에 대해 1~2문장으로 진술한다. 집단상담자는 집단원들의 관심에 대해 총체적으로 요약·정리하여 준다. 집단상담자 역할은 차례로 역할을 바꿔 가면서 이 연습을 반복한다.

복습문제 / 공부한 것을 확인해 볼까요?

객관식 문항

1. 다음은 집단상담 초기 단계에서 집단상담자가 하는 역할이다. (가)~(라)의 역할을 수행하기 위해 집단상담자가 해야 할 행동을 〈보기〉에서 골라 바르게 연결한 것은?

▶ **2011년 전문상담 1차**

(가) 집단의 시작을 돕는다.
(나) 집단규범의 발달을 돕는다.
(다) 집단의 분위기 조성을 돕는다.
(라) 집단의 의사소통과 상호작용을 촉진한다.

〈보기〉

ㄱ. 한 집단원의 반응을 다른 집단원에게 연결한다.
ㄴ. 집단원들의 느낌이나 생각을 이해하려는 일관된 태도를 보인다.
ㄷ. 집단원들이 해야 할 바람직한 행동을 알려 주거나 모범을 보인다.
ㄹ. 집단상담자가 먼저 자신이 가진 불안과 희망, 두려움과 기대를 표현한다.

	(가)	(나)	(다)	(라)
①	ㄱ	ㄴ	ㄷ	ㄹ
②	ㄴ	ㄱ	ㄹ	ㄷ
③	ㄴ	ㄷ	ㄹ	ㄱ
④	ㄷ	ㄹ	ㄱ	ㄴ
⑤	ㄹ	ㄷ	ㄴ	ㄱ

주관식 문항

2. 집단의 첫 회기 시작 시, 집단상담자가 담당해야 할 주요 과업 열네 가지를 쓰시오.

① ______ ② ______
③ ______ ④ ______
⑤ ______ ⑥ ______
⑦ ______ ⑧ ______
⑨ ______ ⑩ ______
⑪ ______ ⑫ ______
⑬ ______ ⑭ ______

3. 집단구조화에 포함되어야 할 주요 요소를 쓰시오.

4. 집단작업에서 집단상담자의 긍정적 어조 활용의 중요성과 그 효과를 서술하시오.

5. 집단의 첫 회기를 시작하면서 집단상담자가 흔히 범하는 실수 세 가지를 서술하시오.

①
②
③

6. 다음은 집단상담의 초기에 나타날 수 있는 문제에 대해 집단상담자가 취할 수 있는 방안을 제시한 것이다. 각각의 방안은 어떤 문제를 해결하기 위한 것인지 쓰시오.

▶**2006년 전문상담 1차**

문제	방안
(1)	• 집단의 진행을 주도하고 지시하며 충고해 달라는 집단구성원들의 요구를 들어 주지 않는다. • 집단구성원들로 하여금 스스로 집단을 이끌어 가도록 도와준다.
(2)	• 불안을 방어하기 위한 한 방법으로 집단구성원들이 이것이 사용한다는 것을 이해한다. • 집단구성원들이 이를 스스로 인정하고 처리하도록 격려한다.
(3)	• 이것을 건설적으로 다루는 것이 중요하다는 점을 집단구성원들에게 가르친다. • 이것을 경험하고 있는 당사자들로 하여금 자신의 느낌을 직접 말로 표현하도록 격려한다.

(1) (2) (3)

7. 다음은 집단상담 진행과정에서 상담교사가 진술한 내용이다. 물음에 답하시오.

▶2008년 전문상담 1차

㉮ 이 집단상담이 끝났을 때, 자신이 어떻게 변했으면 하는지에 대해서 말해 주기 바랍니다. 가능한 한 구체적인 장면에서 자신의 변화된 모습을 이야기해 주기 바랍니다.

㉯ 이 집단상담이 잘 진행되기 위해서 우리가 지켜야 할 몇몇 사항들이 있습니다. 첫째, 가능한 한 자신의 생각이나 느낌을 솔직하게 말해 주기 바랍니다. 둘째, 집단원이 말할 때 주목하고 경청해 주기 바랍니다. 셋째, 자신이나 지금 참여하고 있는 집단원들의 느낌이나 행동에 대해서 말하는 것이 유익합니다. 반면, 여기에 있지 않은 사람들에 대해서 너무 장황하게 이야기하는 것은 도움이 되지 않습니다. 넷째, 집단원이 침묵하는 것을 존중해 주기 바랍니다. 집단원에게 말을 하도록 강요하는 것은 도움이 되지 않습니다…….

(1) 위의 진술은 집단상담 초기, 중기, 종결의 3단계 중 어느 단계와 관련된 내용인지 쓰시오. ________________ 단계

(2) ㉮, ㉯에서 상담교사가 수행하고 있는 과제를 쓰시오.

㉮ ________________

㉯ ________________

정답 1. ⑤

CHAPTER

09

집단발달,
어떤 단계를 거치는가?

집단발달!

○ 집단은 어떻게 발달하는가?

○ 집단발달의 단계별 특징을 아는 것은 어떤 의미가 있는가?

○ 나는 집단을 생산단계로 이끌어갈 역량을 갖추고 있는가?

○ 집단발달단계로 볼 때, 나의 삶은 어떤 단계에 와 있는가?

집단은 갖가지 요인에 따라 다양한 양상으로 전개되지만, 대체로 유사한 경로를 거쳐 발달한다. 서로 알지 못했던 사람들이 집단에서 만나 통성명을 하고, 자기개방을 통해 서로에 대해 알게 되면서 서로 간에 점차 신뢰가 쌓인다. 주기적으로 많은 시간을 함께하게 되면서, 집단원들은 때로 과거에 겪었던 경험이 떠올라 관계에서의 두려움과 불안을 느낄 때도 있지만, 점차 서로 공통적인 흥밋거리와 관심사가 있는지 알게 된다. 이러한 요소들이 서로의 구미를 당기게 되면서, 집단원들은 일상생활에서 경험하지 못했던 믿음 가운데, 이전보다 더 심층적인 내면에 대해 깊이 있고 진솔한 대화를 나누게 된다. 이러한 자연스러운 과정을 치료적으로 활용하기 위한 의도성을 가지고 구성되는 것이 바로 집단상담이다. 이처럼 집단 내에서 발생하는 점진적인 변화과정이 집단의 발달단계다. 이러한 발달구조는 표 9-1에 제시한 학자들에 의해 인간의 발달에 이미 적용되었다.

표 9-1. 주요 인간발달 이론

이론가	발달이론
☐ 지그문트 프로이트Sigmund Freud	○ 심리성적psychosexual
☐ 에릭 에릭슨Erik Erikson	○ 심리사회적psychosocial
☐ 장 피아제Jean Piaget	○ 인지적cognitive
☐ 로렌스 콜버그Lawrence Kohlberg	○ 도덕성morality
☐ 엘리자베스 퀴블러-로스Elizabeth Kübler-Ross	○ 애도과정grieving process

집단발달의 특징

집단의 첫 회기에서부터 최종회기에 이르기까지 집단에는 어떤 변화가 생기는가? 집단구성원들은 집단과정의 어떤 힘에 의해 변화되는가? 집단은 어떤 양상으로 발달하는가? 여기서는 집단이 인간발달처럼 단계별로 발달한다고 가정한다(Berg et al., 2018; Corey & Corey, 2017; Gladding, 2016). 학자들은 집단발달의 특징을 표 9-2와 같이 단계별로 나누어 자신들의 견해를 밝히고 있다.

표 9-2. 학자별 발달단계 구분

학자명	연도	집단발달단계	
☐ Bennis & Shepard	1956	1. 권위authority 및 구조화structure 2. 친밀감intimacy 및 상호의존interdependence	
☐ Schutz	1958	1. 합류inclusion 3. 개방openness 5. 방출letting go	2. 통제control 4. 상호신뢰mutual trust
☐ Tuckman	1965	1. 형성forming 3. 폭풍storming 5. 산회adjourning	2. 규준 설정norming 4. 수행performing
☐ Fisher	1980	1. 오리엔테이션orientation 3. 출현emergence	2. 갈등conflict 4. 강화reinforcement
☐ La Coursiere	1980	1. 오리엔테이션orientation 3. 해소resolution 5. 종결termination	2. 불만족dissatisfaction 4. 생산production
☐ Ward	1982	1. 힘power 3. 작업working	2. 응집cohesiveness 4. 종결termination
☐ Kormanski & Mozenter	1987	1. 갈등conflict 3. 생산productivity	2. 협력cooperation 4. 분리separation
☐ Gazda	1989	1. 탐색exploration 3. 실행action	2. 과도transition 4. 종결termination
☐ Vander Kolk	1990	1. 시작beginning 3. 응집cohesiveness 및 생산성productivity 4. 완결completion	2. 갈등conflict 및 우월dominance

☐ Donigian & Malnati	1997	1. 오리엔테이션orientation 2. 갈등conflict 및 직면confrontation 3. 응집력cohesiveness 4. 작업work 5. 종결termination
☐ Wheelan	2004	1. 의존dependence 및 합류inclusion 2. 역의존counterdependence 및 투쟁fight 3. 신뢰trust 및 구조화structure 4. 작업work 5. 종결termination
☐ Yalom	2005	1. 오리엔테이션orientation 및 의미 탐색search for meaning 2. 갈등conflict 3. 우월dominance 및 반발rebellion 4. 응집cohesiveness
☐ Yoon & Johnson	2008	1. 방향설정orientation 2. 일정수립scheduling 3. 탐색exploration 4. 작업work 및 결정decision 5. 진척 확인progress check 및 평가evaluation 6. 정교화refinement 7. 종결termination
☐ Trotzer	2013	1. 안전security 2. 수용acceptance 3. 책임responsibility 4. 작업work 5. 종료closing
☐ Kottler	2015	1. 도입introduction 2. 실험 참여experiment engagement 3. 응집력 있는 참여cohesive engagement 4. 탈참여disengagement
☐ Gladding	2016	1. 형성/방향설정formation/orientation 2. 과도transitioning(폭풍/규준설정storming/norming) 3. 수행/작업performing/working 4. 애도/종료mourning/closing
☐ Jacobs et al.	2016	1. 시작beginning 2. 중간middle 또는 작업working 3. 종결ending 또는 끝맺음closing
☐ Corey & Corey	2017	1. 초기initial 3. 작업working 2. 과도기transition 4. 종료ending

표 9-2에서 보는 바와 같이 집단의 발달단계에 관한 견해는 학자마다 다르다. 그러나 관계 · 신체 · 정서 · 가족 발달 등에 관해 논할 때, 발달이론들은 집단발달과 마찬가지로 일정한 원리에 따라 진행된다는 특징이 있다. 발달의 원리는 글상자 9-1과 같이 정리할 수 있다.

글상자 9-1. 발달의 원리

1. 발달은 단계의 순서대로 진행된다.
2. 일반적으로 단계의 순서는 건너뛰지 않는다.
3. 개인이 어떤 단계에 있는지 알고 있다면, 다음에 어떻게 될 것인지에 대한 예측이 가능하다.
4. 발달은 사람들이 다음 단계로 옮겨갈 수 있도록 도움으로써 촉진될 수 있다.

집단발달단계의 또 다른 특징은 한 단계에서 다음 단계로 넘어가는 경계선이 명확하지 않고, 항상 일정한 순서대로 진행되지 않을 수 있다는 점이다. 그렇지만 각 단계의 특징은 공통으로 비교적 선명하게 드러난다. 집단은 다양한 이유로 항상 변하기 마련이다. 때로 집단의 발달단계가 중첩되는가 하면, 이전 단계로 되돌아가기도 한다. 집단원 역시 변화의 속도 및 정도에 있어서 개인차가 있다. 이처럼 집단발달의 특성을 고려할 때, 집단원 개개인의 변화와 집단과정을 촉진하기 위해서는 집단상담자에게 집단상담과 치료에 관한 전문지식과 임상경험이 필수로 요구된다.

집단발달단계의 개요

집단발달단계는 집단의 시작부터 종결에 이르기까지 집단역동을 관찰할 수 있는 유용한 틀을 제공한다는 점에서 의의가 있다. 집단역동은 예비집단단계에서부터 시작된다(Gladding, 2016). 예비집단단계pre-group stage는 집단계획과 준비를 시작한 이래 첫 회기가 시작되기 전까지의 기간을 말한다. 이 단계는 집단이 시작되기에 앞서, 집단을 계획하고 준비하는 시기로, 주로 집단제안서(또는 집단계획서) 작성,

집단원 모집 · 선발, 준비교육 등이 실시된다. 여기서는 집단발달단계를 집단이 시작되기 전 준비 단계에 해당하는 예비집단단계 외에, 집단이 구성되어 집단 회기를 시작하는 순간부터 최종회기까지를 ① 탐색단계, ② 작업단계, ③ 생산단계, ④ 통합단계 등 4단계로 나누어 단계별 특징과 임상적 전략을 모색하는 한편, 일정 시간이 지난 후에 갖게 되는 후속 집단 회기에 관해 살펴보기로 한다.

탐색단계. 탐색단계exploratory stage는 집단 회기의 시작에서부터 작업단계가 시작되기 전까지의 시기다. 이 단계에서는 집단원들이 자신들의 관심사와 목표를 탐색하면서 서로를 알아가는 작업을 하면서, 다른 집단원들과의 상호작용을 통해 신뢰관계를 형성한다. 이 단계에서 집단상담자는 집단원들이 자신들의 욕구를 진솔하게 말로 표현할 수 있도록 돕는다. 탐색단계의 일반적인 특징은 집단원들의 집단참여에 대한 불안과 두려움이다. 집단원들은 집단참여에 대한 기대와 호기심과 자신이 받아들여지지 않을 수 있다는 두려움과 불안을 동시에 겪는다. 이로 인해, 이들은 자신의 진솔한 모습보다는 사회적으로 용인된다고 여기는 행동 또는 자신의 긍정적인 모습이라고 여겨지는 부분을 드러내려는 경향을 보임으로써 상대적으로 불안정한 집단구조가 형성된다.

작업단계. 작업단계working stage는 집단원들이 자신들의 삶을 되돌아보면서 더 생산적이고 행복한 삶을 위해 통찰과 행동 · 사고 변화를 위해 노력하는 시기다. 이 단계에서는 집단원들은 다른 집단원들이 자신들을 어떻게 생각할지에 대한 염려로 표현을 자제하고 있던 생각과 감정 표출을 시작하게 된다. 솔직한 생각과 감정 표현은 집단원간 및/또는 집단상담자과의 갈등이 싹트게 된다. 따라서 집단상담자는 집단원들의 감정과 사고를 이해 · 존중해 주는 한편, 적절한 방식으로 자신들의 감정과 생각을 표현할 수 있도록 돕는다. 그러나 이전과는 다른 의사소통 방식으로 갈등 해결을 꾀함으로써 새로운 사회적 기술을 습득하는 등 성장 · 발달을 위해 애쓰는 단계다.

생산단계. 생산단계productive stage는 이전 단계에서의 경험학습을 통해 집단원들에게 통찰이 일어나고, 행동과 사고가 생산적인 방향으로 변화하는 시기다. 이 단계에서는 더 깊은 수준의 자기 탐색이 이루어진다. 이 단계에서의 깊은 탐색은 이미 탐색단계와 작업단계에서 이루어진 의미 있는 작업에 바탕을 두고 있다. 집단원들은 집단 활동을 통해 습득한 새로운 행동을 일상생활에 적용해 봄으로써, 점진적으로 변화와 성장의 의미를 인식하게 된다.

통합단계. 통합단계integrative stage는 집단 회기 동안 습득한 경험학습 내용을 확인하는 한편, 집단원들이 집단에서 새롭게 습득한 학습 내용을 일상생활에 적용하는 것을 알아보는 시기다. 이 단계에서는 집단에서의 활동은 주로 종결, 요약, 마무리, 집단경험의 통합에 중점을 둔다. 끝으로, 후속 집단 회기는 선택 사안으로서, 집단종결 후 일정 기간이 지난 후에 집단경험의 효과 지속 여부를 평가하기 위해 갖게 되는 모임이다.

이 장에서는 집단발달의 각 단계에 따른 집단의 특성을 구체적으로 살펴본다. 그뿐 아니라 집단상담자와 집단원의 역할, 집단모임을 시작하고 종결하는 집단상담자의 기술, 집단원의 집단참여 목적을 달성할 수 있도록 도와야 할 집단상담자의 책임 등에 대해 논의한다. 또한, 임상적인 실제와 관련된 집단과정의 중심 개념들을 다루면서 집단의 발달단계별로 집단상담자가 어떻게 개입할 것인지를 설명한다. 그러면 집단발달의 첫 단계인 탐색단계에 관해 살펴보자.

탐색단계

탐색단계exploratory stage의 핵심과업은 집단이 나아갈 방향 안내와 탐색이다. 이 단계는 집단유형에 따라 다소 차이가 있다. 그러나 집단의 전체 회기 수를 10회기로 볼 때, 집단의 탐색단계는 일반적으로 집단 시작 후 1~2회기 정도에 해당한다. 탐색단계에서는 집단원들 사이에 집단에 대한 기대, 희망, 흥분감과 함께 불안, 두려움, 염려가 지배적이다. 동시에, 이 시기는 집단원들이 낯설고 피상적인 대인관계로 인해 서로 좋은 점만을 내보이려 한다는 점에서 종종 '신혼여행기honeymoon period' 또는 '허니문기'에 비유되곤 한다. 즉, 집단원들은 어려서부터 중요한 타인의 기분을 상하지 않게 자신의 솔직한 감정을 숨긴 채, 사회적 · 문화적으로 용인되는 반응을 보이는 것이 미덕으로 여기면서 집단에서도 이러한 행동을 그대로 나타내는 경향이 있기 때문이다.

집단의 탐색단계에서 집단상담자가 리더십을 어떻게 발휘하는가에 따라 집단은 신속하게 작업단계를 거쳐 자연스럽게 생산단계로 진입할 수 있다. 그렇지 못한 경우에는 집단은 탐색단계에 정체되거나, 작업단계에 진입했다가 종결을 맞이하기도 한다. 집단의 탐색단계는 ① 탐색단계의 특징, ② 집단상담자의 임무, ③ 탐색단계의 촉진 전략 등으로 구분하여 살펴보기로 한다.

탐색단계의 특징

집단의 탐색단계에서 집단원들은 새로운 사람들과의 만남으로 어색해 하거나, 집단상담자의 요구 또는 자기개방에 부담을 느끼기도 한다. 이들은 때로 집단참여에 대한 불안감으로 집단참여를 주저하기도 한다. 그런가 하면, 집단상담자 또는 치료과정에 전적으로 의존하려고 하거나, 반대로 집단의 효과성에 의구심을 갖기도 한다. 집단초기 몇 회기 동안 집단원들이 참여를 주저하는 태도는 지극히 정상적이다. 참여를 주저하거나 경계하는 행동은 앞으로의 일에 대한 두려움으로 인한 것일 수 있기 때문이다. 탐색단계의 특징을 요약 · 정리하면 글상자 9-2와 같다.

글상자 9-2. 탐색단계의 특징

1. 집단원들이 상호 경계하며, 신뢰수준이 낮다.
2. 집단참여를 주저하거나, 소극적인 태도를 보인다.

3. 집단원들의 두려움과 불안 수준이 높은 편이다.
4. 집단과정에서 집단원들은 흔히 자신보다는 타인에게 초점을 맞춘다.
5. '지금 여기'보다 '거기 그때'에 초점을 맞추어 이야기하는 경향이 있다.

글상자 9-2에 제시된 것처럼, 여기서는 탐색단계의 특징을 ① 낮은 신뢰감, ② 소극적 집단참여, ③ 높은 불안감, ④ 집단원 자신에의 초점 회피, ⑤ '그때 거기'에 초점으로 구분하여 살펴보기로 한다. 집단원들 간의 낮은 신뢰감 수준에 관한 설명은 다음과 같다.

낮은 신뢰감. 탐색단계에서 집단원들이 갖는 집단, 집단상담자, 그리고 다른 집단원들에 대한 신뢰감은 다른 단계에 비해 낮다. 이러한 이유로, 집단원들 간의 신뢰감 형성은 집단상담자가 탐색단계에서 특별히 관심을 기울여야 할 사안이다. 왜냐하면 집단원들 사이에 형성된 신뢰감은 집단발달을 촉진하는 핵심요소이기 때문이다. 집단초기에 집단원들은 평소처럼 자신의 문제를 털어놓는 집단원에게 조언과 충고를 하거나, 자신의 실패/성공 경험을 늘어놓기도 한다. 이러한 반응은 언뜻 집단원들 간의 의미 있는 상호작용으로 여겨져 집단이 발달해 나가는 것처럼 보일 수 있다. 그러나 이는 집단원으로 하여금 문제에 대한 자신의 감정을 충분히 탐색할 기회를 박탈하여, 신뢰관계 형성을 저해하게 된다. 집단에 대한 신뢰감이 낮을 때, 집단원들은 글상자 9-3과 같은 징후를 나타낸다.

글상자 9-3. 집단에 대한 신뢰가 낮음을 암시하는 집단원의 징후

1. 집단에 대한 기대 또는 참여목표가 모호하다.
2. 즉각적인 반응, 감정 표현, 자기개방을 주저하거나 꺼린다.
3. 집단활동에 침묵 또는 소극적 참여로 일관한다.
4. 상호작용이 추상적으로 흐른다.
5. 지시에만 따르려고 하거나, 대신 결정해 주기를 기다린다.
6. 개인/집단 작업을 꺼리거나 주저한다.
7. 지각, (무단) 결석, 또는 회기가 끝나기 전에 자리를 뜬다.

8. 자신의 문제가 집단에서 다루기에 적절하지 않다고 한다.
9. 갈등을 부정하거나 공개적으로 다루기를 피한다.
10. 하위집단을 구성하여 다른 집단원들과의 교류를 피한다.
11. 비판 또는 도전에 대한 두려움으로 참여를 주저한다.
12. 다른 집단원 또는 집단상담자에 대해 적대감/의구심을 품는다.
13. 사실적 이야기를 장황하게 늘어놓으면서 핵심 주제를 피한다.
14. 자신에 대한 탐색/작업보다 다른 집단원들에게 초점을 맞추고 조언을 일삼는다.

집단의 신뢰관계 형성을 저해하는 집단원의 행동에 대해 집단상담자가 어떻게 대처해 나가는지는 집단분위기와 발달에 영향을 준다. 그러므로 집단상담자는 집단원들을 존중·수용하되, 이들의 언행에 민감하게 반응하는 한편, 공감적 이해, 정적 피드백 등 신뢰관계 형성을 촉진하는 행동으로 모범을 보일 필요가 있다.

소극적 집단참여. 탐색단계에서 집단원들의 집단참여는 대체로 소극적이다. 특히, 나이가 어리거나 집단경험이 없거나 많지 않은 집단원은 집단규범 또는 집단에서 기대되는 행동을 낯설어할 수 있다. 이 경우, 질문은 집단원들의 자발적 참여를 촉진하기보다는 오히려 질문에 대해 대답만을 하는 수동적 태도를 조장할 수 있다. 이와는 대조적으로, 이렇다 할 구조화 또는 모델링 없이 집단원의 참여만을 기다리는 경우, 집단원들은 역할 혼란, 즉 집단에서 어떤 말과 행동을 해야 할지 몰라 혼란스러워할 수 있다. 따라서 집단원들이 집단을 안전한 곳으로 여기고 자발적·적극적인 집단참여를 돕기 위해서는 글상자 9-4의 지침을 참고한다.

글상자 9-4. 집단원의 참여 활성화를 위한 팁

1. 집단 관련 또는 집단작업에 도움이 될 만한 내용(예, 뉴스, TV/신문 보도, 영화, 날씨)에 대한 아주 간단한 인용으로 시작한다.
2. 지난 회기에 논의되었던 주요 사항을 요약해 주면서 이번 회기 계획을 소개한다.
3. 지난 회기에 나누었던 감정·생각·반응, 또는 관찰 내용에 대해 잠시 논의할 시간을 갖는다.

4. 나누고 싶은 이야기의 주제를 돌아가면서 1~2문장 정도로 간단히 소개하게 한다.
5. 질문/답변이 필요한 문제가 있다면, 이를 위해 첫 5분 정도를 할애한다.

글상자 9-4에 제시된 지침 중, 집단에서 나누고 싶은 이야기의 주제를 한두 문장 이상으로 장황하게 설명하려는 경우, 집단상담자는 집단원이 말하려는 핵심 내용을 한 문장 정도로 요약해 주면서 다음 집단원에게 말할 기회를 넘긴다. 모든 집단원들이 집단 회기에서 나누고 싶은 이야기의 주제를 소개하고 나면, 어떤 집단원의 이야기부터 들어 볼 것인지를 결정한다. 결정의 일반원칙은 위급하거나 심각한 사안, 여러 집단원의 공통 관심사, 또는 비교적 쉽게 해결할 수 있는 문제부터 다루는 것이다.

이 외에도, 집단원들이 말이 없거나 소극적으로 참여하는 경우, 문장완성 활동 또는 2인 1조 활동을 활용할 수 있다. 문장완성 활동에 활용할 수 있는 미완성문장의 예로는 "이 집단에서 나에 대해 알리고 싶지 않은 것은 ________(이)다."를 들 수 있다. 또한, 2인 1조로 특정 주제(예, "나에 대해 어떤 생각이 드나요?" "내가 당신과 가깝게 느끼는 것을 가로막는 것은?")에 관해 잠시 대화를 나누게 하는 방법 역시 집단원들로 하여금 진솔하고 구체적인 대화와 통찰, 그리고 전체 집단의 활성화를 촉진할 수 있다는 이점이 있다.

높은 불안감. 탐색단계에서 집단원들은 높은 불안감을 갖는다. 불안감이 높은 집단원은 집단참여를 주저하거나 꺼리는 것처럼 보일 수 있다. 불안의 주요 원인은 집단원들의 내재적 갈등intrinsic conflict이다. 집단원들은 자신의 소망·욕망·욕구를 표출하면서 앞으로 나아가고 싶으면서도, 내면의 거부, 수치감, 징벌에의 두려움 때문에 표출 동기가 꺾이곤 한다(Donigian & Malnati, 1997). 이러한 내면의 갈등이나 충돌은 불안의 원인이 된다. 이때 야기되는 불안은 작업 가능한 해법을 찾거나, 오히려 후퇴하여 방어 전술을 펴는 신호로 해석된다. 이러한 점을 고려할 때, 탐색단계의 작업 목표는 갈등의 쟁점에 대한 감정 탐색·인식·표출을 돕는 일이다. 집중적인 감정 탐색은 대인관계 갈등에 대한 적응적인 해결방법 모색에 도움이 되기 때문이다. 성장은 두려움에 직면함으로써 일어난다. 성장을 위한 동기와 욕구는 적응적인 해결방법이 시도되고, 또한 지지적인 환경에서 수면 위로 부상한다.

탐색단계에서 집단원들의 불안감이 높은 또 다른 이유는 집단 효과 또는 집단상담자에 대한 신뢰감이 부족하기 때문일 수 있다. 이러한 이유로 발생하는 집단원들의 불안감은 집단참여에 소극적인 태도로 나타날 수 있다. 소극적인 집단참여는 일종의 집단에 대한 저항 또는 집단에 대한 두려움의 표현으로 해석될 수 있다. 이 단계에서 불안감이 높은 집단원들은 대화상자 9-1과 같은 자기대화self-talk를 할 수 있다.

대화상자 9-1. 불안감에 의한 집단원의 자기대화의 예

- ○ "이 집단에 있는 사람들이 나를 이상한 사람으로 보지 않을까?"
- ○ "집단에서 나 혼자 외톨이가 되는 것은 아닐까?"
- ○ "잘 모르는 사람들 앞에서 과연 내 감정을 솔직하게 표현할 수 있을까?"
- ○ "사람들이 나를 멍청하거나 어리석은 사람으로 보지 않을까?"
- ○ "내가 정상이 아닌 사람으로 판명되면 어떡하지?"
- ○ "내 비밀을 털어놓았다가 평생 후회하게 되는 건 아닐까?"
- ○ "감정을 표현하다가 울음을 주체하지 못하게 되면 어떡하지?"
- ○ "공연히 마음에 상처로 남는 일이 생기면 어떡하지?"
- ○ "사람들이 내가 경험한 일을 알게 되면, 모두 나를 비난하게 될 거야."
- ○ "다른 사람들이 내가 어떤 사람인지를 알게 되면 무척 실망할 거야."

집단의 탐색단계에서 집단원들은 자신들이 있는 그대로 존중되는지, 자신의 관심사가 진지하게 받아들여지고 있는지, 또는 자신이 느끼고 생각하는 것을 표현할 수 있을 만큼 집단이 안전한 장소인지를 탐색한다. 그러므로 집단원의 언행에 집단상담자와 다른 집단원들이 어떻게 반응하는가는 집단원의 감정 · 사고 · 행동에 영향을 미친다. 부정적이든 긍정적이든 간에 존중되고 받아들여진다는 인식은

집단원들로 하여금 훨씬 더 깊은 내면을 다루고자 하는 동기를 부여하게 될 것이다.

그러면 집단원의 불안감 해소는 어떻게 도울 수 있는가? 이는 무엇보다도 경청과 공감적 이해를 통해 감정을 충분히 표현하도록 돕는 것이다. 이 작업은 집단발달을 촉진한다. 그렇지 않고 "불안해하지 마세요. 두려워할 필요 없어요. 당신을 해칠 사람은 없어요."라는 등의 말로 위로하려는 것은 별 도움이 되지 않는다. 누구도 그런 약속을 해 줄 수 없기 때문이다. 대신, 집단원이 다른 집단원(들)의 반응으로 인해 상처를 입는 경우, 이 사실을 집단에서 공개적으로 말할 것과 집단상담자가 집단원을 버리지 않을 것임을 알게 할 필요가 있다. 변화를 위한 집단작업은 때로 긴장, 갈등이나 불편한 느낌이 들 수 있다. 그런가 하면, 다른 집단원의 피드백으로 감정이 상하게 될 수도 있다. 따라서 집단상담자는 자신이 책임질 수 없는 약속을 해서는 안 된다. 대신, 집단원의 감정이 잠시 상할 수 있지만, 이러한 경험과 과정을 통해 자신을 진솔하게 되돌아볼 수 있도록 돕는 것이 더 사려 깊은 선택일 것이다.

이외에도, 집단원들이 더 안심하고 집단에 참여하도록 돕는 방법으로는 불안감을 서로 나눌 기회를 제공하는 것이다. 예를 들어, 2인 1조로 나누어 신뢰감 형성을 돕는 활동지를 함께 작성하게 하는 방법이 있다. 이 방법은 집단원이 전체 집단에서 이야기하는 것보다 훨씬 덜 위협적이어서 더 안정된 상태에서 마음의 대화를 나눌 수 있다는 이점이 있다. 두 사람은 서로의 감정을 공유하게 되면서 적어도 다른 한 집단원과 친밀한 관계를 형성하게 된다. 이러한 관계 형성은 결과적으로 집단이 더 안전한 공간으로 인식될 수 있다.

집단원 자신에의 초점 회피. 집단의 탐색단계에서는 집단 내에서 논의되는 내용이 종종 집단원 자신보다는 집단 밖의 인물, 사건, 또는 상황에 초점이 맞추어진다. 이 단계에서 집단원은 자신이 겪은 사건이나 상황에 관해 이야기하면서도 마치 다른 사람의 일처럼 말하거나, 다른 사람의 일에 초점을 맞추기도 한다. 또한, 자신의 관심사에 대한 초점을 피하면서 집단작업에 저항하기도 한다. 이에 집단상담자는 집단원들이 개인화personalization, 즉 자신과 자신의 관심사에 초점을 맞추도록 도울 필요가 있다. 이를 위해 집단상담자는 대화상자 9-2와 같이 반응할 수 있다.

대화상자 9-2. 집단원의 개인화를 돕기 위한 집단상담자 진술의 예

리 더: 음, 지금까지 어린 시절에 영향을 주신 분들에 관해 말씀해 주셨는데, 안타깝게도 그분들이 지금 여기에 계시지 않네요. 그런데 술을 좋아하시고 집안 분위기를 긴장 상태로 만들곤 하셨다는 주현 씨 아버지를 지금 떠올려보면, 어떤 느낌 또는 생각이 드나요?

대화상자 9-2에서 집단상담자는 집단 밖의 다른 인물에 관해 이야기하는 집단원의 초점을 그 자신에게 돌려주는 작업을 하였다. 이와 같은 반응은 적절한 순간을 포착하는 것이 중요하다. 개인화 외에도, 집단상담자는 집단원이 해석이나 반응을 받아들일 준비가 되어 있는지를 고려해서 반응할 필요가 있다. 이러한 작업을 통해 집단상담자는 해당 집단원이 다른 사람에게 초점을 맞추는 것이 자신을 방어하기 위한 수단일 수 있음을 깨달을 수 있도록 돕는다. 이러한 작업은 결과적으로 집단원의 방어벽을 허물고 집단에 적극적으로 참여하도록 하는 용기와 의욕을 불러일으키는 효과를 가져올 수 있다.

'그때 거기'에 초점. 탐색단계에서 집단논의의 초점은 '지금 여기'보다는 '그때 거기'에 맞추어진다. 집단목적과 관련된 개인적인 경험을 치료적으로 의미 있게 다루기 위해서는 지금 여기의 경험에 초점을 맞추고, 집단 내에서 다루도록 해야 한다. 이러한 작업을 통해 집단원들은 집단경험과 학습을 바탕으로 집단의 고유 기능을 이해하고 집단참여 방법을 터득하게 된다. 이로써 집단원들은 치료적 관점에서 생각과 느낌 표현의 중요성을 인식하게 되고, 감정표현 능력은 집단의 신뢰 분위기 형성에 촉매 역할을 하여 집단의 치료적 성과를 높인다.

집단상담자의 임무

집단의 탐색단계에서 집단상담자에게 주어진 임무는 ① 상호작용 촉진, ② 구조화 실시 및 모델링, ③ 문제행동 대처, ④ 신뢰 분위기 조성으로 요약된다.

상호작용 촉진. 집단의 탐색단계에서 집단상담자는 집단원들 간의 상호작용을 활성화해야 한다. 이를 위해 집단상담자는 권위적이고 위압감을 주는 부모의 모습을 지양하는 대신, 공감적 이해와 존중을 바탕으로 재진술 · 반영 · 연결 같은 상담기술을 통해 집단원들 간에 활발한 교류가 일어나도록 돕는다. 그리고 필요한 경우, 집단원들에게 지지적이고 집단지향적인 태도를 보임으로써 적절한 상호작용 방법에 대해 시범을 보인다. 예를 들어, 집단원의 질문에 일일이 답하기보다는 공감적 이해를 통해 되돌려주거나, 다른 집단원에게 의뢰 또는 연결해 주는 것도 상호작용을 촉진하는 방법이다. 집단원의 질문을 되돌려주기 위한 집단상담자의 진술 예는 대화상자 9-3과 같다.

대화상자 9-3. 집단원의 질문을 되돌려주기 위한 집단상담자의 진술 예

예 원: 엄마가 자꾸 공부하라고 하면서 뭐라고 하면, 너무 짜증 나서 그냥 아무 생각 없이 집을 나가버릴까 하는 생각이 막 들어요. 제가 정신적으로 문제가 있어서 이런 생각이 드는 건 아니겠죠?

리 더: (미소를 지으며) 예원이는 엄마의 훈계에 대한 감정을 엄마에게 직접 표현하기보다는 그 자리를 떠나는 행동으로 보일까 하는 생각이 드나 보구나. 그런 자신의 모습이 정신적인 문제가 있어서 그러는지 궁금하기도 하고 말이야.

예 원: 네, 정말 그래요. 나도 공부가 중요하다는 것을 잘 알고 있고, 또 학원에 가서도 열심히 공부하고 왔는데, 엄마가 또 공부만 하라고 하면 정말 열 받거든요.

대화상자 9-3에서 집단상담자는 예원이라는 집단원의 질문에 대해 '예/아니요'로 답하기보다는 재진술로 되돌려주고 있다. 이러한 반응을 통해 집단상담자는 예원이가 학업에 대한 자신의 생각과 어머니에게 반복적인 훈계를 들을 때의 감정 인식과 표현을 돕고 있다.

구조화 실시 및 모델링. 탐색단계에서 집단상담자는 집단에 대한 구조화structuring를 실시하고, 모델링을 통해 집단원들에게 집단에서 기대되는 행동을 가르쳐야 한다. 이 단계에서 구조화는 지지적인 집단규범을 세우고, 집단원들 간의 상호작용을 증진시킨다는 연구들이 있다. 특히, 디에스(Dies, 1994)는 집단 회기에서 집단상담자의 활동 정도를 검토한 51개 연구를 살펴본 결과, 연구의 78%에서 보다 적극적·지시적이고 구조화된 집단상담자들이 더 좋은 성과를 올린 것으로 보고했다.

구조화는 집단원들의 의존심을 부추기지 않으면서도 전반적인 방향을 잡기에 충분해야 한다(Yalom, 2005). 즉, 구조화는 집단상담자의 요청이 없어도 집단원들의 자발적인 상호작용 촉진에 도움이 될 수 있어야 한다는 것이다. 이는 구조화를 통해 집단참여에 관한 구체적인 정보를 제공함으로써 집단원들의 참여를 극대화할 수 있어야 한다는 의미다. 집단초기에는 집단원들의 교류 방향이 집단상담자에게 집중되는 경향이 있다. 이러한 현상을 피하고 집단원들 간의 교류를 활성화하려면, 집단상담자는 적극적 경청기술을 통해 집단원들에게 반응하고 서로 연결해 줌으로써 집단과정에 관한 교육의 기회로 활용해야 할 것이다.

집단원들이 집단에 대해 얼마나 알고 있는가는 이들이 어떤 태도로 집단에 참여하게 될 것인가와 밀접한 관계가 있다. 즉, 집단경험이 전혀 없거나 잘 알지 못하는 집단원들은 집단에서 자신의 역할을 인식하지 못해, 집단참여에 시행착오를 범하거나 소극적으로 참여하게 될 수 있다. 이와는 대조적으로, 집단과정을 잘 이해하고 있거나 자신의 역할을 파악한 집단원은 집단역동과 분위기를 자연스럽게 받아들이게 되면서 집단활동에도 적극성을 띠게 될 것이다.

문제행동 대처. 집단의 탐색단계에서 집단상담자는 집단원의 문제행동에 효과적으로 대처 또는 해결해야 한다. 이 단계는 집단에서 허용되는 행동과 그렇지 않은 행동의 한계를 시험해 보는 시도가 종종 나타나는 시기다. 일상생활에서 문제행동을 보이는 집단원의 경우에는 더욱 그렇다. 문제행동을 의도적으로 시도하는 집단원은 행동 시도 전후로 집단상담자의 눈치를 살피는 것이 일반적이다. 예를 들어, 학생들로 구성된 집단의 경우, 집단참여 학생 중에는 문제행동에 대한 제재 정도가 교실에서의 교사들의 것과 어떻게 다른지 비교하고 싶어질 수 있다. 그런가 하면, 행동의 한계를 시험해 보려는 의도가 없더라도 집단에서 문제행동을 나타내는 집단원들도 있을 수 있다. 만일 자신의 장래계획에 대해 장황하게 사실적인 이야기를 늘어놓는 집단원이 있다면, 집단상담자는 대화상자 9–4와 같이 개입할 수 있다.

대화상자 9-4. 집단원의 문제행동에 대한 개입의 예

기 윤: 그래서 제가 다시 직장을 옮길 수 있다면, 저는 무역업을 할 겁니다. 다른 나라의 물건을 사다가 우리나라에 가져와서 팔거나, 아니면 우리나라 제품을 다른 나라에다가 팔아서 이익을 남기는 거죠. 이 사업은 앞으로…….

리 더: 잠시만요, 기윤 씨! 기윤 씨가 현재 하고 있는 이야기는 우리가 나누고 있던 이야기 주제에서 벗어난 것이라는 생각이 언뜻 드는군요.

기 윤: 아, 네. 졸업을 앞두고 있다 보니 앞으로 사회생활에 대한 생각이 앞섰던 것 같아요.

리 더: (미소를 지으며) 그랬군요. 이해할 수 있어요. 그럼 다시 조금 전에 나누던 주제로 돌아가 볼까요?

대화상자 9–4에서 집단상담자는 두 가지 작업을 동시에 수행하고 있다. 하나는 기윤이라는 집단원과 다른 집단원들에게 지시사항에 따르는 것과 관련된 규범을 알려 주는 것이다. 다른 하나는 이 규범을 위반한 경우라도 비판 대상으로 삼지 않고, 차단을 통해 부드럽게 다시 논의의 주제로 되돌려놓는 법을 직접 시범을 보이고 있다. 이 두 가지 메시지는 모두 중요하다. 집단발달 초기에 집단원들은 집단규범이라는 궤도에서 잠시 이탈하더라도, 조롱이나 비판받게 되지 않을 거라는 확신을 얻게 될 것이기 때문이다.

성인 역시 사회에서 금지된 행동을 집단에서 나타냄으로써 집단상담자의 인내와 관용의 정도를 시험해 보기도 한다. 집단은 현실 세계와 분리해서 생각할 수 없다. 그러므로 집단상담자는 집단 내에서의 문제행동에 대해 명확한 한계를 정

해야 한다. 집단원의 문제행동에 집단상담자가 어떻게 대처하는가는 직간접적으로 집단발달에 영향을 준다. 따라서 집단상담자의 대처방법은 집단원에게 학습효과를 가져다주는 것이어야 한다. 예를 들어, 감정이 격앙되어 욕설한 초등학교 아동이 있다면, 집단상담자는 충격받은 표정을 나타냄으로써, 다른 집단원들도 감정표출의 올바른 방법을 배우게 할 수 있다.

신뢰 분위기 조성. 탐색단계에서 집단상담자는 신뢰 분위기를 조성해야 한다. 신뢰 분위기 조성은 집단상담자가 집단원 개개인에 대해 적극적으로 수용적 · 공감적인 반응을 보임으로써 서서히 이루어진다. 집단원들은 흔히 현재 상황에 안주하고자 하는 마음과 변화를 위한 모험을 시도해 보고자 하는 마음을 동시에 가질 수 있다. 집단분위기가 안전하지 않은 상태에서 집단원들이 심리적으로 강렬한 작업에 기꺼이 참여할 것으로 기대하는 것은 매우 비현실적이다. 집단원들 간의 신뢰감 형성 촉진을 위한 지침은 글상자 9-5와 같다.

글상자 9-5. 집단의 신뢰감 촉진을 위한 지침

1. 집단참여 행동을 적극 강화한다.
2. 지속적으로 드는 느낌을 표현해 보게 한다.
3. 집단원의 강점/긍정적인 면을 적극 강화한다.
4. 집단원이 자신의 개방 범위를 스스로 결정하게 한다.
5. 집단상담자의 시범을 통해 경청과 피드백 나누기의 중요성을 강조한다.

탐색단계 촉진 전략

집단의 탐색단계에서 집단발달 촉진을 위한 전략은 다양하다. 여기서는 ① 집단참여 목적의 명료화, ② 집단규범 발달, ③ 집단응집력 증진, ④ 집단상담자의 시범, ⑤ 주의 깊은 경청, ⑥ 공감적 이해, ⑦ 사려 깊은 직면을 중심으로 살펴보기로 한다. 먼저, 집단참여 목적의 명료화를 위한 전략은 다음과 같다.

집단참여 목적의 명료화. 탐색단계에서 집단상담자는 집단발달 촉진을 위해

집단원들의 집단참여 목적을 명료하게 설정하는 것을 돕는 전략을 사용한다. 집단이 시작되면, 집단원들은 수용적이고 안전한 분위기 속에서 자신을 소개하고, 다른 집단원들과 인사를 나누게 되면서 관계를 형성한다. 집단원들은 집단상담자와 다른 집단원들과 교류하게 되면서 점차 서로를 알게 되고, 신뢰를 쌓아 간다. 집단의 탐색단계에서는 특히 집단참여에 대한 느낌과 기대에 관한 이야기를 나누고, 집단참여 목적을 명료화하는 작업을 한다. 집단참여 목적의 명료화에 도움이 될 만한 질문의 예는 글상자 9-6과 같다.

글상자 9-6. 집단참여 목적의 명료화를 위한 체크리스트

- ❍ 집단에 거는 기대는 무엇인가?
- ❍ 집단참여를 결정하게 된 동기는 무엇인가?
- ❍ 집단참여를 통해 얻고자 하는 점은 무엇인가?

집단참여에 대한 느낌이나 집단을 통해 얻기를 원하는 것 또는 집단참여 동기 등에 관해 허심탄회하게 대화를 나눌 수 있는 사람들을 만난다는 것은 집단원들에게 신선한 경험이 아닐 수 없다. 대인관계에서 서로의 느낌을 자유롭게 표현할 수 있다는 것은 그만큼 서로 신뢰하고 있음을 의미한다. 집단이 얼마나 안전한가, 그리고 집단을 얼마나 신뢰할 수 있는가는 집단원들의 자기개방의 폭과 깊이에 직접적으로 영향을 미친다. 집단의 분위기가 집단원의 긍정적인 면뿐만 아니라, 부정적인 측면까지 기꺼이 수용될 정도로 안전하다고 인식하게 되면서, 집단원들의 집단에 대한 신뢰감은 높아질 수 있다. 만일 그렇지 않고 집단원들의 집단에 대한 신뢰감이 높아지지 않는다면, 집단원들은 집단참여에 소극적인 태도를 보이게 될 수 있다.

집단규범 발달. 탐색단계에서 집단상담자는 집단발달 촉진을 위해 건설적 · 생산적인 집단규범 발달을 돕는 전략을 사용한다. 집단규범^group norms^이란 집단의 효과적인 기능을 위해 집단원에게 기대되는 행동(해야 할 것과 해서는 안 되는 것)에

대한 공유된 신념체계를 말한다. 집단규범은 '집단규준'으로도 불리며, 집단원들의 집단에 대한 기대, 그리고 집단상담자를 비롯한 영향력 있는 집단원들의 명시적·암묵적 지시에 의해 구성·발달한다. 집단규범과 절차는 집단의 목표 성취를 위해 필요한 것으로, 주로 집단의 탐색단계에서 형성된다.

집단상담자는 의식하고 있든 그렇지 않든 간에, 집단규범 발달에 유의한 영향을 미친다(Riva et al., 2004). 집단상담자는 아무리 암묵적으로 표현한다고 하더라도, 집단규범 형성에 영향을 주게 되는 자신의 역할을 인식해야 한다. 그러므로 집단규범 발달을 촉진하기 위해 집단상담자는 집단원들의 자기표현을 위한 긍정적인 규범을 발달시켜 집단운영을 촉진하고, 집단에서 새로 생성되는 규범을 지지하는 한편, 부정적인 것은 제거할 수 있어야 한다. 만일 행동에 대한 기준이 불명확하다면, 집단원들의 귀중한 시간과 노력이 허비되고, 집단 내에서의 적절한 행동과 그렇지 않은 행동이 불명확함으로 인한 갈등으로 인해 집단원들 사이에 갈등과 긴장감이 조성될 수 있다. 또한, 잘못된 규범이 발달하는 경우, 집단의 발달을 저해한다.

예를 들어, 만일 집단상담자가 지나치게 권위를 내세운다면, 집단원 사이에 집단상담자에 대한 질문이나 도전을 허용하지 않는 규범이 발달하기도 한다. 또한, 소극적인 집단의 분위기를 전환하기 위해 일정한 방향으로 돌아가면서 발언하도록 하는 조치가 반복되면, 일종의 '순번제' 참여 형식을 발달시키기도 한다. 그뿐 아니라, 집단초기부터 지나치게 부정적인 감정 토로 또는 정화에 치중하다 보면, 집단원들 사이에 긍정적인 느낌 표현은 사치스러운 것으로 치부되어 이러한 감정 표현의 기회를 놓치게 되기도 한다. 집단규범의 예는 글상자 9-7과 같다.

글상자 9-7. 집단규범의 예

1. 사람은 누구나 느낌이 있고, 이를 표현할 권리가 있음을 인정한다.
2. 다른 집단원을 무비판적으로 수용한다.
3. 각자의 관심사에 대해 작업할 주제를 정한다.

4. 광범위하게 자기를 개방한다.
5. 자기 자신에게 초점을 맞추고, 행동 패턴의 변화를 위해 작업한다.
6. 자발적 · 적극적으로 솔직한 피드백을 교환한다.
7. 집단에 빠지지 않고, 참석시간을 엄수 한다.
8. 집단작업과 활동에 적극 참여한다.
9. 다른 집단원과의 갈등은 집단 내에서 다룬다.
10. 사고와 감정 표현에 있어서, '지금 여기'에 초점을 맞춘다.
11. 지적인 방식보다는 느낌에 초점을 두고 표현한다.
12. 상황, 사건보다는 이에 대한 느낌을 즉각적으로 표현한다.
13. 다른 집단원의 도움을 받기도 하고, 치료적 도움을 주기도 한다.
14. 다른 사람을 통하지 않고 직접적 의사소통으로 의미 있는 경험을 나눈다.
15. 다른 집단원의 말과 행동이 일치하지 않는 경우, 비비판적 방식으로 직면한다.
16. 집단원들의 반복적인 피드백을 주의 깊게 듣고 자신을 돌아보는 자료로 삼는다.

집단규범은 ① 명시적 규범, ② 암묵적 규범으로 구분한다. 첫째, **명시적 규범**explicit norms은 집단의 형태와 관계없이 많은 집단에서 공통적 · 공식적으로 적용 · 권장되는 행동 기준이다. 규범은 거의 모든 집단에서 발달한다. 규범은 집단원들이 각자 집단참여를 통해 얻고자 하는 것의 성취를 촉진하는 작용을 한다. 그러므로 생산적 · 건설적인 규범을 발달시키고, 그 가치를 바로 알게 하는 일은 집단발달의 동력으로 작용한다. 따라서 집단 오리엔테이션 또는 집단초기에 집단규범을 논의 · 확인하는 일은 집단상담자의 중요한 과업이다.

둘째, **암묵적 규범**implicit norms은 집단에 대해 집단원이 나름대로 가지고 있는 신념을 토대로 이루어지는 일련의 행동 기준이다. 암묵적 규범은 집단에서 발생할 것으로 여겨지는 것에 대한 선입견 때문에 발생한다. 예를 들면, 집단원에 따라서는 집단을 마치 개인의 의사와 상관없이 모든 것을 털어놓아야 하는 장소로 생각할 수 있다. 만일 집단상담자가 집단원들이 원하는 만큼 자기개방을 할 수 있음을 일러 주지 않으면, 이들은 자기개방 또는 솔직한 자기표현을 전혀 숨김없이 자신들의 사생활에 관해 털어놓아야 하는 것으로 오해할 수 있다. 또한, 눈물 흘리는 빈도와 정도를 마치 감정정화의 강도와 집단작업의 참여도에 비례하는 것으로 잘못 알고, 집단과정에서 울음을 터뜨리는 경험을 하도록 압력을 가하는 집단원이 있을 수 있다. 집단원의 이러한 신념이 바로 암묵적 규범의 예다.

집단상담자는 감정 표현 또는 카타르시스를 진정한 치료 작업으로 잘못 여겨서 이를 강화하지 않도록 유의해야 한다. 적잖은 사람들이 카타르시스를 거치지 않아도 자신의 의미 있는 측면에 대한 작업에 참여해서 치료목표를 성취한다(Corey & Corey, 2017; Yalom, 2005). 집단원들은 치료과정에서 정서적 표현 또는 탐색뿐 아니라, 인지 및 행동 탐색을 통해 집단작업에 참여하여 경험학습의 성과를 거둔다. 암묵적 규범은 때로 집단상담자에 대한 모델링으로 인해 나타나기도 한다(Riva et al., 2004). 즉, 집단원은 집단상담자의 언행을 보고 나름대로의 해석을 통해 독자적인 규범을 생성해 내는 것이다. 만일 집단상담자가 공격적인 언사나 부정적인 어투를 사용한다면, 집단원들은 암묵적으로 집단 내에서 그러한 행동을 해도 좋다고 인정하는 것으로 오인할 수 있다. 집단상담자가 이러한 행동을 허용한다고 명확히 밝히지 않아도, 집단원들이 상호작용에서 그런 행동방식을 나타낼 수 있다는 신념을 갖게 되는 것 역시 암묵적 규범의 예다.

집단응집력 증진. 탐색단계에서 집단상담자는 집단발달 촉진을 위해 집단응집력을 높이는 전략을 사용한다. 집단응집력[group cohesiveness]이란 집단 내에서 '우리라는 의식[we-ness]' 또는 우리가 함께하고 있다는 의식을 말한다. 집단응집력은 일종의 공동체 의식으로, 집단원들 간의 신뢰수준과 밀접한 관계가 있다(Marmarosh & Van Horn, 2010). 따라서 응집력이 높은 집단은 집단원들이 집단에 남아 있고자 하는 동기 수준이 높고, 신뢰감을 바탕으로 서로 연관되어 있다는 느낌과 소속감이 있다. 일찍이 얄롬(Yalom, 2005)은 응집력, 신뢰, 친근감은 가장 중요한 치유요인임을 강조했다. 글상자 9-8은 집단응집력에 문제가 있음을 나타내는 지표를 제시하고 있다.

글상자 9-8. 집단응집력에 문제가 있음을 나타내는 지표

1. 집단원들이 모험시도를 꺼린다.
2. 집단규칙과 규범이 존중되지 않는다.
3. 비밀유지 원칙이 잘 지켜지지 않는다.
4. 안전감을 느끼지 못하는 집단원이 나타난다.
5. 집단원들이 솔직한 감정 표현과 반응을 피한다.
6. 집단에서 주로 안전하고 피상적인 내용만이 다루어진다.
7. 지각, 조퇴, 또는 (무단) 결석하는 집단원이 생긴다.
8. 자기개방이 줄고, 주로 강압적으로 이루어진다.
9. 집단원들이 사소한 언사에도 공격받는 것처럼 민감한 반응을 보인다.
10. 집단원끼리 말을 함부로 하거나, 다른 집단원을 배려하지 않는다.

집단의 탐색단계에서 집단원들은 진정한 공동체 의식을 가질 만큼 서로를 잘 알지 못한다. 어색한 분위기 때문에 집단원들은 자신들에 관해 이야기는 하지만, 내면의 깊은 측면보다는 공적인 부분을 나타내거나, 피상적인 대화 수준에 머무르기 쉽다. 집단의 탐색단계에서 집단의 응집력 정도를 가늠할 수 있는 지표는 글상자 9-9와 같다.

글상자 9-9. 집단응집력의 지표

1. 집단참여의 자발성
2. 모임 시간의 엄수 정도
3. 상호신뢰할 수 있는 집단분위기 조성을 위한 노력의 정도
4. 다른 집단원에 대한 수용 · 지지 · 경청, 보살피려는 노력의 정도
5. '지금 여기' 원칙에 따라 다른 집단원에게 자발적 · 즉각적인 반응의 정도

집단원들 사이의 응집력은 집단의 시작과 함께 점진적으로 형성된다. 집단응집력은 집단이 갈등을 겪거나 고통 또는 의미 있는 경험을 함께 나누게 되면서 높아지는 특징이 있다(Marmarosh & Van Horn, 2010). 글상자 9-10은 집단응집력 증진 방안을 제시하고 있다.

글상자 9-10. 집단응집력 증진 방안

1. 집단목표와 집단원 개개인의 목표를 함께 결정한다.
2. 집단상담자의 역할을 집단원들과 분담함으로써 집단원들 간의 상호작용을 활성화한다.
3. 집단원들의 목표가 집단을 통해 성취되고 있다는 느낌이 들게 하여 집단에 대한 만족도를 높인다.
4. 집단원들 간의 갈등을 공개적으로 다룸으로써 서로의 차이를 인정하고, 문제해결을 꾀한다.
5. 집단원들이 모험시도를 통해 인정과 지지를 받게 하는 한편, 의미 있는 경험을 공유하게 하여 집단원들 간의 친밀감을 높인다.
6. 모든 집단원의 참여를 유도한다(예, 집단에서 일어나는 일에 대한 생각과 느낌을 자유롭게 표출할 수 있게 하여 상호신뢰 분위기를 조성).

글상자 9-10에 제시된 것처럼, 집단상담자는 집단논의 주제를 집단원들과 함께 결정함으로써 집단원들 간의 상호작용을 활성화하고, 더 나아가 집단응집력을 높인다. 또한, 집단에서 일어나고 있는 것에 대한 생각과 느낌을 자유롭게 표출할 수 있게 함으로써 집단원들이 집단작업에 적극적으로 참여할 수 있는 분위기를 조성하는 것도 중요한 집단응집력 증진방안에 속한다. 결론적으로, 집단응집력은 집단의 회기 수에 따라 자동적으로 증진되는 것이 아니라, 다른 집단원들과 함께 하려는 모험을 통해 점진적으로 쌓아지는 결속의 과정이다.

집단상담자의 시범. 탐색단계에서 집단상담자는 집단발달 촉진을 위해 시범demonstration을 보이고 전략을 사용한다. 집단상담자의 인간적 자질, 전문적 능력, 행동방식, 그리고 집단원을 대하는 태도는 신뢰할 수 있는 공동체를 만드는 데 결정적인 영향을 미치는 요소들이다. 집단상담자는 직접 본보기가 되어 시범을 통해 집단원들에게 신뢰 분위기 조성에 필요한 행동을 가르칠 필요가 있다. 집단경험을 통해 의미 있는 변화와 성장이 일어날 수 있음을 확신하는 집단상담자는 집단원에게서 이러한 경험을 통해 변화가 일어날 수 있도록 노력할 것이다.

집단원들은 집단상담자가 비방어적인 태도로 자신의 주관적 경험을 소중히 여기고 적극적으로 경청하는 것을 지켜보면서, 이러한 태도와 행동을 모방하게 된다. 집단상담자의 자발적인 자기개방 효과를 관찰하면서, 집단원들은 굳게 닫혀 있었던 자신들을 기꺼이 개방함으로써 변화의 첫발을 내딛게 된다. 집단상담자의 수용적이고 따뜻한 관심과 배려를 몸소 체험하게 되면서, 집단원들 역시 다른 사람을 있는 그대로 받아들이는 수용의 가치를 비로소 깨닫게 된다. 이처럼 집단상담자가 직접 행동을 통해 모범을 보이는 것은 집단원이 서로 어떻게 건설적으로 상호작용할 수 있는지를 가르쳐 주는 강력한 방법이다.

주의 깊은 경청. 탐색단계에서 집단상담자는 집단발달 촉진을 위해 집단원들의 말과 행동에 대한 주의 깊은 경청attentive listening하기 전략을 사용한다. 주의 깊은 경청은 집단원들 사이를 이어 주는 가교인 동시에 중요한 치료 도구다(Rogers & Farson, 2015). 사람은 자신의 이야기를 주의 깊게 경청하고 이해하는 사람을 신뢰하는 경향이 있다. 이렇듯 신뢰감 형성에서 주의 깊은 경청이 중요한데도, 글상자 9-11과 같은 이유로 다른 사람들의 말과 행동에 귀 기울이지 못한다.

글상자 9-11. 경청이 어려운 이유

1. 듣거나 보기 원하는 것만을 선별적으로 듣고 보려고 하기 때문
2. 습관적으로 폐쇄질문을 사용하기 때문
3. 말하는 사람에게 집중하기보다 다음에 할 말을 미리 생각하기 때문
4. 너무 말을 많이 하느라, 상대의 말에 귀 기울일 수 없기 때문
5. 말하는 것에 주의를 기울일 뿐, 행동은 경청하지 않기 때문
6. 상대방이 직접 노력해 보도록 격려하기보다 조언 · 충고 · 제안으로 이를 사전에 가로막기 때문

적극적 경청은 교육, 훈련 및 경험이 요구된다. 집단의 탐색단계에서 시범을 통해 집단원들에게 기본적인 경청과 반응 기술을 가르치는 것은 집단의 신뢰 분위기 조성과 집단원들의 자기탐색을 촉진하기 위한 집단상담자의 중요한 과업이다.

공감적 이해. 탐색단계에서 집단상담자는 집단발달 촉진을 위해 공감적 이해 전략을 사용한다. 공감적 이해empathic understanding란 집단원이 주관적으로 경험한 것을 이해(인지적 측면)하고, 그의 경험 세계를 그의 입장에서 느끼는 것(감성적 측면)을 말한다. 개인은 자신이 있는 그대로 받아들여지고 있다는 느낌이 들 때, 비로소 자신의 진정한 관심사를 탐색할 수 있다(Rogers, 1961). 따라서 집단상담자는 집단원들을 공감적으로 이해할 뿐 아니라 몸소 시범을 보임으로써 그들 또한 공감적 이해 능력을 습득할 수 있도록 도와야 한다. 그러나 안타깝게도 글상자 9-12와 같은 공감적 이해에 걸림돌이 되는 요소들이 있다.

글상자 9-12. 공감적 이해의 장애요소

1. 부적절한 질문을 던진다.
2. 방어적인 태도로 반응한다.
3. 비판적인 언사로 응답한다.
4. 어떻게 되어야 한다거나, 어떻게 느껴야 한다고 강조한다.
5. 다른 집단원에게 반응을 보이지 않거나, 적절치 못한 방법으로 반응한다.

만일 해결되지 않은 문제로 고통을 털어놓는 집단원이 있다고 하자. 이 집단원에게는 즉각적으로 해결책을 제시해 주려고 하거나, 모든 일이 잘 해결될 것이라는 일시적 구원 같은 언사보다는 우선 그의 심적 고통을 공감·이해해 주는 것이 오히려 더 치료적 효과가 있다(Rogers & Farson, 2015; Yalom, 2005). 일반적으로, 문제 상황에 놓인 집단원에게 섣불리 해결책을 제시하는 것보다는 현재 겪고 있는 어려움을 충분히 토로할 수 있도록 기회를 제공하는 것이 집단원 스스로 문제에 대한 통찰을 얻는 데 훨씬 더 효과적이다.

사려 깊은 직면. 탐색단계에서 집단상담자는 집단발달 촉진을 위해 사려 깊은 직면의 전략을 사용한다. 직면confrontation은 집단원의 말과 행동 또는 말의 앞뒤가 일치하지 않음을 드러내 줌으로써 자신의 모순점을 깨달아 통찰을 얻게 하기 위한 기술이다. 직면은 집단상담자는 물론 집단원도 활용할 수 있는 치료적 도구다. 그러나 이 기술은 자칫 공격적이거나 무례하고 거친 방식으로 이루어질 수 있다는 점에서, 집단상담자는 집단원들이 직면을 오남용하지 않도록 해야 한다. 사람은 말보다 행동을 통해 더 자발적이고 솔직한 의사를 표출하는 경향이 있다. 이에 집단상담자는 집단원들의 말과 행동에 대해 세심하게 주의를 기울여 이들의 메시지를 총체적으로 이해할 수 있어야 한다. 직면이 필요한 집단원의 불일치의 예는 글상자 9-13과 같다.

글상자 9-13. 직면이 요구되는 집단원의 불일치의 예

- ○ 고통스러운 경험을 말하면서, 환한 미소를 짓는 집단원
- ○ 표정과 몸짓으로 감정을 나타내면서, 아무 느낌도 없다고 말하는 집단원
- ○ 집단에 참여하고 싶다고 말하지만, 소극적으로 집단이 끝나기를 기다리는 집단원
- ○ 집단참여에 편안함을 느끼고 있다면서, 팔짱을 낀 채 입을 다물고 있는 집단원
- ○ 긍정적인 느낌을 말로 표현하지만, 몸이 경직된 상태로 주먹을 불끈 쥐고 있거나, 입을 굳게 다문 상태로 화가 난 표정을 짓고 있는 집단원

글상자 9-13에 제시된 행동을 보이는 집단원의 행동이 무엇을 의미하는지 상담자가 분명히 알고 있다고 할지라도, 해석보다는 직면이 효과적이다. 대화상자 9-5는 집단상담자의 해석과 직면을 비교한 것이다.

대화상자 9-5. 해석 vs. 직면 반응의 비교

☐ 해석

리 더: 아미 씨가 고통스러운 경험에 대해 말하면서 웃고 있는 것은 어린 시절부터 착한 아이로 인정을 받아 왔기 때문에 여기서도 인정을 받고자 하는 무의식적 욕구가 표출된 것은 아닐까 하는 생각이 드는군요.

☐ 직면

리 더: 아미 씨는 고통스러운 경험에 대해 말하면서 눈물을 흘리면서도 웃고 계시는군요. 제가 아미 씨의 행동을 어떻게 이해해야 할까요?

대화상자 9-5에서 집단상담자는 해석을 통해 집단원의 말과 행동에 대해 집단상담자가 보고 느낀 것을 묘사한 후에 행동의 의미를 기술하고 있다. 행동은 사람마다 독특한 특성이나 버릇이 있을 수 있다. 그러므로 집단상담자는 집단원의 행동을 통한 메시지를 잘못 읽어서 섣불리 해석하거나 무리하게 직면을 하지 않도록 유의한다. 대신, 집단원들이 무엇을 경험하는가에 대해 미리 짐작하여 해석하기보다는 행동의 의미를 탐색 · 인식을 도와야 할 것이다. 사려 깊은 직면을 통해 집단원에게 집단 활동에 의욕을 갖게 하는 일은 공감적 이해나 적극적 경청 같은 기술과 전략을 통해 신뢰 형성을 도모하는 일만큼이나 중요하다(Straus, 2018).

이러한 점에서 직면은 집단원이 간과하거나 회피해 왔던 자신의 모순된 점을 깨닫게 하고, 통찰을 촉진하여 집단참여 의욕을 높일 수 있는 중요한 도구다. 적대적 공격은 사람들을 방어적으로 만들어 마음의 문을 닫아 버리는 결과를 초래한다. 그러나 주의 깊은 직면은 오히려 집단 내에 신뢰 분위기를 증진할 수 있다는 점에서 다르다. 직면을 통해 집단원들은 다른 집단원을 존중하는 방식으로 상호작용할 수 있는 한편, 파괴적인 행동을 하지 않고도 감정을 표출할 수 있다는 사실을 알게 된다. 그러면 집단이 탐색단계를 지나 작업단계로 넘어갈 준비가 되었는지는 어떻게 알 수 있는가? 이를 위해서는 글상자 9-14에서 제시한 지표들을 확인한다.

글상자 9-14. 작업단계로 넘어갈 준비 여부를 확인하기 위한 지표

1. 최소한 중간 수준의 신뢰관계가 형성된다.
2. 경직되었던 집단원들 간의 경계가 유연해진다.
3. 갈등을 축소 · 회피하기보다 인정하고, 작업을 통해 해결한다.
4. 집단규범이 부과되기보다 집단 문화를 위해 구체적으로 개발된다
5. 집단원들이 집단규칙을 내면화하고, 수용하며, 일관성 있게 준수한다.
6. 집단 내 의사소통이 집단상담자 중심에서 집단원 중심으로 전환된다.
7. 집단원들이 솔직한 피드백을 두려워하기보다 더욱 직접적인 피드백을 원한다.
8. 개인차의 문화적 차이를 두려워하고 분노하기보다 서로 존중하고 소중히 여긴다.
9. 자기노출이 집단원과 무관한 과거의 것에서 개인적이고 현재 중심적으로 변한다.

작업단계

집단의 작업단계working stage는 집단원들이 탐색단계에서 신뢰감을 형성하고, 자기탐색을 통해 각자 설정한 집단목표 달성을 위한 작업에 집중하는 시기다. 이 단계는 탐색단계에서 시작되어 그 연장선 위에 있는 시기다. 그렇지만 작업단계에서는 잠정적이면서도 실험적인 작업이 이루어진다는 점에서 탐색단계와 구분된다. 여기서 작업work이란 집단원이 집단상담자의 전문적인 도움을 토대로, 집단목적과 관계되는 개인적 관심사나 문제해결을 위한 제반 활동을 말한다.

작업단계에 도달한 집단의 구성원들은 자신들의 상황이나 문제에 대한 통찰을 얻기 위해 각자의 생각을 논의하고, 감정을 표현하며, 다른 사람들의 관심사에 대해 경청하는 등의 활동에 참여한다. 이 과정에서 집단원들은 점차 평소의 모습을 드러내기 시작한다. 즉, 일상생활에서 다른 사람들과 교류하듯이 집단원들과 상호작용을 하고, 그동안 유지해 왔던 동일한 또는 유사한 사고 · 감정 · 행동 · 대인관계 패턴을 나타낸다. 그러면서 때로 다른 집단원들과의 관계에서 부적응적인 행동이나 역기능적인 대인관계 패턴을 드러내기도 한다.

탐색단계에서 형성된 신뢰관계에도 불구하고, 집단원들은 여전히 개인적인 쟁점과 문제를 기꺼이 공개할 준비가 되지 않은 특징을 보인다. 이러한 이유로 집단원들은 불안, 방어, 저항, 통제, 갈등, 긴장, 질투, 힘겨루기, 또는 집단상담자에 대한 도전 등과 같은 다양한 행동을 나타낸다. 그러면서도 이 단계에서 집단원들은 여전히 직접적인 직면을 회피하는 특징이 있다. 역설적으로, 이 단계에서 집단원들은 불안과 갈등으로 위기의식을 갖게 되면서도, 집단활동과 작업에 참여하게 되면서 점차 집단의 역동과 그 매력을 맛보게 된다. 작업단계를 어떻게 보내는가는 이 단계가 집단의 생산단계로 발돋움하게 되는가, 아니면 작업단계에 정체되어 있다가 통합단계를 맞이하게 되는가를 결정된다. 작업단계는 ① 작업단계의 특징, ② 집단상담자의 임무, ③ 작업단계의 촉진 전략의 측면에서 살펴보기로 한다.

작업단계의 특징

집단의 작업단계는 집단이 탐색단계에서 생산단계로 발달해 가는 길목에 있다. 이 단계에서는 집단참여에 대한 희망과 기대감에 한껏 부풀었던 신혼여행기 같았던 탐색단계의 분위기가 다소 가라앉으면서 불안 · 방어 · 저항 · 통제와 관련된 쟁점, 집단상담자와의 갈등 또는 집단원들 간의 갈등, 집단상담자에 대한 도전, 또는 집단원의 문제행동 등이 발생한다. 이러한 특징들은 집단발달, 그리고 더 깊은 수준의 작업에 필수적인 신뢰관계 구축에 필요한 자원이다. 집단상담자와 집단원들이 이러한 쟁점들을 어떻게 다루고 해결해 나가는지에 따라 의미 있는 변화를 가능하게 하는 역동적이고 생명력 있는 공동체로 발달해 나가는지가 결정된다.

탐색단계를 지나게 되면서, 집단원들은 새로운 현실에 부딪히게 된다. 즉, 솔직한 감정표현과 자기개방을 통해 집단원들 사이에 신뢰감이 형성되면서도, 오히려 고조된 불안감이 공존하게 된다. 집단원 내면의 불안감은 자연스럽게 자신을 통제 · 조절하려는 노력으로 이어지며, 때로 이러한 노력이 방어적 행동('저항')으로 이어진다(Billow, 2010). 방어적 행동은 집단원들 사이에 새로운 갈등의 원인으로 떠오르게 된다. 작업단계에서의 이러한 특징은 때로 집단상담자에 대한 도전으로 표출되기도 한다. 따라서 집단의 작업단계에서 집단원들은 종종 대화상자 9-6과 같은 진술을 하곤 한다.

대화상자 9-6. 작업단계에서 흔히 들을 수 있는 집단원 진술의 예

- "저는 이 집단이 어디를 향해 가고 있는지 잘 모르겠어요."
- "구체적으로 우리가 해야 할 일이 있어야 하는 것 아닌가요?"
- "선생님은 개방이 중요하다고 하는데, 저는 정말 이 집단에서 나를 얼마나 더 개방해야 하는지 잘 모르겠어요. 다른 사람들은 거의 입을 다물고 있잖아요?"
- "이 집단에서는 신앙생활에 관해 얘기하면 안 되겠다는 생각이 들어요. 저는 더 이상 종교가 있다고 해서 비난받고 싶지 않거든요."
- "이 집단은 저와는 잘 맞지 않는 것 같아요. 집단 사람들 대부분이 자기 마음을 솔직히 표현하는 것이 아니라, 서로 눈치만 보는 것 같아요."

○ "우리 집단 사람들은 전부 다 가면을 쓰고 있는 것 같아요. 도대체가 자기 속마음을 드러내지 않고 있잖아요."
○ "제 생각에, 이 집단 사람들은 대부분 가식적인 얘기만 늘어놓고 있는 것 같아요. 난 시어머님과의 갈등 문제에 관해 얘기하고 싶은데, 자꾸 주저하게 되거든요."

집단의 작업단계는 집단원뿐 아니라 집단상담자에게도 도전이 되는 시기다. 이 시기는 흔히 '저항단계'로 묘사되곤 하는데, 이는 관점에 따라 달리 해석될 수 있다. 그러므로 집단상담자는 집단원의 방어적 행동 또는 태도에 대해 비판적으로 대처하기보다는 변화를 위해 거쳐야 하는 것으로 여기고, 수용적인 태도로 반응할 필요가 있다. 즉, 집단상담자가 집단원들의 행동을 인식하는 관점을 다소 수정한다면, 집단원의 행동을 더 잘 이해할 수 있음은 물론, 자기보호적 행동 패턴을 탐색하도록 집단원들을 격려하기가 더 수월해질 것이다.

집단참여를 위해 준비된 정도는 집단원들마다 차이가 있다. 성격이 급해서 잘 참지 못하는 사람이 있는가 하면, 차분하게 자발적으로 집단작업에 깊이 몰입하는 사람도 있다. 집단상담자가 집단에 관한 어떤 틀을 제공해 주지 않고 자신의 욕구를 충족시켜주지 않는 것에 대해 실망하는 집단원도 이 단계에서 나타난다. 그런가 하면, 집단 활동에 대해 흡족해하며 집단작업에 적극 참여하는 사람도 있다. 집단이 생산단계로 발돋움하기 위해서는 집단상담자는 반드시 이러한 문제들을 인식하고 사려 깊게 다루어야 한다. 집단의 작업단계에서는 집단원의 자기개방 수준이 이전 단계보다 더 깊어지게 된다. 자기개방 수준이 깊어질수록, 집단원의 불안감은 오히려 더욱 커질 수 있다. 작업단계의 특징은 글상자 9-15와 같이 요약·정리할 수 있다.

글상자 9-15. 작업단계의 특징

1. 집단원들의 불안감이 더욱 고조된다.
2. 집단원들 사이에 자신을 통제·조절하려는 노력이 나타나면서 저항이 표출된다.

3. 방어적 행동에 따른 갈등이 표출된다.
4. 집단상담자에게 도전하는 양상이 나타난다.

여기서는 작업단계의 특징을 ① 불안 고조, ② 저항 표출, ③ 갈등 야기, ④ 집단상담자에 대한 도전으로 구분하여 구체적으로 살펴보기로 한다.

불안 고조. 작업단계에 이르면, 집단원의 불안 수준이 더 높아지는 경향이 있다. 이는 집단원들의 자기개방 수준이 높아지게 됨에 따라, 다른 집단원들을 의식하게 되는 정도도 높아지게 되면서 나타나는 현상이다. 이 단계에서 집단원들의 개인 내적 및 집단 전체에서의 불안수준이 높은 이유는 다음 요소에 대한 두려움 때문이다. 집단원의 불안 · 저항 · 갈등을 직접 다루지 않고 간과 · 회피 · 방치하는 경우, 집단은 작업단계에서 정체되다가 생산단계로 도약하지 못한 상태에서 종결을 맞게 되기도 한다. 그러므로 집단상담자는 글상자 9-16과 같은 집단원들의 불안을 고조시키는 원인을 면밀히 탐색 · 파악해야 한다.

글상자 9-16. 작업단계에서 집단원의 불안이 고조되는 원인

1. 웃음거리가 될 수 있음에 대한 염려
2. 통제력 · 자제력 상실에 대한 두려움
3. 취약한 상태에 처할 수 있음에 대한 걱정
4. 준비되지 않은 자기개방의 압력 가능성에 대한 염려
5. 무지 또는 어리석은 자신의 모습이 노출될 수 있음에 대한 염려
6. 다른 집단원들의 오해 · 비판 · 비난 · 판단될 수 있음에 대한 두려움
7. 집단상담자 또는 다른 집단원들의 거부 또는 따돌림에 대한 두려움

글상자 9-16에 제시된 것처럼, 집단의 작업단계에서 집단원들은 다른 집단원들의 판단을 의식하게 되고, 자신의 감정 표현에 대한 자제력 또는 통제력이 상실될 것에 대한 두려움이 더욱 커지게 된다. 그러면서도 혹시 자신의 원치 않는 모습이 노출되어 예기치 않게 당혹스러운 상황이 발생될 것에 대한 두려움 때문에

불안이 고조될 수 있다. 집단원들의 불안은 흔히 혼잣말에서 비롯되는데, 이때 흔히 나타나는 자기대화의 예는 대화상자 9–7과 같다.

대화상자 9–7. 불안감에서 비롯되는 집단원의 자기대화의 예

- "내 감정을 드러내다가 자제력을 잃으면 어떡하지?"
- "내 약점이 드러나서 다른 사람들에게 웃음거리가 되진 않을까?"
- "다른 사람들이 나의 진짜 모습을 알게 되면 무척 실망할 거야."
- "집단 사람들이 나의 과거를 알게 되면 분명히 날 경멸하게 될 거야."
- "나의 문제해결을 위해 다른 사람들에게 너무 의존하는 것은 아닐까?"
- "내 얘기만 늘어놓는다고 날 너무 이기적인 사람으로 보지 않을까?"
- "집단 사람들과 이렇게 친해지다가 집단이 끝나면 어떡하지?"

불안에서 야기되는 집단원의 부정적인 혼잣말은 불안감을 더욱 고조시키는 작용을 한다. 불안을 조성하는 원인을 근본적으로 제거할 수는 없겠지만, 적어도 불안 감소를 돕기 위해서는 불안의 요소를 파악할 필요는 있다. 이를 위해 집단상담자는 집단원의 자기대화를 감정표현의 형식으로 나타내도록 돕는다. 집단 내에서 불안이나 두려움을 표출하는 것은 집단원에게는 중요한 학습과정이면서, 학습효과를 얻을 수 있기 때문이다. 이처럼 감정표현은 집단원의 자기 이해를 돕고, 비현실적인 요소를 걸러 냄으로써 불안을 감소시키게 된다. 이를 위해서는 집단상담자의 안전하고 신뢰할 수 있는 집단분위기의 조성 노력이 병행되어야 한다. 신뢰할 수 있고 안전한 분위기는 집단원의 자기개방을 촉진할 수 있기 때문이다. 자기개방이 활성화될수록 집단원의 불안감은 더욱 감소하고, 이는 집단발달로 이어진다. 집단원의 불안은 저항과 밀접한 관련이 있다.

저항 표출. 작업단계에서 집단원들은 자신들을 방어하거나 예상되는 상처를 회피하기 위해 저항을 표출한다. 정신분석적 관점에서 저항resistance은 이전에 억압 또는 거부되었던 위협적인 사건의 의식화에 대한 망설임이다(Luborsky et al., 2011). 이는 무의식적 경험을 막아 보려는 노력으로, 개인의 갈등과 고통스러운 감

정 탐색을 막는 제반 행동이다. 즉, 저항은 불안으로부터 자아를 보호하기 위한 시도다. 저항은 흔히 다양한 형태의 행동으로 나타나는데, 그 대표적인 형태가 방어적 행동이다(Billow, 2010). 방어적 행동은 흔히 방어기제의 과도한 사용 또는 자기개방을 주저하는 행동으로 표출된다. 집단원의 저항은 숨은 의도로 인해 발생하기도 한다. 여기서 숨은 의도hidden agenda란 집단원 또는 집단상담자와의 관계에서 발생한 감정을 표출하지 않고 억압함으로써 나타나는 행동 특성을 말한다. 글상자 9-17은 집단원에게 숨은 의도와 관련된 짧은 사례다.

글상자 9-17. 숨은 의도에 관한 사례

대학생들로 구성된 집단에서 적극적으로 참여하다가 언제부턴가 자기개방을 주저하는 서준이라는 집단원이 있었다. 이를 지켜보던 집단상담자가 서준에게 자신이 그동안 관찰한 내용을 알려 주었다. 그러자 서준의 눈에 눈물이 고이면서, 그는 자신의 신앙생활에 관한 고민을 개방하면 다른 믿지 않는 집단원들에 의해 자기 자신 또는 자신이 믿고 있는 종교에 대해 부정적인 평가를 받게 될 거라는 두려움 때문에 자신을 기꺼이 개방하는 것이 어렵게 되었다는 말을 시작으로, 그동안 애써 자제해 왔던 이야기를 털어놓았다. 집단상담자의 즉각적인 개입으로, 두려움을 충분히 표출하게 된 서준의 표정은 이내 밝아졌고, 다른 집단원들도 안심하는 모습을 보였으며, 집단은 다시 순조롭게 진행되었다.

글상자 9-17에서, 집단상담자는 서준이라는 집단원에게 숨은 의도가 있음을 감지하자, 즉각 개입하여 집단원의 억압된 감정과 사고를 표출하도록 돕고 있다. 이 예에서 서준의 숨은 의도는 신앙생활에서의 어려움을 토로하고 싶지만, 이는 자신이 믿고 있는 종교에 대해 다른 집단원들의 부정적 평가를 받게 될 것에 대한 두려움으로 말을 하지 않게 되는 행동으로 나타나고 있다. 집단에서의 솔직한 반응은 집단원들 간의 신뢰를 구축하고, 생산적인 상호작용을 촉진한다. 만일 그렇지 않고 집단원이 자신의 솔직한 반응을 억제한다면, 집단은 활력을 잃고 공전하게 될 수 있다. 이러한 점에서 집단진행의 어려움에 대한 원인 탐색은 집단원들의 메시지와 상호작용에 주의를 기울이는 것으로 시작되어야 한다(O'Hanlon &

Weiner-Davis, 2003).

만일 집단상담자가 집단의 에너지가 집중된 주제를 탐색하거나, 그 주제와 관련된 감정을 직접 표현하도록 도울 수 있다면, 집단원들의 주저하는 행동은 점차 사라질 수 있다. 그러므로 집단상담자는 숨은 의도와 관련된 주제를 확인하여 그 주제와 관련된 집단원들의 생각과 감정 표현을 도와야 한다. 집단원들의 숨은 의도는 드러내어 충분히 논의되지 않는 한, 사이드 브레이크가 올려진 자동차가 움직이기 힘든 것처럼 집단의 전진을 방해한다. 집단이 지루하고 답답한 느낌과 함께 공전하는 것은 집단원들이 말하고 있는 것보다는 말해야 할 것을 말하지 않고 있기 때문이다. 집단원들에게 숨은 의도가 있는 징후는 글상자 9-18과 같다.

글상자 9-18. 집단원들에게 숨은 의도가 있는 징후

1. 신뢰감이 낮다.	2. 집단원들 사이에 긴장감이 감돈다.
3. 방어적인 태도를 보인다.	4. 모험을 감수하려 들지 않는다.
5. 막연하게 이해되지 않는 느낌이 든다.	6. 집단진행이 어렵다.

그러면 집단원의 저항은 치료적으로 어떻게 다뤄야 할까? 저항, 즉 방어적 행동을 다루기 위한 필수요소는 집단상담자 자신의 느낌과 생각, 관찰이다. 집단원의 저항적 행동을 치료적으로 다루는 방법은 집단상담자가 관찰한 것을 밝히고, 집단에서 진행되고 있는 것에 대한 집단상담자의 느낌과 생각을 집단원들에게 알려주는 것이다(Billow, 2010). 또한, 단호하고 돌보는 방식으로 집단원의 불일치에 대한 직면을 통해 집단원들은 저항을 새로운 관점에서 조망하게 되면서, 특정 대처전략이 이전의 삶에서 어려운 상황에 대처하는 최선책이었지만 이젠 그렇지 않음을 깨달을 수 있다.

다른 한편으로, 방어적 행동은 흔히 일상생활에서 집단원의 대인관계 방식에 대한 중요한 단서를 제공한다. 이러한 행동은 흔히 집단에서 안전감을 느끼지 못해 변화를 위한 모험을 감수하지 못하는 집단원에게서 나타난다. 저항은 친밀감에 대한 두려움(Billow, 2010)으로, 이로 인해 상처받을 수 있음에 대한 두려움이기도

하다. 집단상담자가 집단원의 친밀감과 관련된 두려움을 직접 다룬다면, 집단원은 자신이 다른 사람들과 거리를 두기 위해 사용해 왔던 방법들을 자각하게 되고, 집단에서 의미 있는 친밀감을 경험할 수 있다. 집단원의 방어적 진술에 대한 탐색질문의 예는 표 9-3과 같다.

표 9-3. 집단원의 저항 표출에 대한 탐색질문의 예

방어적 진술	탐색질문
❍ "이 집단에 있고 싶지 않아요."	• "그러면 지금 어디에 있고 싶나요?" • "이 집단에 있기 어렵게 하는 것이 무엇인가요?" • "집단에 참여하지 않는다면, 지금 무엇을 하고 싶나요?"
❍ "이 집단에서 제 문제는 그리 심각한 것 같지 않아요."	• "누구의 문제가 더 중요하다는 생각이 드나요?" • "사소하게 여겨지는 문제 한 가지만 말해 보세요."
❍ "저는 남들 앞에서 말하는 게 너무 어려워요."	• "지금 이 순간 떠오르는 생각을 말로 해 보세요." • "다른 사람들 앞에서 실수하면 어떤 일이 일어날 것 같나요?"
❍ "마음이 너무 불편해서 더 말하고 싶지 않아요."	• "말을 멈추게 한 것이 무엇인가요?" • "그것에 대해 더 말하면, 어떤 일이 일어날 것 같나요?"
❍ "집단에서 감정을 표현하기가 너무 힘들어요."	• "어떤 감정을 표현하기가 불편한가요." • "당신의 삶에서 사람들이 감정을 표출하면 어떤 일이 일어났나요?"
❍ "아버지에게 무슨 말을 해야 할지 모르겠어요."	• "바로 그 말을 가장 아버지 같은 집단원에게 해 보세요." • "만일 당신이 아버지라면, 무슨 말을 하고 싶을까요?"
❍ "이제 더는 여기 있는 사람들의 주목을 받고 싶지 않아요."	• "누구로부터의 주목을 피하고 싶나요?" • "주목을 피하고 싶은 집단원에게 가서 '난 더는 당신의 주목을 받고 싶지 않아요. 왜냐하면 ____이기 때문이다.'(이)라는 말을 해 보세요."

집단원의 참여 태도는 리더십 유형에 따라 달라질 수 있다. 때로 집단원의 비협조적인 태도 또는 행동으로 표출되는 방어적 행동은 집단상담자의 역량 부족 또는 집단원들을 준비시키는 일이 미흡해서 발생하기도 한다. 특히, 비협조적인 행동은 집단원이 스스로 무기력하다고 느끼는 상황에서 집단원에게 힘을 느끼게 해

준다. 그러므로 집단상담자는 집단원의 방어적 행동의 원인이 자신의 리더십 때문인지, 아니면 집단원 자신의 문제에 기인하는지를 파악할 필요가 있다. 다양한 형태의 방어적 행동을 침착하게 직면하여 통찰을 유도해 나가는 것은 치료적 분위기 조성을 위한 집단상담자의 임무이자 집단발달 촉진을 위한 중요한 선택이다. 대화상자 9-8은 비자발적으로 집단에 참여하는 청소년이 집단상담자에게 저항적 태도 또는 행동을 나타낼 때, 집단상담자의 개입방법을 비교한 것이다.

대화상자 9-8. 집단원의 저항에 대한 집단상담자의 개입방법 비교

수 영: 난 솔직히 내가 왜 여기에 있는지 모르겠어요. 정말 이렇게 지루한 곳에 있고 싶지 않아요!

☐ 비효과적인 개입

리 더: 나도 여기에 있고 싶지 않은 것은 마찬가지야! 정 여기에 있고 싶지 않으면 이제 그만 나오면 되잖아!

☐ 효과적인 개입

리 더: (방어적이지 않지만 단호한 어조로) 음, 수영이는 여기에 있고 싶지 않구나. 그런데 수영이는 여기에 와야 했던 이유를 알고 있니?

저항은 관점에 따라 치료의 장애물이라기보다는 "어려운 세상을 살아가기 위한 창조력"(Polster & Polster, 1976, p. 52)으로 작용할 수 있다. 특정 행동을 저항으로 간주하는 것은 이러한 행동을 이질적 또는 병리적인 것으로 간주하여, 건강한 상태 유지를 위해 제거할 필요가 있음을 암시하는 것이다. 그러므로 치료과정에서 저항이라는 개념을 사용하지 않는다면, 내담자가 부적절하게 행동하고 있다고 가정하지 않아도 된다. 이러한 점에서 볼 때, 저항이라는 개념은 집단상담에 적합하지 않을 수 있다(Corey & Corey, 2017).

인본주의적 접근에서는 집단원은 자신이 원하는 것과 필요한 것을 이해할 수 있는 능력이 있는 존재로 가정한다. 이러한 관점에서 본다며, 저항이라는 개념은 집단상담자가 집단과정에서 발생하는 일에 대한 책임을 회피하고, 진전이 없는 것

을 집단원의 탓으로 돌리는 수단으로 악용될 수 있다. 집단원이 자신의 능력을 확인하고, 만족스러운 삶을 창조·영위하는 데 있어서 자신이 원하는 것과 필요한 것을 깨닫도록 돕는 것은 집단상담자의 책임인 동시에 의무다.

따라서 집단원의 참여가 소극적이라고 해서 이를 단순히 저항으로 단정 짓는 것은 일종의 직무태만이다. 집단상담자가 생각하는 집단원의 저항은 오히려 집단상담자 자신의 저항일 수 있고, 치료적 어려움은 집단상담자가 집단원의 말과 행동을 제대로 경청·이해하지 못함으로 인해 초래될 수 있기 때문이다(de Shazer, 1984). 이러한 점을 고려할 때, 집단상담자는 집단에 진전이 없다고 해서 이에 대한 책임을 집단원에게 떠넘기는 잘못을 범하지 않아야 한다.

갈등 야기. 작업단계에서는 갈등conflict이 야기된다. 탐색단계에서 집단원들은 새로운 삶에 대한 희망과 설렘으로 두려움 또는 불안을 경험하게 된다. 이러한 이유로, 집단원들은 적어도 집단초기에 다른 사람들에게 최선의 모습을 보이며, 관용과 포용, 그리고 고도의 이해심과 인내심을 발휘하려는 경향이 있다(DeLucia-Waack et al., 2014). 그러나 시간이 갈수록 솔직한 감정표현 방법을 시도하게 되고, 자신의 본래 모습을 드러내면서 집단원들 간에 오해와 갈등이 싹튼다. 사회적 통념상 갈등은 부정적인 의미를 내포한다[예, 노사, 민족/인종, 사회계급(가진 자 vs. 못 가진 자, 지배층 vs. 피지배층), 국가, 지역, 종교, 세대, 부부, 고부간 갈등]. 갈등은 흔히 작업단계에서 발생하지만, 사실상 발달단계에 상관없이 발생한다. 그렇지만 탐색단계에서 발생하는 갈등은 집단응집력 형성을 저해한다는 점에서 특히 잘 다루어야 한다. 집단 내 갈등 해결은 집단원에게 중요한 학습 기회가 되어 글상자 9-19와 같은 건설적인 자산이 된다(Kottler, 2015).

글상자 9-19. 갈등의 건설적인 용도

1. 지금까지 무시되었을 수 있는 중요한 문제에 주의를 기울이게 한다.
2. 힘과 통제에 관한 중요한 문제를 부각시킨다.
3. 정체stagnation를 방지한다.

4. 사람들 사이에 거리를 두게 한다.
5. 긴장을 완화한다.
6. 성찰의 기회를 제공하고, 이를 기반으로 성장을 촉진한다.
7. 더 높은 수준의 친근감과 응집력 형성의 원동력을 제공한다.

작업단계에서 야기되는 갈등은 전형적으로 집단원의 방어적 행동, 적대감, 신뢰감 부족으로 인해 발생한다. 집단원들 간에 갈등이 야기될 때, 집단상담자는 집단원들에게 갈등에 직면하게 하는 한편, 상호작용을 촉진하여 건설적인 방법으로 해결하도록 돕는다. 갈등 해결방법은 중요한 사회적 기술로서, 이 기술을 습득한 집단원은 일상생활에도 적용할 수 있다. 갈등 중재는 글상자 9-20과 같은 복합적인 기술이 요구된다.

글상자 9-20. 갈등 중재를 위한 지침

1. 표출된 감정을 반영한다.
2. 다른 집단원들의 참여를 독려한다.
3. 의사소통 내용을 적극 경청하여 재진술 또는 명료화로 되돌려준다.
4. 배려하지 않는 행동 또는 공격적 행동은 차단한다.
5. 서로 공통적이거나 일치하는 부분은 적극적으로 연결해 준다.
6. 갈등 상황에 있는 집단원들이 상대에 관해서about the person보다는 상대에게to the person 직접 말하도록 돕는다.

집단 내의 갈등을 집단상담자와 집단원들의 공동 작업으로 해결하는 것은 집단원들 간의 신뢰와 응집력을 높이는 효과가 있다. 그러나 때로 대화상자 9-9와 같이 집단상담자가 갈등을 부적절하게 다루기도 한다.

대화상자 9-9. 집단원들 간의 갈등에 대한 부적절한 개입반응의 예

수 아: 선생님, 우리 집단에는 지금까지 말을 한 마디 안 한 사람이 있어요. (그러면서 서희를 바라본다.)

예 준: (서희의 당혹스러운 표정을 보면서) 수아! 네가 말을 너무 많이 하니까 그렇지! 서희가 말하고 싶어도 말할 수가 없잖아!
한 영: 그래도 예준이 네가 나설 일은 아니잖아?
영 하: 아, 그만해! 사실 나도 다른 애들한테 불만이 많지만 참고 있거든. 아무리 불만이 있어도 그렇지. 집단에서 싸우면 되니?
리 더: 사실, 나도 수아의 말에 전적으로 동의하는데, 선생님은 여러분 모두가 자기표현을 잘했으면 좋겠어요. 그리고 한영이 말도 일리가 있다고 생각해요. 상황에 따라서는 화를 잘 참는 것도 미덕이니까요. 자, 그러니까 이제 그만하고 아까 하던 얘기로 다시 돌아갑시다.

대화상자 9-9에서 수아라는 집단원은 다분히 평가적·판단적인 표현으로 소극적으로 참여하는 서희 비난하고 있다. 이 집단원의 반응은 어쩌면 집단상담자 또는 집단 전체에 대한 불만의 표현일 수 있다. 이에 예준은 방어적 태도로 서희를 옹호하고 있다. 이 상황에서 집단원들 간의 갈등을 직접 다루기보다 간과하려는 집단상담자의 반응은 집단원들에게 강한 저항감을 유발하여, 오히려 갈등을 심화시키는 오류를 범하고 있다. 갈등은 근본적인 역동성을 탐색해 봄으로써 해결의 실마리를 찾을 수 있다. 집단상담자는 대화상자 9-10과 같은 반응으로 집단원들 간의 갈등에 개입할 수 있다.

대화상자 9-10. 집단원들 간의 갈등에 대한 적절한 개입반응의 예

리 더: 오늘은 여러분의 집단에서 어떤 경험을 하고 있는지에 대해 얘기를 나눴는데, 각자의 경험에 대해 좀 더 이야기를 나눠 보겠어요. (다소 울적한 표정을 짓고 있는 집단원을 바라보며) 음, 그런데, 이번 회기가 시작할 때부터 세아 표정이 다소 어두운 것처럼 보이는데, 다른 집단원들이 말이 없을 때면 어떤 느낌이 드나요?
세 아: 글쎄요. 다른 사람들이 말하지 않고 있으면, 왠지 불안해져요.
리 더: 다른 사람들이 말이 없으면, 어떤 생각이 떠오르나 봐요.
세 아: 음, 우리 집단에 있는 사람들이 저를 어떻게 볼까 궁금해져요. 어떨 때는 저를 나약한 사람이라고 흉보는 것 같아요.

리 더: 이 집단에서 특히 의식되는 사람이 있나요?

대화상자 9-10에서 집단상담자는 세아라는 집단원이 어려워하는 점에 초점을 맞추고, 갈등과 관련된 느낌과 생각을 표현하도록 돕고 있다. 또한, 세아가 다른 집단원들에게서 어떤 영향을 받았는지 탐색하고 있다. 집단상담자의 개입으로 세아는 다른 사람들이 자신을 어떻게 보고 있는가에 관심이 있다는 사실을 깨닫게 되었다. 더욱이, 집단원들의 침묵을 속으로 자신을 비난하고 있는 것으로 여기고 두려워했던 것을 알게 되면서 자연스럽게 갈등을 통한 작업이 이루어지고 있다. 이처럼 집단원들은 서로의 생각과 느낌을 솔직하게 표출함으로써 갈등을 해결할 수 있다. 대화상자 9-11은 또 다른 갈등 대처 예시를 제시하고 있다.

대화상자 9-11. 탐색단계에서의 갈등 대처 예시

지 수: 솔직히 말해서, 저는 남편감으로 키가 작은 것은 이해할 수 있지만, 뚱뚱한 사람은 자기 몸 관리에 게으르다는 생각이 들어서 용납할 수 없어요.
기 현: 아무리 집단에서는 우리 생각을 자유롭게 말할 수 있다고 하지만, 어떻게 그런 인신공격적인 말을 그렇게 쉽게 할 수 있죠? 내 몸이 뚱뚱하다고 해서 지수 씨에게 피해 준 것이라도 있나요?
지 수: 아, 제 말은 그런 뜻이 아니에요. 제 말을 오해하신 것 같아요.
기 현: 내가 오해하고 있다고요? 내 몸은 뚱뚱해도 청각은 정상이거든요.
리 더: 기현 씨, 지수 씨의 말에 대한 반응에 대해 좀 더 말씀해 보세요. 지수 씨의 말이 기현 씨에게 어떻게 영향을 주고 있는지에 대해 말씀해 보세요.

대화상자 9-11에서 집단원들 간의 상호작용은 즉각적으로 집단에 긴장된 분위기를 조성했다. 지수라는 집단원의 말은 집단원들에게 상처가 될 뿐 아니라 과거의 상처를 자극할 수 있다. 이러한 언사는 집단이 더 이상 안전한 공간이 되지 못하게 한다. 이에 집단상담자는 즉각 개입하여 지수에게 그녀의 말의 의미가 무엇인지 말해 보도록 함으로써 기현을 비롯한 다른 집단원들이 지수의 말에 어떤 영향을 받았는지 탐색하고 있다.

집단상담자에 대한 도전. 작업단계에서는 집단상담자에 대한 도전, 즉 권위와 능력을 시험해 보는 집단원(들)이 나타난다. 이러한 행동은 과거에 권위 있는 인물과 갈등을 빚은 경험 또는 감정을 집단상담자에게 투사하는 '전이 반응 transference reactions'으로 해석될 수 있다. 그러므로 집단상담자는 집단원의 전이 반응을 단순히 자신의 전문성이나 능력에 대한 무시 또는 공격으로 간주한 나머지 방어적으로 반응하지 않아야 한다. 대화상자 9-12는 집단원의 도전에 대해 집단상담자가 방어적으로 반응하는 대화의 예다.

대화상자 9-12. 집단원의 도전에 대한 집단상담자의 방어적 반응의 예

정 화: 솔직히 이 집단에 참여해서 얻은 것이 별로 없는 것 같아요. 지난번 집단은 이 정도까지는 아니었거든요.

리더 1: 정화 씨가 집단상담자라면 이보다 더 잘할 수 있다고 생각하시나 보죠?

리더 2: 그렇지 않아도 말하려던 참이었는데, 그런 말씀을 하시기 전에 정화 씨가 좀 더 적극적으로 참여했다면, 그 느낌이 달라지지 않았을까요?

리더 3: 정화 씨는 자신이 져야 할 책임을 저한테 돌리고 있군요.

대화상자 9-12에 제시된 리더의 진술들은 집단원이 제기한 불만에 대해 방어적인 태도로 반응하고 있는 내용을 담고 있다. 집단에서 발생하는 문제들은 집단원이 표출하는 생각 또는 감정보다는 미처 표현하지 않은 반응 때문일 수 있다. 이러한 문제를 해결하려면 집단상담자는 집단원들이 집단에서 자신들의 생각과 감정을 적극적으로 반응하도록 격려해야 한다. 집단원의 이의 제기에 대해 공감하면서 집단상담자는 대화상자 9-13과 같이 반응할 수 있다.

대화상자 9-13. 집단원의 도전에 대한 집단상담자의 촉진적 반응의 예

- "정화 씨는 집단에서 얻고자 하는 것을 얻지 못해 매우 실망스러운가 봐요. 혹시 제가 다르게 행동해 주기를 원하는 점이 있나요?"
- "정화 씨가 이 집단에 대해 바라는 점을 말씀하셨는데, 이 집단에서 지향해야 할 것이 뭐라고 생각하세요?"

> ○ "이 집단이 정화 씨의 기대에 부응하지 못해 안타까워하셨는데, 좀 더 의미 있는 집단을 만들기 위해 정화 씨가 할 수 있는 점이 있다면 무엇일까요?"

집단상담자에게 도전하는 집단원이 있을 때, 집단상담자는 다른 집단원들의 반응을 탐색하면서 함께 대안을 논의해야 한다. 집단원의 도전은 집단상담자에게 결코 유쾌한 일은 아니다. 그러나 집단원의 솔직한 감정표출에 쉽게 동요되지 않고, 비방어적으로 경청·반응하여 집단의 발전을 꾀하는 집단상담자의 태도는 집단원들에게 훌륭한 역할 모델이 될 수 있다. 이와는 달리, 도전을 애써 간과하거나 회피하는 태도를 보이는 집단상담자는 집단이 마치 집단원 상호 간에 도전을 피하고, 그저 편안하고 즐겁고 친근한 관계만을 유지하고자 하는 곳으로 인식시키는 결과를 초래할 수 있다. 물론 상호 신뢰감과 친근감은 중요한 치료적 요소에 속하지만, 통찰과 변화를 위한 모험이 없이는 집단은 정체될 수 있다.

집단상담자의 임무

집단의 작업단계에서 집단상담자는 집단원의 불안, 저항, 갈등의 해결이라는 소극적 임무 외에 ① 집단역동 활성화, ② 직면 활용의 임무를 담당한다.

집단역동 활성화. 작업단계에서 집단상담자는 집단역동을 활성화해야 한다. 집단역동의 활성화는 격려를 통해 집단원들에게 자기탐색을 위한 용기를 북돋아 주고, 갈등과 부적 감정을 적절히 표현하여 생산적으로 다루도록 도움으로써 이루어진다. 특히, 집단상담자는 집단원들이 감정표현 방법을 체득하고, 갈등 해결 방법을 집단과정을 통해 습득하도록 돕는다. 집단상담자는 글상자 9-21의 사항을 강조함으로써 집단역동을 활성화한다.

글상자 9-21. 집단역동 활성화를 위한 기본 전제

1. 집단원의 행동에 대한 책임은 바로 집단원 자신에게 있다.

2. 집단원은 자기 자신을 개방함으로써 많은 것을 얻을 수 있다.
3. 집단원은 모험을 통해 자신의 행동을 잘 이해할 수 있고, 변화를 꾀할 수 있다.

집단역동 활성화를 위해 집단상담자는 글상자 9-21에 제시된 기본 전제를 바탕으로 집단원의 방어적 행동과 유형 인식을 돕는 한편, 집단원들이 자주적·독립적 의사결정 및 문제해결 능력을 배양할 기회를 제공한다.

직면 활용. 집단의 작업단계에서 집단원들의 변화와 성장을 촉진하는 요소는 직면[confrontation]이다. 직면은 종종 대인관계에 위협이 되는 행동으로 여겨진다. 이러한 이유로, 집단원들은 흔히 직면을 불편해하며 회피한다. 직면을 통한 도전은 잔잔한 수면에 돌을 던져 물결이 일게 하는 것과 같다. 잔잔해 보이는 수면, 즉 부적응성 및/또는 비생산성이 있음에도 불구하고 익숙하게 유지되는 집단원들의 행동·사고·감정·대인관계 패턴에 직면이라는 돌을 던져 파문을 일으켜서 그 효과성을 재고해 볼 기회를 제공하는 것이다. 물결이 이는 것은 집단원들의 내면에서 에너지가 발생하는 것, 즉 집단역동이 활성화되는 것을 의미한다. 직면을 통해 자신의 행동을 깊이 살펴보도록 도전하지 않는 집단은 겉으로는 평온해 보일 수 있다. 그러나 집단원들은 앞으로 나아가기보다는 집단이 공전하는 느낌이 들게 된다. 그러므로 집단상담자는 건설적으로 직면하는 방법을 집단원들에게 시범을 통해 가르쳐야 한다. 주의 깊은 직면을 위한 지침은 글상자 9-22와 같다.

글상자 9-22. 주의 깊은 직면을 위한 지침

1. 독단적인 진술을 하지 않는다.
2. 직면에 대해 생각하고 반응할 기회를 준다.
3. 특별히 관찰할 수 있는 행동에 초점을 맞추어 진술한다.
4. 민감성을 가지고 언행의 불일치를 객관적인 어조로 진술한다.
5. 배려와 관심을 보임으로써 판단이나 비판받고 있는 것 같은 인상을 주지 않는다.

대화상자 9-14는 직면에 대한 이해를 돕기 위해 비생산적 직면과 생산적 직면의 예를 비교한 것이다.

대화상자 9-14. 비생산적 직면(▶) vs. 생산적 직면(▷)의 비교

▶"서연 씨는 마치 게임을 하고 있는 것 같아요."
▷"서연 씨가 울고 있을 때, 제 마음이 불편했습니다. 왜냐하면 서연 씨의 눈물에 공감하기가 쉽지 않았기 때문이죠. 이 점에 대해 좀 더 이야기를 나누고 싶어요."

▶"도대체 자인 씨가 집단에 참가한 이유가 뭐죠? 집단에서 하는 일이라고는 그저 앉아서 구경만 하시잖아요."
▷"저는 자인 씨에 대해 좀 더 알고 싶어요. 자인 씨가 어떤 생각을 하고 있고, 어떤 느낌이 드는지도 관심이 있어요. 그러면서 자인 씨가 혹시 저를 재미있는 구경거리 정도로 여기지 않을까 염려되기도 하고요. 자인 씨에 대한 제 느낌이 바뀌면 좋겠어요."

▶"수하 씨는 항상 너무 비판적이어서 수하 씨 앞에서 말을 꺼내기가 조심스러워요."
▷"저는 수하 씨를 대할 때마다 마음이 불편해져요. 수하 씨가 나를 어떻게 생각할까 두렵기 때문인 것 같아요. 수하 씨의 의견은 저한테 중요하거든요. 그래서 수하 씨와 함께 있을 때 불편하기보다는 편안해지고 싶어요."

▶"선아 씨는 너무 가식적인 사람 같아요. 항상 미소 짓고 있지만, 저는 왠지 진실함이 없다는 생각이 자꾸 들어요."
▷"저는 선아 씨를 믿기 어려워요. 왜냐하면 선아 씨가 화났다고 할 때도 웃고 있기 때문이죠. 그래서 선아 씨와 가까워지기가 쉽지 않아요."

▶"내가 정아 씨 남편이었다고 해도 당장 이혼했을 거예요. 왜냐구요? 정아 씨는 항상 분노로 가득 차 있고, 거기에다 대인관계에도 지독한 편견을 가지고 있어서죠."
▷"저는 정아 씨에게 마음을 열기가 어려워요. 정아 씨가 던지는 말들이 제게는 상처가 되고, 저 또한 마찬가지로 상처를 주고 싶은 마음이 생기기 때문이죠. 그래서 정아 씨와 친근한 관계를 맺는 것이 참 어렵겠다는 생각이 들어요."

대화상자 9-14에서 비생산적인 직면의 특징은 구체적이지 않고 포괄적으로 진술하면서도, 비판 또는 비난하는 것 같은 뉘앙스를 풍긴다는 점이다. 반면, 생산

적이고 책임 있는 직면은 상대방에 대해 어떻게 느끼고 있고, 구체적으로 어떤 영향을 받고 있으며, 원하는 것이 무엇인지를 정확하게 표현하고 있다. 이와 같이 주의 깊은 직면은 집단원들이 자신에 대해 정직한 평가를 하고, 다른 집단원들의 반응보다 자신의 반응에 더 관심을 기울이게 하는 효과가 있다.

작업단계의 촉진 전략

집단의 작업단계에서의 촉진 전략으로는 ① 집단원들의 모험시도 독려, ② 시의 적절한 해석 제공, ③ 적절한 통제유지, ④ 비언어 행동에의 적극적 반응이 있다.

집단원들의 모험시도 독려. 작업단계를 촉진하기 위한 전략으로 집단상담자는 집단원들의 모험시도를 독려해야 한다. 집단이 탐색단계에서 작업단계에 도달했다고 해서 자동적으로 생산단계로 넘어가는 것은 아니다. 변화를 위한 깊은 수준의 탐색과 새로운 행동 실행 같은 모험 없이는 더 이상의 집단발달을 기대하기는 어렵다. 모험시도는 변화를 위한 결단의 결과인 동시에, 집단의 중요한 치유요인이기도 하다. 모험시도가 어떻게 이루어지는가는 집단발달에 직접적으로 영향을 미친다. 즉, 집단이 작업단계에서 생산단계로 진화되어 갈 수 있는가, 아니면 그저 시간이 지나게 되면서 통합단계에서 종결을 맞이하게 되는가를 결정하는 중요한 변수다.

행동 변화를 위한 집단원들의 모험시도는 집단역동과 과정을 통해 자연스럽게 이루어지기도 한다. 그러나 그렇지 않은 경우, 작업단계에서 집단원들이 보다 깊은 수준에서 자기탐색을 하도록 돕기 위해 구조화된 모험시도 방법을 활용한다. 물론 이 작업은 집단원들의 준비수준이 서로 다를 수 있다는 점에서 그 성과가 다양하게 산출될 수 있다. 왜냐하면 집단 회기가 거듭되면서, 가슴에 와 닿는 느낌이나 순간적으로 뇌리를 스치는 생각, 즉 직감hunch을 즉각적으로 자유로이 표현하는 집단원이 있는 반면, 다른 집단원과의 시선 접촉조차 부담스러워하는 집단원이 있기 때문이다. 글상자 9-23은 집단원들의 모험시도 촉진을 위한 구조화된 연습의 예를 제시하고 있다.

글상자 9-23. 집단원들의 모험시도 촉진을 위한 구조화된 연습의 예

1. 다른 집단원들에게 피드백을 구하고, 솔직한 피드백을 받는다. 그런 다음, 피드백에 대한 느낌과 생각에 관해 이야기를 나눈다.
2. 일상생활에서 심리적·정서적 모험을 시도했던 경험에 관해 이야기를 나눈다. 단, 처음에는 어려웠지만, 결국 긍정적인 성과가 있었던 경험이어야 한다.
3. 자신과 해결되지 않은 감정 또는 사안이 남아 있다고 느끼는 집단원을 선정한다. 선정된 집단원의 동의를 구한 다음, 집단원을 선정된 집단원 앞에 앉게 한다. 두 사람은 미처 나누지 못했던 이야기를 나누고, 다른 집단원들은 관찰한다. 그런 다음, 집단 전체에서 집단원들의 소감을 함께 나눈다.
4. 남들에게 알리고 싶지 않은 사적인 내용을 A4용지에 적도록 한다. 이때, 펜과 종이의 종류를 같게 하여, 작성자가 누군지 드러나지 않도록 유의한다. 작성을 마치면, 종이를 모아 잘 섞어서 집단원들에게 한 장씩 나눠주고 큰 소리로 읽게 한다. 그런 다음, 종이의 내용에 대해 기꺼이 부연 설명하려는 집단원이 있으면, 심층적인 모험시도의 기회를 제공한다.

모험시도를 위한 연습은 집단 내 친근감, 공유감, 응집력 수준을 심화시키기 위한 목적으로 적용되어야 한다. 물론 연습에 들어가기 전에 얼마나 노출할 것인가, 또는 얼마나 깊은 수준의 모험을 시도할 것인가는 전적으로 집단원의 선택에 달려있다. 따라서 집단원들이 준비되었다고 느끼는 것 이상으로 말하거나 행동으로 옮기도록 압력을 행사해서는 안 된다. 다소 모순처럼 들릴 수 있지만, 그럼에도 집단상담자의 임무는 집단원들이 편안하고 안전함을 느끼는 수준을 넘어서 새로운 존재 방식을 위해 모험을 감수하도록 적극적으로 격려하는 것이다. 모험시도의 첫 단계는 모험시도의 두려움에 관해 터놓고 이야기하는 것이다. 집단상담자는 대화상자 9-15와 같은 과정을 통해 집단원들의 모험시도를 촉진할 수 있다.

대화상자 9-15. 집단원들의 모험시도 촉진을 위한 집단상담자 진술의 예

- ○ "자, 이제 여러분의 깊고 어두운 곳에 있는 비밀에 대해 털어놓게 될 것이라고 상상해 보세요. 이제 지금까지 생각하고 느껴 왔지만, 말할 용기가 없었던 것들에 대해 이제 말하게 될 거라고 상상해 보세요." (잠시 멈췄다가 다시 말을 시작한다.)
- ○ "그러면 이제 주위를 둘러보세요. 다른 집단원들의 눈을 쳐다보면서 여러분이 자신에 대해 노출한다면, 다른 사람들이 어떤 반응을 보일 것인지에 대해 상상해 보세요."

대화상자 9-15에 제시된 진술의 예와 같은 모험시도는 보통 다른 사람들의 판단이나 비판에 대한 두려움을 영적으로 나누는 것 같은 효과를 산출할 수 있다. 집단에는 상대적으로 두려움 없이 더 높은 수준의 모험을 시도해 보려는 집단원이 있기 마련이다. 집단상담자는 이 집단원의 용기를 다른 집단원들도 동참하는 전환점으로 활용할 수 있다. 이러한 선택은 반드시 자발적으로 이루어져야 한다. 집단원들의 모험시도를 촉진하기 위해 유용한 기법으로는 '뜨거운 의자hot seat'를 꼽을 수 있다. 이 기법에서 집단원들은 교대로 다른 집단원들이 던지는 사적인 질문에 솔직하게 답함으로써 실험적으로 자신을 노출해 볼 수 있다. 또는, 집단원들을 무작위로 소집단으로 나누거나, 가장 신뢰할 만한 사람과 짝을 짓게 하여 사적인 이야기를 나누어 보게 하는 방법도 있다. 그러고 나서 집단원들은 모험시도에 대해 어떤 느낌이 들었는 지에 관해 이야기를 나누는 한편, 이러한 작업을 집단에서도 시도해 보도록 한다.

시의적절한 해석 제공. 작업단계를 촉진하기 위한 전략으로 집단상담자는 시의적절한 해석을 제공한다. 집단에서 다루어지는 주제는 때로 실제 문제의 표면적인 것에 불과할 수 있다. 집단원들은 흔히 자신이 호소하는 문제를 집단에서도 유사한 방식으로 경험하게 된다. 예를 들어, 같은 반 학생들과 잘 어울리지 못해 원만한 대인관계 기술을 습득하고자 집단에 참여한 집단원은 집단에서도 유사한 경험을 할 수 있다. 이처럼 집단원이 털어놓는 호소 내용은 그를 이해할 수 있는

중요한 자료가 되는 동시에 의미 있는 집단논의의 주제가 된다.

집단원들은 종종 자신의 문제에 관해 이야기하면서도 문제의 핵심을 잘 이해하지 못하는 수가 있다. 문제의 실체를 잘 파악하지 못한다면, 해결의 실마리를 찾기는 더욱 어렵다. 해석interpretation은 바로 이러한 경우에 적용할 수 있는 유용한 기술이다. 이 기술은 인간 이해와 상담이론에 관한 깊은 지식과 임상경험을 기반으로 집단원의 행동 · 사고 · 감정 · 경험에 대해 이루어진다. 집단상담자는 집단의 흐름을 거스르지 않는 범위 내에서, 직관intuition 또는 직감hunch(뇌리를 스치는 생각)을 적극 활용하여 부드럽게 해석해 준다. 집단의 작업단계에서 이루어지는 해석의 예는 대화상자 9-16과 같다.

대화상자 9-16. 작업단계에서 이루어지는 시의적절한 해석의 예

- "한빈 씨가 이 집단에서도 실수하지 않으려고 많은 에너지를 투입함으로써 다른 집단원들과 갈등을 겪고 있는 것이 어쩌면 한빈 씨가 어렸을 때 실수로 동생을 심하게 다치게 한 일로 인해, 한빈 씨 마음속에 자리 잡게 된 죄책감과 분노에 의한 것이 아닌가 하는 생각이 언뜻 드네요."
- "희진 씨가 원하는 것을 말한다면 남편이 싫어할 거라는 생각은 희진 씨의 행동을 소극적으로 만들고, 소극적인 행동은 다시 불편한 감정과 부정적인 사고, 그리고 원치 않는 경험으로 이어지는 악순환의 고리가 형성된 것처럼 보이네요. 또 집단에서도 그렇게 되지 않을까 염려된 나머지 집단참여에 조심스러워하는 것처럼 보이고요."

대화상자 9-16에서 집단상담자는 집단원의 행동에 대한 관찰결과를 잠정적인 가설의 형태로 해석해 주고 있다.

적절한 통제유지. 작업단계를 촉진하기 위한 전략으로 집단상담자는 적절하게 통제를 유지해야 한다. 이는 지속적인 관찰을 통해 집단에서의 논의가 집단목적에 합당한 주제 또는 초점에서 벗어나지 않도록 관리 · 감독하는 것을 의미한다. 집단에서 흔히 논의되는 주제는 학생 집단의 경우, 학업성적, 학습방법, 학습

전략, 과제해결, 교우 · 이성관계, 방학에 대한 기대, 괴롭힘 등이 될 수 있다. 성인집단의 경우에는 이성교제, 자녀교육, 부부관계, 고부간의 갈등, 직장상사와의 갈등, 재정문제, 진로문제 등에 집단의 주제로 정해지거나 초점이 맞추어질 수 있다. 적절한 통제유지가 필요한 이유는 다음과 같은 상황이 발생할 가능성 때문이기도 하다. 하나는 집단원들이 편안하고 안전한 주제에만 머물면서 적극적인 자기 탐색과 변화를 위한 모험을 꺼리는 경우다. 다른 하나는 다른 집단원들에게 공격적인 도전을 일삼는 집단원이 있는 경우다. 만일 변화를 위해 좀 더 도전적인 주제로 옮겨 갈 필요가 있다면, 집단상담자는 대화상자 9-17과 같이 요약을 통해 다른 주제로 옮겨 갈 필요성을 암묵적으로 제안할 수 있다.

대화상자 9-17. 적절한 통제유지를 위한 진술의 예

리 더: 오늘 여러분의 이야기를 들어 보니까 모두 학업성적에 관심이 집중되어 있네요. 성적이 떨어졌을까 봐 불안해하는 사람도 있고, 부모님께서 실망하시게 될 것을 염려하는 사람도 있는 것 같아요. 여러분 모두가 학업성적이 중요하다고 여기는 것 같은데, 다른 사안에 관해 이야기하고 싶은 사람이 있나요?

대화상자 9-17에 제시된 진술처럼, 집단상담자는 필요한 경우 요약을 통해 집단원들이 새로운 주제를 모색하게 하거나 초점을 이동하도록 암묵적으로 제안할 수 있다. 그리고 집단 회기 종료 10~15분 전에 한 회기 동안 다룬 주제와 그 내용을 집단원들이 직접 요약해 보도록 대화상자 9-18과 같이 권유할 수도 있다.

대화상자 9-18. 집단원에게 요약을 요청하기 위한 진술의 예

○ "오늘 우리가 집단에서 나눈 이야기를 누가 요약 · 정리해 볼까요?"
○ "자, 오늘 집단 회기에서 여러분은 무엇을 배웠나요?"

비언어 행동에의 적극적 반응. 작업단계를 촉진하기 위한 전략으로 집단상담자는 집단원들이 말과 행동으로 전달하려는 메시지에 적극적이고 민감하게 반응해야 한다. 관심 있게 관찰해야 할 집단원들의 비언어 행동에는 전반적인 행

동 특성뿐 아니라 갑작스러운 행동 변화가 포함된다. 비언어 행동은 크게 ① 동작성, ② 근접성, ③ 준언어로 분류된다. 먼저, **동작성**kinesics은 신체언어body language(몸짓, 표정, 시선, 태도, 자세, 신체 접촉 등)를 말한다. **근접성**proximics은 사회적 거리, 사회적 공간 또는 개인적인 영역이나 세력권을 말한다. 그리고 **준언어**paralanguage/paralinguistics는 '무엇을 말하는가'보다 '어떻게 말하는가'에 관한 영역이다. 이러한 설명을 토대로 비언어 행동의 각 영역에 따른 관찰 내용은 글상자 9-24와 같다.

글상자 9-24. 행동관찰 목록

☐ 동작성/신체 언어

1. 표정이 말하는 내용/상황과 일치하는가?
2. 말은 없으나, 표정으로 전달하고 있는 메시지가 있는가?
3. 입을 꽉 다물고 있거나, 이를 악물고 있지 않는가?
4. 시선 접촉이 적절하게 유지되고 있는가? 시선을 아래로 향하고 있거나, 회피하거나, 자주 창밖을 향하고 있지 않은가?
5. 다리를 떨고 있는가?
6. 온몸이 경직되어 있는가?
7. 몸짓이 전반적으로 과장/위축되어 있는가?
8. 특정 주제에 관해 말할 때, 표정, 몸짓, 또는 자세가 변하지 않는가?
9. 전반적인 자세와 태도는 어떠한가?
10. 신체 접촉과 관련된 변화는 없는가?

☐ 근접성/사회적 거리 또는 공간

1. 특별히 서로 가까이 앉거나 앉으려는 집단원들이 있는가?
2. 눈에 띄게 거리를 두고 앉으려는 집단원들이 있는가?
3. 집단원들은 출입구를 중심으로 주로 어떤 위치에 앉곤 하는가?
4. 습관적으로 앉던 위치에 변화가 있는가?
5. 특정 주제에 관한 이야기를 하고 난 다음 회기에 자리 이동이 있는가?

☐ 준언어/어떻게 말하는가?

1. 말할 때, 전반적인 어조는 어떠한가?
2. 특정 주제에 관해 이야기하는 동안 어조 또는 음조에 변화가 있는가?

집단상담자는 집단원들의 비언어 행동과 그 변화를 관심 있게 모니터링해야 한다. 그리고 필요한 경우, 관찰한 내용을 토대로 집단원에게 피드백을 제공한다. 특히, 의미 있는 단서에 대해서는 즉각 반응을 보임으로써 집단원의 통찰을 확대·심화한다. 설령, 즉각적으로 반응하지 않더라도 중요한 정보로 활용할 수 있다는 점에서 특정 주제에 관한 집단원들의 비언어적 반응은 지속적으로 관찰한다.

요약하면, 작업단계에서 집단원들은 자신들을 탐색하게 되면서 자기를 표현하는 방법을 배우게 된다. 또한, 집단의 분위기가 어느 정도 안전한가를 결정하기 위해 직간접적으로 집단상담자와 집단원의 신뢰성 여부를 확인하고자 지속적으로 평가하게 된다. 그러면서도 한편으로는 거부당하지 않을까 하는 불안해하기도 하며, 현실 안주와 변화를 위한 모험 감수 사이에서 갈등하기도 한다. 게다가, 집단원에 따라서는 집단상담자 또는 다른 집단원들과 힘겨루기를 하거나 갈등을 경험하기도 한다.

집단상담자가 집단원들과 생산적인 작업 관계를 형성하느냐, 그리고 집단원들의 갈등, 저항, 모호한 느낌들을 어떻게 다루느냐에 따라 집단의 생명력이 좌우된다. 그러므로 집단의 작업단계에서 집단상담자는 생산적인 작업관계를 형성하고 집단원들의 갈등·저항·감정을 치료적으로 다룰 수 있어야 한다. 만일 이 단계에서 집단원의 저항이나 갈등을 치료적으로 다루지 않고 회피하는 집단은 작업단계에서 표류·정체하다가 결국 종결에 이르기도 한다. 집단이 생산단계로 도약하기 위해서는 집단원들의 다양한 형태의 저항과 갈등을 치료적으로 직면해서 헤쳐나가려는 집단상담자의 역량과 의지가 요구된다.

생산단계

집단의 생산단계productive stage는 집단발달단계의 절정기에 해당하는 시기다. 이 단계는 집단의 생명으로, 집단상담자와 집단원 모두 변화를 위한 능력과 방식에 대한 학습이 일어나는 시기다. 집단원들은 어려운 상황을 다루는 새로운 방법, 즉 갈등 상황을 피하기보다 갈등 상황에 머무르며 적극적으로 해결해 가는 방법을 터득하게 된다. 이들은 적극적인 감정 탐색과 표현을 계속해 가면서 자연스럽게 해결책에 도달하고, 상호관계는 더 깊어진다. 작업단계와 생산단계를 구분 짓는 명확한 선은 없지만, 굳이 구분한다면 총 10회기 집단의 경우 보통 4~8회기가 생산단계에 해당한다. 집단이 생산단계에 도달했는지는 집단역동과 과정을 토대로 판단할 수 있다. 즉, 집단원 간의 상호작용이 얼마나 생산적이고, 치료적 요소들이 활성화되어 작용하고 있는가에 따라 집단의 단계를 판가름할 수 있다. 만일 이전 단계가 잘 진행되었다면, 집단은 생산단계로 발돋움하게 된다.

생산단계는 집단원들이 자신들의 이익과 관심, 서로를 돕는 기술을 위해 어떻게 집단을 이용할 것인지에 대한 명확한 생각을 하게 되었을 때 자연스럽게 도달하게 된다. 집단이 생산단계로 발돋움하기 위해서는 집단원들 각자가 집단에 소속되어 있다는 의식, 집단에서 자신의 통제력이 있다는 믿음, 그리고 인정받고 있다는 느낌이 있어야 한다. 이러한 요소들이 축적되고, 집단상담자의 리더십이 빛을 발하면서 집단은 생산단계로 도약하게 된다. 이 단계에 집단 내에 갈등이 전혀 없었기 때문이 아니라, 오히려 갈등에 직면하여 해결함으로써 진입할 수 있다. 만일 집단원들 사이에 여전히 생산단계의 특징이 나타나지 않는다면, 이는 이전 단계에서의 문제들이 여전히 미결상태로 남아 있으면서 다음 단계로의 도약을 저해하고 있다는 증거다. 이러한 걸림돌로 인해 생산단계에 도달하지 못하고 종결을 맞게 되는 집단이 적지 않다(Kottler, 2015). 그러나 설령 집단이 생산단계에 들어가지 못하더라도 큰 문제가 없는 한, 집단원들이 집단에서 여전히 혜택을 받을 수 있다는 사실은 그나마 다행스러운 일이다. 여기서는 ① 생산단계의 특징, ② 생산적 집단원의 특징, ③ 집단상담자의 임무로 구분하여, 생산단계에 대한 이해를 꾀하고자 한다. 그러면 생산단계는 어떤 특징이 있는가?

생산단계의 특징

생산단계의 특징은 집단의 치유요인들이 고르게 나타난다는 점이다. 이 단계에서 집단원들은 개인적으로 깊이 있고 의미 있는 쟁점을 탐색한다. 집단원들이 다양한 방식으로 상호작용하게 되면서 다양하고 강력한 집단역동이 발생한다. 이 시기에 집단원들은 집단의 목적에 초점을 맞추고, 다양한 주제에 대해 논의하는 한편, 자신들의 관심사를 해결하기 위한 집단작업에 적극 참여하여 과업을 실행 · 완수하게 된다. 또한, 집단원들의 의미 있는 작업과 경험학습을 바탕으로 더 심도 있는 탐색과 높은 수준의 집단응집력이 이 단계에서 형성된다.

생산단계에서 집단원들은 이전 단계들에 비해 덜 구조적인 개입이 요구된다. 즉, 이들은 자신의 역할을 적극 수행하는 한편, 자발적 · 적극적으로 상호작용에 참여하여 개인 · 집단 작업에 집중한다. 안타깝게도 적잖은 집단들이 생산단계에 도달하지 못할 수 있지만, 생산적인 결과가 반드시 생산단계에서만 산출되는 것은 아니다. 집단이 침체되거나, 집단원들이 불안 · 혼란 · 주저하는 상태에 있더라도, 집단원들은 의미 있는 경험학습을 할 수 있다. 집단에 따라서는 집단원들 간의 신뢰, 응집력, 연속성을 발달시킬 기회가 충분하지 못해 생산단계에 진입하지 못하기도 한다. 설령 집단이 생산단계에 진입했다고 해서 집단원 전원이 최적의 기능을 발휘하는 상태라고 할 수는 없다. 집단원들의 준비 수준이 모두 같지 않기 때문이다. 대화상자 9-19는 집단의 생산단계에 도달한 집단의 구성원들 사이에서 흔히 이루어지는 진술의 예다.

대화상자 9-19. 생산단계에 도달한 집단의 구성원 진술의 예

- "마음에 두고 있다는 그 여학생에게 데이트 신청을 하셨나요? 일주일 내내 궁금했는데."
- "지난주에 미처 작업을 끝마치지 못한 부분에서 다시 시작하고 싶어요."
- "우리 집단의 명칭에 대해 생각해봤는데요. '돌아온 7인', 어때요? 우리 모두 수렁에 빠졌다가 멋지게 빠져나오고 있잖아요?"

○ "상우 씨가 지난주 저한테 하셨던 말씀에 대해 곰곰이 생각해 봤는데요. 그때는 상우 씨 피드백에 많이 놀랐던 것이 사실이지만, 진심으로 저를 직면시켜 주신 것에 대해 감사드리고 싶어요."

그러면 집단이 생산단계에 도달했는지는 어떻게 알 수 있을까? 집단의 생산단계에 도달한 집단과 그렇지 못한 집단을 구분할 수 있는 특성이 있다(Kottler, 2015; Gladding, 2016; Yalom, 2005). 집단상담자는 생산단계에 도달한 집단의 특징을 확인해봄으로써, 자신이 맡고 있는 집단의 발달단계를 확인할 수 있다. 글상자 9-25는 생산단계에 도달한 집단원들의 특징이다.

글상자 9-25. 생산단계의 특징

1. 지지와 도전을 받으면서 집단의 안팎에서 행동 변화에 박차를 가한다.
2. 심도 깊은 자기탐색을 위한 치료적 개입으로 행동 변화가 촉진된다.
3. 더욱 직접적인 방식으로 상호작용한다.
4. 자발적 · 적극적으로 집단에 참여하고, 집단상담자에 대한 의존도가 줄어든다.
5. 갈등을 논의를 통해 함께 해결함으로써 갈등 해결방법을 터득한다.
6. 신뢰관계와 자기개방을 토대로 자기이해를 심화하고, 내면을 드러내도 존중받을 수 있음을 깨닫게 되면서 가면 쓸 필요성을 느끼지 않게 된다.

생산단계의 특징은 ① 깊은 신뢰관계 형성, ② 강한 집단응집력 조성, ③ 피드백 교환의 활성화, ④ 개인차 존중, ⑤ 집단규범의 적극적 실천, ⑥ 갈등의 불가피성 인정과 적극적 해결, ⑦ 적극적인 집단참여, ⑧ 회기 간의 지속성, ⑨ 실천 가능한 과제부여로 구분할 수 있다. 이는 집단이 최적의 수준에서 기능하고 있는지 판가름하는 데 도움이 되는 진단 준거로 활용될 수 있다.

깊은 신뢰관계 형성. 첫째, 생산단계에서는 집단원들 사이에 깊은 신뢰 관계가 형성된다. 집단초기부터 집단원들 사이에 형성된 깊은 신뢰감으로, 집단원들은 서로에 대해 지지와 격려를 아끼지 않게 된다. 그뿐 아니라, 다른 사람들로부터 진정으로 지지받고 있음을 느끼게 된다. 이렇게 형성된 신뢰감은 비판 · 조롱 · 실수에 대한 두려움을 없애 주는 작용을 한다. 신뢰감은 또한 집단원들이 스스로를 있는 그대로 수용할 수 있게 하는 한편, 자신을 기꺼이 개방하게 하는 원동력이 된다. 집단원들에게 깊은 신뢰감이 형성되어 있음을 확인할 수 있는 단서는 글상자 9-26과 같다.

글상자 9-26. 집단원들 사이에 깊은 신뢰감을 확인할 수 있는 단서

1. 변화를 위한 모험을 시도한다.
2. 집단 내 경험을 진솔하고 정확하게 표현한다.
3. 원하는 바를 실현할 수 있다는 변화 가능성을 신뢰한다.
4. 모험이 따를 만한 주제에 대해서도 기꺼이 자기를 개방한다.
5. 자발적인 자기개방을 통해 다른 사람의 피드백을 받고 싶어 한다.

이처럼 신뢰감은 집단원들 간의 신뢰 관계 및 집단의 신뢰 분위기의 토대가 된다. 설령 신뢰감이 부족한 경우에도 생산단계에 도달한 집단의 구성원들은 기꺼이 개방적이고, 직접적이며, 정확하게 표현하려고 노력한다. 집단원들이 깊은 신뢰를 바탕으로 자기개방적이고 직접적인 방식으로 피드백을 교환하게 되면서 집단응집력이 강해진다.

강한 집단응집력 조성. 둘째, 생산단계에서는 집단응집력이 강해진다. 강력해진 응집력은 집단원들의 솔직한 자기개방, 적극적 피드백 교환, 지금 여기 상호작용에 의한 논의, 직면, 통찰 등의 활동으로 전환되면서 집단활동과 실행지향적 action-oriented 행동을 촉진한다. 직면을 통한 통찰을 기반으로 형성된 집단원들의 실천지향적 태도는 건설적인 행동과 사고의 변화로 이어진다. 이러한 분위기에 편승하여 집단원들은 더욱 사적인 내용을 집단에서 토의하고 싶어 하고, 서로의 갈등을 인정하며, 이를 직접적 · 효율적으로 다룰 수 있게 된다. 그뿐 아니라, 서로의 경험을 공유하고, 친밀한 정서적 유대감으로 서로의 변화를 촉진한다. 집단의 강한 응집력은 점차 집단원들로 하여금 방어적 행동의 필요성을 느끼지 않게 한

다. 이렇게 조성된 치료적 분위기는 집단원들의 행동 · 사고 · 감정의 변화를 더욱 촉진하여 개인 및 집단목표 달성을 앞당기게 된다.

피드백 교환의 활성화. 셋째, 생산단계에서는 집단원들 사이에 피드백 교환이 활성화된다. 이 단계에서는 효과적인 상호작용 방법을 터득한 집단원들은 집단상담자의 요구나 개입 없이도 구체적이고 정교한 피드백을 교환하게 된다. 집단원들의 자발적인 피드백은 집단상담자의 구조화나 개입 횟수의 감소에도 불구하고, 집단역동을 더욱 활성화한다. 생산단계에서 이루어지는 피드백의 특징은 글상자 9-27과 같다.

글상자 9-27. 생산단계에서 이루어지는 피드백의 특징

1. 불필요한 방어 또는 저항 없이 받아들여진다.
2. 구체적이고 명료하며 자율적으로 이루어진다.
3. 깊은 수준까지 탐색할 수 있는 단서를 제공한다.
4. 위협적인 사안에도 자기노출의 모험을 감수한다.
5. 집단 내의 통제, 권위, 상호 간 갈등이 주요 소재가 된다.
6. 솔직하고 명료한 피드백을 자유롭게 교환하고, 이를 기꺼이 수용한다.
7. 지금 여기의 즉시성에 초점을 두고, 직접적인 상호작용이 이루어진다.

집단원들 사이에 피드백 교환이 활성화되면서 집단 내에는 강력한 변화촉진 분위기가 조성된다. 피드백 교환의 활성화를 통해 나타나는 변화촉진 분위기는 글상자 9-28과 같은 특징을 보인다.

글상자 9-28. 피드백 교환의 활성화를 통해 조성되는 변화촉진 분위기의 특징

1. 집단원들의 집단에 대한 자신감이 높아진다.
2. 집단원들의 언어 행동과 비언어 행동이 일치한다.
3. 서로에 대해 더 잘 알고, 이해하며, 서로 돕고 의지한다.
4. 집단원들은 심적 에너지가 충만하고, 그 힘을 함께 공유한다.
5. 집단원들이 자신들의 문제 상황에 대해 책임 있는 행동을 취한다.

6. 진지하면서도 민감하게 배려하는 마음으로 다른 집단원에게 직면한다.
7. 상호 간의 배려, 보살핌, 지지 수준이 높아지면서, 집단원들은 자신과 다른 집단원들에 대해 더 많은 것을 배우게 된다.

글상자 9-28에 제시된 것처럼, 집단의 생산단계에서 집단원들은 자유롭고 직접적인 상호작용을 통해 집단상담자의 역할을 공유하게 된다. 이는 집단원들에게 집단과정에 대한 자각이 생기게 되어 무엇이 집단을 생산적 또는 비생산적으로 만드는지를 잘 알 수 있게 되기 때문이다.

개인차 존중. 넷째, 생산단계에서는 집단원들의 개인차가 존중된다. 이 단계에서는 집단원 개개인의 다양성이 권장되는 한편, 개인차와 문화적 차이가 존중된다. 즉, 집단원들의 성별, 학력, 출신학교, 출신지역, 직업, 사회경제적 지위, 인종, 민족 등에 따른 편견과 차별이 용납되지 않는 동시에, 개개인의 문화적 배경이 서로 다르다는 사실이 인정된다. 어떤 의미에서는 생산단계에 도달한 집단 또는 생산적인 집단productive groups이란 집단원들의 경험을 한곳에 쏟아 놓을 방법을 마련한 집단이다. 즉, 집단원들은 각자의 경험을 다른 집단원들과 연결하여 공유하는 특징이 있다. 집단에서 산출되는 성과 또는 집단원들의 사고·행동·감정·경험의 변화는 집단원 모두가 협력하여 입력input한 것에서 출력output된 것으로 볼 수 있다.

집단규범의 적극적 실천. 다섯째, 생산단계에서는 집단원들이 집단목표를 성취하기 위해 집단규범을 적극적으로 실천한다. 이 단계에서 집단원들은 각자의 문제해결을 위한 행동 결정에 스스로 책임이 있음을 기꺼이 수용한다. 또한, 집단상담자와 집단원들이 함께 설정한 집단의 목표가 명확해지고 구체적인 특징을 띤다. 집단원들은 소속감을 느끼고, 소외된 집단원들에게는 적극적인 참여를 유도하는 등 집단규범을 적극적으로 실천한다. 집단원들이 집단규범을 적극적으로 실천하는 일은 매우 중요하다. 만일 집단에서 수용할 수 있는 행위와 그렇지 않은 행위가 명확하지 않거나 이를 제대로 준수하지 않는다면, 집단은 치료적 집단으로서의 질서가 무너질 수 있고 존재 이유가 무색하게 될 것이다.

생산적인 집단의 구성원들은 집단에서 어떻게 행동해야 하는지 잘 알고 있다. 집단상담자는 집단 내에 건강하고 치료적인 문화가 형성·유지되고 있는지 모니터링할 필요가 있다. 이는 집단원들의 행동을 안내하는 규범 또는 규칙 마련을 전제로 이루어진다. 기능수준이 높은 집단일수록 서로에 대한 배려와 보살핌, 그리고 생산적인 기여를 강화하는 분위기가 조성되어 있다. 집단상담이 아무리 진지한 과정이라고 하더라도 집단의 분위기가 항상 무거울 필요는 없다. 때로 생산적인 집단은 작업과 재창조re-creation를 겸하기도 하는 특징이 있다. 집단원들은 이 집단의 일원이 되어 이러한 경험에 동참한다는 사실에 대해 좋은 느낌이 들게 된다.

갈등의 불가피성 인정과 적극적 해결. 여섯째, 생산단계에서는 작업단계를 지나면서 집단원들 사이에 싹텄던 갈등이 오히려 집단에서 논의의 소재가 되고, 갈등을 통해 서로에 대한 이해의 폭과 깊이를 더하게 된다. 이 단계에서는 집단원들 또는 집단상담자 사이의 갈등이 인식·논의·해결된다. 집단원은 다른 집단원들과의 상호작용에 익숙해지면서 다른 상황에서 갈등을 다루는 법을 터득한다. 두 사람 이상이 한 자리에 모이게 되면 긴장과 불일치는 필연적이다. 기능수준이 높은 집단일수록 갈등이 없었던 것이 아니라, 갈등이 많았지만 적극적인 해결과정을 거쳐 상호이해의 폭을 넓히는 경향이 있다. 반면, 기능수준이 낮은 집단일수록, 갈등의 불가피성을 인정하지 않거나, 갈등을 무시하거나, 최소화하려고 한다.

기초가 튼튼한 집단일수록, 집단원들이 서로 생각과 견해를 가질 수 있다는 점을 인정한다. 동시에, 이로써 발생하는 갈등을 직면을 통해 적극적으로 해결한다. 집단원 각자가 이러한 차이점을 극복하기 위해 애쓰고 있다는 믿음을 가질 때, 갈등은 비로소 서로에게 도움이 되는 것으로 인식된다. 집단의 발달과정에서는 흔히 집단의 초점을 흐리거나 역기능적인 행동을 보이는 집단원이 생긴다. 예를 들어, 다른 집단원들을 조종하려고 하거나, 대화를 독점하거나, 집단의 분위기를 흩뜨리거나, 아웃사이더로 주변을 맴돌거나, 다른 집단원들에게 폭언·비하하는 말을 일삼는 등의 행동을 하는 집단원이 나타나기도 한다. 그러므로 집단이 생산단계에 진입하기 위해서는 집단원의 문제행동이 적절하게 제지될 뿐 아니라 생산적 행동으로의 변화를 위한 개입의 효과성이 중요한 변수가 된다.

집단의 생산단계에서 직면은 다른 집단원과 감정을 공유하는 방식으로 이루어진다. 이에 직면은 배려 없는 공격이 아니라, 개인의 행동 탐색과 통찰을 위한 도전으로 받아들여진다. 생산적 집단에서는 이러한 집단원을 배제하거나 문제행동을 즉각 중지시키기보다 문제행동이 자연스럽게 일어나도록 방임하기도 한다. 왜냐하면 집단원들이 문제행동을 다루면서 문제 상황에 대처하는 방법을 연습할 기회로 삼을 수 있기 때문이다. 이처럼 기능수준이 높은 집단일수록, 이러한 과정을 통해 집단원 모두가 문제행동에 직면할 책임을 공유한다는 특징이 있다.

적극적인 집단참여. 일곱째, 생산단계에서는 집단원 모두가 집단목적 달성을 위해 책임을 공유하고, 집단에 적극적으로 참여한다. 집단에는 집단작업에 적극 참여하는 사람들이 있는 반면, 소극적인 태도로 임하거나 다른 사람들을 압도 또는 통제하려는 구성원들이 있게 마련이다. 집단의 생산단계에 도달한 집단은 기능수준이 높은 집단이다. 기능수준이 높은 집단은 다른 집단원들을 압도하거나 주변인으로 남으려는 집단원 없이 집단원 모두가 자신의 목표 달성을 위해 균형 있게 참여하는 그런 집단이다. 집단의 발달은 집단원들의 자기개방 수준과 적절함의 영향을 받는다. 즉, 특정 수준의 자기개방은 탐색단계에서는 다소 지나칠 수 있지만, 생산단계에서는 적절한 것일 수 있다. 생산적인 자기개방을 위한 지침은 글상자 9-29와 같다.

글상자 9-29. 생산적인 자기개방을 위한 지침

1. 집단의 목적과 목표와 연관된 것이어야 한다.
2. 다른 집단원들이 자신에 관해 무엇을 얼마만큼 알기 원하는지를 고려한다.
3. 어느 정도 위험을 감수해야 한다.

회기 간의 지속성. 여덟째, 생산단계에서는 집단원들이 집단 회기와 회기 사이에도 변화 · 성장을 위해 적극적으로 노력한다. 집단원들은 집단목표 달성을 위해 집단 밖의 시간도 적극 활용한다. 이 단계에 진입한 집단에서는 새로운 행동을 시도하고 변화하려는 노력을 지지 · 격려하는 분위기가 고조된다. 또한, 집단에서 습득한 새로운 행동을 실생활에 적용해 보고, 변화와 성장의 가능성을 깨닫게 되면서 집단원들의 희망감이 자연스럽게 고조되는 특징이 있다. 이처럼 행동 변화를 위한 집단 밖의 활동이 활성화됨에 따라 집단원들은 회기마다 집단목표 달성을 위한 방향으로 집단작업이 지속적으로 이어진다는 느낌이 들게 된다. 집단 회기 간 과업수행을 통해 집단작업이 자연스럽게 이어지게 하는 것은 그만큼 집단의 생산성에도 긍정적으로 작용하여 집단의 기능수준을 한층 높인다. 기능수준이 높은 집단은 집단상담자를 포함해서 집단원 모두가 집단목표 달성을 위해 어떤 변화가 있었는지를 보고하고, 지난 회기에 주어진 과제의 결과에 대해 논의하는 등, 건설적인 피드백을 적극적으로 교환하는 특징이 있다.

실천 가능한 과제부여. 아홉째, 생산단계에서는 집단원들에게 실천 가능한 과제가 부여되고, 과제의 실행 결과와 변화 내용을 구체적으로 논의한다. 집단의 생산단계는 집단발달단계 중 가장 많은 통찰과 행동 변화가 일어나는 시기다. 이 단계에서는 집단 내에서는 집단목표 달성을 위한 실험적 행동이 활발하게 수행되는 반면, 집단 밖에서는 실험적 행동을 통해 습득된 사회적 기술이 일상생활에 적용된다. 이를 위해 집단상담자는 집단원들이 새로운 행동을 실험해 볼 수 있도록 다양한 치료적 기법과 전략을 활용한다. 집단원들의 변화를 위한 새로운 행동의 실천이 없다면, 집단은 탁상공론卓上空論을 위한 공간, 즉 집단원들의 이야기는 풍성하지만 행동 또는 사고의 변화는 기대할 수 없는 무기력한 모임으로 전락할 수 있다. 집단과정에서 억압된 감정을 표출할 수 있었거나 통찰을 경험했다고 해서 행동 변화가 반드시 뒤따르는 것은 아니다. 생산적 집단의 구성원들은 집단에서 발견한 문제해결을 촉진하는 행동 습득을 위해 집단 밖의 시간을 적극 활용하는 경향이 있다. 이렇게 실천을 통해 체득한 행동은 집단원의 삶에 유의한 영향을 주게 된다. 그러면 집단이 생산단계에 도달했는지는 어떻게 알 수 있는가?

생산적 집단원의 특징

집단의 생산단계 도달 여부는 집단원 관찰을 통해 파악할 수 있다. 생산단계에 접어든 집단의 구성원들은 명확하고 구체적인 목표가 설정되어 있어서 집단의 종결시기에 목표 달성 여부를 평가할 수 있다는 특징이 있다. 예를 들어, 기혼인 직장여성의 경우, 직장과 결혼생활의 균형을 되찾고, 부모-자녀 관계 개선을 목표로 정할 수 있다. 이처럼 생산단계에 도달한 집단의 구성원들은 집단참여를 통해 얻기를 원하는 것이 명확하고, 자신의 관심사를 집단에서 함께 탐색하려는 의지를 보인다. 또한, 자기를 수용하고, 자신의 감정을 소중하게 여기며, 이를 적절한 방식으로 표현한다. 그러면서도 다른 집단원들의 사고 · 행동 · 감정 · 경험을 수용적 · 적극적으로 경청하면서 솔직한 피드백으로 지지와 관심을 나타낸다. 그리고 직면이 요구되는 경우, 진단이나 평가하는 것 같은 언사를 지양하는 대신 자신이 어떤 영향을 받는지에 대한 느낌을 중심으로 직면한다.

그뿐 아니라, 집단원들은 다른 집단원들이 제공하는 피드백을 진지하게 고려하고, 스스로 판단하여 행동 변화의 촉매로 활용한다. 게다가, 집단에서 새로운 행동을 연습하고, 나아가 집단에서 배운 것을 일상생활에 적용하며, 회기 사이에 변화를 촉진하기 위해 관련 서적과 자료를 참조하기도 한다. 이러한 종합적인 과정을 통해 집단원들은 통찰을 얻게 되고, 통찰은 다시 집단원들의 문제해결과 의사결정 능력을 촉진하게 된다.

집단상담자의 임무

집단의 생산단계에서 집단상담자의 임무는 이전 단계에서 줄곧 보여 왔던 적절하고 생산적인 행동을 솔선수범하여 모델 역할을 계속하는 것이다. 집단상담자는 또한 수용적 · 공감적 이해를 바탕으로 집단원들을 지지 · 격려하며, 적절하고 생산적인 직면을 통해 집단원들의 자기탐색의 깊이와 강도를 높여 나간다. 그리고 적절한 때에 해석을 통해 집단원들이 자신들을 더욱 깊이 탐색하고, 특정 행동의 원인을 이해할 수 있도록 돕는다. 대화상자 9-20은 생산단계에 도달한 집단의 집단상담자 진술 내용이다.

대화상자 9-20. 생산단계에 도달한 집단의 집단상담자 진술의 예

- "보연 씨는 자신에 관해 많은 부분을 우리와 함께 나눴는데, 여전히 보연 씨의 감정 표현을 더 듣고 싶습니다."
- "용주 씨, 아직 선아 씨에게 답변을 해 주시지 않았는데, 선아 씨에게 그런 행동을 가로막고 있는 것이 무엇인지 말해 주시겠어요?"
- "소미 씨가 관찰한 것은 아주 중요하다고 생각해요. 소미 씨는 자신이 관찰한 내용을 누구와 나누고 싶나요?"
- "재희 씨, 준비되시면 재희 씨가 방금 흘린 눈물의 의미에 대해 이야기해 주시기 바랍니다."
- "오늘 우리 집단의 환한 분위기에 저도 즐거워요. 그런데 오늘 우리가 원하는 것이 바로 이것뿐인지 궁금하네요."
- "장연 씨, 이번 주에는 석화, 선우, 지인 씨의 피드백을 구한 반면에 다른 분들에게는 피드백을 청하지 않았는데, 이 점에 대해 혹시 스쳐지나가는 생각은 없나요?"

대화상자 9-20에 제시된 진술의 예에서 집단상담자는 집단원에게 다른 집단원들과 연결고리를 이어 주고 있다. 또한, 좀 더 깊은 수준의 모험을 시도할 수 있도록 도전하고 있다. 집단상담자는 집단원들이 스스로 개방한 점에 대해 좀 더 심층적인 탐색을 유도하는 한편, 그들 자신의 변화에 대해 좀 더 책임의식을 갖도록 돕고 있다. 집단상담자는 집단의 치료적 요소를 염두에 두면서 집단원들의 변화를 돕기 위한 노력을 계속한다. 이를 위해 집단상담자는 집단원들이 집단참여를 통해 얻고자 하는 점을 명료하게 정리해 줌으로써, 목표 달성에 필요한 주제에 집단의 초점을 맞춘다. 또한, 새로운 행동을 습득하고자 기꺼이 모험하려는 집단원에게 아낌없는 지지와 격려를 보냄으로써, 집단에서 습득한 새로운 행동을 일상생

활에서도 실천할 수 있도록 돕는다. 집단의 생산단계에서 집단상담자는 개인 및 집단의 목표 달성을 촉진하기 위해 집단원들에게 글상자 9-30과 같은 점들을 강조한다.

글상자 9-30. 집단역동 촉진을 위한 강조점

1. 행동 변화를 위해서는 실천이 중요하다는 점
2. 변화를 실천하는 것은 실생활에도 매우 도움이 된다는 점
3. 어려운 상황을 헤쳐 나가기 위해서는 이를 극복하기 위한 구체적인 대안들을 모색해봐야 한다는 점

이외에도, 집단상담자는 여러 집단원들이 공통으로 관심을 기울일 수 있는 주제에 집단논의 초점을 맞춘다. 이러한 과정을 통해 집단상담자는 집단원들이 얻은 통찰을 실행에 옮길 수 있도록 돕는 한편, 집단에서 터득한 새로운 기술을 일상생활에 적용하도록 적극 격려한다.

생산단계의 촉진 전략

집단이 생산단계에 진입했다고 하더라도 항상 그 수준에 머물러 있는 것은 아니다. 집단원 개개인의 입장 또는 상황이 시시각각 바뀔 수 있듯이, 집단 역시 끊임없이 변화하고 진화한다. 그러므로 집단이 생산단계에 도달했다고 하더라도 이전 단계의 쟁점들이 남아 있거나, 다시 대두되는 것은 그리 놀라운 일이 아니다. 이 단계에서 집단이 재차 정체 상태에 빠지거나, 이전 단계인 작업단계로 돌아가거나, 작업단계에서의 문제들이 다시 나타나기도 한다. 그런가 하면, 집단원들 간의 신뢰 문제나 방어적 행동이 다시금 집단의 쟁점이 되기도 한다.

신뢰감 부족의 원인은 흔히 집단 경험의 타당성에 대한 의구심, 집단에의 잔류에 대한 혼란스러움, 감정표출에 대한 어색함, 집단원들의 고통스러운 경험 표출 또는 부적 감정 교환에 대한 불편함, 집단종결 후에 대한 염려 등에서 비롯된다. 이 외에도, 다양한 이유로 집단원들에게서 일종의 퇴행regression 현상이 발생한다.

집단원들의 퇴행 현상을 효과적으로 다루기 위해서는 그동안 집단에서 진행되어 온 상황의 주요 부분을 간추려서 정리해 주는 한편, 집단원들의 생각과 느낌을 자유롭게 표현하도록 돕는 방법이 있다.

통합단계

집단의 통합단계integrative stage는 집단원들이 집단에서의 경험학습 내용을 요약·정리·통합해서 일상생활에의 적용을 돕는 시기다. 이는 집단상담의 존재 이유이자 목적이다. 졸업commencement이 새로운 시작을 의미하듯이, 집단의 종결 역시 새로운 시작을 지향한다. 이를 위해 집단상담자는 집단원들이 집단에서의 경험을 의미 있게 여길 수 있도록 돕는다. 이 시기에 집단원들이 나타내는 행동패턴은 이들이 고통, 미해결된 상실감, 슬픔에 대처하는 방법을 반영한다.

집단의 통합단계를 굳이 회기로 나타낸다면, 총 10회기를 기준으로 9~10회기에 해당한다. 이 단계는 그동안 자기개방을 통해 기쁨과 슬픔을 함께 나누어 온 집단원들이 작별을 고하고 각자의 생활터전으로 흩어지기에 앞서 준비시키는 시기다. 이 시기는 집단경험을 통해 변화되고 학습한 것들을 총체적으로 정리하고 공고히 하며, 일상생활에 효과적으로 적용할 수 있도록 돕는다는 점에서 매우 중요한 시기다(DeLucia-Waack, 2006a). 집단원 가운데 집단을 종결하고 싶지 않다거나, 집단에 남기를 원하는 것도 바로 이 단계의 대표적인 특징이다.

집단의 통합단계에서 집단원들은 집단경험이 자신들에게 어떤 의미였는지, 그리고 앞으로 어떻게 다른 삶을 영위하고 싶은지에 대한 이야기를 나눈다. 이때, 일부 집단원들은 집단을 더 쉽게 떠나기 위해 다른 집단원들과 거리를 두거나, 문제가 많은 것처럼 행동하거나, 자신 또는 다른 집단원들의 성취를 깎아내리기도 한다. 특히, 삶에서 부정적 또는 건강하지 못한 이별을 겪은 집단원들은 집단종결을 마치 또 다른 형태의 버려짐으로 받아들이게 되면서 상실감을 겪을 수 있다.

종결문제를 다루는 시기와 절차는 집단상담의 형태, 집단원들이 경험한 상실감과 버려짐, 집단원들이 함께 해 온 시간, 집단원들의 연령 또는 연배, 집단의 심리적 기능과 응집력 수준에 따라 달리한다.

통합단계의 특징

집단의 통합단계 바로 전 단계인 생산단계에서는 집단에서 어떤 일이 일어나고 무엇을 배우게 되는지를 탐색하고 최상의 것을 얻도록 안내한다. 반면, 집단의 통합단계에 이르면 이제까지 배운 것을 종합해서 통합적으로 일상생활에 연결하고 확장하는 방법을 다루게 된다. 집단의 통합단계의 대표적인 특징은 ① 복합적 감정 경험, ② 집단활동에의 소극적 참여를 들 수 있다.

복합적 감정 경험. 통합단계에서는 집단원들이 복합적인 감정을 경험하게 된다는 특징을 가진다. 이 단계는 집단원들이 집단을 떠나야 하는 데서 오는 분리감 및/또는 상실감을 경험하게 되는 어려운 시기다. 이 시기에는 집단원들의 분리감이나 상실감을 완전히 완화할 수는 없을지라도 감정에 초점을 맞추고 이를 확인 · 탐색한다. 특히, 생애 초기에 분리와 관련된 어려움을 겪은 적이 있는 집단원의 경우에는 심한 상실감으로 이어질 수 있기 때문이다. 예를 들어 가정이나 학교에서 따돌림당하는 아동의 경우, 집단의 종결은 또 다른 형태의 거부로 여겨질 수 있다. 그러므로 집단상담자는 집단원들에 대한 특별한 관심과 격려를 아끼지 않아야 한다. 그뿐 아니라, 집단의 종결에 따른 집단원들의 다양한 감정을 다뤄주어야 한다. 어린 아동의 경우에는 대화상자 9-21과 같이 아쉬움을 표현할 수 있다.

대화상자 9-21. 통합단계에서 집단참여 아동의 감정 표출의 예

아 동:	선생님, 지난주에 내 짝 진아한테 사과하는 뜻으로 선물을 주기로 선생님과 약속했는데요. 진아와 다시 친해지면 선생님께 어떻게 알려드려야 하죠?

대화상자 9-21에서 아동은 그동안 집단상담자에게서 받아 온 지지를 잃게 되

는 것에 대한 염려를 상징적으로 나타내고 있다. 때로, 어린 아동은 집단을 계속 해 줄 것을 간청하기도 한다. 그러면서 새로 시작되는 집단에 열심히 참여하기도 한다. 분리감이나 상실감 외에, 집단원들은 전형적으로 집단에서 습득한 새로운 행동을 실생활에 잘 적용할 수 있을 것인가에 대한 의구심과 두려움을 느낄 수 있다. 그러면서 동시에 집단경험을 통해 얻게 된 것에 대한 성취감과 새로운 삶에 대한 기대감 등의 복합적인 감정을 갖게 된다. 게다가, 정적 감정과 부적 감정이 뒤섞이면서 집단원들은 혼란을 겪기도 한다.

따라서 집단원들이 복합적인 감정을 자유로이 표출하는 한편, 이별에 따른 슬픔과 아쉬움을 잘 대처할 수 있도록 돕는 일은 통합단계에서 집단상담자가 담당해야 할 중요한 임무에 속한다. 집단상담자는 또한 집단원들이 집단에서 성취한 인식과 사고의 변화, 그리고 새로운 행동을 일상생활에 적용하는 데 있어서 용기를 잃지 않도록 지지와 격려를 아끼지 않아야 한다. 대화상자 9-21은 집단을 떠나기에 앞서 집단원들의 복합적인 감정 정리를 돕는 질문의 예다.

대화상자 9-21. 집단원의 복합적 감정처리를 돕기 위한 질문의 예

- "집단의 종결을 앞두고 함께 소감을 나눠 보기로 할까요?"
- "이제 집단종결이 일주일 앞으로 다가왔는데, 어떤 느낌이 드나요?"
- "집단을 떠나게 되면서 느껴지는 슬픔을 과거에도 경험해 본 적이 있다면, 그 경험에 관해 이야기해 보기로 할까요?"
- "여러분은 다른 집단원들과 어떤 감정을 나눴나요?"

집단종결에 따른 집단원들의 복합적인 감정을 다루어야 하는 또 다른 이유는 집단원들에게 집단에서 배운 것을 더 명확하게 정리할 기회를 제공하기 위해서다. 이는 집단원뿐 아니라 집단상담자에게도 적용된다. 이 작업을 소홀히 하는 경우, 집단상담자 자신이 종결에 저항하거나 회피하게 될 수 있다. 예를 들어, 헤어지기 싫은 집단원이 있는 경우, 집단상담자가 무의식적으로 집단종결을 꺼리게 될 수도 있기 때문이다. 끝으로, 집단상담자는 집단이 종결된 후에도 개인상담 또는 새

로운 집단상담의 기회가 있다는 사실을 알리고, 이에 관한 상세한 정보를 집단원들에게 제공한다.

집단활동에의 소극적 참여. 통합단계에서는 집단원들이 집단참여에 소극적인 태도로 임한다는 특징을 가진다. 집단의 통합단계에서 집단원들은 집단의 종결을 예상하여 집단 활동에 냉담해지면서 집단참여에도 소극적인 자세를 취하는 경향이 있다. 이러한 이유로, 집단작업의 강도가 최종회기에 이르게 되면서 점차 줄어드는 경향이 나타나기도 한다. 이러한 현상은 집단종결에 대한 저항의 일종으로, 집단원들이 새롭게 탐색할 문제 제시를 꺼리기 때문에 나타난다. 이러한 상황에서 슬픔과 상실감을 경험하게 되면서 저항 또는 현실수용을 거부하려는 반응이 집단원들에게서 나타내는 것은 그리 놀라운 일이 아니다.

집단상담자의 임무

집단의 통합단계에서 집단상담자의 임무는 ① 집단경험 통합, ② 복합적 감정처리, ③ 미결사안 해소, ④ 새로운 행동 실천 도모, ⑤ 피드백 교환 활성화, ⑥ 집단경험 평가, ⑦ 후속 집단 회기 일정 논의, ⑧ 비밀유지 강조, ⑨ 작별인사로 구분할 수 있다. 이에 관한 상세한 내용은 제10장의 '집단종결' 중 '집단상담자의 임무'를 참조하기 바란다.

후속 집단 회기

후속 집단 회기^follow-up session^는 집단이 최종회기까지 완전히 종결되고 나서 일정한 시간이 지난 후, 집단원들의 기능 상태를 점검하기 위한 모임이다. 집단상담자는 집단원들과 결과를 평가하거나 집단원들의 요구가 있는 경우, 후속 집단 회기를 갖는다(ASGW, 2008, C.3). 후속 집단 회기는 새로운 작업을 하기보다는 집단원들이 집단경험을 일상생활에 어떻게 적용했는지 확인해 보기 위한 목적이 있다. 이 모임은 집단원들 스스로 수립한 계획을 얼마나 잘 실행했고, 목표를 얼마나 성취했는지에 대해 평가해 볼 수 있다는 점에서 가치가 있다.

후속 집단 회기에서는 집단원들이 집단경험을 통해 습득한 새로운 행동을 실생활에서 지속적으로 실천할 수 있도록 돕는 지지 체계support system 상태를 확인한다. 이를 위해 집단상담자는 집단원들이 집단에서 얻은 경험 또는 새로운 사고와 행동을 일상생활에 적용해 온 과정과 효과, 중요한 사람들의 반응 등에 대해 경청하고, 이 과정에서 파생된 감정을 반영해 준다. 그리고 필요한 경우, 실천 방안을 다소 수정해서 더 생산적인 삶이 될 수 있도록 동기를 부여한다.

후속 집단 회기의 작업은 ① 집단면담 또는 ② 개별면담을 통해 이루어진다. 후속 집단 회기는 일반적으로 집단종결 2~6개월 후에 갖는다. 그러나 이는 집단원의 연령과 성숙도에 따라 다소 차이가 있으므로 아동집단의 경우에는 짧게는 2주 후에 갖기도 한다. 이 회기에서는 집단이 종결되면서 맺은 행동 변화를 위한 계획과 관련되어 설정한 목표의 성취 정도가 평가된다는 점에서 목표 달성과 유지를 위한 촉매 역할을 한다. 집단원들은 집단종결 후에도 지속적인 지지체계를 형성하는 한편, 각자 설정한 행동 변화의 목표를 달성하기 위해 서로 도움을 주고받는다. 만일 후속 집단 회기가 성사되기 어려운 상황이라면, 집단상담자는 참석 가능한 집단원들과 개별면담을 실시한다.

집단면담. 집단면담에서 집단상담자는 집단원들이 설정한 목표를 얼마만큼 수행했는지, 계약의 내용과 기대를 어느 정도 충족시켰는지에 대해 평가해 본다. 이 회기에서 집단원들은 집단에서 의미 있었던 경험과 연관된 생각과 감정을 표현할 뿐 아니라, 의미 있는 경험을 위해 어떤 노력을 해 왔는지, 집단종결 이후에 지속적인 변화를 위해 시도했던 방법과 어려움, 집단에서 배운 긍정적인 경험을 기억하기 위해 취한 조치 등에 관해 이야기를 나눈다.

후속 집단 회기에서 집단상담자는 집단원들이 계약한 행동 목록의 이행 여부를 평가하고 점검한다. 집단상담자는 또한 집단원들이 집단경험에서 습득한 새로운 행동을 지속적으로 실천할 수 있도록 돕는다. 그뿐 아니라, 후속 집단 회기를 통해 집단상담자는 집단원들이 스스로 원하는 삶을 영위하고 있고, 목표한 방향으로 나아가고 있는지 탐색한다. 이러한 과정을 거쳐서 집단상담자는 필요한 경우, 집단원의 기대를 좀 더 현실적으로 조정한다. 만일 후속 집단 회기를 갖기가 여의치 않다면, 집단상담자는 집단원들에게 집단경험에 대한 이들의 생각과 의견, 그리고 집단상담이 이들의 삶에 미친 영향력을 평가하는 질문지를 만들어 작성하게 한다. 또 다른 방법으로는 집단원들에게 집단에서의 경험과 집단에서 잊어버리기를 원하는 경험에 관해 편지를 쓰게 하는 방법이 있다. 이 방법은 집단원들이 성취한 것에 대한 기억을 되살리게 하는 한편, 집단에서 시작했던 작업 지속을 위해 필요한 동기를 제공한다.

개별면담. 집단원들과 개별적으로 실시하는 후속 회기는 비록 많은 시간이 든다는 약점이 있는 반면, 모임 장소와 시간을 정하기가 용이하다는 이점이 있다. 또한, 일대일 면담은 개인에게 초점을 맞추고, 더욱 집중적으로 이야기를 나눌 수 있다는 장점이 있다. 이러한 이유로, 개별면담은 집단의 효과를 측정하는 좋은 방법이다. 개별면담은 구조화된 방식 또는 비구조화된 방식으로 진행할 수 있다.

구조화된 방식으로 개별면담을 진행하는 경우, 집단상담자는 사전에 준비한 일련의 질문에 대한 반응을 분석하여 집단원의 지속적인 성장을 돕기 위한 자료로 활용한다. 이때, 집단상담자는 집단원들이 질문에만 대답하는 형식이 아니라, 자신의 견해를 자유로이 말할 수 있도록 한다. 집단상담자는 또한 집단의 최종회기에 활용되었던 집단경험 평가서 같은 형식의 질문지를 개별면담에 활용할 수 있다. 집단경험 평가서의 결과와 개별면담에서 얻어진 자료는 집단상담자에게 다음에 이끌게 될 집단을 어떻게 개선해야 하는지에 관한 가치 있는 정보를 제공한다.

집단상담자의 임무

집단이 완전히 종결되고 난 후, 집단원들에게 요구되는 점은 집단에서 학습한 것을 실생활에 적용하고 적극적으로 실천하는 일이다. 집단상담자는 후속 회기를 통해 집단원들이 집단참여를 통해 습득한 생산적인 신념과 행동이 일상생활에 일반화시킬 수 있도록 도와야 할 책임이 있다. 따라서 후속 회기에서 집단상담자의 주요 과업은 집단원들이 집단상담자나 다른 사람의 지지와 도움 없이도 집단에서 습득한 새로운 신념과 행동을 스스로 강화해 나갈 방법을 모색하는 것이다.

집단상담자는 집단의 종결이 새로운 삶의 시작이고 변화를 위해 도전이 요구된다는 사실, 집단원들의 시간과 노력을 투입하여 적극적으로 실천하는 일의 중요성을 재차 강조한다. 또한, 집단원들의 집단경험 효과가 얼마나 지속하고 있고, 그 과정에서 문제는 없는지, 집단원 개개인의 목표가 얼마나 충족되고 있는지 등을 확인한다. 그리고 필요한 경우, 집단상담자는 집단원에게 개인상담의 기회를 마련해 주거나, 다양한 상담 관련 프로그램의 참여를 제안한다. 그뿐 아니라, 집단상담자는 집단원 개개인의 지지 자원을 파악해서 실천 목표를 수행하도록 돕는다.

수업활동 / 수업시간에 함께 해 볼까요?

1. **갈등을 통한 학습** 최근에 갈등 상황에 처했던 경험을 떠올려 보자. 갈등은 가족, 친척, 친구, 직장상사 또는 동료와의 관계에서 발생할 수 있었을 것이다. 이러한 갈등 상황은 긴장을 고조시키거나 불편한 상황을 초래하는 등, 부정적인 결과를 초래했을 것이다. 그러나 사람들과의 불일치에서 얻을 수 있었던 점에 대해 생각해 보자. 이러한 경험을 통해 얻을 수 있었거나 깨닫게 된 점에 대해 서로 이야기를 나눠 보자.

2. **집단발달단계 적용연습** 집단발달의 다양한 단계를 집단상담 강의시간에 적용해 보자. 현재 집단상담 강의시간은 어떤 단계에 속한다고 생각하는가? 이 단계의 특징이 될 만한 증거를 찾아보자. 이 집단의 발달단계에 관해 알고 있는 것을 기초로, 다음에 취해야 할 행동에 대해 논의해 보자.

복습문제 / 공부한 것을 확인해 볼까요?

객관식 문항

1. 집단상담의 진행과정을 네 단계로 나눌 때, (가)~(라)를 집단발달단계에 따라 순서대로 바르게 연결한 것은? ▶**2013년 전문상담**

(가)
- 집단원들은 존중, 공감, 수용 등 기본적인 태도를 배운다.
- 상담자는 신뢰적인 분위기를 형성하기 위해 적극적으로 노력한다.

(나)
- 집단원들은 집단에서 배운 것을 일상생활에서 일반화하기 위한 준비를 한다.
- 상담자는 집단원들 간의 건설적인 피드백을 통해 변화를 촉진하고 집단원들의 강점을 확인시켜 준다.

(다)
- 집단원들의 저항과 갈등을 직접적이고 효과적으로 다룬다.
- 신뢰와 응집력의 수준이 높아져서 집단원들은 자유롭고 직접적으로 상호작용한다.

(라)
- 집단원들은 개인적인 관심사를 완전히 드러내기를 꺼린다.
- 통제와 힘의 대결로 인해 다른 집단원들 혹은 상담자와의 갈등을 경험한다.

	1단계	2단계	3단계	4단계
①	(가)	(다)	(라)	(나)
②	(가)	(라)	(나)	(다)
③	(가)	(라)	(다)	(나)
④	(나)	(가)	(다)	(라)
⑤	(다)	(가)	(라)	(나)

2. 다음은 전문상담교사가 진행한 집단상담 축어록의 일부이다. 코리(G. Corey)의 집단 발달단계에 근거할 때, 이 단계에서 집단상담자의 역할로 옳은 것만을 〈보기〉에서 있는 대로 고른 것은? **▶2012년 전문상담 1차**

> 상담교사: 지금까지 자기소개 활동을 통해 서로에 대해 보다 잘 알게 되었으리라 생각합니다. 그러면 이제 여러분들이 집단에 대해 어떤 기대를 하고 있는지에 대해 이야기를 나누어 보기로 하겠습니다. 앞으로 이 집단상담 참여를 통해 얻고자 하는 점에 대해 약 2분 정도 생각해 보세요. (2분이 지난 후) 자, 시간이 되었네요. 그러면 준비된 사람부터 말해 봅시다.
>
> 들 국 화: 저는 초등학교 때부터 지금까지 절친하게 지냈던 친구와 작은 오해로 인해 최근 사이가 멀어졌어요. 상담 선생님을 비롯해서 경험이 많은 다른 친구들에게 이러한 문제를 해결하는 방법을 배우고 싶어요.

〈보기〉

ㄱ. 집단원들에게 필요한 지침과 집단 규칙을 소개하여 집단과정을 촉진한다.
ㄴ. 집단원들이 직면하기와 같은 적절한 행동을 계속해서 모델링하도록 돕는다.
ㄷ. 집단원들이 자신을 이해하고 통합하며 집단에서 무엇을 배웠는지를 기억하도록 돕는다.
ㄹ. 집단원들이 기꺼이 위험을 감수하도록 지원하고 그들이 일상생활에서 이러한 행동을 실행하도록 돕는다.
ㅁ. 집단의 분위기를 보다 안전하고 신뢰롭게 조성하기 위해서, '지금 여기'에 초점을 맞추어 자기를 개방하는 법을 모방하도록 시범을 보인다.

① ㄱ, ㄹ ② ㄱ, ㅁ ③ ㄴ, ㄷ
④ ㄱ, ㄹ, ㅁ ⑤ ㄴ, ㄷ, ㄹ, ㅁ

3. 다음과 같은 집단원의 반응이 전형적으로 나타나는 발달단계 (가)~(다)에서 집단상담자가 해야 할 일을 〈보기〉에서 골라 바르게 연결한 것은? ▶**2011년 전문상담 1차**

단계 (가)
- "친구들이 해 주는 말이 도움이 돼요."
- "집단상담을 하면서 친구들이 참 정겹게 느껴져요."

단계 (나)
- "집단상담에서 무엇을 얻어 갈 수 있을지 잘 모르겠어요."
- "긴장되고 불안해요. 여기서 무엇을 해야 할지 모르겠어요."

단계 (다)
- "벌써 여러 번 만났는데 별로 진전이 없는 것 같아요."
- "무슨 말을 하면 비판받을까 봐 이젠 말하기가 부담스러워요."

〈보기〉
ㄱ. 집단원들이 집단 안에서 갈등을 경험하고 이해하도록 돕는다.
ㄴ. 집단원들이 서로의 고민과 경험을 공유하고 유사성을 발견하도록 돕는다.
ㄷ. 집단원들이 자신에 대해 통찰하고 새로운 대안 행동을 실행·학습하도록 돕는다.

	(가)	(나)	(다)
①	ㄱ	ㄴ	ㄷ
②	ㄴ	ㄱ	ㄷ
③	ㄴ	ㄷ	ㄱ
④	ㄷ	ㄱ	ㄴ
⑤	ㄷ	ㄴ	ㄱ

4. 집단발달에 대한 터크만(B. Tuckman)의 연속적 단계이론을 집단상담의 과정에 적용할 때, 다음 성장보고서에 나타나는 단계로 가장 적절한 것은? ▶**2010년 전문상담 1차**

오늘 만남은 정말 좋았다. 처음으로 우리가 남이 아니라는 느낌이 들었다. 한 명 한 명이 진정한 가족처럼 느껴졌다. 장미 님이 신체적 비밀을 말하고 다른 친구들이 위로해 주는 것을 보고, 나도 모르게 엄마와 냉전 중이라는 사실을 고백했다. 비밀을 고백해야 하는 분위기였다. 역시 우리는 친구들이었다. 나를 위로해 주고 눈물을 흘리기도 했다. 정말 행복했다. 모임을 마친 후에도 아쉬움이 남았는데, 나뿐만이 아니었다. 모든 친구들이 남아서 음료수를 마시며 웃음꽃을 피웠다. 집에 와서 생각해 보니 모임 중에 개나리 님에게 약간 불만을 느꼈지만, 그 자리에서 말할 수 없었다. 분위기를 해칠 것 같았기 때문이었다. 그래도 좋은 분위기였다. 이렇게 정을 나누는 분위기가 너무 좋다. 다음 모임이 정말 기다려진다. 더 자주 모이면 좋을 것 같다.

① 싸우기(storming)
② 수행하기(performing)
③ 형성하기(forming)
④ 해산하기(adjourning)
⑤ 규범형성(norming)

5. 집단은 초기 단계(시작과 탐색단계), 중간 단계(작업단계 또는 생산단계), 종결 단계(통합단계)의 순서로 발달과정을 거친다. 성공적 집단상담의 단계별 특징으로 적절하게 묶인 것은? ▶**2009년 전문상담 1차**

	초기단계	중간단계	종결단계
①	불안	절망	슬픔과 기쁨
②	소극적	참여 갈등	적극적 참여
③	낮은 신뢰감	강한 응집력	강한 응집력
④	'그때 거기' 초점	'지금 여기' 초점	'그때 거기' 초점
⑤	집단상담자 지향	집단과 집단원 지향	일상생활과 개인목표지향

주관식 문항

6. 집단발달을 4단계로 나누어, 단계별 특징을 약술하시오.

①

②

③

④

7. 경청의 장애요소들을 서술하시오.

8. 집단의 명시적 규범과 암묵적 규범의 정의를 쓰고, 예를 들어 비교 · 설명하시오.

9. 비언어 행동의 세 가지 요소를 쓰고, 서술하시오.

①

②

③

10. 다음은 코리(G. Corey)의 집단상담 발달단계 중 한 단계의 특성이다. 이에 해당하는 단계를 쓰시오. ▶**2014년 전문상담 1차**

• 다짐과 과제	• 피드백 주고받기
• 행동 변화의 실습	• 분리 감정 다루기

11. 다음 글을 읽고 물음에 답하시오. ▶**2010년 전문상담 2차**

교육청 소속 전문상담교사(이하 집단상담자로 칭함)가 학급 담임교사의 의뢰로 A중학교에서 학급 단위의 자기 성장집단상담(총 6회기, 반구조화)을 하게 되었다. 첫 회기에 몇몇 학생이 다음과 같은 반응을 보였다.

유나(별칭)는 시종 눈을 빛내며 열심히 들었지만, 집단상담자가 집단상담의 주제와 목적에 대한 오리엔테이션을 하는 동안 종종 답답하고 헷갈린다는 표정으로 고개를 갸웃거렸다. 집단상담에 대한 설명을 마치고 집단상담자가 "이제 본격적으로 집단상담을 시작하겠습니다."라고 하자, 유나는 "그런데요, 이 집단상담의 목적을 이루기 위해서 내가 어떻게 하면 좋을지 잘 모르겠어요."라고 했다.

짱가(별칭)는 처음부터 불만스러운 표정을 하고 활동들에 적극적으로 참여하지 않는 것으로 보였다. 집단상담자가 이야기를 하는 동안 혼잣말을 하기도 했다. 돌아가면서 자신의 별칭을 설명할 때도 "이유 없어요. 그냥 지었어요."라고만 했다. 집단상담자가 "집단에 참여하는 것이 몹시 싫은가 봐."라고 하자, "나는 (이 집단상담에 참여)하겠다고 한 적도 없는데 무조건 해야 하는 게 기분 나빠요."라고 했다.

햇살(별칭)은 지명될 때만 말을 했으며 지명을 받아도 침묵 끝에 기어들어 가는 목소리로 짧게 이야기를 했다. 말을 하거나 들을 때 수줍은 표정을 지으며 집단상담자와 눈을 맞추는 것을 피했다. 상담이 진행되면서 다른 학생들의 이야기에 관심을 갖고 경청하는 것처럼 보였다. 하지만 집단의 상호작용에 자발적으로 참여하는 일에 대해서는 여전히 망설이고 두려워하는 것처럼 보였다.

유나, 짱가, 햇살 세 학생의 각 사례에 초점을 맞추어 집단상담자가 집단초기 단계에 해야 할 주요 역할과 기법을 논하되, 적절한 언어 반응의 예를 함께 제시하시오.

12. 다음 글을 읽고 물음에 답하시오. ▶**2009년 전문상담 2차**

전문상담교사가 여고생들을 대상으로 집단상담을 실시하는 동안 집단원들에게 크고 작은 변화가 일어났다. 상담의 후반기에 집단원들은 자신의 변화된 모습에 대해 아래와 같이 다양하게 반응하였다.

진주(별칭): 저는 집단상담에 처음 들어올 때에는 담임선생님이 시켜서 억지로 들어왔어요. 그런데 점차로 이 집단에 참여하면서 내게 도움이 된다는 생각도 들게 되었고 이제는 내가 많이 달라진 것 같아요. —중략— 그런데 다음 번 모임이 마지막이라고 생각하니까 서운해요. 이 모임이 참 좋았었는데…….

공주(별칭): 저도 이제는 하루하루의 생활이 예전과는 많이 달라졌어요. 학교에 오는 것도 그렇게 싫지는 않아요. 그리고 선생님들도 제가 달라진 것을 아시고 칭찬해 주세요. –중략– 이제는 정말 제가 해야 할 일이 무엇인가에 대해 많이 생각해요. 다른 친구들한테도 집단상담을 추천해야겠어요. 여기에서 무슨 일이 어떻게 일어났는지 자세히 설명해 주면서 말이에요.

하나(별칭): 저는 이제 친구들을 더 이상 괴롭히지 않을 생각이에요. 그동안 왜 그렇게 했었는지 모르겠어요. –중략– 이번 집단상담을 통해 배운 분노조절기법은 제게 큰 도움이 될 것 같아요. 앞으로 그것을 얼마나 잘 실천할 수 있을지 그게 문제지만……. 누군가 내 성질을 건드렸을 때 상담에서 배운 분노조절기법을 활용하여 그 상황을 잘 넘겨야 할 텐데 말이에요.

장미(별칭): 여러분들은 모두 많이 좋아졌군요. 부럽네요. 정말……. 저도 물론 지난번 싸운 친구와 화해하여 나아진 것도 있지만 아직도 많이 힘들어요. –중략– 나를 짜증나게 하는 애들을 보면 여전히 참을 수 없어요. 그런 애들은 손을 봐 줘야 마음이 어느 정도 진정이 돼요. 이 문제는 어떻게 하지요?

위에 제시된 축어록에 근거하여 집단원 각각을 대상으로 상담자가 가장 중요하게 다루어야 할 종결 과제 한 가지씩을 찾아 설명하고 그 과제를 다루기 위한 상담자의 적절한 언어적 표현을 제시하시오.

13. 다음은 집단상담 과정에서 나타나는 현상이다. 설명과 예시를 읽고 ①, ②에 해당하는 용어를 쓰시오.

▶ **2007년 전문상담 1차**

① 집단원이 집단 안에 머물도록 하는 전체적인 힘이 되며 집단역동의 근원이다. 또한 집단원이 집단에 대해 느끼는 매력, 소속감 등을 의미한다.

집단원 A: 나는 여기에 오는 게 좋아요. 매일 기다려져요. 왜냐하면 매번 제 문제에 대한 새로운 통찰이 생기거든요.

집단원 B: 저도 마찬가지예요. 사실은 오늘 중요한 약속이 있었지만 여기에 왔어요.

집단원 C: 집단 구성원 모두 자신을 변화시키겠다는 의지가 강한 것 같고 그것이 저에게도 집단에 열심히 참여할 수 있도록 힘을 실어 주고 있어요.

② 집단 발달의 과정 중에 집단원에게 불확실감, 좌절, 실망, 저항, 갈등 등이 출현한다.

집단원 A: 이 집단에서는 제가 원했던 목적을 달성하기 어려울 것 같아요. 제가 고민했던 문제들이 더욱 더 실타래 얽히듯이 얽혀져 버린 느낌이에요.

집단원 B: 집단의 리더가 너무 방임적인 것 같아요. 집단 구성원에게 시간이 골고루 돌아가야 하는데 너무 한 사람에게만 집중되어서 실망이 많이 돼요.

집단원 C: 벌써 7회기나 진행되었는데 집단원끼리 신뢰하는 것 같지 않아요. 주로 험담과 불평만 잔뜩 늘어놓는데 이래 가지고 집단이 끝까지 갈 수 있을지 걱정돼요.

① ____________________

② ____________________

정답 1. ③ 2. ② 3. ⑤ 4. ⑤ 5. ⑤

CHAPTER

10

집단종결, 어떻게 하는가?

집단종결!

○ 집단종결은 어떻게 하는가?

○ 집단의 최종회기는 어떻게 마무리해야 하는가?

○ 마무리를 어떻게 하는지는 왜 중요한가?

○ 집단종결 준비는 나의 삶과 어떤 관계가 있는가?

시작이 반이면, 마무리가 반이라는 말이 있다. 무슨 일이든 시작도 중요하지만, 마무리는 더 중요할 수 있다는 의미다. 집단상담도 이와 같아서, 시작하는 때가 있으면, 마쳐야 할 때가 있다. 집단 회기의 종결은 집단원들이 집단에서 자기개방, 피드백 교환, 모험시도 등을 통해 자신의 행동·사고·감정·대인관계 패턴을 되돌아보게 되면서 때로는 기쁨으로, 때로는 혼란스러운 마음으로 발걸음을 일상으로 되돌리는 시점이다. 그런가 하면, 최종회기의 종결은 일련의 집단참여를 통해 얻게 된 통찰, 경험학습, 사회적 기술 등을 일상생활에 적용함으로써 새로운 삶의 장을 열려는, 지지와 격려가 필요한 시점이다. 집단 회기의 종결은 ① 매 회기 종결, ② 최종회기 종결로 구분된다. 전자는 한 회기에서 실행된 집단작업을 마무리하는 국면에 해당한다. 반면, 후자는 계획되었던 집단이 완전히 종료되는 집단의 최종회기를 마무리 짓는 국면을 가리킨다. 여기서는 집단의 매 회기를 종결과 집단의 최종회기를 마무리 짓기 위해 집단상담자가 수행해야 할 사항에 중점을 두어 살펴보기로 한다.

매 회기 종결 / 집단 회기 종결, 무엇을 · 어떻게 해야 하는가?

집단의 매 회기마다 집단상담자는 종결을 위해 어떤 과업을 수행해야 하고, 얼마나 많은 시간을 할애해야 하는가? 이러한 질문에 대한 의견은 다양하다. 회기 종결을 위한 시간은 집단유형과 회기 길이에 따라 달라진다. 즉, 집단 회기의 길이가 길수록 더 많은 시간을 할애할 수 있다. 만일 한 회기의 길이가 60분이라면, 집단 회기의 종결을 위해 필요한 시간은 보통 3~5분 정도가 적당하다. 반면, 한 회기가 120분이라면, 5~10분 정도가 적당하다. 여기서는 ① 종결 준비 목적과 ② 집단 회기 종결 기술에 관해 살펴보기로 한다. 그러면 먼저, 집단 회기 종결을 준비하는 시간을 갖는 목적은 무엇일까?

종결 준비 목적

집단 회기 종결을 위한 시간을 따로 갖는 목적은 ① 집단원의 학습 내용 요약, ② 미결사안 다루기, ③ 집단원의 실천 의지 강화, ④ 과제 부과, ⑤ 소감 나누기, ⑥ 회기 평가, ⑦ 다음 회기의 목표 설정 및 관심사 탐색으로 요약 · 정리할 수 있다. 먼저, 집단원의 학습 내용을 요약하는 것부터 살펴보기로 한다.

집단원의 학습 내용 요약. 집단 회기의 종결 시기를 갖는 첫 번째 목적은 집단 회기 중에 다루었던 내용과 과정의 중요한 점들을 요약 · 정리하기 위함이다. 이는 집단원 개개인이 집단 회기에 습득한 주요 학습 내용을 간추려 주는 효과가 있다. 교육집단을 예로 들면, 집단원들은 집단참여를 통해 학습한 것과 새로 얻게 된 정보가 자신의 삶에 어떤 영향을 주었는지에 초점을 맞출 수 있다. 상담집단이나 성장집단에서는 집단원 각자의 경험을 되돌아보며, 특정 사안에 대한 자신의 느낌을 탐색한다. 집단원들은 개인적으로 새로운 각도에서 얻게 된 통찰이나 더 생산적인 삶을 위해 내린 새로운 결정들을 살펴볼 수 있다. 집단 회기에서 다루었던 핵심내용들을 요약 · 정리하는 것은 집단원들이 집단 회기 종결 후에도 이를 기억하는 데 도움을 준다. 대화상자 10-1은 집단 회기의 종결을 앞두고 집단원의 학습 내용을 요약 · 정리하는 대화의 예다.

대화상자 10-1. 회기 종결 시 집단원의 학습 내용 정리를 위한 대화의 예

리 더: 이제 약 10분 정도의 시간이 남았네요. 그러면 오늘 우리가 다룬 내용에 대해 잠시 요약을 겸한 소감을 나눠 보기로 하겠어요. 오늘은 정표 씨부터 돌아가면

서 할까요?
정 표: 저는 오늘 집단활동을 통해 평소 제가 생각 없이 내뱉는 말이 주위 사람들에게 상처를 줄 수 있다는 사실을 인식하지 못하면서 살아왔다는 점을 깨닫게 되었어요. 특히 여성들에게요.
리 더: 오늘 집단을 통해 정표 씨가 깨닫게 된 언어적 표현의 중요성은 어쩌면 지난주에 정표 씨 여자 친구와 헤어지게 된 이유와도 전혀 무관하지는 않다는 뜻으로 들리네요.
정 표: 아, 네. 정말 그렇게 볼 수도 있겠네요. 거기까지는 생각하지 못했는데. 다음 주에 기회가 된다면, 이 점에 관해 이야기해 보고 싶네요.
리 더: 좋습니다. 신영 씨는 오늘 집단 활동을 통해 무엇을 얻으셨나요?

대화상자 10-1에서 집단상담자는 집단원들에게 요약의 일환으로 집단참여에 대한 소감을 나눌 기회를 마련하고 있다. 집단상담자는 또한 집단원의 학습내용에 대한 해석을 통해 깊은 통찰을 유도하는 한편, 다음 회기의 목표 설정을 돕고 있다. 집단 회기의 요약은 일반적으로 집단상담자가 담당하지만, 때로 집단원에게 맡기기도 한다. 집단상담자는 집단원들에게 집단 회기에 대한 반응, 생각과 느낀 점, 집단을 통해 얻게 된 점 등에 대해 요약 · 정리하게 함으로써 집단 회기에 대한 평가를 실시한다. 집단 회기에 대한 평가는 집단상담자에게 다음 회기의 목표 설정과 계획 수립의 토대가 된다. 그뿐 아니라, 집단원에게는 중요하게 인식한 경험을 정리해 볼 기회를 제공한다는 점에서 의의가 있다.

미결사안 다루기. 집단 회기의 종결 시기를 갖는 두 번째 목적은 미결사안을 집단원들과 함께 점검해 보기 위함이다. 여기서 미결사안unresolved issues이란 집단 회기에서 해결되지 않은 상태로 남아 있는 문제, 또는 표현되지 않은 감정이나 생각을 말한다. 이 개념은 게슈탈트 치료의 미결과제unfinished business와는 의미가 다소 다르다. 집단 회기의 종결 국면에서 집단상담자는 미결사안, 즉 작업국면에서 다소 미흡하게 다룬 문제가 있거나, 감정 또는 생각의 표현이 불충분했다고 판단되는 집단원에게 이를 좀 더 표현할 기회를 제공한다. 미결사안을 다룰 수 있는 시간이 충분치 않은 경우에는 집단원들의 동의를 얻어 다음 회기로 유보한다.

만일 사안이 급박하거나 심리적 불편함이 심각한 정도여서 다음 회기까지 기다릴 수 없는 상황이라면, 집단원들에게 집단 회기의 종결시간을 다소 늦추는 것에 대해 동의를 구하고 나서 미결사안을 다루거나 개별면담을 실시한다. 그러나 종결시간을 늦추는 방법은 정시 시작과 정시 종결을 권장하는 윤리기준에 위배 된다는 점에서 그리 권장할 만한 방법은 아니다. 집단원들의 동의가 이루어지지 않을 경우, 집단상담자는 개별면담을 통해 해당 집단원의 미결사안을 다룬다. 집단원의 미결사안을 확인하기 위해 집단상담자는 대화상자 10-2와 같은 반응을 보일 수 있다.

대화상자 10-2. 집단원의 미결사안 확인을 위한 진술의 예

- "오늘 혹시 미처 해결하지 못한 문제나 사안이 있나요?"
- "혹시 여러분 중에 미처 표현하지 못한 생각이나 감정이 있다면, 앞으로 남은 시간 동안 다루어 보겠어요."
- "오늘 집단을 마치기 전에, 여러분의 뇌리를 스치는 생각이나 감정이 있다면, 다음 회기에 우선적으로 다루도록 하겠어요."

집단 회기를 마칠 무렵이 되면, 미결사안을 깊이 논의할 만한 시간이 충분하지 않다. 그럼에도 미결사안에 대해 언급하는 것 자체만으로도 집단원이 자신의 감정과 생각을 정리하거나 문제해결을 도모할 수 있게 하는 효과가 있다. 그뿐 아니라, 집단원들에게 다음 회기에 그 문제에 대해 논의할 수 있을 거라고 기대할 수 있게 한다는 점에서 의의가 있다. 집단 회기의 종결 시, 미결사안을 다루는 대화의 예는 대화상자 10-3과 같다.

대화상자 10-3. 집단 회기 종결 시 미결사안을 다루는 대화의 예

리 더: 오늘 집단을 마치기 전에 지금까지 해결되지 않은 문제나 나누고 싶었던 생각이나 감정이 있나요? (집단을 둘러보다가 준상과 눈이 마주친다.) 음, 준상이

는 친구들과의 관계에 관해 이야기하면서 생각을 충분히 말하지 못한 것 같은데. 물론 시간이 얼마 남지 않아서 충분하지는 않겠지만, 준상이가 조금 전에 말하고 싶었던 생각이 무엇이었지?

준 상: 네, 사실 아까 말하려고 했는데요. 제 짝 신영이한테 서운했던 일에 대해 말하다가 깨달은 건데요. 얘기하다 보니까 내 잘못도 있었다는 생각이 갑자기 들었어요. 음, 그래서 내일 학교에 가면 신영이한테 내 잘못도 있었다고 사과하려고요. 그리고 앞으로 친하게 잘 지내자고 말하고 싶어요.

리 더: (미소를 지으며) 그랬구나. 혹시 이 점에 대해 좀 더 얘기하고 싶으면, 다음 회기에 들어 보도록 하자. 그리고 신영이에게 사과하고 난 결과를 다음 회기에 와서 우리와 함께 나눌 수 있기 바란다.

대화상자 10-3에서 집단상담자는 준상이라는 집단참여 아동이 미처 표현하지 못한 생각을 표현할 기회를 제공하고 있다. 그럼으로써 준상의 생각을 구체적으로 실천할 수 있는 계기를 마련해 주고 있다. 동시에, 다음 회기에 미결사안에 대해 좀 더 이야기를 나눌 가능성도 열어 주고 있다.

집단원의 실천 의지 강화. 집단 회기의 종결 시기를 갖는 세 번째 목적은 집단원들이 집단작업을 통해 습득한 학습내용을 집단 밖에서 실천하려는 의지를 강화하기 위함이다. 이를 위해 집단상담자는 집단원이 계획하고 있는 행동 변화 목표를 정리해 주고, 실현 가능한 방법을 강구하도록 지지와 격려를 아끼지 않는다. 대화상자 10-4는 집단원의 행동 변화를 위한 시도를 지지·격려하는 집단상담자와 집단원들 사이에 이루어진 대화의 예다.

대화상자 10-4. 집단원의 행동 변화 시도를 지지하는 대화의 예

리 더: 자, 오늘 우리가 집단에서 다룬 내용에 대해 정리해 보았어요. 그러면 이제 약 5분 동안 다음 회기까지 여러분이 어떤 목표를 가지고 일주일을 보낼 것인지에 대해 이야기를 나눠 보겠어요. 먼저, 승희 씨부터 시작할까요? 둘째아이가 저녁 늦게 들어올 때, 지금까지와는 다른 방법을 시도해 보겠다고 하셨는데요.

승 희: 저는 오늘 집단을 통해 화가 날 때, 나도 모르게 그 자리에서 언성을 높이면서

화를 내는 것이 아이 지도에 그리 효과적이지 않다는 사실을 깨닫게 되었어요. 둘째아이가 집에 늦게 들어온다면, 우선 마음부터 가라앉히고 나서 엄마의 염려와 관심을 전달해야 할 것 같아요.

리 더: 다인 씨는 어떤가요? 현재 사귀고 있는 남자 친구와의 관계에서 한계를 정하고 싶다고 한 것 같은데.

다 인: 아, 네. 저는 남자 친구가 제 사생활의 사사로운 부분까지 참견하고 관여하려는 점이 마음에 걸렸었는데, 지금까지 이 점에 대해 아무 말 없이 참아 왔거든요. 아까도 잠시 말했지만, 다음 주 집단에 오기 전까지 남자 친구에게 오늘 연습한 제 느낌을 솔직하게 표현해 보려고요.

시 은: 음, 저도 다인 씨와 비슷한 것 같은데요. 이번 주말에 시골집에 내려가거든요. 집에 가서 엄마랑 만나는 것은 좋지만, 엄마랑 있다 보면 자꾸 잔소리하시는 바람에 갈등이 생겨요. 오늘 집단에서의 대화를 통해 엄마의 입장을 많이 이해하게 되었는데, 이번에 집에 가면 엄마를 사랑하는 제 마음을 꼭 표현해 보겠어요.

리 더: 다인 씨와 시은 씨는 중요한 분들에게 자신의 감정을 표현해 보기로 목표를 정하셨네요. 꼭 실천해 보시고 우리에게 어떤 결과가 있었는지에 대해 말씀해 주시기 바랍니다. (다인과 시은이 고개를 끄덕이는 것을 확인하고 나서) 이번 주에 지금까지와는 다른 방식을 시도해 보실 분 없나요?

대화상자 10-4에서 집단상담자는 집단원 개개인이 자신의 행동 변화를 위한 방법을 실천해 보도록 지지·격려하고 있다. 이처럼 집단 회기가 종결될 무렵에는 집단에서 다루었던 내용을 요약하고, 집단원들의 결정을 명료하게 정리해 준다. 그런 다음, 다음 회기까지의 실천 목표와 계획을 구체화하도록 돕는다. 만일 이 과정에서 비현실적인 점이 발견된다면, 집단상담자는 집단원들의 다양한 실천 목표와 계획의 대안을 함께 검토한다. 이 과정을 통해 집단상담자는 비현실적이거나 실현 가능성이 불분명한 목표를 보다 명료하면서도 실천 가능한 실행 목표와 계획을 수립하도록 돕는다. 대화상자 10-5는 집단상담자가 집단원의 비현실적인 목표 수정을 돕기 위한 대화의 예다.

대화상자 10-5. 집단원의 비현실적 목표 수정을 돕기 위한 대화의 예

리 더: 이번 회기를 마치기 전에, 다음 일주일 동안 행동 변화를 위해 무엇을 할 것인지에 대해 잠시 이야기를 나눠 보겠어요. 음, 인수 씨는 다음 회기까지 무엇을 할 계획인가요?

인 수: 음, 저는 이제부터라도 룸메이트에 대해 불평만 늘어놓기보다는 집단에서 배운 것처럼, 그 친구한테 직접 느낌을 중심으로 대화를 시도해 볼 거예요. 오늘 연습해 본 것처럼 말이에요.

리 더: 좋은 생각이네요. 실천해 보시고 어떤 경험을 하게 되었는지 다음 시간에 소개해 주시기 바랍니다. 미아 씨는 어떤 계획을 세우셨나요?

미 아: 글쎄요. 저는 이번 주부터 밤에 4시간만 자려고요. 쉽진 않겠지만, 이렇게 해야 성적을 확 올릴 수 있을 것 같아서요.

리 더: 아, 그래요. (다른 집단원들을 둘러보며) 미아 씨의 계획에 대해 어떻게 생각하세요?

지 용:(미소를 지으며) 아, 잠자는 시간이 너무 적은 것 같은데요. 저 같으면 단 하루도 못 견딜 것 같아요.

리 더: 미아 씨는 어떻게 생각하세요?

미 아: 글쎄요. 제 생각에도 잠이 좀 부족하겠다는 생각이 들긴 해요. 그렇다면 지금보다 한 시간만 줄여 보는 것으로 시작해 봐야겠어요.

대화상자 10-5에서 집단상담자는 미아라는 집단원의 계획에 대해 다른 집단원들의 피드백을 요청함으로써 비현실적인 목표를 설정한 미아가 보다 현실적이고 실현 가능한 목표로 수정하도록 돕고 있다. 대화상자 10-6은 집단원의 목표와 계획 수립을 돕고 있는 집단상담자와 집단원들 사이에 이루어진 대화의 예다.

대화상자 10-6. 집단원의 목표 · 계획 수립을 돕기 위한 대화의 예

리 더: 여러분은 다음 회기까지의 행동 변화를 위해 어떤 목표와 계획을 세우셨나요?

준 서: 글쎄요. 저는 제 아내와의 갈등에 관해 이야기하면서 많은 걸 깨닫게 되었어요.

리 더: 준서 씨가 오늘 집단에서 아내와의 관계를 새로운 각도에서 생각해 볼 수 있었던 것 같은데, 아내와의 관계 개선을 위해 일주일 동안 어떤 계획을 실행에 옮겨 보고 싶으세요?

준 서: 음, 아내가 저에 대한 불만을 털어놓을 때면 저는 그냥 퇴근길에 동료들과 밖에서 술 마시다가 밤늦게 집에 들어오곤 했는데, 오늘 이야기하다 보니까 이런 방법은 문제해결에 효과적이지 않다는 의견, 아니 피드백을 받게 되면서 다시 생각해 보게 된 것 같아요.

리 더: 이번 주에 그 문제에 대해 아내분과 진지하게 대화를 나누기로 하셨고요.

준 서: 아, 참 그렇지. 그 점을 깜빡했네요. 아주 중요한 부분인데.

리 더: 이제 기억이 나시는군요. 그러면 어떤 계획을 세우셨나요?

준 서: 우선 마음 문을 활짝 열고, 아내의 말에 경청하면서 진지하게 제 느낌을 이야기해 보려고요.

리 더: (미소를 지으며) 아, 그렇군요. 다음 회기에 어떤 결과로 이어질는지 기대가 되네요.

대화상자 10–6에서 집단상담자는 집단원의 행동 변화를 위한 계획을 구체화하고, 실천 가능한 목표를 수립하도록 돕고 있다. 만일 집단상담자의 개입이 없었다면, 집단원은 집단에서 아내와의 관계를 재고해 보았을 뿐, 모호한 계획으로 인해 집단 밖에서의 실행을 통한 목표 성취에는 한계가 있었을 것이다. 집단상담자의 시의적절한 개입을 통해 집단상담자와 집단원은 비로소 수립된 계획에 대한 실천 가능성을 높일 수 있게 되었다. 집단원은 실천 결과에 대한 구체적인 피드백을 통해 생산적인 행동을 습득할 수 있게 될 것이다.

과제 부과. 집단 회기의 종결 시기를 갖는 네 번째 목적은 과제 부과다. 과제는 집단원들의 행동 변화를 촉진하기 위한 수단이다. 집단상담자는 집단원들에게 집단 회기 안팎에서 실행할 수 있는 과제를 부과함으로써 새로운 행동과 기술 습득을 공고히 하는 한편, 행동 변화를 촉진할 수 있다. 집단원들이 집단 밖에서 자신들의 문제에 대한 작업에 집중하는 시간이 길수록, 집단성과가 높아질 수 있다. 과제 부과는 인지행동치료적 접근의 중요한 치료 도구로, 이론적 접근에 상관없이 집단 회기에서 다룬 작업의 효과를 강화 · 연장하는 기회를 제공한다(Ledley et al., 2010). 이 연구자들이 상담에서 과제의 체계적인 사용을 위해 제안한 것을 집단상담에 적용하면 글상자 10-1과 같다.

글상자 10-1. 상담에서 과제의 체계적 사용을 위한 지침

1. 과제를 통해 목표를 성취하기 위해 받을 수 있는 도움의 근거를 제공한다.
2. 다양한 과제 또는 과제 완성을 위한 대안 제공을 통해 과제를 결정하게 한다.
3. 과제 완성에 대한 자신감 정도를 묻는다.
4. 과제수행 정도를 매주 평가 · 기록하여 진척 정도를 점검할 수 있게 한다.
5. 후속 회기에서 과제의 완성도 또는 결과에 대해 반드시 논의한다.
6. 만일 과제를 완성하지 못했다면, 집단원에게 어떤 어려움이 있었는지 묻는다.

또한, 집단상담자는 집단원들에게 일련의 미완성문장으로 구성된 유인물을 나눠 주고, 즉흥적으로 완성하게 할 수 있다. 특히, 집단초기에 과제로 활용할 수 있는 미완성문장의 예는 글상자 10-2와 같다.

글상자 10-2. 집단에서 과제로 활용할 수 있는 미완성문장의 예

- ○ 내가 이 집단에서 가장 원하는 것은 ______________.
- ○ 최종회기에서 변화되었다고 꼭 말하고 싶은 것은 ______________.
- ○ 앞으로 10주 동안 이 집단에 참여한다고 생각할 때, 나는 ______________.
- ○ 집단참여에 대한 나의 두려움은 ______________.
- ○ 내가 말해 보고 싶은 개인적인 염려/문제는 ______________.
- ○ 지금까지 이 집단에 참여하면서 느낀 점은 ______________.
- ○ 내가 가장 변하고 싶은 점은 ______________.

소감 나누기. 집단 회기의 종결 시기를 갖는 다섯 번째 목적은 집단원들에게 집단 회기에 대한 소감을 나눌 기회를 제공하는 것이다. 이 시기에 이루어지는 집단원들의 학습내용에 대한 정리가 인지적 측면의 작업이라면, 소감 나누기는 정의적 측면의 작업이다. 모든 집단원이 편안하고 만족스러운 상태에서 집단상담실 문을 나서는 것은 아니다. 고통스러워하던 문제에 대해 통찰을 얻게 된 감격을 안고 다음 회기를 기대하는 집단원이 있는가 하면, 문제의 원인이 자신에게 있음

을 깨닫게 되는 집단원도 있다. 한 회기에서 미처 해답을 얻지 못한 문제가 있다면, 이는 다음 회기까지 더 깊이 탐색할 기회가 되기도 한다. 집단 회기의 종결에 앞서, 집단에서 무엇을 얻었고 학습했는지에 관한 논의는 집단경험을 일상생활에 생산적으로 적용해 볼 수 있는 동력으로 작용한다. 소감을 나누면서 집단원이 집단경험에 대한 부적 피드백을 표현한다면, 집단상담자는 대화상자 10-7과 같이 반응할 수 있다.

대화상자 10-7. 집단원의 부적 피드백에 대한 집단상담자 반응의 예

성 준: 오늘 집단은 너무 지루했던 것 같아요.
리 더: 이번 집단 회기동안 집중에 어려움이 있었던 것 같은데, 집단에 대한 집중력을 높이기 위해 집단에서 무엇을 하고 싶으세요?

대화상자 10-7에서 성준이라는 집단원은 집단 회기에 대한 부정적인 느낌을 표현하고 있다. 이에 집단상담자는 성준의 말에 수용적으로 반응하면서 성준이가 원하는 대안을 탐색하고 있다. 이처럼 집단원의 부적 피드백은 집단원이 새롭게 시도할 수 있는 대안 탐색의 기회로 활용될 수 있다.

회기 평가. 집단 회기의 종결 시기를 갖는 여섯 번째 목적은 집단원들에게 집단 회기에 대한 평가 기회를 제공하는 것이다. 집단 회기에 대한 평가는 일반적으로 ① 집단경험이 집단원의 일상생활에 미친 영향, ② 집단상담자의 자기평가, ③ 집단 회기에 대한 집단원의 자기평가로 나눌 수 있다. 영역별로 집단 회기 평가에 사용할 문항의 예는 다음과 같다.

글상자 10-3. 영역별 집단회기 평가에 사용할 문항 예시

☐ 집단경험이 집단원의 일상생활에 미친 영향에 대한 평가문항의 예

1. 수업에 더 집중하고 있나요?
2. 특정 과목에서 학업성적이 증진되었나요?
3. 부적응/일탈 행동의 빈도는 얼마나 감소했나요?

4. 1일 흡연 또는 음주 횟수가 얼마나 감소했나요?
5. 배우자/파트너와의 대화가 개선되었나요?
6. 지각, 조퇴 또는 (무단)결석률이 얼마나 감소했나요?

□ 집단상담자의 자기평가를 위한 문항의 예

1. 집단계획을 얼마나 잘 실행에 옮겼나요?
2. 집단원 개개인의 욕구를 얼마나 잘 충족시켰나요?
3. 계획하지 않았거나 예기치 않은 일은 없었나요?
4. 사전에 이를 예상해서 수정할 수 있었나요?
5. 이번 회기에 터득한 것 중 다음 회기에 사용할 수 있는 것은 무엇인가요?
6. 집단 회기에 대한 만족도를 10점 척도로 환산한다면, 몇 점에 해당하나요?
7. 이번 회기에 대한 평가점수는 지난 회기의 것과 어떻게 다른가요?

□ 집단 회기에 대한 집단원의 자기평가를 위한 문항의 예

1. 집단작업을 통해 습득/경험한 것 중 가장 중요한 것은 무엇인가요?
2. 특별히 인상적이었던 활동, 논의, 및/또는 주제는 무엇인가요?
3. 이번 집단에서 가장 좋았던/싫었던 점은 무엇인가요?
4. 당신의 변화에 기여한 요인은 무엇인가요?
5. 당신이 집단경험을 통해 더 나아지려면, 집단상담자가 무엇을, 어떻게 다르게 해야 하나요?

글상자 10-3에 제시된 것 중 집단원의 자기평가에 대해 집단상담자는 중립적인 태도를 유지함으로써, 집단원들의 평가에 영향을 주지 않고 진솔하게 집단의 효과를 되돌아볼 수 있도록 해야 한다.

다음 회기의 목표 설정 및 관심사 탐색. 집단 회기의 종결 시기를 갖는 일곱 번째 목적은 집단원들에게 다음 회기의 목표 설정과 관심사 탐색기회를 제공하기 위함이다. 집단상담자는 집단원들이 다음 회기까지 시도해 보고 싶은 새로운 행동이나 탐색해 보고 싶은 관심사를 알아봄으로써, 두 회기 사이에 연결고리를 만들어 준다. 다른 한편으로는 집단원들이 서로 피드백을 교환할 수 있게 하여 새로

깨닫게 된 강점, 잠재력, 성취 경험 등과 같은 긍정적인 부분에 초점을 맞춤으로써 이들에게 변화를 위한 용기와 자신감을 불어넣어 준다. 끝으로, 개방집단에서 집단을 떠나는 집단원이 있다면, 1~2회기 전에 집단을 떠나게 된 상황에 대해 서로의 느낌과 집단경험을 통해 배운 것을 잠시 나누는 시간을 갖는다. 대화상자 10-8은 집단 회기를 종결하면서 집단상담자가 집단원들에게 던질 수 있는 과정질문의 예다.

대화상자 10-8. 집단 회기 종결을 위한 과정질문의 예

- "집단에서 원하는 것을 얻고 있나요?"
- "오늘 집단에서 어떤 경험을 했나요?"
- "이번 집단경험을 통해 무엇을 배웠나요?"
- "오늘 집단경험에서 가장 영향을 준 사람은 누구인가요?"
- "집단을 마치기 전에, 이번 회기에 대해 평가해 볼까요?"
- "집단에 참여하는 동안 어떤 느낌이 들었나요?"
- "오늘 배운 것을 일상생활에 어떻게 적용할 계획인가요?"
- "집단 활동이 만족스럽지 않다면, 어떻게 바꿔 보고 싶나요?"
- "집단에서 배운 것을 실천하기 위해 이번 주에는 무엇을 할 예정인가요?"
- "다음 회기까지 현재 집단에서 얻은 것을 일상생활에 적용해 보기 위해 무엇을 하고 싶나요?"
- "지금까지 집단이 어떻게 발달해 왔는지에 대해 말해 보고, 변화를 위해 필요한 제안이 있다면, 무엇인가요?"

글상자 10-8에 제시된 과정진술 외에, 집단상담자는 집단원들에게 집단 회기에 대한 자신의 소감 또는 관찰결과를 공유할 수 있다(예, "오늘 집단을 마치기 전에 이번 회기에 대한 제 느낌과 관찰한 것을 잠시 나눠 보겠습니다."). 집단 회기 시작과 종결에 있어서 집단상담자는 자신만의 형식을 개발·사용해야 할 것이다. 매 회기의 시작과 종결 형식이 정형화되면, 집단원들은 이러한 형식에 적응하게 되면서 사전에 준비할 수 있고 집단 회기들 사이의 연결성을 유지할 수 있다는 장점이 있는 반면, 매번 똑같이 반복되면 진부해질 수 있다는 한계가 있다. 그러므로 정형화된

형식을 유지하되, 때로 창의적인 방식으로 변화를 주는 것이 바람직하다. 이를 통해 집단상담자는 집단원들이 집단에서의 통찰과 경험을 통해 학습한 것을 일상생활에 적용하는 것을 돕는 한편, 지속적으로 자신의 진척 정도를 평가할 수 있도록 격려한다.

집단 회기를 능숙하게 시작하고 효율적으로 마칠 수 있으려면, 그만큼 회기와 회기 사이의 연속성을 증대시킬 수 있는 능력과 기술이 뒷받침되어야 한다. 두 회기 사이가 유기적으로 연결될 수 있다면, 집단원들의 통찰을 촉진하고 새로운 행동으로 전이시킬 수 있다. 다른 한편으로, 집단을 다른 집단상담자와 공동으로 이끄는 경우, 집단 회기의 시작과 종결을 어떻게 할 것인가에 대한 문제를 반드시 협의해야 한다. 협의 사항에는 누가 회기를 시작할 것인가, 언제 어떠한 형식으로 회기를 종결할 것인가, 회기 종결을 위해 요약은 언제 어떠한 방식으로 시작할 것인가 등이 포함된다.

집단 회기 종결 기술 / 회기 종결에는 어떤 기술을 사용하는가?

집단작업을 위해 다양한 기술들이 필요하듯이, 집단 회기를 종결하기 위해서도 기술이 필요하다. 집단 회기를 종결을 위해 필요한 대표적인 기술로는 ① 목적 명료화, ② 차단이 있다.

목적 명료화

집단 회기 종결을 위해 필요한 첫 번째 기술은 목적 명료화다. 명료화는 집단작업의 필수적인 치료적 도구이자, 집단 회기를 마칠 무렵에 활용될 수 있는 유용한 기술이다. 집단원들은 때로 집단 회기의 종결이 임박해서야 심각한 문제를 끄집어내어 집단상담자를 당혹스럽게 한다. 이 경우, 집단상담자는 집단원이 제기한 새로운 주제에 대해 논의를 시작하는 실수를 범하지 않아야 한다. 만일 새로운 관심사를 끄집어내려는 집단원이 있다면, 집단 회기의 종결을 준비하기 위한 시간을 의도적으로 갖는 목적을 설명하는 한편, 다음 회기를 시작할 때 다시 논의해 볼 것을 제안한다. 대화상자 10-9는 집단 회기의 종결을 앞두고 집단참여에 소극적인 태도를 보였던 집단원과 집단상담자 사이에 이루어진 대화의 예다.

대화상자 10-9. 회기 종결 무렵 심각한 주제를 꺼낸 집단원과의 대화 예

리 더: 경원 씨는 오늘 집단을 통해 무엇을 얻게 되었나요?

경 원: (잠시 생각에 잠겨 있다가) 음, 저는 사실 이 집단이 시작할 때부터 우리 집단의 남자분들이 저를 어떻게 생각하는지 무척 궁금했어요.

리 더: 음, 그래요. 경원 씨가 궁금해하는 점은 경원 씨 자신에게 무척 중요한 일인 것 같이 들려요. 그런데 지금 시간은 오늘 집단을 통해 여러분이 어떤 경험을 했고, 어떤 점을 배웠고, 또는 깨닫게 되었는지 등, 집단경험에 대한 소감을 나누기 위한 시간이에요. 안타깝게도, 새로운 주제에 대해 논의할 시간이 없는 것 같아요. 아쉽지만, 다음 회기가 시작될 때, 이 주제에 관한 이야기부터 다뤄 보면 어떨까요?

대화상자 10-9에서 집단 회기 내내 소극적인 태도를 보이던 경원이라는 집단원이 집단 회기 종결이 임박해서야 자신의 관심사를 꺼내고 있다. 이 사안을 다룰 시간이 충분하지 않다고 판단한 집단상담자는 경원의 입장을 이해하고 있음을 전달하면서, 집단 회기의 종결시간을 갖는 목적을 명료하게 설명하고 있다. 그러고 나서, 다음 회기에 우선적으로 논의할 것을 제안하고 있다. 이로써 집단상담자는 집단원들에게 집단 회기의 시간이 한정되어 있으므로, 중요한 사안이나 새로운 문제는 집단 회기가 종결할 무렵보다는 시작할 무렵이나 중간에 꺼내는 것이 바람직하다는 메시지를 강하게 전달하고 있다.

차단

집단 회기 종결에 필요한 또 다른 기술로는 차단cutting-off이 있다. 정해진 시간에 맞추어 집단 회기를 끝마치려면, 집단상담자는 차단을 적절히 활용할 수 있어야 한

다. 앞서 지적한 것처럼, 집단 회기가 종결할 무렵이 되어서야 새로운 문제나 관심사를 끄집어내는 집단원이 종종 나타나기 때문이다. 이러한 경우, 집단상담자는 재진술 · 반영 · 요약 등의 기술과 함께 차단을 효율적으로 활용함으로써 집단원이 자신의 문제를 논의할 수 있도록 돕는다. 집단 회기 종결을 앞두고 집단에 대해 집단원들이 어떤 경험을 했는지에 대해 들어 보는 과정에서 중언부언하는 집단원의 말에 집단상담자가 차단 기술을 활용하여 개입하는 대화의 예는 대화상자 10-10과 같다.

대화상자 10-10. 집단 회기 종결 시기에 차단 기술을 활용한 개입의 예

리 더: 오늘 집단에서는 어떤 점들을 논의했는지 잠시 요약 · 정리해 보겠어요.

지 현: 조금 전에도 말씀드렸듯이, 우리나라의 고질적인 문제는 국민의 정치에 대한 무관심이라고 생각해요. 물론 이렇게 된 것은 무능하고 부패한 정치가들이 일조를 해 왔다는 것이죠. 내가 생각하는 정치는…….

리 더: (부드러우면서도 단호한 어조로) 지현 씨, 잠시만요. 우리나라 정치의 발전은 지현 씨에게는 중요한 사안이고, 지현 씨가 정치에 대한 남다른 관심이 있는 것은 충분히 이해합니다. 그런데 안타깝게도 우리 집단의 성격과 시간의 한계로 이 주제에 관한 논의는 적절치 않은 것 같습니다.

대화상자 10-10에서 지현이라는 집단원은 집단 회기에서 다루었던 내용을 요약 · 정리하기보다 자신의 개인적인 관심사인 정치에 관한 이야기를 이어 가려고 하고 있다. 이에 대해 집단상담자는 즉각 집단원의 말을 차단하고 있다. 이처럼 집단 회기를 정해진 시간 내에 종결하기 위해 집단상담자는 집단목적에 부합되지 않는 이야기를 적시에 차단할 수 있어야 한다. 집단 회기를 적시에 종결할 수 있는 능력은 곧 집단 회기의 가치를 그만큼 높일 수 있음을 의미한다. 집단 회기의 종결 국면에서 적용되는 목표 · 기술 · 전략은 집단이 완전히 종결하는 국면에도 그대로 적용된다. 다음은 집단이 완전히 종결하게 되는 국면에 관해 살펴보기로 한다.

집단종결

집단이 완전히 종결되게 되는 시기는 일반적으로 총 10회기 집단을 기준으로 9회기 내지 10회기에 해당한다. 이 시기에 집단상담자는 집단역동의 활성화를 위해 집단원들에게 자신들을 이해 · 수용할 때 훨씬 덜 방어적이 된다는 점을 강조한다. 또한, 집단에서 새로 습득한 행동을 일상생활에 실천할 수 있다는 믿음, 용기, 자신감을 갖도록 격려할 필요가 있다. 집단종결에 있어서 집단상담자가 수행해야 할 임무는 다음과 같다.

집단상담자의 임무

집단상담자의 주요 임무는 집단원들이 이제까지 집단에서 있었던 경험의 의미를 통합하고, 변화된 인지적 요소와 새로이 습득한 행동을 실생활에 적용하도록 강화하는 일이다. 이를 위해 집단상담자는 ① 집단경험 통합, ② 복합적 감정처리, ③ 미결사안 해소, ④ 새로운 행동 실천 도모, ⑤ 피드백 교환 활성화, ⑥ 집단경험 평가, ⑦ 후속 집단 회기 일정 논의, ⑧ 비밀유지 강조, ⑨ 작별인사 임무를 수행한다. 물론 이 외에도, 집단상담자는 집단을 통해 습득한 사회적 기술이나 전략을 일상생활에의 적용방안 논의 등 다양한 임무를 수행하게 될 수 있다. 그러면 집단의 종결을 앞두고 집단원 개개인이 집단에서 경험한 것과 학습한 내용을 어떻게 통합해 주고 강화할 것인가에 대해 살펴보자.

집단경험 통합. 집단종결 국면에 집단상담자가 수행해야 할 첫 번째 과업은 집단원들의 집단경험을 통합하도록 돕는 일이다. 이 시기는 그동안 집단에서의 경험과 새로운 학습 내용을 통합 · 정리하여 실생활에 어떻게 적용할 것인가를 모색하고 결정하는 시간이다. 이 시점에서 집단원들의 관심은 집단이라는 실험실laboratory, 즉 안전하고 수용적인 분위기에서 습득한 행동을 실생활에 적용하는 것에 집중된다. 집단원들의 실천 가능성을 높이기 위해 집단상담자가 수행해야 할

과업은 글상자 10-4와 같다.

글상자 10-4. 집단경험의 실천 가능성을 높이기 위한 집단상담자의 과업

1. 집단원들의 집단 경험을 제고한다.
2. 집단 밖에서 실천해 본 새로운 경험에 대해 피드백을 교환하게 한다.
3. 학습한 내용을 더욱 자주 실천하게 하는 방법을 모색한다.
4. 계약서 작성을 통해, 집단에서 배운 것을 실생활에 적용할 수 있도록 돕는다.

집단원들이 집단에서 경험한 것을 실천하도록 돕기 위해 집단상담자는 다음과 같은 항목들을 활용하여 집단 논의를 촉진한다. 즉, 집단원들은 집단에서의 주요 경험, 집단경험을 통해 얻은 점, 변화의 계기가 되었던 일, 삶에 영향을 줄 만한 경험이나 활동, 집단에서 좋았던/싫었던 점, 기억에 남는 활동이나 순간, 제안이나 건의사항 등에 관해 이야기를 나눈다. 집단상담자는 대화상자 10-11과 같은 질문을 던지거나 제안함으로써 집단원들 각자가 집단경험 학습을 통합하여 실생활에 효율적으로 적용할 수 있게 돕는다.

대화상자 10-11. 집단경험학습의 실생활 적용을 돕기 위한 질문 목록

1. "지금까지 집단에서 일어났던 의미 있는 일들을 함께 정리해 볼까요?"
2. "집단종결에 대해 어떤 느낌이 드나요?"
3. "이번 집단경험은 여러분의 삶에 어떤 의미가 있나요?"
4. "집단참여를 통해 얻게 된 소득이 있다면, 무엇인가요?"
5. "집단참여 전과 후를 비교한다면, 어떤 점이 달라졌나요?"
6. "이 집단이 첫 회기와 달라 보인다면, 어떤 점이 변했다고 생각하나요?"
7. "첫 회기와 비교할 때, 최종회기에 어떤 점이 달라졌나요?"
8. "특별히 기억에 남는 순간 또는 활동은 무엇인가요?"
9. "이번 집단을 통해 얻은 경험이 있다면, 무엇인가요?"
10. "자신에 관해 배운 것 중, 가장 중요한 것은 무엇인가요?"
11. "여기서 배운 것을 어떻게 지속적으로 실천할 계획인가요?"
12. "이 집단에서 여러분은 어떤 방식으로 변화했나요?"

13. "집단 활동 또는 경험 중, 가장 유익했던 것은 무엇인가요?"
14. "집단이 종결된 후, 실천하고자 세운 목표는 무엇인가요?"
15. "집단초기에 들었던 느낌과 생각이 바뀌었다면, 어떻게 바뀌었나요?"
16. "자, 다른 집단원들을 한 번 둘러보세요. 혹시 다른 집단원과 여러분 자신에 대해 깨닫게 된 사실이 있다면, 그 점에 관해 이야기를 나눠 볼까요?"
17. "집단참여를 통해 삶에 영향을 줄 만한 경험이 있었다면, 무엇인가요?"
18. "집단에서 특별히 좋았던 점이나 싫었던 점과 관련해서 서로의 경험을 나눠 볼까요?"
19. "집단을 마치면서 제안 또는 건의사항이 있으면, 지금 말씀해 주시고, 아니면 나눠드린 집단평가서에 상세히 적어 주시면 고맙겠습니다."

집단상담자는 집단원들과 이러한 질문에 대해 답해 봄으로써, 집단에서 이루어진 변화와 소득이 저절로 이루어진 것이 아니라, 열심히 노력해서 일구어낸 산물이라는 점을 강조한다. 그리고 필요한 경우, 역할연습role-playing 또는 행동실연behavior rehearsal 등을 통해 집단원들의 자신감을 높이는 한편, 집단에서 성취한 새로운 행동을 실생활에 적용할 수 있도록 돕는다. 집단상담자는 또한 집단작업을 통해 새로운 행동과 기술을 습득한 집단원들이 집단에서 해 왔던 연습들을 재차 정리해 봄으로써 일상생활에 더 효과적으로 적용할 수 있도록 학습 효과를 강화한다. 예를 들어, 표현력이 부족한 아동이나 청소년의 경우에는 구조화된 방법으로 "이번 집단을 통해 가장 기억에 남는 일은 바로 ______ 입니다."와 같은 미완성문장을 완성하도록 함으로써 자기표현의 중요성을 부각시키고, 자연스럽게 실생활에 적용할 수 있도록 강화한다.

또한, 집단원들이 차례대로 각자의 소감을 나누도록 하는 방법이 있다. 예를 들어, "저는 이번 집단상담을 통해 ~에 대해 배웠습니다." 또는 "저는 이번 집단상담을 통해 ~에 대해 다시 배우게 되었습니다."와 같은 형식은 자기표현 능력이 부족한 집단원, 특히 초등학생들에게 유용한 집단경험의 통합 · 정리 방법이다. 그러나 어떤 방법을 활용하든 간에 중요한 것은 집단원들이 집단에서 습득한 학습 내용과 경험을 자신의 말로 표현할 기회를 갖는 것이다. 만일 자신의 경험 내용을 제대로 표현하지 못하는 집단원이 있다면, 집단상담자는 대화상자 10-12와 같은 질문을 통해 집단원이 더 명확하고 구체적으로 진술하도록 돕는다.

대화상자 10-12. 집단원의 명확하고 구체적인 진술을 돕는 질문의 예

집단원: 저는 이번 집단에서 여러 번 제 문제에 대해 직면 기회를 가지면서 정말 많은 걸 배웠어요. 전보다 훨씬 더 성숙해졌다고나 할까요? 앞으로 이 경험을 절대 잊지 않을 거고, 제 삶에도 적용해 보려고요.

리더 1: 어떤 점에서 성숙해진 것 같나요?

리더 2: 여러 번 직면할 기회를 가졌다고 하셨는데, 그 경험에 대해 좀 더 자세히 말씀해 보시겠어요?

리더 3: 어떤 집단경험이 어떤 점에서 당신에게 의미가 있었나요?

대화상자 10-12에서 집단상담자는 집단원의 진술 중에서 의미 있는 부분에 대해 선택적으로 반응함으로써 집단원이 자신의 집단경험을 구체적으로 정리할 수 있도록 돕고 있다. 이 과정에는 집단상담자와 집단원들이 서로에 대한 반응을 나누고, 피드백을 교환하며, 작별의 아쉬움을 나누는 것이 포함된다. 집단의종결을 앞둔 시기는 집단종결 후에도 집단원들이 경험과 학습 내용의 일반화를 통해 지속적으로 성장할 수 있게 하기 위한 전략을 강구하는 시간이기도 하다.

집단원들은 집단의 최종회기가 다가오면, 성장에 박차를 가하기 위해 더 도전할 방법을 모색한다. 집단원에 따라서는 개인상담이나 다른 집단에 참가를 신청하기도 하고, 관련 서적을 읽기도 하며, 각종 상담 관련 워크숍이나 대학원에 등록하기도 한다. 집단원들의 집단경험과 학습이 지속적인 효과가 있는가는 추수 회기를 통해 점검한다. 그러나 집단의 추수 회기는 항상 수반되는 것이 아니므로, 실천 여부와 추진 속도를 묻는 질문지나 개별접촉을 통한 확인으로 대신하기도 한다.

복합적 감정처리. 집단종결 국면에 집단상담자가 수행해야 할 두 번째 과업은 집단종결에 따른 집단원들의 복합적인 감정을 처리하도록 돕는 일이다. 집단상담자는 집단종결이 다가옴에 따라 파생되는 복합적인 감정들을 표출하여 정화

하기 위한 시간을 할애한다. 작별에 대한 감정 표현의 기회를 갖는 것은 집단초기에 집단참여에 대한 감정 표현 못지않게 중요하다. 왜냐하면 집단종결은 죽음/소멸, 분리/버려짐, 그리고 새로운 시작에 대한 희망 등의 정서 반응을 일으키기 때문이다(Rutan et al., 2007). 집단의 종결은 집단 밖의 실생활에서 다른 형태의 관계 종결을 반영하기도 한다. 집단원에 따라서는 집단에 처음 참가하게 되었을 때만큼이나 집단을 떠나게 된 데 따른 불안감, 분리감 및/또는 상실감을 호소하기도 한다.

이런 감정들은 집단원에게 소중한 경험으로, 집단이 완전히 종결되기 전에 집단 내에서 충분히 표현되어야 한다. 안타깝지만, 집단원들은 종결이 현실임을 직시해야 하고, 작별하는 법을 배워야 한다. 집단상담자는 집단원들이 이별을 받아들여 집단종결을 새 출발하는 시기로 인식할 수 있도록 돕는다. 이별은 사랑의 가치를 더 소중하게 만든다. 이러한 점에서 집단종결이 임박할수록, 집단원들이 작별에 대한 감정 표현의 기회를 갖는 것은 집단초기에 집단참여에 대한 감정 표현 못지않게 중요하다. 집단상담자는 집단원들의 복합적인 감정을 표출하여 정화 · 해소할 수 있도록 돕는다. 집단원들의 작별에 대한 감정 표현을 돕기에 앞서, 집단상담자는 자신부터 작별을 고하는 데 있어서 어려움은 없는지, 즉 종결에 따른 역전이를 확인 · 관리할 필요가 있는지 살펴봐야 한다.

미결사안 해소. 집단종결 국면에 집단상담자가 수행해야 할 세 번째 과업은 미결사안을 다루는 일이다. 이 과업은 집단원들 간의 관계 또는 집단과정과 목표와 관련된 미결사안에 대한 작업에 시간을 할애하는 것이다. 이 시기에 집단원들 간의 해결되지 않은 갈등 표출은 막지 않는다. 단, 집단종결 국면의 특성상, 미결사안을 충분히 다룰 시간이 없다는 점을 감안할 때, 집단의 끝자락에 와서야 갈등을 표출한 집단원의 선택에 대한 적절성과 영향에 관해 논의할 필요는 있다. 이러한 논의를 통해 집단원들은 더 배울 수 있고, 향후 유사한 상황에서 자신의 생각과 감정 표현의 적절한 시기와 그 가치를 스스로 평가할 수 있게 될 것이다. 물론 현실적으로 집단원들이 탐색을 시도한 문제들이 모두 해결될 수는 없다. 만일 집단 회기가 얼마 남지 않았을 때, 집단상담자는 집단원들에게 이 사실을 상기시켜 주면서 질문(예, "만일 이 시간이 집단상담의 마지막 회기라면, 당신의 행동에 대해 어떤 느낌이 들까요?" "만일 다르게 행동한다면, 어떻게 하고 싶나요?")을 함으로써 남은 시간 동안 이들이 계획했던 목표 달성을 돕는다.

새로운 행동 실천 도모. 집단종결 국면에 집단상담자가 수행해야 할 네 번째 과업은 집단원들이 새로운 행동을 적극 실천할 수 있도록 돕는 일이다. 집단이 완전히 종결되면서 집단원들이 직면하게 되는 주요 과제는 집단에서 학습한 것을 통합하여 실생활에 적용하는 일이다. 이는 집단경험에서 얻게 된 통찰과 행동을 성찰해 보고, 인지구조를 재구조화하여 일상생활에 활용하는 것이다. 집단원이 집단에서 얻은 통찰이나 습득한 학습 내용을 실생활에서 실천하도록 돕는 일은 집단상담자의 중요한 임무에 속한다. 졸업이 인생의 새로운 국면의 시작을 의미하듯이, 집단의 종결 역시 집단경험을 통해 습득한 새로운 신념과 행동을 토대로 한 새롭게 변화된 삶의 시작이다.

집단과정에서 집단원들이 새롭게 시작한 것을 지속하도록 돕기 위한 유용한 방법으로는 향후의 다짐을 글로 써 보게 하는 것이다. 이 다짐은 집단상담이 종결된 이후에도 집단원들이 자신들의 목적 달성을 위한 대략적인 계획에 관한 것이다. 여기서 중요한 점은 집단원 개개인이 실현 가능한 계획을 세우게 하는 것이다. 집단상담자는 집단원들의 동의를 얻어 이들이 글로 작성한 것을 집단에서 읽게 하여 집단원들이 서로에게 구체적으로 제안할 수 있도록 한다. 글상자 10-5는 집단의 최종회기에 집단원들이 나누는 다짐의 예다.

글상자 10-5. 최종회기에 집단원들이 나누는 다짐의 예

예 1 대학교 2학년인 세희는 집단에서 발표불안 해소를 위한 작업을 해 왔다. 세희는 집단이 종결된 후에도 계속해서 발표불안 해소와 다른 사람들 앞에서 말하는 것에 대해 좀 더 편안해질 수 있도록 계속해서 노력할 것이며, 학기가 끝날 때마다 동급생인

정화라는 집단원에게 자신의 진척 상황을 알려 주기로 했다.

예 2 어려서부터 교회를 다니고 있는 성현은 자신에게 기독교인이 아닌 사람들에게 편견과 선입관이 있음을 깨달았다. 집단에서 그는 이전 같으면 기독교인이 아니라는 이유로 꺼렸을 집단원들에게 기꺼이 자기개방을 했고, 그 결과에 대해 매우 만족스러워하고 있다. 성현은 집단이 종결된 후에도 집단초기에 대화를 꺼렸던 일부 집단원들에게 자신의 진척 상황을 알리기로 약속했다.

예 3 학교폭력 가해 문제로 집단상담에 참여하게 된 진수는 이번 집단상담 참가를 통해 적절한 감정표현 방법을 배웠다. 진수는 자신에 대한 느낌이 훨씬 더 좋아졌고, 대인관계에 대한 자신감도 높아졌다고 했다. 이러한 경험학습을 더 발전시키기 위해 진수는 앞으로도 집단에서 습득한 소통방식을 다른 친구들과의 관계에 적용할 거라고 다짐했고, 우선 2주에 한 번씩 집단상담자에게 이메일을 보내 진행 상황을 알리기로 했다.

집단과정에서 집단원들이 새롭게 시작한 것을 지속하도록 돕기 위한 또 다른 방법은 계약서를 작성하는 것이다. 즉, 집단의 최종회기에 집단원들이 앞으로 실천할 목록을 작성하게 하여 계약을 체결하는 방법이다. 집단에서 습득한 새로운 학습을 일상생활에서 적극적으로 수행하고 성취하겠다는 계약서를 작성하는 것은 매우 적극적인 결단으로, 새로운 행동을 실생활에 성공적으로 정착시키는 효과가 있다. 계약서를 작성할 때는 집단원 중 한 사람에게 계약서를 본보기로 공개하거나 크게 읽게 하여 다른 집단원들이 참고하도록 한다.

계약 이행 결과는 일정 기간이 지난 후, 전화, 이메일, 개별면담 또는 후속 집단면담을 통해 확인한다. 새로운 행동 실천에 있어서 집단원들이 흔히 갖게 되는 비현실적인 기대는 자신의 삶에 즉각적으로 대변혁이 자동적으로 일어나서 영원히 지속될 것이라고 믿는 것이다. 이러한 비현실적인 기대와 조급함은 때로 집단원의 좌절로 이어진다. 그러므로 집단상담자는 집단원들에게 오랫동안 굳어진 습관을 한순간에 변화시키기 어려우며, 변화는 서서히 진행된다는 점을 깨닫도록 돕는다.

피드백 교환 활성화. 집단종결 국면에 집단상담자가 수행해야 할 다섯 번째 과업은 집단원들의 피드백 교환을 활성화하는 일이다. 집단종결에 앞서, 집단원들이 최종 피드백을 주고받는 것은 매우 중요한 활동이다. 최종 피드백final feedback이란 집단원들이 그동안의 집단 경험과 작업을 통해 어떻게 변화되었는지에 대해 각자 다른 집단원에게 말해 주는 것을 말한다. 이 시기의 최종적인 피드백은 진솔하면서도 구체적으로 진술하도록 해야 한다. 이를 통해 집단원들은 자신들이 일상생활에서 이루고자 하는 변화를 더욱 깊이 인식할 수 있게 되기 때문이다. 집단원들은 집단에서 새로운 대인관계기술을 익히고, 피드백을 바탕으로 자신의 행동에 대해 논의하고, 새로운 행동으로 대체함으로써 집단상담이 종결된 이후에도 원하는 변화를 이어 나갈 수 있게 된다. 집단상담자는 집단원들이 구체적이고 명확한 피드백을 할 수 있도록 돕는다. 대화상자 10-13은 집단원들이 제공할 수 있는 구체적인 피드백의 예다.

대화상자 10-13. 집단원들의 구체적인 피드백의 예

- "수빈 씨의 솔직한 피드백이 참 맘에 들어요. 더욱이 다른 사람들을 따뜻하게 배려하고 경청해 주는 태도가 저한테는 너무 좋은 느낌으로 다가와요."
- "기하 씨가 너무 말없이 근엄한 자세로 앉아 있을 때는 말을 걸기조차 어려운데, 얼굴에 미소를 지을 때는 훨씬 더 매력적으로 보이고, 저는 물론이고 다른 집단원들도 더 관심을 보이는 것 같아요."

대화상자 10-13에 제시된 예와는 달리, 지나치게 모호하고 추상적이어서 별로 유용하지 않은 피드백들도 있다. 대화상자 10-14는 모호하고 추상적이어서 유용성이 낮은 피드백의 예다.

대화상자 10-14. 모호해서 유용성이 낮은 피드백의 예

- "정의 씨는 정말 멋진 사람이에요."
- "이 세상에는 소현 씨 같은 사람이 필요한 것 같아요."

○ "저는 정말이지 민수 씨가 참 괜찮은 사람이라 생각해요."
○ "우리 집단에 있는 사람들 모두가 참 좋은 분들인 것 같아요."
○ "인석 씨가 지금은 어렵지만, 앞으로는 모든 것이 다 잘 될 거예요."
○ "솔직히 말하면, 미수 씨는 정말 굉장한 여자예요. 수퍼우먼이죠."

대화상자 10-14에 제시된 피드백의 예처럼, 보편적 · 피상적인 피드백은 잘 기억도 나지 않을뿐더러 남들이 자신을 어떻게 인식하고 있는지를 파악하는 데 별 도움이 되지 않는다. 이 경우, 집단원들이 구체적이고 의미 있는 피드백 교환을 돕기 위해 글상자 10-6과 같은 미완성문장을 활용할 수 있다

글상자 10-6. 집단경험 관련 피드백 나누기에 유용한 미완성문장의 예

○ "내가 당신에 대해 가장 좋아하는 점은 ______________________."
○ "당신에 대한 나의 소원은 ______________________________."
○ "내가 당신에게서 의미 있게 배운 점은 ______________________."

집단종결 국면에서 피드백을 주고받을 때, 집단상담자가 관심 있게 지켜봐야 할 점은 집단원들이 의도적으로 긍정적인 부분에만 초점을 맞추지 않도록 하는 것이다. 물론 긍정적인 피드백은 학습을 강화하는 효과가 있다. 그렇지만 건강하고 생산적인 집단이라면, 긍정적인 측면은 물론, 부정적 측면으로 보일 만한 점에 대해서도 진솔한 피드백을 제공한다. 대화상자 10-15는 집단원의 진솔한 관심을 표현함으로써 집단의 종결 이후에도 지속적인 변화의 계기를 마련할 수 있을 만한 피드백의 예다.

대화상자 10-15. 유용한 피드백의 예

○ "난 현지가 유머를 즐기는 점은 참 좋게 느껴지지만, 서우의 불편한 몸에 대해 농담을 하는 것은 왠지 서우의 마음을 아프게 할 것 같아 염려되곤 해요."
○ "정인 씨가 저한테 충고할 때, 저는 강한 거부감이 느껴져요. 대신, 정인 씨가 제가

고민하던 문제를 충고로 해결해 주려고 하기보다는 저의 어려움에 귀 기울여 주면서 고통을 함께 나누려고 해줬을 때 저한테는 훨씬 더 도움이 되었어요."

- "제가 보기에 보영 씨의 삶에서, 보영 씨 자신은 보이지 않는 것 같다는 생각이 들었어요. 그래서 제가 보영 씨에게 바라는 점이 있다면, 다른 사람들의 요구에만 민감하게 반응하기보다는 좀 더 보영 씨 자신을 위해 시간과 에너지를 할애하셨으면 하는 거예요."
- "저는 세라 씨가 가장 친한 친구분과 사소한 갈등으로 헤어졌다는 말씀을 듣고 안타까우면서도 친구분에게 절대 먼저 화해를 청하지 않는 것이 자신의 스타일이라는 말씀을 듣고는 의아한 생각이 들었어요."
- "지한 씨가 인내심이 강하다는 사실이 부럽기는 하지만, 한편으로는 매사에 너무 참으려고 해서 오히려 가까운 사람들과의 관계에서도 어려움을 초래하게 되는 것이 아닐까 하는 생각이 들어요."

집단경험 평가. 집단종결 국면에 집단상담자가 수행해야 할 여섯 번째 과업은 집단원들의 집단경험을 평가하는 일이다. 집단원들의 집단경험에 대한 평가는 집단상담자와 집단원 모두에게 이익이 된다. 여기서 평가는 집단과정 전체를 통해 진행되는 과정으로, 집단과정의 중요 시점에서 집단원 또는 집단 전체의 발달과정을 추적하는 것을 의미한다. 일부 평가척도들은 집단원들이 이번 집단에서 어떤 경험을 했고, 집단상담자의 개입에 대한 효과성을 측정할 수 있게 고안되었다. 집단경험 평가는 질문지와 경험보고서를 이용하는 방법이 있다. 질문지는 일반적으로 객관식과 주관식으로 작성하도록 고안된 방식이 있다. 그러나 때로 이 두 가지 방식을 혼합한 질문지가 사용되기도 한다.

먼저, **객관식 질문지**는 보통 리커트 척도Likert scale를 사용하여 기술적 통계 방법으로 분석한다. 집단상담자는 분석 결과를 토대로 집단원의 만족도를 가늠해 볼 수 있는 한편, 다른 집단의 평가 결과와 객관적으로 비교해 볼 수 있다는 장점이 있다. 이러한 장점에도 불구하고 객관식 질문지는 획일화된 척도를 사용함으로써 집단원들의 자유롭고 다양한 반응을 도출하지 못해 이들의 변화과정을 추정할 수 없다는 한계가 있다. 집단상담자는 집단 시작 전·후에 객관식 질문지를 활용하여 집단원의 태도 · 신념 · 행동 · 감정 등의 변화 정도를 양적으로 추정할 수 있다. 그림 10-1은 간단한 형태의 집단상담 평가서의 예다.

문항	전혀 그렇지 않다	그렇지 않다	보통이다	그렇다	매우 그렇다
1. 이번 집단상담을 통해 다른 사람들을 더 잘 이해할 수 있게 되었다.	1	2	3	4	5
2. 집단상담은 내게 아무런 영향을 주지 않았다.	1	2	3	4	5
3. 집단경험은 집단 밖에서의 실생활에 긍정적인 영향을 주었다.	1	2	3	4	5
4. 이 집단에 소속되어 있었다는 사실이 싫었다.	1	2	3	4	5
5. 집단경험은 나를 이해하는 데 많은 도움이 되었다.	1	2	3	4	5
6. 다른 친구들에게도 집단상담 참여를 적극 추천하겠다.	1	2	3	4	5

그림 10-1. 집단상담 평가양식

둘째, **주관식 질문지**는 응답자들이 글로 서술하도록 고안된 질문지로서, 집단원들의 주관적인 반응을 질적인 방법으로 분석할 수 있게 된 평가도구다. 주관식 질문지는 객관식 질문지에 비해 더 자유롭게 반응할 수 있다는 이점이 있다. 그러나 객관식 질문지처럼 다른 집단의 평가 결과와 객관적인 비교를 할 수 없다는 한계가 있다. 그러므로 집단상담자는 객관식과 주관식 질문지의 이점을 얻기 위해 이 두 가지를 혼합한 방식을 사용할 수 있다. 문항은 집단상담자의 관심에 따라 다양하게 작성되겠지만, 일반적으로 글상자 10-7과 같은 문항으로 구성된다.

글상자 10-7. 주관식 질문지 문항의 예

1. 집단상담을 통해 얻게 된 점은 무엇인가요?
2. 이번 집단은 당신의 삶에 어떤 영향을 주었나요?
3. 집단경험 중 가장 중요한 것은 무엇인가요?
4. 집단경험의 가치를 10점 척도로 나타낸다면?

5. 집단에서 가장 의미 있었던 점은 무엇인가요?
6. 집단경험에서 가장 좋았던/싫었던 점은 무엇인가요?
7. 집단상담자가 사용한 기술 또는 기법 중 가장 의미가 있었던 것은 무엇인가요?
8. 집단에서 배운 것을 실생활에 적용할 때 어떤 문제가 있었나요?
9. 집단에서 경험한 변화는 계속되고 있나요?
10. 집단에 참여하는 동안 일상생활에서 어려움을 겪은 적이 있다면, 어떤 것인가요?
11. 집단참여가 당신과 당신의 중요한 타인들에게 어떤 영향을 주었나요?
12. 집단에 참여하지 않았다면, 현재 당신의 생활은 어떨 것 같나요?
13. 집단참여를 통해 당신 자신과 당신의 삶에 도움이 되는 것이 있다면, 무엇인가요?
14. 집단종결, 그리고 변화를 결심하는 과정에서 문제가 있었다면, 무엇인가요?
15. 기타 소감, 의견, 건의사항을 적어 주세요.

셋째, 경험보고서 또는 소감문 작성은 집단 회기를 마칠 때마다 집단원들이 자신들의 집단경험 또는 소감을 적는 방법이다. 경험보고서 작성은 집단원들의 집단경험을 더욱 공고히 할 수 있다는 이점이 있다. 이 방법은 집단평가는 물론, 경험 통합에 유용하다. 또한, 집단원들이 자신의 경험을 정리하고, 중요한 사람들에게 말하는 연습도 된다는 이점이 있다. 경험보고서 작성을 위한 한 가지 방법은 매일 몇 분 동안이라도 특정한 감정, 상황, 행동, 그리고 행동방침을 위한 아이디어들을 경험보고서에 기록·제출하게 하는 것이다. 그렇지 않으면, 집단원들이 삶 가운데 특정 시점에 대해 되돌아보고, 그 점에 관해 기록하는 것이다.

예를 들면, 어린 시절 사진 또는 그 시절을 떠올리게 하는 다른 것들을 꺼내어 보게 하고, 무엇이든 마음에 떠오르는 기억 또는 감정에 대해 자유롭게 경험보고서에 써 보는 것이다. 이처럼 검열 없이 자유롭게 글 쓰는 과정은 감정 집중에 도움을 준다. 집단원은 자신의 경험보고서를 집단에 가져와 문제를 초래했던 독특한 경험에 대해 다른 집단원들과 공유하는 한편, 자신이 특정 상황을 어떻게 다르게 대처할 수 있었는지에 대해 탐색해 볼 수 있다. 일반적으로, 경험보고서는 집단원이 집단 회기에서 다루고 싶은 개인적인 이슈에의 초점 설정뿐 아니라 무엇을 할 것인지 결정할 수 있다. 경험보고서 작성에 도움을 주는 탐색질문의 예는 글상자 10-8과 같다.

글상자 10-8. 경험보고서 작성에 도움을 주는 질문의 예

- ❍ 집단에서 나는 나 자신을 어떻게 보고 있는가?
- ❍ 집단 내에 있는 것에 대해 나는 어떤 느낌이 드는가?
- ❍ 집단상담자 또는 다른 집단원들에 대한 나의 반응은 무엇인가?
- ❍ 집단에서의 나의 초기 염려와 두려움은 무엇인가?
- ❍ 집단에서 나는 어떻게 시간을 보내기를 원하는가?
- ❍ 이 집단에서 내가 배우고 싶고 경험해 보고 싶은 것은 무엇인가?

후속 집단 회기 일정 논의. 집단종결 국면에서 집단상담자가 수행해야 할 일곱 번째 과업은 후속 집단 회기 일정을 논의하는 일이다. 후속 집단 회기를 갖는 목적은 집단종결 후, 일정 시간이 지난 후, 집단에 참여했던 사람들이 집단에서 습득한 새로운 행동을 일상생활에 얼마나 효율적으로 적용하고 있는지 점검하기 위함이다. 왜냐하면 집단원들이 다시금 삶의 현장에서 생활하다 보면, 자칫 집단에서 깨닫거나 터득한 것을 망각하게 되거나, 새로운 행동도 시간이 지남에 따라 점차 소거될 가능성이 있기 때문이다. 후속 집단 회기는 흔히 집단종결 후, 수주 또는 수개월 후에 갖는다. 단, 후속 집단 회기를 갖는 횟수는 집단유형과 집단원들의 요구에 달려 있다. 예를 들어, 동일 기관의 과업집단에 참여한 사람들은 일이 어떻게 진행되고 있는지 확인하기 위해 1회 정도 후속 집단 회기를 가져도 좋을 것이다. 반면, 상담 · 치료 · 지지 집단의 경우, 후속 집단 회기는 집단원들에게 자신들의 근황은 물론, 작별에 따른 불안감 해소를 위한 기회가 될 수 있다.

비밀유지 강조. 집단종결 국면에서 집단상담자는 비밀유지의 중요성을 강조해야 한다. 비록 고의가 아니더라도, 집단에서 거론된 집단원들의 사적인 정보에 대한 비밀유지는 현실적으로 많은 한계가 있다. 집단 밖에서 다른 사람들에게 집단에서 있었던 일을 소상하게 말하다 보면 의도치 않게 비밀보장 원칙을 위반하

게 될 수 있다. 그러므로 집단상담자는 집단원들에게 자기 자신, 자신들의 문제, 경험, 깨달은 사실은 말할 수 있되, 그 과정에 대해서는 상세히 밝히지 않도록 강조한다. 과정을 설명하다 보면, 의도와는 달리 다른 집단원들의 신상이 드러날 수 있기 때문이다.

작별인사. 집단종결은 집단원 개개인의 삶에서 독특하고 특별한 경험이 마무리 짓게 됨을 의미한다. 집단원에 따라서는 집단에서 형성된 관계가 삶에서 다른 어떤 관계보다도 친밀하고 특별한 것일 수 있다. 이들은 집단모임에 종지부를 찍는다는 사실에 좌절감을 비롯한 강한 부적 감정을 경험할 수 있다. 그러므로 집단상담자는 이러한 감정을 충분히 토로할 기회를 마련하는 한편, 서로에게 마지막 인사를 나눌 수 있는 시간을 할애하도록 노력해야 한다. 또한, 집단원들이 동의하는 경우, 집단원의 연락처를 교환할 수 있게 한다.

수업활동 / 수업시간에 함께 해 볼까요?

1. **집단 회기 종결연습** 5인 1조로 나누어, 집단 회기를 종결하는 방법을 연습해 보자. 한 사람은 집단상담자, 나머지 사람들은 집단원 역할을 한다. 집단원들은 각자 이번 집단에서 특정 문제 또는 관심사를 다뤘다고 가정하고, 소감을 말한다. 집단상담자는 집단 회기를 마치기 위한 절차에 따라 이를 요약 · 정리한다. 집단상담자 역할은 차례로 역할을 바꿔 가면서 이 연습을 반복한다.

2. **나의 미결과제는...** 불치병에 걸려 이제 6개월밖에 살 수 없다는 진단을 받았다고 가정해 보자. 이제 남은 삶을 어떻게 다르게 살고 싶은가? 죽기 전에 완결지어야 할 필요가 있는 미결사안 또는 미결과제는 없는가? 더 완전한 삶을 위해 어떤 선택을 할 것인가? 2인 1조, 3인 1조, 또는 적절한 크기의 소집단으로 나누어 함께

이야기해 보자.

복습문제 / 공부한 것을 확인해 볼까요?

객관식 문항

1. 집단의 종결단계에서 혹은 집단의 회기를 종결할 때, 전문상담교사가 취한 행동으로 가장 적절한 것은? **▶2012년 전문상담**

① 집단 회기를 마칠 무렵에 한 집단원이 새로운 주제와 관심사를 끄집어내자 이를 다루었다.

② 집단의 종결단계에서 피드백 주고받기를 할 때, 집단원들로 하여금 긍정적 측면과 부정적 측면이 균형을 이룰 수 있도록 진행하였다.

③ 집단의 종결단계에서 집단원이 집단을 떠나게 된 데 따른 분리감정을 표출하도록 하되 지나치게 아쉽거나 슬픈 감정을 조장하는 일은 삼갔다.

④ 집단의 종결단계에서 지금까지의 집단경험을 통해 학습한 것을 가정이나 학교에서 실행할 때 오해를 사거나 배척받을 가능성이 있더라도 포기하지 않도록 격려하였다.

⑤ 집단 회기를 마칠 무렵에 한 집단원이 심리적 불편을 호소하자, 중대 사안이라고 판단하여 다른 집단원들에게 집단 회기의 종결 시간을 늦추는 것에 동의를 받지 않고 이를 다루었다.

2. 집단상담의 성과를 적절하게 평가하기 위해 유의해야 할 사항으로 옳은 것만을 〈보기〉에서 있는 대로 고른 것은? **▶2012년 전문상담**

〈보기〉

ㄱ. 집단상담의 회기가 끝날 무렵의 평가는 집단상담자가 먼저 시작할 수도 있고 한 집단원을 지명하여 시작하게 할 수도 있다.

ㄴ. 녹음이나 녹화장치를 이용한 집단상담의 평가는 억양의 변화나 정서적인 측

면까지도 파악할 수 있어서 효과적이고 객관성을 확보할 수 있다.
ㄷ. 집단상담의 회기가 끝날 무렵의 평가는 주로 집단과정에 강조점을 두고 할 수는 있으나 특정 집단원들의 행동에 대해서는 평가하지 말아야 한다.
ㄹ. 집단평가의 방법 중 공개토의 방식은 언제 어디서나 평가에 대한 별다른 준비 없이 실시할 수 있으나 평가해야 할 규준이 불분명하여 많은 시간이 소요될 가능성이 높다.
ㅁ. 어떤 집단원이 집단상담의 회기가 끝나고 집으로 돌아가는 길에 오늘 집단모임이 시간낭비였다고 혼자 중얼거리는 것 같은 간접적 평가는 집단과정의 개선에 직접적인 도움이 되지 않는다.

① ㄱ, ㄴ ② ㄴ, ㄹ ③ ㄷ, ㄹ, ㅁ
④ ㄱ, ㄴ, ㄹ, ㅁ ⑤ ㄱ, ㄴ, ㄷ, ㄹ, ㅁ

3. 집단상담 프로그램 개발과정에서 평가 단계의 개선을 위한 학생용 질문지 문항으로 가장 적절한 것은? **▶2009년 전문상담 1차**

① 회기별 시간 배분은 적절하였습니까?
② 회기별 설명은 잘 이해가 되었습니까?
③ 집단상담자는 차별적 용어를 사용했습니까?
④ 프로그램의 목표가 분명하고 현실적이었습니까?
⑤ 당신의 실명을 여기에 적는다면 대답이 달라지겠습니까?

주관식 문항

4. 집단의 마지막 회기에서 집단상담자가 담당하는 임무를 서술하시오.

5. 집단의 종결단계에서 미결과제를 다루는 이유를 논하시오.

6. 집단 회기의 종결 요령을 서술하시오.

7. 다음 대화에서 다루고 있는 상담 종결 시의 과제를 쓰시오. ▶2007년 전문상담 1차

리 더: 처음에 힘들어하던 문제가 상담을 통해서 어떻게 변화되었는지 생각해 봅시다.
내담자: 친구들이 저를 자꾸 따돌리는 문제로 어려워했는데 상담하면서 어떻게 대처해야 하는지 알게 되었어요. 자신감도 많이 생겼고요.
리 더: 그렇군요. 어느 정도 변화했는지 0점에서 10점 사이에서 점수를 준다면 몇 점을 줄 수 있겠어요?
내담자: 처음 상담할 때에는 2점 정도였는데 지금은 7점 정도로 좋아졌어요.

정답 1. ③ 2. ④ 3. ⑤

부록

APPENDIX

부록 A. ASGW 집단상담자의 '최상의 실행지침'

미국 집단작업전문가협회: 최상의 실행지침 2007 개정안

발로리 토마스R. Valorie Thomas
롤린스 대학Rollins College

데브라 펜더Debra A. Pender
북 일리노이 대학교Northern Illinois University

집단작업전문가협회Association for Specialists in Group Work(ASGW)는 집단작업의 계획, 수행, 과정의 안내 지침을 출간함으로써 윤리적 · 효과적인 집단작업의 실행을 지원한다. 본래 1998년에 준비, 승인, 출판된 현재의 개정안(ASGW; Rapin and Keel)에는 미국상담학회 윤리강령American Counseling Association Code of Ethics(ACA, 2005)에서 변경된 내용이 포함되어 있다. 이 개정안은 2007년 3월 23일 ASGW 상임이사회의 검토 및 승인받았다.

집단작업전문가협회(ASGW)는 미국상담학회(ACA)의 분과로, 집단작업에 관심이 있고 전문성을 갖춘 회원들로 구성되어 있다. 집단작업자group worker는 다양한 인구들과 작업하는 경우, 집단 양식을 사용하는 정신건강 전문가로 정의된다. 우리는 다양한 관점을 인정하는 공동체 창출을 가치 있게 여기고, 우리 회원, 내담자, 그리고 이 전문직에 대해 서비스를 제공하며, 이들의 사회적 · 문화적 맥락 내에서 개인과 집단의 성장과 발달을 촉진하

1998년 3월 29일 ASGW 상임위원회에 의해 승인됨. ASGW 윤리위원회 공동위원장 린 라핀Lynn Rapin과 린다 키일Linda Keel에 의해 준비됨. ASGW 윤리위원회 공동위원장 발로리 토마스R. Valorie Thomas와 데브라 펜더Debra A. Pender에 의해 개정됨. 개정안은 2007년 3월 23일 ASGW 상임위원회에 의해 승인됨.
THE JOURNAL FOR SPECIALISTS IN 집단작업GROUP WORK, Vol. 33 No. 2, June 2008, 111–117
DOI: 10.1080/01933920801971184

기 위한 과정으로서의 리더십을 가치 있게 여긴다.

전문

ASGW는 모학회인 ACA 윤리강령(2005년 개정안)에 대한 회원들의 책무성을 인정하는 한편, 이 문서의 어떤 내용도 이 강령을 대체하는 것으로 해석되어서는 안 될 것이다. 이 최상의 실행지침은 효과적이고 적절한 전문가 윤리 및 공동체 기준과 일치하고, 현재 통용되는 활동, 전략 그리고 개입을 포함한 집단작업자들의 책임과 실행 범위를 정의함으로써, 집단작업 분야에 ACA 윤리강령의 적용을 명확하게 하기 위한 것이다.

ASGW는 윤리적 과정을 집단작업에 필수적인 것으로 여기고, 집단작업자들을 윤리적 요원들로 간주한다. 집단작업자는 집단원들에 대해 책임을 지고 반응적이어야 하는 특성상, 필연적으로 윤리적 취약성에 대한 특정 잠재성을 받아들여야 한다. 집단작업을 통해 인간 행동에 영향을 주기 위한 집단작업자들의 시도는 항상 윤리적이어야 한다는 함의를 담고 있다는 점에서, 집단작업자는 자신의 행위 의도와 맥락에 상당한 주의를 기울여야 할 의무가 있다. 이러한 최상의 실행지침 내용들은 집단작업자의 집단계획, 수행, 진행상의 책임에 대해 언급하고 있다.

A. 계획에서의 최상의 실행

A.1. 전문적 맥락 및 규제 요건

집단작업자는 ACA 윤리강령(2005), 집단작업자 훈련을 위한 ASGW 전문가 표준 Professional Standards for the Training of Group Workers, ASGW 최상의 실행지침, ASGW 다양성 역량, AMCD Association for Multicultural Counseling and Development 다문화 상담 역량과 표준, 유관 주법, 인증 요건, 유관 국가공인 상담자 위원회 강령과 표준 National Board for Certified Counselors Codes and Standards, 각 기관의 표준, 집단작업 실행에 영향을 미치는 보험 요건을 적극적으로 파악·이해·적용해야 한다.

A.2. 실행 범위와 개념적 틀

집단작업자는 ASGW 훈련기준에 정의된 핵심 및 전문 역량과 관련된 실행 범위를 정의

해야 한다. 집단작업자는 집단을 이끄는 데 있어서 개인적 강점과 약점을 인식하고 있어야 한다. 집단작업자는 실행을 안내할 일반적인 개념적 틀과 사용될 기법 사용의 근거를 마련하고 명확히 설명할 수 있어야 한다. 집단작업자는 자신의 실행을 ASGW 훈련기준에 설정된 훈련범주에 부합되는 영역에 한정해야 한다.

A.3. 사정

a. 자기사정. 집단작업자는 제공되는 특수 집단(들)과 관련된 자신의 지식과 기술을 적극적으로 사정해야 한다. 특히 다양한 다문화 인구와 작업하는 경우, 집단작업자는 자신의 가치관, 신념과 이론적 지향성, 그리고 이러한 것들이 집단에 어떤 영향을 미치는지 사정해야 한다.

b. 생태학적 사정. 집단작업자는 지역사회의 요구, 기관 또는 단체의 자원, 후원단체의 임무, 스태프 역량, 집단작업에 관한 태도, 집단작업에 관한 잠재적 리더의 전문적 훈련수준, 집단작업에 대한 내담자의 태도, 그리고 다문화 · 다양성 고려사항을 사정해야 한다. 집단작업자는 이 정보를 자신의 집단 실행 또는 자신이 감독, 평가 또는 관리 책임이 있는 집단의 실행과 관련된 의사결정의 기초로 사용해야 한다.

A.4. 프로그램 발달 및 평가

a. 집단작업자는 제공될 집단의 유형과 이 집단이 지역사회의 요구와 어떤 관련이 있는지 확인해야 한다.

b. 집단작업자는 집단의 목적과 목표를 간결하게 서면으로 기술해야 한다. 집단작업자는 또한 집단 목적에 영향을 주거나 결정에 있어서 집단원들의 역할을 확인해야 한다.

c. 집단작업자는 단체의 요금체계에 따라 상담료를 정하되, 집단참여를 희망하는 집단원들의 재정상태와 지역을 고려한다.

d. 집단작업자는 제공될 집단의 유형에 적절한 기법과 리더십 유형을 택한다.

e. 집단작업자는 필요에 따라, 규정, 단체와 보험 요건과 일치하는 평가계획을 수립해야 한다.

f. 집단작업자는 인터넷 통신에 국한되지 않은 테크놀로지를 사용하는 경우 최신 전문적 지침을 고려해야 한다.

A.5. 자원

집단작업자는 제공될 집단의 종류와 집단 활동과 관련된 자원(① 적정한 재원, ② 훈련된 공동리더의 적합성 및 가용성, ③ 제공될 집단의 유형에 적합한 공간과 개인 정보 보호, ④ 마케팅과 모집, 그리고 ⑤ 다른 지역사회 기관과 단체들과의 적절한 협력)을 조정해야 한다.

A.6. 전문가 공개 진술서

집단작업자는 비밀유지와 사생활의 문화적 의미와 관련된 인식과 민감성을 유지해야 한다. 집단작업자는 정보 공개에 대한 견해차를 존중해야 한다. 집단작업자는 ① 비밀유지와 비밀유지의 예외사항에 관한 정보, ② 이론적 지향성, ③ 집단의 본질, 목적과 목표, ④ 제공될 수 있는 집단 서비스, ⑤ 집단원과 리더의 역할과 책임, ⑥ 특수 집단(들) 실행을 위한 집단작업자의 자격, ⑦ 특수 면허증, 자격증, 직업 관련 소속기관, 그리고 ⑧ 면허 인증 기관의 주소를 포함한 전문가 공개 진술서를 가지고 있어야 한다.

A.7. 집단과 구성원 준비

a. 집단작업자는 예비 집단원들이 제공된 집단의 유형에 적절한지 선별해야 한다. 집단원 선발이 적절한 경우, 집단작업자는 이들의 요구와 목적이 집단의 목적과 일치하는지 확인한다.

b. 집단작업자는 사전동의를 촉진해야 한다. 집단작업자는 발달적 · 문화적으로 적절한 방식으로 정보를 소통해야 한다. 집단작업자는 (집단유형에 적절한 경우) 예비 집단원들에게 구두 및 서면 형태로 ① 전문적 공개 진술서, ② 자발적 · 비자발적 참여를 포함한 집단참여에 대한 기대, ③ 집단원드과 리더(들)의 역할기대, ④ 집단 출입에 관한 방침, ⑤ 물질사용에 관한 방침, ⑥ 의무참여 집단에 관한 방침과 절차(해당하는 경우), ⑦ 서류 필수요건, ⑧ 다른 사람들에 대한 정보공개, ⑨ 구성원들 간의 집단 밖 접촉 또는 개입의 결과, ⑩ 집단리더(들)과 집단원(들) 간의 자문 절차, ⑪ 요금과 시간 변수, 그리고 ⑫ 집단참여의 잠재적 영향을 제공해야 한다.

c. 집단작업자는 미성년자와 다른 부양가족들과의 작업을 위한 적절한 동의서/승인서를 받아야 한다.

d. 집단작업자는 비밀유지와 그 한계를 분명히 밝혀야 한다(예, 법적 · 윤리적 예외 상황과 기대, 치료 계획에 내포된 권리 포기, 기록유지와 보험사용). 집단작업자는 모든 집단참여자에게 비밀유지의 필요성, 비밀유지 위반에 따른 잠재적 결과와 (주 법령이 마련되어 있지 않다면) 법적 특권이 집단 논의에 적용되지 않는다는 점을 알려 줄 책임이 있다.

A.8. 전문적 발달

집단작업자는 전문적 성장이 자신의 직업활동 내내 계속되는 지속적인 발달과정임을 인식해야 한다.

a. 집단작업자는 지속적 교육, 전문적 수퍼비전, 그리고 개인적 · 전문적 활동 참여 같은 활동을 통해 지식과 기술 역량을 최신의 것으로 유지 · 강화해야 한다.
b. 집단작업자는 집단 리더로서 효과적인 기능을 방해하는 윤리적 사안에 관해 자문 및/또는 수퍼비전을 받아야 한다. 수퍼바이저는 자문, 집단 이론, 과정, 그리고 관련된 윤리 지침을 업데이트해야 할 책임이 있다.
c. 집단작업자는 전문적 판단 또는 업무수행을 저해할 수 있는 개인적 문제 또는 갈등에 대해 적절한 전문적 도움을 구해야 한다.
d. 집단작업자는 모든 지식과 기술 역량이 성취되지 않은 집단과 작업할 때마다 적절한 실행을 공고히 하기 위해 자문과 수퍼비전을 받아야 한다.
e. 집단작업자는 집단 연구와 개발에 뒤지지 않아야 한다.

A.9. 동향과 기술 변화

집단작업자는 사회와 직업에 영향을 주는 기술 변화를 인식하고 이에 대해 즉각 대처해야 한다. 여기에는 정신건강 전달 체계, 입법 및 보험 산업 개혁, 인구통계와 내담자의 요구 변화, 인터넷과 기타 통신장치 및 전달 체계에서의 기술 발전 변화가 포함되지만, 이에 국한되지는 않는다. 집단작업자는 발전하고 있는 기술 사용과 관련된 윤리지침을 준수해야 한다.

B. 수행에서의 최상의 실행

B.1. 자기지식

집단작업자는 자신의 강점과 약점, 그리고 이런 부분들이 집단원들에게 줄 수 있는 영향을 인지하고 모니터링해야 한다. 집단작업자는 자기 자신의 문화적 정체성과 이것이 집단작업에 대한 자신의 가치관과 신념에 어떤 영향을 미치는지 탐색해 봐야 한다.

B.2. 집단역량

집단작업자는 ASGW 집단작업자 훈련을 위한 전문가 기준(ASGW, 2000)에 기술되어 있는 바와 같이, 집단의 기본 지식을 갖추고 있고, 핵심적인 집단역량을 수행할 수 있어야 한다. 집단작업자는 다양한 내담자 인구와의 작업에 관한 지식, 개인적 인식, 민감성 그리고 기술을 습득해야 한다. 추가로, 집단작업자는 (ASGW 훈련기준에 기술되어 있는 바와 같이, 심리치료, 상담, 과업, 심리교육) 실행을 위해 선택된 집단 전문 분야에서 적절한 이해력과 기술을 갖추고 있어야 한다.

B.3. 집단계획 조정

a. 집단작업자는 집단유형과 단계, 그리고 다양한 문화적 · 민족적 집단에 적절한 지식, 기술 그리고 기법을 적용 · 조정해야 한다.

b. 집단작업자는 집단 목표와 계획을 향한 집단의 진행 상황을 지속적으로 살펴야 한다.

c. 집단작업자는 조직 내에서의 역할과 제공되는 집단유형에 적절하게 집단원들과의 윤리적 · 전문적 · 사회적 관계를 명확하게 설정 · 유지해야 한다.

B.4. 치료적 조건과 역동

집단작업자는 집단 발달, 과정 관찰, 치료 조건에 적절한 모델을 이해 · 적용할 수 있어야 한다. 집단작업자는 의사소통의 흐름을 관리해서, 자기개방의 안전성과 속도를 다룸으로써, 집단원들을 신체적, 정서적 또는 심리적 외상으로부터 보호해야 한다.

B.5. 의미

집단작업자는 구성원들이 집단경험으로부터 의미를 만들어 내도록 도와야 한다.

B.6. 협력

집단작업자는 구성원들이 집단경험에서 개인적인 목표를 개발하고, 상호 동등한 동반자로서 서로를 존중하도록 도와야 한다.

B.7. 평가

집단작업자는 집단 회기 사이와 종결 회기에 (공식적 · 비공식적) 평가를 포함시켜야 한다.

B.8. 다양성

집단작업자는 민족, 성별, 종교, 성, 심리적 성숙, 경제계층, 가족력, 신체적 특성 또는 제약, 지리적 위치 등 내담자의 다름에 폭넓은 민감성을 가지고 작업을 실행해야 한다. 집단작업자는 참여자들과의 상호작용과 외부 자원 사용을 통해 함께 작업하는 다양한 인구들의 문화적 쟁점에 관한 정보를 지속적으로 탐색해야 한다.

B.9. 윤리적 감찰

집단작업자는 윤리적 도전과 쟁점에 대한 반응, 그리고 자신과 집단원을 위한 행위와 행동의 방향 결정에 있어서 적절한 윤리적 의사결정 모델을 적용해야 한다. 추가로, 집단작업자는 ACA, ASGW, 또는 기타 적절한 전문기관들에 의해 공표된 적용 가능한 기준을 채택해야 한다.

C. 집단과정에서의 최상의 실행

C.1. 과정분석 일정

집단작업자는 자신, 집단원, 수퍼바이저, 동료와 적절하게 집단작업을 진행해야 한다. 여기에는 집단과 구성원의 목표, 리더의 태도와 기술, 집단역동과 개입, 이해력 발달과 의미 수용에 대한 진척 정도에 대한 사정이 포함될 수 있다. 과정분석은 회기 내에서, 각 회기 전후, 종결 회기, 후속 회기에서 적절하게 진행할 수 있다.

C.2. 반성적 실천

집단작업자는 이론과 실제를 종합하고, 학습 성과를 진행 중인 집단에 통합할 수 있도록 주의를 기울여야 한다. 집단작업자는 구성원들의 회기 역동과 상호작용에 주의를 기울이고, 회기 역동과 리더의 가치관, 인지와 정동 사이의 관계에도 주의를 기울여야 한다.

C.3. 평가 및 후속 조치

a. 집단작업자는 과정과 성과를 평가해야 한다. 결과는 진행 중인 프로그램 기획, 현재 집단의 개선과 수정, 그리고/또는 전문적 연구 문헌에의 기여에 사용된다. 집단작업자는 연구와 보고서를 위해 집단 자료의 사용에 있어서, 적용 가능한 모든 정책과 기준을 따라야 한다.

b. 집단작업자는 결과를 사정하기 위해 또는 집단원의 요청이 있는 경우, 적절하게 집단원들과 후속 접촉한다.

C.4. 다른 기관들과의 자문과 훈련

집단작업자는 필요한 경우, 내부 · 외부의 조직에 대해 자문과 훈련을 제공해야 한다. 집단작업자는 필요한 경우, 집단작업에 관한 지식을 갖춘 역량 있는 전문가들에게 자문을 구해야 한다.

참고문헌

American Counseling Association (ACA). (2005). *ACA code of ethics*. Alexandria, VA: Author.

Association for Specialists in Group Work (ASGW). (1998). ASGW best practice guidelines. *Journal for Specialists in Group Work, 23*, 237–44.

Association for Specialists in Group Work (ASGW). (2000). ASGW professional standards for the training of group workers. *Journal for Specialists in Group Work, 25*, 327–42.

부록 B. 집단심리치료 참여환자들의 관점에서 본 치료요인

요인	문항 내용	순위
I. 이타주의	다른 사람을 도움으로써 나는 더욱 자신에 대한 존경심을 갖게 된다.	40T
	나의 요구보다 타인의 요구를 우선시한다.	52T
	나 자신을 잊고 다른 사람을 돕는 것을 생각한다.	37T
	나 자신의 일부를 다른 사람에게 준다.	17
	다른 사람을 도우며 그들의 삶에 중요한 사람이 된다.	33T
II. 응집력	집단에 소속되고 수용된다.	16
	다른 사람들과 친밀한 접촉을 지속한다.	20T
	자신의 당혹스러운 점을 밝히고도 여전히 집단에 의해 수용된다.	11T
	더 이상 혼자라는 느낌을 갖지 않는다.	37T
	나를 이해하고 수용하는 사람들의 집단에 소속된다.	20T
III. 보편성	나만이 그런 문제를 갖고 있는 것이 아니라는 것을 알게 된다. "우리는 모두 한 배를 타고 있다."	45T
	나 자신도 다른 사람들만큼 잘 지내고 있다는 것을 알게 된다.	25T
	다른 사람도 어느 정도는 나와 비슷한 '나쁜' 생각과 감정을 지니고 있다는 사실을 알게 된다.	40T
	다른 사람도 나만큼 불행하거나 혼란스러운 배경과 부모가 있다는 사실을 알게 된다.	31T
	나에게 '사람으로 태어나서 좋다.'라는 느낌을 주었던 사람과 내가 그렇게 많이 다르지 않다는 사실을 알게 된다.	33T
IV. 대인 간 입력	집단은 내가 다른 사람들에게 어떤 인상을 주는지에 대해 가르쳐 준다.	5T
	내가 다른 사람들에게 어떤 성격으로 보이는지 알게 된다.	8
	다른 집단원들이 나에 대해 어떻게 생각하는지 솔직히 말해 준다.	3
	다른 사람을 짜증나게 하는 나의 습관이나 태도를 지적해 준다.	18T
	내가 진짜 생각하는 것을 말하지 않음으로써 때로 사람들을 혼란에 빠뜨린다는 사실을 알게 된다.	13T

V. 대인 간 출력	사람과 잘 지내는 기술을 개선한다.	25T
	집단과 다른 사람에 대해 더욱 신뢰감을 갖게 된다.	10
	내가 다른 집단원과 어떤 방식으로 관계 맺는가를 알게 된다.	13T
	집단은 내가 타인에게 접근하는 것을 배울 수 있는 기회를 준다.	27T
	집단 내의 특정 집단원과의 어려움을 극복한다.	33T
VI. 생활교육	의사가 내가 무엇인가를 하도록 제안 · 조언한다.	27T
	집단원들이 내가 무엇인가를 하도록 제안 · 조언한다.	55
	내가 무엇을 해야 할지를 집단원들이 말해 준다.	56
	집단 내의 어떤 사람이 삶의 문제에 대해 명쾌한 제안을 한다.	48T
	집단원들이 내게 삶에서 중요한 사람에게 다르게 처신하도록 조언한다.	52T
VII. 카타르시스	마음속에 있는 것을 털어놓는다.	31T
	다른 집단원들에 대한 긍정적 · 부정적 느낌을 표현한다.	5T
	집단상담자에 대한 긍정적 · 부정적 느낌을 표현한다.	18T
	감정 표현 방법을 배운다.	4
	참는 대신 나를 괴롭히는 것이 무엇인지를 말할 수 있다.	2
VIII. 동일시	집단에서 나보다 더 적응을 잘하는 사람과 비슷해지려고 노력한다.	58
	다른 사람들이 위험을 감수하며 난처한 일을 해봄으로써 이득을 얻는 것에 대한 관찰이 내가 동일한 일을 해 보는 데 도움이 되었다.	8
	다른 집단원의 버릇이나 스타일을 채택한다.	59
	나의 치료자를 존경하거나 그처럼 행동한다.	57
	내가 본받을 수 있는 사람을 집단에서 발견한다.	60
IX. 가족 재연	집단에 있는 것은 어떤 의미에서 내가 성장한 가정에서 나의 삶을 다시 체험하고 이해하는 것 같았다.	51
	집단에 있는 것은 과거에 지녔던 나의 부모, 형제자매 또는 기타 중요한 타인과의 오래된 심리적 장애를 이해하는 데 다소 도움이 되었다.	30
	집단에 있는 것은 어떤 의미에서는 더 수용적이고 이해해 주는 가족과 함께 하는 것 같았다.	44
	집단에 있는 것은 나의 가정에서 내가 어떻게 성장했는가를 이해하는 데 다소 도움이 되었다.	45T

	집단은 나의 가족처럼 생각되었다. 즉, 어떤 집단원이나 치료자는 친부모처럼 여겨졌고, 또 어떤 사람은 친척처럼 여겨졌다. 집단경험을 통해 나는 내가 부모나 친척(형제 자매 등)과 맺었던 과거의 관계를 이해한다.	48T
X. 자기 이해	내가 어떤 사람을 좋아하거나 싫어하는 이유가 그 사람과는 아무런 관계가 없고, 과거에 다른 사람으로 인한 심리적인 장애나 경험과 관계있다는 사실을 알게 된다.	15
	내가 왜 그런 식으로 생각하고 느끼는지 알게 된다. 즉, 내 문제에 대한 몇 가지 원인과 근원을 알게 된다.	11T
	전에는 알지 못했거나 받아들일 수 없었던 나의 부분을 발견 · 수용한다.	1
	내가 어떤 사람 · 상황에 대해 (삶의 초기에 속하는 감정으로) 비현실적으로 대처하는 것을 알게 된다.	20T
	오늘날의 감정과 행동이 어떻게 나의 어린 시절이나 성장과 관련되는지 알게 된다. 즉, 내가 왜 지금의 내가 되었는지에 대한 몇 가지 원인이 내 인생의 초기 시절에 있다.	50
XI. 희망 고취	다른 사람이 좋아지는 것을 보는 것이 나를 고취시킨다.	42T
	다른 사람이 나와 비슷한 문제를 해결했다는 것을 알았다.	37T
	다른 사람이 나와 비슷한 문제를 해결했다는 것을 보았다.	33T
	호전된 다른 집단원들이 나를 격려하는 것을 본다.	27T
	집단이 나와 유사한 문제에 부딪친 다른 사람을 도왔다는 사실이 내게 용기를 북돋아 주었다.	45T
XII. 실존적 요인	삶이 때로 부당하고 공정하지 않다는 것을 안다.	54
	궁극적으로 삶의 고통과 죽음은 피할 길이 없음을 인식한다.	42T
	내가 아무리 다른 사람과 가깝게 지낸다 할지라도, 여전히 홀로 삶고 마주쳐야 한다는 것을 인식한다.	23T
	나의 삶과 죽음에 대한 기본적인 문제들을 직면하고, 그럼으로써 좀 더 솔직하게 나의 삶을 영위하고 사소한 일에 덜 얽매이게 된다.	23T
	다른 사람에게 아무리 많은 지도와 후원을 받았다 할지라도 내 인생을 살아가는 방식에 대한 궁극적인 책임은 나에게 있다는 사실을 배운다.	5T

출처: Yalom, I., (with Leszcz, M.). (2005). *The theory and practice of group psychotherapy* (5th ed.). New York: Basic Books, pp. 82–86.

참고문헌

강진령(2008). 상담심리용어사전. 서울: 양서원.

강진령(2009). 상담과 심리치료. 서울: 양서원.

강진령(2012). 집단과정과 기술. 서울: 학지사.

강진령(2015). 학교상담과 생활지도 (제2판). 서울: 학지사.

강진령, 이종연, 유형근, 손현동(2009). 상담자 윤리. 서울: 학지사.

김재득(2009). 리더십 워크북. 서울: 공동체.

이후경(2013). 집단정신치료. 서울: 하나의학사.

Akos, P., Hamm, J. B., Mack, S. G., & Dunaway, M. (2007). Utilizing the developmental influence of peers in middle school groups. *Journal for Specialists in Group Work, 32*(1), 51-60.

Alexander, F., & French, T. (1946). *Psychoanalytic therapy: Principles and applications*. New York: Ronald Press.

Alle-Corliss, L., & Alle-Corliss, R. (2009). *Group work: A practical guide to developing groups in agency setting*. Hoboken, NJ: Wiley.

American Counseling Association. (2014). *Code of ethics*. Retrieved from www.counseling.org/resources/aca-code-of-ethics.pdf

American Psychiatric Association. (2013). *Diagnostic and statistical manual of mental disorders* (5th ed.). Washington, DC: Author.

American Psychological Association. (2017). Ethical principles of psychologists and code of conduct. Retrieved from www.apa.org/ethics/code/

American School Counselor Association. (2010). *ASCA Ethical standards for school counselors*. www.schoolcounselor.org/asca/media/asca/Ethics/EthicalStandards2016.pdf

American School Counselor Association/Hatch, T., & Bowers, J. (2005). *The ASCA National Model: A framework for school counseling programs* (2nd ed.).

Alexandria, VA: American School Counselors Association.

Ashby, J. S., Kottman, T., & DeGraaf, D. (2008). Active interventions for kids and teens: Adding adventure and fun to counseling! Alexandria, VA: American Counseling Association.

Association for Specialists in Group Work. (2000). ASGW professional standards for the training of group workers. *Journal for Specialists in Group Work, 25*, 327–342.

Association for Specialists in Group Work (2008). Best practice guidelines. *Journal of Specialists in Group Work, 33*(2), 111–117. Retrieved from http://www.asgw.org/pdf/Best_Practices.pdf

Association for Specialists in Group Work (2012). Multicultural and social justice competence principles for group workers. Retrieved from http://www.asgw.org (under heading: ASGW Standards and Practices)

Baker, E. K. (2003). *Caring for ourselves: A therapist's guide to personal and professional well-being*. Washington, DC: American Psychological Association.

Barlow, S. H. (2008). Group psychotherapy specialty practice. *Professional Psychology: Research and Practice, 39*(2), 240–244.

Barnett, J. E., Wise, E. H., Johnson-Greene, D., & Bucky, S. F. (2007). Informed consent: Too much of a good thing or not enough? *Professional Psychology: Research and Practice, 38*(2), 179–186.

Bauman, S. (2009). Group work in the economic downturn. *Journal for Specialists in Group Work, 34*(2), 97–100.

Bemak, F., & Young, M. E. (1998). Role of catharsis in group psychotherapy. *International Journal of Action Methods: Psychodrama, Skill Training and Role Training, 50*(4), 166–184.

Berg, R. C., Landreth, G. L., & Fall, K. A. (2018). *Group counseling: Concepts and procedures* (6th ed.). New York, NY: Routledge.

Berman, A. & Weinberg, H. (1998). The advanced-stage therapy group. *International Journal of Group Psychotherapy, 48*(4), 499–518.

Billow, R. M. (2010). On resistance. *International Journal of Group Psychotherapy, 60*(3), 313–346.

Bion, (1961). *Experiences in groups*. London: Tavistock Publications.

Brammer, L. M., Shostrom, E. L., & Abrego, P. J. (1989). *Therapeutic psychology: Fundamentals of counseling and psychotherapy* (5th ed.). Englewood Cliffs, NJ: Prentice-Hall.

Brigman, G., & Goodman, B. E. (2008). *Group counseling for school counselors: A practical guide* (3rd ed.). Portland, ME: J. Weston Walch, Publisher.

Brown, N. (2003). Conceptualizing process. *International Journal of Group Psychotherapy, 53*, 225-247.

Brown, N. W. (2010). Group leadership teaching and training: Methods and issues. In R. K. Conyne (Ed.), *The Oxford handbook of group counseling* (pp. 346-369). New York: Oxford University Press.

Burlingame, G. M., Fuhriman, A. J., & Johnson, J. (2004). Process and outcome in group counseling and psychotherapy: A perspective. In J. L. DeLucia-Waack, D. Gerrity, C. R. Kalodner, & M. T. Riva (Eds.), *Handbook of group counseling and psychotherapy* (pp. 49-61). Thousand Oaks, CA: Sage.

Capuzzi, D., & Gross, D. R. (2009). *Introduction to group counseling* (5th ed.). Denver, CO: Love.

Chen, M., & Rybak, C. (2018). *Group leadership skills: Interpersonal process in group counseling and therapy* (2nd ed.). Thousand Oaks, CA: Sage.

Conyne, R. K., & Diederich, L. T. (2014). *What is group work?* Thousand Oaks, CA: Sage.

Corey, G. (2017). *The theory and practice of group counseling* (10th ed.). Boston, MA: Cengage Learning.

Corey, M. S., & Corey, G. (2017). *Groups: Process and practice* (10th ed.). Boston, MA: Cengage Learning.

Cormier, S. (2016). *Counseling strategies and interventions for professional helpers* (9th Edition). Essex, UK: Pearson Education Limited.

Council for Accreditation of Counseling and Related Educational Programs. (2009). *CACREP accreditation manual*. Alexandria, VA: Author.

Curtis, R. C., & Hirsch, I. (2011). Relational psychoanalytic psychotherapy. In S. B. Messer & A. S. Gurman (Eds.), *Essential psychotherapies: Theory and practice* (3rd ed., pp. 72-104). New York: The Guilford Press.

Day, S. (2007). *Groups in practice*. Boston, MA: de Shazer, S. (1984). The death of resistance. *Family Process, 23*, 79-93.

Debiak, D. (2007). Attending to diversity in group psychotherapy: An ethical imperative. *International Journal of Group Psychotherapy, 57*(1), 1-12.

DeLucia-Waack, J. L. (2006b). Closing: What have we learned about ourselves? In J. L. DuLucia-Waack, K. H. Bridbord, S. Kleiner, & A. Nitza, (Eds.), *Group work experts share their favorite activities: A guide to choosing, planning, conducting, and processing*. (Rev. ed., pp. 152-154). Alexandria, VA: Association for Specialists in Group Work.

DeLucia-Waack, J. L. (2006b). *Leading psychoeducational groups for children and adolescents*. Thousand Oaks, CA: Sage.

DeLucia-Waack, J. L., & Fauth, J. (2004). Effective supervision of group leaders: Current theory, research, and implications for practice. In J. L. DeLucia-Waack, D. Gerrity, C. R. Kalodner, & M. T. Riva (Eds.), *Handbook of group counseling and psychotherapy* (pp. 136-150).

Delucia-Waack, J. L., Kalodner, C. R., & Riva, M. T. (2014). *Handbook of group counseling and psychotherapy* (2nd ed.). Thousand Oaks, CA: Sage.

Dies, R. R. (1994). Therapist variables in group psychotherapy research. In A. Fuhriman & G. M. Burlingame (Eds.), *Handbook of group psychotherapy: An empirical and clinical synthesis* (pp. 114-154). New York: Wiley.

Donigian, J., & Malnati, R. (1997). *Systemic group therapy*. Pacific Grove, CA: Brooks/Cole Publishing Company.

Erford, B. T. (2018). *Transforming the school counseling profession* (5th ed.). Essex, Uk: Pearson Education Limited.

Fallon, A. (2006). Informed consent in the practice of group psychotherapy. *International Journal of Group Psychotherapy, 56*(4), 431-453.

Fehr, S. S. (2019). *Introduction to group therapy* (3rd ed.). New York: Routledge.

Fernando, D. M., & Herlihy, B. R. (2010). Supervision of group work: Infusing the spirit of social justice. *Journal for Specialists in Group Work, 35*(3), 281-289.

Fibkins, W. (2014). *The emotional growth of teens: How group counseling intervention works for schools*. Lanham, MD: Rowman & Littlefield.

Forsyth, D. R. (2018). *Group dynamics* (7th ed.). Boston, MA: Cengage Learning, Inc.

Foss, L. L., Green, J., Wolfe-Stiltner, K., & DeLucia-Waack, J. L. (Eds.). (2008). *School counselors share their favorite group activities: A guide to choosing, planning, conducting, and processing*. Alexandria, VA: Association for Specialists in Group Work.

Frank, J., & Ascher, E. (1951). The corrective emotional experience in group therapy. *American Journal of Psychiatry, 108*, 126-131.

Gazda, G. (1989). *Group counseling: A developmental approach*. Boston: Allyn & Bacon.

Geroski, A., & Kraus, K. (2002). Process and content in school psychoeducational groups: Either, both, none? *Journal for Specialists in Group Work, 27*, 233-245.

Gladding, S. T. (2016). *Group work: A counseling specialty* (7th ed.). Boston, MA: Pearson Education, Inc.

Greenberg, K. R. (2003). *Group counseling in K-12 schools: A handbook for school counselors*. Boston: Pearson Education, Inc.

Hagedorn, W. B., & Hirshhorn, M. A. (2009). When talking won't work: Implementing experiential group activities with addicted clients. *Journal for Specialists in Group Work, 34*, 43-67.

Hayes, J. A., Gelso, C. J., & Hummel, A. M. (2011). Management of countertransference. In J. C. Norcross (Ed.), *Psychotherapy relationships that work: Evidence-based responsiveness* (2nd ed., pp. 239-258). New York: Oxford University Press.

Hays, D. G., & Erford, B. T. (2017). *Developing multicultural counseling competency: A systems approach* (3rd ed.). The Merrill Counseling Series.

Hulse-Killacky, D., Killacky, J., & Donigian, J. (2001). *Making task groups work in your world*. Upper Saddle River, NJ: Prentice Hall.

Hulse-Killacky, D., Kraus, K., & Schumacher, B. (1999). Visual conceptualization of meetings: A group work design. *Journal for Specialists in Group Work, 24*, 113-124.

Hulse-Killacky, D., Orr, J. J., & Paradise, L. V. (2006) The corrective feedback instrument-revised. *Journal for Specialists in Group Work, 31*(3), 263-281.

Humphrey, K. (2009). *Counseling strategies for loss and grief*. Alexandria, VA: American Counseling Association.

Jacobs, E. E., & Schimmel, C. J. (2004). Small group counseling. In C. Sink (Ed.), *Comtemporary school counseling* (pp. 82–115). Boston: Houghton Mifflin Company.

Jacobs, E. E., Schimmel, C. J., Masson, R. L., & Harvill, R. L. (2016). *Group counseling: Strategies and skills* (8th ed.). Boston, MA: Cengage Learning.

Johnson, D. H., & Johnson, F. P. (2016). *Joining together*: Group theory and group skills (12th ed.). Boston, MA: Allyn & Bacon.

Knaus, L. K. (2006). Ethical issues in recordkeeping in group psychotherapy. *International Journal of Group Psychotherapy, 56*(4), 415–430.

Kottler, J. A. (2015). *Learning group leadership: An experiential approach* (2nd ed.). Thousand Oaks, CA: SAGE Publications, Inc.

Lasky, G. B., & Riva, M. T. (200). Confidentiality and privileged communication in group psychotherapy. *International Journal of Group Psychotherapy, 56*(4), 455–476.

Ledley, D. R., Marx, B. P., & Heimberg, R. G. (2010). *Making cognitive–behavioral therapy work: Clinical processes for new practitioners* (2nd ed.). New York: Guilford Press.

Leva, K. P., Ohrt, J. H., Swank, J. M., & Young, T. (2009). The impact of experiential groups on master's students counselor and personal development: A qualitative investigation. *Journal for Specialists in Group Work, 34*(4), 351–368.

Luborsky, E. B., O'Reilly–Landry, M., & Arlow, J. A. (2011). Psychoanalysis. In R. J. Corsini & D. Wedding (Eds.), *Current psychotherapies* (9th ed., pp. 15–66). Belmont, CA: Brooks/Cole, Cengage Learning.

Luke, M., & Hackney, H. (2007). Group coleadership: A critical review. *Counselor Education and Supervision, 46*(4), 280–293.

Luke, M., & Kiweewa, J. M. (2010). Personal growth and awareness of counseling trainees in an experiential group. *Journal for Specialists in Group Work, 35*(4), 365–388.

Malekoff, A. (2014). *Group work with adolescents: Principles and practice* (3rd ed.).

New York: Guilford Press.

Maslow, A. (1962). *Toward a psychology of being*. New York: Van Nostrand Reinhold.

McNary, S., & Dies, R. (1993). Co-therapist modeling in group psychotherapy: Fact or fiction? *Group, 15*, 131-142.

Miller, G. (2015). *Learning the language of addition counseling* (4th ed.). New York: Wiley.

Moreno, J. K. (2007). Scapegoating in group psychotherapy. *International Journal of Group Psychotherapy, 57*(1), 93-104.

Morran, K., Stockton, R., & Whittingham, M. H. (2004). Effective leader interventions for counseling and psychotherapy groups. In J. L. DeLucia-Waack, D. Gerrity, C. R. Kalodner, & M. T. Riva (Eds.), *Handbook of group counseling and psychotherapy* (pp. 91-103). Thousand Oaks, CA: Sage.

Muro, J. J., & Kottman, T. (1995). *Guidance and counseling in the elementary and middle schools: A practical approach*. Madison, WI: Brown & Benchmark Publishers.

Myers, J. E., Poidevant, J. M., & Dean, L. A. (1991). Groups for older persons and their care-givers: A review of the literature. *Journal for Specialists in Group Work, 16*(3), 197-205.

Myrick, R. (2011). *Developmental guidance and counseling* (5th ed.). Minneapolis, MN: Educational Media Corporation.

O'Hanlon, W. H., & Weiner-Davis, M. (2003). *In search of solution: A new direction in psychotherapy* (Rev. ed.). New York: Norton.

Okech, J. E. A., & Kline, W. B. (2005). A qualitative exploration of group co-leader relationships. *Journal for Specialists in Group Work, 30*(2), 173-179.

Parcover, J. A., Dunton, E. C., Gehlert, K. M., & Mitchell, S. L. (2006). Getting the most from group counseling in college counseling centers. *Journal for Specialists in Group Work, 31*(1), 37-49.

Pedersen, P. B., Lonner, W. J., Draguns, J. G., Trimble, J. E. & Scharron-del Rio, M. R. (Eds.). (2016). *Counseling across cultures* (7th ed.). Thousand Oaks, CA: Sage.

Polster, E. (1995). *A population of selves: A therapeutic exploration of personal diversity*. San Francisco: Jossey-Bass.

Polster, E., & Polster, M. (1976). Therapy without resistance: Gestalt therapy. In A. Burton (Ed.), *What makes behavior change possible?* New York: Brunner/Mazel.

Posthuma, B. W. (2002). *Small groups in therapy settings: Process and leadership* (4th ed.). Boston: Allyn & Bacon.

Price, G. E., Dinas, P., Dunn, C., & Winterowd, C. (1995). Group work with clients experiencing grieving: Moving from theory to practice. *Journal for Specialists in Group Work, 20*(3), 132–142.

Rapin, L. S. (2010). Ethics, best practices, and law in group counseling. In R. K. Conyne (Ed.), *The Oxford handbook of group counseling* (pp. 61–82). New York: Oxford University Press.

Riva, M. T. (2010). Supervision of group counseling. In R. K. Conyne (Ed.), *The Oxford handbook of counseling* (pp. 370–382). New York: Oxford University Press.

Riva, M. T., & Haub, A. L. (2004). Group counseling in the schools. In J. L. DeLucia-Waack, D. Gerrity, C. R. Kalodner, & M. T. Riva (Eds.), *Handbook of group counseling and psychotherapy* (pp. 309–321). Thousand Oaks, CA: Sage.

Riva, M. T., Wachtel, M., & Lasky, G. B. (2004). Effective leadership in group counseling and psychotherapy: Research and practice. In J. L. DeLucia-Waack, D. Gerrity, C. R. Kalodner, & M. T. Riva (Eds.), *Handbook of group counseling and psychotherapy* (pp. 37–48). Thousand Oaks, CA: Sage.

Rogers, C. R. (1961). *On becoming a person*. Boston: Houghton Mifflin.

Rogers, C. R., & Farson, R. E. (2015). *Active listening*. Mansfield, CT: Martino Publishing.

Rutan, J. S. (2003). Sandor Ferenczi's contributions to psychodynamic group therapy. *International Journal of Group Psychotherapy, 53*, 375–384.

Rutan, J. S., Stone, W. N., & Shay, J. J. (2007). *Psychodynamic group psychotherapy* (4th ed.). New York: The Guilford Press.

Schoenwolf, G. (1998). The scapegoat and the holy cow in group therapy. *Journal of Contemporary Psychotherapy, 28*(3), 277–287.

Shumaker, D., Ortiz, C., & Brenninkmeyer, L. (2011). Revisiting experiential group training in counselor education: A survey of master's-level programs. *Journal for Specialists in Group Work, 36*(2), 111–128.

Sink, C., Edwards, C. N., & Eppler, C. (2012). *School-based group counseling*. Belmont, CA: Brooks/Cole, Cengage Learning.

Smith, K. K., & Berg, D. N. (1995). A paradoxical approach to teaching group dynamics: First thoughts, first findings. *Journal of applied Behavioral Science, 31*(4), 398-414.

Sonstegard, M. A., & Bitter, J. R. (2004). *Adlerian group counseling and therapy*. New York: Brunner-Routledge.

Steen, S., & Bemak, F. (2008). Group work with high school students at risk of school failure: A pilot study. *Journal for Specialists in Group Work, 33*(4), 335-350.

Stockton, R., Morran, D. K., & Krieger, K. M. (2004). An overview of current research and best practices for training beginning group leaders. In J. L. DeLucia-Waack, D. Gerrity, C. R. Kalodner, & M. T. Riva (Eds.), *Handbook of group counseling and psychotherapy* (pp. 65-75). Thousand Oaks, CA: Sage.

Straus, B. (2018). *Healing in action: Adventure-based counseling with therapy group*. Lanham, MD: Rowman & Littlefield.

Sue, D. W., & Sue, D. (2016). *Counseling the culturally diverse* (7th ed.). Hoboken, NJ: John Wiley & Sons, Inc.

Sue, D. W., Gallardo, M. E., & Neville, H. A. (2014). *Case studies in multicultural counseling and therapy*. Hoboken, NJ: Wiley.

Swenson, L. C. (1993). *Psychology and the law for helping profession*. Pacific Grove, CA: Brooks/Cole.

Toseland, R. W., & Rivas, R. F. (2017). *An introduction to group work practice* (8th ed.). Essex, UK: Pearson Education Limited.

Trotzer, J. (2013). *The counselor and the group: Integrating theory, training, and practice* (4th ed.). Philadelphia, PA: Taylor & Frances.

Van Velsor, P. (2009). Task group in the school setting: Promoting children's social and emotional learning. *Journal for Specialists in Group Work, 34*(3), 276-292.

Ward, D. (2006). Classification of groups. *Journal for Specialists in Group Work, 3*(2), 93-97.

Wastell, C. A. (1997). Description of an experiential course in group processes incorporating community-based practitioners. *Journal of Group Psychotherapy,*

Psychodrama, and Sociometry, 48(1), 21–29.

Wheeler, N., & Bertram, B. (2015). *The counselor and the law: A guide to legal and ethical practice* (7th ed.). Alexandria, VA: American Counseling Association.

Wolfelt, A. D. (2004). *The understanding your grief support group guide: Starting and leading bereavement support group*. Fort Collins, CO: Companion Press.

Wolitkzy, D. L. (2011). Contemporary Freudian psychoanalytic psychotherapy. In S. B. Messer & A. S. Gurman (Eds.), *Essential psychotherapies: Theory and practice* (3rd ed., pp. 33–71). New York: The Guilford Press.

Worden, J. W. (2009). *Grief counseling and grief therapy* (4th ed.). New York: Brunner/Mazel.

Yalom, I., (with Leszcz, M.). (2005). *The theory and practice of group psychotherapy* (5th ed.). New York: Basic Books.

찾아보기

인명

내용

저자 소개

강진령(姜鎭靈)
(Jin-ryung Kang, Ph.D. in Counseling Psychology)

인디애나 대학교 상담심리학 석사(M.S.) · 박사(Ph.D.)
일리노이 주립대학교 임상 인턴
한국청소년상담원 상담교수(집단상담 부장)
플로리다 대학교 초빙교수 역임
현재 경희대학교 교수

주요 저서

집단상담과 치료: 이론과 실제(학지사, 2019)
상담연습: 치료적 의사소통 기술(학지사, 2016)
학교상담과 생활지도: 이론과 실제(학지사, 2015)
반항적인 아동 · 청소년 상담(공저, 학지사, 2014)
상담과 심리치료(제2판, 양서원, 2013)
집단상담과 치료(학지사, 2012)
집단과정과 기술(학지사, 2012)
학교집단상담(학지사, 2012)
집단상담의 실제(제2판, 학지사, 2011)
상담자 윤리(공저, 학지사, 2009)
상담심리용어사전(양서원, 2008) 외 다수

주요 역서

DSM-5 아동 · 청소년 정신건강 가이드북(학지사, 2018)
DSM-5 노인 정신건강 가이드북(학지사, 2018)
DSM-5 진단사례집(학지사, 2018)
DSM-5 가이드북(학지사, 2018)
학교상담 핸드북(학지사, 2017)
상담 · 심리치료 수퍼비전(학지사, 2017)
DSM-5 Selections(전 6권, 학지사, 2017)
학교에서의 DSM-5 진단(시그마프레스, 2017)
DSM-5 임상사례집(학지사, 2016)
APA 논문작성법(제6판, 학지사, 2013)
간편 정신장애진단통계편람/DSM-IV-TR: Mini-D(학지사, 2008) 외 다수

GROUP COUNSELING in practice
집단상담의 실제 3판

2005년 9월 30일 1판 1쇄 발행
2010년 9월 27일 1판 10쇄 발행
2011년 3월 10일 2판 1쇄 발행
2018년 9월 20일 2판 14쇄 발행
2019년 2월 25일 3판 1쇄 발행
2022년 1월 20일 3판 6쇄 발행

지은이 • 강진령
펴낸이 • 김진환
펴낸곳 • (주) 학지사
04031 서울특별시 마포구 양화로 15길 20 마인드월드빌딩
대표전화 • 02)330-5114 팩스 • 02)324-2345
등록번호 • 제313-2006-000265호

홈페이지 • http://www.hakjisa.co.kr
페이스북 • https://www.facebook.com/hakjisabook

ISBN 978-89-997-1761-1 93180

정가 23,000원

이 도서의 국립중앙도서관 출판시도서목록(CIP)은 서지정보유통지원시스템 홈페이지(http://seoji.nl.go.kr)와 국가자료공동목록시스템(http://www.nl.go.kr/kolisnet)에서 이용하실 수 있습니다.
(CIP 제어번호: CIP2019003007)